U0555761

乾隆永平府志

燕山大学中国长城文化研究与传播中心◎主编

秦皇岛长城地域明清方志丛书

燕山大学出版社
·秦皇岛·

图书在版编目（CIP）数据

乾隆永平府志 / 燕山大学中国长城文化研究与传播中心主编. -- 秦皇岛 : 燕山大学出版社, 2025. 1.
(秦皇岛长城地域明清方志丛书). -- ISBN 978-7-5761-0752-4

Ⅰ. K292.23

中国国家版本馆 CIP 数据核字第 2024WV5723 号

乾隆永平府志

燕山大学中国长城文化研究与传播中心　主编

出 版 人：	陈　玉	**责任编辑：**	张文婷
封面设计：	方志强	**责任印制：**	吴　波
出版发行：	燕山大学出版社 YANSHAN UNIVERSITY PRESS	**地　　址：**	河北省秦皇岛市河北大街西段 438 号
邮政编码：	066004	**电　　话：**	0335-8387555
印　　刷：	涿州市般润文化传播有限公司	**经　　销：**	全国新华书店

开　　本：	710mm×1000mm　1/16	**印　　张：**	60.75　　**字　　数：** 845 千字
版　　次：	2025 年 1 月第 1 版	**印　　次：**	2025 年 1 月第 1 次印刷
书　　号：	ISBN 978-7-5761-0752-4	**定　　价：**	305.00 元

出版说明

长城是中华民族的代表性符号和中华文明的重要象征。秦皇岛域内的长城最早可以追溯至北齐时期，如今保存最为完好的是明长城，东起山海关老龙头，西到青龙满族自治县城子岭口，秦皇岛域内汇集了明长城精华的地段。典籍文献中保存了很多有关长城的记述，其中的重要文献就是明清地方志。秦皇岛地区的明清方志中，记载了长城地区的攻防战略、驻守长城将士的丰功伟绩、长城居民的生活状态、长城主题的文学作品等内容，有些内容与正史的记载不尽相同，这为我们了解、研究长城史和中华民族共同体形成史提供了不一样的视野和角度。

本丛书名为“秦皇岛长城地域明清方志丛书”，收录整理明清时期永平府、山海关、卢龙县、抚宁县和临榆县等今秦皇岛长城地域的地方志共 13 种。本丛书为燕山大学中国长城文化研究与传播中心主编，在征得整理者同意的前提下，采用了已有的点校本。分别是：2001 年中国审计出版社出版的董耀会主编、康占忠和阎醒之副主编的《秦皇岛历代志书校注》，1999 年天津人民出版社出版的山海关旧志校注委员会编的《山海关历代旧志校注》，2007 年中国文史出版社出版的李利峰编注的《抚宁县志校注》。以上校注本都由秦皇岛本地作者点校，且都成于 20 世纪末 21 世纪初，在当时资源不丰富，经费紧张，技术不发达的情况下，古籍的搜求、整理和出版极为不易，因此甫一出版便成为格外珍贵的研究资料。相比之下，在今天的信息化时代，古籍资源大量数字化，为古籍的获取和整理出版提供了很大的便捷性，但考虑到一般读者的阅读需求和推动古籍普及的需要，我们认为仍有必要修订这些旧志。

为尊重整理者的成果，现将本丛书原点校者姓名列之如下：

弘治十四年《永平府志》，原点校者：齐家璐、李岚；

万历二十七年《永平府志》，原点校者：李岚；

嘉靖十四年《山海关志》、康熙九年《山海关志》，原点校者：张椿林、司凤岐、刘金玉、何福成、高颖；

万历三十八年《卢龙塞略》，原点校者：齐庆昌；

康熙十八年《永平府志》（附康熙十二年《续补永平志》），原点校者：王继汾；

康熙五十年《永平府志》，原点校者：王凤华；

乾隆三十九年《永平府志》，原点校者：齐庆昌；

光绪五年《永平府志》，原点校者：康群、谢煜；

康熙二十一年《抚宁县志》、光绪三年《抚宁县志》，原点校者：李利峰；

乾隆二十一年《临榆县志》、光绪四年《临榆县志》，原点校者：张椿林、司凤岐、刘金玉、何福成、高颖。

本次修订，改正了原点校本的若干错误，统一删除了注释，并将旧志的插图影印后放在正文相应位置。限于编者水平，书中难免仍有舛讹之处，欢迎读者批评指正。

燕山大学出版社

2024 年 12 月

目　录

卷之二

卷之三

卷之四

卷之十三

卷之十四

卷之十五

卷之十六

卷之十七

序

吾闻一代纲纪之所立，德泽之所被，以及人物之兴替，守令之贤否，能详史册之所未及详，使览者观感兴起，得以因地制宜，因民善俗，则皆于志是赖焉。是志者，固辅治之书也。壬辰仲秋翰钦承巽命出守永平，夙夜祗惧，恐鳏厥职。所喜风俗茂美，人民俭朴，加以年谷顺成，咸乐丰亨，而诸生弦歌诵读，彬彬称盛。于以考山川风土，稽沿革兴废，即今证昔，取郡志披阅之，然后叹我朝培养之久，涵濡之深，固已若斯其极也，旧志自康熙辛卯年郡守张公重修后，距今已六十余年矣。且采取罔择，牵连失据，核之古书固乖于文直事，核之旨矧六十余年事迹，宜增入者凡几，又何可令其散而无考。

山长菊庄王君，江左绩学士也，请董其事，取旧志厘为八门，条目各以类附，凡正其讹，删其谬，补其遗，正析其纠纷者，说俱详于例言，甫脱稿付梓，翰适仰荷圣恩擢授松太监司，未及详加校正，而幸其章程已定，大局可成，全赖贤太守之克竣其事也。

呜呼！北平自孤竹风邈，烽火蹂躏，民生不遂，匪一世然也。阅数千年圣人出，四海一。而北平更近盛京，我圣祖仁皇帝銮舆屡经，皇上两度驻跸。闿泽覃敷，湛恩汪涉，宸章用申，右文之化，白叟黄童，熙熙皞皞，群陶镕于礼乐诗书，非徒安于耕凿而已。吾故因旧志考古征今辑为实录，俾莅斯土者承流宣化，庶使七邑士君子知疆域奠安，山川效灵，贤材辈出，风俗敦庞，与夫孝义节烈之不可胜纪者，皆幸生圣人重熙累洽之时，于以沐浴咏歌不忘也。其于治道讵无补哉！此余修志之意，亦惟尽余之职也夫。

直隶永平府知府、加三级古燕李奉翰谨序。

旧序

古者列国必有史，今之郡即古之国，一郡之志即一国之史。永平为墨台氏故封，昌黎先世，横渠后昆，咸在封内，是古圣贤之邦也。自辽金元先后争据，载籍泯缺，明兴定都于燕，永为东辅郡，遂尔文献斌斌焉。予来守永欲明习一方事，因取郡志披阅之。弘治十四年郡张行人纂者简而赅。万历十九年闽郭文学修者博而赅，删繁补缺，可为全书，遂集郡贡士及博士弟子员为之，适豫章涂印元来登碣石，谒孤竹，有子长风。予爱其手注会旨刻之，因商榷群志。涂子曰："《春秋》详内而略外，义精而体当，若后世之书有简有博，简者缺，博者繁，缺则失义，繁则伤体，义失鲜史学，体伤乏史才，此《春秋》之为绝笔也。"予嘉其议而属之。涂子笔则直、心则虚，出入张、郭二书，参取州县诸乘而编摩笔削之，至政迹、行谊必于郡缙绅先生是征。自己亥闰四月迄秋八月而稿脱，首图者七、为卷者十、为纲者八，为目者五十有七，编年以著沿革，列传以叙事实，备述以广记睹，不缺而核，不繁而赅，于义无失，于体无伤。此志既成，永平之疆域、创置、政事、文章、风俗、人物，可以传世不泯，而后之称信史者，必曰《永志》云。

万历己亥河南按察司副使、管永平府事东齐徐准撰。

《周官》诏观事则有志，诏地事则有图。厥典重哉！北平负山带河，雄称四塞，屹然京陵左冯翌，其地觭重，地重而典滋重矣。郡弘治辛酉有张志什一仅存。越八十四祀为万历辛卯，有郭志包举容盖之繁，抉阐今昔之奥，胪陈畛列，若开玉府，而璜琥琼璋，烂焉毕具，第连类洸洋，远者叹浩瀚而难收，近者苦极目而难竟，俾畿左外史识者莫睹大全，虽元圃积玉无所用之，嗟嗟！载籍挂漏而不广捃，穷搜则疏，疏则前守责也；载籍博括而不约，取中窾则赘，赘则今守责也。新城徐公忧之，曰："守责弗修是蘧庐守也，某曷敢？"乃憋神揉思，损旧益新，且求海内多闻者，得江右隐君涂公国柱，遂董其事。

志为十卷，图七、纲八、目五十七，天时地利并大故首，象方、建置、政教、肇自官师，故政事、职官次之，地因人灵，文章蔚焉，故选举、人物、艺苑又次之，至备述祥异、时务，亦旁综者所不废也。志成，命不佞瑜叙简端，瑜观其体裁合槩，取舍中规，允为一方文献焉。夫徐公奋迹邹鲁，以经术经世务章缝斐然向风且也，四三年来，海氛震邻，天灾虐野，苦兵、苦运、苦赈。公膏雨吾土酌泉不愧二清，以故刑平政和，六属赤子依之，身为志也。凡诸废置沿革不及行，载笔而存之言为志也，身志、言志且不烦雕章缛采，岂好为更张已邪？不则龙门待嗣续而卒业，眉山以雁行而成书。是役也，搦札未逾岁，含毫不数人，骤而托于不朽者之林，则志非难，志志者之难也。观者因文识意，并察志之所以不朽者何在，即由兹而睹大全可也。

万历已亥兵科给事中、前翰林院庶吉士郡人白瑜撰。

郡有乘，其昉于国史之遗乎？永平偏壤，属孤竹故封，古文物衣冠地也。嗣以金元窃据几百年所，迨我明混一寰宇，置关设卫，爰称雄镇，为神京左协。然障塞一垣濒海百里许，尤东北要剧之区。

不佞承乏于兹，去城陷时未久，眷其民生凋瘠，里户单虚，赋役繁苛，风俗偷薄，窃有慨焉。更以羽檄交驰，即荒垣三百余里，尽费拮据，日奔走于疏烟断草之中，犹不暇给，无问劳劳郡治矣。夫去故者新难图，凭虚者实愈远，天下事不可以臆任昭昭也。是故考时者证变，度地者览胜，观风者验治，论世者定宗。凡所辖之山川、井邑、户口、土田、人物、食货、建置、兴除暨于城郭、沟涂、邮传、甲兵、民风、吏治咸笔之书者。所以述往古诏来兹，得失之林，鉴戒系焉，勿可后也，宜直指。韩公甫入境，亟以郡志下询也。郡故有志，己巳之变火为梨灾。搜之耆旧仅得原本，乃知经剞劂者二，而前刘公谋以缮之，为郡侯擢去不果。兹者关中李侯雅有同心，博咨广采，补其阙遗，分纲析目，于疆域、物力、屯社、戎政，则加详焉。累月告成，嘱予为序。夫徐公、熊公再序，原本亦既该矣，余复何言？惟是披览之余，由今思昔，不能无感于斯志也。嗟嗟！户口昔登今耗，赋役昔简今繁，风俗昔厚今偷，人才昔隆今替。郡固偏壤乎，然而天下之盛衰，一隅之积也，一隅之盛衰，天下之渐也，盛衰之数在天，而致之诚在人，考之则在书也。书也者，政之所自出也。后之君子莅斯土，读斯志，睹边境则思握险控御，巡鼜壶柝之事；征人用则思爱养制节盈缩损益之宜。未病而调燮无逸策，庶寒谷春生，涸辙波回。有望乎！不然徒曰纪故实备采风也，殆匪为志者之志矣。

崇祯壬午整饬永平等处监军兵备道　陆安姚恭撰（志修成兵乱失稿未刊）。

燕京之郡有八，而永平在蓟之东北，古云辽西即其地也。负山带河，险固四塞。昔曹公北伐乌桓出卢龙塞，经白檀，登白狼，望柳城，殆所谓踞上游者欤？其间分野、灾祥、山川、土田、官师、人物，固彬彬乎三才具备也。历宋、元、明皆详于所志矣。至我清定鼎以来，兵火既更，旧籍残落。余于康熙二年过故里，有韩生者以修志请，余曰："永平虽处偏隅，亦一代文宪事也。"遂捐资助之，并命大参宋君竣其事。无何，工未成而宋君擢浙臬，并携板而南。无何，工未竟而宋君又以坐事罢矣。余曰："事岂可以已哉！"复遣人往浙取板来京师，仍发永平，冀续纂其集。迄数年，竟无有起而参考者，余每为之三叹，曰："永平虽蕞尔郡，而置险设兵控扼西北，屹然一巨镇矣。地灵起而人杰辈出，冠带舄履之盛盖殷殷焉，岂千百年以来至今日而可失其传乎？"庚戌冬，适有杨生来谒，因道前修志事。余曰："是予之初志也。"乃思永平郡丞罗君者，余门人也，即邮札致之命董理其工。谓斯集之成，藉以不朽者，君之力也。而罗君踊跃从事，不数月而厥功告成矣。夫古者千乘之国与附庸之邦，皆有史官以掌记时事，第不过君卿大夫言动之一端，而所谓分野、灾祥、山川、土田、官师、人物之类，意别有图籍以主之，今志则无不灿列矣。是故古史之失在略，而今志之得在详也。后之采风者览其遗文，而一代典章、名物之盛，不既犁然具备也哉！余故喜而为之序。

康熙庚戌，总督淮扬等处地方提督、漕运海防军务兼理粮饷、兵部尚书兼都察院左副都御史蔡士英撰。

古郡国皆有风采之輶轩以征土俗，皆有乘纪之太史以传人物。班孟坚易八书为十志，志之名肇此焉。刘子玄述书十品，而郡书、地理居二，郡书详于人，地理详于境，后世兼而载之。善哉！邱文庄之有言也，世有千载不刊之书，无百年不葺之志，盖志兼史以行者也。大则疆域、建置、赋役、风谣，小则灾祥、品秩、往迹、遗徽，非旁综广捃，则湮佚靡该，非慎核精搜，则名实易谬。江文通所谓修史之难，无过于志。况官师之增改，户口之繁减，令甲政教之损益，月易而岁不同，不及时补缀，曷诏后来欤？北平冯翌重镇，清圣故封之地，为神京左辅，郡乘罹乱久失，前守彭公求观察宋公修辑原稿，爰以寿锓，迄今又十钻新火矣。其间銮舆云罕之朝陵搜猎驻跸岩疆；龙骧分守之建置营房徼巡固圉，皆未记于前册，犹为急务。不佞自丙辰之冬，来守此土，阅岁政通人和，年无祲败，簿书稍暇，于是咨询绅掖，改稽邑乘，博不厌精，约不伤刻，数月而告成帙，以副文宗允托之盛心，俾后贤披览此志，景慕胜举，因之兴缮备败，课士育材，用继不佞尊圣娭神崇文毓秀之苦心，阳山滦水其式凭之。

康熙己未中宪大夫、直隶永平府知府　三韩常文魁撰。

经不欲详，史不欲简，兼之者志也。《夏书》所载禹八年治水九州，作《贡》之文不满百行。夫子修《春秋》皆经国大训，人有微而不名，事有小而不纪，以是知经之不欲详也。且夫子叙《书》断自尧舜，而太史公作《史记》则远述轩皇，欧阳文忠尚论五代之际，虽滑稽小说有所不遗，以是知史之不欲简也。然则志何以兼之，昔明人作《一统志》详书风俗、政事，而略于文章，意者其有得于此乎？《永平志》自莱阳宋观察刊定以来，终今五十余年，未经修辑，采风者忧之。方今主上励精图治，省耕省敛之使不绝于路，闵蝗闵雨之诏频下于庭。又尝命馆阁之臣，录子史之精华，辑皇舆之表鉴，以备乙夜之览。恭惟天子大圣一日万几（机），且犹孜孜汲汲考镜古今，以求通天下之情，如此其至也。然则有天下者忧天下，有官守者忧官守，亦固其所。予承乏永平五年于此矣，上之不能修明教化，襄赞太平之治；次之不能亲历田间问民疾苦，宣上德意；下之有司一掌故之书，亦复残阙不举，庸非官守之戾欤？缘积退食余工，考前事之得失，剌民间之利弊，稽于官，谋于野，谘诹于士大夫家。凡所谓五十年来，未经补缀者，悉书于策，苟完一郡之章程，留俟后贤之鉴定，内久因职方之采取，外次见《通志》之集成盖放乎史之意而不欲简也。然不敢夸多斗靡也，有若孟姜哭城、湘子遗影、飞将军射石之类，事涉不经，无关吏治，或存而弗辨，或削而不书，夫亦遵乎经之旨，而不欲详也。其节孝之事迹独加详者，以为意在励民，可垂世范也，吾因之且有感矣。士生斯世狃于科举之习，争为无用之文，一切经世之学废而不讲，一旦得志于有司，见用于皇家，寄之一官而授之以政，匪执滞而不达，则迂阔而难行。夫士不通经，固无足取，第徒守空言而不审实用，岂不可惜？王荆公有言“经术所以经世务”。予尝推其意而广之。曰：“经世之道存乎经；用世之鉴存乎史；通世之情存乎志。志也者，为政之先资也。盖可以忽乎哉！”明初有岢岚学正、山阴教谕二人给由至京师，孝陵召问民间事，皆对不知。孝陵怒曰：“宋儒胡瑗为湖州教授，其训诸生兼以时务。圣贤之道，所以济世也，民情不知，则所教何事？”由此观之，古之为人臣者，虽居清闲冷落，犹以民事为己任。否则人主亦将加之以罪，史臣书之以为后戒，而况其号为长民者哉！是志之成也，学博徐香、胡仁济实相与讨论之，宜著其勤为来者劝。

康熙辛卯，大中大夫、直隶永平府知府　东越张朝琮撰。

历代修志姓氏

明弘治辛酉，郡守江都吴公杰访构旧志，残缺舛讹，乃嘱致仕行人张廷纲，广文吴祺率诸生修辑府志。

万历辛卯副使归善叶公梦熊聘旧门下生闽人郭造卿修府志，时郡守山左陈公维城、与郡司理乌城沈公之吟同为修辑。

万历己亥，郡守新城徐公准嘱豫章隐君涂国柱修辑府志。

崇祯壬午，郡守三原李公，在公因郡志遭己巳火灾，复广采补辑，志成又值兵乱失稿未刊。

国朝顺治戊戌，观察副使莱阳宋公琬撰辑府志二十三卷，郡守宜兴路公遴参校，后辽阳彭公士圣订梓。

康熙戊申，郡丞寿州梁公泰来嘱山海卫教授钱裕国修辑。

康熙庚戌，漕运总督、郡人蔡公士英嘱郡丞会稽罗公京董理刊刻府志。

康熙己未，郡守三韩常公文魁嘱郡绅汪淑问、管声扬、孙如林，贡士韩鼎业、翟凤翥及杨生新鼎修补府志。

康熙庚寅，郡守萧山张公朝琮委府学训导徐香、卢龙县学教谕胡仁济续修府志。

新修职名

总　裁

特署永平府知府，今升江南松太道李奉翰，香林，奉天正蓝旗人，监生。

特授永平府知府顾学潮，小韩，江南元和县人，副贡。

总　修

敬胜书院山长、侯选知县王金英，菊庄，江南江宁县人，壬午举人。

分　修

永平府学教授王家干，莲溪，顺天昌平州人，丙戌进士。

卢龙县学教谕丁廷辅，远亭，顺天大兴县人，己卯举人。

昌黎县学训导郭鋐俊，茗仙，顺天大兴县人，庚午举人。

监生蔡瓶福，梦堂，奉天正白旗人。

参　订

滦州知州、今升定州直隶州知州孔传瀛，翰青，山东曲阜县人，廪贡。

滦州知州王述曾，希沂，贵州贵阳县人，附贡。

卢龙县知县胡淳，彬如，贵州修文县人，辛酉举人。

迁安县知县、今升蔚州知州靳荣藩，菉溪，山西黎城县人，戊辰进士。

迁安县知县、今升陕西宁羌州知州熊道阶，届堂，湖南巴陵县人，壬申进士。

迁安县知县乔钟吴，鸥村，江南上海县人，癸未进士。

抚宁县知县陈钟琛，紫岱，广西临桂县人，己卯举人。

抚宁县知县张若瀛，春堂，安徽桐城县人，监生。

昌黎县知县单燽，梅屿，山东高密县人，庚辰举人。

乐亭县知县赵大经，春涧，山东德州人，戊子举人。

临榆县知县、今升四川涪州知州陶淑，韦斋，江西南城县人，丁丑进士。

临榆县知县祁标，屏山，浙江山阴县人。

校　录

廪膳生卫理元，滦州人。

廪膳生宋文蔚，乐亭人。

廪膳生李美，卢龙人。

增广生孙廷玉，抚宁人。

附生沈永迈，临榆人。

附生齐逢年，昌黎人。

例　言

一　原志不分纲目，究无统括，今以八门为纲，曰封域、曰建置、曰赋役、曰学校、曰官师、曰选举、曰人物、曰艺文，其条目则各以类从，大约仿康对山先生《武功志》之式，而别出艺文一门以便检阅也。

一　永平为盛京孔道，圣祖仁皇帝銮舆屡经，皇上圣驾亦两度驻跸，恩赉沛如雨露，宸章昭于日星，敬谨备录冠之卷首，其原志首册世纪一卷改为纪事附于封域志之后。

一　原志沿革概录前史《地理志》，如汉则直抄《汉书》，北平、辽西两郡所属县漫不分别何县为今府地，兹详考更变之由，务在切实著明其星野、灾祥，原志征引亦多泛滥，如日蚀星变，第以缠度在箕尾，遂联篇书之，于义无当。兹采其有关斯地者，否则删之。

一　原志山川牵涉成片，观者茫然，今某山某水各为一条，其道里远近、名号更易，皆详加考订不致牵混。

一　原志风俗多载鄙事，我国家诞敷文教，百数十载边徼之民靡不蒸蒸向化，革薄从忠，今谨按时事订正，勿涉褒讥。

一　物产向多泛列，今只载地之特出者，或他郡同有，而此地更广者，余悉从略。其见诸史册者姑附以备考。

一　原志边防军卫多沿明季志书之旧，按之时势迥不相侔。我朝中外一家众志成城，营制较减于昔时，守御更严于边地，兹就现在者载入，期于简明便览也。

一　原志有大宁考一卷，盖本郭建初之旧，谓大宁无考当附载于永平之志，然往古之事既难尽存，徼外之形亦难周察，今摘其大要附于建置之末。

一　赋役志，依《赋役全书》及乾隆三十五、六等年奏销册参核，载入其经费之，已裁者则删之，而以盐法附于后。若永平之漕运非惟今所不行，即欲存其说，而河道变迁亦难执以相绳，故不另立条目而叙其略于海防之后。

一　学校志，以阙里文献考为本，备载祀典及一切制度，以资博览。而书院、义学所以匡辅庠序，故并著于篇。一古之列爵建官其治国一也，而南北朝以下封爵则以空名系之，并不实治其地，然名亦不可废，今仍原编而列于官师志之首以备参阅。

一　选举志，原志颇有讹错，如金之任询史云易州平市人，明之朱明时则题名碑并无此名。今据史传及题名碑详加订正。举贡以下则从县志及县册所报，至《滦州志》明代有制贡诸人，按《明史》无制贡之名而滦州所载有一年数人者，细推其故盖以纳贡而美其称也，故原府志俱不收入，今仍从之其以纳贡出仕者列入职员。

一　原志后妃一条，载燕之段氏、辽之萧氏，牵涉无谓，而石恪妃传援引梦异报应之说，颇涉不经，并删之。

一　永平人物以夷齐二圣为尚已，韩文公生于河南，其封昌黎伯则以族望而封之，且唐以前之昌黎，非今之昌黎县，昔人辨之已详，然自前明立庙设祀居然此邦之彦矣。至于程普，则史云北平土垠人，屈遵昌黎徒河人。韩麒麟昌黎棘城人。窦瑗辽西辽阳人，原志亦多列入，未免借材之诮，即李光弼之营州柳城亦非今郡地，如此类者一概从删。惟史只云辽西人不言何邑者则姑阙疑。

一　人物如正史有传者从原传录入，其正史无者采之原志及各县志，要必有可传事实，若语涉通套及仅叙官阶者则从省，其名宦传去取亦仿此。

一　闺阁幽贞最为可悯，故节烈一门独详，庶孤芳不至泯灭，其在前代者仍依原志编次，凡本朝诸人则以已旌者居前。未旌者居后，而未旌之中又先其已故者，次其现存者。

一　艺文志，以文体分类，再以朝代分先后，原志中无关紧要及文义寻常者删之，其前贤文集与时人著作有可采者则补辑之，至各传已编入人物，故艺文志内不更收传文以免重复。

江宁王金英　澹人氏谨识

永平府
輿地圖

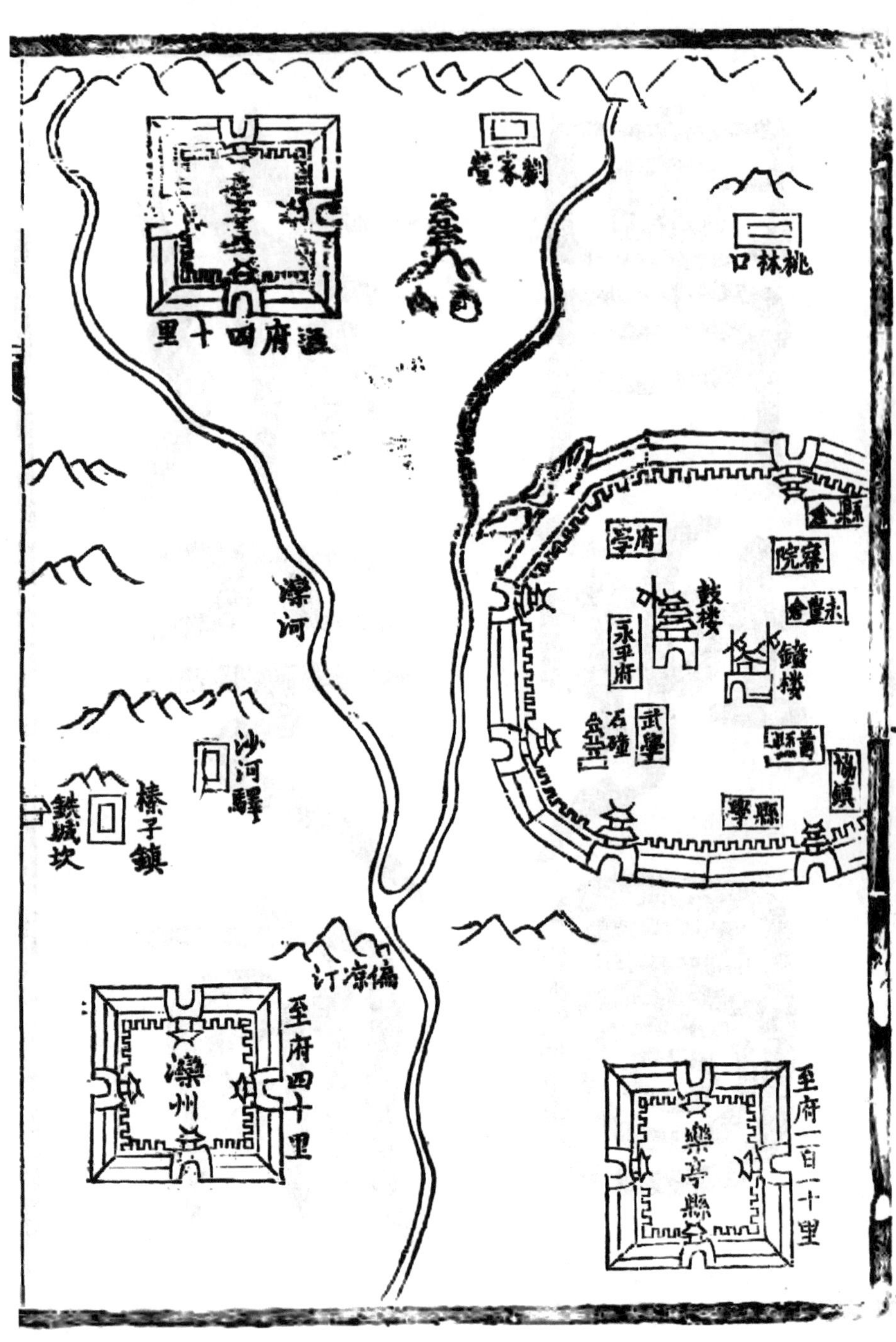
劉家營
桃林口
遷府四十里
西山
灤河
府學
察院
縣倉
永豐倉
鼓樓
永平府
鐘樓
石碑
武學
協鎮
縣學
沙河驛
榛子鎮
鐵城坎
偏涼汀
灤州
至府四十里
樂亭縣
至府一百一十里

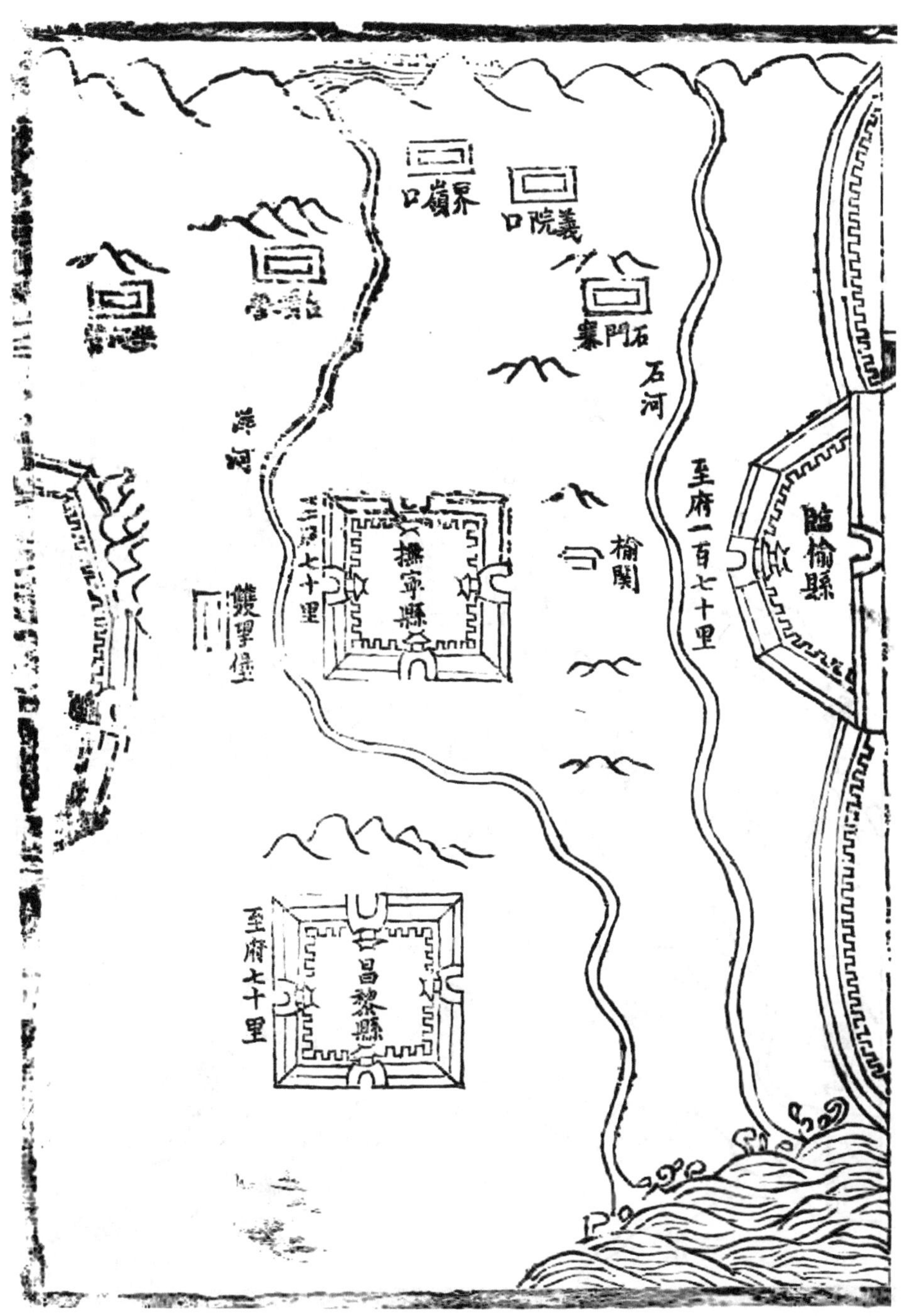
界嶺口
義院口
石門寨
石河
洋河
至府七十里
撫寧縣
榆關
至府一百七十里
臨榆縣
雙望堡
至府七十里
昌黎縣

盧龍縣輿地圖
桃林山
黃崖山
盤龍山
兵馬峪
橫山
梯子山
紅山
抗頭石
重峪關
黑崖子河
三角山
石虎山
查兒山
北安山
韓莊坨
青石峪
牛毛嶺
桃花峪
馬蘭坡
東嶺
部落嶺
大牛山
白溝河
茄子山
獅子嶺
陽山
芝麻山
青沙頂
鷹窩峪
花家峪
淘金河
大毛山
黑石里
大嶺
筆架山
福山
燗子山

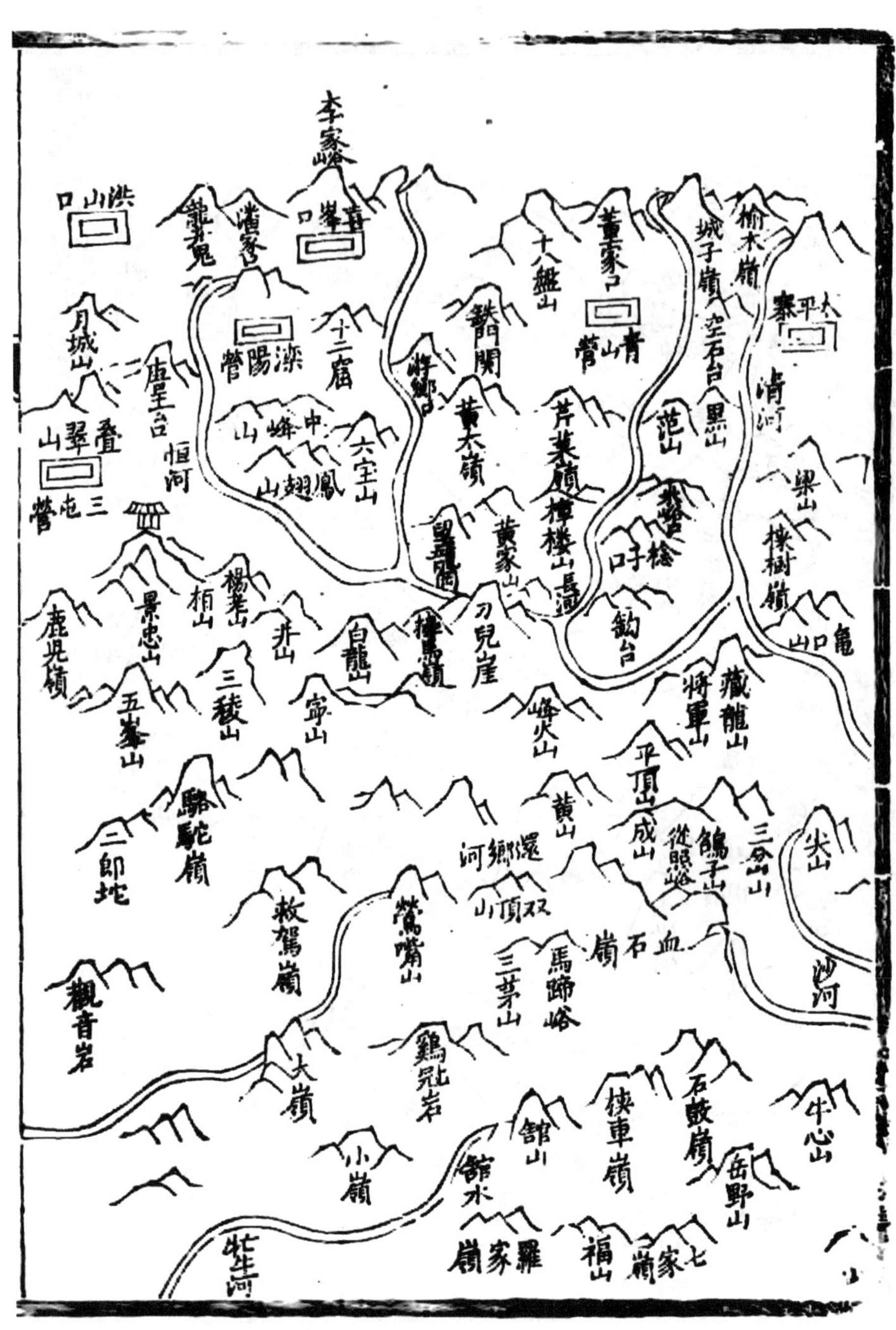
李家峪
洪山口
喜峰口
灤陽營
月城山
中峰山
六宝山
鳳翅山
恒河
疊翠山
三屯營
十八盤山
董家口
青山營
榆木嶺
城子嶺
空石台
黑山
大平寨
清河
梁山
樑樹嶺
龜山口
鹿兒嶺
五峯山
三稜山
白龍山
刀兒崖
藏龍山
將軍山
峰火山
平頂山
黄山
駱駝嶺
二郎坨
還鄉河
成山
鴿子山
三岔山
尖山
雙頂山
救駕嶺
血石嶺
馬蹄峪
三芽山
沙河
觀音岩
大嶺
鷄冠岩
石鼓嶺
牛心山
小嶺
舘山
挾車嶺
岳野山
舘水
羅家嶺
福山
七家嶺

遷安縣輿地圖
都山
縣治
三里河
灤河
黄台山
秦王頂
龍泉山
建昌
降龍山
長山
萬軍山
牛山
野狐峪
羅家庄
分水嶺
野鷄坨
羊角山
松汀山
安山口
石佛山
五重安
劉家營
武家山
河架山
岳孤山
于家坎
白羊山
高麗山
蛇山

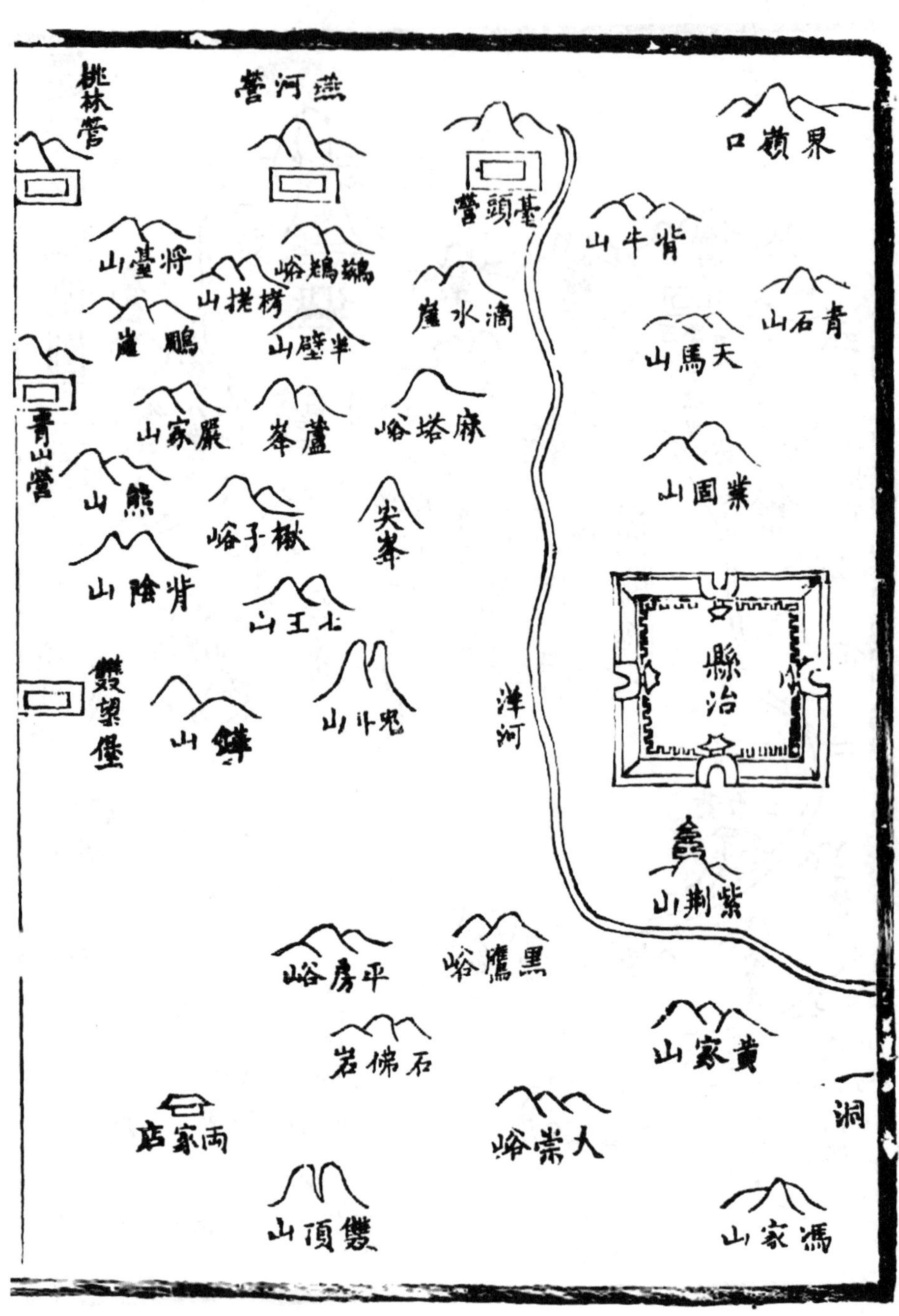
桃林營
燕河營
臺頭營
界嶺口
背牛山
將臺山
鵜鶘峪
榜撓山
滴水崖
青石山
鵰崖
半壁山
天馬山
青山營
巖家山
蘆峯
麻塔峪
業園山
熊山
楸子峪
尖峯
背陰山
七王山
縣治
雙望堡
鐘山
鬼斗山
洋河
紫荊山
黑鷹峪
平房峪
黃家山
石佛岩
洞
兩家店
大崇峪
雙頂山
馮家山

撫寧縣輿地圖
一片石
石門寨
黃崖山
黃土嶺關
九花崖
石門山
芙蓉山
桃兒峪
八角山
摳角山
塔子山
青陽山
羊角山
偏頂山
渝河
石河
横山
臨渝山
里海崗
牛頭崖
對嘴崖
聯峯山
話石
戴家河
孤山
秦王島
尖山
金山嘴

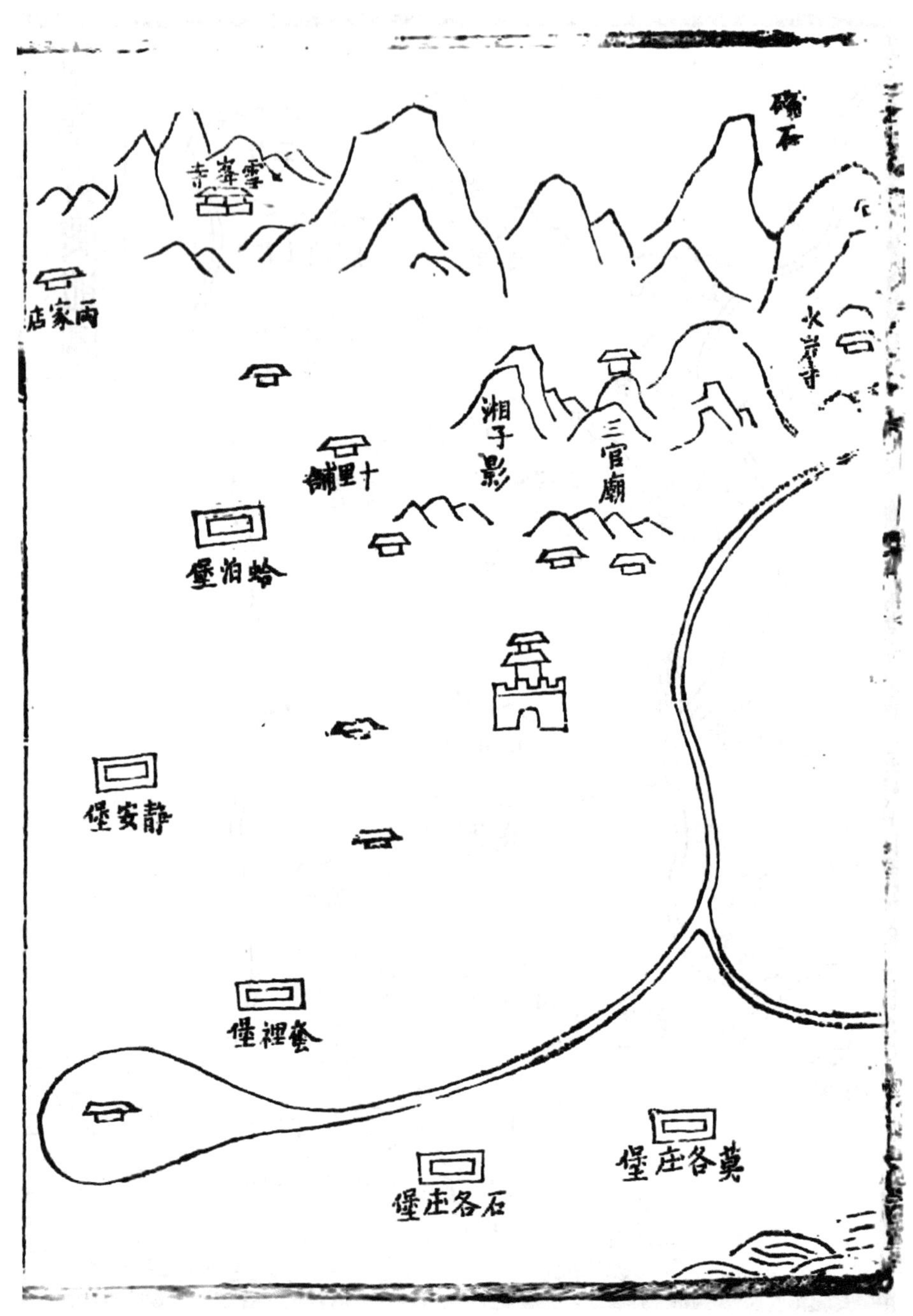

碑石
雪峯寺
兩家店
火岩寺
湘子影
三官廟
十里舖
蛤泊堡
靜安堡
套裡堡
莫各庄堡
石各庄堡

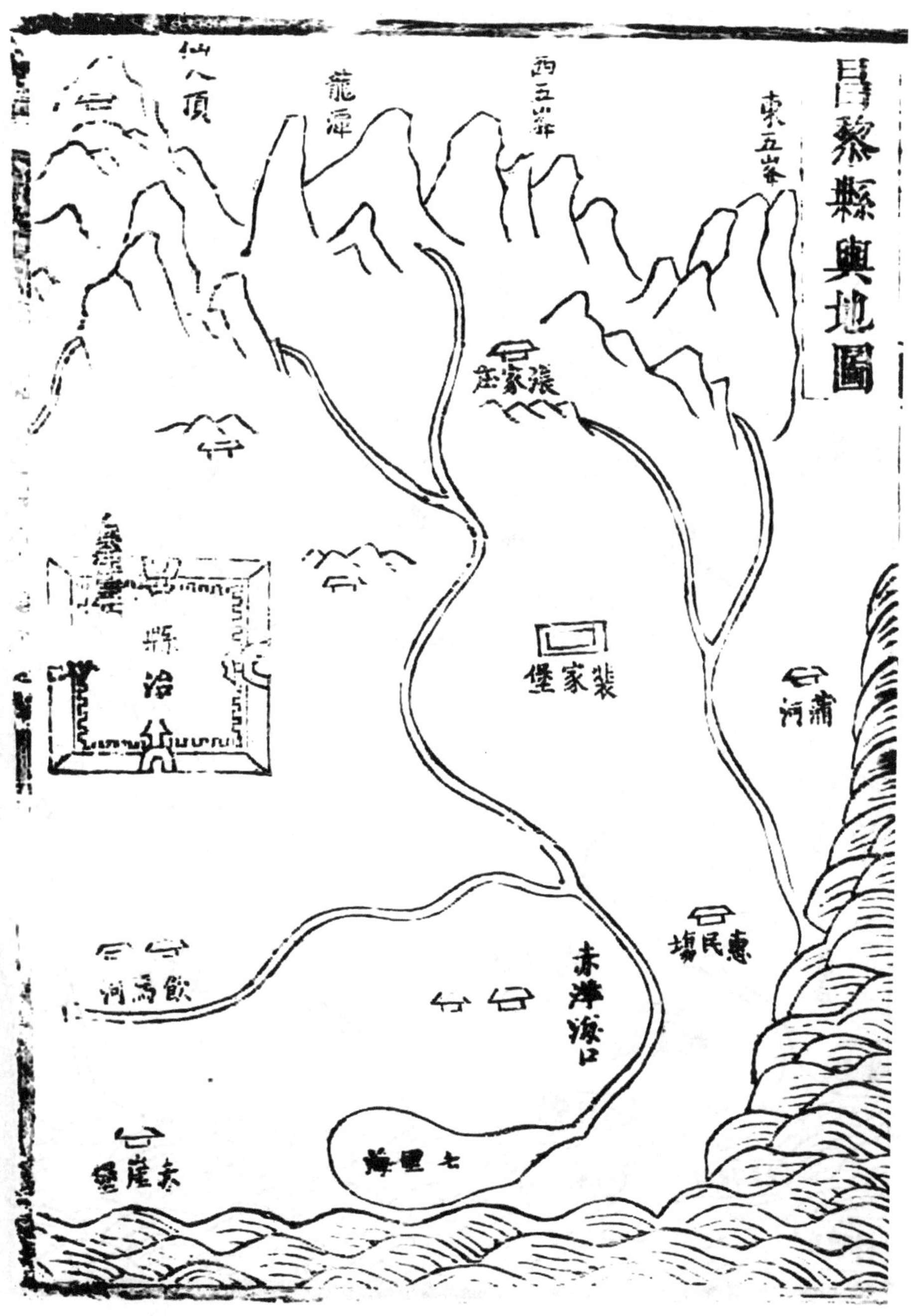
昌黎縣輿地圖
仙人頂
龍潭
西五峰
東五峰
張家庄
裴家堡
蒲河
縣治
飲馬河
赤洋海口
惠民場
七里海

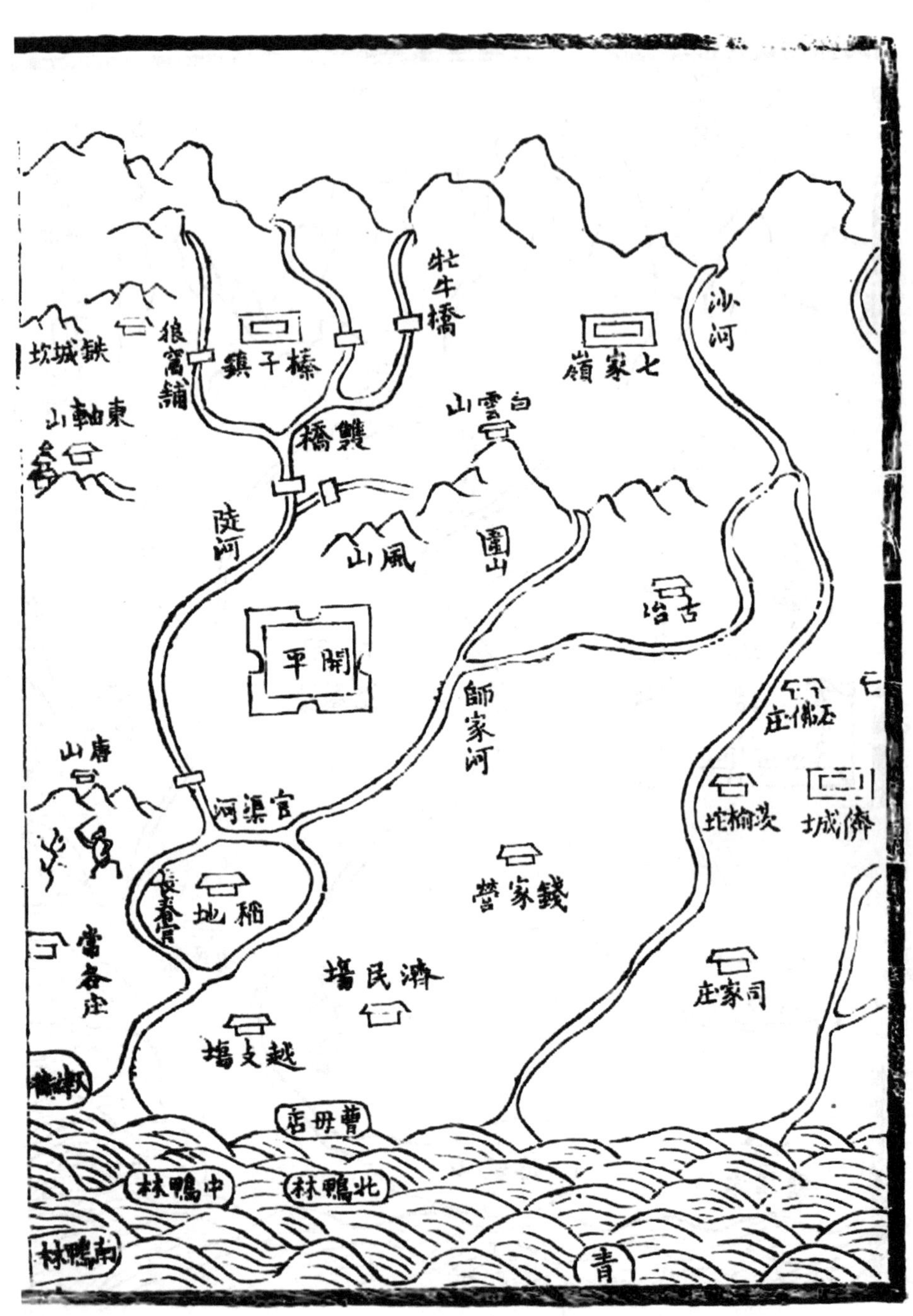
牤牛橋
沙河
狼窩舖
榛子鎮
七家嶺
鉄城坎
白雲山
東軸山
雙橋
陡河
風山
團山
古冶
開平
師家河
石佛庄
唐山
官渠河
淡榆坨
倴城
錢家營
稻地
常各庄
濟民墻
司家庄
越支墻
曹毋店
中鴨林
北鴨林
南鴨林
青

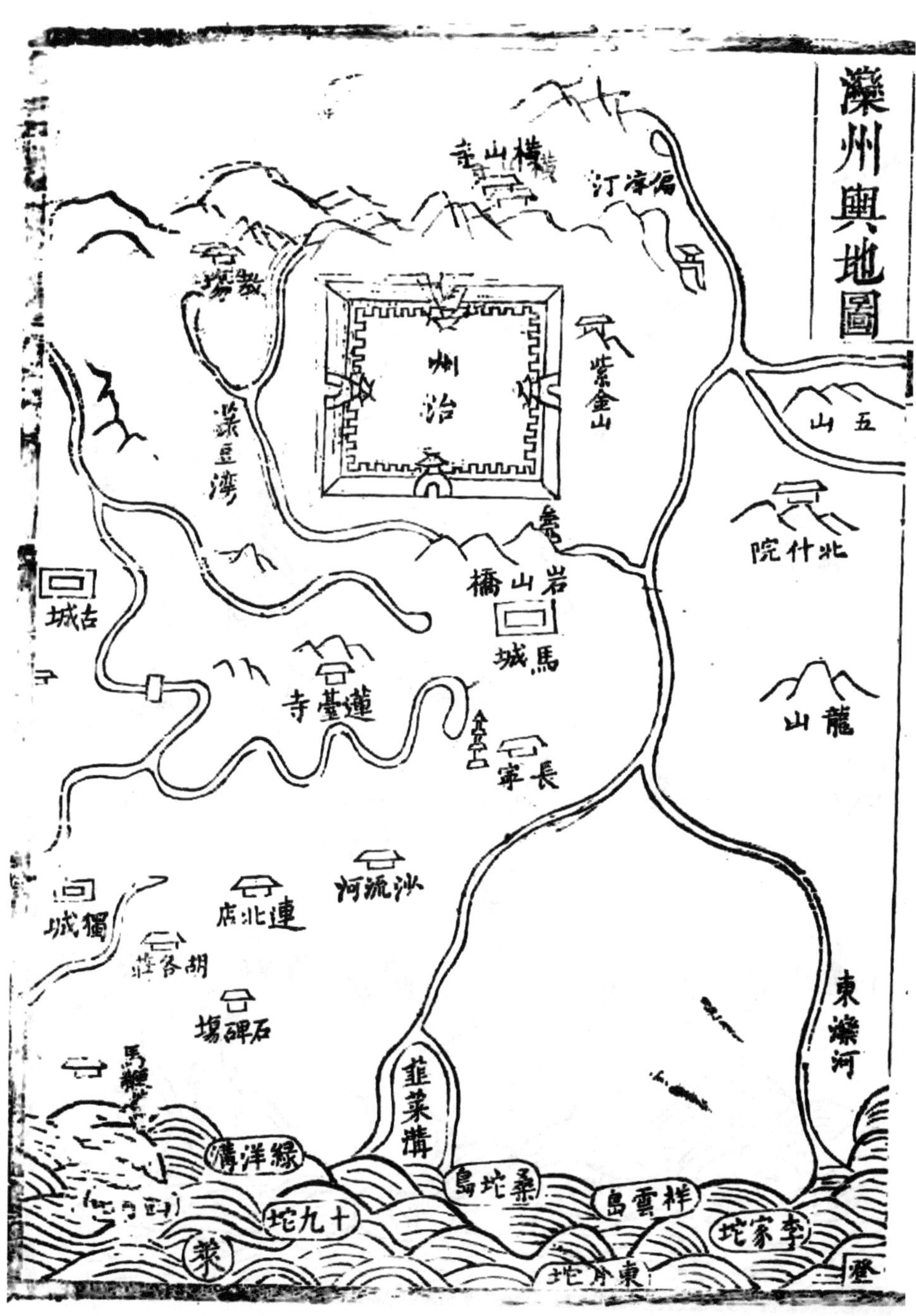
灤州輿地圖
州治
紫金山
五山
北什院
岩山橋
馬城
古城
蓮臺寺
龍山
長寧
沙流河
連北店
獨城
胡各莊
石碑場
綠洋溝
韭菜溝
桑坨島
祥雲島
李家坨
十九坨
東月坨
東灤河

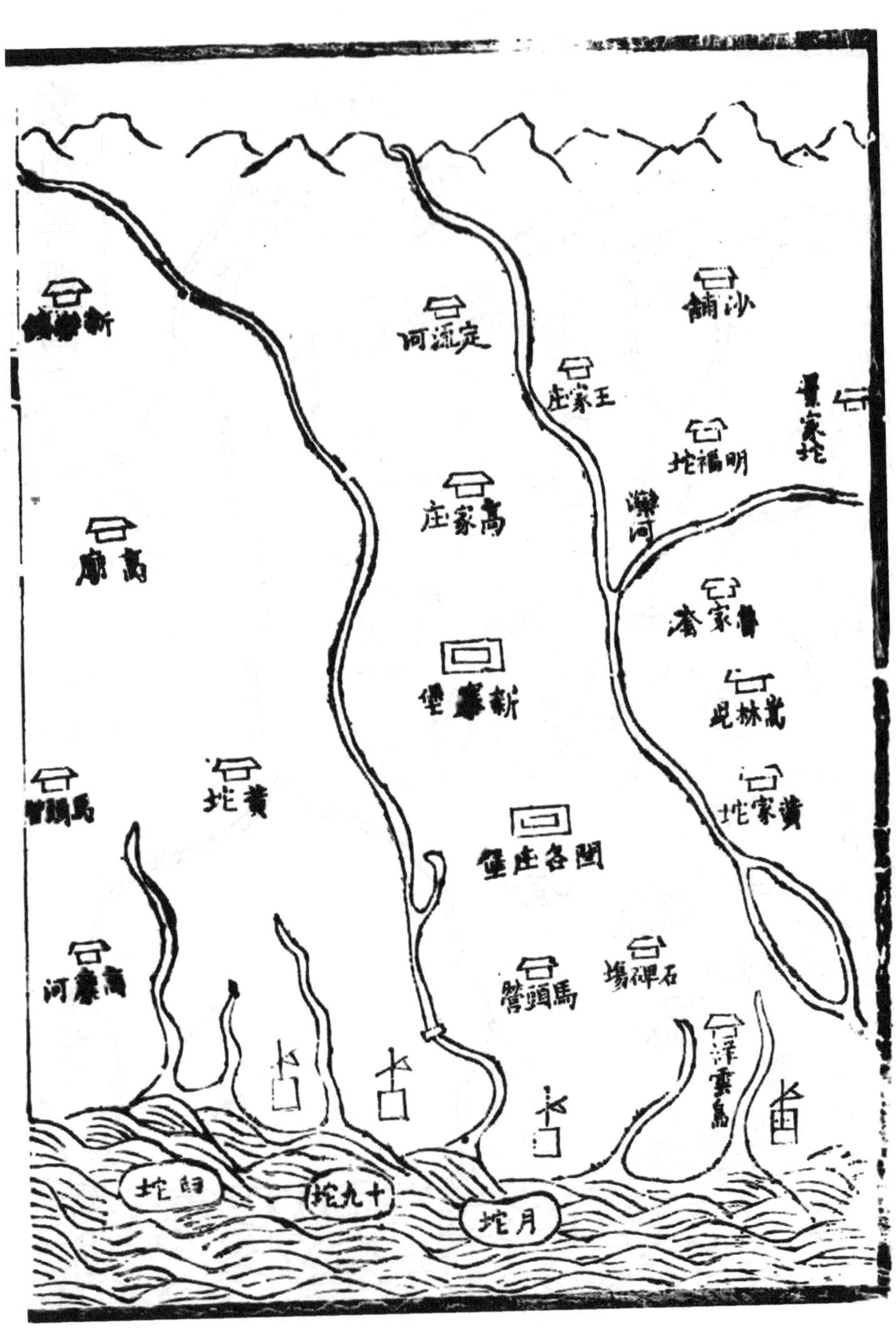
定流河
沙舖
王家庄
明福坨
景家坨
高家庄
高廟
灤河
新寨堡
黃坨
黃家坨
閻各庄堡
高寨河
馬頭營
石碑場
浮雲島
十九坨
月坨

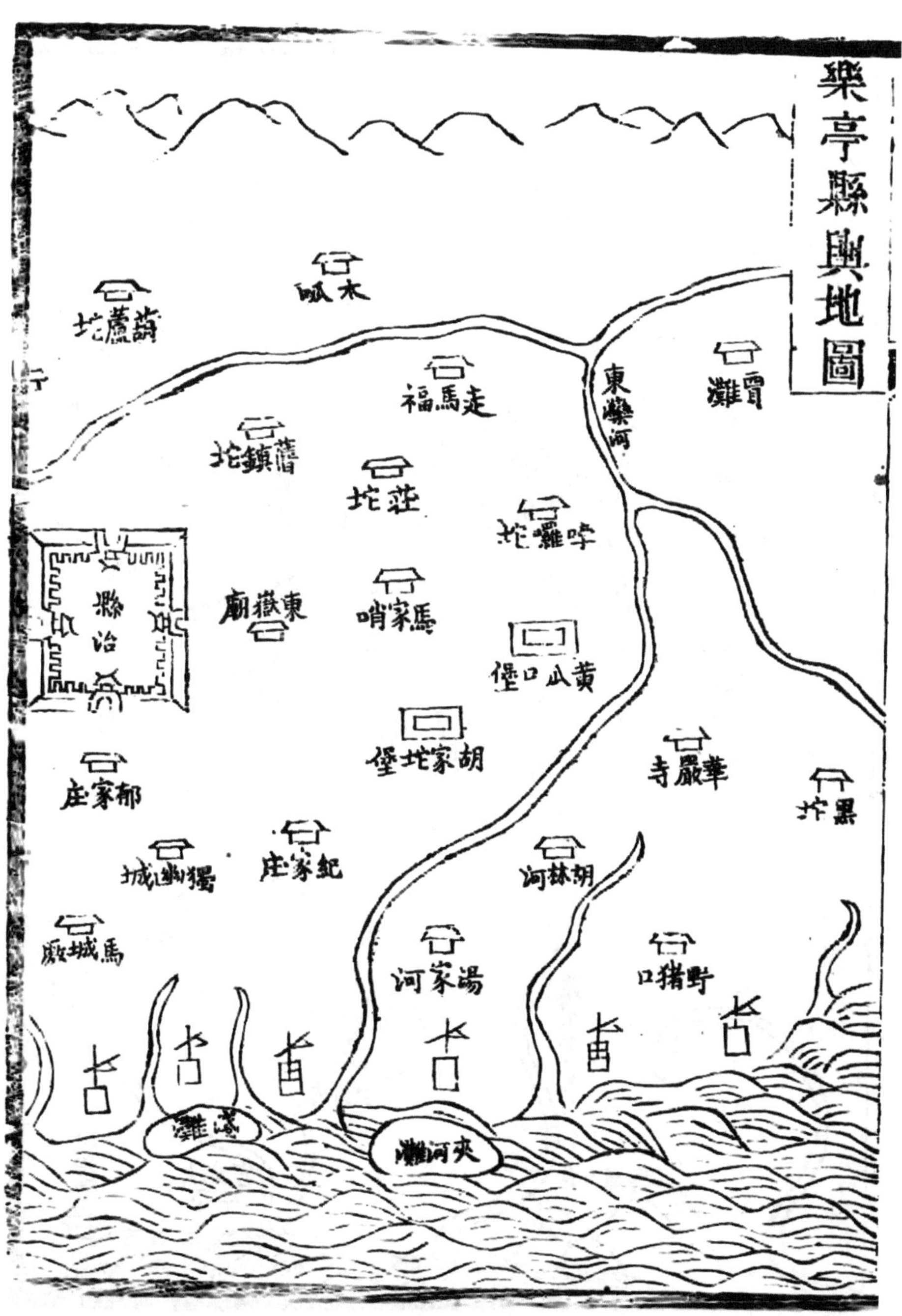
樂亭縣輿地圖
東灤河
縣治
走馬福
胡家坨堡
黃坨口堡
馬家哨
東嶽廟
華嚴寺
湯家河
胡林河
紀家庄
郝家庄
野猪口
夾河灘

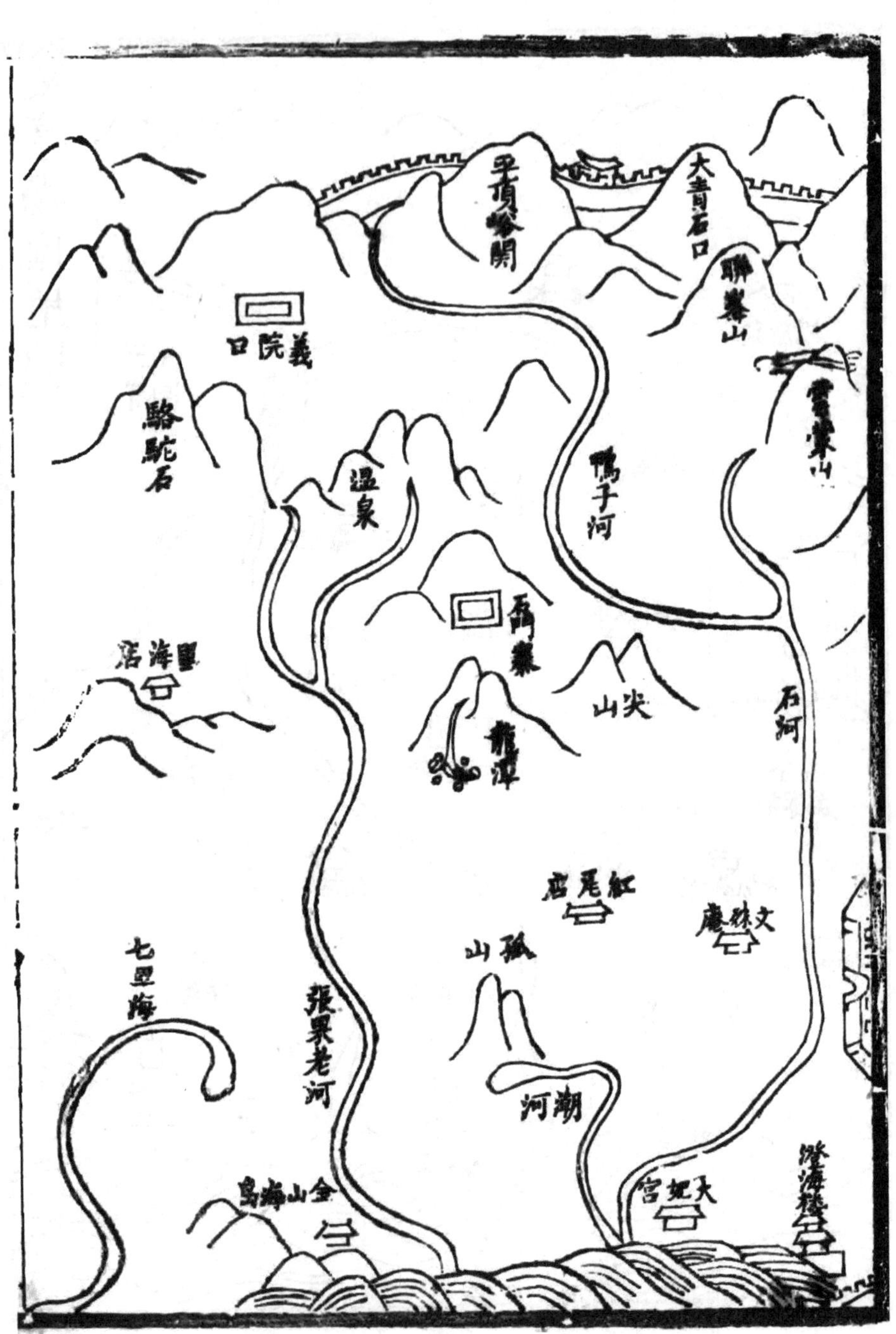
平頂峪關
大青石口
聯峯山
義院口
駱駝石
溫泉
鴨子河
尖山
龍潭
石河
文殊庵
孤山
七里海
張果老河
潮河
天妃宮
澄海樓

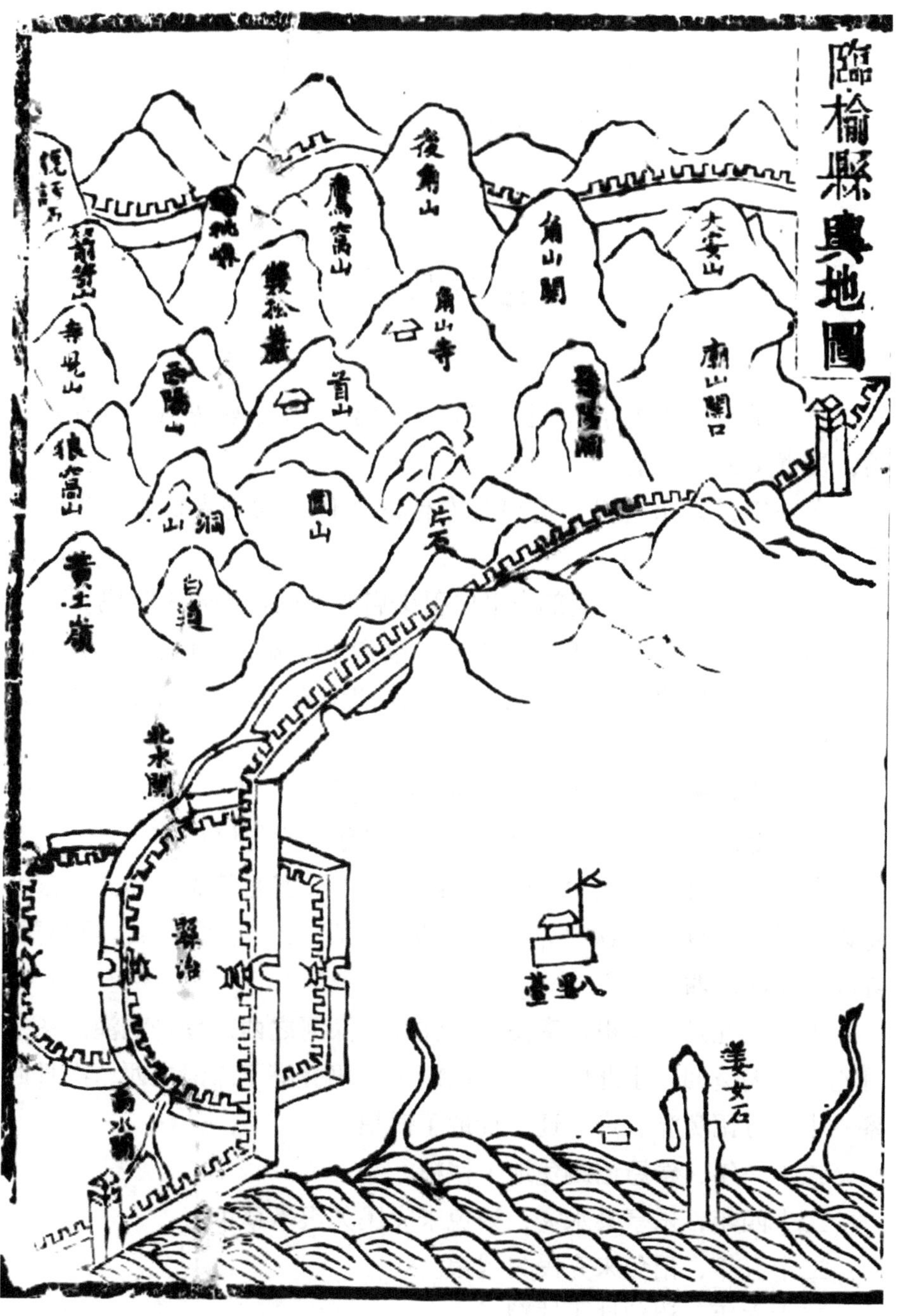
臨榆縣輿地圖
後角山
鷹窩山
角山關
大安山
角山寺
首山
圓山
一片石
狼窩山
黃土嶺
北水關
縣治
南水關
姜女石

卷之首

巡幸恩赉

顺治元年，秋九月，世祖章皇帝入关经永平，驻跸城外抚安各州县，赏赉文武官有差。

十一年，以永平饥，遣吏部左侍郎佟代，大理寺卿郝杰赍银布赈之。

十五年夏五月，遣刑部尚书白引谦启心郎巴格赈永平贫民。

康熙六年，秋九月丁巳，圣祖仁皇帝幸迁安，驻跸城南谢留庄，戊午由清节祠驻跸滦河西，己未驻跸滦州南岩山，庚申驻跸钱家营，辛酉回銮。

七年诏发帑金遣官修边城，赈永平饥民。

八年夏六月，诏追归本年所圈民房民地，永行停止。

九年冬十月，圣祖幸三屯，驻跸东寨，文武官朝见，命武臣自副将以下较射，赐宴。次日幸永平，驾由北门入，自西门出，至御营，驻跸于滦河之西。

十年秋九月，圣祖东幸谒陵，驻跸于滦河之西，登舟观渔。冬十月乙己，谒陵回，由北门入，自西门出，仍驻跸于滦河之西，次日回銮。十一月诏免滦、卢、迁、抚地丁钱粮。

二十一年，奉恩诏蠲免地丁钱粮。

二十四年，乐亭县水灾，诏免未完民欠银米草束。

二十五年，诏免未完民欠钱粮。

二十六年，诏免地丁钱粮。

二十七年，诏赏八十、九十、百岁老人银米绢肉有差。

二十八冬十月，圣祖送孝懿仁皇后梓宫至陵，幸米峪口，狩于九山。

二十九年，诏免钱粮之半。

三十年冬十二月，圣驾幸米峪口，狩于九山，驻跸七日，获虎五只，诏改九山为五虎山。

三十二年冬十一月，圣祖谒陵，幸米峪口，狩于五虎山。

三十三年，诏免地丁钱粮。冬十一月，驾幸米峪口，狩于五虎山。

三十五年，诏免地丁钱粮。

三十六年冬十月，驾幸米峪口，狩于五虎山。

三十七年冬十一月，圣祖东幸谒陵回，进山海关，道经永平北门，驻跸于滦河之西，次日幸米峪口，狩于五虎山。

三十八年冬十一月，圣祖谒陵，幸米峪口，狩于五虎山。皇太子奉天谒陵回，进山海关，道经永平，观渔于偏凉汀。

三十九年冬十一月，驾幸米峪口，狩于五虎山。

四十年冬十二月，驾幸米峪口，狩于五虎山。

四十二年，诏赏八十、九十、百岁老人银、米、绢、肉有差。

四十三年春二月甲午，幸驾幸米峪口，狩于五虎山。

四十四年冬十一月，驾幸米峪口，狩于五虎山。

四十五年冬十一月，驾幸米峪口，狩于五虎山，出喜峰口。

四十八年，诏赏八十、九十、百岁老人银、米、绢、肉有差。冬十一月，驾幸米峪口，狩于五虎山。

四十九年冬十月甲子，奉恩旨全免康熙五十年地丁钱粮，并历年民间旧欠。十一月，大雪严寒。驾幸米峪口，出董家口。

五十年十一月，上东巡，二十四日驻跸三屯营，二十五日次滦阳城，二十六日驾出喜峰口，驻跸梦子岭。诏免地丁钱粮，并积年民欠。

五十二年，诏免地租，并积年民欠。

五十四年，诏免地丁银、米、豆、谷、草束。

五十六年，诏免地丁钱粮。

雍正元年，诏赏老人米布有差。

七年诏免地丁钱粮。

八年诏免地丁钱粮。

九年诏免地丁钱粮。

十三年，诏赏老妇米布有差。

乾隆四年，恩诏蠲免钱粮。

八年十月十六日，皇上自盛京旋跸入榆关，登澄海楼，与侍从诸大臣联句赋诗，道经永平郡城，幸清节庙，经过御道蠲免钱粮十分之三。

十年，钦奉恩诏普蠲地丁钱粮。

十五年，诏免未完民欠银、米、草、束，赏老妇有差。赈乐亭灾。

十六年，诏赏老人银、米、绢、肉有差，赈饥蠲粮。

十九年秋，由吉林至盛京谒陵旋跸，十月二日入关，登澄海楼，与侍从大臣联句赋诗，经永平幸夷齐庙及偏凉汀，经过御道蠲免钱粮十分之三。

二十六年诏赏老人绢、绵、米、肉有差。

二十七年，滦州水，诏赈饥民二十二万三千余口，共米九千五百三十四石零，银二万一千六百二十五两九钱零。

三十五年，恩诏普蠲地丁钱粮。

天章

圣祖仁皇帝御制文

训饬士子文

国家建立学校原以兴行教化，作育人材，典至渥也。朕临御以来隆重师儒，加意庠序，近复慎简学使，厘剔弊端，务令风教修明，贤才蔚起，庶几棫朴作人之意。乃比年士习未端，儒效罕著，虽因内外臣工奉行未能尽善，亦由尔诸生积锢已久，猝难改易之故也。兹特亲制训言，再加警饬，尔诸生其敬听之。从来学者先立品行，次及文学，学术事功原委有序。尔诸生幼闻庭训，长列宫墙，朝夕诵读宁无讲究，必也躬修实践，砥砺廉隅，敦孝顺以事亲，秉忠贞以立志，穷经考业，勿杂荒诞之谈；取友亲师，悉化骄盈之气。文章归于醇雅，毋事浮华，轨度式于规绳，最防荡轶。子矜佻达自昔所讥，苟行止有亏虽读书何益！若夫宅心弗淑，行己多愆，或蜚语流言，胁制官长；或隐粮包讼，出入公门；或唆拨奸猾，欺孤凌弱；或招呼朋类，结社邀盟。乃如之人名教不容，乡党弗齿，纵幸脱褫扑，滥窃章缝，返之于衷宁无愧乎？况乎乡会科名乃抡才大典，关系尤钜，士子果有真才实学，何患困不逢年，顾乃标榜虚名，暗通声气，夤缘诡遇罔顾身家，又或改窜乡贯希图进取，嚣凌腾沸网利营私，种种弊端深可痛恨！且夫士子出身之始尤贵以正，若兹厥初拜献，便已作奸犯科，则异时败检逾闲何所不至，又安望其秉公持正，为国家宣猷树绩膺后先疏附之选哉！朕用嘉惠尔等，故不禁反复惓惓。兹训言颁到，尔等务共体朕心，恪遵明训，一切痛加改省，争自濯磨，积行勤学以图上进。国家三年登造，束帛弓旌，不特尔身有荣，既尔祖父亦增光宠矣。逢时得志宁俟他求哉！若仍视为具文，玩愒弗儆，毁方跃冶，暴弃自甘，则是尔等冥顽无知，终不能率教也。既负栽培，复干咎戾，王章具在，朕亦不能为尔等宽矣。自兹以往，内而国学，外而直省乡校，凡学臣师长皆有司铎之责者，并宜传集诸生多方董劝，以副朕怀。否则职业弗修，咎亦难逭，勿谓朕言之不预也，尔多士尚敬听之哉！

杂著一则

山海关澄海楼旧所谓关城堡也，直峙海浒，城根皆以铁釜为基。过其下者，覆釜历历在目，不知其几千万也。京口之铁瓮城徒虚语耳。考之志册，仅载关城为明洪武年所建，而基址未详筑于何时，盖城临海冲，涛水激射非木石所能久固。昔人巧出此想，较之镕铁屑炭更为奇矣。

圣祖仁皇帝御制诗

登景忠山

景忠远上日方阑，岩壑层层生早寒。
岭腹冻云凝玉仗，山中瑞气接仙銮。
鸣钟涧里经声近，击鼓楼前树影残。
缭绕旌旗萦石道，六龙行处万民观。

滦　河

寒边远绕至滦河，澈底清明不见波。
驻跸徘徊千万里，石鲸两岸影嵯峨。

入喜峰口

一道鸣銮度，三驱振旅还。
莓苔天半石，松栝雨中山。
险设关门壮，时清堠火闲。
孝陵佳气近，缥缈翠微间。

夷齐庙并序

永平府治西古孤竹城，夷齐庙在焉。滦水经其前，清风台峙其后，倚岩俯流足以登眺。夫夷齐孤竹君之二子也，能让侯封不食周粟，采薇首阳山独行其志。孟子以圣之清称之。盖人惟能立节自可垂名。夷齐之去国洁身不求人知，而庙貌千古迄今犹存。吁！造诣其可忽乎哉！

滦河水清驶，荒山屹然峙。
上有孤竹城，乱石半倾圮。
堂庑既具观，庙貌亦俨尔。
缅怀商代末，天下渐披靡。
兹地实藩封，人民差可恃。
兄弟以义让，富贵如敝屣。
叩马谏周王，遁语昭青史。
遁迹首阳山，薇蕨何其美。
万载挹高风，顽懦闻之起。
苍苍台下松，汤汤台前水。
劲节与澄流，不愧相比拟。
亭峦碧山阿，怀古未能已。

滦水泛舟

平沙漠漠接长河，天际浮云落照多。
两岸苍山相竦峙，扁舟一棹任清波。

经永平城南

三代幽偏地，秦时右北平。
川原绵大陆，形胜借坚城。
晴日初迎辇，春风暗拂旌。
龙山遥入目，缥缈白云横。

抚　　宁

辇路平铺孤屿东，日华升处海云红。
忽听百舌春啼巧，尽在苍条古木中。

山海关　并序

连山据海，地固金汤，明时倚为险要，设重镇以守之。我朝定鼎燕京垂四十年，关门不闭，既非设险，还惭恃德，偶赋数言聊以记事。

重关称第一，扼险倚雄边。
地势长城接，天空沧海连。
戍歌终岁苦，插羽不时传。
作镇隆三辅，征输困百年。
笳寒龙塞月，甲冷雉楼烟。
历数归皇极，纲维秉化权。
漫劳严锁钥，空自结山川。
在德诚非易，临风更慨然。

蒙恬所筑长城

万里经营到海涯，纷纷调发逐浮夸。
当时用尽生民力，天下何曾属尔家。

姜 女 祠

朝朝海上望夫还，留得荒祠半仞山。
多少征人埋白骨，独将大节说红颜。

入山海关

长城尽处海山奇，守险无劳百万师。
环宇苍生归历数，当年指顾定鸿基。

永平驻跸

飒飒风声响画旗，滦河东岸猎归时。
庙堂几务亲裁决，非是行帏寐独迟。

御 制 诗

乾隆八年及乾隆十九年作

山 海 关

恭依皇祖圣祖仁皇帝元韵。
取豫严扃钥，思蒙拓海边。
耕桑三辅接，形胜两京连。
羽卫初冬度，期门晓漏传。
桥山瞻此日，龙步想当年。
列巘余晴雪，遥林散曙烟。
迎眸浑似画，抚序正为权。
事异丸封谷，心期舟济川。
拳拳思在德，大训更昭然。
（在德诚非易，临风更慨然。皇祖诗句也）

姜 女 祠

山海关外数里，姜女祠在焉，祠前土邱为姜女坟，望夫石在其侧。俗传姜女为杞梁妻，始皇时因哭其夫而崩长城。今山西潞安，直隶古北口，并此处皆有姜女祠。考杞梁之事见于《左传》《孟子》，非始皇时人可知，即《列女传》载有崩城之说，亦无长城实据也。然其节义有可尚者，故题以诗并识其梗概焉。

凄风秃树吼斜阳，尚作悲声吊国殇。
千古无心夸节义，一身有死为纲常。
由来此日称姜女，尽道当年哭杞梁。
长见秉彝公懿好，讹传是处也何妨。

登海楼望海作

斫辘金轩展祀旋，偶临杰阁眺瀰漾。
漫言此后难为水，试望当前不辨天。
秦帝关存终失鹿，汉皇舟阻未成仙。
拟澂坎部留吟句，只恐雕龙让广川。

再题澄海楼壁

我有一勺水，泻为东沧溟。
无今亦无古，不灭亦不盈。
腊雪难为白，秋旻差共青。
百川归茹纳，习坎惟心亨。
却笑祖龙痴，鞭石求蓬瀛。
谁能忘天倪，与汝共濯清。

澄海楼联句

乾隆八年十月十六日，自盛京蒇事还京，道入榆关，登澄海楼，望雪霁千峰，波明万顷，天容海色，洵属奇观，时张照、梁诗正侍从，因与联句，凡字画涉水部者概不用，仿欧阳咏雪禁体也。

御制　　康回昔凭怒，使地东南倾。
　　　　太始本无始，
臣张照　　常盈是不盈。双丸出其里，
　　　　元气鼓为营。岛屿藐拳石，
御制　　轩楼敞绣甍。龙葱疑贝阙，
　　　　仿佛见瑶京。鞭石桥终断，
臣梁诗正　　嘘烟市乍更。星槎何处转，
　　　　鳌柱若为擎。邈矣端倪豁，
御制　　雄哉气象峥。禹功思四载，
　　　　秦业剩孤城。万壑朝宗此，
臣张照　　纤珠茹纳并。由来无寸土，
　　　　亘古只空明。直上到天险，
御制　　横陈据地振。目迷光晶皓，
　　　　耳骇声砰轰。精卫填难尽，
臣梁诗正　　长虹驾可成。三壶远萦带，
　　　　重屿销飞鲸。赋羡木华博，

御制　　吟推玉局英。平铺历劫雪，
　　　　喜遇初冬晴。望叹曾闻若，
臣张照　　来游谁逐蜻。内光含煜煜，
　　　　阴火凉荧荧。绝域随风达，
御制　　方诸应月呈。坎重不失信，
　　　　天一乃居贞。比乐韶观止，
臣梁诗正　　如山圣景行。空传香像蹈，
　　　　谬执窄蠡评。有以谦能受，
御制　　虚将白自生。苞乾恢度量，
　　　　吐日焕晶莹，永奠寰区晏。
　　　　仙乡底问程。

乾隆十有九年秋，由吉林至盛京恭谒三陵，礼成旋跸，以孟冬二日入关，再登澄海楼，距癸亥前游周一纪矣。星霜亟易，风景犹新，爰续举成例，命汪由敦、刘纶，用禁体联叠前韵，既畅登临，并志岁月云。

御制　　坤载既盘礴，坎德靡亏倾。
　　　　脉属天地气，
臣汪由敦　　量应朝夕盈。朱垠暨闽广，
　　　　逆野奄幽营。再巡临碣石，
御制　　重登俯雕甍。梁适侍子舍，
　　　　张骞返仙京。壁诗犹好在，
臣刘纶　　屋筹凡几更。螺丸大块点，
　　　　屃负岑楼擎。霞标傍槛矗，
御制　　雪峤罗窗峥。东叟寻蓬屿，
　　　　巨蜃吹层城。雾露不辞受，
臣汪由敦　　壑谷容来并。雪锦织迴紫，
　　　　玉绳接通明。阳侯逞陵轶，
御制　　岳祇恣磓振。斫阵万马骇，

突围千牛轰。禁体续前例，
臣刘纶　罚期严后成。毵毫蘸勺蠡，
犗饵投长鲸。志怪迹谁核，
御制　求真才岂英。一杯纳日月，
亿劫嘘阴晴。底事称白鹭，
臣汪由敦　奚从款红蜻。爰居享鞺鞳，
鲛室眩煌荧。藏积凡书列，
御制　钜最韩碑呈。何无复何有，
曰虚亦曰贞。赤石灵运进，
臣刘纶　绿绮成连行。远航越裳候，
奇尽贾胡评。隐娥归墟守，
御制　飓母舶趠生。珊瑚周其趾，
蠙珠灿厥莹。壮观向空廓，
邮签慢促程。

夷齐庙

卢龙孤竹城夷齐庙在焉，史称夷齐耻食周粟饿死首阳。诗云："采苓采苓，首阳之巅"，疏谓在河南蒲坂。而庄子则曰：首阳山在岐山西北。曹大家云：在陇西。《元和郡国志》谓首阳山在河南偃师。《说文》又谓在辽西。则是首阳凡五，各有证据，而其为夷齐饿死之处则一也，将孰之从？惟《辽史》所载营州邻海军下刺史本商孤竹国，今之卢龙即辽营州地也。《尔雅》所举孤竹，北户注谓：孤竹在北周时幅员不广，其以此处为极北固宜，然则《说文》所谓：首阳山在辽西者此为近之。殆以《诗》在唐风，而叩马而谏当武王伐纣之时，由是岐陇蒲偃皆附会其说耳。夫夷齐清风在天下，何处非首阳，岂争疆域乎？冕旒而墨胎以祀者尤非其志，因系以诗而考其说如此。

轩冕泥涂是本肠，肯容儒雅污冠裳。
薇苓依旧西山岵，顽懦羞登夫子堂。

只为心惭踪异武，敢将口实罪归汤。
岂争陇右还蒲左，天下清风尽首阳。

渡　滦　河

清跸转辰游，霜华画罕浮。
初冬迥帝里，千古此滦州。
揽景目难给，题诗兴辄留。
偏凉汀畔水，待我再凭流。

题望夫石

姜女祠前有石名曰望夫，或云即姜女墓。事虽不经而有关风化，故咏之。

执役当时为护边，陨城坚节孟姜传。
牧儿遗火咸阳燎，片石赢他磨海田。

山海关仍恭依皇祖原韵

长塞沧瀛倚，雄关碣石边。
抱环四城接（南北二翼城，东西二罗城，皆洪武时徐达建），
延亘万峰连。
两度銮舆历，千秋圣制传。
小阳仍问景，弱水不论年。
禾稼纳场圃，人家富井烟。
抚兹偃武会，敢忘诘戎权。
战迹余平野（关内平野即破流贼十万众处），人情譬涉川。
丹陵回望远，揽辔意拳然。

再登澄海楼叠前韵题壁

拾级登岑楼，复此俯巨溟。

寒暑幻冬夏，日月浴亏盈。
界屿光并耀，际天色同青。
最钜斯绝类，守信故永亨。
蹄涔易致涸，注兹恒为瀛。
泾渭诚小哉，徒分浊与清。

过抚宁县

骊城埤堄枕深河，翠罕金根此重过。
瞥眼昔时复今日，慰心岁美更人和。
短长驿路邮签数，宛转遥山画幛罗。
应是士民奉清跸，未教聒耳听弦歌。

兔耳峰

兔耳峰头常罩云，（见志书）果然玉笋矗氤氲。
初冬喜见朝隮蔚，便望漉漉六出纷。

夷齐庙

得圣之清孰与齐，首山途便此凭跻。
为传公信及公达，底较辽西复陇西。
宋代何须锡圭冕，伊人本自视涂泥。
史迁慨羡青云士，未识浮名本稗稊。

夷齐庙四景

孤竹城

令支让国先（去声）延陵，孤竹谁知中子名。
太白一篇真卓识，淮南尺布独何情。

揖逊堂

堂名揖逊是谁题，回跖评量语不稽。
迁也亦知天道否，千秋尸祝属夷齐。

屈蟠松

清风台畔屈蟠松，偃折盘盘翠越浓。
高咏西山采薇句，果然无碍后凋逢。

清风台

滦水回环曲抱洲，崇台百尺枕清流。
乔松古籁拂衣落，快与前贤共唱酬。

游偏凉汀作

滦州境内两奇胜，夷齐庙及偏凉汀。
肃谒清圣挹古貌，高台临碧为延停。
轻舆向南三十里，横山秀色蔚岌嶬。
笑指面前滦水云，急流先我来河驶。
兰椒石磴登寅缘，峰容波态相澄鲜。
遥思六月松下坐，谡谡涛泛凉来偏。
好景多属化人国，文殊问道维摩默。
摩挲往迹辨金明，壁上有诗僧不识。
倚岩飞阁坐凭流，昔年游兴一晌酬。
（旧作有偏凉汀畔水，待我再凭流之句。）
化民成俗今然不，初心自问多增忧。

卷之一

封域志一

朱子谓在地之位一定不易，然屡经沿革则地是而名已非矣。永平府在汉为右北平、辽西两郡地，然两郡所统三十县，今府广袤不过十二三耳，旧志咸据前史历数之，于义无当。今推原其更变之由，因上征乎星宿灾祥，下考乎山川物产，中及乎风俗盛衰，皆必求其确凿而无取乎冗繁，庶按册而稽者，虽千里之外如在目前。矧渤碣之间为两戒所总会，拱卫神京，实为要地。顾可言之而失实耶？作封域志。

分　野

《周礼保章氏》以星土辨九州之地，所封之域皆有分星以观祆祥。（注星土星所主土也。）

《周礼注》析木燕也。

《周礼疏引春秋纬文耀钩云》冀州属枢星。

《周礼总义》析木燕之分星，幽州之星土也。

《春秋元命苞》尾散为幽州分为燕国。

《春秋说题辞》箕尾为燕。

《尔雅》析木谓之津，箕斗之间汉津也。（注：箕龙尾斗南斗天汉之津，梁疏云：天河在箕斗二星之间，箕在东方木位，斗在北方水位，分析水木隔河须津梁以渡，故谓此次为析木之津。）

《史记·天官书》箕尾幽州。（正义云：尾箕燕之分野为幽州。）

《汉书·天文志》壬燕、赵、亥燕、代。

《汉书·律历志》箕尾为析木。（刘向云：幽燕箕尾之分。）

《汉书·地理志》燕地尾箕分野也，东有渔阳、右北平、辽西、辽东，自危四度至斗六度谓之析木之次，燕之分也。（危当作尾以字形而误。）

《晋书·天文志》自尾十度至南斗十一度为析木，于辰在寅燕之分野属幽州，（费直《周易》析木起尾九度。蔡邕《月令章句》析木起尾四度至斗六度）渔阳入尾三度，右北平入尾七度，辽西东入尾十度，又：辰星曰北方冬水主燕赵。

《隋书·地理志》。（与《晋书·天文志》同。）

《唐书·天文志》析木为云汉末派山河极焉，故其分野自北河末派，穷北纪之曲，东北负海为析木，负海者以其云汉之阴也。又曰：尾箕析木津也，初尾七度余二千七百五十秒二十一少，中箕五度，终南斗八度，自渤海九河之北得汉河间、涿郡、广阳、及上谷、渔阳右北平、辽西、辽东、乐浪、元菟、古北、燕孤竹、无终之，国，尾得云汉之末派，龟鱼丽焉，当九河之下流，滨于渤碣皆北纪之所穷。

《宋史·天文志》北斗七星，五曰玉衡为音主土，其分为燕，第八曰弼星，在第七星右，不见汉志，主幽州，又曰天市垣东蕃十一星，三曰燕，十六国十六宿，在牛女南近九坎，各分土居列国之象，楚南一星曰燕（陶隐居曰：燕一星在楚南。）

《辽史·地理志》野旅寅为析木之津。(《国语》解曰：野谓星野，旅谓躔次，寅者辰舍东方之位。）

《元史·历志》太阳黄道尾三度九十七分七十二秒，外入燕分析木之次辰在寅。

《明史·天文志》尾三度至斗二度析木之次也，永平府尾分滦州尾箕分。

《淮南鸿烈·天文训》亥燕又甲戌燕也。

《星经》辰星主幽州。

《帝王世纪》自尾十度至斗七度百三十五分而终曰析木之次。于辰在寅，谓之摄提格。于律为应钟，斗建在亥，今燕分野。

《明一统志》永平府天文尾分野。

《地理通释》九州十二域或系之北斗，或系之二十八宿，或系之五星，冀主枢此系之北斗者也。析木燕此系之二十八宿者也，辰星主赵、代此系之五星者也。

《山堂索考》尾箕星曰析木，宫曰人马，时曰寅，州曰幽。

《河间府志考疑》唐法象志以两戒分山河，以斗为纲，以云汉为纪、箕尾为地纪之穷，居天之艮而箕列天汉有津梁之义。亦曰天津下达于地。以太华与终南为地络，渤碣为络尾，渤碣负海居地之寅，亦处津洳，故上应天津而占箕尾也。

《大清一统志》永平府禹贡冀州之域尾分野。

沿　革

永平府　唐为冀州之域。虞分冀州，碣石以东接青州之北为营州。夏仍为冀州，商为孤竹国，周属幽州，仍为孤竹国。春秋晋灭肥，肥子奔燕，燕封於辽西乃为肥子国。秦为右北平、辽西二郡地，汉魏因之。晋为幽州辽西郡，后魏置平州治肥如城，领辽西郡，又分置北平郡。(《畿辅志》云：汉末公孙度自称平州牧，取襄平为名，在今辽阳州。晋泰始十年置平州，治昌黎，在口外旧大宁卫界。后魏天赐四年以慕容懿为平州牧。盖自是始移平州於今府界。）后齐省辽西郡入北平郡。隋开皇初郡废，改为平州，大业初复改州为北平郡。唐武德二年又改郡为平州，天宝初仍改州为北平郡，乾元初复曰平州，属河北道。后唐同光初入於辽，以平州为辽兴府，分置滦州与营州隶之，号为平州路，属南京道，保大三年入於金，为平州兴平军，天辅七年，以平州为南京，寻入於宋。宣和五年建泰宁军，寻仍入於金。天会四年复为平州，置兴中军节度。贞祐三年侨置临潢府，四年入蒙古，元太祖十年改兴平府。中统元年，升平滦路置总管府。大德四年，改永平路属中书省。明洪武初属山东行省，二年置北平行省，改为平滦府。（按：洪武九年始改行中书省为布政使司，《畿辅志》云：明年改隶北平布政司者误也。）四年又改永平府。永乐元年，罢北平布政使司以所领直隶北京行部。十九年罢北京行部直隶京师，领州一、县五，我朝因之。雍正三年又以顺天府之玉田、丰润二县属焉。雍正十三年丰润、玉田改隶遵化。乾隆二年改山海卫为临榆县，乃领一州、六县。

卢龙县 商孤竹国，春秋为肥子国，汉置肥如县，属燕国。武帝时属辽西郡，魏因之。晋属幽州辽西郡，后魏於此置平州，仍为辽西郡治。北齐属北平郡，又废辽西郡并所领海阳县入肥如。隋开皇六年又省肥如入新昌。十八年改新昌曰卢龙。唐初肥如属北平郡，郡治临渝。武德二年改郡为平州，自临渝移治肥如，仍改县为卢龙。天宝二年，又置卢龙军，辽属平州辽兴军，宋宣和四年改县名卢城。五年辽将张珏据城降宋，寻为金所取，属平州兴平军，寻入宋，属泰宁军，寻又入金，元属永平路，明属永平府。我朝因之。

滦　州 古孤竹国，战国属燕，汉置海阳县属辽西郡，晋魏皆因之。北齐省入肥如，隋、唐为卢龙县地。后唐时入契丹隶辽兴府，始析置永安军，后又置义丰县为州治。金仍曰滦州，天辅七年置永平军节度使，属中都路。元属平滦路，大德六年改为永平路。明以州治义丰县，省入属永平府。我朝因之。

迁安县 商为孤竹国。周为令支、孤竹二国地。后皆并于燕。秦为离枝县。汉置令支县，属辽西郡。后汉及晋因之，后没于鲜卑。（旧志按：辽西郡当有令支，史阙文也。）后魏省入阳乐。（按：《魏书》辽西郡县同《晋志》其注阳乐下曰：真君七年并令支合資属焉。）隋为卢龙县地，属北平郡。（《隋书》注：北齐省辽西郡，并所领海阳县入肥如。开皇六年，又省肥如入新昌。十八年改名卢龙。按：海阳之上当有阳乐，亦阙文也。）唐仍为卢龙县，属平州。辽以定州安喜俘户置安喜县，亦属平州。金大定七年改曰迁安，仍属平州。元至元二年省入卢龙，后复置。属永平路。明属永平府。我朝因之。

抚宁县 商属孤竹国，周为幽州。春秋属山戎，战国属燕，秦属辽西。汉为临渝县，属辽西郡。（县志并《广舆记》所载俱谓抚宁为汉骊城县，考汉骊城并无渝水，今渝河在县东二十里《汉书》临渝下注渝水应以省志临渝县为确）。汉末分裂为公孙度所据。乌桓、鲜卑继相侵夺，三国属魏，魏亡属晋，晋永嘉后慕容氏据之。隋为卢龙县地，属北平郡。（《通志》言：隋末复置临渝县未知何据，临渝县当是唐初置）唐武德二年始增置抚宁县，七年省抚宁。贞观十五年于故临渝县置临渝，属平州。万岁通天二年改曰石城，在滦州南三十里。辽又徙置其南五十里，以就盐官。金大定二十九年以新安镇置抚宁县，属平州。元至元二年省入昌黎，三年复置，四年复省，七年复置，属永平路。明属永平府。我朝因之。

昌黎县 古营州地，商为孤竹国。周属幽州。春秋为肥子国。秦属辽西郡。汉为絫县、骊城县地，后汉省人临渝。晋以后为海阳县地。永嘉之乱一没于石勒，再没于慕容廆，再没于符坚，又没于慕容垂，后入于魏，魏为肥如县。隋为卢龙县。唐为石城县。（《省志》载：隋唐皆为卢龙县地，然唐石城下载碣石山，碣石为昌黎山也，昌黎在唐应为石城县。）五代时没入契丹，置营州邻海军，并置县曰广宁。金皇统二年废营州以县属平州。大定二十九年改县曰昌黎，天兴二年没于元，元至元二年省抚宁，海山入昌黎。三年复置抚宁，四年又以抚宁、海山入昌黎，七年复置抚宁，乃省昌黎，海山入抚宁。十二年复置昌黎以属滦州，并海山入焉，寻属永平路。明属永平府，我朝因之。

乐亭县 商周为孤竹国，汉为海阳县，属辽西郡。后汉为乐安国。晋为乐安镇。魏为乐安亭。齐省辽西郡及海阳入肥如。隋属卢龙。唐置马城，辽因之。金置乐亭县，属滦州。元初于县置溟州，后仍为乐亭县，属平滦路，又省石城县入乐亭，寻即改入义丰，省马城入乐亭及滦州。明属永平府。国初与丰润、玉田并隶滦州。雍正十三年丰润、玉田改隶遵化，而邑乃属永平府。

临榆县 汉为临渝县，属辽西郡。自晋以后乃废临渝县。隋城渝关。唐改石城县，临渝关仍属县治，一名临闾关。宋石城赐名临闾。辽迁归州民为迁民县，属迁州。金废为镇。元因其旧。明洪武初始徙而东去旧关六十里，曰山海关。十四年设山海卫。宣德五年，遂以卫属永平。我朝顺治元年设卫撤关，二年复关，七年省抚宁卫入山海卫。乾隆二年改临榆县隶永平府。

疆　界

永平府　东西广三百里，南北袤二百五十里。东至山海关外辽东界一百八十里，西至铁城坎丰润县界一百三十里，南至乐亭县绿沟海一百八十里，北至迁安县桃林口六十里。东南至昌黎县赤洋海一百里，东北至临榆县石门寨关一百六十里，西南至丰润县越支场二百里，西北至迁安喜峰口关二百三十里，东至辽东广宁镇七百五十里，西至京师五百五十里。

卢龙县　附郭，东西广七十里，南北袤八十里。东至双望堡抚宁县界三十五里，西至赤峰铺迁安县界三十七里，南至刘各庄滦州界三十里，北至刘家营迁安县界五十里。东南至黑石里庄昌黎县界二十里，东北至燕河营抚宁县界五十里，西南至康家庄滦州界二十五里，西北至分水岭迁安县界二十里。

滦　州　在府城西四十里，东西广一百二十四里，南北袤一百七十里。东至滦河五里与昌黎县交界，西至铁城坎一百二十里与丰润县交界，南至海一百一十里无连界，北至小横山营十二里与卢龙县界。东南至汀流河四十五里与乐亭县界，东北至偏凉汀五里与卢龙县界，西南至开平九十里与丰润县界，西北至赵各庄三十里与迁安县界。

迁安县　在府城西北四十五里，东西广二百里，南北袤七十五里。东至孤庄卢龙县界三十里，西至吕家庄丰润县界一百里，南至赤峰铺卢龙县界四十里，至野鸡坨滦州界三十五里，北至白羊峪边城六十里。东南至分水岭卢龙县界二十里，东北至刘家营卢龙县界五十里，西南至乾河草滦州界七十里，西北至喜峰口边城百八十里。

抚宁县 在府城东七十五里，东西广九十五里，南北袤九十里。东至深河堡临榆县界六十里，西至双望堡卢龙县界三十五里，南至池家庄昌黎县界二十五里，北至界岭口关七十里。东南至戴家河大海四十里，至秦皇岛七十里，东北至黄土岭关一百二十里，西南至两家店昌黎县界五十里，西北至燕河营卢龙县界五十里。

昌黎县 在府城东南八十里，东西广九十里，南北袤一百二十里。东至段家店与抚宁县界二十里，西至樊各庄与滦州界七十里，南至王家楼与乐亭县界七十里，北至张各庄与抚宁县界二十里。东南至团林七里海三十里，隔沙坨即大海。东北至小林庄抚宁县界二十里，西南至西庄滦河沿与滦州界七十里，西北至两家店抚宁县界三十五里。

乐亭县 在府南迤东一百二十里，东西广五十五里，南北袤七十五里。东至黄瓜堡昌黎县界三十里，西至高各庄滦州界三十里，南至海四十五里，北至姚家新庄昌黎县界三十里。东南至沙崖庄昌黎县界四十里，至海岸四十五里，东北至哱罗坨昌黎县界十三里，西南至新寨艾太庄滦州界三十里，至海岸四十五里，西北至沙铺滦州界三十里，至滦州七十里。

临榆县 在府城东一百七十里，东西广七十里，南北袤二百三十里。东至关外红墙宁远州界十里，至奉天府八百里，西至深河抚宁县界六十里，南至海十里，北至义院口关七十里，自义院口至羊山岭塔子沟界一百五十里。东南至海十里，西南至戴家河抚宁县界七十里，东北至条子边蒙古界七十里，西北至码嚓岭抚宁县界七十里。

形　　胜

永平府 连接边郡，(《隋书·地理志》) 负山带河，四塞险固。(《文献通考》) 肥水之西，洞山之北，赤山之东，方山之南，四塞险固，实东北之雄邦。(《地志集略》)，碣石之依，长城之枕，护燕蓟为京师屏翰；拥雄关为辽左咽喉。(《畿辅通志》)

滦　州　滦水龙翔，岩山虎踞（州志），滦为畿辅名郡，横山如游龙亘其北，岩山如天马峙于南，濡河由东北曲折而来襟带于左，别故河乾地历城西转南而合流，山川拱抱，钟秀颇多。

卢龙县　平州有卢龙镇山如龙形，(《元和郡县志》) 负关阻塞，襟漆带滦，阳山首昂于东南，桃燕尾蟠于西北 (《县志》)。

迁安县　左环分水，右据尖山，滦水经其南，塞垣倚其北（王永命《修县城记》)

抚宁县　北密迩边徼，东控扼山海，为辽阳襟喉（彭时《新城记》)，横山龙抱于东，兔峰虎踞于西，洋河天堑于南，界岭云连于北。(《县志》)

昌黎县　北背碣石，南临沧海，左控榆关，右带滦水，辽西之胜地也，(王鏊修《城池记》)。

乐亭县　背绕群山，面临沧海，左望碣石，右带滦河。(《府志》) 地势原衍，胎甲隐窿，过卸委折，二河夹送，俯临绿洋，绝岛隑洲。平畴绿野，邻邑称美焉《滦州志》。负山对海，夹以两河 (《县志》)，后背群山，前阻大海”可谓冀北之神皋，燕东之天府。(《县旧志》)。

临榆县　峭壁洪涛耸汇，南北束若瓮牖。

山　川　上

平山　在府城中，以其与南台山平，故名。山巅为提督学政行署，自东北迤南为府治。

南台山　一名印山，在府城南三里，左为阳山，右为孤山，南台中峙，形如印，上有开元寺，郡人游宴之所，寺中有井，下通滦河，今湮。

烟墩山　城西南十里。

大牛山　城东北三十里。

芝麻山　城东南十五里。

阳　山　距城十五里，首山之阳也。山多溪谷，古阳乐县在焉，与抚宁县界。（旧志云：中有大洼寺，今山阴有九莲庵，境最幽，为郡胜地。）

按:《论语注》马融曰：首阳在河东蒲坂，华山之北，河曲之中。庄子云：伯夷、叔齐西至岐阳见周武王伐殷，避之，北至于首阳遂饿而死，今渭源县首阳山在岐山西北。《史记正义》曰：曹大家注《幽通赋》云：夷齐饿死于首阳在陇西。又戴延之《西征记》云：雒阳东北首阳山有夷齐庙，今在偃师县西北，皆与此不合，惟《说文》云：首阳山在辽西。宋白《北蕃地理志》曰：首阳山在平州。旧志言今府城东南之崵山，一作阳山即其地。我皇上御制诗序亦以《说文》之说为近，是诚千古之特断也。

茄子山　城东三十里与昌黎县界（《畿辅志》作茹子山，误）

铜矿山　城东南四十里，或曰昔曾于此掘得铜鼓，故名鼓山。

石虎山　城东北二十五里，山势怪异，狰狞若虎，又名蝎虎山，近山四各庄无蝎，或曰石镇之也。

按：此山今俗名福君山，上有崔福君庙，庙碑称宁山，土人不知其名。

石矸山　城东北五十五里（《畿辅志》作石硢山）

鹰嘴山　东北六十里。

三角山　城北四十里。

北安山　城东北三十五里，下有河常起白云，日出方散，故其山有寺，名曰白云寺。

按《说文》云：安，止也。土人以高平处为安，故永平以安名者甚多，如五重安、静安社之类比比皆然，旧志谓山形如鞍者非也。

梯子山　城北四十五里。

峰　山　城北五十里。

鹿尾山　城北五十八里，高峰四围，悬于绝谷。

白蟒山　城北十五里。

双子山　西北二十里，一名长君山，孤竹长君之墓在焉。南崖下有石刻曰：仰止。

马鞭山　一名少君山，孤竹少君墓在焉。

洞　山　城西十八里，古孤竹山孤竹城在其阴，其嶱有洞，其下滦水会之，或曰即古卑耳溪，崖际镌:“月素风清”四字，不著姓氏，清风台在其上。(旧志云山麓有青莲寺)

周王山　城南二十里，滦水绕之。

灰　山　城南三十里，下有龙潭，上有庙。

瓦砻山　城南三十五里。

独子山　城西南三十五里，会圣安之流及清凉山泉为横河入于滦。

清凉山　城南八十里，山上属滦州。有娘娘庙，山麓属卢龙界。

凤头山　城南二里。

大王山　城北二十五里，有虎洞，深丈余。

笔架山　城南十五里，峰峦秀削，形如笔架。

常福山　城北三十五里。

涧子山　城南十五里。

近阳山　城南十五里。

红　山　城东北四十里在双望堡之北，与抚宁县界。

阿罗卜山　城东北二十五里。

茶叶山　城北二十里。

架炮山　城北十八里。

人首山　城南十五里，磈垒万片，远视之若乱，近视纵横有章，若人累而成，为取石者凿崩。

狼望山　城西南二十里。

梦　山　城东北六十里，一云墓山。相传高丽国王葬于此。

杏儿山　城东北五十里。

盘龙山　城北五十里。

桃林山　城北五十里，山势参差，峰峦层叠，昔人于此种桃成林，故名。

按桃林山，在桃林营东。与桃林关尚隔五十里，旧志谓山产桃因名关，大谬。

了望山　城东北五十八里，嶕嶢崒嵂，下有洞深二十丈，广五六丈，四壁五采如绘，前有水，颇艰涉，刻曰："普陀真境"。

甑　山　在城东北六十里，以象名，山巅有孔，周七丈许，深四十丈，直洞悬峡下，视青龙河如镜。

卧龙山　城北二十里，在燕河营西，山势蟠结，俨若卧龙。

石门山　城东北五十五里，在燕河营北，两山如壁，有龙潭。

罗家山　在八里坨西北。

挝角山　（应作量角）城北五十里。

盘头山。

塔盘山　城南六里。

行虎山　城南二十里。

刨钱山　城东十九里。

俞儿山　城南四十里，齐桓公伐山戎过卑耳溪，见神人焉，管仲以为俞儿或即此也。与滦州界。

按《国语》《史记》皆云：西伐，惟《管子》则云：征孤竹，或曰：燕北一带之山皆名太行，故曰逾太行至卑耳之溪也；又按《水经注》则当在上谷之沮阳，今延庆州境。

佛洞山　城南三十五里，一名窟隆山，洞在绝壁下临滦河，自石龛左折半里转龛右而出，冬暖夏凉，为昌黎滦州界。

赤峰山　城西十五里，在洞山之西。

四挖山　一名狼窝山，在城西南二十里，有寺，圣水源焉。

烽火山　城西南五十里，一名西安山。安水源焉。

门楼山　城西南三十五里。

裂坡山　城西三十五里，下有龙潭。

棋盘山　城北五十五里。

按《畿辅志》载：文峰山乃文峰塔之误，其所谓泥沟山乃泥沟庄也，兹不载。

孤　峰　城东南五里。

雪　峰　城南十五里，有寺。

一柱峰　城南二十里，孤石直秀，雄立滦河之浒。

烟墩岭　城东北十里。

青沙岭　城东南四里。

分水岭　城西北二十里，水之从西北来者其左由挝角山、盘头山入于漆。右由塔盘山、马鞭山入于滦，与迁安接界。

孤孤岭　城南二十里。

大　岭　城北三十五里。

小　岭　城南十五里，岭南属昌黎，岭北属卢龙。

部落岭　城东二十七里，唐时居黑水部于此。

狮子岭　城东北三十里。

千松岭　城东三里。

牛尾岭　城北四十五里。

千头岭　城南十五里，临青龙河。

亭子岭　城东北二十五里。

义都岭　城北三十里。

石花岭　城南三十里。

神树岭　城北五十五里。

羁徨岭　城南十五里。

佛堂峪　（旧志为神堂峪）城北六十里。

按：峪即谷也，谷原有两音，南人呼谷切以古禄，北人呼育切以余六，土人书加山为峪，而音义无异焉。

鹰窝峪　城北二十里，有古洞。

范家峪　城南十五里。

黑崖峪　城北五十五里。

桃花峪　城东北十里。

青石峪　城东南十里。

黄獐峪　在府城东南与碣石山西麓相近。

正水峪　城东南十二里。

兵马峪　城北三十五里。

梧桐峪　城北六十里，在燕河营之北。

龟　峪　在府城西南。

狑狗峪　城北五十五里，在燕河营北，过峪即迁安界。

龙王岩　城北五里。

青龙岩　城北二十五里，在桃林关下城东百步许，高三里余，嵌岩如龙，旁日照之，其色黄，映水如金。

鸽子岩　城北二十五里，在燕河营东。

石　崖　城西南二十三里。

松　崖　城北五十七里，有堡。

鹞鹰崖　城西北五十里，在赤峰山前。

鸽子崖　城南二十五里近灰山。

景封坨　城东北三十五里。

铁石坨　城西北十五里，饮马河西。

㢛𠩄洞　城西十五里。

老虎洞　城东南十五里，洞深丈余。

龙王坡　城南五里，南台山右上有祠，滦水先经其下，今改而西。

菊花坡　城北五里。

马兰坡　城东三十里。

红　坡　城东十里。

沙石坡　城北六十七里。

虎头石　城南六里，若虎踞状，旧传为汉李广射虎处，其下滦、漆合流。

黑　石　城西北十五里，从地突兀而出，昔人琢黑石二字于上，卢龙令魏师段又镌："龙吟虎啸、南宫頫首"诸大字，与迁安县界。

试剑石　城北十五里，燕河营城西三跳涧旁，唐太宗遗迹也。

龙王岛　在滦河中流，旧有龙王祠，今废。

滦　水　源出宣化府西一百二十里，炭山东北，流经云州堡北六十里，马营堡南二十余里，又北流经故恒州，南入旧开平卫界，土人谓之商都（商都即上都音讹也），东南流古北口边外七百里与九流河及诸水合，逶迤而东入柳河（柳河在遵化州北口外）。又有青龙河及宽河自都山西来入之（宽河见迁安都山，在迁安县北百里亦谓之乌都山），又东南过潘家口、铁山关水注之（铁山关外分水岭，东者入长河，西者汇大池入关出喜峰口而会天滦），又东入团亭寨口内地，又东南经桃源庄与澈河合（澈河源正一、旁二，正见迁安，旁曰横水、日黑水，横水自洪山旧关岭西从三道岭合关北出口外孤石西入澈河。黑水自龙井口外七十里，乔家岭由三台关南入于澈河）又东至中峰山与恒河合（恒河见迁安），又东过唐山与长河合（长河见迁安），又东至官寨与清河合（见迁安），又东过黄台山之箕石去迁安县三里纳要孤水（见迁安），滦河至此其势愈大，每夏秋水盛波涛彭湃若江湖，又南入卢龙县界，又西过清节庙，又南至虎头石与漆河合（见后），又南经岩山石桥与别故河合（见滦州），又南五十里至岳婆沙港入乐亭县界，东岐为二：左曰胡卢河，右曰淀流河，至清河口入海（详《乐亭志》）。

按：白檀之濡即肥如之濡，颜师古《汉书注》以肥如之濡音乃官反，白檀之濡音呼鵙反，世遂疑其为二，及考《水经》郦注甚明，非有二也。

漆　河　在卢龙县西门外，源从境外十八盘北旱落兀素百五十里阿老各泉至蔡家谷合，下二百余里为三盆口，又二十里土人呼为乌填河，入桃林关，鹿尾山诸流会之，南行至峰山西，至燕河营合青龙河。

按《畿辅志》云：漆河即古元水也。《水经注》元水出肥如东北，元溪西南流，右合卢水，肥如故城在卢龙北界桃林关，元溪即旧志所云鹿尾山诸水也，卢水即青龙、白洋二河。桑钦所云：卢水二渠大沮、小沮合而入元者也。

青龙河　又谓之凉河，源出都山东南豹崖之三坌，又二十里合寺儿崖三温泉，三里入冷口关，经建昌营与白洋河会（白洋河见迁安）

南入卢龙界至孤竹故城之阴，中流有石如砥柱，又西至虎头石入于滦，乃卢水之小沮也（《水经注》云：小沮水发冷溪，世谓冷池，又南温泉注之，又南与大沮合为卢）。

按旧志及《畿辅志》皆云青龙河入冷口关，而《迁安县志》云：源出刀儿镫西北众山沟，入桃林口经鹿尾山，不知入桃林经鹿尾者自是漆河。窃意漆与冷口皆青龙之上游，迨合于卢龙界乃谓之青龙，后乃混而称之耳，至大沮旧志以阳乐水当之，《畿辅志》则谓系白羊河，其说近是。

温　河　在卢龙北十二里，源出部落岭，即古温水也，一曰肥如水，西行合白沟河入漆。

白沟河　在卢龙县东南十五里，源出阳山，过石槽绕城东北，西流入青龙河为阳口，即古阳乐水也（石槽在城东五里大石如槽，俗名驴槽）。

按：阳乐水初由上水关入城中行绕出下水关，注漆，数经水患乃塞上关堤堰由北城外西行。

淘金河　在卢龙县西南，源出笔架山东北诸山谷，水西流入滦，其水产金，地名沙金厂。

横　河　源出卢龙县独子山合安河东西山水，南入横山营后北沙岸下，东至泡石淀，经榆山后刘家庄至偏凉汀而合于滦。

凉水河　漆西里许八里坨下。

饮马河　在长君山北料马台下。

圣　水　出四挖山。

安　水　出烽山。

谷沟泉　有三，涌出如瀑布，并流为暖泉河，至徐流营西南入青龙为水田。

清凉山泉　为横河。

鸽子崖泉　流入青龙河。

孤窑寨泉　在燕河营城东，西流入青龙河。

石龟峪泉　西流至莲花池而绝。

五里峪泉 自狼家谷西流至道东而绝。

白望泉 自双子山流至白砂崖青石头而绝。

杜台西峪泉 自部落岭阳岛谷合出与肥如水至坛西而绝。

黑水井 在府治内，有长石，端刻牛首形为其怪也，久掩之。

谯楼井 在府治南谯楼前，天将雨则气出，遇岁旱时占之，颇验，旧志称谯楼飞雨是也，今湮。

南台寺 下通滦河，今湮。

鱼　井 在刘家营北一里，满而不溢，鱼常出没于其中。

龙　潭 一在燕河营城北石门山，两山如壁，潭介其间；一在灰山，皆有庙；一在裂坡山，岁旱祷之均甚灵应。

以上卢龙县。

横　山 州北四里，山腰有寺，前有石井，旦则烟雾出焉，首蟠于河，巨石峙，湍之折为砥，后乃凿崖取径达卢龙。

紫金山 州北三里，山产赤石脂，亦名文笔山，背横面岩，襟滦带沂，危峰峭壁，一邑之大观也。东麓为偏凉汀，悬崖有径，正德间所凿，下有关，陡瞰滦河为北郊保障，前有深潭。

榆　山 州北八里，横山之后，宛若重屏。

岩　山 州南五里状如虎踞，其东绝壁百仞，有洞凡十有八，其上三洞最大而深，人莫能上，下有金大定间石桥，石多红色，一郡之水口也，上有塔。

杜家山 岩西二里许。

许家山

张目山 俱在岩山南五六里。

胡家山 马鞍山西南七里。

柴家山 州西南十三里。

林家山

芹菜山 州西南十八里，辽进士冯唐卿于山前结庐种芹自给。

法宝山 州东南二十八里。

媳妇山 州西南二十五里，唐时有妇李氏，随姑采薪于此，遇雨雹，以身翼姑而死。

磨笄山 **小摆头山** **披甲山**

宋家山 其家三世皆出牛种，以济邻里。

双 山 州西十五里，其下小沂入于大沂。

拐头山 双山之北，正德中驾幸其巅。

馒头山

佛住山 双山西北七里。

刘家山 佛住山西八里。

土 山 刘家山南十里。

洞 山 一名吞流山，在土山西五里。

尖 山 受虚洞北五里。

巍峰山 尖山西七里，山如展屏，有寺。

毛家山 州西五十里，两峰对峙。

万石山 毛家山南十里，其南麓有鲜卑元帅墓。

亭子山 万石山西北十五里，其石可作碓硙。

塔儿山 其石青韧可为碑碣表柱。

北长山

小 山 州西南四里。

石门山 马鞍山西三里。

庙 山 石门山西三里。

止马山 庙山南三里。

老坡山 止马山西北。

连镓子山 老坡山西。

烽火山 连镓子山西北八里，小沂之源出焉，其巅有寺。

三垒院山 在烽火山西南五里。

清凉山 翠微万叠，人迹罕至，中有黄土山，院寺形如屏，泉绕廊厨，清泚可爱。

成山 **城子山** **白塔山**

司家山　有临水院寺。

偏　山　州西北九十里，逶迤丛茂，山厚居繁。

荆　山　州西北九十里。

桃　山　州西北九十里。

罗　山　桃山南三里。

索树儿山　在苦地岭南。

万子山　在索树儿山南八里。

大扒头山　其石可用而快利，胜于亭子山。

白道子山　大扒头山西十里，自麓至顶有斜白路一道。

围　山　州西八十里，上有瀑布四五，飞流会于泉河。

九里长山　山有石佛寺，林果茂密。

力楞山　**逗遛山**

白云山　一名自来峰，州西七十里，巅有大湫曰湫岭，有寺，云绕长松，经时不散。

凤凰山　白云山东。

佛座山　凤凰山北。

大崖山　佛座山西。

大风山　围山西南其颠有洞，洞内有铁梯三折而入百步，水如河流，深六尺许，前通陡河，风波不停，涧黑莫测，洞南有顽铁如牛，半人土，愈掘愈深。

贾家山　骆驼岭南。

唐　山　贾家山西，孤高秀出，上有姜将军庙，有暖泉数十。

皂突山　州西北十里。

马鞍山　皂突山南。

杏　山　州西一百里。

习武山　州南十里。

五子山　州西十二里，上有五子洞，龙溪之源出焉。

黑　山　州西北一百里。

平台山　州西北九十里。

莱　山　州西北九十里产蕨。

小　峰

抱花崖　偏凉汀西北。

树儿岭　大崖山南。

骆驼岭　树儿岭南。

分水岭　其顶平分其崥，三分为卢龙、迁安界。

环坨岭　兔儿坨南。

上五岭　州西北一百里。

下五岭　州西北九十里。

梯子岭　州西北九十里（省志作梯子山）。

罗家岭　州西北九十里。

王家岭　荆山之西，有洞，洞有石，刻篆字不可识。

苦地岭　王家岭南。

孝家岭　杏山东南八里。

蚕箔峪　崖山西麓。

卸甲峪、送甲峪　俱蚕箔峪西二里，相传唐太宗于此卸甲，耕者常拾铁甲焉。

香花峪　团山之麓。

天井峪　其巅有井，天险，可避兵。

马家峪　一名七哥峪，上有圣泉，居其麓者多产七男。

水　峪　湫岭之南。

王子峪　**秫轴峪**

宜安峪　群峰萃葎。

抽分峪　在分水岭北。

小白峪　荆山北三里。

折腰峪　**横山峪**

泉子峪　诸峰环耸，午乃见日，有龙泉寺瀑布。

铜盆峪　为迁安界。

绳索峪

谎粮坨　又名三角坨，州南五十里（详古迹）。

双雁坨　州南二十里（详古迹）。

长沙坨　**望马坨**　**龙堂坨**　**古　坨**　**木兰坨**　**土　坨**

白沙坨　**王冢坨**　**岭头坨**　**灰　坨**　**纪　坨**　**唐王坨**

大沙坨　**草　坨**　**兔耳坨**　**光水坨**　**茨榆坨**（有堡）

唐子坨　**沙塘坨**　**长春坨**　**大夫坨**　**西沙坨**

按旧志云：滦人以平坡而蓄水者为坨，滦邑坨名甚伙，除以姓而名坨者，类于村庄不具载外，余仍列之如右。

受虚洞　在洞山，深黝莫测，大雨迅骤能容数里湍

五子洞　在拐头山南，一名墓子洞，有四垅、五峰，其巅有石冢，龙溪源出而伏，伏而复出，昔人投糠验之。

滦　河　州东南五里，自偏凉汀入州界，南至汀流河出境（详卢龙）。

清　河　州南二十里，源出州西五子山东五里，有大泉腾沸，流经州南八里，曰八里河。又经料马台、邱官营伏人地中，俗名地桥。又东南二里经阎家庄复现为龙溪，乱泉突涌，分为二派：东派出南闸头，南行一百三十里，经乐亭西马头营达绿洋沟入海；其西派由龙堂寺西南经破桥、三坌口合沂河折而西南下沙沟，至泽头会古懂河，又南合大田泊达公安桥，又西南至蚕沙口入海。

沂　河　即古素水也，大沂河在州西十八里，发源卢龙县马家庄，经栗园折而南，经三坌院折而西，转佛住山南经杨家院合董家湾，又东南经芹菜山、波落桥，又南合莲台港，又东南经于家泊，入青河。

小沂河　在州西十二里，发源烽火山，东流经拐头山，过双山入大沂。

古懂河　州南四十里，源出倴城，南流经石桥入清河。

陷　河　州南五十里，源出州西南于家泊，至韩家泊会破风港于倴城西，又会龙堂河、吴家河、绳家河（龙堂河源出李家庄，流为七里港。吴家河源自清河并经丰腴屯入城。绳家河源自榆子林社游观庄亦会于屯西南）经曲王店、孙家坨至王冢港弥漫于白沙坨南。又经

胡家庄至印步甸，别为周家河，又西经梁鱼沟，南经天井达蚕沙口入海。

靳家河 州西八十里，一名小青龙河，源自游观庄五十里，西经司一司二社，又南二十里合黄坨河（黄坨河亦自游观南流至此而合）。又二十里经柏家庄宽头河散流于潮河，潮河乃黑洋海口东派，海水荡潏流延百有余里。

沙　河 源出迁安（见迁邑下）。由沙河驿至州西四十里海子崖庄，合长湾又合大水泊、小水泊（详后），经宜安社迤逦而南至北柳河社入丰润界，转东南达于海，凡沙河所经，民患之。

陡　河 州西一百二十里，其上源曰馆水，源出迁安县馆山南，经偏山又西南合黄花港入牤牛桥河，又西南至榛子镇东龙湾河西合唐家河，又西合双桥河（双桥在州西八十五里，一自松亭社泉河头西南经风山下入之，一自丰润板桥河东南入），又南经石城西为石溜河，又南经唐山桥为大河，又东十里为狮子湾，南经聂家庄、王盼庄，又西南合金沟、马家港、康家庄、大夫坨，而入官渠。

龙湾河 即黄崖河，州西北九十里，发源罗家岭南三里天渠，注石槽下转石瓮，又至石盆南经皂筒湾、梯子岭至榛子镇东五里桥，合陈官营暖泉而东至红顶寺入牤牛河。

唐家河 在滦州榛子镇西，源出狼窝铺崖下，东流迳冷家湾，南经红顶寺入牤牛河。

王家河 州西一百二十里，源出曹家口社，南经郑家庄、水湾寺、将军坨，入官渠。

官渠河 在滦州西南陡河、帅家河下流也，至丰润胥家庄，漫入白场总达建河，入于海。

帅家河 源出州西六十里白云山南之水峪，西南经孩儿屯官套至石城东，又西南为小河，又西南与陡河合而为官渠河。

横　河 州北七里，源出卢龙县独子山，南迳横山营，又东至泡石淀，经榆山后至偏凉汀，合滦河即古瓠沟水。

别故河 在滦州西南，其源有四：一出县西北二里庙儿山东，迳柏树庄、高家坎至演武亭，此正流也；一自演武亭东北莲花池是为金鱼泉；一自绿豆湾至府君山，沿河堤至岩山之岬，折过岩山而下是为玉带河；一自刘家营而东是为五里河。四水胥会于演武亭西堰而为别故河，经岩山石桥下会于滦，日久故道渐湮。雍正四年复旧疏通，播流灌溉，水利滋广。（绿豆湾昔称绿头湾，谓泉内有绿头物。别故俗传别沟，声之讹也）

新河故道 在滦州、乐亭县界，夹于滦乐之间，即古新河。

按《水经注》新河自雍奴县承鲍邱水东出，谓之盐关口，魏太祖与泃口俱导也，又东北迳右北平而达于海阳，海阳今滦州雍奴，即武清鲍邱水，即潞河。盖新河横亘于南北，而滦路得以交通，故馈运相接也。

曾家湾河 州西南一百二十里，源自狗儿庄鸿鸭林港，迅流至济民场，达于潮河。

白寺口河 州西一百二十里，源自松粱社任家庄，南流入于陡河。

蚕沙口河 州南一百二十里，天井之别，南入于海。

交流河、林里河 在州南东距蚕丛口二十里，渔人张网者皆聚而避风焉。

长春淀 州西南一百二十里长春社，旧名大定淀，大定二十年更名长春。

按：淀在旧石城废县地，即今稻地集。《西州志》谓有长春行宫，乃辽萧太后所建，凿渠通唐溪以游观，然考辽长春宫在南京之郊，其有长春河则在辽水之川，此乃金行宫也。

缓灵水，《汉书·地理志》海阳有湲灵水南入于海或曰即滦州沙河。

大田泊 在州南独莫庄，产苇蒿，匿狼兔，虽旱不竭流，合清河。

大水泊 州西南七十里，源出土山任郎庄，流经赤堠社，曰汉王渠，经永丰屯为大水泊，又播为小水泊，经孙家沟入于沙河。

于家泊 州南五十里入于陷河。

海子长湾 州西四十里，产菱藕鱼虾，流入沙河。

狮子湾　州西南七十里，套里庄鹳泗靓碧。

董家湾　州西南三十里入于沂河。

翟家湾　州北三里。

小龙湾　州西十五里。

老龙湾　州南二十五里。

沙角滦　州南三十里。

龙落湾　州南五十五里，自大港流出。

刘家湾　州南八十里。

泉水湾　州西南三里，冯家坎下，冬夏不竭，后为流沙所壅。

七姐湾　州西南八里。

杏树湾　州西七十里，自翟湾至此九湾皆潴水不流者。

莲　池　一在州西三里金泉亭下，知州潘龄引金泉注之，今废，有断碑存焉；一在州西南芹菜山下，今废；一在州西南唐山之阳；一在州东南于宁社薛家庄，水泛时入于沂河；一在州南崇本屯清河西；一在州西南姚家庄社曾家湾西。

双　沟　在州西松梁社，入于白寺口。

破风港　州南四十里，达于韩家泊。

王家坨港　州南三十里，其水逶坨甚阔，下流入于周家河。

马家港　州西南康家庄，下流入于小河。

大　港　在花港社。

麻湾港　州南九十里独莫城。

任家港　州西南司家庄。

于家港　州西北松梁庄。

聂家港

齐家港　并在州西南康家庄社。

七里港　在孝家庄。

黄家港　州西北八十里。

唐王港　州西南一百里。以上诸港皆可资畜牧，所产萑蒲菱藕鳞介凫鸭之属甚蕃。

扶苏泉 州西北十五里，俗曰甘泉，相传秦太子扶苏北筑长城曾驻于此。

按郭造卿曰：扶苏乃狐苏之讹，旧志云在抚宁县东，以《辽史》为信则滦是矣。

一斗泉 在桃山西。

暖　泉 一在州西北九十里即北甸河；一在州西南百里龙湾过唐山入大河；一在唐山下，传为姜将军斩蛟处；一在州南八里龙溪；一在州西八十里围山下，俱沍寒不冰。

以上滦州。

卷之二

封域志二

山　川 下

岳孤山　县东北三里，屹然独峙，一名耀孤山，山阳有古寺，下有三里河。

蟒　山　县东北十五里，昔人射蟒于此，产铁。

晒甲山　县东二十里，相传李广晒甲于此，或云唐王，无征焉。

河架山　在晒甲山之北。

了蟒山　县东北四十里，有红白二坡，红在冷口关西南，白在口外，坡有温泉可浴，明内官缮以石柱木阑，今废。

武家山　县东北四十里，顶有登龙石，方圆二三丈，底尖，一人撼之辄动，上甚平，可容三四席。

鹿尾山　县东北六十里，俯视群峰与卢龙县界。

牛　山　县东三十里，在岳孤东半舍许，有石如牛，故名。

烽口山　在徐流营西山外，水流入达薄过庄，入青龙河。戚继光开水田处也。

万军山　县东三十五里，顶有土城广三百余步，或谓安喜旧城，辽所置也。其麓有青玩寺，青龙河、冷口河合流山下。

团子山　县东南二十里，旧名覆釜山，一峰独秀，望如覆釜，上有文峰塔，旧传孤竹次君墓在焉。

龙泉山　县南十五里，松林苍翠，滦水绕带，山腰有泉甚清冽，岁旱取水祈雨名曰圣水泉，上有蟒洞遗迹，又有方石丈余。明万历中邑人李安仁题：“眠云漱月”四字。

爪村山　县南十五里，产白土，上有石城。

岚　山　县南三十里，一名蓝山。天虽晴霁，气发如蒸，山根有洞，《水经注》素河出令支县之蓝山，即此。

黄台山　县西南三里，山多黄土，其状如台，山阳有栖真寺。乾隆丙寅处州太守郑勋建亭于其上，春夏之交，游人燕集，远眺岚山，下临滦水，迁邑之胜地也。

松汀山　县西南三十五里，高六十余丈，巉岩壁立，沙河中松柏茂密，腰有三洞，每洞可容二百人，昔人避兵于此。下有澄潭，石孔无数，为鱼穴，上有古公侯冢，不知何时人。

香　山　县西南三十五里，上有寺，南为沙河驿。

岳野山　县西南五十里，峰峦秀伟，下有胜水寺，后有龙虎二峰，后有虫蛇诸峪。

福　山　县西南六十里，与滦州界。

三茅山　县西南六十里，黄山之右。

双顶山　县西南六十里，两峰对峙，中有古刹无梁殿，下为鸣盆涧，涧乃石凹，泉滴其上音乃如磬。

鸡冠山　县西南六十里。

莺嘴山　县西南七十里，山势陡峻，石嘴崚嶒。

城　山　县西南七十里，介群山中，层峦耸翠，有古刹，多花草。

馆　山　县西南五十里，又名罗家岭，一名大岭，山下有泉为牤牛河源。

宁　山　县西南七十里，林木幽静。溪谷秀雅（《畿辅志》作县北）。

贯头山　县西三十五里，沙石合流之阳，众山起伏联贯如珠，其腰多窦，黑鹰巢之，北有灵泉寺。

平顶山 县西四十里，上有地一顷余，可容万人。

尖　山 县西北五十里，群峰攒立，顶有石寨，环以二泉，下有龙崖寺。

黄　山 县西五十里，魏文成大安三年将东巡，诏起行宫于辽西黄山，山麓有泉涌出，西流成河。

三盆山 县西南四十里。

鸽子山 县西四十五里。

烽火山 县西七十里，濉河之滨即烽火台，左有矾瞷，中流有石窟，旧传黄龙居之。

障楼山 县西八十里，层耸如楼，屏峙如障，因名。

老君禅山 县西九十里，山势清幽，俗传老君坐禅于此。

白龙山 县西九十里，滦河之滨，宁山之北，上有浮图。

井　山 县西九十里，白龙之西有井，下通滦水。

三稜山 县西九十里，山有三峰，井山之南。

柏　山 县西百里，有古寺，多柏树。

杨老山 距城百里，在采树岭北，有高峰二十余里。

三带山 与柏山、杨老山相连。

藏龙山 县西北四十里。

龟口山 在藏龙山之北，与藏龙山夹峙，滦水经其间，汇为深潭，水中石上有龟龙影，为龟龙津。

栲栳山 县西北五十里，高接洪谷关，城上有大洞，深二十余丈，有云岩寺。

玉泉山 县西北五十里，下有泉，自石空流出。

梁家山 县西北六十里，林木丛杂，熊虎为穴。

太平山 县西北六十里，下有太平营，西北两山去营二里许，左川、右河，凭高可眺，北五里峭壁森立，清河绕之，崖下二矶，鱼多聚焉。

大黑山 县西北七十里，苍松古柏、黑石崚嶒，有大方石，心空，上有手印，传为攻书台。

小黑山　县西北六十五里。

五虎山　县西北七十里，原名九山，下有九泉汇而入滦，或曰：以山有九叠名之，北即米峪关大路。康熙三十年冬十二月，圣祖仁皇帝狩于此山，获五虎，诏改名五虎山。

按《畿辅志》以九山、五虎山列为二，又别出九峰山，府旧志无九峰名，《迁安志》亦别出九峰山并非，盖九峰亦即九山耳。

范　山　县西北八十里，在米峪口。

五峰山　一在县西北九十里，山有五峰群山环接，左右为龙虎二峰，下有唐寺，前有天桥，川涨常高数尺，至桥必流其下，南为丰润要带山，其流入还乡河；一在冷口外四十里，即大桐山，上有飞泉，为县景之一。

石盆山　县西北一百里，顶有石盆，泉涌上出，冬暖夏凉。

大青山　县西北九十里，北为董家口关。

爪　山　在榆木岭关南二里，曲盘而入，崎岖旋转凡二舍余，总名之曰十八盘。行人稀见日。

女儿山　在胜岭山西。

中峰山　县西北一百里。

窟窿山　县西北一百里，顶明如月，高与铁门山齐，洞高十丈，大小二孔，内周十余里，小洞十数，红嘴鸦巢之，转而东悬石皆五色，又东崖向北，前坡鼓以八音，莫不应焉。

营　山　县西北二十里。

姚其山　县西北八十里。

景忠山　县西北一百二十里，矗立云表，高八里许，原名阴山，明嘉靖中总兵马永建三忠祠于上，因改名。

元武山　县西北一百二十里，在三屯营北，山峰独峙，上有真武庙。

六宝山　县西北一百三十里，山势深广，旧有银矿，今塞。

铁门山　县西北一百八十里，去关二里。

凤翅山　县西北一百四十里，又名舞凤山。

寿星山　县西北一百七十里澈河之阴，本名勒马山，去汉儿庄五里许，明总兵戚继光改名。

泽高山　县西北一百八十里，袤五十里，高七八里，盘折而上，土名三十二窟，郭造卿更名。

大小尖山　泽高山之阳，并如兜鍪，大者尊严，小者崎岖相次。

长　山　县北三十里。

金　山　县北三十里，在白羊口关西南，有寺，以山名，下临滦水，晚霞掩映若浮丹。

塔子山　县北三十里。

石门山　县北四十里，其门天成，山高七十五丈。

莲塔山　县北三十里，高三十丈，周三之，以状名。

佛院山　县西南三十里，山势环绕，中有古刹。

都　山　冷口外一百二十里，高出塞外，俯视群峰，顶有白沙似雪，直北如屏，为郡之镇，其水中分，东归渝，西归滦。

雄　山　龙井关外三十里，与遵化州界。

半壁山　桃林口外六十里，与抚宁界。

鱼鳞山　冷口外二百里，峰峦层叠，石有五色，望若鱼鳞，与塔子沟界。

羊角双山　在岚山南。

横　山　在大青山西。

祁　山　县西北一百三十里。

四角山　县西北三十五里。

孤　山　**羊心山**　在平顶山之南。

莲池山　有正觉院其泉清冽，冬温夏凉。

羊阑山　县西北四十里，高十丈，周五里。

降龙山　在岳孤山西北二十里，中峰拔竖左右如伏，一名堡子山。

鸡林山　在徐林口关，无蝎。

三角山　县北七十里，在白羊口关内，一名佛面山，山高峻，人迹罕至，巅多巨石，远望如佛，又名达摩峪。

东鳌山 县北五十里。

蛇　山 在金山之东，凿山为路如蛇。

银矿山 在太平营西五里，山高峻，谷口仅容两马。

月城山、塔儿山 在鹿儿岭之北。

东　山 在白道子关外，下有石崖，洞中泉涌出达河，平石为台，可以流觞，南半里河中有山，独立如砥柱，名珠山。

楼子山 县北四十里，山巅有石远观如楼，又名猴儿山。

白羊山 在石门关西八里，距县北四十五里。

马城山 在白羊口东二里，百余丈如墙，迤北多青白石，可碑。

韭菜山 距县五十五里，在白羊口西三里，又五里为擦崖子关。

了高山 县西北八十里，在蛇山之北。

白云山 在城子岭关东。

伏虎山 在城子岭关西。

阿罗山 城北三十五里，众山罗列，簇簇相聚。

唐　山 在障楼山西，怪石危立。

游乡山 在董家口关外。两山夹溪，如锦步障。

屏　山 在楼子山南十里。

片石山 在老子峪东三里，石长十丈，出于滦，隔滦而西为楼子山。

龙井山 在松台之旁。

玉带山 在井山之南。

香罗山 县西北百二十里，在观音岩北。

五指山 冷口外五十里。

映壁山 冷口外一百四十五里。

茨儿山 冷口外五十五里。

将军山 在采树岭西五里，有二将军墓，有孤石高三五丈。

大荆子峪山、小荆子峪山 在建昌营西南十八里，以所产名。

栖　峰 在佛儿峪西。

长　峰

妙　峰　在滦河西北三十里洼，有古刹，有松生于石井。

小喜峰　在喜峰山南二十里，两石并立，俗呼公婆儿，今公折半矣。

莲花峰、五老峰　并在寿星山之东。

叠翠峰　县西北一百三十里，鹿儿岭之北。

长岭峰　城西北五十里，二峰南北夹峙，通道所经。

分属岭　俗名分水，县东南二十五里（见卢龙）。

芝麻岭　在佛儿峪北。

七家岭　在岳野山西。

挟车岭　县西南四十里。

石鼓岭　县西南四十里。

驹驴岭　**罗家岭**

帐房岭　上有土城三百余步。

槽子岭　在三角山北石垣中，平七尺，如槽。

采树岭　县西北五十里，在藏龙山后，本名偏崖子，渡滦经之。

太子岭　俗传秦太子扶苏所登也，距城百里，其西有三十二窟，昔人避兵于此。

胜　岭　在游乡山西五里，其水东西分，至秋日始合。

西山岭　县西北一百六十里，即喜峰古松亭山也。其峰削，下腰有洞，高二丈余，深倍之，有坟在冈上，临关口乃古夷王墓。

鹿儿岭　县西一百二十里，在景忠山阴，东为三屯镇城，诸山近川，自岭西流入遵化。

长城岭　在洪山口外。

牵马岭　城西北八十里，刀儿崖后，陡险必步。

血石岭　县西南五十里，石色如血，有泉清洌，冬日草青花白，虽严栗不槁，为石河之源。

三　岭　县北三十里，在五重安之南。

救驾岭　城西九十里，相传唐太宗征辽，敬德救驾于此。

骆驼岭 县西百里，形如驼。

城子岭 县西北八十里。

芹菜岭 城西北九十里，在十八盘南。

榆木岭 城西北一百一十里，明洪武初始设关。

香炉崖 在横山西沙石合流之阳。

鸡冠崖 在马蹄峪之西。

青山岩 在晒甲山之东。

黄　崖 喜峰口外七十里，遍山皆塔，出自天然，俗名黄崖万塔。有独木仙桥与八沟界。

磨兔崖 在建昌营西南八里，有独石高丈四尺，周丈一尺，顶有浮石如磨。

朝宗崖 在泽高山之西。

鹿皮崖 铁门关外三十里。

观音崖 县西南八十里，柞子庵之西。清溪荡漾，山色清幽。

鹦鹉崖 与石盆山对。

滴水崖 在将军山下，无泉而涓滴不绝。

刀儿崖 在烽堠山北，有石插滦。

松　崖 在牵马岭西十里。

灰窑峪 在黄山，旧关塞遗址也，灰白如粉，一名糕乾峪。

佛儿峪 县东北六十里，有石高广三丈，就石壁凿佛。

井儿峪 在沙河驿西北四十里。

从照峪 县西五十里。

甘家峪

野狐峪 在牛山之南。

清水峪 距县西北五十里长岭下。

獾口峪 在障楼山西五里。

大虫峪、长河峪 俱在卧龙冈西，滦经之。

大水峪、小水峪 在长河峪西逾河。

松茅峪 在泽高之阴。

石塘峪、柳河峪 俱在将军山之西。

马蹄峪 在双顶山之西。

龙堂峪、鹰嘴峪 俱在马蹄峪之西。

葫芦峪 县西五十里，峪内又有塔儿峪。

李家峪 在铁门关右。

骆驼峪 在玉带山之南。

桃树峪 在铁门关外十五里。

柳子峪 擦崖口外四十五里。

野鸡峪 喜峰口外二十五里。

蘑菇峪 栅子庵口外二十五里。

燕子峪 潘家口外二十五里。

寺儿峪、望龙冈 在障楼山西南。

卧龙冈 在青山北。

秦王顶 在岚山南。

老子谷 小喜峰西南三里，下为团亭寨。

文殊洞、摩诃洞 在葫芦峪，又有朝阳、背阴二洞，冬暖夏凉。

风　洞 在佛儿峪，周五丈，深三丈余，明时风常损稼，赛之而息。正德三年立风王庙，迄今夏季望日祀之。

胜水洞 在石盆山旁。

老虎洞 冷口外一百八十里，与塔子沟界。

袁李洞 在五虎山旁，如团盖，可容数百人，世传袁达、李牧学道处。

琵琶洞 在擦崖子关，其洞深广为狐穴。

知止洞 在景忠山中，亦名别山洞。

二郎坨 在玉带山之南。

杏叶坨 擦崖口外二十里。

钓　台 小尖山之支也，滦河至此十一曲而汇焉。

松　台 大尖山之支，旧有莲心馆。

烽火台 在漱石岩上。

擂鼓台 在太平社三里，昔人聚兵于此。

垂纶台 在鸡冠山之麓。

五老台 在寿星山之东。

唐王台 在鹿儿岭之北。

将军石 在寿星山之巅，高二丈，屹然而立。

文箕石 俗名簸箕石，在黄山背后，形如箕，昔人刻“文箕射斗”四字于上，又名聚米石，水涨不没，验岁丰凶。

滦　河 距县三里，自潘家口入县界，流百八十里至县西黄台山下，南流至岚山北，东流经爪村龙泉山入卢龙界。(详卢龙)。

清　河 县西七十里，有二源，一出口外东马道入城子岭口；一出口外松岭子入大岭寨，至太平寨南合为一，过长峰岭至官寨下入滦，《水经注》之敖水也。

蛤螺河 即口外之乾河川，县北三十里，自白羊口外入城子岭关，与清河合。

长　河 县西北九十里，源自口外聂门、龙须、三岔入董家口关，东经青山营，又经太平寨，西过稔子口，合于滦，《水经注》之黄雒水也。

温泉河 县北五十里，源出刘家口西，有泉三，涌出如瀑布，并流为河，至徐流南入青龙河为水田，即古温泉水也。

按，迁安温泉《水经注》云：出东北温溪。《县志》载：在冷口外，四时常暖，明守关阉臣立木槛建屋舍，人多于此澡浴，乃另一温泉，非卢龙县北之温水也。

潵　河 县西北一百六十里，源出口外黄崖阴，过大安山后黄门子二百余里，会横水，由龙井关流入，合黑水，过汉儿庄至潵河桥东二里，合滦河(《迁志》云：至赵家庄南二里入滦。)

宽　河 县西北七十里，即豹河流百里入滦。

黑　河 县西北二百里，入栅子庵口，至汉儿庄南入潵河。

白羊河 县北四十里，自白羊口北入关，绕石门堡白道子至建昌营东南入青龙河，即《水经》之大沮也。

冷口河 县北四十五里，众山水所聚，口外为沙河，入口名冷口河，自建昌东南流至万军山为青龙河。

两水河 县东北三十五里，至万军山入青龙河。

恒　河 亦曰横河，县北一百里，源出景山北王四家峪，流经三屯城北而东合狮子峪诸水，过中峰山而西入滦。

三里河 县东三里，源出小寨庄南，东流经岳孤山下，南流至卢沟堡，入滦即岳孤水也。

石　河 县西三十里，源出血石岭，合沙河。

沙　河 县西北四十里，源出赤岭赤崖寺，经好树屯东流至松各庄合石河，过七家岭至院头与王家河合，至新庄草束子屯下，合众潦，经沙河驿曰滦州界（详滦州）又经丰润界，转东南达于海。

还乡河 亦名环香，县西北七十里，发源泉庄南黄山之麓西，由吊水院崖儿口入丰润之东北界，即浭水源也。

馆　水 出县西南三十里之馆山，由滦州曰丰润陡河。

冷　池 县北四十里，暑月泉气如冰。

以上迁安县

兔儿山 县西十五里，双峰尖耸，状如兔耳，绝顶有潭，云常覆之，微径而登可容数万人。

双顶山 县西南四十里，其阴为松流河源天。

天台山 西南二十五里，山寨险峻，旧名碓臼，崖下有双泉寺。

紫荆山 县南三里，临洋河有立石状如妇人，俗呼“紫荆石婆”，即魏之新妇山也。

冯家山 县东南二十五里，两峰鹄立，近海，上有“士彬”两大字，晨则见之，为昌黎界。

黄家山 县南八里，其石天生槅块，可资民用。

铧　山 一名滑子山，县西北十二里，松流河逆流绕其下，至曹西庄入洋河（《畿辅志》误以为二又讹铧为靴）。

背阴山 七王山北十里，接卢龙界。

七王山 在尖峰之南逾河。

熊　山　在背阴山北，先年山有熊，其阳白塔庄，产金。

严家山　在熊山之北，有水入松流河，迤西为卢龙之红山。

岩口山　县北五十里。

天马山　县北二十里，高耸秀拔，如控马首于云际，旧名马头崖，明万历中改今名，峭壁悬崖之下，涧深数十丈，绝顶镌“天马行空”四大字，又有“山河一览”“海天在目”诸大字，明戚将军继光题。

青石山　又名流濠峪，在天马山东北十里，有青石佛三尊。

茶芽山　一名桃儿峪，县西北五十里，顶有洞如盘，泉水盈一勺，饮之不竭，名圣水。

半壁山　县北五十五里，滴水崖西，山如刀削，有避兵旧寨。

栲栳山　县西北五十里。

将台山　县东北七十里，连界岭关。

八角山　县北二十里，天马山东。

羊角山　县东北三十里，高峻，有避兵城，土名南寨。

塔子山　县东北三十五里，顶有浮图，高二丈余，名女儿塔。

偏顶山　县北四十里，高插云霄，山腰平漫可耕，号平台。

青阳山　一名青山，县北五十五里，偏顶山北，上有塔，后有寺，其下涧水清涟。晴明至绝顶，南海东关如在足下。

挝角山　青阳山东。

临渝山　县东二十里，峰峦崛起，旧时关隘峰高千仞，下临渝水，一名马头坡。

横　山　县东五里，自县东望横截于前。

黄崖山　县东北五十里，在猩猩峪北，凡边内之山盘礴于外者，黄崖为大，高可十里，半山有舍身崖，深三四十丈，崖傍石壁上凿佛像三尊，其石径仅容足，为望海寺。

香炉山　青山关外，巅有大石，状若香炉。

花果山　在界岭关外。

业固山　县北五里余，为邑之入脉正龙。

云峰山　县东北五里。

芦　峰　县西十五里，旧置驿于此。

尖　峰　在兔儿山北，峻拔有洞。

峰山岭　在马头山东北三十里，张果老河源也。出于温泉堡。

黄土岭　在平林山东。

铁佛顶　熊山之东。

背牛顶　县北七十里，其山秀拔，必扳缘而登，迤西其巅尤狭，置木梯五架，山后有石如牛，故名，上有无梁殿，雨时铺云万里，有如堆絮，名“兜绵世界”。

望海冈　在牛头崖东。

雕　岩　县西北三十里，在岩口山北，怪石直立，其峰平漫，其东北面若刀削，可避兵。

刀　岩　在台头营南，顶可容千余人，惟北面有微径可陟。

滴水岩　台头营西五里，岩高千仞。

九华岩　在天马山东。

牛头崖　县南三十里，连峰山西。

对嘴崖　县东南二十五里。

黑鹰峪　县南十里。

平房峪　在兔耳山南，耸秀深茂，多果实。

石佛峪　岩上石佛踞瀑布上，岩下有井深黝不可测，祈雨多应。

银洞峪　县西南四十里，峪产银矿。

大崇峪　一名大虫峪，在石佛峪东南，其石自片厚，或数寸、或盈尺，利于用。

楸子峪　熊山之东。

麻塔峪　在天马山西五里，腰有洞深二丈余，广半之，其中东北泉不盈勺，久雨大旱如常。

鵜鹕峪　半壁山北。

孤石峪　尖峰秀出，有温泉可愈疾。南流为河，一名和尚山。

星星峪　台头营东三十里。

牡丹坡　县东北六十里，其坡多牡丹。

马和尚洞　望海寺东里许。

三石洞　在牡丹坡西，高二仞，广半之，深二寻，洞东有水帘倾于石龟背下汇为河，将入关有沟在下，故为蛟窟，蛟徙其窟，沙壅之，或云沙下深不测，与龟背洞通。

鹰窝洞　在背牛顶山后。

风　洞　在和尚山，岁为灾，居民祭焉。

渝　河　县东二十里，源出口外古瑞州，由宏量寺绕流入戴家河，汇归于海。

按《魏书》渝水首受白狼东入寨外，又有侯水北入渝，疑即此。《方舆纪要》云：渝河由古瑞州东南流至联峰山西，一名狮子河，又曰蒲泥河。

阳　河　亦名洋河，县西里许，源出界岭口外裂坨山，流经县东南紫荆山下入海，后西徙二里，康熙二年复归故道，所徙之道遂湮，又有分支在县南二十五里，由刘各庄绕流归清河口入海。

沙　河　发源星星峪，由榆关镇西绕流入戴家河。

贾家河　发源花果山，由箭杆岭口外流入，经贾家庄南归洋河。

梁家湾河　发源东峪，由峪门口庄北绕流归洋河。

小红河　发源李阳峪北沟，由野各庄东绕流归洋河。

雕崖河　发源青山口北沟，由周各庄南绕流归洋河。

倒流河　一名饮马河，发源卢龙之腰站庄，至燕河庄、单各庄入境，绕流入雕崖河，归洋河。

松流河　县西北十二里，源出双顶山银洞峪，由所各庄入石河，倒流至滑子山后。

界岭河　源出口外别坨山十八盘，曲折湾环，合关内黑谷岭、关东胜寨北诸水，由鹿角峪二十里入松流河，此《水经注》封大川水也。

黑洋河海口　在县南。

戴家河海口　在县东南四十里，明时海运此为积储之地。

中桑水 自马司岭西入口，十里至王家庄，三十里入洋河，此《汉·地理志》之龙鲜水也。

绿　湾 县西北五里，滑子山下松流河逆而环之，湾中有蛙不鸣。

卧龙滩 在和尚洞东，有池不竭。

双龙池 县南八里。

双龙眼泉 在黄崖望海寺东，有二石穴冬夏不涸。

龙　泉 在猩猩峪北，深不可测，上有瀑布飞涛，每旱祷雨立应。

满　井 县东三十里，牛头崖西北百余家共之，随汲随满，大旱亦然（此井应属抚宁县，《临榆县志》误载）。

以上抚宁县。

碣石山 县西二十里云峰寺右，山顶有石卓立如柱，相传为天桥柱，人罕能至，史言秦始皇、汉武帝、魏文成、齐文宣、唐太宗，并登此山，今无可见，惟石壁镵文五十四，为石花所封，仅存明昌几年五字，乃金章宗年号也。

按《尚书传》曰：碣石海畔山，《疏》云在右北平骊城县西南，《汉书·地理志》右北平骊城大碣石山在县西南，其辽西累县下云：有碣石水，言水不言山，而《武帝纪注》文颖曰：碣石山在辽西絫县，絫县今罢，属临渝，后汉《郡国志》两存之，引《水经》云：在临渝县南，又引郭璞云：在右北平骊城县海边，《隋书》卢龙下云：有碣石，《新唐书》平州石城下云：有临渝关，有碣石山，营州柳城下云：又东有碣石山，是二州各有碣石，而营州之碣石又在柳城之东。若夫《史记·夏本纪索隐》引《太康地理志》云：乐浪遂城县有碣石长城所起。《史记·苏秦传》南有碣石雁门之绕，《索隐》以为在常山《九州肇域志》谓山东海丰县阳谷山即古碣石，皆与夹右入河之意未合自以在骊城絫县之说为是。今昌黎乃古二邑地，但韦昭谓历世既久为水所溢，渐沦入海，已去岸五百余里，则今所指之天桥柱，亦非《水经注》之所谓天桥柱也。

仙台山 县北十五里，自太行分派东来，惟此与裂头山、景山、角山、兔耳山为平营五顶。绝壁万仞，上凌霄汉，下视关垣如带，大海如沼，县城特弹丸耳。巉岩累石，莫可名诘，山顶有石棋局，相传仙人曾奕于此山腰，镌“仰止”二字，杨于陛书。天会十五年有僧建台，四面立石若阑槛，台后为果老院。

观音山 县北十五里，仙台之北，有前后二峰，其岩有矿洞，人莫能知。

道者山 县西北二十里，其上旧有道者寺故名。

凤凰山 县西十八里，峰如凤首，而翼翥上多奇花，名穿花凰山，右有堡，险可避兵，名凤凰城。

虎皮山 一名虎牢关。

中峰山 县西北二十余里，其顶有净影池。

孤　山 县西北三十里。

纱帽山 县西北三十里。

三角山 县北四里，山上有城，最平漫，一名平顶峪。

罗汉山 在五峰前。

桃花山 县北五里，山上有洞，其下石壁有泉涌出，亦名桃源。

馒头山 县北四里，东有千佛影，西对板石山，元人张勖题曰“蓬莱第一关”，往来诸山所必由也。

白石山 县北四里。

香　山 县北八里。

药局山 县北三里，秀石错峙，传有异人采药于此。

驾鳌山 县西北八里。

黑石山 县北十二里。

笔峰山 县北八里，直插云端，亦曰尖山。

板石山 山石如板，利用。

西　山 县西二里，石壁有湘子影。

磨垲山 县西三里，其石可材。

龟盖山 县西三里，壁有仙人影。

牛耳山　在书院山西。

骆驼山　县西四十里。

午　山　县西五里。

衡　山　县西北十里。

石门山　县西五里，两山相峙，故名。

卧牛山　县西北二里。

白庙山

楸皮山　县北三里。

东　山　县东二里，一名围山，有围石南向，有石佛影。

野湖山　县东四里。

两　山　县东八里，路旁两石名也，有庙。

行虎山　县东北十里，状如行虎。

樵夫山　县东十二里，其山孤立，山畔两石窟可容数百人。

法宝山

联峰山　县北二十里，左右翼十余里，一曰海眼山，接抚宁界。

安　山　县西三十里，山有避兵堡，饮马河经其下。

团　山　县西五十里。

龙　山　县西六十五里，上有塔，下有莲地百亩，今改为静安社，去山十里。

武　山　一曰五山，县西七十五里，绝顶四顾，边城在目，有遗垒迹。

驻跸山　县西七十里，相传唐太宗驻跸于此。

郭造卿曰：按《史》帝自命名者在辽东安市城，著作佐郎敬播谓：銮舆不复东是矣。帝征高丽至孟冬班师，闻太子奉迎，从飞骑驰入渝关，太子迎于道左，相见为欢，因在道左登功纪德耳，未尝游幸至海隅。兹驻跸之名，或魏文成改乐游山筑坛纪行于海滨，而误为唐太宗乎？

书院山　县西四十五里，两岗合抱环列石屏，屏下朝阳洞，覆石如厦，一小井深不满尺钳入石屏，冬夏不竭。井西大石壁立，镌“夷齐读书处”五字，苔痕剥蚀，摩挲可读。

长　山

坟　山　县西五十里。

茶叶山　在书院山东。

荆　山　拉虎山，以上二山在书院山北，又东南二峰下侧滦河其后，孤石直立，即一柱峰也。

西五峰　县北十二里峰如笔架，秀绝恒蹊。

东五峰　县北十二里，一名锦绣，一名飞来，一名挂月，一名平斗，一名望海。悬崖峭拔逾于诸峰，上有深洞，又有一峰宛如浮图，名药师塔。

香山峰　在宝峰台左，峰后有庵，果木繁嘉，潭水直喷，其左一里入地五里，至龟石桥复出为地桥，乃县北八里矣，盖碣石环县为扆观音锯齿，其左右肩，五峰，笔峰，其左右臂也。

达摩峰　县北十二里，在五峰后，左有石乳垂数尺沥沥然，旱不涸，冬不冰。

欢喜岭　在仙人台东，登仙顶者至此如出中霤稍可四望，故名。直南向下乱石交牙，俗谓之闫王鼻，两山夹峡，翳不见日，长溪路滑漫湛阴阴。

锯齿崖　县北十五里。

水　岩　县北八里，有寺，林木繁茂，苹果最佳。

上水崖　县北十五里，在果老院北。

黑鹰峪　县北十里，两山壁立。

柳　峪　县北十里。

紫草峪　县北十里。

散坡峪　县北十里。

石窟峪　县西七里，一名石佛洞。

耍儿峪　县西八里。

牛儿峪　县西十二里，为昌黎西北境，凡一舍余抵抚宁界。

安乐峪　县西五十里，其山东南横峙，北接卢龙，西近滦州。

长　峪　县西十二里。

楸皮峪　县西十里。

白庙峪　县北十里。

石门峪　县北十五里。

杨文坨　在团山。

韩仙洞　仙台顶后。孤耸可栖。

山心洞　在龙潭下百步，洞下有巨石，大如夏屋，石底有穴可容百人，其西面有大字如斗，曰“独立不惧”。南面有字大如杯，其文曰“金大定乙未岁，北平牧高侯贰车王公同游道者山，明日登圣居岩，已而穷幽绝胜，磅礴啸歌，不减唐晋名流，宾从请磨崖以记，顾谓客王密书之，时四月初吉也。”

刘九洞　在西五峰前，旧有石壁如洞形，俗传若要洞门开，还得刘九来，范督师因与己小字相符，遂凿开，改名范公洞。

拴马洞　水洞，皆在尖山。

石佛洞　在石窟峪，深二丈，中有罗汉像，元时有僧修炼于此，山顶有一方石，广二尺，长五尺，名曰玉砚池。

阇黎洞　一名临河洞，在武山西崖，壁千仞，巅分八字，洞在其腰，前逼深潭，由小径匍匐入，颇昏黑，穿而直上丈余，四壁有隙如牖，爽垲可容二百人，其深不测，小者十余穴，有曰金鳌洞、曰水洞、曰织罗洞者，自辽金来居民避兵于此。

石窟洞　县东悬崖上可容千人。

观音洞　在虎牢关东。

飞盖石　在罗汉山顶，形如僧包，一名顶包石（《县志》作五峰山顶）。

观澜石　五峰之上，可望大海。

围　石　在东山，围圆数丈，推之则动，人不能移。

浩然台　在龙潭山畔。

慰心台　在桃花山畔。

宝峰台　在仙台山麓，有寺。昔有井七十二，今存十数井，花木森然。

急流河 县西门外，源出龙潭水岩，至县西南入饮马河，又名西沙河。

按此即《山海经》绳水，《汉书志》编水也。旧志云：累县下碣石水亦即此。

饮马河 县南五里，源出卢龙县境桃花峪，自县城西北王十五里两家店入昌黎界，经县西安山下又东流为沙河，至县西十八里合深江河，又东南至琉璃庄合虹桥河，又东南至团林庄入七里海，其支一股由古河至陈家海口入海。

按此即汉志絫县下之宾水

沙　河 县东南十里此东沙河也。

潮　河 县南二十五里，源出仙台顶，后由达摩峰头下张各庄，汇上源诸水以达于七里海，一名马家河。

按此即《汉书》絫余县下之官水

蒲　河 县东南二十五里，即蒲泊也，源出海眼夹莲峰樵夫诸川，而下惠民场东南入海。

深江河 县西十八里，源出净影池、长峪石窟诸川，南流入饮马河。

两　河 县西南八里，上流诸水至此合而为二，因名。

泉　河 两河之西二里，源出青沟营至兴宁屯为土桥河，由古蛤泊、念坨入深江河。

绕湾河 土名瑶湾河，在两河之南，源自西北茶芽山贯各庄，由黄土营、垫子里、安山、崔刘庄入两河，一名安山河。

梭头湾河 土名锁头关，县西北三十里，源出道者、凤凰诸山，合深江河，达虹桥河而入饮马河。

虹桥河 自安山发源，受各庄泺水，归饮马河，入七里海。

柳　河 县北二十五里。

套里河 县西南五十里，源出龙山，过静安堡下入乐亭。

甜水河 县南三十里，南入七里海。

七里海 县东南三十里，即古漠海，亦曰七里滩。

按七里海纵七里，横十余里，水咸可作盐滩。自饮马河由沙河入七里海，海潮淤沙，海水遂淡，盐滩渐沦于水，名之为海，其实褰裳可涉，舟楫不通，旱则成滩，阴雨过多潴水为泽，遂成巨浸，旧有鱼蟹之利，居民赖焉。

西五峰泉 在文公祠后，泉有三，水甜美。

东五峰泉 悬岩有洞，深广数丈，中有清泉流出，味甚甘冽。

洗心泉 在县西北黑鹰峪，飞流千尺，横空如练，下注为潭，深三丈许，又书院山寺后有洗心泉。

海眼泉 联峰山上有石洞，水澄澈潮汐应候。

桃源泉 桃花山石壁涌出。

鬻泉海 月亭左石孔中涌出，冬夏不竭，饮之甘美。

温　泉 县西关玉皇庙前平地涌出，隆冬不冰。

瀑布泉 仙台山畔西岸有“忠孝节义”四大字。嘉靖间邑令王世业书。

莲花池 一在城西龙王庙；一在静安堡。

玉砚池 石佛洞上池水冬夏不竭，深可二尺许（又笔峰山有玉砚池）。

静影池 孤山之上昔有异人幻影于此，下流入深江河，天池在上水岩休粮寺，冬夏不涸。

黉宫井 大成殿西，水甘美，亚于塔下井。

学前井 文庙照壁前，水亦甘美。

塔下井 源影寺内，水如石髓，味甘美。

龙　潭 仙台山畔，有石磴一百一级（隆庆三年，为龙所毁，仅存其半）以达于洞，洞在绝壁，高可丈余，深三丈许，在洞中宽丈许，深丈许，自石壁流出时有云气，祷雨立应。

以上昌黎县。

祥云岛 县西南四十里，在溟海内，晨光烘日，常绕祥云。《县志》云：人传中有李斯碑。

李家岛 溟海内祥云岛之西，李姓旧居于此。

桑坨岛 在溟海内，李家岛之西多桑树。

黄　岛 县西南三十里。

茅　坨 县南三十里。

黄家坨 县西南二十里。

明福坨 县西北十里，今塌。

旧镇坨 县东北三里。

葫芦坨 县北二十五里。

景家坨 县北五里。

月　坨 县西南五十里，在溟海内，形如半月，地广十余顷，草木繁植，雉兔充斥，民取利焉。

石臼坨 一名十九坨，县西南四十里，在溟海内，滦淤沙所积也，广数十顷，中为古漕运市店。

按：北方坨地涸潴不常，自规利者有坨涸即以成田，由是陵谷迁变不可复识，惟月与石臼二坨在海中，为乐邑胜境云。

溟　海 县南四十五里，东接昌黎，西抵滦州，延广一百一十里，中有岛三、坨二，店二：曰曹北店、曹母店。

滦　河 自岳婆沙港入县界，分为二：曰葫芦河，在县东北三十里，今淤；曰汀流河，在县西北三十里，由县西南刘家墩至清河口入海。

清　河 旧名青河，源出滦州，自小儿营入县境，又九里至小河沿合滦河入海，其西流由龙台寺西南经破桥合沂河、古董河西南至蚕沙口入海（此非迁安口外之清河，详见滦州）。

戴家河 俗名代家河，县西北六里。

贾家河 县西十五里。

苑家河 县西南六里。

董家河 县西南八里。

杜家河 县东十七里。

三岔口河　县西南九里，以上皆滦之支流（《旧志》有宋家河无苑家河、三岔口河，今从《县志》）。

沙城社河　县东北二十里。

庞家河　县东北五里。

中淀河　县东十二里。

韭菜河　县东南三十五里，以上皆东滦河支流。

介马河　县西北二十七里。

狼　河　县西八里。

新寨河　县西南二十五里，以上皆清河支流。

于家河　县东南二十五里。

汤家河　县东南二十五里。

囤子河　县西南十五里。

高密河　一作高糜河，县西南三十八里，以上皆海支港，各河俱系小沟，夏秋水盛乃通，河身宽大者不过寻丈耳。

萧家湾　县北四里。

栗家湾　县西八里（《旧志》有翟家湾，无栗家湾，湾皆潴而不流）。

四沟港　县东南十五里，四边皆水，中有高阜秀丽可掬，绿洋在溟海内，海水青黑，而滦河清碧，入海数十里不混，宛如长带，土人亦名强河，其中蛎房积如山。

孝子泉　在县西七里松林庄，以孝子刘文焕名，外左右二裔而为濊为汋。

以上乐亭县。

角　山　县北六里，山自居庸、古北、喜峰诸山而东，延亘千余里，至是耸峙面海，而长城枕之，控畿甸，界辽沈，双峰宛如角立，山北直抵沙漠，层峦弥望，郡之镇山也。

后角山　去角山北十九里，高并角山前后相望。

狼窝山　县北十里。

洞　山　县北十里，在首山西当两角之冲，孤峰峭拔，悬崖空洞。

围春山　自洞山入东五里，山形四合若环堵，明佥事萧显曾筑别墅其中，名围春庄，有墨香亭、荫秀亭，今废。

首　山　县西北十里，自北而南此为诸山之首，山有亭名乐寿，北揽群山，南瞻大海，为邑之胜地。

五泉山　县西北十三里，山有泉五道，北流入石河，为鸭子河。

寺儿山　县西北二十里。

团云山　亦曰云蒙山，县西北二十五里，四时云气变幻无常（《畿辅志》误为二）。

鹰窝山　县西北十五里，崖际有石如鹰。

了角山　石门城北里许，上结小亭，东望角山如在目前。

平　山　县西北四十五里，环石门，山皆峡，《旧志》云：汉公孙瓒败乌桓处。

箭苛山　一名茶盆山，县西北七十里，在苇子峪外，边外之盘薄于内，惟兹山为大，高峰万仞，林壑幽靓，上有无梁殿佛舍。

尖　山　县西八里，下有龙潭深冽。

联峰山　一名莲蓬山，县西南七十里，东西二峰相去三里许，渝水自其西入海。

孤　山　县南六里，去海四里，下临潮河，屹若砥柱，石河自东入海。

金　山　俗名金山嘴，县南六十里，其山如嘴半入于海。

三峦山　角山之北，山多猿猴。

拦马山　在围春山西，壁立万仞，马不能行。

玉王山　在五泉山东北，下有突泉，为沙河之源。（《畿辅志》作玉旺峪）

平林山　距城六十里，在黄土岭西。

六罗山　距城四十五里，产煤，在黄土岭上庄坨。

房　山　石岭之北，高峻可避兵。

溥塘山 石岭之北，内空洞深十余丈，水鹳为渊。

黑　山 在团云山之南，距城四十里，产煤。

平顶山 距城二十里。

窑　山 距城二十五里。

南　山 距城二十五里。

锤子山 距城三十五里。

马鞍山 距城三十五里。

鸡冠山 距城五十五里，近山各村无蝎。

画皮山 距城三十里。

白云山 距城五十五里，上有福庆寺，庙貌宏丽，西有玉皇殿，铜像相传出于神工。

大毛山 城北八十里。

半壁山 一名半劈山，形如削，县北六十五里，在驻操营北。

庙果山 距城四十五里，在浅水营东北。

五峰山 距城五十五里，在傍水崖。

王爪山 距城五十五里。

汤泉山 县西六十里，有泉冬夏常温，其旁有寺，引泉为二池，浴之可以愈疾。

喇叭山 距城三十五里，产黑矾红土。

团　山 距城五十五里。

烟墩山 距城五十里。

耕果山 在六罗山西石岭东。

石门山 在芙蓉山西，连崖对峙，阳、石二河上游中间扼要之区也，亦名石门峡。

芙蓉山 旧名裂头山，其自挝角山东高广倍出群山，而尖顶分三四者为前芙蓉山，其迤东十余里有七峰相连，极东而尖者，为后芙蓉山，其前芙蓉山之东，即平山。

按：以上三山《临榆志》俱不载，《旧志》暨《畿辅志》俱载在抚宁县下，今以方向道里考之，似应在临榆境内。

欢喜岭 亦曰凄惶岭，县东二里许，言戍辽者去而悲，还而喜也。

石　岭 距城五十里，傍水崖西，产煤佳于六罗山。

白塔岭 距城四十里，石岭之南，黑山之东。

马路岭 距城七十里。

双松岩 在角山关北，石河经其下。

胜水岩 在茶盘山西南，人至半岩常闻下流水声，其下则无，以竹引之于罐名曰胜水。

傍水岩 县西五十五里，在石门寨西，峭壁悬崖，外平内险。明隆庆九年，戚继光设伏歼敌于此。

蟠桃峪 又名蟠道峪，县西北三十五里，在鹰窝山西北。

水　峪 在芙蓉山之间。

老君顶 在义院口南，距城六十七里，上有老君庵，庵东丹炉遗迹犹存。

悬阳洞 距城二十里，在洞山之阳，洞顶有穴，日光悬照山上，迹之莫得其处，穴中乳水涓滴不绝，下有石如盆，积水其中，俗呼穴为天井，石为地盆（《畿辅志》作朝阳洞）。

天然洞 距城六十九里，洞在板场峪东南，内有铜佛像三。

九连洞 距城三十五里，洞在山半，中一环八，故名。

秦皇岛 县西南二十五里，在汤河之东，入海一里，传为始皇驻跸处。

说话石 在联峰山东，双峰屹立，若人相对语然。

骆驼石 县西南六十里，高丈有五尺，长丈有八尺，广八尺。

望夫石 县东八里，在海岸姜女坟旁。

金鸡石 在北门外，方圆丈余，以石击之音如鸡声。

海 自直沽、新桥、赤洋而东，势渐趋北，转折抵辽境，南岸即登莱二府界，南北相望，水光接天。明初通海运，山东省钱钞、花布由海给辽，城南十里，店舍及泊舟遗迹尚存。

澥儿海口 县南十里可渔。

石　河　在县西，旧志在石门之东，源出口外龙潭城子峪，过大小毛山及柳河诸堡，而西为石门，下山海南关外由八里铺而西入关，城右红花店间自南关入者会之，其石丛积，褰裳可涉，秋潦涨急险不可厉矣。

按：今石河在西关外，自城西回马寨出山，经招练营，转至文殊庵左，南流入海。

鸭子河　县西北三十五里。柳罐峪西有温泉东南而苇子峪而花场峪与东拿子峪合其源出黑崖子入，由棒崖东流凡四十道会于石河，此即《水经注》清水入九道口而注海也。

温　河　即张果老河，县西三十里，旧志源出孤石峪、温泉堡、裂头之流也，河有二：西为汤河，东为张果老河，下流总入于海、此即《水经注》之方城川及木完水也。

按《畿辅志》载：汤河在抚宁县东北六十里，源出汤泉寺山，经海阳店南流经秦皇岛入海，又张果老河亦在县东，汤泉寺之别流也，下流合阳河入海。

潮　河　在孤山下，海潮止此，乃石河之下流，非昌黎之石河也。

南水关河　源出关外东北诸山，由南水关穿长城入，稍西分流：一为刘家河，一为边家河，俱归潮河入海。

北水关河　源出关外，由北水关穿长城入，经西关南流入石河。

深　河　源出县之青石山苏子峪，至抚宁入戴家河口归宿于海。

帅府河　县西南四里，源出赵家亭泉，入潮河。

刘家河　即南水关分流，县南三里，遇潦，水入潮河，旱则涸。

边家河　即南水关河，分流县西南三里遇潦水入海，旱则涸。

李家堡河　源出一片石、炕儿峪，归奉天老君屯河入海。

大青山水　自关外入一片石河，自小河口入关西行，会黄土岭、庙山口各川，出一片石门至辽东铁厂堡南，由老君屯东芝麻湾入海，此《水经注》之高平川水也，其水分九道而下，今名九门口。

龙　潭　在尖山下，水深不可测，相传旧有龙居，今为砂石堙塞。

老峰潭 县东北隅边城外，水寒洌。

黑水池 城内积潦所聚，色如墨。久旱则涸。

莲花池 一在城东南咽喉桥之南，一在桥北，一在海洋镇。

华家湾池 距黄土营二里许，冬夏不竭。

温　泉 在汤泉山（见前）。

石　泉 二在石碑庄。

龙　泉 在白塔寺庄，距城三十五里。

暖　泉 在暖泉庄土山下，水性温。

双文井 在县学明伦堂，前后二井水俱甘滑。

北浦新井 在山海路署后圃。

八角井 在县署射圃。

冯家井 在西罗城西，罗城诸井皆甘，此尤清冽。

新　井 在关外里许，味甘。

义泉井 在西关驿后，味甘。

新泉井 在西关三清观前，味甘。

大口井 在东罗城，水甘美，较诸井为胜。

艾子井 在驻操营北门外，味甘美。

以上临榆县。

屯　社

卢龙县 民社七：西南二十里曰在城社，西南二十五里曰凤头，西南三十里曰南堂，东北三十五里曰台上，西北二十七里曰大河，南北五十里曰周王庄，西四十里曰赤峰。屯四城：北三十里曰丰隆，西北三十里曰丰润，西南二十里丰稔，东二十里曰丰成。

滦　州 民社四十一：曰城社，其东三十里曰长港，西二十五里曰何家寨，四十里曰黄家疃，六十里曰孩古，九十里曰义丰，百二十里曰松梁，南五里曰周，南十里曰法宝，二十五里曰于宁，三十五里曰李家庄，五十里曰土屋儿，六十里曰连清，曰侪城，一百二十里曰柏家一，曰柏家二，曰柏家三，北十五里曰横山营，东南二十里曰催官一，曰催官二，西南二十里曰古马，六十里曰榆子林，七十里曰赤堠，曰花港，曰王冢坨一，曰王冢坨二，八十里曰北柳河，曰狗儿庄，曰司家一，曰司家二，九十里曰独莫一，曰独莫二，百里曰康家庄，百十里曰姚家庄，百二十里曰桥头，曰长春，曰曹家口，西北五十里曰宜安，八十里曰偏山，九十里曰梅相一，曰梅相二。屯二十六：南九里曰兴利，十八里曰长乐，二十里曰普利，四十里曰富聚，五十里曰风淳，六十里曰崇本，西二十里曰高平，二十五里曰丰野，三十里曰长庆，四十里曰平原，五十里曰广布，曰广益，七十里曰嘉祐，东南二十五里曰务本，西南三十里惇本，三十五里曰富庄，三十五里曰嘉真，四十里曰丰腴，五十里曰永登，八十里曰崇道，百里曰乃积，百二十里曰余庄，西北十五里曰兴庆，九十里曰康庄。其新编屯一二里乃散处其地不一也。

迁安县　民社十四：城中曰在城社，其北十五里曰黄北，东北四十里曰望都，西北二十里曰北平，南六十里曰长岭，七十里曰太平，东南十五里曰陶村，西南二十里曰爪村、西二十里曰岚山，五十里曰贯头山，七十五里曰夹河，百二十里曰林河一，百八十里曰林河二，百六十里曰林河三。屯三：东三十里曰嘉祥南、八十里曰丰膳，西北九十里曰丰廪（县志云康熙中改屯为社，又省军归农，而以前明官军屯田之地编为里甲，因所居之方别为东西二卫）。

抚宁县　民社十二：曰城社，其南十五里亦曰城社，县南二十五里曰洋河，二十里曰张家庄，北七十里曰宣北一，二十五里曰宣北二，东三十里曰万家庄，四十里曰回安、曰海洋，东北二十里曰宣南，西北五十里曰良仁，五十里曰山西。屯五：县西北十二里曰富实，西二十里曰富饶，西南三十里曰兴福，西北十五里曰歌欢，西五十里曰庆福。

昌黎县　民社十六：北曰在城社、其东二里曰顺德，二十里曰两山，八里曰洋山，西二十里曰葛家一，十八里曰葛家二，三十里曰安峰，三十五里曰刘平，五十里曰静安，八十里曰石门，南三十五里曰团林一，五十里曰团林二；七十里曰槐套、四十五里曰赤崖，六十里曰沙程，七十里曰会东。屯十一：东五里曰兴宁，西三十里曰归厚，六十里曰延昌，二十里曰永受，八里曰安和，南三十里曰禧福，八十里曰嘉颖，北曰正业，二十里曰兴善，十里曰宜春、五里曰康乐。

乐亭县　民社十五：城中曰在城社，曰二里社，城东南八里曰冯家稍，二十三里曰称坨，城东二十里曰沙城，二十五里曰黄瓜口，城西八里曰嵩林儿，十五里曰商家堰，二十里曰茨榆坨，东北十里至七十里曰临榆（从临榆拨归），南六里曰千金，西南十五里曰白沙峰，城西北二十五里曰酱家河，曰尊礼，北二十五里曰胡东。屯九：北二里曰富饶，西北八里曰富有，二十五里曰美化，曰九有，东十六里曰禾登，西无，南十二里曰时登，东北二十五里曰庆宁，东南二十里曰力本，西南二十五里曰致顺。

临榆县　民社七：城南五里曰天清，城北六十里曰地宁，城北四十里曰长治，城南六里曰久安，城西三十里曰属国，城西五十里曰年有，曰丰登。

卷之三

封域志三

祥　异

［汉］

和帝永元十二年冬十一月癸酉，夜有苍白气长三丈，起天园东北指军市，见积十日，占曰：兵起十日期岁。明年冬十一月辽东鲜卑二千余骑寇右北平。

元兴元年秋七月己巳，有流星起天市五丈所，光色赤。润月辛亥水金俱在氐，流星起斗东北行至须女，须女燕地，天市为外军，水金会为兵诛，其年辽东貊人反，钞六县，发上谷、渔阳、右北平、辽西、乌桓讨之。

［晋］

愍帝建兴三年秋八月己末，甘露降新昌县。

［北魏］

世祖大延五年春二月，辽西上言：木连理。

太平真君八年秋七月，平州大水。

高宗太安五年春二月，肥如大火，焚官司庐舍略尽，惟东西二寺不及。

高祖太和三年，春三月戊辰，平州地震有声如雷，野雉皆雊。

六年秋八月，平州大水。冬十一月辛亥，朔月寅见于东方，京师不见，平州以闻。

世宗永平四年秋八月，平州献白鹿。

［**唐**］

武后神功元年春三月戊申，清边道总管王孝杰讨契丹孙万荣，初进军平州，白鼠昼入顿伏，及战，兵败，孝杰死焉。

久视元年秋八月壬子，平州火燔千余家。

元宗开元二十二年秋八月，榆关蚆蚄虫害稼，入平州界，有群雀来食之，一日而尽（滦志作天宝二十二年误）。

二十六年，榆关蚆蚄虫害稼入平州界，有群雀来食之。一曰而尽。

德宗贞元八年秋八月，大雨，平州平地水深丈五尺。

［**辽**］

圣宗统和元年秋，平州旱蝗。

九年夏六月，淫雨伤稼，秋九月地震。

二十年，平州麦秀两岐。

二十二年，平州进白兔。

二十八年秋，平州饥。

二十九年春，平州水。

兴宗重熙二十一年秋九月乙卯，平州进白兔。

太康元年夏，平州饥。

寿隆六年冬十月，平州饥。

太安四年春三月，平州饥。

［**金**］

熙宗皇统二年秋，平州大熟。

世宗大定二年秋，平州饥。

四年秋，平州旱蝗。

［**元**］

世祖中统三年秋八月，陨霜害稼。

至元三年夏，蝗。

六年秋九月，大雨，滦河溢。

八年夏四月壬寅，昌黎县民生子夜有光，诏加鞠养。

九年秋九月，大雨，滦河溢。

十三年，平滦饥。

十六年夏，蝗。

二十三年春三月，水、旱。

二十四年，风雹害稼，饥。

二十六年夏六月丁丑，淫雨害稼，冬饥（旧志云：冬十月水坏田稼一千一百顷）

二十七年夏四月，饥。

二十八年春三月，饥。九月大水。

二十九年冬十月，水（旧志作秋）。

三十年冬十月，水。

三十一年秋，水。

成宗元贞元年秋，滦州水。

二年夏，滦州旱。

三年秋八月，陨霜害稼（旧志作大德元年）。

大德元年夏，虫食桑。

三年夏四月，霖雨，滦河溢（滦志作六月）。秋八月乙巳，雨雹。

四年夏五月，雨雹。

五年夏六月，霖雨至于秋八月，滦、漆、淝、汝河溢，漂没官民庐舍殆尽，溺死人畜甚众。

七年春，饥，夏，大水。

武宗至大二年秋八月丁丑，陨霜杀禾。

四年夏六月，永平丰盈屯雨水害稼。

仁宗延祐六年夏六月，水。

英宗至治元年夏六月，大雨，雹深一尺，害稼。秋七月，石城县大水。

泰定帝泰定元年夏，雨水溢。

二年夏五月，三署雨伤稼。

三年春三月，饥。秋七月，大风、雨雹折木伤稼。八月，蝗。

四年春二月，饥。

致和元年夏四月，石城县蝗。六月，水雨雹。

文宗天历二年夏六月，永平昌国诸屯水。秋七月，蝗，雨雹（滦志作元年石城及三署蝗）。

顺帝元统一年，滦河、漆溢。

至正元年，永平路，大饥。

三年秋八月，滦河溢。

四年秋七月，滦河溢，平地丈余，漂没田庐甚众。

五年春，饥。

二十六年冬十月，大水坏民田一千一百顷。

［明］

太祖洪武三年夏，滦州大水。

四年秋，旱。

七年夏，乐亭、昌黎蝗。

九年秋，旱。

十年夏六月丙寅，滦、漆二水溢，坏城垣。秋九月丙辰，大火。

英宗正统五年夏，蝗。

十二年秋，蝗。

景帝景泰元年，大水入城，与东南城几平，滦河徙（旧河在城东自是徙由城西）。

三年迁安大水。抚宁饥（《抚志》）

六年，刘家营大水，秋七月陨霜伤稼，冬十月大雷雨竟日（下二条《滦志》）。

英宗天顺元年，春莲花生（《昌志》）。

宪宗成化元年，水。

七年，大饥（《抚志》）。

三年，雷震死刘家营官马八匹。

十七年夏，迁安等县大水，饥。

孝宗弘治元年夏六月，滦州城西金泉池产并蒂莲一本，泉左流，半亩地内，并蒂者数本。

二年夏，滦州大水。

四年五月，蝗。

八年夏四月，蝗（《乐志》）。

十四年夏，大水，饥。

十七年秋七月，大水。

武宗正德五年春二月，迁安风霾，昼晦。

六年春，迁安旱，秋七月癸亥，开平卫观音阁诸兽口现五色光，自卯至巳散。

七年，黑青出，迁安大旱，饥。

八年夏四月，蝗。开平城观音阁西墙上龙起，寺中大兽带落于老龙坡。大饥。

十二年，滦州、昌黎大水。

十三年夏，滦州水，六月，刘家口关暴雨，城坏楼倾，铁叶门流至乐亭。

十四年夏六月，滦州蝗。秋，大水。

十五年夏六月丁巳，雹。

十六年夏，旱。

世宗嘉靖元年秋七月，螟，大旱，地震。

二年夏五月，滦州野蚕成茧。六月，蝗。秋七月，滦州、昌黎地震有声。

四年，抚宁大雹如鹅卵，杀稼（《抚志》）。

五年秋七月，滦州、昌黎地震有声。

六年春三月，乐亭境内起黑风，火飞如斗，焚及木杪，禽鸟多死，流灾海面，竟宿乃止。

七年春二月，滦州、昌黎地震。夏四月，大风昼晦。大饥。山海关大水入西关厢民舍，有漂没家产者（临志）。

八年夏五月，蝗（《乐志》云：夏四月大水雹损稼，秋七月蝗）。

九年，赈乐亭灾（《滦志》）。

十年夏四月，大风。

十二年春，旱、蝗（滦志云：正月不雨至于夏六月，蝗落地尺厚）。夏六月，雹。

十四年春三月辛酉，迁安雹大如卵。夏霖雨，滦河溢。冬十二月，雷（《抚志》）。

十五年夏四月，昌黎大水，滦州、乐亭，蝗。

十六年夏，滦州蝗。六月丙辰，迁安大风雷雨击县新堂，春玲珑花草如刻，画有龙戏其上。秋，昌黎饥。

十七年夏四月，滦州、昌黎蝗。秋八月，星殒其光属地（《抚志》）。

十八年，迁安饥。

十九年夏，滦州旱。

二十年春，滦州旱。秋九月辛丑，滦州、昌黎大风霖雨。癸卯，震电雨雹。甲辰，滦河溢。

二十一年，霪雨伤禾，霾沙屡作，蝗蝻遍地，是年大饥。冬十月，桃李花（《抚志》）。

二十二年夏六月，雹。

二十三年，滦河溢。天方雨，忽雷火飞入镇东楼，摄梁间斗拱出坠于田间。

二十四年，赈乐亭饥。

二十五年夏，霪雨四十余日（《临榆新志》）。六月，滦州大水，坏开平中屯卫北城七十丈。昌黎县城西南莲池内并头莲生。秋七月，滦州、昌黎大风。昌黎麦二岐，谷双穗。

二十六年夏，滦州水。冬十月己巳，五色云见（《滦志》）。

二十七年秋七月，大雨，有龙斗于石门子沟。七月龙出景忠山玉皇殿。八月，昌黎地震。(《抚志》云：地震，大风拔树，雨雹杀稼，是年饥)。

二十八年春三月，丁酉，大风昼晦。

二十九年春丙戌，大风昼晦(《滦志》)。

三十年秋七月，大水。迁安地震有声如雷。

三十二年秋七月，大水。

三十三年春三月，大风昼晦。地震。

三十四年春正月戊申，大雷雨。二月己巳，大雪冬饥。

三十五年春三月戊辰，大风，昼晦。旱。

三十六年春二月，燕河营地震有声。三月，府城地震。秋八月，滦州蝗，岁大祲，疫疠盛行(《临榆新志》)。

三十七年秋七月，蝗，水，饥。

三十八年夏六月，霖雨，滦河、漆河溢，城内行舟。秋八月，蝗。

三十九年，滦州春夏不雨(《滦志》)。抚宁春涝，秋旱(《抚志》)，蝗，地震。

四十年春饥，夏蝗。(《抚志》云：斗米二钱，人食草根树皮)。

四十一年夏五月，滦州地震有声如雷，州南孙家坨地裂涌黑水。秋，昌黎生雄鸡四足，迁安大有年，乐亭蝗入境不为灾，有秋。

四十二年春三月，昌黎闻天鼓鸣。夏四月初七日，霜(《抚志》)。四月甲子，三屯营地震日数次至秋七月。昌黎旱，秋八月，大水。

四十三年秋，昌黎螟。乐亭岁大有。

四十四年春，昌黎大疫。

四十五年夏六月，府廨后产芝，五本五色，献于朝。

穆宗隆庆元年春三月癸未，地震。夏霪雨损禾稼(《乐志》)。山海卫石河流涨涌入西关厢，卧牛桥坏。秋九月，抚宁毛家营大柳树鸣三日甚悲，土蛮自界岭入，杀抚、昌二县人民十余万。

二年春三月戊子，地震有声，经旬乃止。乐亭刘忙庄地裂三丈余，涌沙水(郭志作三年三月壬子兹从《滦志》)。迁安县，滦河滨岸裂，得龙蜕长二十五丈余，大二十余围。六月，飞蝗蔽空。十月初二日，白昼星殒有光。

三年春三月丁未，三屯营五色云现（《迁志》）。四月朔，山海关地震声如轻雷（《临榆新志》）。夏五月，昌黎雹。

四年春正月初八日，日下，五色云见（《抚志》）。夏六月，燕河营城北真武庙钟鸣，自落地者三，建昌风洞为灾，县官祭之方息，后每岁为常。乐亭有秋。

五年春夏，大疫，滦州夏水，冬饥。

六年秋七月，地震（《乐志》云：春二月）。山海关外带家河有海牛死，浮沙岸高数丈，长十余丈。阳河溢，有大树数百成筏由义院口入，过汤河至刘家寨入海。

神宗万历元年六月，望，甘露降于山海卫学宫（《临志》），秋关城北火神庙自焚。雨雹大如拳。

二年春正月乙卯，五色云见于三屯营（《迁志》）。二月，建昌营周千总率兵过卧龙岗，雷火燃其兵马器械。秋七月壬辰暮，三屯暴风起教场西南，飘战车空中碎之如纸叶。昌黎大有年。

三年秋，昌黎大有年。九月甲辰，三屯营地震有声如雷。

四年春正月辛酉，太平寨滦河断流数里，二时而续。壬戌，营东城河干百步。癸亥，西河亦干并逾时。二月庚辰辛巳，太平路地连震。

五年秋，雹。乐亭大水。

六年春，饥。秋大有年。

七年夏五月乙巳朔，雹大如拳。六月辛丑，三屯营地震有声如雷。五重安营野蚕成茧秋大熟（《迁志》）。

八年春夏，疫。五月壬午至戊子，地连震。六月辛丑，三屯地震有声如雷。

九年春二月乙卯，三屯地震。夏，甘露降理刑公署。

十年春，迁安风霾，旱疫。

十一年春三月，抚宁大风霾，夏四月，大水。六月，蝗。

十二年春正月，雷雨，滦河溢。三屯营莲心馆池中开并蒂莲，龟游莲叶上（《迁志》）。

十三年春，旱。夏五六月，大水雹损稼（《乐志》）。昌黎大收。

十四年春，饥，行赈。夏四月癸酉，三屯地震。旱，疫。大风拔木损稼（《乐志》）。秋七月二十日，大霜大风损稼（《抚志》）。秋大水，冷口关涨，没城数丈，关北水中有物似形非形，初长二丈余，大如瓦甓，后短小如杆棒，而无首尾。击之，分而复合，晶白蜿蜒，雨霁水落而消。

十五年春，赈乐亭饥。秋七月，霪雨，庚子，滦河溢城不浸者三版，坏田庐，损禾稼。冬饥。

十六年，昌黎饥。夏闰六月丁未，大风损稼。秋大水，迁安麦秀两岐，秋大熟。

十七年春，饥。夏，黍穗两岐。六月二十五日，大风伤稼（《抚志》）。秋，大有年。

十八年秋，大有年。

十九年，乐亭有秋，斗米二分有奇。

二十年秋七月，大风雨害稼。

二十一年春，饥。

二十三年夏五月二十五日，山海关地震有声，八月二十七日夜半雷震异常。诘旦，镇东楼向北一柱有烟，掘之，其下得火大如球。

二十五年春正月，不雨，至于夏四月。秋七月，大水，冬饥。昌黎地震。

二十六年春，不雨。夏久雨，田禾潦。秋，螟。冬，大饥。

二十七年春夏，疫。地震有声。

三十一年夏秋，昌黎霪潦，人民大荒。

三十二年夏，淫雨四十余日，六月癸卯，滦河溢，丁未复溢。乐亭坏城垣，伤禾稼。

三十三年春，大饥。夏六月，大雨，滦河溢。冬，饥。

三十四年三月，西南海市现，九月，蝗（《临榆新志》）。

三十六年冬十月戊辰，大雷雨。

三十七年春三月丁未，大风昼晦。

四十三年春正月，不雨，至于秋九月，大饥。

四十四年春，饥。秋七月，飞蝗蔽天，落地尺余。

四十五年，抚宁旱，春二月壬寅，五色云现（《迁志》）。

四十六年夏闰四月甲申，大风霾。冬，蚩尤旗见东方。

四十七年二月二十日，风霾昼晦，黄尘四塞。

光宗泰昌元年九月朔，大风，昼晦。

熹宗天启元年二月初八日，大风霾。

二年秋，滦河溢，自口外泛大木数千条，河中灯火鼓乐人语相喧，夜间遗一木，上有红字二行，不可识，土人以沙埋之，逾三日，忽水逆流而上，漂木入海，大水方息。淫雨坏边墙无算。七月，地震有声（《临榆新志》）。

三年三月朔，山海关地震。秋八月，大雨雹，寒冻。

四年春二月，地震。乐亭地裂，涌黑水。

怀宗崇祯元年，有防兵采薪锯大木，中有天下太平字（《抚志》）。

二年冬十二月甲子，滦州地震有声。

四年六月初七日，抚宁城西南角楼崩裂，木石如雨，飞去数百里许，中梁见存济南府历城县村落中。

五年三月，有鱼长九丈浮海滨，鼓鬣翻波，三日死。脊如栋，胁如椽。

七年，海溢漂没沿海民居，地生土阜。山海关旱。

八年，山海关大疫。

九年夏，旱，六月，雨伤稼。秋蝗，大饥。

十年春，大饥，大疫，乐亭新家庄牛产麟。

十一年，大水。

十二年春正月，乐亭南新庄牛产麟（见《县志·陈昌言记》）。

十三年，春旱，夏蝗。

十四年春，大饥。

十五年夏五月，大风雨雹，城颓四十余丈。卢龙学宫尽圮，大树皆拔，惟先师神堂不动。

十七年夏，抚宁栖霞寺龙潭水变成血，数日李贼至。

［**国朝**］

顺治七年，抚宁大水冲龙王庙，高出城濠。

九年秋九月，大雪，府城民家生鸡四足。

十年夏四月，霪雨四十余日，滦河溢。滦州、昌黎、乐亭大饥。重阳大雪。冬，雪月余，寒甚。

十一年春，大饥。

十三年夏四月，大雨，平地成河，滦河溢。六月，蝗。冬，大雪五十余日，行人有陷雪死者。

十四年秋，河溢，水浸乐亭城数尺，冬，饥。

十五年，饥。秋九月，雷震清凉山削山如沟者数处，水丈余。击死大虾蟆如斗，无皮。滦州兰圮庄大雨雹。秋九月，大雪。

康熙元年春三月辛巳，风霾，壬辰始霁。

二年夏六月望日，雷火焚郡东南角楼，大水。十月，雷。

三年夏闰六月，滦河泛溢。

四年春三月戊子，地震，辛亥，大风雷，昼晦。夏六月甲子，东南五色云现。九月庚子，雪。

五年十二月甲子夜，天鸣如雷。

六年正月戊寅，大星如月，坠西方，有声。夏，郡钟楼灾。七月，抚宁阳河东徙近城。

七年夏六月至秋七月，河水凡五溢，坏民田舍无算。山海关水入西罗城北门，卧牛桥坏。

九年春三月乙丑，白气见西方。秋，有年。

十年春二月辛卯，大星如斗，小星随之自兑趋巽，飞流有声。秋七月，酷暑。冬十一月，严寒，有年。

十一年春三月丙戌，乐亭大风昼晦，是夕月上有二星，抚宁旱，井泽竭。

十二年，旱。夏五月辛卯，大风霾，碣石、黄岭雨雹大如斗。秋七月，霪雨，河溢民田被潦。秋九月乙亥，昌黎地震。

十四年，乐亭麦三岐。

十六年丁巳秋七月甲午申刻，青气如霓自震趋兑。冬季雷雨。

十七年夏六月，炎暑自京师至关内外，热伤人畜甚众。

十八年秋七月庚申，地震有声甚烈。飞蝗不为灾。

二十三年五月二十三日，暴雨竟夕，抚宁阳河溢，城中水深三尺。

二十四年夏，迁安大水，乐亭水灾。

三十年夏，蝗。

三十四年，山海卫大水，冲南北水关边城百余丈。

三十五年，迁安、山海卫大水。

三十六年，山海卫大水冲边城百余丈。

三十八年夏，蝗。

三十九年秋，蝗。

四十四年夏，蝗。

四十五年春三月，郡东城楼雷火灾，焚三昼夜。夏，山海卫大水冲南水关百余丈。

四十七年秋，大有年。

四十八年夏六月，大水，滦河泛溢至郡城西墙九尺。迁安、乐亭城不浸者三板，凡三日水退。飞蝗蔓延滦、迁、卢三州县，官民捕尽不为灾。

四十九年夏四月乙巳，郡城新城市廛灾。五月，旱。秋，大有年，谷二三穗至四五穗者甚多。

五十年夏六月，炎暑。秋有年。

五十四年，山海卫虫灾，饥（《临榆新志》）。

五十五年，迁安、山海卫大有年。乐亭大饥。

五十八年，山海卫夏大水坏城北水门。

雍正三年六月，大水，小河从下水关入城中，陆地行舟。

六年夏，山海卫大疫。

八年八月十九日，山海卫地震。

十一年六月，滦河溢损禾稼。

十三年闰四月，滦州民张得福一产三男。九月滦州民胡在梁一产三男。

乾隆三年六月，乐亭海潮逆河上，沿海禾稼淹。

三年七月，滦州民李廷玺一产三男。

六年夏五月，郡城上水关楼灾。

八年夏六月，大热暍死人畜甚众。

十二年，大有年（迁志）。

十五年夏五月，大风雨，乐亭县海潮逆河上，沿海田庐禾稼淹。

十六年夏六月，雨，滦河溢。秋七月，大水平堤。

十八年夏，蝗入境，官民扑灭不为灾。至七月，蝻复萌，食稼殆尽。

十九年夏六月，雨，滦河溢。

二十年十二月，滦州民高宗义一产三男。

二十二年十月二十四日，大雨震雷。

二十三年三月二十七日，地震如雷，起西北止东南。四月二十九日，大雨，雹形如钵，着屋瓦皆碎，六畜多有击死者。

二十四年三月初七日，天雨黄土，春旱，夏螣食苗几尽。秋九月二十六日夜，大雪至次日，民间门户皆壅蔽不可识。冬，大寒，炭每石东钱六千。

二十六年六月二十二日，大雨，东城颓，压死抚邑赴试生童六人，督学张公悯之，命注童生入学。二十五日，大水，陆地丈余，次日始退。

二十七年四月，阴雨至闰五月始霁，田尽潦。

二十八年春，饥，斗米银七钱。夏，滦州蝗蝻生，七月晦始息。秋大有。

二十九年秋有年。

三十三年七月二十五日夜，城东南隅，关庙毁于火。

三十四年至三十六年，大河屡溢，庞家崖庄及大河关亭皆荡然无存，今南丘庄又渐圮。

三十五年七月二十七日夜，天正北五色如霞照地。

三十六年夏秋之交，近城村庄多狼患。

三十七年夏，二麦大熟。

三十八年七月十九日，大雨，风拔木，禾之熟者尽偃。

风　俗

永平地接边陲，《隋书》谓：人性劲悍，习于戎马，《元史》谓：人尚义勇，节俭务农者其大较也。卢、滦二志言：自前明嘉、隆以降，朴变而巧，野变而文，谨约变而夸诈，以今观之颇好礼让而近繁缛，燕宾每仆仆亟拜，此其所谓文乎！迁安质直近于椎鲁；昌黎朴茂务本而健讼，斗捷之风仍所不免；抚宁挚猛而实少虑，盖渤碣之间如是，司马迁已论之矣；乐亭俗尚节俭，其耕织纺绩比屋皆然；临榆则县志谓其负气任侠，士鲜恬退，而闺阃绝织作，盖由明季兵役繁兴，五方杂处辐辏，俨若都会，习染使然，今亦渐就敦庞矣。

士　旧志谓明初习记诵而心理道者少，然多醇谨，经书务在讲贯，子史亦多涉猎，自嘉靖以后，率记诵时文以邀荣施。今当我国家文运聿兴，庠序之儒亦有留心词翰者，然鲜根柢之学，而淹雅之材不多觏，盖拘于闻见，振拔无由，且贫困者往往身列黉门即转而贸易，是以潜心上进者仅仅有之。

农　北平延袤逼仄，山水纠纷，其中地无几可耕，滦、乐独称平沃，民亦务农，然自圈占之后地之属民者什二，余皆水洼沙坨，雍正年间，怡贤亲王奉命开京畿水利，滦、迁亦各开水田数十顷，其耕地之法，抚邑以西尚小垅，以东尚大垅，植苗恒于春，惧其埋没也。农者远城市，务本力作，不习奸伪，古心犹未凿，然旱潦悉听之天，三四月得雨，麦乃熟，六七月雨过甚下地率淹，平岁为下农，丰稔不知积蓄，故闻阎鲜盖藏焉。

工 明制：工匠有籍，今亡矣。且地鲜物产，无良材，故攻艺者寡。其以工名者，不过日用所需之器什而已，奇技淫巧，居人不尚，亦不能制造。盖相安于拙也久矣。

商 郡非四通而习质朴，故无富商大贾。其挟费营运者多出口贸易，有经数岁或数十岁不归者，重利轻别其商之性欤？至于列肆称贾者土著多，客民少，城堡市集皆有定期，遇期远近毕集，日夕而散，所易不过布粟鱼盐之属，无他异物也。

岁 时 立春先一日，县官戒东门外官亭，以各色器物选集优人装剧戏教习，谓之演春。届期阖城官员往迎，鼓乐交作，前列戏队，殿以春牛，老稚趋观，谓之迎春。有幼孩者则以袋盛豆挂牛角，谓可稀痘，至府堂次日，届时鞭而碎之，随以鼓乐将别塑小芒神土牛分献各官府及乡宦谓之送春，州及外县亦如之。所鞭土，市民争取涂灶，或涂壁，云去臭虫，豪门则设酒饼燕会谓之庆春。(《旧志》云：优长假冠带过官府、豪门各有赞称餚核韵语，博笑取利，谓之闹春，今无是也)。孟月朔日，官府望阙遥贺，礼毕盛服诣公署，往来交庆，士民家昧爽爇香烛祀神及祖先，又设庭燎奠祀真宰，曰焚天地日月楮则渎也，祀毕家人拜家长，举觞称寿，食饺饵，贵家爇丹药户内，谓之辟瘟（《旧志》谓：喧鼓吹于庭院谓之闹厅，今亦无之)。炽栗炭于堂中，以迎旺气，取除夕所置百种（详见后）而较量之，出息者丰获启视秸豆而次数之以粒，卜月润者其月雨乾者其月旱，户前置水主消灾，所插芝麻秸主门户清吉，夙具肴馔需供，三日内邻里交贺多闭门以应，甥婿来谒，则留饮焉。营将于上旬中择日迎喜神，如府县之迎春，鼓乐喧阗，齐民竞观。自朔至十二日并晴明无风，则以日卜月而岁大吉，妇女多辍针黹名忌讳。十四日先试灯，上元夕通衢张灯演剧或影戏弧戏之类，观者达曙，男女群游谓走百病。既望为残灯，妇女交错度桥谓度百厄，邀厕姑以问吉凶，即异苑所谓紫姑也，又有苕帚姑、箕针姑、苇姑者，皆因紫姑而诳诞其俗耳。或用膏油贮之面盏十二蒸于釜，依月而验有积水者主多雨，微湿及干者雨多少如之，或蒸于除夕亦验。廿四日日鼠会亲，是宵燃灯，一岁作耗，故禁火。廿五日曰填仓，是日必具食餍饱，以糕饭粘于瓮盎囤匮，炷之以香为丰盈兆，又以二十日为小填仓，女子于归者，姻亲俱于此数日内宴请，香车如织。仲月二日曰龙抬头，农家用灰自户引至井，用糠自井引至瓮，谓之引龙入宅，主有财；用香油煎糕熏虫则物不蛀且以辟虫蚁，士人家塾令童子开笔，取吉兆也。是日妇停针，俗云恐穿龙头也。季月三日，屋地不平取土垫之，吉。是日俗云蟠桃会，又观河之明暗以卜一岁水涨，明则水少，暗则水多云。十四日俗称城隍神生日，竞设赛焉。清明日，官请城隍神出北门外祭厉，闾阎插柳枝于户，男女并出展墓，簪柳，谚云："清明不戴柳，红颜成白首"。前一日为蛆日，忌造醯酱。是月村女树秋千为戏，童子团纸为风鸢，引绳而放之。下旬八日祀东岳庙，俗为大帝诞辰也。男妇有为父母兄弟赛愿，顶纸马敛衣束身，出户且行且拜，亲众鼓吹随及庙乃止，并曰拜庙，山海则拜于天妃庙。

立夏日入海捕鱼，视西南风则多获，东北风不利。孟月雨，占麦丰歉，俗云：一二麦脚黄，三四落把穰，五六泥中割，七八麦上场，以七八日雨为上也。又以初三四新月占风雨，谚云：月儿张弓，少雨多风，月儿仰瓦，不求自下，为甚验焉。八日为浴佛日，僧尼各建道场、宣经偈，男妇结会持斋诣佛寺礼拜，或以黄豆置盘盂，而念佛悉如豆数，以分众食谓之结缘。十八日，祀天仙亦谓之拜庙，视季春尤盛，盖妇人求嗣者、又童男女多病者以小纸秸为枷锁，荷之诣庙祈祷三年为满，焚神前谓枷愿，其祠在迁安。景忠山巅者俗称顶上境，数百里内外进香往返交错于途。是日，乡屯间犒食，佣人给钱以备蓑笠焉（昌黎仙人顶亦称顶上其祭赛则以十月）。仲月五日，为端午节，比户插桃枝及蒲艾，朱书："五月五日天中节，赤口白舌尽消灭。"揭之楹户，泛菖蒲、朱砂酒，又以洒于屋隅，云避恶物。儿童颈臂胫足系彩繒，名百岁索。戚里以角黍饷，男女姻家互馈，为追节。俗不竞渡，惟妇女群游城上以为乐。十三日俗为关帝诞辰。是日必有微雨，谓之洗刀水。季月六日晨，汲井水贮之经年不坏，可以造曲，渍醯。日午曝衣裘书画。伏日宜造麦曲，初伏洗头去风，以杏仁炒麦子食数粒，一年头不痛，心无呕。时黍将登，旬有三日祭龙王庙，至望祭风神庙。

立秋后十八日，寸草实。如夏至之麦，刻期不爽焉。七夕妇女对月穿针，或以水注磁碗撇绣针于中，照影以试巧拙。又为牛生命日，挂花枝于角可无灾，以面饼赏牧童。中元为地官赦罪辰，僧家建盂兰会施食，于河干放莲灯，复墓祭官祭厉如清明，里社亦行之，谷始登。仲月朔日，蒸黍饭撒场圃以祀，少女分日喜阴，及西方微云起，忌热主旱。中秋制月饼杂以瓜果酒醴祭月而赏之，戚友亦以月饼西瓜之属相馈遗，木棉始登，家治纺绩。季月九日为重阳节，稍如《荆楚岁时记》家制枣糕。士夫或携酒登高，霜降官祭旗纛。十七日福神诞辰，城乡皆以羊祀之。

立冬日谓之阳日，晴雪则一冬应之。孟月朔士民家祭先墓，剪色楮为冥衣，曰送寒衣，官祭厉如中元。十六日谓之寒婆晴主冬暖。是月毕场功，劳农遣，工人归，赛祭燕享，竞尚影戏，妇女群观竟夕焉。仲月日至谓之亚岁，官府五鼓望阙拜贺毕，彼此拜贺如正旦。民间祭先祖，其往来拜贺，惟山海为然。至后九日为一节，语云：一九二九水上走，三九四九不舒手，五九六九沿河寻柳，七九八九赏花饮酒。盖九讫而暖至矣。村中挖地穴以藏菜、果，用秫秸敷土盖之，否则，冻损。季月初八为腊月日，以米豆杂果肉作粥，童女钳耳，童男剃发。下旬三日暮，设糖饼果菜祀灶，俗以糖丸粘灶门，云毋得言家长短，以祈福庇。乡人秉高炬照田间，曰照耗。僧道作疏送檀越，医士作辟瘟丹送往来者。除日易桃符联帖，插芝麻秸于壁，陈仪祀真宰及土神祢祖、设庭燎照星斗，放爆竹驱鬼，焚苍术辟疫，取百谷种量较钧壹置之地面，取秸茎以析之，纳豆十二，闰加一粒，置之水中以为元旦占验。乃辞岁家燕，少长咸集，儿女终夜博、戏，谓之守岁。亦有夜深祷灶请方，抱镜出门潜听，市人偶然言语，以卜新岁休咎云。

凡岁虽士夫家不知占星象。其占伏寒为灾与《唐五行志》略同。四甲子雨，如唐《朝野金载》里谚，兹皆不具载云。

物　　产

植物类

稻　《乌台笔补》云：北齐皇建中，平州刺史建议开陂，岁收稻谷数十万石，是永平原可种稻。自雍正三年以后，京畿水利既开，今滦乐迁诸邑皆种之，有糯，有粳，糯可酿酒。

粱　《群芳谱》云：北方直名之曰谷，脱壳则谓之小米，亦曰粟米，秆高二三尺似蜀秫，叶似芦，小而有毛，穗似蒲。

黍　有黄、白、黧三色，米皆黄，北人谓之黄米，似稷而黏可酿酒，苗穗亦与稷同，诗所谓秬秠也。

麦　有大麦、有小麦，小麦磨面作饼饵。大麦米只可作饭粥。苗似韭，成似稻，大麦茎微粗，叶微大，色深青而外如白粉。

稷　即穄米，俗呼为糜，苗似芦，茎高三四尺，有毛，结子成枝而疏散，粒如粟而光滑。

菽　俗谓之豆，种类不一与□方同。

荞　麦　即诗所谓莜也，可作饼饵。

薏　苡　俗名草珠，叶如黍，茎高三四尺，滦之下社颇多，昌黎会东社亦出。

蓟　秫　俗谓之高粮，一名蓟黍，一名芦穄，以种来自蜀，形类黍稷故名，状似芦荻，不宜卑下地，粘者可酿酒作饵。

稗　北人呼为乌米，有二种：一黄白，一紫黑，黑者为苣有毛。

脂麻　俗作芝麻。

苏　子　似紫苏，叶下无紫色，不香，土人取子为油。

绵　花　旧志云：出昌黎沙程社，然各邑皆有，滦、乐亦多。

麻　有二种：一大麻，可绩，《尔雅》谓之枲，一苘麻，叶大花黄可作绳。又有黄麻，迁安长岭社多产，为楮以贩。

黄金茶 卢、迁多有，土人服以代茶。

萝 卜 即莱菔，处处有之，状有长圆二类，根有红白二色，郡城西者独大而脆，称特产。

花 椒 旧志云：迁安城山寺为盛，又滦州香花峪颇多，有木椒、火椒二种。

芹 滦州有芹菜山。

蒜 旧志云：紫皮者出滦州松梁社康家庄及梅一、梅二社。

菘 苗叶皆嫩黄色，谓之黄芽菜，然不及安肃菜脆美无滓，又一种白菜名箭杆白。

芥 俗名胳答菜，芥之别种。

莴 苣 土人惟食叶，其茎稍大则空老不堪食。

红蘑菇 一名肉蘑，惟抚宁独盛，迁安亦有。

木兰芽 出迁安。

黄花菜 产石山中，味佳。

蕨 《畿辅志》云：滦州菜山产，今抚宁台头营最多。

芍药菜 出抚宁边地山中。

藜 俗名扫帚菜，嫩苗可瀹食，秋日干老可为帚子，即地肤子，处处有之。

甘露子 一名玉环，《群芳谱》作地环，根形长如联珠，色白味甘而脆。生熟皆可食，又可蜜饯可酱渍。

松 各邑多有且多异种，而迁安之汉儿庄、三屯营尤盛出，松亭关乃古千里松亭界也，滦州荐福寺者大十围，卢龙清节祠有数株更奇。

柏 槐 榆 柳 杨 以上诸木名各山多有。

楮 一名谷桑，皮可为纸。

银 杏 以无心者为佳。

梨 旧志云：迁安锦唐梨在城社及陶村社，小而皮薄，甘脆，今以卜家营者为佳，名卜梨，又水红消，产抚宁台头营之东山，熟于诸梨后，皮中皆水，亦为佳品。

榛　栗　旧志云：帐房山产，岁进贡，松汀山及城山多。

秋　桃　出石门寨，其大过拳，甚甘美，因熟晚，故名。又卢龙境外有山遍产桃树，枝干劲直，色斑，脂腻，皮可裹镞，故关营以名。

苹　果　昌黎水岩寺后者最佳。

互斯赖　似杏非杏，似李非李。

榅　桲　似查而小，出山海，蜜饯可以致远。

葡萄　接桃　出昌黎顺德社。

楸子　核桃　出昌黎嘉颖屯，又有一种薄壳露瓤者，或云年久则变也。

沙　果　出昌黎延昌屯。

樱　桃　《金史·地理志》平州贡桃，然今却不为佳。

李　产滦州偏山者佳。

巴旦杏　核仁味甘口外种也。

虎喇槟　如平婆而小，色红紫，多见《滦志》。

莲　出乐亭龙湾，昌黎静安社亦出。

菱　昌黎静安社有之。

龙须米　出滦州法宝社，形似莲须可炒食。

白牡丹　旧志云：出青山黑峪，头西及罗汉洞外。

芍　药　桃林口外三十里有芍药山，花多白，开时弥漫十余里。

斑　竹　《旧志》云：昌黎在城社有之。又以名寺。

红　花　出昌黎赤崖社，滦州、迁安亦多种之。

马兰草　生道旁，似兰而大，色蓝无香。

荷苞牡丹　一名朝鲜牡丹，即当归花。

蓬蒿　乐志载之，《畿辅志》云：结实多，沙米河边沙滩所生，可食。

茅　《乐志》引《幽燕纪异》云：茅地经冬烧去枝梗，至春取土中余根色如玉者，捣汁煎之至甘可为洗心糖。

卷丹　佛茄　女姬　蜀姬　见《迁安志》不言其状。

豨莶　人参《唐书·地理志》，平州土贡人参，今迁安口外有之，然未可用也。

蔓荆子　迁安、卢龙二县出。

香回芷　乐亭县出。

黄崖草　出燕河营，叶圆，根皮紫肉微红，状如羊尾。不知名，为金刃伤者取根焙干去皮剖肉末敷速效。

藁本香　产苇子峪。

柴胡　黄芩　出滦州横山营，入贡。

芎　䓖　一名麋芜，滦州产，不堪入药，惟可入茶。

栝　楼　滦州北土墙甚多。

天花粉　桑白皮　黄精　五味子　细辛　桔梗　茵陈　半夏　兔丝　蒲公英　草麻　益母草　麻黄　商陆　苦参　以上各邑山中多有之，其种尚夥，不具载。

冬青草　迁安血石岭产。

茯　苓　出迁安口外山中，市名东苓。

禽　兽　类

黑　鹰　多巢昌黎贯头山。

鹘　《一统志》云：昌黎县道者山出，按鹘以鹰而腿短，一名海东青，又《府志》载：有兔鹘、鸭鹘、训鹘。

红嘴鸦　自松亭至石门皆有，铁门洞诸山尤多。

铁　脚　滦州有，至冬人捕充馔甚肥美。

鹤　滦有。

沙　鸡　似雉而小，味美。

柳叶儿　鹌鹑　各邑皆有。

胡八刺　胭脂辨　松鸦　形灰黑，能人言。

红鹦儿　蜡嘴　百翎　啄木

翠　雀　形窄小，翅稍微蓝，音清圆。

铜　嘴　凫　俗呼野鸭。

红　鸭　即鸳鸯。

雉　俗名野鸡，诸山有之。

元貘　距虚　《周书·王会》云：令支、元貘、孤竹、距虚。

熊　抚宁口内有熊山，盖旧产也，今出口外。《唐书·地理志》云：平州土贡熊鞹。

猴　迁安大尖山团亭有之。

猿　抚宁三峦山最多，每至八月义院口、温泉堡外辄有数万，至弥月乃去，田家苦之。

狼　獐　虎　狍　豹　近边山中多有。

狐　旧志云：出滦州止马山者，毛深色赤。俗传岩山有狐妖。

黄　翔　卢、迁关外有之，人莫能捕。

兔　出昌黎正乐屯，及滦州大田泊。

鼷鼠　松鼠　香鼠　以上见《迁安志》。

猪　滦州、乐亭颇多，民间有以致富者。

猎犬　猬　土人煨食之。

狸　俗名野猫，处处有之。

鳞　介　类

鲫　滦河产者最佳，多重斤许者，至二三斤者，湖湘不及也。

鲤　滦河亦佳，偏凉汀大者一二十斤。

鲐　如梭，身长而青，滦海并出。

鲂　旧志云：出乐亭白沙峰社，今不见。

鳜　今亦无。

鳢　俗呼黑鱼，其胆不苦，首左右各有窍如七星，故又名七星鱼，旧志两载之误。

青　似鲤脊青。

鲇　无鳞，侈口，长须多涎。

白　鲦　形狭而长若条然。

海　鲐　近府有之，形如黄姑，大不过二三两。

丸　子　身黄、头大，有翅无鳞，出滦河。

淮　鱼　似鲇而大，海多滦少。

白　眼　类而肥，鳞黄眼白，重三四斤，滦海并出。乐亭沙城社更多。

秤　杆　小而长似之，鳞细，出清河。

鄮　海出，立夏方有，大者十数斤。

鳘　即石首鱼，形白而扁，腹中有鳔，但不及南产，至小者重三四斤，四五月多。

同　罗　出海，细鳞有黑点，形类鲞。

叵　罗　出海，细鳞多刺类鲥，小，直沽呼为腾香鱼。

蜡　头　尖河豚，肝血有大毒，去之方可食。

鳓　腹下有硬刺，小首细鳞状如鲥。

留　似鲤，生浅海中，专食泥，身圆小，骨软肉细。

羊　鱼　味膻，形圆，尾如羊，尾端有骨如剑，触之伤人，土人取其油。

梅　一名黄花鱼，小首，海出。

重　似鲤而窄，尾长，滦佳。本草云：肉能醒酒。

比　目　土人呼为鞋底鱼。鱼唯一目，行则二鱼相附。

驴　尾　滦志云：海出，形如驴尾。

镜　鱼　形圆如镜。

鳆　海出。

鳝　出抚宁温泉堡、苇子堡香山沟者佳。

带　鱼　狭而长，如带，出海。

八　带　海出。形如革囊，口在腹下，八足聚生口傍如带。滦乐志以为乌贼鱼，非也，乌贼须长似带，足不长，背有厚骨，腹中有墨。

面　条　似银鱼，出滦州蚕沙口，乐亭千金社。

鳖 俗名团鱼，一名甲鱼，滦河产佳。

蟹 出乐亭白沙峰社西，迁安三里河者肥美，其土人探穴取之，潵河者亦佳于滦。

寻 蜉 即蝤蛑螯，似蟹，壳青，随潮退壳，一退一长，潮大则膏不实。

蛎 石而生，渔人取食其肉，壳之左顾者牡，右顾者牝。

蛏 壳薄而狭长，正二月山海旁泥中味佳。

海 蛤 润泽光净者为海蛤。大而有紫斑者为文蛤，一名车螯。

蛤 蜊 似蛏而壳圆肉厚。

蚶 似蛤而圆小，壳如瓦楞，雷动而开，人不食合矣。以上滦、乐皆有。

螺 有大小二种。

虾 大者名对虾，海产，其小者滦州蚕沙口最多。土人取肉为虾米，以贩远。

哈次蛙 清语名哈石马，形似虾蟆，居人取其油作馔，腴美而不腻。

金 石 类

金 《一统志》云：迁安县宽河川出，宽河在口外六宝峪。旧志云：产卢龙阳山溪中，色虽艳而小如粟粒，淘之得不偿工，其河名淘金，又云：抚宁县台头营口外有金，淘者得不偿工。

银 嘉靖乙卯开矿于抚宁玉旺峪，官督军防借应不赀，煎炼不满千金，而耗民膏什八九乃奏罢，立庙于洞上。石佛峪南亦有银，铜峪其绝久矣。旧志云：迁安太平寨银矿山及黄崖山沿边多有之。

铜 旧志云：卢龙白沟河东北五里有铜矿山。

丹 锡 《一统志》云：滦州及迁安县出，今不产。

铁 《一统志》云：迁安、卢龙二县出。旧志云：铁矿在岳孤山。

玉 《山海经》云：碣石之山上有玉。

文　石　滦河出。

青　石　出抚宁大崇峪，可以利用。

石　乳　昌黎达摩峰之左，凡岩穴阴处溜山液而成，空中相逼长者六七寸，如爪甲，中无雁齿，光明者佳。

赤石脂　出滦州紫金山，未闻入药用，各色石脂境内多有之。

石　炭　即煤，产石门寨，又一种水和炭以水和之燃，出开平卫何各庄及峰山口，生者有焰，宜煅灰及炒铁，尤宜大块，火炼过者为焦子炭，陟坡，古冶有之。

红白土　冷口关及白道子，可圬，白者可浆衣拌糖。

石　灰　出迁安黄山灰窑峪，《一统志》云：抚宁县有场，今废。

货　类

桑皮纸　出迁安黄北社，滦州何家庄亦出。

家机布　诸邑皆有，乐亭杨各庄为盛，亦细于他处。

褡连布　出乐亭嵩林儿社。

绢　旧志云：出乐亭，今亦少。

绫　《金史·地理志》平州贡绫，今不出。

靛　诸邑皆有，种蓝草为之，以水出色者为靛。

盐　滦、乐、抚、昌各有场。

硝　出乐亭套槐社。

碱　出滦、乐海滨

酒　《凤洲笔记》云：蓟州薏苡仁酒，三屯营所造更胜，今惟东路烧酒行于远云。

纪　事

尧都冀州，命禹治水，任土作贡岛夷皮服，夹右碣石人于河。

舜肇十有二州，分冀州，自卫水以北为并州，医无闻之地为幽州，碣石以东接青州，之北为营州。

汤十有八祀三月，王至东郊，立圣贤古有功者之后，封孤竹等国各有差。

殷之末年，孤竹君之二子伯夷、叔齐让国而逃。

周武王克殷，伯夷、叔齐饿于首阳之下。

惠王十有三年冬，齐桓公伐山戎，《史记》：山戎伐燕，燕告急于齐，齐桓公北伐山戎，山戎走。《国语》载，桓公之言曰："寡人北伐山戎，制令支，斩孤竹，而南归海滨，诸侯莫不来服。"

景王九年，齐景公伐燕纳简公，不克，盟于濡上而还。

十五年，晋灭肥，肥子奔燕，燕封之于辽西。

七国时，燕北有东胡山戎。《通鉴》注：自汉北平、无终、白狼以北皆大山重谷，诸戎居之，春秋谓之山戎，各分散居溪谷，自有君长，燕筑长城自造阳至襄平，置上谷渔阳、右北平、辽西、辽东郡以拒胡。

秦始皇三十二年，帝东巡，刻碣石，使燕人卢生求羡门高誓，坏城郭，决通堤防。

三十三年，使蒙恬筑长城，起临洮至辽东万余里。

二世元年，东行郡县到碣石并海，尽刻始皇所立刻石，石旁著大臣从者名。

汉高帝十二年，封摇母余为海阳侯。

景帝四年，海阳侯绝，国省，改为海阳县。

汉武帝元朔元年秋，匈奴二万骑入寇，杀辽西太守，略二千余人，围材官将军韩安国于渔阳，会燕救至，匈奴乃去，安国益东徙，屯右北平数月，病死。天子乃复名李广拜为右北平太守，匈奴畏之，数月不敢入右北平。

五年春，以大行李息、岸头侯张次公为将军，出右北平击匈奴。

元狩二年夏，卫尉张骞、郎中令李广出右北平击匈奴。

三年，匈奴数万骑入右北平，杀略千余人。

四年夏，骠骑将军霍去病出伐右北平二千余里击匈奴，卤获多，天子封其所部右北平太守路博德等四人为列侯。

元封元年夏，帝东巡海上至碣石，自辽西历北边而还。

太初二年，帝击破匈奴左地，徙乌桓于上谷、渔阳、右北平、辽西五郡，置护乌桓校尉。

光武帝建武元年夏，遣吴汉率耿弇景丹等十二将军追贼至潞东及平谷，斩首万三千余级，遂穷追于右北平，无终、土垠之间，至浚靡而还。

二年春，渔阳太守彭宠反，攻拔右北平数县。

二十五年春正月，辽东微外貊入寇右北平，辽东太守祭彤招降之。

和帝永元九年秋八月，鲜卑寇肥如。

十三年冬十一月，鲜卑寇右北平，遂入渔阳，渔阳太守击破之。

安帝元初四年夏四月，辽西鲜卑连休等入寇，郡兵与乌垣大人于秩居等共击，大破之。

六年，鲜卑寇马城度辽将军邓遵率南单于击破之。

永宁元年冬十二月，辽西鲜卑大人乌伦其至鞬率众诣度辽将军祭遵降。

桓帝延熹九年夏六月，南匈奴及乌桓鲜卑寇缘边九郡。

灵帝熹平六年冬，鲜卑寇辽西，太守赵苞击破之。

中平四年，前中山相张纯、前泰山太守张举反，与乌桓大人邱力居等连盟，杀护乌桓校尉公綦稠、右北平太守刘政等，众至十余万，屯肥如。

五年，诏骑都尉公孙瓒讨之，瓒与战于属国石门，纯等大败，逾塞走，瓒深入无继，反为邱力居等所围于辽西管子城二百余日，粮尽众溃，士卒死者什五六。

六年春三月，幽州牧刘虞购斩张纯，余众降散。

献帝兴平二年，右北平杀公孙瓒所置长吏，以郡归刘虞子和。

建安四年，袁绍承制以乌桓蹋顿为单于，处于辽西。

十年春，袁熙与其弟尚奔辽西乌桓。

十二年，曹操击乌桓单于蹋顿，上徐无山堑山堙谷五百余里，经白檀历平冈涉鲜卑庭至白狼山与战，大破之。斩蹋顿及名王已下胡汉降者二十余万口。

魏明帝景初二年，遣太尉司马懿伐公孙渊，经孤竹，越碣石，次于辽水。

晋武帝太康六年鲜卑慕容廆寇辽西，遣幽州军讨之，战于肥如，廆众大败。（武帝纪作平州刺史鲜于婴讨破之）。

惠帝大安二年，鲜卑段务勿尘据有辽西之地，安北将军都督幽州诸军事王浚以世乱多故欲结援，表封务勿尘为辽西公。

愍帝建兴元年慕容廆攻段氏取徒河、新城至阳乐，时中国流民归廆者数万家，廆以冀州人为冀阳郡（据魏书冀阳郡当置于汉北平平刚县界），豫州人为成周郡、青州人为营邱郡（水经注，渝水南流径营邱城西南入于海）。并州人为唐国郡。（成周、唐国二郡地阙）。

元帝永昌元年慕容廆遣其世子皝袭段末杯入令支，掠其居民千余家而还。

成帝咸康四年春，赵王虎自将伐段辽，辽弃令支，帅妻子宗族豪大千余家奔密云山，赵人徙段国民二万余户于司、雍、兖、豫四州。

五年夏四月，燕前军师慕容评袭赵将石成等于辽西，俘获千余家而去，赵王虎乃尽徙辽西民于冀州之南。

六年秋，赵王虎命司、冀、青、徐、幽、并、雍七州之民、五丁取三，四丁取二，合邺城旧兵满五十万，具船万艘，自河通海运谷千一百万斤于乐安城（即今乐亭县），自幽州以东至白狼大兴屯田，悉括取民马得四万余匹，大阅于宛阳以击燕，燕人袭之，赵师还。

康帝建元元年秋，赵王虎命段兰帅所从鲜卑五千人屯令支，伐燕，燕败之。

穆帝永和元年，赵王虎使征东将军邓恒将兵数万屯乐安（是年，燕始不用晋年号，自称十二年，自此以下并用燕年纪之，其下则称燕王称名并依司马温公《通鉴》目录书法）。

前燕烈祖售二年，燕王儁使慕容霸、将兵二万，自东道出徒河，慕舆干自西道出嶾崳塞，隽自中道出卢龙塞以伐赵，霸军至三陉（《魏书》海阳县有横山盖即三陉之地），邓恒焚仓库弃乐安遁徙河南部，都尉孙泳入城扑灭余火，霸收乐安，北平兵粮与隽会临渠（今三河县）。

元玺二年，命将军步浑治卢龙道，焚山刊石，令通方轨。

后燕世祖垂二年秋，建节将军余岩叛，据令支，遣慕容农击斩之。

建兴元年，燕将军余岩叛，据令支，燕遣慕容农击斩之。

十一年春，征东将军平规反于鲁口，其弟海阳令翰亦起兵于辽西以应之，燕遣东阳公根等击破之。

烈宗宝永康三年夏四月，兰汗杀燕主宝遣其子和屯令支，长乐王盛遣兵袭诛之。秋九月乙未，以慕容豪为幽州刺史镇肥如。

中宗盛长乐元年，夏，魏前河间太守卢溥聚众海滨攻掠郡县。秋八月，辽西太守李朗叛，附于魏，遣辅国将军李旱讨之，朗留其子养守令支，自迎魏师于北平，旱袭克令支，遣广威孟广平率骑迎朗及于无终，斩之。

二年春正月，魏材官将军和突袭卢溥于辽西，擒之，燕主盛遣孟广平救之不及。二月袭高句丽拔新城、南苏二城，徙其民五千余户于辽西。

三年冬十二月，魏虎威将军宿沓干伐燕，拔令支而戍之。

昭文帝熙光始二年春正月，慕容拔攻魏令支戍，克之，执魏辽西太守那颉，以拔为幽州刺史，镇令支。

四年冬十一月，燕王熙与苻后游畋，南临沧海而还。

六年冬，大城肥如，以上庸公懿为镇西将军、幽州刺史镇令支，尚书刘木为镇南大将军、冀州刺史镇肥如。

建始元年秋七月丙寅，夕阳公高云杀其主熙自立，幽州刺史上庸公懿以令支降魏。

北燕太祖跋太平元年夏五月，以冯万泥为骠骑大将军幽，平二州牧。

太平二年，冯万泥叛，遣冯宏与将军张兴将步骑二万讨之。

六年，河间人褚国请燕于辽西临渝边海地造船，出通章武郡，燕王从兄买、从弟睹，自长乐帅五千余户浮海入辽西临渝至和龙。

八年，燕将库傉官斌降魏，已而复归燕。冬十月，魏主嗣遣骁骑将军延普渡濡击斩之。

十年夏五月，魏主嗣袭燕，命骁骑将军延普、幽州刺史尉诺，自幽州引兵趋辽西。

十七年春二月，魏慕容渴悉邻反于北平，攻破郡治，太守与守将击败之。

昭成帝弘太兴二年夏六月，魏主伐燕。秋七月己未，至濡水，己巳至和龙，攻之不下。九月乙卯，引兵还，徙营邱、成周、辽东、乐浪、带方、元菟六郡民三万家于幽州（《通鉴》注燕国自慕容以来分置郡县于辽西，其间或省或并、为郡为县皆不可考）。冬十二月己丑，长乐公崇以肥如降魏，燕王遣其将封羽围之。

三年春正月，魏主遣永昌王健督军救辽。

六年春三月，魏平东将军娥清等帅骑一万伐燕，平州刺史拓跋婴帅辽西诸军会之，燕亡。

魏高宗太安三年冬十月，诏太宰常英起行宫于辽西黄山（《魏书》辽西郡肥如县有黄山）。

四年春正月，魏主巡平州，庚午至黄山宫游宴数日，亲对高年劳问疾苦。二月丙子，登碣石山观沧海，大飨群臣于山下，班赏进爵各有差，改碣石山为乐游山，筑坛记行于海滨。

肃宗熙平二年秋九月，城平州所治肥如城。

孝昌元年秋八月，杜洛周反于上谷，九月，以幽州刺史常景兼尚书行台与幽州都督元谭讨之，自卢龙塞至军都关皆置兵守险。

二年秋九月，就德兴陷平州，杀刺史买奴。冬十一月，杜洛周攻陷幽州杀刺史王延年及行台常景。

武泰元年，葛荣杀杜洛周并其众。九月，尔朱荣讨葛荣擒之，余党韩楼复据幽州。

孝庄帝永安二年九月，尔朱荣讨韩楼，获之。十一月，就德兴来降。

齐显祖天保四年秋九月，齐主北巡，遂伐契丹。冬十月丁酉，至平州从西道趋长堑（曹操征乌桓，出卢龙塞堑山堙谷五百余里，后人因谓之长堑），使司徒潘相乐帅精骑五千自东道趋青山，丁未旋师，丁巳，登碣石临沧海。

幼主承光元年，周师至邺，营州刺史高宝宁率骁骑及契丹、靺鞨万余人赴救，至北平闻邺城不守，乃还，据营州。

隋高祖文帝开皇二年夏五月，高宝宁寇平州。

三年春三月癸亥，城渝关。夏四月，行军总管阴寿帅步骑十万出卢龙塞击高宝宁，平之，以寿为幽州总管。

四年夏四月，以上大将军贺娄子干为渝关总管。

十八年春二月，高丽王元帅鞋鞨众万余寇辽西，以汉王谅、王世积为行军元帅，将兵三十万伐高丽。夏六月，汉王谅军出临渝关，值水潦，军中乏食，秋九月，引兵还。

炀帝大业八年春正月，帝亲征高丽。遣二十四军分道并出，右武侯将军赵孝才出碣石道，右骁卫将军史祥出蹋顿道。秋八月，敕运黎阳、洛口、太原等仓谷向望海顿。（《通鉴》注：望海顿当在辽西界）。

十年春三月，帝征高丽，癸亥，次临渝宫，祃祭黄帝，斩叛军者以衅鼓。夏四月甲午，车驾次北平。秋八月，己巳，班师。

十一年春二月，幽州贼帅杨仲绪攻北平，滑国公李景击破之。

十三年秋，河间贼帅高开道陷临榆、围北平，守将李景拔城去，开道遂据北平。

唐太宗贞观十九年春二月，上亲征高丽，秋九月癸未班师。冬十月丙辰，皇太子迎谒于临渝关，戊午，次汉武台刻石纪功。

武后万岁通天元年夏五月，契丹首领松汉都督李尽忠归诚，州刺史孙万荣陷营州，秋七月辛亥，春官尚书武三思为榆关道安抚大使，以备契丹。八月丁酉，左鹰扬卫将军曹仁师、右金吾卫大将军张元遇、右威武大将军李多祚、司农少卿麻仁节等与契丹战于西硖石黄獐谷（《唐书》平州有西硖石东硖石二戍），大败。契丹执元遇、仁节进攻平州，刺史邹保英妻奚氏率家僮女丁乘城不下。

神功元年春三月，清边道总管王孝杰、苏宏晖等将兵十七万与孙万荣战于东硖石谷，大败，孝杰死之。

睿宗景云元年冬十二月，奚霤犯塞，掠渔阳、雍奴出卢龙塞而去，幽州都督薛讷追击之，弗克。

元宗开元二年春正月，命薛讷率兵六万讨契丹，行至滦水山峡中，契丹伏兵击之，唐兵大败。

八年，营州都督许钦澹遣兵击契丹可突于，战败移军入榆关。（隋唐史文多作榆）

天宝元年春正月，分平卢别为节度统平卢、卢龙二军以安禄山为节度使。

十载，安禄山表讨契丹，过平卢遇雨弓弩筋胶皆驰，战于潢水南，大败。

十五载夏四月，平卢先锋使董秦袭榆关北平，杀贼将申子贡荣先钦。

代宗广德元年春正月，史朝义北奔奚，契丹至温泉栅（《唐书》温泉栅在平州界石城县东北），其将李怀仙遣兵追及之，朝义穷蹙缢于林中，怀仙以幽州降。

德宗贞元十一年夏四月，幽州卢龙节度使刘济奏奚王啜刺等寇平州，击走之。

穆宗长庆元年二月，刘总以卢龙八州归于有司。

昭宗乾宁二年，契丹王阿保机遣其妻兄阿钵将万骑寇榆关，幽州，卢龙节度使刘仁恭遣子守光诱而执之。

昭宣帝天祐四年夏四月，刘守光因其父仁恭，秋七月其兄平州刺史守文率其众数千人奔契丹。

后梁太祖乾化二年秋七月，契丹王遣其弟剌葛攻平州，破之。（《通鉴》系在上年，今从《辽史》）。

均王乾化三年夏四月己亥，晋刘光浚拔燕平州，执刺史张在吉。冬十二月，晋王以周德威为幽州卢龙节度使，德威恃勇不修边备，契丹等刍牧于幽平之间。

辽太祖天赞二年春正月丙辰，大元帅尧骨克平州，获刺史赵思温、裨将张崇。二月，如平州，甲子，以平州为卢龙军，置节度使，徙石城于滦州南以就盐官。

天显元年秋七月，卢龙行军司马张崇奔唐（《通鉴》作张希崇）。冬十月，卢龙军节度使卢国用奔唐（《通鉴》作卢文进，又文进，之奔在后唐明宗天成元年，而希崇之奔乃在三年，《辽史》同系一年。而崇奔在七月，国用奔在十月，今从《辽史》）。

圣宗统和元年秋九月，以平州旱，蝗，赈之。

四年春二月，诺林牙勤德率兵守平州之海岸以备宋。

五年三月癸亥，幸长春宫赏花、钓鱼，以牡丹赐近臣。

七年二月乙卯，幸长春宫。

十二年春三月壬申，如长春宫观牡丹。

十三年正月庚午，如长春宫。

十五年春二月丙申，如长春宫。三月，募民耕滦州荒地，免其租赋十年。夏五月己巳，诏平州决滞狱。

十七年正月乙卯，如长春宫。

十九年冬十二月，免平州租税。

二十八年秋八月，赈平州饥民。

二十九年春三月，平州水，赈之。

道宗咸雍十年春二月癸未，蠲平州复业民租赋。

太康元年夏四月，赈平州饥。闰月，赈平、滦二州饥。

五年冬十月，丁巳，赈平州贫民。

六年夏五月壬申，免平州复业民租赋一年。

大安四年春三月，赈平州饥。

寿隆六年冬十月，以平州饥复其租赋一年。

天祚帝保大二年春正月，金人克中京平州，军乱，杀节度使萧谛里，州人推张珏领州事。

三年春正月丁巳，奚王回离保据处龙岭自称大奚皇帝。二月，金升平州为南京，加张珏试中书门下平章事判留守事。夏四月，金人徙辽降臣故同平章事左企弓、虞仲文、曹勇义，参知政事康公弼等于广宁，至平州张珏执企弓等数其罪而杀之。五月甲寅，珏仍称保大，三年以平州附宋。宋郭药师追击回离保至卢龙岭，回离保遁去，寻为其下所杀。冬十月己亥，张珏以精兵万骑击金将阇母于兔耳山，败之，宋以平州为泰宁军，以珏为节度使。十一月，金主命宗望击珏，庚午，战于平州东，大败之，珏奔宋，金人围平州，州人立张敦固为都统，乘城拒守（《辽史》并误，系在四年）。

四年夏五月乙巳，阇毋克平州，执敦固，杀之。

五年秋九月，宋兵自海道破金九寨，杀马城县成将节度使度卢干。

金太宗天辅三年冬十月丁巳，以阇毋为南京路都统，埽喝副之，知枢密院事刘彦宗兼领汉军都统，自南京入燕山伐宋。

天会四年秋九月，改南京为平州，辽兴军为兴平军节度使。

世宗大定元年冬十月丙午，即位于辽阳。甲子，兴平军节度使张元素上谒。己丑，幸中都（贞元元年改燕京为中都）。十二月甲辰，次海滨县（在今山海关东百二十步），丁巳，至中都。

二年夏六月己卯，遣温迪罕阿鲁带以兵四千屯古北口、蓟州、石门关等处，各以五百人守之,（时契丹窝斡叛）。

三年春二月庚午，徙滦州饥民于山西就食。

四年秋九月己丑，以平、蓟二州蝗旱，民多鬻为奴者，出内库物赎之。

十三年二月，罢平滦盐钱。

十八年春正月壬戌，如春水。

十九年春正月丁卯，如春水。

二十年春正月己巳，如春水，丙子，幸石城县行宫。丁丑，以玉田县行宫之地偏林为御林大淀，泺为长春淀。

二十一年春正月甲子，如春水。以蓟、平、滦等州民乏食命有司发粟，赈贷。二月戊子，元妃李氏薨，己丑，皇太子及扈从臣僚奉慰于芳明殿。辛卯，还殡京师。庚子上还都（《金史》世宗即位感念昭德皇后不复立后，元妃下皇后一等，在诸妃上）。冬十二月，罢平州椿配盐课。

二十二年冬十月辛丑，徙河间宗室于平州。

二十三年春正月壬午，如春水。

二十四年春正月戊戌，如长春宫，春水。

二十五年春二月丁丑，自上京，如春水。

二十六年春正月甲辰，如长春宫，春水。

二十七年春正月庚戌，如长春宫，春水。

二十八年春正月甲辰，如春水。

章宗明昌元年春正月己卯，如春水。

三年春正月壬戌，如春水。

四年春二月戊戌朔，如春水，癸丑，猎于姚村淀。

六年春正月壬辰，如春水，乙卯，次御林。

承安五年春正月丙申，如春水。

泰和元年春正月庚午，如长春宫，春水。

卫绍王至宁元年，蒙古兵分三道南侵，以合撒儿等为左军，循海而东掠平、滦诸郡。秋八月壬辰，右副元帅纥石烈执中反，弑上于卫邸，尽撤沿边诸军赴中都平州，骑兵屯蓟州。

宣宗贞祐二年夏四月，侨置临潢府于平州。六月，蒙古兵南下追金将招灯必舍及于平、滦，降之。

三年夏五月，以乌林答乞住为兴平军东西经略使，完颜合达为临潢府推官权元帅右监军，会燕南兵复中都，行至迁安军变，杀乞住拥合达，还平州推为帅。秋八月，蒙古兵攻平州，完颜合达以城降，权领永安军事，鲜卑仲吉以滦州降蒙古，改兴平军为府。

四年冬十月，完颜合达自平州浮海归金。

元太宗六年，兴平豪李仙、赵小哥等作乱，塔本讨平之。

宪宗七年，蠲平、滦路银、盐、酒等税，课八之一。

世祖中统元年，升兴平府为平滦路，置总管府（时西域人塔本世袭行省总管于平州）。

二年，命平章政事赵璧左、三部尚书怯烈门修边堡东至平滦路。

三年春二月，大都督李坛以山东诸郡归宋。辛亥，敕元帅阿海分兵戍平滦海口。癸丑，诏籍民兵守城。十月，以滦州刘不里剌所管质子军四百户还屯。

四年，命阿海充都元帅，领平滦军。

至元三年夏五月，蠲平滦质子户赋税之半。

四年秋八月，申禁平滦路私盐酒醋。

八年春二月，发滦州民筑宫城。

十三年，平、滦饥，发粟赈之。

十九年五月，敕造舟于平滦。

二十年夏六月，免平滦路今岁丝料。秋七月，免平滦路今岁俸钞。

二十三年三月，免平滦路民租。

二十四年夏四月，诸王乃颜反。五月，帝亲征，召范文虎将卫军五百人镇平滦。六月，括平滦路马。秋八月，以北京伐木三千户，屯田平滦。置滦州四处盐局。

二十六年秋七月，发至元钞，市平滦马。冬十一月，发米千石赈平、滦饥民，弛河泊之禁。十二月，罢望都、榛子二驿，放其户为民。

二十七年夏四月，免平滦路今岁俸钞。五月，赈平、滦饥。六月，免平滦岁赋丝之半。八月免平、滦流民租赋及酒醋课。

二十八年，敕姚演浚滦河漕运。秋九月辛酉，以平、滦大水诏今岁田租被灾者全免，收成者半之。冬十二月，赈平、滦饥民。

二十九年春三月丙午，免平、滦今岁公赋。八月，弛平滦酒禁。

九月丁丑，以平滦路大水且霜，免田租二万四千四十一石。

成宗大德五年秋八月己巳，免平滦路田租，仍赈粟三万石。

六年春三月丁酉，免平、滦差税三年。

十一年（武宗即位）秋七月乙亥，以永平路为皇妹鲁国长公主分地，租赋及土产悉赐之。

武宗至大元年夏四月，诏以永平路盐课赐祥哥刺吉公主，中书省臣执不可，乃止。

三年春三月辛卯，发康里军屯田永平。

四年秋九月丁巳，以永平路岁人除经费外悉赐鲁国大长公主。

英宗至治二年夏五月，置营于永平，收养蒙古子女。

泰定帝泰定二年筑滦河堤。六月，蠲永平租。

三年春三月，赈永平饥民，免其田租之半。秋七月，赈永平饥民。冬十一月，弛永平路山泽之禁，免永平田租。

四年春二月，赈永平饥民钞三万锭，粮三月。夏四月，赈永平饥民，免今年田租。冬十一月，蠲永平田赋三年。

致和元年秋七月丁酉，发兵守迁民镇，庚戌，发平滦民堑迁民镇，以御辽东军。九月甲子，上都诸王也先帖木儿、平章秃满迭儿以辽东兵人迁民镇。丙戌，战于蓟州之东。

文宗天历二年春二月，赈永平饥民粮五万石。

顺帝元统二年春二月，赈永平水灾民钞五千锭。

至顺元年，赏西城军士于滦。

至正四年春闰二月辛酉，朔，赈永平饥民。

五年春三月，赈永平饥民。

十三年春正月辛未，命悟良哈、台乌古、孙良桢兼大司农卿，给分司农司印。西自西山，南至保定、河间，北至檀、顺州，东至迁民镇。凡系官地及元管各处屯田悉从分司农司，立法佃种合用工价，牛具、农器、谷种，召募农夫诸费，给钞五百万锭，以供其用。

二十年秋七月乙未，平章程思忠叛，陷永平路，昌黎县尹周宏死之。诏也速讨之，复滦州及迁安、昌黎、抚宁等县。

二十一年春正月，思忠弃城走，追至瑞州杀获万计，复永平路。

二十二年秋八月，以也速为辽阳省左丞相知行枢密院事，开省永平。

明太祖洪武元年秋九月戊申，大将军徐达遣都督同知孙兴祖等徇永平，元分省参政崔文耀以州县来降。兴祖留平章俞通源等以元五省八翼兵守之。

二年春，元行省丞相也速寇永平。

六年冬十二月，元兵寇抚宁县及瑞州，诏罢瑞州，迁其民于滦州，徙抚宁县治于洋河西。

十三年冬十一月，元平章完者不花与乃儿不花率骑数千入桃林口，寇永平，指挥刘广战死，千户王辂追击至迁民镇，败之，擒完者不花。

十四年春正月辛亥，大将军徐达发燕山等卫屯兵万五千一百人修永平、界岭等三十二关。

十七年，北平留守傅友德奏通滦河、青河故道漕运。

二十年春三月，征虏大将军冯胜等率师出松亭关。六月，至金山降元将纳哈出。

惠帝建文元年春三月，敕都督耿瓛将兵屯山海关。秋七月丙戌，靖难兵至永平，指挥赵彝，千户郭亮，百户吴买驴等以城降（买驴后改名成，封清平伯）。庚寅，大宁兵出松亭关攻遵化。壬辰，燕王来援，兵退守关。癸巳，百户鲁敬败大宁兵于迁安之钓鱼山。丙申，燕王回北平。九月，江阴侯吴高、都督耿瓛、杨文帅辽东兵围永平，焚西门，燕王自将救之，营于永平城东，追奔百余里，斩首千余级，高等退保山海关，王遂引兵出刘家口。

二年夏四月，辽东兵下昌黎。五月，指挥佥事谷祥败辽东兵于定流河。秋七月，又败之于部落岭，克兔耳山寨。八月，辽东兵围永平，不克。

三年夏五月，辽东兵围永平，指挥吴兴旺，谷祥昼夜对敌凡八十日，燕王遣指挥刘江救之，大破辽东兵于昌黎，斩首数千级。冬十一月，燕府论守永平功，军士普升一级为小旗，小旗升总旗，总旗升试百户，以上普升一级。

四年夏五月，辽东兵至永平，都指挥佥事谷祥引军过小河至十八里铺，拒却之，论功普升一级（卫卒前普小旗，无卒故普为总旗）。

秋七月己巳，燕王即位。九月，以守城功封亮为成安侯，赵彝为忻城伯。

成祖永乐元年，诏流民复业，迁南民来屯。特免北平差税三年。

二年春二月，命成安侯郭亮镇永平，都指挥同知费瓛镇山海。

仁宗洪熙元年，命襄城伯李隆镇山海。

宣宗宣德三年秋九月，上出喜峰口击兀良哈，大破之，班师自喜峰口入，还京师。冬十月，命遂安伯陈瑛镇永平，武进朱冕镇山海。

四年，命给山海至蓟州军士附近荒田屯守。

英宗正统五年夏六月，遣吏部侍郎魏骥抚安永平等府蝗灾。

六年春三月，遣大理寺右少卿李奎抚恤永平府州县，流移饥民。

九年春二月，兀良哈三卫寇边，发兵二十万讨之，分四军：成国公朱勇出喜峰口，由中路；左都督马谅出界岭口，由北路；兴安伯徐亨出刘家口，由南路；左都督陈怀出古北口，由西北路：逾滦河、渡柳河，经大小兴州过神树至全宁，遇福余逆战走之，次虎头山及流沙河，遇泰宁朵颜又败之，卤男妇以千计，马牛羊以万计。是年以应城伯孙杰镇三屯。

十三年，帝东巡观渔于偏凉汀，驻跸于滦城。

景帝景泰元年，提督京东军务、右佥都御史邹来学修喜峰迤东至一片石各关城池。

英宗天顺元年，滦州人唐兴以妖术聚众作乱，伏诛。

宪宗成化二年，命东宁伯焦寿镇三屯。

三年，发军屯田。

六年夏四月，遣吏部右侍郎叶盛安抚永平等府流移饥民。

七年夏六月，遣户部侍郎袁杰赈恤永平等府水灾。

孝宗弘治五年，命宁晋伯刘福镇三屯。

九年，命定西侯蒋骥镇三屯。

武宗正德八年，命遂安伯陈鏸镇三屯。

十三年夏四月，帝东巡。五月辛亥，观渔于偏凉汀，驻跸滦州，癸丑，观渔于沂河。

世宗嘉靖二十九年秋，蒙古人犯至滦河东岸，初设蓟辽提督。

三十年，改蓟辽提督为总督。

三十六年春三月辛巳，蒙古犯冷口，壬午，攻刘家口关，副总兵蒋承勋死之，遂陷桃林营，掠迁安县及永平至双望堡。夏四月甲申朔，陷河流口，及暮引去。

三十八年春三月，把都儿辛爱十万骑入潘家口，由三屯而西。乙亥，入遵化城。丙子，陷大安口营。丁丑，引去，总督王忬论死。

穆宗隆庆元年秋九月己巳，蒙古土蛮十万入沙岭罗汉洞掠永平、抚宁、乐亭各县卫屯社。丙子，掠昌黎，引去。

神宗万历元年，派遵化辎重营官军于清河四口防守；派建昌车营官军于滦河口防守；派河南车营官军于胡林庄暨昌黎等口防守，为御备倭也。

三年春正月，长昂犯董家口，总理戚继光遣兵御之，获其叔长秃。

十七年，设管关通判。

二十七年，潞王发粟赈饥。

四十四年，大饥，诏发通仓粟赈之。

熹宗天启元年初，设山海经略山石道、山海。户部分司设海运通判，通海运。

二年，设山海理刑推官。

三年，设巡抚驻山海。

五年，命太监监视各边。

怀宗崇祯元年，撤监视太监。

二年冬十月，大清兵入龙井关，破遵化。十二月庚寅，至永平。

三年春正月甲午，入永平，右布政兵备道郑国昌，知府张凤奇、推官罗成功等死之。卢龙知县张养初；郡人、原任山东参政白养粹；行人崔及第，贡士杨熠等以城降。丁酉，攻昌黎，知县左应选固守七昼夜不下，焚其郭而还（详见宦迹）。丁未，下滦州，知州杨燫死之。迁安知县朱运泰以城降（后养粹及第为大清兵所杀，获运泰、熠等送京师诛之）。夏四月，诏起原任按察使永平道张春为监军兵备道驻乐亭。五月辛丑，复滦州。壬寅，大清兵自冷口东还。诏免永平、滦州、迁安租，昌黎白莲妖人据云峰寺作乱，左应选移檄歼之。

四年，开河运。

五年，复命太监监视关、永、蓟、辽军务，驻山海。

九年，移清军同知兼海防驻昌黎。秋七月，大清兵入墙子岭。九月，出冷口。

十年，大饥，发内帑赈之。

十一年，大清兵入曹家寨。

十二年春三月，出青山口。

十五年冬十一月，大清兵入界岭口，息马江流河（在乐亭西北二十五里）。

十七年春三月，贼李自成犯京师，封总兵吴三桂为平西伯，诏入援，尽撤辽民入关，分驻昌黎、乐亭、滦州、开平等处。丁巳，京师陷。壬戌，平西伯兵至永平。四月，平西伯还驻山海，遣将出关乞师。甲申，李自成至永平。丙戌，至山海，大战于城西石河。夏四月，我大清摄政王帅师抵山海，平西伯出迎于欢喜岭。庚寅，师入关，分三路，平西为前锋力战，连破七营，师乘之，歼贼于红花店。辛卯，贼回永平，杀明总兵都督吴襄于范家店。五月，摄政王入京师。

卷之四

建置志一

周官设掌固之官，以修城郭、沟、池、树、渠之固，所以颁政而保民也。我朝统御万国，此邦实被化之先，加惠元元，优恤倍至，建仓积贮以厚生，设兵捍御以止暴，凡利益于民者，莫不修举之，无非阜康兆庶之至意，故咸备列而书焉。若夫坛庙之制事神亦所以卫民，而浮屠老子之官人往风微之迹，虽无关于政体，要为凭吊游息之所不废，未可以其琐而略之，作建置志。

城　池

永平府城　高三丈有奇，厚二丈。周九里十三步，计一千六百二十六丈五尺。前代修建年月无考，明洪武四年指挥费愚等拓其东而筑之，砌以砖石，门四：东曰镇东，南曰德胜、西曰望京，北曰拱辰，其西北别有一门曰小水西门，各有台，有楼，有重门，曲而尽制。景泰中参将胡镛、知府张茂，弘治中知府吴杰，嘉靖中兵备副使温景葵，隆庆中知府刘庠，万历中知府张世杰、任铠、马崇谦、徐准、推官沈之吟，天启中兵备副使张春，皆经修葺。国朝康熙十二年城西北倾塌六丈余，郡守唐公敬一公捐补筑。三十六年被水复倾，郡守梁公世勋、郡丞彭公尔年修筑。乾隆十八年知县劳宗发，二十三年知县方立经皆请帑修补。

池　深二丈，广五尺，有东西二堤，元大德中吏部马员外同都水监官修明，明弘治中知府吴杰，万历中副使叶梦熊，国朝顺治中副使宋琬重修，雍正五年郡人蔡总督斑捐修，乾隆二十六年知县顾光重补，三十八年郡守李公奉翰修浚下水关一带城濠，加筑土坝二座。

卢龙县 附郭

安山堡 在城北三十里。

松崖堡 在城北三十里。

安河堡 在城西二十里。

赤峰堡 在城西三十里。

双望堡 在城东三十五里，明嘉靖间建。

刘家营城 在府城北五十里，至边城八里，万历间蓟镇参将刘宗汉建。

桃林营堡 在府城北五十里，至边城十三里，明万历间巡按高举、马文卿建。

燕河营城 府东北五十里，至边城十里，明万历间蓟镇参将陈愚闻建。

重峪口堡 府东北六十里，至边城八里。

滦州城 高二丈九尺，厚二丈，周四里二百余步。前代废兴无考，唐哀帝天祐四年刘守光暴乱，辽阿保机攻陷之，修筑城郭，传历金、元，迨明景泰二年邹来学檄州同杨雄甃以砖，门四：东曰御滦，西曰迎恩，南曰安岩，北曰靖远，门各有重楼。弘治中知州孔经，嘉靖间知州张国维、陈士元，隆庆中署州事同知贺溱，知州崔炳、刘欲仁，万历间知州郑琉，白应乾、张元庆、何士玮、周宇，皆经修葺。周宇榜东门楼曰迎晖，西曰丰城，南曰朝阳，北曰拱辰。

池 深二丈，广三丈，嘉靖间陈士元浚。国朝乾隆二十八年州牧王南珍修浚别故护城河。

马城堡 治东南二十里。

奔城堡 治东南六十里。

石佛庄堡 治西四十里。

榛子镇堡 治西九十里。

司家庄堡　治西南八十里。

开平堡　治西南九十里。

迁安县城　高三丈五尺，厚丈二尺，周六里半有余。旧本土城，明景泰间都御史邹来学檄县甃以砖石，成化间增筑东城四门，上各有楼。天顺中知县江微，弘治中张济，正德中罗玉，嘉靖间许樯、韦文英、罗凤翔，隆庆间隋府，万历间申安、钱吾德、张九三，崇祯间高承埏，国朝顺治间张玉，康熙间王永命、张一谔、乔于瀛，皆经修葺。

池　深二丈，广三丈，明万历中知县申安引河绕之。国朝顺治间张玉复浚。

沙河驿堡　县西南五十里。

新店堡　县西南七十里。

罗家屯堡　县西北六十里。

建昌营城　县北四十里，砖城，高三丈，周围四里许。门三：曰东、曰西、曰南，有月城，有楼，西便门四隅有角楼。

徐流营城　县东北四十五里，石城，高丈五尺，周二百六十二丈二尺，门曰东、曰西、曰南。

河流堡城　县东北四十里，石城，高丈七尺，周二百二十四丈，有奇门，曰东、曰南。

五重安城　县北四十里，石城，高丈五尺，周百二十七丈五尺，门西、曰南。

太平寨城　县西北七十里，周围四里许。

上青山营城　县西北一百一十里。

下青山营城　县西北一百里。

烂柴沟城　县西北一百里，石城，高丈四尺，周百三十丈三尺，门在南。

汉儿庄城　县西北一百七十里。

滦阳城　县西北一百七十里。

三屯营城　县西北一百二十里，高三丈，周围七里。门三：东曰宾日，西曰巩原，南曰景忠，门各有重，城有小门。

桃林口城　县东北六十里，石城，上城高三丈六尺，周二百四十丈，门曰西，曰南，其北曰便。下城高丈二尺，周百二十五丈六尺。

佛儿峪堡　县东北六十里。

刘家口城　县东北五十五里，砖城，高二丈四尺，周百二十三丈八尺，门曰南。外城高丈四尺，周百六十九丈六尺，门曰东、曰西。

徐流口城　县东北五十里，石城，高丈七尺，周二百二十四丈，有奇门：曰东，曰南。

冷口城　县东北五十里。

石门子城　县北五十里，石城，高丈五尺，周二百十丈，有奇门：曰东，曰西，曰南。

白道子城　县北五十里。

白羊峪城　县北六十五里，石城，高丈四尺，周三百十四丈三尺，门曰东，曰南。

擦崖子城　县西北七十里，石城，高丈四尺，周三百十七丈余，门西、南、北各有楼。

城子岭城　县西北八十里，石城，高丈四尺，周六十八丈五尺，门曰东，曰西，曰南。

大岭寨城　县西北九十五里，石城，高丈五尺，周百六十三丈一尺，门曰东、曰西。

榆木岭城　县西北一百里。

青山口城　县西北一百十里，石城，高丈四尺，周六十六丈九尺，门在西。

董家口城　县西北一百二十里，石城，高丈六尺，周一百九丈六尺，西门有楼。

铁门关城　县西北一百三十里，石城，高丈三尺，周百二十七丈，门曰南。

李家峪堡　县西北一百六十里，石城，高二丈五尺，周二百二十七丈，门曰南。

喜峰口城 县西北一百八十里，石城，高二丈，周四百十八丈六尺，西、南门各楼。荒城在北，正关有月城。

潘家口城 县西北一百九十里，土城，高二丈二尺，周二百十九丈六尺，门曰西，曰南。

东昌峪城 县西北一百九十五里。

西昌峪城 县西北二百里，一作西常峪，石城，高丈六尺，周百九十二丈九尺，门在东。

龙井关城 县西北二百里，石城，高丈五尺，周二百九十七丈八尺，门曰南，曰北。月城高二丈，周二十一丈一尺余。

抚宁县城 高二丈九尺，厚丈余，周千一百六十四丈，旧土城一座，在阳河东二里，明洪武十三年迁河西兔儿山东。永乐三年于旧县址置抚宁卫，成化三年复县于旧治，乃于卫东立县合为一。城门四座，月城四座，水门一座，敌台一座，桥四座，楼八座。本府刘遂、指挥陈恺建，弘治间知县李海、指挥陈勋，嘉靖间通判李世相、知县段廷宴、指挥凌云汉、知县姜密，隆庆间张彝训，万历间管县事通判雷应时、指挥张耀先，国朝康熙间知县王文衡、谭琳、刘馨、赵端，皆经修葺，乾隆十八年知县单烺请帑重修。

池 广二丈，深一丈五尺。

马头嶷堡 县北二十里。

羊角山堡 县北三十里。

勃鸽堂堡 县西四十里。

雕岩堡 县西北三十里。

塔子山堡 县东三十里。

兔嘴岩堡 县南三十里。

深河堡 县东四十里。

甘泉堡 县东北五十里。

台头营城 县北三十里。

青山口城 县北五十里。

东胜寨城 县西北五十里。

干涧堡 县西北六十里。

星星峪城 县东北三十里。

界岭口城 县东北七十里。

箭杆岭城 县东北七十里。

梁家湾城 县东北六十里。

昌黎县城 高三丈，厚丈余，周围四里，旧惟土城，弘治中知县殷圯甃以砖，门四，上各有楼。弘治中知县陈冈，嘉靖中秦志仁、李希洛、胡溪、楚孔生，隆庆中张存智，万历间孟秋、吴应选、胡科、石之峰、冯恩、洪霖、吴望岱、王汉杰、杨于陛，天启中尚镰，国朝顺治中程量、刘彦明，康熙间王曰翼、陈拜齐，皆经修葺。

池 深三丈五尺，广四丈，东西门有栈板，南北门有吊桥。

裴家庄堡 县东十八里。

蛤泊堡 县西北三十里。

静安堡 县西南五十五里。

莫各庄堡 县东南三十里。

套里堡 县西南五十五里。

石各庄堡 县南六十里。

乐亭县城 高二丈八尺余，厚一丈五尺，周三里（凡九百九十七丈），旧土垣，明成化元年巡抚阎本檄、知县元宏甃以砖，门四：东曰寅宾，南曰镇海，西曰望宸，北曰控远，门上各有楼，有四角楼，有月城四座、敌台十座。成化中知县李瀚，弘治中知县田登，正德中县丞孙鸿，嘉靖中知县侯庶相、文祥皆增修，隆庆中巡按郝杰檄调知县李邦佐更筑，万历中知县于永清，国朝康熙间知县金星瑞复修。

池 深一丈四尺，广三丈五尺。明万历间知县潘敦复浚，久淤，国朝乾隆十六年知县陈金骏，浚水关二道。旧有水门二，一自镇海门西出，一自控远门东出以泄城中聚潦。

胡家坨堡 治东二十里。

黄爪口堡 治东二十五里。

连北店堡 治西北十六里。

新寨堡 治西二十五里。

马城堡 治西南三十里。

闫各庄堡 治南十八里。

马头营堡 治西南三十里。

临榆县城 高四丈一尺，厚二丈，周八里一百三十七步四尺，明初中山王徐达创卫立关始建。此城土筑砖包，其外门四：东曰镇东，西曰迎恩，南曰望洋，北曰威远，上各有楼，其东门颜曰：天下第一关。西门乾隆九年御书赐额曰：祥霭搏桑。嘉靖中管关主事吕荫、陈绾、孙应元，万历中王邦俊、杨植，员外郎邵可立，副将刘孔尹，国朝乾隆三年永平府知府梁公锡蕃，十八年临榆知县钟和梅，二十九年知县袁鲲化，皆经修葺。

池 深二丈五尺，广倍之，外有夹池，广深半之，有水门三，居东、西、南三隅，以泄城中蓄水。

北翼城 又名北新城，在北水关边城上，高二丈有奇，周三百七十七丈四尺余，门二，居南北二方。

南翼城 又名南新城，在南水关边城上，制与北翼同。明巡抚杨嗣昌建。

东罗城 在东关外，高二丈三尺，厚丈有四寸，周五百四十七丈四尺。门一，在城东即关门，为盛京孔道，建楼于上曰：服远。水门二，角楼二。明万历间管关主事王邦俊、永平兵备副使成逊建郭设三门。国朝康熙四年移关时，通判陈天植、都司孙枝茂、守备王御春重修，因塞南北二门，环城有池，周四百二十丈九寸。

西罗城 在西关外，明崇祯十六年巡抚朱国栋请建，工未毕遇改革中止。门一，在城西有楼，曰：拱辰（城未建时，即有是楼，不知始建何年，因土筑易圮，万历间副将杨元改用砖石，今即作城西门）。

宁海城 在南海上，周一里有奇，高二丈有奇，门二，居东、北二方，明杨嗣昌建，设龙武营于此。

一片石城 高二丈五尺，周二里。

石门寨城 高三丈六尺，周四里。

铁场堡城 高三丈一尺，周二百六十四丈。

黄土营城 高二丈周一里。

驻操营城 高丈有五尺，周四里。

义院口城 高三丈四尺，周四百六十六步。

孥子峪城 板场峪城

永安堡城 （以上三城均就颓废）。

八里堡 在县东八里，关外与锦州府接界。

衙　署

永平府 在城中平山上。明洪武二年建堂东经历司（今在经历宅办事），次库西照磨所（今裁），次架阁库，两翼东署门，次八房，次銮驾库，西署门，次八房，次大润库中甬道，戒石牌亭。前仪门外东土地祠，寅宾馆（今废），西司狱司（废），堂后为穿堂（今改为宅门），入为二堂，左为花厅，北为内宅，东为理刑厅（今裁废）、马政厅（今裁废），又前为检校宅（今裁废），堂西为清军厅、粮捕厅（今裁，归并清军厅，又改为理事厅），又前为知事（今裁废）、照磨（今裁，废）、经历宅，次列吏舍（废）。大门前治东申明亭（废），西旌善亭（废），中有坊，曰保厘，东为文官厅，西为武官厅（俱废），前有坊，曰古北平。正统中知府李文定、张茂，成化中周晟，嘉靖中曹怀，万历中刘泽深，国朝康熙间梁公世勋、张公朝琮，皆经增修。乾隆十三年卢公见曾，三十六年刘公峨详请重修。

理事同知 今在府大堂西大门，东向仪门，南向入为大堂，为宅门，为二堂，为后堂，西为箭亭，树木森然，遥岑在望。乾隆三十二年萨公灵阿详请修理。

经历司 今在府仪门西，旧东向，颇湫溢，乾隆三十二年经历祁标改建南向，拓而广之。

卢龙县 旧在府治后，明隆庆二年，知县赵敬简移建于府治东南，堂左右为库房，仪门外东为寅宾馆（废），土地祠，西为监狱，堂后为宅，门为二，堂北为内宅，西为书房，仪门西为典史衙。国朝康熙间知县魏师段、吕宪武皆修葺，乾隆三十六年，魏源盱详请修理。按州县戒石、仪门方位，六房，旌善、申明二亭，视府而制有差，其堂坊各有名，名更不常，并非定制，不具载。

万寿亭，在府治南。

永平监军兵备道，在府治东南二百步，旧为南察院，嘉靖中改建。国朝康熙八年改为通永道，移驻通州，乃为工部分司署，继裁，工部遂废。

户部分司，在府治东北二百步，永丰山西麓（今废）。

督学院行署，在永丰山巅，国朝康熙间知府张公朝琮重修，乾隆间卢公见曾修理坐号，甃以砖。

察院，在督学东（今废为草场）。

太仆公馆，在城外东南二里（久废）。

税课司，在府前街左谯楼前（今裁）。

阴阳正术，在府治东南。

医正科，在府治东。

僧纲司，在城南二里隆教寺。

朝鲜馆，在府治南。

满洲驻防，在城东南隅，康熙三十四年自滦州移驻。

山永协镇，在城东南隅，明系永镇中营，设副将一员，旧无公署，国朝顺治间改统辖副将即白氏花园遗址改立。

协标左营，在府治南。

协标右营，在东门内。（以上府城内）。

滦州　在城内东街，明洪武初建堂，东幕厅、西库，仪门外东寅宾馆，西土地祠，祠东北为仪仗库，西为狱，大门为谯楼，堂后为二堂，二堂后为内宅，后圃有一篑山，山麓为洁清池，池北为洗心轩，又北为后乐亭，堂东为州同衙（今废），前吏目衙（今移西），堂西为州判街衙（今为吏目宅）。正统中知州刘弁，成化中李端，弘治中吕镃，正德中高堂，嘉靖中赵叶、陈士元，万历中张元庆，国朝康熙间张勿执，皆经重修。

察院行署，在州治东（今废）。

太仆寺行署，在察院左（久废）。

阴阳学，在州西。

医学，在州十字街东北隅。

僧正司，在州城南广福寺。（以上属滦州）

迁安县 在县城内西街，明洪武初建堂。东库府，西赞政厅，仪门外东土神祠，西预备仓暨狱堂，后为二堂，为内宅，东主簿衙（今废），东南典史衙（在仪门内）。明弘治中知县张济，嘉靖中徐州，万历中王淑民、白夏，国朝顺治中张自涵，康熙中王永命、张一谔，雍正间李廷益，皆经修葺。

察院，一在县治东，一在城东南隅，一在建昌营，一在七家岭（俱废）；一在沙河驿，现存。

巡检司，七家岭驿丞兼巡检，因驿移沙河无廨（今裁），滦阳驿丞兼巡检，因驿移三屯无廨，赁住民房。喜峰口巡检廨在城内，建昌营巡检廨在建昌营城内。

阴阳学，在县治前。

医学，在县治西（俱废）。

僧会司，在元坛庙。

道会司，在昊天观。

满州驻防，一在冷口，一在喜峰口，俱在关城内营房，又建昌北、冷口南有乾隆七年新添营房。

三屯营副将，在三屯城内，旧总兵帅府，其营中军都司署旧守备署也，右营守备署及千把总廨俱在本城内。

潘家口都司，在潘家口城内旧守备署。

汉儿庄外委旧守备署。

龙井关把总旧守备署。

喜峰口游击旧参将署，其千总署旧守备署也。

李家峪把总、青山口把总、榆木岭把总，俱旧守备署。

太平寨千总旧都司署。

擦崖子岭把总、白羊峪把总，俱旧守备署。

建昌营都司在建昌城内旧参将署。

冷口关把总、桃林口把总，俱旧守备署。

县城把总在县治后营房（以上属迁安）。

抚宁县　在城内东北，明洪武七年建堂，东西二库，仪门外东土地祠、西寅宾馆，堂后为二堂、为内宅，东主簿衙（今废），大堂东为典史廨，仪门西为监狱。成化中知县姜镐，弘治中刘玉，国朝顺治中王全忠，康熙间王文衡皆经修葺。乾隆十三年钱鋆请帑修理，三十七年陈钟琛重修。

察院，在县治西，成化间同知刘遂建，国朝康熙间王文衡修。

东察院，在县治东，后改为太仆分司，今废，其石狮二座移镇洋河。

抚宁卫，在县治西（今废）。

蒲河营都司及千总，署在县治东南牛头崖。

城守营把总，无署，赁住民房。

台头营把总，署在台头营城内，至县三十里。

界岭口把总，署在界岭口城内，至县七十里。

官庄把总无，署赁住民房，在县东南三十里。

（以上属抚宁）

昌黎县　在城内东南，明正统中知县王玺建堂，东西二库，东幕厅、西军储厅，仪门外土地祠、寅宾馆、西狱，堂后为二堂，为内宅，堂西县丞衙（今裁废），仪门西典史廨。弘治中白纯道，嘉靖中文世英、楚孔生，隆庆中孟秋，万历中胡科、石之峰、王汉杰、杨于陛，国朝康熙间陈邦齐皆修葺。乾隆三十八年现任知县单燽重修。

东察院，在县治东。

西察院，在县治西。

僧会司，在源影寺。

（以上属昌黎）

乐亭县　在城内东南，明洪武三年知县王文贵建堂，东幕厅、西库，今为东、西两库，仪门外东土地祠、寅宾馆、西狱，堂后为二堂，为内衙，东县丞衙（今废），前典史衙，西主簿廨（今废为马棚）。洪武中章似兰、刘晟，永乐中于继贤，成化中李瀚，隆庆中李邦佐，万历中于永清，国朝康熙间熊震皆修葺，乾隆十六等年陈金骏增修。

察院行署，在县治东。

太仆行署，在县治西。

开平察院行署，在城内东北（以上俱废）。

石碑场大使署，在石碑。

巡检廨，在县西南三十五里（今废）。

阴阳学，医学（俱废）。

都司，在县署后东街。

（以上属乐亭）

临榆县　在城南门内，乾隆五年知县王毓德建，原系明户部署。堂东西为库，库西及两序为吏舍，仪门外为役舍，东为土地祠，西为典史署，堂后为宅门，为二堂，又后为内宅，西为酿春亭，知县钟和梅建，乾隆三十七年陶淑修葺，增建花厅。

察院行署，在城内文昌祠右（今废）。

户部监督，在东门口，国朝康熙间建。

管关厅，在城西北隅。

归化场大使署，在盐务庄。

巡检，在石门寨，乾隆五年建，系察院旧址。

驻防副都统，在城西门内西街旧制府署。右翼署，在城西北隅，旧火药局。左翼署在城东北隅，原系递运所。

山海路都司，在城东门北。千把总署，俱在城内。

石门路都司，在石门寨城中。千总署四：一在城内，一在黄土岭，一在大毛山，一在义院口。

南海口把总署，在宁海城。

朝鲜馆，在城内西门内北马道。

（以上属临榆）

桥梁　渡口

府　城　北门大街桥。新城街桥。下水关桥（今废）。永济桥（石桥在南关）。漆河桥（俗呼小河桥）。滦河桥（俗呼大河桥，以上二桥春夏济以舟楫，秋冬架木上实土可通舆马）。漆河渡（府西门外设有官船渡夫）。石梯子渡（城西南十里）。虎头石渡（城南十里）。于家河渡（城南二十里）。念经河渡（城东北三十里）。

滦　州　石桥（南门外）。岩山桥（城南五里）。御驾桥（城南二十五里）。龙塘桥（城南二十七里）。波落桥（城南三十里）。清水河桥（南三十五里）。榆关桥（南五十里）。歇驾桥（南五十里）。通津桥（南六十里）。公安桥（南九十里）。砖窑店桥（南九十里）。八里桥（西南八里）。沂河桥（南二十五里）。大海桥（西南九十里）。龙堂桥（西南一百里）。石牛桥（西六十五里）。蔡家桥（西八十里）。双桥（西八十里）。牤牛桥（西八十里）。马家桥（西八十五里）。唐山桥（西南一百二十里）。古冶桥（州西六十里，万历年建）。镇东五里桥、镇西五里桥（二桥在榛子镇，州西北九十里）。白石店渡（城东四里，州志作北释院）。偏凉汀渡（城北五里）。横河渡（城北七里）。宁家庄渡（东南二十八里）。马城渡（城南二十里）。边落湾渡（城南九十里）。

迁安县　黄台桥（滦河上，距城八里，冬春桥，夏秋舟，官修，通沙河驿大路）。十里桥（三里河上，石桥，上府大路赵家庄虞姓所修）。三里桥（三里河上，石桥三洞，嘉靖中王珙会众修，国朝顺治中张大中、张进孝、潘道士，康熙间姚道士，乾隆二十一年杨道士，皆募缘重修，增两洞门）。青龙桥（青龙河上，距城六十里，与卢龙界，通山海关大路）。新寨桥（距城三里，三里河上，建昌营大路）。

青河桥（距城七十里，冬春置，夏秋撤）。滦阳桥（漖河上，距城百五十里，冬春桥，夏秋舟，通遵化州大路）。爪村渡（滦河，距城十二里，义船，通滦州大路）。商家庄渡（滦河，距城十里，民间小船）。青龙河渡（距城九十里，义船通塔子湾大路）。大寨渡（滦河，距城九十里，通三屯营大路）。稔子口渡（滦河，距城七十里）。偏崖渡（滦河，距城八十里，义船）。蔡家渡（滦河，距城十里，乡民小船）。夹河渡（滦河，距城六里，乡民小船）。

抚宁县　阳河桥（凡七处，一在县西一里，一在县南二里，一在县东五里，一在县西北八里，一在县西北十五里，一在西北三里，一在正北三十里，水寒则设，水泛则拆）。钟家桥（县东三里）。渝河桥（县东二十里）。海洋桥（县东六十里）。李官营桥（县北三里，石桥）。程家庄桥（县北七里）。栖霞桥（旧县北二里）。洋河渡（在县城西，乾隆十三年合邑绅士修筑河堤一道，知县陈钟琛捐造渡船并捐俸生息为船夫费）。

昌黎县　虹桥（县南八里，金时建，楚孔生重修）。石桥（县西八里）。柳河桥（县西二十里，今废）。梭湾桥（县西三十里）。槐家店桥。狮子桥（俱县西南五十里）。晏海桥（原名郭公桥，城南三十里团林庄东，乾隆二十九年庠生郭迈伦募众重修，石桥）。三因桥（团林庄西，康熙年建，乾隆三十五年重修，石桥）。太平桥、乐成桥（俱在团林）。八虹桥（城东八里庄西）。白家桥（城西三十里，安山南，白家庄武生白永年建修，石桥）。滦河渡（县西七十里）。

乐亭县　解家桥（在县城南三十五里，久废）。迎恩桥（县北门外，明万历间知县潘敦复建，乾隆十年易以石桥，生员张炳等倡修）。

崇信桥（城中，明万历间知县潘敦复建）。

布德桥（城东门外，创建同上，乾隆二十年易以石）。阜民桥（城南门外，创建同上，乾隆十四年易以石，贡生宁咸临等倡修）。悦泽桥（城西门外，创建同上，乾隆八年易以石，民人吴允中自修）。仁政桥（城北门西，创建同上，乾隆十九年知县陈金骏重修）。务农桥（演武厅北，创建同上）。嵩林社桥（县东十五里，国朝建）。栗家湾桥（县南八里，国朝康熙间建）。郑家桥（县西三十里）。汤家河桥（县东南二十五里，往南常家河桥三十里，国朝建）。清河桥（县西三十里，久废）。商家社桥（县北六里，久废）。淀流河渡（县西北二十三里）。边流河渡（县西十四里）。马各庄渡（县西南十五里）。嵩林渡（县西南八里）。毕家渡（县西南十里）。陈家渡（县西南十八里）。甸子渡（县西十八里）。常各庄渡（县西二十里）。郑家桥渡（县西三十里）。石家陀渡（县西南三十五里）。马头营渡（县西南三十五里）。套程渡（县东南三十七里）。

临榆县　大成桥（在学宫前）。大明桥（在钟鼓楼北，明初建）。引龙桥（在南门内，明兵部主事陈果建，今淤）。卧牛桥（在西罗城，三门，两栏，俱石筑，初建无考，明万历间主事张时显，国朝康熙间通判陈天植、游击张名远、守备陈廷谟重修）。太平桥（在西罗城西门外）石河桥（在西门外二里许，用土木浮架，夏秋水涨撤去，岁以为常）。探海桥（在南门外，明参将张守职建木桥，国朝重修，筑以石）。北镇桥（在北门外真武庙左）。咽喉桥（在咽喉坊前）。登仙桥（一名望仙，在东罗城东门外）。地镇桥（在东街）。望门桥（在东罗城大街）。瀛门桥（在柴市南）。永济桥（在浅水营西，康熙间庄民杨大坤建）。太平桥（在蔡各庄）。青龙桥（在石碑庄）。响水桥（在猪熊峪，村民杨明川建）。无名石桥（共十座，龙王庙东西各一，石河二，此二桥生员王名标捐建。北门外八里铺、浅水营、崔家庄各一，回马寨一，监生董典捐修，魏家庄一，民人田茂捐修。）石河渡（乾隆二年设船，十九年知县钟和梅重修）。唐家川渡（知县钟和梅重修）。

仓　贮

卢龙县

常平仓　在府治东北，额贮谷一万八千石。

社　仓　在府治东北，额贮谷一千七百五十二石九升三合。

义　仓　八处：一在十八里铺（城东十八里），一在横河庄（城北二十里），一在律马庄（城北五十里），一在柏家店（城南二十里），一在安河庄（城西二十五里），一在闫各庄（城西六十里），共存谷三千八百零七石八斗九升，又息谷四百一十二石五斗七升四合。

滦　州　常平仓　在治西北，额贮谷一万八千石，内有黑豆九十九石六斗三升四合，高粮七十一石八升，俱顶谷。

社　仓　归贮州仓，并无仓康，额存谷二千八百九十二石五斗九升三合，又息谷一百五十石。

义　仓　共十处：一在榛子镇（城西北九十里），一在石佛口（城西二十里），一在开平（城西九十里），一在古冶（城西六十里），一在稻地（城西南百二十里），一在茨榆坨（城西南六十里），一在司各庄（城西南九十里），一在胡各庄（城南九十里），一在倴城（城南六十里），一在马城（城南二十里），共存谷六千四百八十七石七斗八升六合，又现存息谷八石。

迁安县　东新仓　在大堂左。西新仓，在大堂右。常平仓在仪门内西隅，凡十三廒，共额贮谷一万四千石。

社　仓　亦在常平仓内。额贮本谷二千二百八十一石八斗五升，息谷六百零三石九斗。

喜峰口仓　共七廒，存贮谷亦属本县，运交谷八千石。

义　仓　八处：一在包各庄（去城五十里），一在沙河驿（去城四十里），一在新集（去城七十里），一在罗家屯（去城五十里），一在三屯营（去城一百二十里），一在喜峰口（去城一百八十里），一在建昌营（去城四十里），一在黄花峪。除黄花峪未贮谷石，余七处共贮本谷三千五百九十七石七斗六升，息谷一百一十石九斗六升。

抚宁县　常平仓　在县治西，额贮谷一万六千九百二十八石六斗一升零。

社　仓　亦在常平仓内。现存谷三千五百四十二石五斗三升零。

义　仓　七处：一在榆关，（城东二十里），。一在留守营（城南二十五里），一在曹东庄（城西十五里），一在万家翟坨（城西南五十里），一在平房店（城西北四十五里），一在台头营（城北三十里），一在董家庄（城东北十五里）。

昌黎县　常平仓　在城内额贮谷一万石，今现存谷一万三千六百十六石八斗二升零。

社　仓　在本城西南，现存谷一千八百三十七石三斗七升零，息谷八十石。

义　仓　八处：一在石桥营（城东关二里），一在蛤泊（城西二十六里），一在静安庄（城西南四十五里），一在套里堡（城西南五十里）一在石门店（城西五十里），一在赤崖（城西南六十里），一在姜各庄（城南六十五里），一在莫各堡（城南二十五里），共存谷四千三百十八石九斗二升零，息谷八百六斗九合零。

乐亭县　常平仓　二所，一在县治东南，明万历年间知县潘敦复重建；一在县治西侧，本朝康熙年间建。共贮谷二万三百五十六石一斗零。

社　仓　本无仓廒，分贮常平仓内，贮谷四千六百四十石五斗四升零。

义　仓　共六所，一在东乡胡家坨（离城十八里），一在西乡埝上屯（离城十七里），一在南乡马头营（离城二十七里），一在北乡高庄窝（离城十八里），一在东南乡汤家河（离城二十五里），一在东北乡夏庄（离城十里），俱乾隆十六年知县陈金骏奉文建，共藏谷三千一百石七十四石一斗七升（内存本谷一千八百六十石五斗六升，息谷九十石六斗一升）。

临榆县　常平仓　在县治北，额贮谷六千石。

社　仓　谷二千七百四十九石二斗七升，现贮大仓并无社仓。

义　仓　共九处：一在李家堡（城东二十里），一在傅家店（城西北二十里），一在范家店（城西三十里），一在黑山窑（城西北四十里），一在石门寨（城北四十里），一在海洋庄（城西四十里），一在深河堡（城西六十里），一在蔡各庄（城西南六十里），一在驻操营（城北七十里），共存谷四千三百四石九斗四升。

惠　政

惠民药局　抚宁在县治东（今废）。乐亭在县治拱真阁东。万历间知县潘敦复修。余无可考。

冰　窖　卢龙在县治北平山麓。抚宁在县西门外洋河左侧。康熙间知县赵端创设。

育婴堂　卢龙在城皇庙东（康熙四十五年奉文设立）。

养济院　昌黎在城东南（王懋建，今废）。乐亭在北关迎恩桥（乾隆间知县陈金骏修）。临榆在北门外（明嘉靖间主事葛守礼建，今额设孤贫十名，每名发给银一两八钱，支山海学田米变价，额外孤贫口给口粮银一分于耗羡银内支销）。

留养局　卢龙五处：一在南关外，一在范家庄，一在十八里铺，一在双望堡，一在燕河营。滦州二处：一在城，一在榛子镇（知县申暨士商捐输银三百两，交商营运收息办理，每年十一月起至次年二月止）。迁安五处：一本城，一建昌营，一沙河驿，一三屯营，一喜峰口（原有劝捐银二百两，按月三分生息）。抚宁一处：在本城西关（乾隆三十五年知县陈钟琛建，有劝捐银二百两交当商生息，每年收息银四十八两。）。昌黎五处：一在本城西关，一在石门，一在静安庄，一在蛤泊堡，一在套里堡（知县吴世臣暨士商输银三百两交当商生息，每年收银七十二两，又园地十四亩五分，平房五间，树十五株，每年收租制钱七千三百八文，为贫民口粮及绵衣等项之用）。乐亭八处：县城东、西、南、北四关各一处，其一在胡家坨，一在连北店，一在汤家河，一在卢家河（有交商本银五百两输息，又河淤地二顷四十三亩，征银二十四两三钱）。临榆三处：一在西关玉皇庙，一在范家店关帝庙，一在深河娘娘庙（知县钟和梅倡率劝捐银四百二十两，交商营运收息，每年自十一月至次年二月止，收养道路无依及本地孤贫之不在额者，其银入交代册）。

漏泽园　义冢附。卢龙，在县东五里，周三里。滦州，在城东北一里。迁安，在县东一里，周十亩。抚宁，在城东片石山（康熙间知县赵端捐费，买地十二亩）。昌黎，在县西南一里，周四亩（明张云凤、李桐立）。乐亭凡四处：东乡在戈儿聂庄，南西乡在馒头庄南，南乡在醋流庄南。北乡在罗各庄东（地各十亩）。又古义冢在龙王庙庄后（康熙二十四年知县金星瑞清查丈出地五亩三分）。临榆凡十五处：一在西水门外，一在南水门外，一在给孤寺前，一在董家庄，一在石河沿，一在关门外，一在砂锅店，一在义院口，一在砚台沟，一在崔家庄，一在浅水营，一在周家庄，一在十家园（候选知县张雯舍凡二十亩），一在回马寨（候选州同董典舍），一在红瓦店（民人解良材舍）。

驿站

滦河驿 属卢龙县，在南关东街。设马七十二匹，夫共八十八名，每岁支工料银四千三百三十九两一钱五分，在本县地粮银内给银三千二百四十四两九钱五分，在于布政司库请领银一千九十四两二钱。

七家岭驿 属迁安县，今改设沙河。额设马七十二匹，马夫三十六名，兽医一名，马牌子一名，草夫三名，每日各支工食银五分四厘。抄牌一名，轿扛夫四十名，每日支银四分五厘。皂隶四名，每日工食银一分八厘零，每岁工料廪、给口粮、协济等银共三千五百六十三两一钱，遇闰加银一百六十八两七钱二分七厘，在滦州支销。

滦河驿 属迁安县，设立三屯营。额设马六十二匹，马夫三十一名，兽医一名，草夫二名，每日各支工食银五分四厘。马牌二名，各支银七分二厘。抄牌一名，日支银三分一厘五毫。扛轿夫二十名，每名日支银四分五厘。接递皂隶四名，每日支银一分八厘七毫零，实支工料等银共一千二百六十五两三钱四分四厘六毫零，闰月银一百五两四钱四分五厘零。

榆关驿 属抚宁县，在县东四十里。额设马五十匹，扛夫、轿夫四十名，厨役五名，抄牌马夫二十七名，皂隶八名，驿皂二名，每岁工料廪、给扛轿夫接递隶协济等银共二千九百四十九零四分，遇闰加银二百三十一两四钱三分三厘，在乐亭支销。

芦峰驿 属抚宁县，在南关外，额设马五十匹，扛夫、轿夫四十名，厨役五名，抄牌马夫二十七名，接递皂隶八名，驿皂二名，额设工料银并递马等银三千一百九十三两二分，闰月银二百三十六两九钱三分二厘五毫零。

迁安驿 隶临榆县，在西关外。额设马八十有六匹，每匹日支豆草麸银共七分五厘，岁支薪油药物赁房及修置铡刀筛锸汲器之费，共银二百八十五两一分八厘，马之毙捐买补岁准二十有五匹，每匹价银九两（内扣皮张银五钱），车临时和雇，雇直额设银二百七十两（如不敷用，由县垫，出报部，准销请领还项），使客饩廪岁额设银二百五十两，夫役工食，兽医一名，马牌子一名，马夫四十三名，草夫三名，每日各支银四分三厘，岁共需工料银三千三百六两六钱，遇闰加银一百三十九两八钱六分。

铺　递

卢龙县 自府治南四十步为总铺，东十里周家铺，又八里第二铺，又十里双望铺，又十二里至抚宁背阴铺。自总铺而西十里石梯子铺，又十里白佛店铺，又十二里安河赤峰铺，又十里至迁安色山铺。自总铺而南二十里周王山铺，又十里至滦州刘各庄铺。自总铺而西北十五里分水岭黑石铺，又十五里至迁安沙河铺。

滦　州 自治东二十五步为总铺，南十里枣园铺，又十里马城铺，又十里长宁铺，过此为乐亭界。自总铺而北十里刘家庄铺，过此为卢龙界。自总铺而西北七十里王家店铺，又十里牤牛桥铺，又十里榛子镇铺，又十里狼窝铺，又十里铁城坎铺，凡一百十里为丰润界，外距抚宁地马坎、深河二铺百三十四里。

迁安县 自县前总铺东南十五里至芦沟铺，又东十五里卢龙属彭家店铺，西南二十里至赵家店铺，又十里至郑家店铺，又十五里至沙河驿铺，东北十五里至小寨铺，又三十五里至冷口关铺，西北二十里至龙启铺，又二十里至擂鼓台铺，又二十里至东寨铺，又二十里至大寨铺，又二十里至旧城铺，又二十里至白庙铺，又三十里至遵化州属二十里铺，由沙河驿东十里至沙窝铺，又十里至野鸡坨铺，又十五里至卢龙属安河铺，由沙河驿西十里至马坡营驿铺，又六里至七家岭铺，又六里至新店铺，又十里至滦州属王家店铺。

抚宁县　自治东二十步为总铺，东五里横山铺，又十里白石铺，又十里马坡铺，又十五里深河铺，又十里团山铺。自总铺而西五里绿湾铺，又十里芦峰口铺，又十里义院岭背阴铺，又十里至卢龙双望铺。

昌黎县　自治东十步为总铺，西十里石堠子铺，又十里柳河铺，又十里梭头湾铺，又十里营城铺，又十里家铺，通卢龙八里铺，自总铺而东北张各庄有铺废，外距临榆红瓦铺一百二十里。

乐亭县　自治西北二十五里，至新乐镇铺，接滦州长宁铺界，东北距抚宁地团山铺百里（旧制由总铺递曹家庄铺，由曹家庄铺递此及曹家庄被水坍塌，铺已久废，总铺亦废）。

临榆县　自治前铺西十里至红瓦铺，又十里至丰台铺，又十里至张果老铺，又十里至团山铺，抚宁县界。

墩　拨

东自山海关城七里至五里台，又六里至栾家岭，又七里至二十里洼，又六里至烟墩岭，又七里至汤河沿，又九里至凤凰店，又十里至望海店（以上属临榆县），又十三里至高台岭，又九里过深河堡至马棚山，又十四里过榆关至白石铺，又二十五里过抚宁县至卢峰口，又六里至饮马河，又五里至新庄铺，又十里至吴达子营（以上属抚宁县）。又十里过双望堡至部落岭，又五里至十八里铺，又十三里至驴槽儿，又十五里过府城至鸭子河，又十里至望府台，又八里至安河铺，又七里至赤红铺，又十里至野鸡坨（以上属卢龙县），又八里至沙河铺，又十二里过沙河驿至红庙，又五里至马坡营，又七里至七家岭，又四里至新店子，又六里至乾河草（以上属迁安县），又十里过新店，又十里至王家岭，又十二里至牤牛桥，又十八里过榛子镇至烟墩山，又八里至日草洼（以上属滦州），又西接丰润界。

营　制

山永协　副将一员（原设游击，顺治六年裁，改设副将，辖山海、石门、燕河、建昌四营，原属天津镇，康熙二十九年改属古北口镇）。

左营，中军都司一员（原设守备，雍正十年改设都司），千总一员，把总一员，马兵四十三名，守兵二百二十名，每岁俸饷马干银四千四百八十四两三钱三分九厘零，本色米九百四十六石八斗，豆三百四十石二斗，草一万七千二百六十二束。

右营，守备一员，标下把总一员，茨榆坨把总一员，马兵五十一名，守兵一百九十九名，每岁俸饷马干银三千九百九十二两三钱九分七厘零，本色米九百石，豆三百十八石六斗，草一万六千一百六十六束。

山海路　城守营都司一员（原设参将，顺治六年改设都司），标下千总一员，把总一员，马兵四十三名，守兵一百十八名，墩兵三十二名，每岁俸饷马干银三千二百四十五两四钱八分一厘零，本色米六百九十四石八斗，本色豆二百七十五石四斗，草一万三千九百七十四束。

石门路　都司一员（原设参将，顺治六年改设都司），标下千总一员，抚宁城守把总一员，马兵二十九名，守兵六十七名，每岁俸饷马干银一千九百六十九两八钱四分九厘零，本色米三百七十八石，本色豆一百九十九石八斗，草一万一百三十八束。

义院口把总一员（原设副将、守备各一员，顺治六年裁副将，复设把总，十七年裁守备），马兵二名，守兵三名，墩兵二十八名，每岁俸饷马干银四百七十两四钱九分六厘，本色米一百一十八石□斗，豆二十一石六斗，草一千一百二十八束。

大毛山把总一员（原设提调一员，顺治六年改设操守，康熙元年改设把总），马兵二名，守兵五名，墩兵二十七名，每岁俸饷马干银四百八十二两五钱六分，本色米一百二十二石四斗，豆二十一石六斗，草一千一百二十束。

黄土岭把总一员（原设参将、守备各一员，顺治六年改设操守，康熙元年改设把总），马兵二名，守兵一名，墩兵三十名，每岁俸饷马干银四百七十两五钱六分，本色米一百一十八石八斗，豆二十一石六斗，草一千一百二十束。

燕河营　都司一员（原设参将，顺治六年改设守备，雍正十年改设都司），把总一员，分防城马兵二十一名，守兵二十九名，墩兵四十七名，每岁俸饷马干银一千六百九十二两五钱三分七厘零，米三百四十九石二斗，豆一百四十五石八斗，草七千四百五十二束。

台头营把总一员（原设副将，顺治六年裁，设都司千总、把总各一员，十二年俱裁，改操守，康熙元年改设把总），马兵八名，守兵二十三名，每岁俸饷马干银五百四十两四钱，米一百一十石六斗，豆五十四石，草二千八百束。

界岭口把总一员（原设守备，顺治六年改设操守、康熙元年设把总）。马兵三名，守兵三十七名，每岁俸饷马乾银五百七十两一钱二分，米一百四十四石，豆二十七石，草一千四百一十束。

建昌营　都司一员（原设参将，顺治六年裁，设都司），标下千总一员，迁安城守把总一员，马兵二十七名，守兵九十三名，每岁俸饷马干银二千一百十八两四钱七分三厘九毫零，米四百三十二石，豆一百八十九石，草九千五百九十束。

桃林口把总一员（原设参将、守备各一员，顺治六年俱裁，设操守，康熙元年改设把总），马兵九名，守兵三十二名，墩兵三十三名，每岁俸饷马干银一千七十二两四钱，本色米二百六十六石四斗，豆五十九石四斗，草三千八十束。

冷口关把总一员（原设副将、守备各一员，顺治六年俱裁，设操守，康熙元年改设把总），马兵四名，守兵十名，墩兵二十名，每岁俸饷马干银五百十三两八钱四分，本色米一百二十二石四斗，豆三十二石四斗，草一千六百八十束。

榛子镇把总一员，马兵九名，守兵十七名，每岁俸饷马干银四百九十六两四钱，本色米九十三石六斗，豆五十九石四斗，草三千八十束。

三屯营 副将一员（原设总兵官，顺治四年裁，改设蓟州副将，原属天津镇辖，康熙二十九年拨属古北镇，改为三屯营辖遵化、蓟州、喜峰路、潘家口四营）。

左营，中军都司一员（原设守备，雍正十年改设都司），千总一员，把总一员，马兵五十八名，守兵一百三十七名，每岁俸饷马干米折等银五千三百二十三两六钱五分一厘零。

右营，守备一员，千总一员，把总一员，马兵五十九名，守兵一百三十六名，每岁俸饷马干米折等银四千七百六十八两九钱五厘零。

喜峰路 游击一员（原设参将、都司各一员，顺治六年俱裁，改设游击守备，康熙二十三年守备裁），千总一员，马战兵三十六名，守兵一百二十九名，每岁俸饷马干米折等银三千八百三十九两七钱三分九厘零。

李家峪把总一员（原设守备，顺治六年改设操守，康熙元年改设把总），守墩兵四十六名，每岁俸饷马干米折等银七百七十八两八钱。

青山口把总一员（原设守备，顺治六年改设操守，康熙元年改设把总），守墩兵五十一名，每岁俸饷马干米折等银八百五十六两八钱。

太平寨千总一员（原设参将，顺治六年裁，设都司、千总各一员，康熙二十三年都司裁），马战兵六名，守兵五十一名，每岁俸饷马千米折等银一千一百一十两。

白羊峪把总一员，守墩兵二十九名，每岁俸饷马干米折等银五百十三两六钱。

擦崖子把总一员，守墩兵二十九名，每岁俸饷马干米折等银五百十三两六钱。

榆木岭把总一员（以上三处原各设守备一员，顺治六年俱裁，设操守，康熙元年复改设把总），守墩兵二十三名，每岁俸饷马干米折等银四百二十两。

潘家口 都司一员（原设守备一员，雍正十年改设都司），把总一员，马兵十名，守兵五十一名，每岁俸饷马干米折等银一千四百七十六两六钱五分七厘零。

松棚路千总一员（原设参将，顺治六年裁，设都司、千总各一员，康熙二十九年将都司移驻玉田营），马兵五名，守兵五十六名，每岁俸饷马干米折等银一千一百四十七两八钱。

龙井关把总一员（原设守备，顺治六年裁，设操守，康熙元年改设把总），守兵三十四名，每岁俸饷马干银五百九十一两六钱。

三屯营所辖遵、蓟二营不与本郡相涉，不具载。

蒲河营 都司一员，标下千总一员，昌黎城守把总一员，南海口把总三员，马兵五十名，守兵一百三十名，每岁俸饷马干银三千四百十三两二钱六分五厘零，本色米六百四十八石，豆三百三十四石八斗。

乐亭营 都司一员，标下把总一员，分防滦州千总一员，刘家墩把总一员（刘家墩原设守备一员，把总一员，旧制蒲河、乐亭营系山永协辖，康熙二十九年将山永改隶古北口，留蒲河、乐亭仍隶天津镇），马兵四十五名，守兵一百三十七名，每岁俸饷马干等银三千九十九两七钱五厘零，本色米六百五十五石二斗，豆二百九十七石，草一万九千八百束。

边　防

东自临榆县老龙头起，北十里至山海关，又北十二里至三道关（旧有旱门关、角山关、寺儿峪关皆砌塞），又北三十三里至化皮山中岭（以上系山海路千总汛），又北八里，至一片石（即九门口，内至县七十里，外至将军石与宁远州界六十里），又西七十二里至董家口关（以上系石门路黄土岭把总汛驻，九门口内至县七十里，外至大亨岭四十里，与塔子沟界，内小口六：一庙山口、一西洋口、一黄土岭、一无名口、一小河口、一大毛山口，皆通九门口大路），又西八十里至板场峪尖山台（系石门路大毛山把总汛驻，城子峪内小口三：一城子峪，一水门寺，一平顶峪，皆与八沟界通义院口大路），又西四里至义院口（内至县七十里，外北至羊山岭顶一百五十里，东北至窝儿岭顶一百三十里，俱与塔子沟界，西北至大杖子河一百三十里，与抚宁县界），又西百二十二里至背牛顶下扒挞岭与抚宁界（以上系石门路义院口把总汛内小口五：一拿子峪，一花场峪，通义院口大道。一苇子峪，一柳罐峪，一孤石峪，西北通箭杆岭），自扒挞岭又西六十里至骆驼岭（系燕河路台头营把总汛内小口一，箭杆岭），又西五里至界岭口（内至县七十里，外北至老城根百二十里与临榆县界），又西二十里至青山口，又西四十一里至八号花楼与卢龙界，又西十里至重峪口（内至县七十里，口外属迁安），又西十五里至吉了峪与迁安界（以上系燕河路界岭口把总汛），自吉了峪西八里至桃林口关（内至县城八十里，外至茨儿山一百里，与抚宁县接壤），又西十七里至刘家口关（系建昌路桃林口把总汛，内至县城七十里，外至葡萄沟九十里，与蒙古接壤，内小口三：一正水峪，系水口青龙河上流，一正佛儿口，一孤窑峪口，皆通桃林口大路），又西三十二里至冷口关（系建昌路冷口把总汛，内至县城五十里，外至绊马河一百七十里，西北至沙金沟一百五十里，二路俱与塔子沟接壤，内小口二：一徐流口，一河流口，外东马道皆通刘家口路），又西二十里至白羊峪关（系建昌路白羊峪把总汛，内至县城六十里，外由沙岭儿通冷口路，内小口二：一石门子口，一白道子口，皆通冷口大路），又西四十里至擦崖子关（系喜峰路擦崖子把总汛，内至县城七十里，内小口三：一新开岭，一洪峪口，一五重安）。又西十四里至城子岭关（清河上流，内至县城八十里，外至熊虎头，通董家口大路），又西二十五里至榆木关（系喜峰路榆木岭把总汛，内至县城一百里，外至熊虎头，通董家口大路，内小口二：一大岭寨水口，一烂柴沟），又西四十里至董家口关（系喜峰路青山口把总汛，长河上流，内至县城一百一十里，外至板城一百一十里，与八沟接壤，内小口一：青山口，外通董家口大路），又西十五里至铁门关（内至县城一百二十里，外通董家口大路，内小口一：游乡口），又西十五里至大喜峰口关（以上系喜峰路李家峪把总汛，驻铁门关，内至县城一百八十里，外至冰窖七十里，与八沟接壤，内小口二：一李家峪口，一西木峪口），又西八里至潘家口关（滦河上流，内至县城二百里，外至门子峭七十里，与热河接壤，内小口一：小喜峰口，今已闭塞），又西十三里至柞子庵关（内至县城二百里，外至双堂沟与热河接壤，内小口二：一东常峪，一西常峪）。又西十三里至龙井关（以上系潘家口把总汛，澈河上流，内至县城二百二十里，外至雄山三十里与遵化州接壤，内小口一：三台山口）。西北古道岭长十里，西南至洪山口关，西则遵化州界。

海　防

东自老龙头起四十里至汤河（有土墩台），又西三十里至金山嘴（属临榆有墩台以上系山海路管辖，有把总一员，驻南海口），又西三十里至戴家河口，又西五里至洋河口（有土墩台），又西五十里至清河口，又西五里至蒲河口（有木楼），又西三十里至沙崖口（属昌黎），又西六十五里至野猪口（属乐亭，明永乐时倭犯境自此人），又西二十五里至胡林河口（有土墩台），又西十七里至小滦河口（以上三口明初统隶乐亭新桥营，自万历后加设蒲河营，将此三口改隶，有把总一员，驻官庄，经制外委一员，驻胡林河），又西十数里至夹河滩，又西二十五里至囤子河口（一名旋风局，内有宽水口，与夹河滩口相连），又西十里至韭菜沟口，又西八里至清河口（即新桥口，明永乐时曾设营于此），又西八里至高糜河，又西四十里至蚕沙口（属滦州，以上四口明初皆隶新桥营，改刘家营遂隶之，今属乐亭营，有把总一员，驻马头营即刘家营也）。

海 运 附

按魏太祖征蹋顿从河口凿渠，迳雍奴泉州以通河海，此京东通运之始也。唐神龙中姜师度为河北道巡察兼支度营田使，循魏武故迹并海凿平卤渠以通饷路，然魏武故迹《水经》新河故渎谓之盐关口与沟俱导以通河海者，东北绝庾水今称还乡河，又东北出迳右北平绝渠水，今蓟州运河也，师度所修者沟而不及庾水新河，故久废无存矣。元之并海通河者，自三岔河有三道：一由直沽经白河至通州，一由娘娘宫经粮河至蓟州，一由芦台经黑洋河、蚕沙口、青河至滦州。是滦之漕盆河东道，若善导之，自辽西、右北平无不可通者。明洪武间颖川侯傅友德疏陈转输之法，宜通青河、滦河故道，上嘉其言而未行。成化中管粮郎中郑康奏言。丰润还乡河可通漕，以便永平、山海之饷，然出庾水、还乡河东导陟河，抵沙河，通陷河，而及青滦，庾小非滦所通，沙河淤滥，是以随行随止。隆庆中通判萧以成勘由府城西门起溯滦河海口至天津卫四百二十六里，纪各庄通海潮处至府西门一百五十四里。乐亭知县宋国祚勘海道自天津卫至乐亭新桥海口，海洋百二十里中有建河、粮河，新挑大沽、小沽可避风。隆庆中知府孙维城复议海运，委武学科正王宏爵博访详度。据称自滦州王家闸起引滦水入青河，导人王家坨河，再导使由艾家青沟下接靳家河，以通交流河，进黑洋海口三十里经建河海口，又四十里经堂儿上海口，又四十里复出大沽海口。入通州运粮河而上天津，此道一通不过三百余里，舟可经天津抵滦，比西由芦台河倍近，且惟黑洋海口至大沽百十里，比由绿洋海口造滦，其远近险夷亦不啻十百相悬云。再海边潮河自芦台南旱沽子起，东行三十里至大坨，可通巨船，坨东北四十五里由椿树沟、高家庄至李家庄，通于建河下稍，顺河东北行十里至碓臼儿。又东十五里至于家沽入黑洋潮河，则黑洋河海口迤西全用建河上稍迁安、丰润所汇白场之水，每年积聚不涸，如闸碓臼儿束水东入于家沽，以接黑洋河闸，李家庄使水西通大坨，接旱沽子，是东为李家庄坝，西为李家庄闸，中间宣泄合宜，为尤便也。

卷之五

建置志二

坛庙祠宇

风云雷雨山川　坛府在城南三里南山之麓。（横五十四步，直五十三步，正统十三年卢龙知县胡琮重建，成化六年知府王玺、弘治十四年知府吴杰修之，至国朝旧基废坏，郡守张朝琮甃砖辟治）。卢龙附府。滦州在城南六里（直八十步，横六十四步，墙高八尺，四方棚各四，厨宰斋房各三间。）迁安在城西南一里。抚宁在城南门外（万历年知县张彝训修筑）。昌黎在城南（洪武三年建，万历间知县孟秋筑墙垣，王汉杰建房一楹三间）。乐亭在城南里许（洪武中知县王文贵建，万历中于永清建亭，潘敦复砌垣，周围广袤各二丈八尺，久废。国朝乾隆四年知县施世洪重修，广一十四尺，袤一十三尺）。临榆在西罗城南门外。

按：唐虞望祀山川，《周礼》有风师雨师之祀，三代以下汉以丙戌日祀风师于戌地，以己丑日祀雨师于丑地，唐诏祀雷同坛，宋兆风师于西郊，祀以立春后丑日，兆雨师于南郊，祀以立夏后申日，又以雷师从雨师之位。独云无祀，亦与山川不一祀。至明太祖洪武二年，敕府州县以风云雷雨诸天神为一坛，山川城隍诸地祇为一坛，三年命合祀之（昌、迁二志作六年，误）。我朝定制风云、雷雨、山川、城隍之神共为一坛，坛制崇三尺，方二丈五尺四，出陛各三级，缭以周垣，四门朱色。自南门入，东南隅为燎所，坛北正中立石主一，去坛二尺五寸设三神位，风云、雷雨居中，山川居左，城隍居右，神牌高二尺四寸，宽六寸，座高五寸，宽九寸，朱漆青字，祭以春秋仲月上己日，风云、雷雨前帛四、爵十二，山川前帛二、爵六，城隍爵三、帛一，皆白色，各羊一、豕一、鉶一、簠二、簋二、笾四、豆四。

乾隆九年部颁祝文

维神赞襄天泽，福佑苍黎。佐灵化以流形，生成永赖；乘气机而鼓荡，温肃攸宜。磅礴高深，长保安贞之吉；凭依巩固，实资捍御之功。幸民俗之殷盈，仰神明之庇护，恭修岁祀，正值良辰，敬洁豆笾，祗陈牲币，尚飨。

社稷坛　府在城西三里，（隆庆五年知府辛应乾以其阻河，命知县杨舜臣改于城西二里，今仍在府西三里，郡守张公朝琮甃砖辟治。）卢龙附府。滦州在城西一里（制如山川坛）。迁安在城外西北隅。抚宁在西门外（万历年知县张彝训修筑。）昌黎在城西一里（万历间知县孟秋修筑。）乐亭在城西北一里（明洪武中知县王文贵建，万历中知县于永清建亭，潘敦复砌坛，广袤各二丈八尺，缭以周垣，久废。国朝乾隆四年知县施世洪重修，广三十丈，袤一十九丈）。临榆在西罗城北门外。

按：社稷之祀、三代之礼不同，汉唐诸儒谓以勾龙后稷为配，而又以为非配即祀，至明太祖主《孝经》说，以社为五土主，稷为五谷主，皆自然之气，然广土诸谷不能遍祀，故合土以为社，推长以尊稷也。我朝雍正二年，奏准各府州县设坛，壝坛而不屋，四围俱二丈五尺、高三尺三、出陛各三级，北向，缭以周垣，四门丹油，北门出入，西北隅设瘗坎一，成立石主一，埋于坛南正中，去坛二尺五寸下入土，中上露圆尖神牌二，以木为之，高二尺四寸，宽六寸五分，趺高五寸、宽九寸五分，一书（府州县）社之神，一书（州府县）稷之神，俱朱漆青字，临祭设于坛中，置案上，稷左社右，以春秋仲月上戊日致祭，各帛一、爵三、帛用黑色，其祭品、仪式同风云雷坛。

乾隆九年部颁祝文

维神奠安九土，粒食万邦，分五色以表封坼，育三农而蕃稼穑，恭承守土，肃展明禋，时届仲（春、秋），敬修祀典，庶丸丸松柏巩磐石于无疆；翼翼黍苗佐神仓于不匮，尚飨。

先农坛 府在东门外，周围计七十三丈，为殿三楹，厢房三间（籍田地四亩七分）。卢龙附府。滦州在东关（籍田地四亩九分）。迁安在南门外里许（雍正六年知县王孔彰建，地四亩九分）。抚宁在东关（籍田四亩九分）。昌黎在城外东南隅（籍田地十二亩，雍正五年知县刘置）。乐亭在风云雷雨坛右，（周围计五十丈，为殿三楹，左右厢房，籍田地二亩零，雍正五年知县李有爵建）。临榆在南门外（籍田地二亩）。

按：古者天子为籍千亩，冕而朱紘躬秉耒，诸侯为籍百亩，冕而青紘躬秉耒，以事天地、山川、社稷，先古以为醴、酪、粢、盛于是乎，出也三代以下令准古之诸侯，守准古之方伯连帅。我朝雍正四年奉敕：每岁仲春，行耕籍礼，坛在东郊，方二丈一尺，高二尺一寸，四出陛各三级，缭以周垣，三门朱色，自南门人，坛北建正房三间，东西配房各一间，神牌高二尺四寸，宽六寸，座高五寸，宽九寸五分，朱漆金字，祭品仪式用帛一，青色，爵三、羊一、豕一、鉶一、簠二、簋二、笾豆各四、樽一、祝板一。

乾隆九年部颁祝文

神肇兴稼穑，粒食蒸民，颂思文之德。克配彼天念率育之功，陈常时夏，兹当东作，咸服先畴，洪惟九五之尊，岁举三推之典，恭膺守土，敢忘劳民，谨奉彝章聿修祀事，惟愿五风十雨，嘉祥恒沐于神庥，庶几九穗双岐，上瑞频书于大有，尚飨。

厉　坛 府在城北半里（初建在城北四里，隆庆间知府辛应乾以其滨河，命知县潘愚改建，本朝张公朝琮甃治）。卢龙附府。滦州在城北一里（直八十步，横五十五步，南面一门，楼二座，墙高八尺，斋厨如山川）。迁安在县北关外（坛制四围五丈五尺，崇二尺五寸，前出陛三级，缭以周垣，南为门）。抚宁在城北（万历间知县张彝训修筑）。昌黎在城北百步（万历间知县孟秋修筑）。乐亭在城北二里（地广袤各九丈八尺，坛广袤各二丈八尺，缭以周垣，西向树坊，明万历二年知县潘敦复建）。临榆在城西北。

按祭法：王有泰厉、诸侯有公厉、大夫有族厉、自三代后或弃不用。洪武三年（昌黎志作八年误），十二月命京都、王国、府州县，各立厉坛于城北，每岁三祭，春清明，秋孟望，冬孟朔，守土官先期牒城隍庙，祀日以为祭主，祭余饔饭则散诸民之无告者，用羊三、豕三、饭米三石。我朝定制因之，至里社乡厉之设，今多废不行。

祝　文

维神幽明，异路守土，维均命折殊名，求食罔异。维聪明正直而一有以作之，鉴观庶熏蒿凄怆之情，无不极其情状，爰遵定制，聿举明禋，凡斯无祀之魂，俱属有生之类，为男为女，姓莫纪于宫商，故是新代何稽于子丑，号风啸雨断子姓而畴依附，草栖烟绝，姻亲其何托，谨设坛于城北，仰主祭于尊神，维兹中元禁火禁衣之节，敬备牲醴，肃具饭饔，统一境之幽魂，索群灵而大享，鬼言归也庶几望坛壝以知归，神之格思尚其鉴馨香而来格，尚飨。

城隍庙　府在治东南（康熙戊子，郡守张公朝琮重修）。卢龙县在府城隍庙左。滦州在治西迎恩门内（有正殿有路寝，有东西序，时久废坏，知州张土俨、陈士元相继增葺之，殿东有斋宿所，嘉靖丁未陈士元重建，今复废）。迁安在县治西，（雍正十三年知县李廷益重修。）抚宁在县治东南（旧又有抚宁卫城隍庙，在县治西。）昌黎在县治北，（洪武九年立，康熙十八年灾，陈邦斋重修。）乐亭在县治西南（明洪武建，万历间知县林景桂、于永清、潘敦复、雷春起及国朝知县李有爵相继修，乾隆十八年知县陈金骏劝阖邑士民会捐重修）。临榆在城西北隅（明洪武间建，崇祯间巡抚杨嗣昌、国朝康熙间守备王遇春重修）。

按：城隍之祀莫详其始，先儒谓有社不应复有城隍，然芜湖城隍庙建于吴赤乌二年，唐以后则所在多有，宋祠遍天下矣，明初祀以坛，后罢坛祭祀于庙，以五月十一日为神诞，听民间祈赛，今于春秋仲月二分日致祭。

祝　文

维神德懋聪明，功隆捍御。壮金汤于千载，崇墉表畿甸之规；节风雨于四时，和会佐岁功之叙。祸淫福善显呈有赫之灵威；阜物康民默相无私之化育。神庥丕应，祀典宜昭，敬炼日时，肃陈牲帛馨香唯德，鉴格在兹尚飨。

关帝庙　府二：一在县治东，一在南瓮城。滦州在南月城（旧在城外南街，万历间毁于火，知州刘从仁改建，知州张璜、王家士，州同何思正，知州韩应春、刘节，州判允寿等又就旧址先后补建有厉，给事汝进碑记）。迁安三：一在南门外，一在北瓮城，一在三屯营（其他在边关者不列）。抚宁二：一在治西，一在石门路。昌黎二：一在治西，一在治东。乐亭在北门外（明万历知县桑高重建，国朝雍正九年知县黄奇璧，十三年知县施世洪重修）。临榆五：一在西罗城，一在东月城，一在东罗城，一在演武场西，一在旧招练营（余不可胜载，惟石门寨西北二十里许傍水崖，隆庆元年，总兵张臣与蒙古战，获神祐立庙崇祀，宏敞壮丽为东藩之胜地）。

按：明制祀关侯于鸡鸣山，每岁四孟及岁暮遣府官祭，五月十三日以侯生辰又遣太常寺祭，称汉前将军汉寿亭侯。万历中敕封三界伏魔大帝，神威远镇天尊关圣帝君。我朝顺治九年敕封忠义神武关圣大帝，各府州县以春秋仲月上戊日及五月十三日致祭。雍正三年，复增封三代，祀于后殿，雍正五年，奉敕加享用帛一、爵三、牛一、豕一、羊一、笾豆各十。祭日先诣光昭公、裕昌公、成忠公前行礼其祭品用帛三白色，爵三、羊一、豕一、笾豆各八。乾隆三十三年奉敕加封忠义神武灵祐关圣大帝。

乾隆五年部颁祝文

维帝浩气凌霄，丹心贯日。扶正统而彰信义，威震九州；完大节以笃忠贞，名高三国。神明如在，遍祠宇于寰区，灵应丕昭，荐馨香于历代，屡征异迹，显祐群生，恭值嘉辰，遵行祀典，筵陈笾豆，几奠牲醪，尚飨。

祭关公三代文

维公世泽贻休，灵源积庆。德能昌后，笃生神武之英，善则归亲，宜享尊崇之报，列上公之封爵，锡命优隆；合三世以肇禋，典章明备，恭逢诹吉，祗事荐馨，尚飨。

清节庙 在孤竹故城（旧址无考，明洪武九年同知梅圭移建于府城内东北隅。景泰五年，知府张茂复建于孤竹故城，在府城西北二十里。成化九年知府王玺修庙落成奏请赐额清节。国朝康熙四年知府彭士圣修建，四十年蔡维宾重修。乾隆八年、十九年，皇上两次临幸，有御制诗碑，暨和亲王诗嵌壁间，其庙门外左一碑题曰“忠臣孝子”，前明崇祯间陈泰来草书；右一碑题曰：“到今称圣”，前明万历间江右李颐八分书）。昌黎在城内东北关（旧在城北迎恩楼上。楼圮，康熙十一年，知县王曰翼移建），定于春秋二仲丁后二日致祭，用羊一、豕一、粢盛肴核数器。

孤竹君祠 在清节庙北，隔河之浒（明嘉靖四十二年，兵备温景葵建）。郭造卿曰：嘉靖厘祀典于孔庙，正位号，革爵谥、塑像，而别祠启圣。今孤竹君有祠矣，但夷齐庙位号未正，爵谥塑像未除，是知重先正而尚未达于礼也，宜请从孔庙例，木主称逸民先圣伯子，逸民先贤叔子，而孤竹君庙当称曰启仁。

旗纛庙 迁安在三屯营演武场，抚宁在县治西北（今废）。昌黎在县治西北。乐亭在县治南（明万历二十年，知县潘敦复建）。临榆在旧卫东署（今废）。

按：各卫所皆有，今多废，武职衙门以霜降日祀于演武厅。

马神庙 府在城南二里隆教寺西，滦州在治东（旧在太仆寺之左，万历二十二年，知州刘从仁改建于城东半里）。迁安在城东南隅（明弘治间知县张济重建，嘉靖中知县王锡重修，知县韦文英移置预备仓内以祀之。隆庆中知县隋府因旧址复修，国朝康熙十一年，知县王永命修补）。一在迁安驿。抚宁在治东。昌黎在治西。乐亭在演武厅东南（明万历二十年知县潘敦复建。国朝乾隆十三年知县安泰、都司朱奇芳重修）。临榆在演武场。

按：周官春祭马祖天驷星也，夏祭先牧始养马者，秋祭马社始乘马者，冬祭马步乃神之灾害马者，今概曰马神，所在厩牧皆祀之，于春秋仲月上戊日致祭。

龙神庙　府在阳山西麓（旧在城南十里滦河中流，万历十五年圮于水）。滦州在城西。迁安在县西南黄台山。抚宁在西郭外（明知县徐汝孝建，后废，康熙间知县王文衡重建）。昌黎二：一在龙潭，一在莲池。乐亭在城北三里（明万历间知县张鉴重建，本朝康熙七年邑内士民重修）。临榆四：一在宁海城西（雍正四年奉敕建为永佑寺，内藏钦颁藏经六百八十部，有额二：一雍正四年御笔曰："四海水清"，一乾隆八年御笔曰："永庆清晏"。十九年知县钟和梅修），一在宁海城内，一在石河之滨，一在西罗城。

按：唐祀，龙池如雨师之仪，用中祀礼，宋有五龙祠，因唐礼行其祀，皆封王爵。我朝雍正二年，敕封四海龙王，东曰显仁、南曰昭明、西曰正恒、北曰崇礼。乾隆二十四年，礼部议定于春秋仲月辰日致祭，用帛一，爵三、羊一、豕一、簠簋各二，笾豆各十。

东岳庙　府在东郭外里许。滦州四：一在城西北一里冈上，一在城西关半里，一在开平城东关，一在偏山。迁安在城北里许。抚宁在东郭外（康熙十七年知县刘馨重修）。昌黎在城西北。乐亭在城东。临榆在东罗城（又西罗城有泰山行祠）。

按《博物志》云：泰山一曰天孙，言为天帝之孙，主为召人魂魄，知生命之长短者，其见于史册《后汉书·方术传》、《三国志·管辂传》之类，是元成以上无有也，而释家又有十殿闫罗王及地狱变相之说，殆魏晋以下之人所附会耳，今岳庙塑之。

八蜡庙　府在东南一里。滦州在治东（旧在城北紫金山，万历年间知州刘从仁并建于马神庙左，祭日同马神）。迁安在北门外一里

（旧在县南，明崇祯间知县朱运泰移建）。抚宁在北关外。昌黎在城南。乐亭在县城西（明万历年间知县于永清重建，本朝乾隆十八年知县陈金骏劝修）。临榆在社稷坛（有坛无庙）。

按：伊耆氏始为蜡，其神有八：一先啬、二司啬、三农、四邮表畷、五猫虎、六坊、七水庸、八昆虫，盖与社稷相表里，同为农功祈报之典，乃以举国之人皆若狂，而孔子不禁善夫。郭建初之言曰：蜡祭虽为民而报神，实因神而乐人也。

虫王庙 卢龙、抚宁（即在八蜡庙），迁安在东岳庙东。乐亭在县西二十五里（本朝乾隆四年知县施世洪重修）。临榆在西关水门外。

按：虫王之神本出于八蜡，自魏王肃解经以猫虎二神分而为二，宋儒张子因之，皆以昆虫为害苗者不当祀，然考之诗曰："去其螟螣，及其蟊贼。"而终之曰："田祖有神秉畀炎火。"则兹祀正所以消其为害也。后世谓神为刘猛将军名承忠，元末吴川人，以剑逐蝗尽殛死。雍正二年总督李维钧奏请立祀，以春秋戊日行礼，用帛一、爵三、羊豕各一，馔十品。

三皇庙 （俗讹为药王庙）府在治北（不知创始何时，国朝康熙间前守张公朝琮重修，乾隆间医士赵柱率众修，太守谢公昌言同各属捐费）。滦州在城北二里（即紫金山八蜡庙故基，万历中知州刘从仁建）。迁安在西瓮城。抚宁在北关外。昌黎二：一在东关外，一在仙台顶。乐亭在东关。临榆在北门月城。

按：《元史》元贞元年初，命郡县通祀三皇，以黄帝臣俞跗以下十人载于医书者从祀，两房有司岁春秋二季行事，而以医师主之。明洪武四年，令天下罢三皇，以名分非民间所得祀，且因民渎以药王非所以尊敬之也，嘉靖间太医院庙成，以僦贷季以下十三人从祀东房，以华陀以下十四人从祀西庑。我朝顺治三年定每年春二月，冬十一月上甲日致祭，俗以四月二十八日为药王生辰，赛会祈祷。

火星庙 府二：一在治北，一在教场左。滦州在城外东南隅。迁安在南门内。抚宁在治西南。昌黎在治东北。乐亭在治西北隅（明隆庆间邑人王好问暨士民重建，本朝乾隆九年重修）。临榆在治北管关厅署东（顺治八年通判朱仲跸，康熙七年通判陈天植修）。

按:《尔雅》曰法祭，曰幽禜发星。注，禜者星坛也，以昏见夜出，故曰幽星祠。历代有之，与群星共祀，独《郊祀六典》唐太宗祀赤帝荧惑星于南方，三辰七宿从祀。宋修太火祠以三月九日祀之。明以六月二十三日祀火德星君。我朝康熙二年定如明制。

真武庙　府城在钟楼上。滦州在城内北街（郡人高第又建于北月城）。迁安三：一在东门内，一在北关外，一在三屯营元武山。抚宁在治西北。昌黎二：一在治北，一在北城上。乐亭在县治正中（名真武阁，明嘉靖中建）。临榆在北关外（《临志》作北镇庙，明初建，本朝康熙六年参领朱廷缙修，又有元帝庙在白塔岭庄，明嘉靖间庄民郭让建。）

按：此乃元武七宿，后人以为真君，宋真宗避讳改为真武，图志则云神为净乐王太子，修炼武当山，功成飞升，上帝命镇北方，被发跣足用皂纛元旗。

玉皇庙　府在城南一里。滦州在城东。抚宁在县治西南。昌黎二：一在仙台顶，一在西关。乐亭在城正中。临榆在城西关厢。

武成王庙　府在治前（旧守备厅地，隆庆六年知府辛应乾改建。国朝康熙十六年郡守常公文魁，三十六年梁公世勋，郡丞彭公尔年，四十八年郡守张公朝琮重修葺）。抚宁在文庙西（康熙十六年知县刘馨协同教谕聂应闻捐资建，乾隆三十六年知县陈钟琛修。）。

按：唐开元间始制太公庙以留侯配，上元二年尊为武成王，始置亚圣十哲等。建中三年列古今名将凡六十四人，贞元二年去亚圣十哲之名，惟祀武成王及留侯。宋祥符元年加谥昭烈，宣和五年定以张良配享殿上，管仲、孙武、乐毅、诸葛亮、李勣并向西，田穰、苴越、范蠡、韩信、李靖、郭子仪并东向，其列东西房者凡七十二将。绍兴十七年，又以管仲至郭子仪十八人祀于殿上，乾道间升李晟于堂上，仍以曹彬从祀。金泰和间以秦王宗翰同子房配，而降管仲以下，又黜王猛、慕容恪等二十一人。元以孙武子、张良、管仲、乐毅、诸葛亮以下十人从祀。明洪武三十一年，罢其祀。永郡昭烈武成王庙建于隆庆六年，在武学之左，祀于东西配者十六人，曰齐，管仲、孙膑、田穰、苴；越，范蠡；燕，乐毅；汉，张良、韩信、周亚夫、孙武、诸葛亮；唐，裴度、李靖、郭子仪；宋，曹彬、岳飞；明，刘基。祀于两庑者四十六人，东房曰：赵，赵奢；秦，王翦；汉，李广、班超、邓禹、赵充国、马援、寇恂、岑彭、冯翼、贾复、耿弇、赵云、臧宫；吴，周瑜、陆抗；晋，杜预、羊祜、陶侃；宋，赵普、杨业、范仲淹、韩琦、狄青、寇准。西庑曰：齐，田单；赵，廉颇；吴，武员；汉，曹参、樊哙、彭越、卫青、霍去病、张飞、姜维；周，韦孝宽；梁，王彦章；唐，李晟、颜真卿、李光弼、薛仁贵、尉迟恭、李勣；宋，檀道济、文天祥、刘琦。

文昌祠 （或称宫亦或称庙）府在东门内。滦州在月城内，迁安在治东。抚宁在学东。昌黎在治北（王汉杰重建）。乐亭在学前。临榆在文庙右。

按:《周礼·大宗伯》以槱燎祀司中，天子祀司民司禄，诸侯以下祀司命。司命，文昌宫第四星也，此祭神之最近古者，后世以梓潼神当之，其说出于《太平广记》，颇不经，又与《搜神记》互异。姚苌游蜀为立庙，曰张相公庙，公僖播迁时封顺济王，历代略加圣号为帝君，皆以冥助武功，则武而非文矣。唐及后五代皆未有主文之说。宋祥符中，有举子宿庙中，见诸神会商，作来岁状元赋，后遂显验，文场来集之，谓必是文昌与张亚子两庙俱在梓潼，故混而为一耳。今天下学宫文昌祠宜奉之以主，而张相公仍别祀可也。

魁星阁 府在南城上。抚宁在城南紫荆山（知县谭琳捐俸建）。昌黎在文庙前。临榆在东南城隅。

按：奎为文章之府，以文而祀则于奎为宜，乃不于奎而于魁者，殆以北斗七星魁为首、杓为末，取制策首举之义，《吕氏春秋》所云：魁士名人是也，然取之字形为鬼举足而起，其斗又以必定之音，而执持笔锭则不经矣。

天妃宫 （一名庙）滦州在治西门外。迁安二：一在治北，一在建昌营东关。临榆二：一在南海口永佑寺西（明初海运时建，我朝乾隆九年知县钟和梅修，十二年御书赐额曰：珠宫涌现），一在城西北。

按：江淮之间多祀天妃，其神为女子三人，俗传神姓林氏，司马温公谓水阴类神当为女子，太虚之中天为大，故天称皇，地称后，海次于地，宜称妃耳。元通海运，郡邑多滨海故祀之，俗称圣母庙。

碧霞元君庙 （一名祠）府在城东南二里，滦州在城西。迁安二：一在北斜关外，一在景忠山（每年四月十八进香者如市，康熙丁巳圣祖仁皇帝驾幸此山，题："灵山秀色" 匾于寺中）。抚宁在西郭外。昌黎在仙人顶。乐亭在南关。临榆在南街八道胡同（名曰娘娘庙）。

按：神为宋真宗所封，世以为泰山之女，其说晋时已有之。干宝《搜神记》胡母班为泰山府君致书女婿河伯是也，今北方多祀之。

蚕姑庙 滦州二：一在城南十五里麻北庄，一在城西七十里赤堠社。迁安在治西二十里。

按：此即古礼之先蚕也，俗以四月八日祈蚕功。

增福庙 府二：一在城西北隅，一在南门外。迁安二：一在县南石眠庄，一在县北纸庄。抚宁在县治西北。昌黎在南关。乐亭在东岳庙东。临榆在南月城。

按：增福祀魏曲梁令李诡祖，令家世本淄川，文帝时殛狄妖，塞横水，邑人为立祠，唐封增福相公。

三官庙 府在北郭外菊花台。迁安在县北门外。抚宁在县治东南。昌黎在城西，乐亭在县西南三里。临榆二：一在城东南，一在东门外。

吕祖庙 在临榆西水门内。

罗汉庙 在临榆左翼署东。

鲁般庙 府在东月城。临榆在都统署前。

太傅庙 在临榆管关厅西。

海神庙 在临榆南海口（明初建，万历间主事王廷俊修，今废）。

天仙庙 府在城外东南隅。滦州在西关。昌黎二：一在仙台山，一在城东北。

二郎庙 滦州在城外北关。迁安在东瓮城。昌黎在治北。临榆二：一在南门外，一在西罗城外。

十王庙 府在城东门内迤北。乐亭在城西北二里。

元坛庙 府在城东门内迤北。迁安在东街。

晏公庙 府在城东北隅。

小圣庙 府在南郭外，临榆在南海口，今废。

三义庙 府在城北一里。迁安在城北四里。

李将军庙 在府南八里虎头石下，祀汉太守李广（今废）。

三忠祠 在迁安县景忠山，祀汉诸葛忠武侯，宋岳武穆王、文信国公。

李临淮祠 在昌黎县西城上，祀唐司徒李光弼，今改建文昌祠前。

韩文公祠 昌黎二：一在治北（明洪武中建，嘉靖五年知县秦廷锐重建），一在西五峰右（范督师建）。

八仙庙 在昌黎仙台山。

张仙庙 在乐亭东月城内（明嘉靖间邑人王好学建）。

韩湘子祠 在昌黎西山下。

姜将军庙 在滦州西唐山麓。

按:《旧志》云，碑云将军仕后唐。清泰间镇碣石之石城，时有蛟为民害，将军斩之，人怀其惠，立庙祀焉，此地自后唐天成初已属契丹，安得清泰间乃属于唐乎？此碑记之不可信者也。

精忠庙 府在北门瓮城内，祀岳武穆王（康熙庚辰浙人翁赞育建）。迁安在县北关。抚宁在县西门内。

显功庙 在山海城内西北，祀中山武宁王徐达（明景泰甲戌奉敕建，国朝顺治十三年参领李国柄修）。

崇报祠 在三屯营新钟楼东，祀明将军戚继光。

马公祠 在三屯营景忠山下，祀总兵马永。

表忠祠 在府武学戟门左，祀明崇祯己巳被执不屈死，兵备道张春，庚午死难兵备道郑国昌，知府张凤奇，推官罗成功，中书舍人廖汝、钦汝宁，通判杨尔俊，东胜卫指挥张国翰、陈靖华，城守中军房应祥，忠武营千总牛星耀、仇耀先，城守千总卜小峰、梁壮威、胡承祚、张学闵、石可玩，庠生韩原洞、冯继京、弟联京、周祚新、罗世杰并弟峻、埰、圻、胡登龙、子光奎、田种玉、子福元、侄士俊、李光春、丁应抡、李文灿、胡启鸿、刘可廷，武生张鸿鸾，医官陆橘，郡民李应阳、张俊、郭重光、张宗仁、张礼、李大敬、张尚义、陆松、傅守望。（今废）。

忠烈祠 在府武学戟门右，祀崇祯庚午死难武学科正唐之靖、道标中军程应琦、营路参军焦庆延（祠旁勒碑，今废）。

忠烈祠 在建昌营西北，祀阵亡副总兵蒋承勋。

贞女祠 在山海东关外十三里望夫石之巅，祀孟姜女。明万历间主事张栋建，崇祯间副使范志完重修，增龛，以榆关烈女十九人附祭。

劝义祠 在山海西关外，祀阵亡参将张世忠。

褒忠祠 在山海西关石河西（今废）。

二李公祠 在乐亭北月城内，祀知县李瀚、李拜佐（今废）。

陈公祠 在昌黎城外，祀知县陈良辅。

孟公祠 在陈公祠左，祀知县孟秋。

吴公祠 在昌黎县东北，祀知县吴应选。

杨公祠 在昌黎县东，祀知县杨于陛。

李布政祠 在府东北，祀李公充浊。

韩御史祠 在府东郭外天仙庙左，祀韩公应庚。

忠义祠 在昌黎县北郭，祀守城死难者四十人（明崇祯中巡抚杨嗣昌疏建，今废。）

拽梯郎君祠 在昌黎县东月城，以拽梯全城（明崇祯中巡抚杨嗣昌疏建，今废）。

四贤祠 在滦州西门外，为郡守卢公杰、韩公应春、李公鸣皋、孙公慈次第建修。

陈公祠 在临榆东月城，为明兵部主事陈祖道建。

张老相公祠 在临榆弥勒庵。

忠爱流芳祠 在临榆西月城（乡民为历任关门之廉能者建）。

遗爱生祠　迁安二：一在县南，祀明知县张廷拱，一在县治东大南街口，祀明知县王四维（今废）。

来公祠　在临榆龙王庙后，祀明兵部主事来俨然（初建西关外，后废，仅存木像，今改建于此）。

寺观　庵堂

隆教寺　城南一里，洪武初僧吉岩建，景泰五年敕赐寺额，设僧纲司于内明寺，圮。我朝顺治六年都御史蔡公士英捐资重建，规模壮丽，置藏经一部，建高阁贮之。水陆诸像、绘画精绝，为北平第一名刹。

开元寺　在南台山顶，永乐七年僧洪声建，今呼南台寺。

双泉寺　城北二十里。

龙泉寺　城东一里，洪武二十六年僧源就建。

胜水寺　城北二里。

临河寺　城北十里。

白塔寺　城西八里，元建。

古兴寺　城东八里。

白莲寺　城西二十里，泥沟。

青莲寺

温泉寺　城北六里。

兴隆寺

迎恩寺　城东北二十五里。

雪峰寺　城南二十里雪峰岛。

白云寺　城北三十里安山。元时建，正统敕赐寺额。

白蟒山寺

万军寺　城西北二十里。

云水寺　燕河营。

清凉山寺　城西清凉山。

观音寺 一在城北四十里刘家营，一在城西五十里无税庄。
大洼寺 城东十五里。
九天观 城东门外。
元都观 城南关外。
三清观 独子山。
观音阁 南关。
大佛堂 崆峒山。
观音堂 一在府治南，一在燕河营。
三教堂 杨家庄。
洪福庵 城东门外。
只陀庵 城西北六里。
观音庵 府治东北。
万寿庵 城西北。
普济庵 小河西岸。
福国庵
永兴庵 县治西。
红石庵
三慧庵 县西街南，与鸣远楼对。
太清庵 杨家庄。
妙莲庵 府治北沙河。
白衣庵 刘家营。
九莲庵 城东十五里张家沟。
以上卢龙县。

广福寺 在州南门外设僧正司
荐福寺 在城西北隅，金大定年
石佛寺 城北五里，金大定年建。
法宝寺 城南十里，辽建。
古马寺 城西二十里，金大定年建。

莲台寺　城南二十里，唐建。
延庆寺　城南三十里，唐建。
云居寺　城西南四十里，金大定年建。
华严寺　城西五十里石佛庄，辽寿昌年建。
青阳寺　城南五十里，元至正年建。
胜严寺　城南五十里于家泊，元至顺年建。
巍峰寺　城西五十里，金建。
崇兴寺　城西南七十里，元至正年建。
华麻寺　城西南七十里，辽建。
卑家城寺　城西南七十里，辽乾统年建。
西套里寺　城西七十里，辽寿昌年建。
黄土院寺　城西南八十里，元至正年建。
风山寺　城西八十里，辽建。
寿圣寺　城西南八十里，元至正年建，明正统年重建。
兴福寺　城西九十里，金大定年建。
白云寺　城西北九十里，金泰和年建。
洪觉寺　城西南九十里，金大定年建。
临水院寺　城西北九十里，金泰和年建。
曾家湾寺　城西南一百里，唐建。
兴国寺　城西一百一十里，唐建。
水湾寺　城西一百一十里，金大定年建。
开觉寺　城南三十里。
蚕箔峪寺　城南五里。
北石佛寺　城南十里。
神台寺
烽火山寺
佛头寺　城西十八里，洪武年建。
沙坞寺　城西二十里。
建福寺　城南三十里南石佛，洪武年建。

毗卢寺　城西南三十五里，成化年建。
土山寺　城西二十五里。
红　寺　城西南四十里。
华岩寺　城南四十里，南套里庄。
清水兴国寺　城南五十里，元至正年建。
宜安寺　城西五十里，永乐年建。
周家坨寺　城西南五十里，天顺年建。
永寿寺　城西五十里，成化年重建。
草堂寺　城西南六十里。
宋家庄寺　城南六十里，明天顺年建。
上青龙寺　城西南六十里，明景泰年重修。
下兴隆寺　城西南六十里，明天顺年重建。
广岩寺　城西六十里。
大觉寺　城西七十里，元至正年建。
龙泉寺　城南七十里，明洪武年建。
永安寺　城西七十里，明洪武年建。
延古寺　城西七十里。
清凉寺　在榛子镇，明洪武年建。
花港寺　城西南八十里，明永乐年建。
兰坨寺　城西南八十里，明永乐年建。
延福寺　城西南八十里，明正统年建。
砖窑淀寺　城西南八十里，明洪武年建。
横坨寺　城西南八十里，明天顺年建。
鸿鸭林寺　城西南八十里，明永乐年建。
卢家庄寺　城南八十里，明正统年建。
相公寺　城西八十里，元时建。
坨里寺　城西南九十里，明正统年建。
洪济寺　城西八十里，金时建。
观音寺　城西南九十里，明永乐年建。

香花峪寺 地西九十里，明永乐年建。

青坨寺 城南一百里。

龙盘院寺 城西北九十里，明成化年建。

宝塔寺 城西一百里，明永乐年建。

白寺口寺 城西一百里。

兴唐寺 城西一百十里，明洪武年建。

峰化山寺

望海寺 城西南一百二十里，明景泰年建。

永庆寺

观音阁 一在榛子镇，一在开平。

四面观音阁 在偏凉汀南，郡人高第建。

元真观 在州城北街。

玉清观 在开平。

西方庵 城西南三里，明万历年建。

弥陀庵 城西南八十里，明嘉靖年建。

阜平庵 城南九十里，明嘉靖年建。

以上滦州。

宣觉寺 在城东街，唐时建，今废。

栖真寺

龙泉寺 县南十五里，龙泉山之上。

法华寺 县东三里。

清宁寺 县南八里，金天会十年建，旧名千佛寺。元至正十五年重修，易名大觉寺，明正统间更今名。

灵崖寺 县东二十里，南山之阳。

石佛寺 县西十里。

露台寺 县西十里。

灵泉寺 一在县北五十里，一在贯头山。

宝峰寺 县北九十里。

南觉寺　三屯营城南。
牛山寺　县东十五里。
龙起寺　县北十五里。
兰若寺　县北十五里。
马古寺　县南二十里，元时建。
西阁寺　县西南十五里。
独觉寺　县东二十里。
关泉寺　县西三里。
大云寺　县西北二十里，唐时建。
兴教寺　县西北二十里，元时建。
清玩寺　在万军山。
峰山寺　县北三十里。
罗汉寺　县北三十里。
六合寺　县西四十里。
清泉寺　县西四十里。
上护国寺　县西四十里，辽时建。
下护国寺　县西四十里，元时建。
旧儿峪寺　县西四十里。
水洼寺　县西四十里。
胜水寺　在岳野山。
龙崖寺　在尖山。
云峰寺　县西四十里。
关泉寺
新化寺　县北四十里。
龙化寺
云岩寺　县西北五十里，榜栳山。
普恩寺
保宁寺　县北四十里。
婆娑寺

尖山寺　县西四十五里。

白塔寺　县西五十里，辽时建。

赤崖寺　县西五十里。

偏崖子寺

圣崖寺　县西五十里，金时建。

成山寺　县西五十里。

保宁寺　县北五十里。

龙眼寺　县北五十里。

广德寺　建昌营城内。

云泉寺　县西六十里。

黄柏峪寺　县西六十里。

苏家窝寺　县北六十里。

岳野寺　县西南五十里，岳野山上，一作耀治。

正觉寺　县西七十里。

龙泉寺　一在县北七十里九山，一在县西四十里下莲花院，一在五重安。

大黑山寺　县西北七十五里。

兴教寺　县西八十里。

兴福寺　县西八十里。

西白塔寺　县西九十里。

清泉寺　县西北九十里。

泉水寺　县西北六十里。

圆觉寺　县西百里。

观音寺　县西百里。

相福寺　县西八十里。

平台寺　县西九十里。

柏山寺　县西百里，辽时建。

兴隆寺　县西百里，金时建。

永泉寺　县西一百三十里。

圣显寺 县北一百四十里。

西水峪寺 县北一百四十里，唐尉迟公建，有碑记存焉。

昊天观 县东南隅内，设道会司。

上清观 县西北百里。

通明宫 即玉皇庙，在三里桥东。

栖云宫

观音堂 在县南关。

白衣庵 一在西街，一在大王家庄。

老君堂 县北五十里。

西来庵 黄台山左侧。

朝阳庵 县东北岳孤山阳。

龙蟠庵 县东三十里。

大乘庵 三屯营城内。

兴隆庵 三屯营城内。

以上迁安县。

大安寺 西门外。

碧岩寺 县东北一百里，峰岗环绕，花木森秀，久废。

观音寺 一在县治西南，习仪于此，一在县东二十里。

广化寺 县东北八十里。

石佛寺 县南十五里，山林耸秀，泉石渊深。

圣水寺 县北三十里，有二泉，冬夏不涸不溢，屡汲不竭，登其巅，可以观海，僧超恩募化重修。

水峪寺 县西北四十里，楼台掩映，泉壑环流。

长城寺 县东北九十里，在古长城上。

龙泉寺 县南二十里。

清滦寺 县北十二里。

栖霞寺 县西南十二里，山林幽邃，尤宜避暑。

双泉寺 在天台山。

旧县寺　县西二十五里，即抚宁旧治。
福胜寺　县北十二里，西有小石柱，呼辄应。
报国寺　县东八十里，即旧海阳城中。
台头寺　县北三十里。
圆通寺　县西二十里。
聚会寺　县西三十里。
杏虎寺　县东北八十里，废。
清凉寺　县东十五里。
水月寺　县南三十里。
崇福寺　县南三十里。
望海寺　县东南三十里。
庄头寺　县东南三十五里。
隆兴寺　县东四十里。
清源寺　县南二十五里。
福胜寺　县东六十里。
柳会寺　县东六十里。
东联寺　县东南四十里。
龙岩寺　县东南十八里。
元方寺　县东三十里。
云城寺　县西北三十里。
慈民寺　县东北二十里，创于元，内有古柏二株，大数十围。
香山寺　县西北三十里。
东流寺　县东北一百里。
五泉寺　县东一百里。
沙河寺　县东二十五里。
永芳寺　县东南三十里。
云滦寺　县西北四十里。
灵鹫寺　县东北百十里。
中峰寺　县东北一百里。

法云寺 县东南四十里。

椒园寺 县西七里。

清峰寺 县东北三十里。

石桥寺 县东北一百里。

坠石寺 县北一百里。

弥陀寺 县北六十里。

慈悲寺

潮水寺 县东六十里。

金峰寺

观音堂 在南关外。

圣水寺 在乾涧堡北青华山上，久废，道人刘云鹤筑舍修炼于此。

秋月寺 城北天马山西岭上，庠生杨修道重建，山无泉，杨尔祚创僧舍凿井得泉，有三鱼纯白跃出。

寻真观 城北二十里，即俗名蚂蚱庵。

五静寺 县东白云山一百二十里。

白衣庵 在县东门外。

地藏庵 在卫胡同，女道陈氏募建。

南天门洞 僧寂禄募建。

以上抚宁县。

崇兴寺 县北一百二十步。

九圣寺 城东二十里。

源影寺 县西二百步，即古塔寺，塔下有井，其泉独重而甘。

望海寺 城东三十里。

绕弯寺 城西十五里。

云峰寺 城西二十里。

仙化寺 城西三十里。

清峰寺 城西三十里。

青龙寺 城西三十里。

妙峰寺 城西三十里。

清修寺 城西四十里。

千佛寺 城西四十里。

金峰寺 城西四十里。

古兴寺 城西五十里。

双峰寺 城西五十里。

延福寺 城西五十里。

镇龙寺 城西六十里。

香莲寺 城西六十里。

弥陀寺 城西七十里。

云居寺 七十里。

桥梁寺 离城十里。

新庄寺 城南三十里。

孔庄寺 城南四十里。

福安寺 城南四十里。

金峰寺 城南五十里。

述圣寺 城南六十里。

龙泉寺 城南七十里。

储圣寺 城南八十里。

龙潭寺 城北十里。

宝峰寺 在县北八里，俗名水岩寺，有唐《佛顶尊胜幢记》，开元灌顶国师不空奉诏译，辽保宁元年建石。

东水岩寺 城北十五里。

圆通寺 城北十五里。

沙河寺 城东南二十里。

山坡寺 城东北二十里。

石佛寺 城西南五十里。

观澜寺 城西南五十里。

大明寺 城西南五十里。

福云寺 城西南五十里，敕建。

香严寺 城西南六十里。

龙安寺 城西南六十里。

休凉寺 城西北四十里。

果老院 在观音山西，有槽石碾遗址。

以上昌黎县。

福严寺 城西隅，元至元间建，邑人萧云汉记。

胜严寺 县东十里冯家哨庄。

观音寺 县东十里，明正统间建。

宝塔寺 县东十五里胡家坨。

华严寺 县东二十里，明天顺间建。

兴国寺 县东十五里，元至元间建。

宝峰寺 县东十五里。

大兴寺 县东南二十里。

云峰寺 县东南二十五里，明永乐间建。

正觉寺 县南十里，明永乐间建。

万佛寺 县南三十里，明正统间建。

崇法寺 县南三十里，辽太康间建。

毗卢寺 县南三十里。

普济寺 县西南八里，金大定间建。

吉祥寺 县西南八里，元中统三年建。

崇兴寺 县西南二十里，元至元三年建。

翠峰寺 旧在滦河西岸青坨，明洪武间建，后万历三十三年为水所圮，改建于杨坨西。

鹤天寺 县西南二十里，元至元间建。

君严寺 县西南二十五里，其创建莫考。

观音寺 县西南三十里。

海云寺 县西南三十五里。

崇福寺　县西南三十五里，火烧，佛社本金马城县石佛寺故址，元正元间改建。

大慈寺　县西南三十里。《张作霖记略》曰：马头营营南一里许旧有东、西两寺，西寺入于河，观音浮归南海东大慈寺，厥昉不可考。按弘治四年碑记，僧人真良等尝修葺之，近李氏毓德重加缮葺云。

隆迴寺　县西南四十里，唐贞观间建。

龙兴寺　在祥云岛海中。

庆云寺　县西十里。

清隆寺　县西二十五里。

大云寺

灵泽寺　县西二十五里，金明昌间建。

严佛寺　县北三十里，元至正间建。

清鸾寺　城北十三里博乐坨。

殊胜寺　旧在县西商家堰社，元至元间建，明万历辛亥河泛寺圮，改建于庞各庄西。

兴胜寺　县西北十里。

昊天寺　县南十五里新河堰，元至正元年建。

普济寺　县西二十里庞各庄，元至正间建。

广延寺　县西，元至正元年建。

清湾寺　县北十二里。

龙泉寺　县北八十里，元至正年建。

以上乐亭县。

给孤寺　在北门外。

崇兴寺　在西罗城。

后角山寺　在三道关西。

地藏寺　一在西罗城，一在北门外。

栖霞寺　在角山巅。

团云寺　在团云山。

园明寺 城西北二十五里。
蟠桃寺 在蟠桃峪。
鹰武寺 在鹰窝山。
温泉寺 在温泉山。
福庆寺 在白云山，详见《山川志》。
栖云寺 在团山。
观音寺 在南海口。
普济庵 在西门外。
白衣庵 一在西罗城外，一在南门外。
文殊庵 在石河西。
广嗣庵 在西门外。
静衣庵 在南门外。
弥勒庵 在狮子林。
普贤庵 在关门外。
慈悯庵 在城西街。
女贞庵 在城东北隅。
五泉庵 在五泉山。
老君庵 在老君顶。
三清观 在西罗城北门外。
大悲阁 在南马道。
观音阁 在北月城。
观音堂 在东罗城。
以上临榆县。

楼阁亭台

鼓亭楼 在郡署大门东。
钟亭楼 在郡治东古城址，上有元帝阁。
冯虚阁 在下水关城上，今废。

望高阁 在东门之北，今废。

元览楼 在北上水关城上。

武备楼 在城西北隅。

文会亭 在城北隅，今废。

揽胜楼 在城南小圣庙侧，韩御史应庚建。

石隐亭 在上水关，韩佥事原善别墅。

清风台 在府城西夷齐庙后，高据悬崖，平临滦水，苍松翠柏，交映台侧。

钓鱼台 亭在城南一柱峰下，面北临滦，韩御史筑为别墅，有月白楼，在钓台之右，今废。

以上卢龙县。

谯　楼 在州治大门上，万历间知州张元庆建。

大观楼 在州治后，万历间知州张尧辅建。

壮观楼 在偏凉汀，今废。

白云楼

瑞莲亭 即金泉亭，在州城西二里莲池上，弘治间知州潘龄建，今废。

雪鸿亭 在瑞莲亭右，昔名别故，嘉靖间知州赵叶重修，今废。

后乐亭 在州署。

大观亭 在州城东北五里，偏凉汀之上，旧名醒翁，万历间知州林养栋更名。

六角亭

四角亭 俱在偏凉汀，乾隆十九年重修。

按：许庄赋序云：辽乾统初年，柳城张子记偏梁亭，梁字与今异，盖彼时水在榆南横北，舟楫留难，故作偏梁、偏桥以通纤路，因以名亭。今水不西去，旧迹无存。明宣德初年，镇守院公与金姓居士斩石盖寺始有石路可通舆马，及商贾荷任之属。天顺庚辰都宪邹镇守韦因亭圮，乃于极厄襞门置亭其上，但于梁无取，故讹而为凉耳（或

曰山以半削为偏，此处如山梁而偏也）

以上滦州。

鼓　楼　县东北，万历间冯恩建，杨于阶陛修。国朝康熙间典史王懋修，乾隆三十五年知县林中麟重修。

钟　楼　东城上，万历间杨于陛迁建，后废。国朝康熙间王懋移其钟于鼓楼上。

迎恩楼　一名永泰楼，在西门外，洪霖建，万历间杨于陛重筑台基，下有温泉凿莲池，今废。

湘子楼　在城西三里，县丞杨希舜建，知县朱嗣发重修。

观莲亭　城西南胡科建，今废。

迎仙亭　城北水岩寺上，孟秋修，改为后乐亭，今废。

静观亭　城北龙潭山上，石之峰建，又名海月亭，今废。

以上昌黎县。

钟　楼　在县二门东，久废，知县王文衡建于西城上迤北。

鼓　楼　在县二门西，久废。知县王文衡改建于城中央。

以上抚宁县。

钟鼓楼　在城中央，穿心四孔，明初徐武宁建于城中之北。万历十四年，参将谷成功移建于此。国朝康熙五年管关通判陈天植、乾隆八年知县张楷、十七年知县钟和梅重修。

澄海楼　一名知圣，在宁海城南城上，明兵部主事王致中建。国朝康熙间通判陈天植、游击陈名远、守备陈廷谟，乾隆八年知县张楷重修，十二年我皇上恭谒祖陵，过临榆驻跸于此，因赐御书楼额曰：“元气混茫”。联曰：“日曜月华从太始，天容海色本澄清。”楼前建御碑亭，亭中碑一，楼壁间碑二，恭勒宸翰。楼东碑一题曰：“一勺之多。”明天启六年海运同知王应豫立。

以上临榆县。

丘　墓

［商］

孤竹君长君冢，在城西北双子山。

少君冢，在城西北马鞭山。

［汉］

公孙冢，在府城外赤烽岭，俗传公孙瓒墓。

［魏］

公孙神康墓，在城南烽火山，相传公孙度之子也。

［明］

王侍郎珝墓，在城东南莲花源，敕葬。

李布政充浊墓，在北门外三里庄。

廖御史自显墓，在城南五里。

韩御史应庚墓，在钓台之北。

朱知府鉴墓，在城北八家寨。

韩佥事原善墓，在城西九百户堡。

陈太仆王庭墓，在城东北三里。

卢都督天福墓，在城东北三里。

崔隐士赴闹墓，在城西北崔家庄。

郭兴国公墓，在城东二里。

茆少卿墓，在城南六里。

薛兵备墓，在城东三里大坡下。

李少卿墓，在城北五里台。

萧评事墓，在城东一里。

王兵备墓，在城南四里。

［国朝］

孟忠毅乔芳墓，在红坡，敕葬。

蔡襄敏士英墓，在虎头石南，敕葬。

蔡绥远将军毓荣墓，在襄敏墓后。

杨工部文魁墓，在城南小岭。

胡太常来相墓，在建昌营。

郎总督廷佐墓，在土山。

李选贡廷桂墓，在城东漂白河东南。

汪进士淑问墓，在城西宜安庄西。

以上卢龙县。

［**后唐**］

姜将军墓，在唐山下（元张昜《姜将军庙记》云：唐溪有蛟为害，将军以剑斩之，及没，民感其德建庙祀之，每岁上巳祭赛甚盛。）

［**金**］

任运使询墓，在州南七十里。

［**元**］

张防御使晋墓，在州西二里，孙进士德附。

卑元帅仲吉墓，在州西五十里。

王将军祥墓，在土屋儿社。

［**明**］

石副使维岳墓，在州西北五里。

王佥都御史镐墓，在横山西南二里。

厉都给事中汝进墓，在州城西。

高尚书第墓，在州西一百二十里。

［**国朝**］

石少宰申墓，在后明碑庄。

刘御史伟墓，在秦家庄。

喻封君墓，在州西南稻地胡家庄。

以上滦州。（旧志有后魏段永墓，按：永乃宇文国人。非魏人，生平未尝至辽西。其传云：卒于贺葛城，丧还。高祖亲临。则必无葬辽西之理也，不录。又公孙神康墓，在烽火山下，不注朝代。）

［**商**］

孤竹次君墓，在团子山。

［**明**］

王都御史锐墓，在县东三里河滨，敕葬。

才襄愍宽墓，在县东三里河滨，敕祭。

赵昌宁侯胜墓，在县西北七十里黑汀，敕葬。

郭御史镛墓，在县南二里王家园。

李按察金墓，在县东三里河。

王御史和墓，在县东三里河滨。

李太仆炫墓，在县北二里。

李副使安仁墓，在龙纪庄。

彭都督友德墓，在县城东北百步。

徐光禄云逵墓，在大安山。

郭侍郎巩墓，在县南十里滦河滨。

［**国朝**］

宗室辅国将军马锡礼墓，在秀松园东南半里许。

刘封君光裕墓，在牛山西。

张副将师圣墓，在三岭庄北。

刘都御史鸿儒墓，在牟家庄。

崔学博巍墓，在尽儿山，子翰林璨附。

以上迁安县。

［**明**］

鲁佥事铎墓，在铧山阳。

翟尚书鹏墓，在县南关外，敕葬。
萧都督升墓，在县东关外，敕葬。
王封君忱墓，在县西五里。
黄封君惟正墓，在县西关。
白尚书瑜墓，在芦峰口。

［**国朝**］

惠总兵应诏墓，在县东八里。
以上抚宁县。

［**明**］

张尚书文质墓，在县南六十里，敕葬。
杜侍郎谦墓，在县西北三里，敕葬。
齐运同宗尧墓，在柳河北。
齐知州鸣凤墓，在张各庄。
齐指挥鸣鹤墓，在平坡碣石之阳。
齐知县鸣雷墓，在鸣鹤茔东。
齐同知士斌墓，在石各庄。

［**国朝**］

齐都督大勇墓，在锯齿崖下。
张知府翰宸墓，在三角山西。
张知县宏墓，在县赤崖堡东。
高封君培墓，在县西北三里。
以上昌黎县。

［**金**］

齐将军墓，在县西三里（县志云：齐氏自明威将军陶仕于金，后有信武将军者葬于此。）

［**元**］

张大夫墓，在县北五里（县志云：相传即张升墓）

王总管仲仁墓，在县西南三十里。

姚郎中墓，在县北三里。

［**明**］

李副使乐墓，在张堡庄。

宋参政弘道墓，在县西一里。

温佥都御史原墓，在县东北三里。

李通判霖墓，在县西北一里。

卢司务敬墓，在县西北一里，子参议梁，孙副使耿麒附。

王封君臣墓，在县东北一里，长子知府好学附。

王尚书好问墓，在县东北二里，敕葬，子浑然附。

以上乐亭县。

［**国朝**］

穆翰林维乾墓，在首山下。

吕封君应科墓，在五泉寺西北，孙侍卫文英附。

王郎中允猷墓，在关外鸡冠山下。

烈女平氏墓，在秦王岛。

烈女郭氏墓，在给孤寺前。

以上临榆县。

卷之六

建置志三

古迹考

此册杂取诸家论说，今增删存之。

孤竹城 《汉书》令支有孤竹城。《魏书》肥如有孤竹山祠，《水经注》：元水又西南经孤竹城北，西人濡水。又云：祠在山上，城在山侧，肥如县南十二里水之会也。《史记·正义》引《括地志》云：孤竹古城在卢龙县南十二里（肥如县，唐武德二年更名卢龙），今城南已无其迹，而祠在府城西北二十里，滦河之左，洞山之阴，夹河有孤竹君三冢，岂唐之卢龙治尚在其东北耶？又案《辽史》云：兴中府本古孤竹国，汉时为柳城地，则又在今祠东北五百余里，幅员之广几方千里。旧志引《尔雅》孤竹北户，以为孤竹是北荒之总名。盖犹五岭以南言瓯言越，本其国名，后乃概而称之耳。郭造卿曰：今有土筑垝垣，不过千年物耳，宇内商周城其存者有几哉！未可信以为孤竹之古城也。

山戎国 《春秋》庄公三十年冬齐人伐山戎。《史记》山戎越燕而伐齐，齐厘公与战于齐郊，其后四十四年而山戎伐燕，燕告急于齐，齐桓公北伐山戎，山戎走。杜预《春秋注》曰：山戎北狄。胡三省《通鉴》注曰：自汉北平无终、白狼以北，皆大山重谷。诸戎居之，春秋谓之山戎。郭造卿曰：山戎、北戎是二种，山戎种一为无终，齐伐之，晋灭之。北戎种二：东为离支，齐所灭，西为代，晋所灭。自燕东北为辽西，辽东以外无非北戎地，西北为上谷，以外无非山戎地，而北戎为尤大，故必平山戎而同许男以伐之。

令支城 国语云：桓公北伐山戎，刜令支，斩孤竹。《史记·齐世家》作离支,《周书·王会》作不令支，皆令支之转也。二汉辽西郡俱有令支，独《晋书·地理志》无之，而于其末曰：慕容熙以幽州刺史镇令支，其见于载记者段氏都令支，石虎伐段辽入令支，以李农为营州牧镇令支，命段兰帅所从鲜卑屯令支，燕余岩据令支，慕容农克令支，兰和屯令支，李朗留其子养令支、李旱克令支，慕容懿以令支降魏，魏宿沓千拔令支，慕容拔攻克令支，其地在燕之东陲，故为重镇，入魏，太平真君七年乃并于阳乐矣。《水经注》濡水东南流经令支县故城，旧志令支城在迁安东，盖亦近之。

长　城 长城始于燕时，历代筑之非一。《史记》：燕筑长城自造阳，至襄平，置上谷、渔阳、右北平、辽西、辽东郡以拒胡。秦始皇帝使蒙恬筑长城，起临洮至辽东万余里。《正义》引《括地志》：长城首起岷州西十二里，东入辽水。齐显祖天保六年发民一百八十万筑长城，自幽州夏口西至恒州九百余里，七年，自西河总秦成筑长城，东至于海。后主天统元年，自库堆成东距于海，随山屈曲二千余里，斩山筑城，置立戍逻五十余所。周宣帝大象元年，发山东诸民修长城，立亭障，西自雁门，东至碣石。隋文帝开皇六年二月，发丁男十一万修筑长城。七年二月，发丁男十万余修筑长城，长城之见于史者如此。今人言长城必曰秦时筑，考之晋太康《地理志》，长城起乐浪之碣石山,《魏书·长孙陈传》为羽林郎征和龙贼，自西门出，将犯外围，陈击退之，追至长城下，是长城在龙城之外。而《通典》亦言蓟州北至废长城塞二百三十五里，然则今山海关之长城乃徐魏公所修之城，非古之长城也。《一统志》秦长城在府北七十里，误。

右北平郡 汉右北平郡治平刚，后汉治土垠,《水经注《魏氏土地记》曰：蓟州东北三百里有右北平城，今京师也。《括地志》渔阳郡东南七十里有右北平城，案当在今蓟州玉田界，此后汉之右北平也。若平刚则在卢龙塞之东北三四百里，此前汉之右北平而李广之所守也。《旧志》云：今府城南有李将军射虎石，固谬。《水经注》言此石在玉田、无终之间，是亦以后汉之右北平为李广所治，与东越青陉之说自相矛盾矣。

平刚县 《三国志·田畴传》：旧北平郡治在平冈道，出卢龙达于柳城，自建武以来陷坏断绝垂二百载，而尚有微径可从。《魏太祖纪》：上徐无山、出卢龙、历平冈、登白狼堆、去柳城二百余里。《水经注》：卢龙东越青经至凡城二百里许，自凡城东北出，趋平罡故城可百八十里，向黄龙则五百里是平刚，在卢龙之东北四百里矣。《晋书·成帝纪》咸康四年二月石虎帅众七万击段辽于辽西。辽奔于平岗，慕容皝载记遣扬威将军淑虞攻乌丸悉罗侯于平堈，其字本作刚字，一作冈，又作岗，亦作堈，又作罡。

石城县 汉右北平郡之县十六，其三曰石城，后汉无之，盖光武所并省也。至燕分置石城郡。考之《通鉴》及《晋载记》得二事：慕容宝宿广都黄榆谷，清河王会勒兵攻宝，宝帅轻骑驰二百里，晡时至龙城，会遣骑追至石城不及，是广都去龙城二百里，而石城在其中间也。慕容熙畋于北原，石城令高和与尚方兵于后作乱，注云：高和本为石城令，时以大丧会于龙城，是石城去龙城不远也。《魏书·地形志》广兴下云：有鸡鸣山、石城、大柳城，此即汉之石城矣。魏太平真君八年置建德郡治白狼城，领县三：其一曰石城，有白鹿山祠；其二曰广都，《水经注》石城川水出西南石城山，东流径石城县故城，南北屈径白鹿山西，即白狼山也。又东北入广成县东，广成即广都城，燕之石城在广都之东北，而此在广都之西南，是魏之石城非燕之石城矣。《隋书》始无石城，云北齐废之，而《唐书》平州石城下云：本临渝，武德七年省，贞观十五年复置，万岁通天二年更名有临渝关、有大海、有碣石山，是武后所更名之石城，又非魏之石城。《辽史》滦州统县三，其三曰石城，下云：唐贞观中于此置临渝县，万岁通天元年改石城县，在滦州南三十里，唐仪凤石刻在焉。今县又在其南五十里，辽徙置以就盐官，是辽之石城又非唐之石城矣。今之开平中屯卫，自永乐三年徙于石城废县，在滦州西九十里，乃辽之石城，而《一统志》以为汉旧县，何其谬与？

土垠县 后汉为右北平郡治，《耿弇传》光武遣与吴汉等十三将军追贼至路东及平谷，再战斩首万三千余级，遂穷追于右北平、无终、土垠之间，至浚靡而还。注云：土垠故城，在今平州西南。案《水经注》巨梁水出土垠县北陈官山，陈官山在今丰润县北七十里，则土垠当在今丰润境内，唐时未立丰润，故注云平州西南耳，《一统志》乃云：在府城西南，则沿此注而失之也。(《滦志》谓：今丰润东十里垠城铺即古土垠城)。

辽西郡 汉治且虑，后汉、晋治阳乐，魏治肥如，北齐省入肥如，杜佑曰：汉辽西郡故城在卢龙城东，至隋改置辽西郡于营州之境汝罗故城，唐武德六年又徙于幽州城中，则皆非本境矣。

肥如县 《汉书注》应劭曰：晋灭肥，肥子奔燕，燕封于此。汉初为侯国。《史记·功臣表》肥如侯蔡寅是也，传三世至孝景元年侯奴薨，亡后而肥如改为县。《荆燕世家》肥如令郢人是也，是时肥如虽为县而属于燕，故燕王得以杀肥如令。及武帝析藩国置缘边诸郡，而肥如自此定属于辽西矣。见于史者《后汉书·和帝纪》：永元九年秋八月鲜卑寇肥如，《刘虞传》前中山相张纯等众十余万屯肥如，《晋书·载记》帝遣幽州诸军讨慕容廆战于肥如，慕容熙大城肥如以刘木为镇南大将军、冀州刺史镇肥如，《地理志》高云以幽、冀二州牧镇肥如。《魏书·冯宏传》黜世子崇令镇肥如，肃宗纪城平州所治肥如。章怀太子注云：故城在今平州，而《汉书》言有元水、濡水、卢水，《魏书》言有孤竹山祠、令支城、黄山、濡河，《水经注》言肥如县南十二里水之会也，则在今卢龙之境无疑矣。燕慕容垂世子令说其父守肥如之险以自保，胡三省注：以为即卢龙之塞，盖今沿边一带大山、长岭，古口亦属之肥如也与？

海阳县 汉初为侯国，《史记·功臣表》海阳侯摇毋余是也，传四世至孝景四年侯省薨亡后，而海阳改为县。《汉书》言有龙鲜水、封大水、缓虚水，皆南入海，有盐官。《水经注》云：濡水过令支县，又东南过海阳、西南入于海，当属乐亭境内。至《魏书·地形志》海阳下有横山、新妇山、清水。《水经注》又云：清水出海阳县东南，流径海阳城东，今乐亭无横山、新妇山，而清水又在县西，是魏海阳，当非汉海阳。至唐于海阳县改马城县，金于海阳县改山海县，皆魏之海阳，惟《辽史》称海阳滨海地多碱卤，则今乐亭地也。(《山海志》谓即今海洋城，在关西四十里，洋当作阳，亦非。)

骊城县 《畿辅通志》云：在乐亭县西，按此应据欧阳《地舆广记》指辽之石城县，今开平镇为骊城也。然《汉书》右北平郡骊城下云：大碣石山在县西南，今县西南无碣石遗迹，而世所指天桥柱为碣石者则在县东南昌黎境，是骊城故县当属昌黎，不属乐亭矣。

漠　州 《畿辅志》云：溟州在乐亭治，元置。是为东溟，按《元史》乐亭下初尝于县置漠州，寻废。复为乐亭，隶滦州，字盖作漠，不作溟，抑五代时斯地已有漠州。

望都镇 旧云，在乐亭境内，按《辽史》太祖以定州望都县俘户置，本汉海阳县，辽时海阳、马城偕望都并置，则是七十里之地，且分为三，有是理乎？况其属有海阳山在平州南三十里，按之地势亦不甚合，《一统志》谓海阳在府城南三十里，乃剿《辽史》望都条下之文。

新桥镇 旧云在乐亭县南，即新桥海口，按《明史》永乐七年倭寇乐亭，海口营因为巨镇，然稽《金史》地志乐亭下镇一，新桥是自金有之，非始于明也。

阳乐县 后汉为辽西郡治，晋愍帝建兴元年慕容翰政（攻）段氏取徒河、新城至阳乐。《魏书》有武历山、覆舟山、林榆山、太真山，山名转易多不可考。但言太平真君八年并令支属于此，而章怀太子云：阳乐在今平州东，则知不出卢龙之境。《抚宁志》乃云阳乐城在西关外，无据。

新安平县 汉辽西郡之县，后汉省，今不详所在。但据《汉书》云，夷水东入塞外，《水经注》云：新河自板渠东出合封大水谓之交流合水，出新平县西南流径新平县故城西，又东南流，龙鲜水注之，合而东流注封大水，乱流南会新河，南流于海。其曰新平，即汉之新安平，中脱一字耳，详其水道则知其县必在海阳、肥如之间，明《一统志》新安镇在乐亭西北二十二里当即其地。

临渝县 《汉书》有渝水、侯水，《后汉志》有碣石山，晋无此县，而《通鉴》载褚匡说冯跋曰：章武郡临海，舟楫可通，出于辽西临渝不为难也，《水经注》渝水西南巡山径一故城，以为河连城疑是临渝县之故城，渝水南流东屈与一水会，世名之曰榼伦水，《通鉴》榼卢城下注引此，大约在今抚宁之东，其城不可考矣。

絫　县 汉书下官水南入海，又有揭石水、宾水皆南入官。文颖曰：碣石在辽西絫县，絫县今罢，属临渝，《水经注》濡水又东南至絫县碣石山，似在今昌黎、抚宁之境，而《一统志》以为今义州卫，未详何据。

交黎县 （见下）

柳城县 史言慕容皝以柳城之北，龙山之西，福德之地，乃营立宗庙、宫阙，命曰龙城。《一统志》柳城在永平府西二十里，龙山在府西四十里，永平府旧志柳城在昌黎县西南六十里，汉末为乌桓所据，曹操灭之。历魏晋为慕容氏父子所据，隋置县，属辽西郡。唐置营州，元省入昌黎为静安社，二说不同，今府西二十里全无遗迹，而静安社则嘉靖三十一年立为堡，然皆非柳城之旧也。案《唐书》营州柳城郡下云：城西四百八十里有渝关守捉城，又云西北接奚、北接契丹。《通典》营州柳城郡下云：东至辽河四百八十里，南至海二百六十里、西至北平郡七百里、北至契丹界五十里、东南到安东府二百七十里、西南到北平郡七百里、西北到契丹界七十里、东北到契丹界九十里，而平州北平郡下云：东至柳城郡七百里，西至渔阳郡三百里，东北到柳城郡七百里是柳城，在今永平之东北七百里，而慕容氏之龙城、昌黎及魏以后之营州并在其地。唐万岁通天元年为契丹所陷，圣历二年侨治渔阳，开元五年又还治柳城，而今之昌黎乃金之广宁县，大定二十九年改为昌黎，名同而地异也。又案《三国志》魏武帝用田畴之言上徐无山，堑山堙谷五百余里，经白檀，历平冈、涉鲜卑庭，东指柳城。徐无山在今玉田，则柳城在玉田之东北数百里也。《北齐书》显祖伐契丹以十月丁酉至平州，从西道趋长堑，辛丑至白狼城，壬寅至昌黎城，是昌黎在平州之东北，齐主之行急，犹五日而后至也。《隋书》汉王谅伐高丽军出临渝关至柳城。《唐书》太宗伐高丽还以十月丙午次营州，诏辽东战亡士卒骸骨并集柳城东南，命有司设太牢，上自作文以祭之。丙辰皇太子迎谒于临渝关，关在今抚宁之东，则柳城又在其东，太宗之行迟，故十日而后至也。又案《辽史》兴中府古孤竹国，汉柳城县地，慕容皝以柳城之北，龙山之南，福德之地乃筑龙城，构官庙改柳城为龙城县而迁都之，号曰和龙宫，魏为辽西郡，隋置营州，炀帝改柳城郡，唐武德初改营州总管府、寻为都督府，万岁通天元年陷李万荣，神龙初徙府幽州，开元四年复治柳城，八年徙渔阳，十年还柳城，后为奚所据，太祖平奚及俘燕民将建城，命韩知方择其处，乃完葺柳城号霸州，彰武军节度。重熙十年升兴中府，统州二县四，其一曰兴中县，本汉柳城县地，太祖掠汉民居此，置霸城县，重熙中置府更名此，文述柳城之故颇为详备。元世祖至元七年十月己丑降兴中府为州，以地图案之，当在今前屯卫之北，但《唐书》平州下云：又有柳城军，永泰元年置。盖唐时柳城之地屡被陷没，移徙无常，此其在平州者或即今之静安社未可知，然不可以永泰元年之柳城为古之柳城也。且《一统志》于柳城废县既云在府城西二十里矣，而于土产则云人参、麝香、豹尾俱废柳城县出，今府西二十里乃滦河之西，洞山之南，沙土之地其能出此三物乎？案《唐书》营州柳城郡贡人参、麝香、豹尾、皮、骨，志本引之，而不知府西二十里之误也。

卢龙塞 《三国志·魏太祖纪》建安十二年北征乌桓，至无终，大水傍海道不通，田畴请为乡导，公从之。引军出卢龙塞，塞外道绝不通，乃堑山堙谷五百余里，至白狼山。《田畴传》随军次无终，时方夏雨水，而滨海湾下泞滞不通，虏亦遮守蹊要，军不得进。太祖患之，以问畴，畴曰：“此道夏秋每常有水，浅不通车马，深不载舟船，为难久矣。旧北平郡治在平冈道出卢龙达于柳城，自建武以来陷坏断绝垂二百载，而尚有微径可从，今虏将以大军当由无终不得进而退，懈弛无备，若嘿回军从卢龙口越白檀之险，出空虚之地，路近而便，掩其不备，蹋顿之首可不战而禽也。"太祖曰："善。"乃引军还，而署大木表于水侧路傍，曰："方今暑夏道路不通，且俟秋冬乃复进军。"虏候骑见之，诚以为大军去也。太祖令畴将其众为乡导，上徐无山、出卢龙、历平冈、登白狼堆，去柳城二百余里，虏乃惊觉，单于身自临阵。太祖与交战，遂大斩获，逐北至柳城。《通鉴》晋穆帝永和五年，赵王虎卒，国内大乱，慕容霸上书于燕主儁请伐赵。儁曰："邺中虽乱，邓恒据乐安，兵精粮足，今若伐赵东道不可由也，当由卢龙，卢龙山径险狭，虏乘高断要，首尾为患其若之何？"霸曰："恒虽欲为石氏拒守，其将士顾家，人怀归志，若大军临之自然瓦解，臣请为殿下前驱，东出徒河，潜趋令支，出其不意，彼必震骇，上不过闭门自守，下不免弃城逃溃，然则殿下可以安步而前，无留难矣。"儁从之。六年二月，儁遣霸将兵二万，自东道出徒河，慕舆于自西道出蠮螉塞，儁自中道出卢龙塞以伐赵，命慕舆泥槎山通道。又孝武帝太元二十一年，燕清河王会使征南将军库傉官伟、建威将军余崇将兵五千为前锋，伟等顿卢龙近百日。《魏书·常景传》杜洛周反于燕州，以景兼尚书为行台。与幽州都督北平将军元谭御之，景表求勒幽州诸县，悉入古城，山路有通贼之处，权发兵夫随宜置戍以为防遏，肃宗从之。别敕谭西至军都关、北从卢龙塞，据此二险以杜贼出入之路，又诏景山中险路之处悉令捍塞。《隋书·阴寿传》开皇初，高宝宁引突厥攻围北平，令寿率步骑数万出卢龙塞以讨之。已上诸史所载卢龙之事颇详。《魏书》新昌有卢龙山，《水经注》濡水又东南径卢龙塞，塞道自无终东出渡濡水向林兰，陉东至青陉，卢龙之险，峻坂萦折，故有九峥之名。燕景昭元玺三年，遣将军步浑治卢龙道焚山刊石，令通方轨，刻石岭上以纪事功。杜氏《通典》卢龙县在今平州城西北二百里，张行人旧志云：在今府城南一里，误矣。

卢龙城 《水经注》濡水又东南径卢龙故城，东汉建安十二年魏武征蹋顿所筑也。

蹋顿城 《晋书·载记》石虎谋伐昌黎，遣曹伏将青州之众渡海戍蹋顿城，无水而还。隋炀帝征高丽其右第七军出蹋顿道。

乐安城 《晋书·载记》石虎将伐慕容蔻，具船万艘，自河通海，运谷豆千一百万斛于安乐城，《通鉴》作乐安，《水经注》濡水东南过辽西海阳县，又经牧城南分为二水：北水谓之小濡水，东径乐安亭北，东南入海。濡水东南流径乐安亭南，东与新河故渎合。魏太祖征蹋顿所导也，在今乐亭县境。

三　陉 《通鉴》晋穆帝永和六年，慕容霸军至三陉，魏征东将军邓恒惶怖，焚仓库弃乐安遁去，注魏收《地形志》海阳县有横山，盖即三陉之地。

卢溥镇 《晋书·地理志》自幽州至于卢溥镇以南地入于魏。案《魏书·太祖纪》范阳人卢溥聚众海滨，杀幽州刺史封沓于此，盖即其所据之地以名镇，而燕之幽州乃令支也。

蓊　塞 《晋书·载记》慕容皝率骑二万出蠮螉塞，长驱至于蓟城，《通鉴》晋孝武太元十年，燕主垂遣慕容农出蠮螉塞，历凡城，趋龙城讨余岩。

昌黎郡 案昌黎有五:《汉书》辽西郡之县其八曰昌黎，渝水首受塞外南入海，东部都尉治。应劭曰：今昌黎《后汉志》作昌辽。或黎字之讹也。《通鉴》注昌黎，汉交黎县，属辽西郡，后汉属辽东属国都尉，魏齐王正始五年鲜卑内附，复置辽东属国，立昌黎县以居之，后立昌黎郡。《晋书·武帝纪》太康二年慕容廆寇昌黎，二年安北将军严询败慕容廆于昌黎，成帝咸康三年慕容皝自昌黎东践水而进，凡三百余里，至历林口，是则在渝水下流而当海口，此一昌黎也。《晋书·载记》慕容皝徙昌黎郡，又云：破宇文归之众，徙其部人五万余落于昌黎，及慕容盛之世有昌黎尹张顺、刘忠、高云以冯素弗为昌黎尹，冯跋之世有昌黎尹孙伯仁。以史考之当去龙城不远，此又一昌黎也。魏并柳城、昌黎、棘城于龙城，而立昌黎郡，志云：有尧祠、榆顿城、狼水。而列传如韩麒麟、韩秀、谷浑、孙绍之伦皆昌黎人，即燕之旧都龙城，此又一昌黎也。齐以后昌黎之名废，至唐太宗贞观三年更崇州为北黎州，治营州之东北，废阳师镇。八年复为崇州，置昌黎县，后沦于奚，《辽史》建州永康县本唐昌黎县地，此又一昌黎也。辽太祖以定州俘户置营州邻海军，其县一曰广宁，（郭造卿曰：此与霸州、彰武军异地，而史失详别两引其语，皆柳城焉），金世宗大定二十九年，改为昌黎，相沿以至于今，此又一昌黎也。

营邱郡 《晋书》慕容廆立郡以统流人，以青州人为营邱郡，至䟣罢营邱郡，魏复置营邱郡，《水经注》渝水又东径营邱城西。

平　州 平州之见于书者有三：有地名、有国名、有州名。《左传》宜公元年会于平州以定公位，地名也。《史记·朝鲜传》封王陕为平州侯，《功臣表》又有平州侯昭涉掉尾，国名也。其州名亦有三：有汉末平州、有晋平州、有后魏平州。汉末公孙度自号平州牧及其子康，康子渊。并据辽东，此汉末之平州也（平州本取辽东襄平为名）。魏分辽东、昌黎、元菟、带方、乐浪五郡为平州，后还合为幽州。晋武帝咸宁二年十月，分昌黎、辽东、元菟、带方、乐浪等郡国五，置平州治昌黎（当即汉之交黎），此晋之平州也。至后魏平州乃治肥如，而自齐以下因之。《辽史》引公孙度之平州于此，则误矣。

朝鲜县 汉晋属乐浪，延和元年徒朝鲜民于肥如，置此县，齐省入新昌。

新昌县 后汉晋属辽东，魏置此。隋开皇六年省肥如入新昌，十八年改名卢龙。

黄山宫 《魏书》肥如有黄山，《高宗纪》太安三年十月，诏太宰常英起行宫于辽西黄山，四年正月巡平州，庚午至辽西黄山宫，《常英传》梦日坠其所居黄山下水中。

渝　关 《隋书·高祖纪》开皇三年三月癸亥，城榆关，贺娄子干传授榆关总管十镇诸军事。《高丽传》汉王谅师出临渝关，关本以渝水名，而史文或作榆，一书之中两字互见。《唐书·地理志》石城有临渝关、一名临闻关，又云：营州城西四百八十里有渝关守捉城。《高丽传》帝总飞骑入临渝关。《郭英杰传》帅万骑及奚众屯榆关。《贾循传》为榆关守捉使。《契丹传》许钦澹徙军入临渝关。《奚传》鲁苏不能制，奔渝关。《李忠臣传》袭榆关。《通鉴》后梁均王乾化三年初幽州北七百里有渝关，下有渝水通海，自关东北循海有道，道狭处才数尺，旁皆乱山高峻不可越，北至进牛口，旧置八防御军，募士兵守之，田租皆供军食，不入于蓟，幽州岁致缯纩以供战士衣，每岁早获清野坚壁以待契丹。契丹至辄闭壁不战，俟其去，选骁勇据隘邀之，契丹常失利走。士兵皆自为田园，力战有功则赐勋加赏，由是契丹不敢轻入寇。及周德威为卢龙节度使，恃勇不修边备，遂失渝关之险，契丹每刍牧于营平之间。《通典》渝关在平州卢龙县东一百八十里，宋白曰渝关，关城下有渝水入大海。其关东临海，北有兔耳山、覆舟山，山皆陡峻，山下循海岸东北行，狭处才通一轨，三面皆海，北连陆，关西乱山，至进牛栅凡六口，栅成相接，此天所以限戎狄也。《一统志》榆关在今抚宁县东二十里，又东二十里有榆关马驿，关之遗址久废不可考，或云徐武宁移之山海，非也。

临渝宫 《隋书·地理志》卢龙有临渝宫，《炀帝纪》大业十年三月癸亥次临渝宫。

临渝县 《隋书·突厥传》营州刺史高宝宁作乱，沙钵略与之合军，攻陷临渝镇。

马城县 《唐书·地理志》古海阳城也，开元二十八年置，以通水运。《辽史·地理志》在滦州西南四十里，《滦州志》云：州城南二十里官催一里社。

千金冶城 《唐书·地理志》马城县东北有千金冶城，旧志在马城废县北，有《城州志》古城在州西七里孩古社，盖石沙可炒铁，今尚有遗石立水中。

茂乡镇城 在滦州千金冶东。

汉武台 《唐书·太宗纪》贞观十九年九月戊午，次汉武台刻石记功。

西硖石、东硖石 《唐书·地理志》有西硖石、东硖石二戍。《契丹传》左鹰扬卫将军曹仁师等战西硖石、黄獐谷败绩，武后更诏夏官尚书王孝杰等讨契丹，战东硖石，师败孝杰死之。

海滨县 《辽史·地理志》润州海阳军统县一：徙海滨，本汉阳乐县地，金人封天祚为海滨侯，《北蕃·地里书》润州在卢龙塞东北，西至渝关四十里，南至海三十里。旧志云：在山海关东一百二十步，洪武中于其地置东门递运所，其说似误。

迁民县 《辽史·地理志》迁州兴善军统县一：徙迁民。本汉阳乐县地，至金废为镇。《元史·文宗纪》八月丁酉，发中卫兵守迁民镇，庚子发宗仁卫兵增守迁民镇，庚戍发平滦民堑迁民镇，九月上都诸王也先帖木儿、平章秃满迭儿自辽东以兵入迁民镇。《北蕃·地理书》迁州在临渝关东五十里，西至润州四十里，南至海二十里，相传以为今之山海关。

安喜县 《辽史·地理志》本汉令支县地，久废。太祖以定州安喜县俘户置，在平州东北六十里，金大中改名迁安，《迁安志》在县东北二十里。

望都县 《辽史·地理志》本汉海阳县，久废。太祖以定州望都县俘户置，有海阳山，在平州南三十里。《金史》本汉海阳故城。大定七年更名海山县（今乐亭有望都镇）。

义丰县 《辽史·地理志》本黄洛故城，黄洛水北出卢龙山，南流入于濡水，世宗置县。金、元二史并同，乃滦州倚郭之县当是。洪武中并入州，《滦志》谓元初省县人州，非也。

松亭关 《辽史·地理志》泽州有松亭关，《宋史·刘敞传》奉使契丹，素习知山川道径，契丹导之，行自古北口至柳河回，屈殆千里，敞质译人曰："自松亭趋柳河甚径且易，不数日可抵中京，何为故道此？"译相顾骇愧。《阎询传》使契丹询颇谙北方疆理，时契丹主在靴淀，者导询由松亭往，询曰："此松亭路也，胡不径葱岭而迂枉若是。"《金史·地理志》松亭关，国名斜烈只（误入滦州下）。《宗叙传》出松亭关取牛递于广宁。《挞懒传》习古乃婆卢火护送常胜军及燕京豪族工匠自松亭关入内地。《通鉴》注引《金卤节要》景州（今遵化）之东北乃松亭关，今之喜峰口是也。

栗　林《金史·张觉传》左企弓等赴广宁，过平州。觉使人杀之于栗林下,《辽史》言杀之滦河岸。

长春宫《金史》石城县有长春行宫，在长春淀，旧名大定淀，大定二十年更。《滦州志》以为辽萧太后所建，非也。辽之长春宫在长春州，不在此，旧志州城东八里有濯清亭，在滦河西岸，东南三十里有丹阳宫，石城即今稻地集（历年行幸见《纪事》)。

滦河县　辽置，与神山并属泽州，金废州留神山以属大定府，而滦河县并废，承安置惠州，升孩儿馆为滦阳县以隶之，至泰和罢，元复惠州，无属县，而置滦阳治焉。旧志云张行人旧志：迁安县西北百六十里，元时立县，隶大宁路，国朝废县为营，备御官民居焉。今人知营非故治，指北垝垣为故县，亦非也。盖辽县在今辽阳营，金滦阳县在今汉儿庄，辽人以南人为汉儿，而设南面官，有汉儿司及汉儿行宫都部署。故馆谓汉儿，其官及民居之也，地之山川环抱奇秀，至今父老言古汉儿城焉。盖金史转语以汉为孩耳，升馆为县，隔二十里非复故名殊也。元之立治属檀景都提举司，即辽之陷河采炼而属泽州者，今因建营以名，犹三屯驿曰滦阳，永平驿曰滦河，皆非故县地也。盖山南曰阳，水南曰阴，山北曰阴，水北曰阳，汉庄在河北入滦，故金以名县焉，辽之名河为县，今之名阳为驿者，皆重山与滦隔，其名与实违也。惟永平驿临漆，汉庄驿临澈，而皆滦之支，总以滦名焉，乃信父老言不诬。为别辽金县殊，及元复县无考，今之为营者治也。

永平屯田总管府《元史·兵志》世祖至元二十四年八月，以北京采取材木，百姓三千余户于滦州立屯设官署以领其事，为户三千二百九十，为田一万一千六百一十四顷四十九亩。

大宁路海阳等处打捕屯田所《元史·兵志》世祖至元二十三年以大宁，辽阳、平滦诸路拘刷漏籍放良孛兰奚人户及僧道之还俗者立屯于瑞州之西濒海荒地，开耕设打捕屯田总管府，成宗大德四年罢之，止立打捕屯田所，为户元拨并召募共一百二十二，为田二百三十顷五十亩。

龙纪城 迁安县北二十里。省志云二百余步。杨买驴城县北四十里，并相传金萧太后所筑。旧志云：辽后世萧氏有宫卫兵，平州既有提辖司，其安喜以北交于泽州之滦河多中京宫卫地、此或其宫帐军耳。金后多徒单诸氏，不如辽有宫卫妃有萧氏，而后无之。

万军城 迁安县东三十里，山巅有土城，周三百余步，中有将台遗址，世传唐太宗征高丽驻军于此。旧志云：今名为帐房山，或指为军所宿，非也。盖辽国之法天子践位置宫卫，分州县，析部族，设官府，籍帐户，备后马，崩则扈从后妃宫帐以奉陵寝，有调发则丁壮从戎事，老弱居守国，此特其军府之帐台，所谓平州提辖司也。

五花城 在山海关西南八里，连环五座，相传唐太宗征辽时所筑。按太宗将征辽，太常丞邓素使高丽还，请于怀远镇增戍以逼之，帝不从，唯命北输粟营州，多储古大人城耳。自发洛阳春蔬亦不进，惧其扰民，但明斥堠不堑垒，虽逼卤城终不敢出钞。而士运粮单骑野宿如中国焉，安得筑城于此?

洋河城 抚宁县东南十五里，亦云唐筑，旧志云或隋之泸河镇也。

山西城 抚宁县西南五十里。

静安社城 昌黎县西五十里。旧志云：其城见存周三里，高一丈八尺，《方舆胜览》燕慕容氏之福地也。今龙山正在静安西北。《一统志》柳城废县，在府城南六十里，汉末乌桓所据，曹操灭之，历魏晋为慕容氏父子所据，隋置县属辽西郡，唐置营州，今为静安社，异哉陋乎！无论不考古与书典异，即熙苑广十里，陵周数里，大城肥如及宿军拟邺为门累级三层，景云山峰高十七丈，岂安此三里城丈有咫而已乎？虽冯通焚其宫殿，而魏因其城为营州治，至唐不改易削至兹哉！自卢龙名塞，山名龙多矣，彼之龙城在山西，此山在西北，则城东南也，两龙其无别乎？慕容业霸规摹颇宏，皝而如此其何以兴，熙而如此其何以亡，谓之静安社者然与！盖今之昌黎乃辽之广宁，犹今之卢龙乃魏之新昌，必求其故则可坐而辨也。

李家庄城 在滦州南四十里，今为李家庄社柏家庄城。州南五十里，今为淳风屯独莫城。州南九十里，今为社二里地。城州西南六十里今倴城社。稻城土城州西百二十里，今长春社地。唐山土城州西南百二十里，今桥头社地。旧志云：此皆乐安诸城，赵石虎使典农中郎将王典帅众万余屯田海滨以谋击燕者。元立永平屯田总管府于马城县，其昌国、济民、丰赡三署诸屯城也。

姜女坟 在山海关东南海中，其上有姜女祠。世传女为许姓居长，故称孟焉，陕西同官人，夫为范郎。秦筑长城，郎操版至辽东不归，女制衣亲送至此，闻夫亡，哭而死，土人于高阜祀之，名曰望夫石，石上有乱杵迹。夫秦无称陕，无称郎者，当是抄齐杞梁妻崩城之事而附益其说，不知其所谓长城者乃泰山下之长城，非辽东之长城也。

旧志有张果老墓，在抚宁县东南七十里，又有韩湘墓，蛇皮王墓，在昌黎，皆谬妄。

双雁坨 滦州南二十里，明成化中瘗二雁以名。

谎粮坨 滦州南五十里，世传唐太宗为此以诳高丽，州境及迁安丰润以此名者甚多。又通州有虚粮台十余座云，前代对敌乏粮虚设以张声势，州志云其处不一，有六十余座，旧志疑以为石虎伐燕时事，太宗渡辽水征高丽夷人岂敢至此，而安用此为哉！州西南八十里司家庄社，北集西有项家坨，长三四里，产酸枣、野葡萄、荆棘。其南潴水数亩通任家港，南流有古冢数十，昔耕塌出火，内有盔甲枪端俱铜铁铸金镀，相传为王者墓，掘之风沙迷目，复填之，莫敢动。

望海台 在府城东，今不可考。

擂鼓台 在滦州西百里，《松梁社志》引《册府元龟》唐太宗贞观十九年十月征辽，次汉武台。余基三成，旁有祠，至营城帝问侍臣，对曰："此汉武求仙之处。"其地临大海，多峻石险怪，后人借此擂鼓御敌，因号为营城擂鼓台云，是亦谎粮之类也。

将　台 在滦州城西八十里康庄屯，高丈五尺，广八尺，长二十步，不知何时筑，下有黄崖河，或云即料马台。

石　幢 一在府城南街，金时建，今尚存；一在迁安城东南隅，明正德间巡按刘士元撤去，幢高三丈，方员六丈，上有八棱，下有三层，花草人物，雕刻玲珑。

附　载

元大宁路本奚部，唐初其地属营州。贞观中奚首可度内附，乃置饶乐郡。辽为中京大定府，金因之。元初为北京路总管府，领兴中府，及义瑞、兴高、锦利、惠川、建和十州。七年降兴中府为州，仍隶北京，改北京为大宁。明洪武二十年置北平行都指挥使司于大宁，二十二年置泰宁、福余、朵颜三卫于兀良哈地，在乌龙江南，卢龙塞北，以处降胡。东自全宁抵喜峰外，近宣府曰朵颜；自锦义历广宁至辽山曰泰宁，自黄泥洼逾沈阳、铁岭曰福余。在潢水北，大宁外边由冷口入贡，置驿于迁安县。二十七年，置驿传，自大宁至广宁东西四百八十五里置十驿；中路北平至开平七百六十五里，置十四驿；西路至开平六百二十里，置十三驿，土木至宣府一百里置三驿。迨燕王袭破大宁，以宁王及大宁官军归北平。永乐元年，改北平行都指挥使司为大宁都指挥使司，隶后府，徙于保定，迁各卫于内地（时兴州左卫置迁安），因兀良哈三卫来朝，益求内附，以大宁故卫地使为外藩，自古北口至山海关为朵颜；自辽东、广宁、前屯卫，至广宁白云山为泰宁；自白云山至开原为福余，贡道并由喜峰口，置把总、提督之，即松亭关也，达于三屯滦阳驿，由迁安东北境朝京师，而迁安驿徙于山海关。是年东胜左卫自山西行都司调至其右卫，徙遵化、开平，中屯卫原设大宁河岭，洪武中调真定府移置滦州、义丰里，石城废县。

宋王曾上契丹事曰：出燕京北门至望京馆五十里，至顺州七十里，至檀州渐入山五十里至金沟馆。将至馆，川原平旷，谓之金沟淀，自此入山诘曲，登陟无复里堠，但以马行记日，约其里数。九十里至古北口，两旁峻崖仅容车轨，又度德胜岭盘道数层，俗名思乡岭，八十里至新馆。过雕窠岭、偏枪岭四十里至如来馆，过乌滦河东有滦州，又过黑斗岭、度云岭、芹菜岭七十里至柳河馆，松亭岭甚险峻，七十里打造部落，东南行五十里至牛山馆，八十里至鹿儿峡馆，过虾螟岭九十里至铁浆馆，过石子岭自此渐出山，七十里至富谷馆，八十里至通天馆。二十里至中京大定府，城垣卑小方圆才四里许，门但重屋无筑阇之制，南门曰朱夏门，内通步廊，多坊门，又有市楼四，曰天方、大衢、通衢、望阙。次至大同馆，其门正北曰阳德，阊阖城西内西南隅冈上有寺，城南有园圃宴射之所。自过北口，居人草庵板屋，耕种但无桑柘，所种皆从垅上，虞吹沙所壅，山中长松郁然，深谷中时见畜牧牛马橐驼，多青盐黄豕。

郑晓《吾学编·地理》述曰：国初即古会州大宁地，设北平行都司、兴营诸屯卫，封建宁藩与辽东宣府联络，东西为外边，已而魏国公经略，自古北口至山海关增修关溢为内边，以故蓟州西接居庸，北折而东南抵海上，尽渔阳、卢龙皆其管内，梜泛登莱，陆走赵魏，肩肘奚达，襟带原泽，冯翊京师，号称雄镇。又地壤深厚，树畜鱼盐黍稷之利甲于圻内。文皇靖难，兀良哈内附，乃徙北平行都司于保定为大宁都司，而散布兴营诸卫于京府之境，大宁地尽畀兀良哈，通贡互市，为我藩篱，朵颜、大宁、福余三卫是也。自是红螺白云之北弃与戎寇，辽东、宣府声援隔绝，诸夷裂我险阻，闯我门庭，要我官赏，残我吏民，喜峰、三屯、密云、白羊仅仅收缩，譬之左臂疽肿则上谷孤孑，后背区偻则卢龙单薄，哽其喉吭则辽海坐隔，扼其胸腹则陵寝警逼，失计甚矣！正统以前夷心畏服，方隅宁谧，土木之变，三卫为也先乡道，始命都御史邹来学经略，已而总兵参将内臣增设日多，三卫亦矫诈反覆，然尚未敢显言为寇也。弘治中，守臣杨友、张琼烧荒，掩杀无辜，边衅遂起。正德以来，部落既藩，朵颜独盛阳顺阴逆，累肆侵噬，花当胁求添贡，把儿孙深入掳掠，动称结亲迤北，恫疑中国，而参将陈乾、魏祥先后陷没，以故三卫日骄。嘉靖中革兰台辄要官赏请益贡，祸机所伏不待智者而知也。天寿山七陵在焉，余尝从祠官至长陵，北望烽堠不数里，己巳之变，祠官不能至昌平，昌平陵卫吏卒如侨寓，增兵缮障于斯为急，古北口、潮河川俱要害，而潮河川本残元避暑故道，尤为卤冲，作桥则浮沙难立，为堑则涨水易淤，都御史洪钟虽尝设有关城，势孤难守。议者欲塞川流建石墩数十，令其错综宛转，下通流水，上传烽火，亦一策也。喜峰口三卫贡道，稍深峻，燕河营、太平寨、马兰峪、密云四营声势相援，卤即至，中两营当其冲，燕河、密云相掎角，遵化、三屯、建昌固其内防。口当大挫，永平、梁城间无卤患，亦无海寇，若乃山麓林莽樊树阻固，以供薪炭，伐条枚日就疏薄。嘉靖中胡守中又出塞尽斩辽金以来松林百万，自撤藩蔽矣。

郭建初《碣石丛谈》曰：永平北境多系大宁州县。余尝游滦阳兴教寺，有元至顺二年碑题，颇及记云：燕之东北路曰大宁、惠州，西南乡分滦阳、林河社界，山之阳平泉之侧，麓野之间有古招提上下二区同名兴教。林峦秀异，山水嘉奇，川原宽博，而资产丰饶，境物繁兴，而云游悉至。四望东至大峪流水渠，南至二郎坨，西至三十二岭，西边鹰愁涧，北至大峪北白石头、向阳岭界，则凡林河社皆惠州地也。今迁安肆林河社里有三：其一在县西百二十里，东至太平寨营，南至夹河社，西至遵化县，北至喜峰口，三屯营在内；其二在县西北百八十里，东至太平寨社，西至汉儿庄营，南至三屯营，北至喜峰口，滦阳营在内；其三在县西北百六十里，东至潘家口，西至龙井关，南至洪鸦寨，北至三台山，汉儿庄在内，皆惠州地。若抚宁、山海关及石门则瑞州等地，回安、洋河二社见之古寺碑记尤多，且洪武初年始入山海志，古迹虽未详而大略可考，倘尽采其碑记则亦如惠州矣。又云《洪武录》大宁有新城木榆等卫，此非定名也。其云滦阳口外富民、宽河、柏山、会州、新城、大宁等处宜置七驿，今考滦阳驿五十里为富民，而宽河、而柏山、而会州、而季庄、而富谷皆六十里，而七十里乃大宁都司，今滦阳驿移于三屯则多四十里矣，古城在喜峰或自口外移入也。又云：宪章诸录皆列开平东西八驿名（东四驿曰：凉亭、沈阿、宝峰、黄崖接大宁、古北口。西四驿曰：垣州、威胡、明安、隰宁接独石），今考元大都六十里至顺义，七十里至密云，六十里至石匣，六十里至古北口，而出五十六里为青松，东北六十里为兴州中屯，西五十里为古城，六十里为灰岭，五十里为滦河，又五十里为黄崖，又六十里为哈八，又五十里为沈河，又四十里为东凉，五十里为开平，大都至此七百五十里，地高井深星大，北去庆州多古松，号曰千里松林。宣德五年徙卫于独石，弃地三百里，失龙冈、滦河险，而独石非通涂，原无驿也。

卷之七

赋役志

夏后氏则壤成赋，历代因之。周官有制役之法。汉唐而后以人户之登耗，课吏治之殿最，而租庸实以为率焉。自前明定条鞭法，颇名简而弊清。我圣祖仁皇帝念民力不齐，贫户丁钱不能时输，乃均丁于地以纾民困，又免滋生余丁之赋，恩赉至优，至于圈地之令有给有补，蠲输之政靡极靡遗，无非以不忍人之心，仁覆群黎，司牧者其将何以体恤而寓抚字于催科乎，作赋役志。

户　口

永 平 府

所属七州县，乾隆三十八年分，共民户二十五万一千四百五十一户，男大口四十九万六千四百七十二口，小口二十五万五千六百二十五口。妇大口四十万二千六十五口，小口二十二万一千五百八十三口。共男妇大小口一百三十七万五千七百四十五口。

济民场　共灶户一千四百九十九户，男大口二千五百六十八口，小口三千零五口。妇大口二千三百四口，小口一千九百九十口。共男妇大小口九千八百六十七。

归化场　共灶户二千五十八户，男大口七千五十三口，小口五千二百九十三口。妇大口六千一百五十六口，小口八千七百四十四口。

共男妇大小口二万七千二百四十六口。

石碑场 共灶户一千五百四十一户，男大口五千三百三十九口，小口六千七百九口。妇大口四千九十五口，小口三千二十二口，共男妇大小口一万九千一百七十三口。

以上通共民灶户男妇大小口一百四十三万二千三十一口。

卢 龙 县

乾隆三十八年分共民户一万八千一百六户，男大口五万九千二百三十四口，小口三万二百五十三口。妇大口四万七千一百五十六口，小口二万二千一百四十九口。共男妇大小口十五万八千七百九十二口。

滦 州

乾隆三十八年分共民户五万二千二百九十三户，男大口八万五千八百九十六口，小口五万三千七十一口。妇大口七万四千八百六十二口，小口四万一千一百二十口。共男妇大小口二十五万四千九百四十九口。

济民场 共灶户一千四百九十九户，男大口二千五百六十八口，小口三千五口妇大口二千三百四口，小口一千九百九十口。共男妇大小口九千八百六十七口。

迁 安 县

乾隆三十八年分共民户三万八百八十七户，男大口六万二千九百一十七口，小口二万七千二百四十六口。妇大口四万王千四百九十三口，小口二万三千九百七十八口。共男妇大小口十五万七千六百三十四口。

抚 宁 县

乾隆三十八年分共民户二万二千五百五十户，男大口四万八千二百三十四口，小口一万九千七百九十口。妇大口四万四千一百三十口，小口一万九千九百一十九口。共男妇大小口十三万二千七十三口。

归化场 共灶户三十二户，男大口七百六十九口，小口八百七十六口。妇大口六百七十三口，小口五百六十八口，共男妇大小口二千八百八十六口。

昌 黎 县

乾隆三十八年分共民户三万四千五百二十一户，男大口五万七千九十六口，小口四万一百二十口。妇大口四万三千七百五十三口，小口三万七千八百四十一口。共男妇大小口十七万八千八百一十口。

石碑场 共灶户二十一户，男大口一千四百五十七口，小口一千六百二十一口。妇大口一千二百五十五口，小口一千八十六口。共男妇大小口五千四百一十九口。

归化场 共灶户七十四户，男大口一千三百五十九口，小口一千六百二十四口。妇大口一千九十一口，小口八百五十九口，共男妇大小口四千九百三十三口。

乐 亭 县

乾隆三十八年分共民户三万七百三十一户，男大口五万六千一百二十口，小口二万六千三百五十三口。妇大口五万四千五百八十六口，小口一万八千七百八十四口。共男妇大小口十五万五千八百四十三口。

石碑场 共灶户一千五百二十户，男大口三千八百八十二口，小口五千八十八口。妇大口二千八百四十口，小口一千九百三十六口。共男妇大小口一万三千七百五十四口。

临 榆 县

乾隆三十八年分共民户六万二千三百六十三户，男大口十二万六千九百七十五口，小口五万八千七百九十二口。妇大口九万四千八十五口，小口五万七千七百九十二口。共男妇大小口三十三万七千六百四十四口。

归化场 共灶户一千九百五十二户，男大口四千九百二十五口，小口二千七百九十三口。妇大口四千三百九十二口，小口七千三百一十七口。共男妇大小口一万九千四百二十七口。

人　丁

永　平　府

原额人丁十万四千一百六十二丁，自顺治五年至乾隆三十一年，节年编审，除康熙五十五年以后盛世滋生人丁七千一百四十一丁，又优免并出旗改归民籍人丁三千一十一丁，钦奉恩诏永不加赋外，实在行差人丁十一万四千一十丁半各征银不等共征银二万三千四百六十三两二钱七分六厘，又匠班新更实在人丁一千九十八丁各征银二百九十八两四钱九分八厘，以上丁匠银两经前任总督李公维均于雍正元年题定，奉旨以雍正二年为始，照江浙等省之例摊入粮地银内征收。

卢　龙　县

原额人丁上中下则不等，通折下下则共一万三千四百八十七丁，每丁征银二钱二分九厘零，共征银三千九十二两九钱六厘零，又闰银一两三钱，节年编审除优免绅衿本身并出旗改归民籍人丁一百七丁及康熙五十年后。盛世滋生人丁五百五丁外实在各则，行差人丁一万三千一百八十二丁，每丁征银不等，共征银三千三百六十一两六钱四分一厘，遇闰加征丁闰银均摊入地粮内征收。

滦　州

原额人丁上中下则不等，通折下下则共五万四千六百四十三丁半，每丁征银二钱，共征银一万九百二十八两七钱，节年编审除康熙五十五年以后。盛世滋生人丁一千四百四十七丁，又出旗改归民籍人丁一千四百一十丁不加赋外，实在行差各则人丁一万七千三百九十五丁，每丁征银不等，共征银三千九百五十九两四分五厘，遇闰加征丁闰银均摊入地粮内征收。

迁　安　县

原额人丁上中上三等九则，通折下下则二万一千六十三丁，每丁征银二钱六分，共征银五千四百七十六两五钱六分，节年编审除优免绅衿并出旗归民人丁四百十三丁，及康熙五十五年以后。盛世滋生人丁一千四百九十八丁不加赋，外实在各则行差人丁九千七百七十五丁，每丁征银不等，共征银二千七百一十六两三分三厘，遇闰加征丁闰银均摊入地粮内征收。

抚　宁　县

原额人丁上中下则不等，通折下下则一万五千二百六十四丁，每丁征银一钱一分七毫五丝。节年编审除康熙五十五以后，盛世滋生补剩余丁五百三十五丁不加赋外，实在各则行差人丁通折下下则一万四千五百九十丁，每丁征银不等，共征银一千八百六两七钱七分八厘，内除临榆人丁不加闰外，每丁逢闰加银三分四厘六毫九丝零，俱摊入地粮内征收。

又不在地丁内匠班新更二项人丁，共征银六十四两二钱五分九厘。

昌　黎　县

原额人丁上中下则不等，通折下下则二万三千六百五十八丁，每丁征银二钱，共征银四千七百三十一两六钱，节年编审清查出人丁除康熙五十年以后。盛世滋生补剩余丁六百四十九丁不加赋外，实在行差各则人丁二万三千七百三十四丁，每丁征银不等，共征银五千二十四两八钱三分二厘六毫。

又匠班四十三丁，每丁征银四钱五分，共征银十九两三钱五分，遇闰加摊丁闰银归于地粮内征收。

乐　亭　县

原额人丁上中下则不等，折下下则共四万八千三百三十五丁，每丁征银二钱，共征银九千六百六十七两，节年编审除优免并流寓及出旗改归民籍人丁一百八十一丁，又除康熙五十五年以后至乾隆三十一年。盛世滋生人丁一千七百四十丁不加赋外，实在行差各则人丁二万二千二百八十丁，每丁征银不等，共征银四千五百二两四钱七分，遇闰加征丁闰银俱摊入地粮内征收。

又匠班新更人丁共一百七十七丁，共征银五十一两六钱五分。

临 榆 县

山海卫原额人丁上中下则不等，通折下下则七千六十七丁，每丁征银二钱，共征银一千四百一十三两四钱，抚宁卫原额人丁通折下下则二千五百六十二丁，每丁征银二钱九分七厘三毫，共征银七百六十一两六钱八分二厘六毫，节年编审除盛世滋生人丁七百六十五丁不加赋外，实在各则行差人丁折下下则一万七百九十七丁，每丁征银不等，共征银二千六十二两八钱八分四厘，遇闰加征丁闰银俱摊入地粮内征收。

山海管粮厅

经管山海卫新更实在人丁下中则一十九丁，每丁征银四钱，下则一百八十三丁，每丁征银二钱，共折下下则二百二十一丁，共征银四十四两二钱，摊入地粮银内征收。

田　　赋

永 平 府

所属七州县并台界等关营，额内额外民荒等地共二万三千四百四十一顷九十二亩三分六厘，各征银不等，共征银五万六千四百三十三两八钱八分三厘，内除丈出口外香火房基等地，租银二十六两六钱三分五厘，例不摊征丁匠外，实征地粮银五万六千四百七两二钱四分八厘零，共征本色正加米一万三千一百六十四石四斗三千四勺，本色正加豆三千二百一十七石一斗二升五合，本色草九万四千四百三十六束八分九厘，每两均摊丁匠正银二钱七厘二丝零，共征均摊丁匠正银一万一千六百七十七两六钱九分三厘零，遇闰之年每两均摊丁闰银七厘九毫四丝零，共征均摊丁闰银四百四十八两一钱六分一厘，又征原加地闰银二千三百二十二两九钱七分四厘，又卢龙余租银十两一钱九分，昌黎滦榜纸张银六两五分八厘，滦昌乐三州县渔课并官房赁钞银二十八两一钱二分八厘，昌黎民壮籽粒豆乾银七十五两二钱四分，滦抚乐三州县瓦草平房租价银六十七两八钱一分，均例不摊征丁匠，以上各项共银七万一千七十两一钱三分七厘。

卢 龙 县

原额上中下不等共地三千六百四顷八十四亩八分九厘九毫，内上地二百七十九顷二亩八分四厘九毫，中地八百三十三顷六十四亩三分（每中地一亩五分折上地一亩），下地二千四百九十二顷十七亩七分五厘（每下地三亩折上地一亩），上中下三等共折上地一千六百六十五顷五十一亩六分三厘三毫，每亩征银三分八厘二毫九丝四忽零，又每亩加增闰月银三厘九毫九丝六忽零，每亩征夏税米二合七勺一撮九圭，每亩征秋粮米六合四勺五抄六撮二圭，每石加耗米三升，每亩征马草一分五厘九毫一丝二忽。

除圈丈投充外，实剩民种征粮折上地一千二百六十五顷八十亩四分五厘二毫。

又额外审首开垦清查及归并四卫并荒田共地一千三百七十七顷七十二亩七分八厘。

以上通共额内额外共地二千六百四十三顷五十三亩二分三厘一毫，各征银不等，共征银六千七百二十六两七钱四分七厘，每两均摊丁匠正银二钱七厘二丝六忽零，共征均摊丁匠正银一千三百九十二两六钱一分七厘，逢闰之年每两均摊丁银七厘九毫四丝一忽零，共征均摊丁闰银五十三两四钱一分八厘，共征原加闰月五百四十九两五钱八分，本色正加米一千三百二十九石七斗八升四合三勺零，本色正加豆三十二石六斗五升五合九勺，草二万二千四百四束三分四厘九毫零，又余租银一十两一钱九分零，例不摊征丁匠。

其额外不入地粮内，有当税、牙税、杂税房地税各项俱无定额，尽收尽解年底奏销（余州县同）。

滦　　州

原额地亩上中下不等共地三万八十六顷三十四亩九分七厘五毫，

内上地七百九十八顷二十亩四分五厘三毫，中地二千五百一十七顷七十七亩六分四厘一毫（每中地二亩折上地一亩），下地二万六千七百七十顷三十六亩八分八厘一毫（每下地四亩折上地一亩），上中下三等地共折上地八千七百四十九顷六十八亩四分九厘三毫零，每亩征银四分五厘二毫八丝九忽零，每亩征闰月银五厘二毫五丝九忽零，每亩征夏税米三合二撮零，每亩征秋粮八合四勺零，每石加耗米三升，每亩征马草七厘一毫零，每亩征草折米四合三勺零。

除圈占投充并拨补外，实剩折上地共一千一百六十九顷四十九亩三厘。

又额外清查丈出开垦荒田并归卫地，实共地三千四十顷六十七亩二分四厘。

以上额内额外等地四千二百十八顷十六亩二分，共征银一万三百一两八钱三分八厘，每两均摊丁匠正银二钱七厘二丝零，共征丁匠正银二千一百三十二两七分八厘，每两均摊丁闰银七厘九毫四丝零，共征丁闰银八十一两八钱九厘，征原加闰月银六百十五两一钱四分八厘零，征本色正加米二千八百四石四斗九合四勺零，征本色正加豆二十八石九斗三升二勺零，征本色马草一万二千五百一十一束六厘九毫零，又额外不在地丁内渔课房间等共征银六十一两九钱五分九厘零。

迁 安 县

原额上中下不等，共地五千一百二十八顷二十二亩九厘二毫，内上地六百六十七顷二十四亩三分四厘八毫，中地一千七百七十一顷九亩八分五厘零（每中地二亩折上地一亩），下地二千九百七十顷四十七亩八分九厘三毫（每下地四亩折上地一亩），共折上地二千三百一十五顷四十一亩二分四厘六毫，每亩征银七分二厘四毫九丝八忽九微，每亩加闰月银四分九厘三毫三丝一忽五微，每亩征夏税米四合四勺五抄八圭，秋粮米一升一合九勺四抄六撮三圭，征马草一分六毫八丝八忽，征草折米五合一勺八抄二撮七圭。

除圈占荒芜投充带去，实剩民地并退出等，实共存折上地五百五十九顷六十二亩六分六厘三毫。额外退买开垦清查首出及遵化、玉田、滦州、三河等处拨归，又归并永、卢、东、兴四卫屯荒等地共二千三百七十一顷五亩二分五厘零。

以上通共额内额外并归并奉裁卫地共二千九百三十顷六十七亩九分二厘，每亩征银不等，共征银八千二百五十八两八钱二分八厘，每两均摊丁匠正银二钱七厘二丝六忽零，共征丁匠正银一千七百九两七钱八分五厘，逢闰每两加丁闰银七厘九毫四丝一忽零，共加丁闰银六十五两五钱八分四厘，征原闰银二百二十九两七钱三分六厘，本色正加米一千五百七十七石四斗二千八勺零本色正加豆七十六石四斗二升七合八勺零，本公马草七千九百一十一束九分八厘又不在均摊丁银内，地共征银二十三两五钱六分八厘八毫。

抚宁县

原额上中下地八千二十八顷六十亩六厘八丝内，上地五百七十三顷四十七亩一分四厘七毫二丝，中地一千七百二十顷四十一亩四分四厘一毫六丝（每中地二亩折上地一亩），下地五千七百三十四顷七十一亩四分七厘二毫（每下地四亩折上地一亩），共折上地二千八百六十七顷三十五亩七分三厘六毫，每亩原额及加增征银四分一厘三毫五丝二忽零，每亩征夏税米一合五勺一抄零，秋粮米五合三勺八抄零，征马草六厘五毫，草折米二合九抄二撮六圭。

除圈丈拨补投充带去外，实剩民地种征粮共折上地一千六百五十九顷八十七亩二分四厘。

又节年退出及拨收各卫地二千九十一顷二十七亩四厘。

以上额内额外通共地三千七百五十一顷一十四亩二分八厘，各征银不等，实征地粮银九千五百九十七两五钱三分九厘，每两摊丁匠正银二钱七厘二丝六忽零，共征丁匠银一千九百八十六两八钱五分八厘，逢闰每两摊丁闰银七厘九毫四丝一忽零，共征丁闰银七十二两六钱一分八厘，本色正加粟米一千八百九十七石六斗六升三合一勺，本色草一万四千二百二十束五分二厘，本色正加黑豆二百六十六石九斗九升三合八勺。

又香火宫基地银一两六钱一分五厘，房租银七两五钱。

昌 黎 县

原额上中下不等共地九千八百九十七顷二十七亩，内上地一千一百四十七顷二十七亩，中地二千二百五十顷（每二亩中地折上地一亩），下地六千五百顷（每四亩下地折上地一亩）共折上地三千八百九十七顷二十七亩，每亩收银三分五厘九丝一微六钱，地闰银二厘三毫九忽零，征夏税米二合四勺九抄零，秋粮米六合七勺四抄零，每石加耗三升，每亩征草折米二合四勺六抄八撮，征黑豆三合六勺六抄一撮，每石加耗三升，征马草七厘八毫六丝五忽五微。

除圈丈投充坍塌水冲外，实剩民种征粮额内折上地二千六百七十八顷四十二亩二分二厘一毫零，额外退赎开垦清查首出及各卫屯田草场等项地二千四百三十八顷八十二亩七分一厘六毫。

以上通共额内额外地五千一百一十七顷二十四亩九分六厘七毫九丝，每亩征银不等，共征银一万二千五百七十六两二分四厘二毫，每两均摊丁匠银二钱七厘二丝六忽零，共征丁匠银二千六百三两九钱八分八厘三毫五丝零，每两均摊丁闰银七厘九毫四丝一忽零，共征丁闰银九十九两八钱八分四厘零，征原加闰月银五百四十六两三钱三分八厘零，共征本色正加豆二千二百一十八石五斗五升八合一勺，本色正加粟米三千六百九十五石五斗五升九勺，本色草二万四千九百一束五分二厘。

又滦榜、纸张、民壮、籽粒、豆乾、渔课、官房等银九十四两五钱六分六厘。

乐 亭 县

原额上中下不等，共地八千一百三十二顷七十九亩八分六厘六毫，内上地七千九百八十五顷四十五亩二分九厘六毫，中地一百一顷三亩五公（每二亩折上地一亩），下地四十六顷三十一亩七厘（每四亩折上地一亩），共折上地八千四十七顷五十四亩八分一厘三毫五丝，每亩征银二分八厘七毫一丝五忽零，每亩征原加闰月银五厘九毫四丝一忽；每亩征夏税米一合五勺六抄零；征秋粮米四合一勺四抄零；征马草六厘六毫征草折米一合九勺八抄零。

除圈占投充并拨归外，实剩六百三十七顷四十五亩七分三厘一毫五丝。

额外节年退出并荒田开垦等地一千八百三十九顷七分八厘。

通共额内额外共地二千四百七十六顷五十三亩五分七厘各征不等，共征银三千八百三十五两四钱八厘，每两均摊丁匠银二钱七厘二丝六忽零，共征均摊丁匠银七百九十四两三分二厘，每两摊丁闰银七厘九毫四丝一忽零，共征均摊丁闰银三十两六钱六分六厘，原闰银三百八十一两一钱九分五厘，本色正加粟米五百九十七石七斗八升七合六勺零，本色正加豆四十石三合六勺零；本色草五千一百三十一束三分七厘零。

又不在地丁内渔课，房租银一十三两二钱二分。

临　榆　县

山海卫原额地一千六百七十顷六十九亩，于顺治二四等年除修城河圈种外，尽数拨补滦州无余，续收投充退出地二百二顷四十二亩三分零，内拨给丰润县民及拨归抚宁、昌黎实剩地一百一十顷三十四亩六分零，内上地八十五亩三分，每亩征银五厘九毫零；征米豆各三升六合；征马草四分一厘零；中地十四顷十八亩九分五厘三毫零，每亩征银三厘九毫零，征米豆各二升四合；征马草二分七厘零；下地九十五顷三十亩三分八厘零，每亩征银一厘九毫零；征米豆各一升二合；征马草一分三厘零，又清查并丈出输租买回等地十九顷三十九亩一分五厘零。

额外收马草场地原额七十五顷十七亩三毫零，每亩征银一分六厘七毫零，香火下地原额九十六亩七分四厘，每亩征银一分五厘。

太仓永镇各荒地原额一百五十九顷五十二亩八分除拨归抚、昌、乐等县外，实剩荒田地八十八顷二十四亩六分四厘。

抚宁卫原额屯地一千三百十八顷四十九亩一分，圈拨无余，续退首并清查出地一百八十一顷七十九亩，除改县后拨归抚、昌、乐三县外，实剩地一顷八十五亩六分七厘，内中地三十五亩，每亩征银二厘三毫，征米豆各二升，征马草二分三厘二毫；下地一顷五十亩三分七厘，每亩征银一厘一毫五丝，征米豆各一升征草一分一厘六毫。

额外太仓永镇备荒各荒地，原额三百十顷三十一亩六分一厘零，除改县后归抚、乐、昌等县外，实存荒田地三顷十七亩八分九厘零，每亩征银一分，实存备荒地十二亩五分，每亩征银二分四厘。又实收滦州拨补公富庄上地一顷六十二亩二分一毫，每亩征银四分五厘三毫八丝九忽零，征夏秋米一升一合四勺零，征草折米四合五勺零，征草七厘一毫三丝零，收抚宁县拨补上地八十三顷五十六亩四分七厘九毫一丝，每亩征银四分一厘三毫零，征米六合七勺，征草折米二合九抄，征马草六厘五毫，内除建造营方地二亩，收昌黎县拨补上地六十一亩六分，每亩征银三分五厘九丝零，征夏秋米九合二勺四抄征豆三合六勺六抄，征草七厘八毫零，收抚宁拨补民壮地四顷三十五亩八分九厘六毫，每亩征黑豆七升四合九抄零。收抚宁拨补荒地二百五顷五十三亩三厘，每亩征银一分，收抚宁牧马场地十一顷七十四亩六分八厘一毫四丝，每亩征银二分九厘八毫四丝。收滦州拨补永、卢、山、抚四卫改归地五百四十四顷三十亩八厘一毫，每亩征米豆草折价并余地银不等，开垦起科荒田地九十七亩，每亩征银一分，共银九钱七分。

以上通共山、抚二卫并拨归上中下荒田额内额外等项地一千八百八十二顷八十六亩四分三厘四毫零，内除抚宁民壮地另征黑豆及香火地一两四钱五分，不摊丁匠外，共征银四千六百七十八两四钱二分一厘五毫零，加征耗美银共六百十四两六钱一分零，每两均摊丁匠银二钱七厘二丝零，共征均摊丁匠正银九百六十八两五钱五分八厘五毫零，遇闰每两加摊丁闰银七厘九毫四丝一忽零，共加丁闰银三十七两一钱六分一厘七毫零，共征原加地闰银九钱七分八厘八毫一丝零，征本色正加米九百三十石四斗三升二合三勺零，每石加耗米三升，本色正加豆二百二十一石一斗四升七勺零，每石加耗豆三升，征马草七千三百五十六束八厘四毫外，旗退官租地六十顷三十二亩一分七厘，共征小数租钱一千二百八十二串五百文，解司库。学田原额地八百三十顷五亩，又清丈出地一百八十八顷，共征米七百五石九斗零，由管粮厅征收。

边储地

南海口额内外地五顷四十四亩五分六厘，共征银五两八钱九分九厘，均摊匠银一两二钱二分一厘，丁闰银四分七厘，本色正加米一石一斗一升六合六勺，本色正加豆一石六斗一升七合八勺。黄土领额内额外地十九顷七十五亩九分五厘，共征银八两五钱六分九厘，均摊丁匠正银一两七钱三分四厘，丁闰银六分八厘，正加米三十石二斗四升九合九勺，正加豆三十四石八斗五升二合九勺，牛头崖额内屯荒地十一顷十六亩七分五厘，共征银一两三钱八分四毫，均摊丁匠银二钱七分八厘，丁闰银一分一厘，正加米十七石五斗六升五勺零，豆十八石五斗四升四合九勺零。赤洋口额内屯荒地九顷八亩一分五厘，共征银二两二钱二分三厘，均摊丁匠正银四钱六分，丁闰银一分八厘，征米十五石二斗八升三合二勺，豆十七石四斗二合六勺。铁场、永安二堡额内额外屯地五十七顷六合十七亩六分，共征银二十六两八分六厘，均摊丁匠银五两四钱一厘，丁闰银二钱七厘，正加米三十五石七斗六升六合三勺。以上共征银八十五两三钱五分零，共征米九十九石九斗六合五勺零，豆七十四石四斗八升九合零，由临榆县征收银解府库米交山海仓。

大毛山额内外屯荒地三十八顷五十三亩七分，共征银十五两一钱七分，均摊丁匠银二两七钱二分七厘，丁闰银一钱五厘，正加米五十八石五斗五升五合零，豆六十四石九斗五合零。义院口额内外屯荒地三十七顷二十七亩二分，共征银十五两八钱六分四厘，正加米五十二石七斗七升八合八勺，豆五十七石八斗四升四合八勺，均摊丁匠正银三两二钱八分四厘，丁闰银一钱二分六厘。石门路屯荒地十一顷四十一亩三分二厘，共征银五两四钱八分八厘，均摊丁匠正银一两一钱三分六厘，丁闰银四分四厘，正加米十八石九斗四合四勺，正加豆二十二石九斗六升二勺。以上由石门寨巡检征收银解府库米交山海仓。

台头营额内外荒田地十三顷五十七亩二分五厘零，征银二十四两六钱四分，均摊丁匠正银五两一钱一厘，丁闰银一钱九分六厘，系该处把总征收。

界岭口额内外屯荒地十八顷八十二亩七分，共征银十两五钱五分二厘，均摊丁匠正银二两一钱八分五厘，丁闰银八分四厘，本色正加米二十五石四斗五升一合，正加豆二十八石六斗二升一合一勺，系该处把总征收。

箭杆岭额内外屯荒地十八顷九十亩，共征银四两三钱九分五厘，均摊丁匠正银九钱一分，丁闰银七厘九毫四丝零，正加米三十石四斗六升五合一勺，正加豆三十三石六斗九升三合二勺零，系台头营把总征收。

青山口额内外屯荒地五十二顷七十七亩七分七厘五毫，共征银五十九两一钱三分七厘，均摊丁匠银十二两二钱四分三厘，丁闰银四钱七分，正加米四十五石二斗五升二勺零，豆五十一石九斗六升一合八勺，系界领口把总征收。

桃林口垦荒地一十五顷一亩五分，共征银三十两三分，均摊丁匠正银二两二钱一分七厘，丁闰银七厘九毫四丝零。刘家口额外荒地八顷八十亩五分，共征银一十七两二钱六分五厘零，均摊丁匠正银三两六钱四分六厘，丁闰银一钱四分。以上二处系桃林口把总征收。燕河口额外地四十九顷九十一亩七分，共征银九十九两八钱三分四厘，均摊丁匠正银二十两六钱六分八厘，丁闰银七钱九分三厘，系台头营把总征收。

建昌路额外荒地五十顷八十亩七分七厘六毫零，共征银一百一两六钱一分六厘，共摊丁匠正银二十一两三分七厘，丁闰银八钱七厘，系千总征收。

冷口荒田地一顷九十三亩三分，共征银三两八钱六分六厘，均摊丁匠银八钱一厘，丁闰银三分一厘，系该处把总征收。

经　费

卢　龙　县

修理龙亭仪仗银五钱，修理文庙银十两，本府新添永丰仓斗级十四名，每名岁支工食银六两，共银八十四两，遇闰加银七两。山海通判、快手八名，每名岁支工食银六两，共银四十八两，遇闰加银四两。本府儒学教授俸银四十五两，本府训导俸银四十两。斋夫三名每名银十二两，共银三十六两遇闰加银三两。门斗三名，每名岁支工食银七两二钱，共银二十一两六钱，遇闰加银一两八钱。膳夫二名支银十三两三钱三分三厘零，遇闰加银一两一钱一厘零。本县知县俸银四十五两。门子二名岁共支银十二两，遇闰加银一两。皂隶十三名，岁共支银七十八两，遇闰加银六两五钱。仵作二名，又学习仵作三名，岁共支银十八两，遇闰加银一两五钱。马快八名，每名岁支银十六两八钱，共银一百三十四两四钱，遇闰加银十一两二钱。民壮五十名，每名岁支银六两，共银三百两，遇闰加银二十五两。禁卒八名，每名岁支银六两，共银四十八两，遇闰加银四两。

轿伞扇夫七名，岁共支银四十二两，遇闰加银三两五钱。库子四名，岁共支银二十四两，遇闰加银二两。斗级四名，岁共支银二十四两，遇闰加银二两。典史俸银三十一两五钱二分。门子一名，支银六两，遇闰加银五钱。皂隶四名岁共支银二十四两，遇闰加银二两。马夫一名，岁支银六两，遇闰加银五钱。本县儒学教谕、训导岁支俸银共八十两。斋夫三名，岁共支银三十六两，遇闰加银三两。门斗二名，岁共支银十四两四钱，遇闰加银一两二钱。廪生二十名，岁共支银六十四两，遇闰加银五两三钱三分三厘零。膳夫二名，岁共支银十三两三钱三分三厘零，遇闰加银一两一钱一分一厘零。文庙崇圣名宦乡贤春秋二大祭银四十两。武庙春秋二祭银一十五两。关帝庙三大祭银四十两。夷齐庙祭银十两。新添三小祭无祀鬼神银十两。仓库二神祭银十两。朔望行香银一两。宪书银三两。乡饮酒礼银十两，本县走递马十五匹，岁共支草料银九十两，遇闰加银七两五钱。滦河驿实支工料银一千九百二十一两九钱五分，遇闰加银一百五十四两三钱五分四丝零。协济银二百七十两，遇闰加银二十二两五钱。扛轿夫四十名，岁共支银六百六十六两，遇闰加银五十五两五钱。接递皂隶十名岁共支银二十七两，遇闰加银三两三钱七分五厘。廪给口粮站饭银二百七十两。铺兵三十五名，岁共支银二百一十两，遇闰加银一十七两五钱。吹手六名，岁共支银十六两，遇闰加银三两。新添沙河堡巡检，弓兵六名，岁共支银工食银三十六两，遇闰加银三两。更夫五名，岁共支银二十四两，遇闰加银二两。火夫十名，岁共支银四十八两，遇闰加银四两。青龙河渡夫三名，岁支银九两，遇闰支银七钱五分。先农坛农夫二名，岁支银共十二两，遇闰加银一两。孤贫冬衣布花银岁支五两五钱六分七厘。新设孤贫二十名，每名岁支口粮银三两六钱，共银七十二两（内除粜谷折价银三十二两八钱九分五厘，另册报销实支银三十九两一钱九厘四毫零）。

二年一办岁贡花红旗匾银五两，每年征银二两五钱。

三年一办，举人会试公宴花红银三十两，每年征银十两。会试举人盘费银十五两，每年征银五两，新中举人牌坊银八十两，每年带征银二十六两六钱六分六厘六毫零。新中进士牌坊银一百两，每年带支银三十三两三钱三分三厘三毫零。新中武举花红旗匾银五两，每年带征银一两六钱六公六厘六毫零。新中武进士花红旗匾银十两，每年实支银三两三钱三分三厘三毫零。保定府武试公费银六两，每年带支银二两。

以上大共支银五千一百八十七两二钱一分二厘，遇闰加支存留银三百六十七两七钱三分。

滦　　州

本州修理龙亭仪仗银五钱，修理文庙银十两，本府儒学廪生四十名，每岁实共支银一百二十八两，遇闰加银十两六钱六分六厘零。本府马快八名，每名支工食银十六两八钱，共银一百六十八两，遇闰加银十四两。库子四名，岁共支银二十四两，遇闰加银二两，本府同知俸银八十两，门子二名银十二两，遇闰加银一两。本府司狱皂隶二名，岁共支银十二两，遇闰加银一两。本州知州俸银八十两。

门子二名，岁支银十二两，遇闰加银一两。皂隶十三名，岁共支银七十八两，遇闰加银六两五钱。仵作三名，岁共支银十八两，遇闰加银一两五钱。马快八名，岁支工食马草料银十六两八钱，共银一百三十四两四钱，遇闰加银十一两二钱。民壮四十名，岁共支银二百四十两，遇闰加银二十两。禁卒八名，岁共支银四十八两，遇闰加银四两。轿伞扇夫七名，岁共支银四十二两，遇闰加银三两五钱。库子四名，岁共支银二十四两，遇闰加银二两。斗级四名，岁共支银二十四两，遇闰加银二两。州判俸银四十五两。门子工食银六两，遇闰加银五钱。马夫工食银六两，遇闰加银五钱。伞夫工食银六两，遇闰加银五钱。皂隶六名，共银三十六两，遇闰加银三两。房舍银十六两，吏目俸银三十一两五钱二分。皂隶四名，岁共支银二十四两，遇闰加银二两。门子银六两，遇闰加银五钱。马夫银六两，遇闰加银五钱。本州儒学学正训导俸银共银八十两。斋夫三名，银三十六两，遇闰加银三两。门斗三名，岁共支银二十一两六钱，遇闰加银一两八钱。膳夫二名，岁共支银十三两三钱三分三厘零，遇闰加银一两一钱一分一厘。廪生三十名，岁共支银九十六两，遇闰加银八两。榛子镇巡检司俸银三十一两五钱二分。皂隶二名，银十二两，遇闰加银一两。弓兵十六名，岁实支银四十八两，遇闰加银四两。文庙崇圣名宦乡贤春秋二大祭银四十两。关帝庙三大祭银四十两。社稷、城隍、马神、八蜡等神春秋二大祭银三十两。坛夫二名银十二两，遇闰加银一两。三小祭无祀鬼神银十两。朔望行香银一两。乡饮酒礼银十二两，时宪书银三两。大河桥渡夫十三名，河渡夫十三名，潘家口渡夫三名、滦、漆二河渡夫九名，岁共支银一百十四两，遇闰加银九两五钱。七家岭驿工料等银二千三百三十两一钱，遇闰加银一百三十五两三钱七分八厘七毫零。新增协济银三百六十两，遇闰加银二十九两九钱七分三厘六毫。扛轿夫四十名，每名岁支银十六两六钱，共支银六百六十六两。廪给口粮银一百八十两。接递皂隶十名岁共支银二十七两，遇闰加银三两三钱七分五厘。铺兵三十三名，岁共支银一百九十八两，遇闰加银十六两五钱。

吹鼓手六名，岁共支银三十六两，遇闰加银三两。本州走递马十五匹，岁支草料银共九十两，遇闰加银七两五钱。更夫五名，岁支工食银共二十四两，遇闰加银二两。火夫十名，岁共支银四十八两，遇闰加银四两。孤贫冬衣布花银岁支银四两一钱七分五厘零。新设孤贫十五名，口粮银五十四两，遇闰加银四两五钱。二年一办，贡生旗匾花红银六两六钱六分六厘零，每年实支带办银三两三钱三分三厘三毫零。三年一办，新中武举花红旗匾银五两，每年实支银一两六钱六分六厘六毫六丝零。新中武进士花红旗匾银十两，每年实支银三两三钱三分三厘三毫三丝零。会试举人盘费银十五两，每年实支银五两。乡试刊字匠工食银四两三钱四分，每年带支银一两四钱四分六厘六毫零。武场公费银十两七钱四分，每年带征银三两五钱八分。新中举人牌坊银八十两，每年实带支银二十六两六钱六分六厘六毫六丝。新中进士牌坊银一百两，每年实支银三十三两三钱三分三厘三毫四丝。

以上大共实支存留银六千四十一两二分九厘，遇闰加银三百八十两五厘（内除七家岭裁缺驿丞官俸工食银四十三两五钱二分又闰月银一两）。

迁安县

存留本府修理龙亭仪仗银五两，本府修理文庙银二十两，本县修理龙亭仪仗银五钱，本县修理文庙银十两，本府同知步快六名，岁支银四十八两，遇闰加银四两。山海通判皂隶十二名，岁共支银七十二两，遇闰加银六两。本府经历门子一名，支银六两，遇闰加银五钱。马夫一名，支银六两，遇闰加银五钱。本县知县俸银四十五两。门子二名，银十二两，遇闰加银一两。皂隶十名，岁共支银七十八两，遇闰加银六两五钱。仵作三名，工食银十八两，遇闰加银一两五钱。马快八名，岁共支工食马料银一百三十四两四钱，遇闰加银十一两二钱。民壮三十四名，共工食银二百四两，遇闰加银十七两。禁卒八名，共支银四十八两，遇闰加银四两。轿伞扇夫七名，共工食银四十二两，遇闰加银三两五钱。库子四名，共支银二十四两，遇闰加银二两。斗级四名，共支银二十四两，遇闰加银二两。新添喜峰口巡检银三十一两五钱二分。弓兵十六名，共支工食银九十六两，遇闰加银八两。皂隶二名，银十二两，遇闰加银一两。斗级二名，共支工食银十二两，遇闰加银一两。典史俸银三十一两五钱三分。门子一名，银六两，遇闰加银五钱。皂隶四名，共工食银二十四两，遇闰加银二两。马夫银六两，遇闰加银五钱。本县儒学教谕训导共俸银八十两。斋夫三名，每名银十二两，共银三十六两，遇闰加银三两。门斗二名，共支银十四两四钱，遇闰加银一两二钱。廪生二十名，共支银六十四两，遇闰加银五两三钱三分三厘零。膳夫二名，共支银十三两三钱三分三厘三毫，遇闰加银一两一钱一分一厘一毫一丝。新添三屯营巡检俸银三十一两五钱二分。弓兵十二名，工食银七十二两，遇闰加银六两。皂隶二名，工食银十二两。文庙、崇圣、名宦、乡贤、春秋二大祭银四十两。

社稷、山川、风云、雷雨、城隍、马神、八蜡等神春秋二祭银三十两。坛夫二名，银十二两，闰月加银一两。

关帝庙三大祭，银四十两，三小祭无祀鬼神银十两。朔望行香银一两。时宪书银三两。乡饮酒银十两。滦阳驿实支工料银一千二百六十五两三钱四分四厘六毫零。铺兵十七名，实共支银一百二两，遇闰加银八两五钱。吹鼓手六名，共支银三十六两，遇闰加银三两。更夫五名，共支银二十四两，遇闰加银二两。火夫十名，共支银四十八两，遇闰加银四两。黄台河渡夫三名，共支银九两，遇闰加银七钱五分。孤贫冬衣布花银五两五钱六分六厘零。新添孤贫十二名，口粮银七十二两，闰月加银六两。新添沙河堡巡检弓兵十二名额，设卢、迁二县各半，分支工食银三十六两，遇闰加银三两。

二年一办，贡生花红旗匾银五两，每岁支银二两五钱。

三年一办，本府新中举人牌坊银八十两，每年实支银二十六两六钱六分六厘零。本府新中进士牌坊银一百两，每年实支银三十三两三钱三分三厘三毫。本县会试举人盘费银十五两，每岁支银五两。本县新中举人牌坊银八十两，每年实支银二十六两六钱六厘六毫。本县新中进士牌坊银一百两，每年实支银三十三两三钱三分三厘三毫。本县新中武举花红旗匾银十两，每年实支银三两三钱三分三厘三毫。本县新中武进士花红旗匾银二十两，每年实支银六两六钱六分六厘六毫。保定府武场公费银十三两，每年实支银四两三钱三分三厘三毫。

以上实支存留银三千二百二十四两九钱三分八厘，遇闰加银二百二十四两三分九厘（内除裁驿丞俸银三十一两五钱二分）。

抚 宁 县

本县修理龙亭仪仗银五钱，修理文庙银十两。本府门子二名，银十二两，遇闰加银一两。步快十六名，银九十六两，遇闰加银八两。本府同知轿伞扇夫七名，共银四十二两，遇闰加银三两五钱。山海通判俸银五十八两六钱七分二厘。本县知县俸银四十五两。门子二名，银十二两，遇闰加银一两。皂隶十六名，共支银七十八两，遇闰加银六两五钱。马快八名，共支银一百三十四两一钱，遇闰加银十一两二钱。仵作三名，工食银十八两，闰月加银一两五钱。民壮五十名，共支银三百两，遇闰加银二十五两。禁子八名，共支银四十八两，遇闰加银四两。轿伞扇夫七名，共支银四十二两，遇闰加银三两五钱。库夫四名，共支银二十四两，遇闰加银二两。斗级四名，共支银二十四两，遇闰加银二两。本县典史俸银三十一两五钱二分，皂隶四名，支工食银二十四两，遇闰加银二两。门子工食银六两，遇闰加银五钱。马夫银六两，遇闰加银五钱。新设弓兵六名，工食银三十六两，遇闰加银三两。教谕训导俸银共八十两。斋夫三名，共支银三十六两，遇闰加银三两。门斗二名，工食银十四两四钱，遇闰加银一两二钱。廪生二十名，共支银六十四两，遇闰加银五两二钱三分三厘零。膳夫二名，实支银十三两三钱三分三厘零，遇闰加银一两一钱一分一厘零。

文庙、崇圣、名宦、乡贤、春秋二大祭银四十两。社稷、山川、风云、雷雨、城隍、马神、八蜡等神春秋二大祭银三十两。坛夫二名，工食银十二两，遇闰加银一两。关帝庙三祭银四十两。三小祭无祀鬼神银十两。朔望行香银一两。时宪书银三两。乡饮酒银十两。铺兵三十名，共支银一百二十两，遇闰加银十两。芦峰驿设工料银并递马等银三千一百九十三两二分，闰月加银一百三十六两九钱三分二厘零。更夫五名，岁支银三十两，遇闰加银二两五钱。火夫十名，共支银三十两，遇闰加银五两。吹鼓手六名，共支银三十六两，遇闰加银三两。孤贫冬衣布花银二两三钱五厘零。新设孤贫九名，岁支口粮银三两六钱，共银三十二两四钱，遇闰加银二两七钱。

二年一办，贡生花红旗匾银五两，每年实支银二两五钱。本府岁贡生花红旗匾银五两，每年实支银二两五钱。

三年一办，本府迎贺新中举人花红旗匾银十两，每年实支银三两三钱三分三厘零。新中武举人花红旗匾银五两，每年实支银一两六钱六分六厘零。新中武进士花红旗匾银十两，每年实支银三两三钱三厘零。武举会试盘费银二十两，每年实支银六两六钱六分六厘零。会试举人盘费银十五两，每年实支银五两。新中举人牌坊银八十两，每年支银二十六两六钱六分六厘零。新中进士牌坊银一百两，每年支银三十三两三钱三分三厘零。武场公费银十二两，每岁实支银四两。以上存留各项实支银四千九百七十二两二钱五分四毫零，遇闰加支闰月银三百四十六两九钱七分六厘零。

昌黎县

修理龙亭仪仗银五钱，修理文庙银十两，本府知府皂隶十六名，岁共支银九十六两，遇闰加银八两。轿伞扇夫七名，工食银四十二两，遇闰加银三两五钱。本府同知皂隶十二名，共支银七十二两，遇闰加银六两。山海通判门子二名，工食银十二两，遇闰加银一两。本县知县俸银四十五两。门子二名，银十二两，遇闰加银一两。皂隶十六名，实共支银八十四两，遇闰加银七两。仵作二名，工食银十二两，遇闰加银一两。马快八名，实共支银一百三十四两四钱，遇闰加银十一两二钱。民壮三十名，实支银一百八十两，遇闰加银十五两。禁子八名，共工食银四十八两，遇闰加银四两。轿伞扇夫七名，共支银四十二两，遇闰加银三两五钱。库夫四名，共工食银二十四两，遇闰加银二两。斗级四名，共工食银二十四两，遇闰加银二两。本县典史俸银三十一两五钱二分。门子一名工食银六两，遇闰国银五钱。皂隶四名工食银二十四两，遇闰加银二两。马夫银六两，遇闰加银五钱。本县教谕、训导俸银共八十两。斋夫三名，工食银三十六两，遇闰加银三两。门斗二名，工食银十四两四钱，遇闰加银一两二钱。廪生二十名，每岁实支银六十四两，遇闰加银五两三钱三分三厘零。膳夫二名，共支银十三两三钱三分三厘，遇闰加银一两一钱一分一厘。

本府

文庙、名宦、乡贤、春秋二大祭银六十两。

社稷、山川、风云、雷雨、城隍等神春秋二祭银四十两。

本县

文庙、崇圣、名宦、乡贤春秋二大祭银四十两。关帝庙三大祭银四十两。

社稷、山川、风云、雷雨、城隍、马神、八蜡等神春秋二大祭银三十两。坛夫二名，工食十二两，遇闰加银一两。三小祭无祀鬼神银十两。朔望行香银一两。时宪书银三两。乡饮酒银十二两。铺兵十九名，每名工食银五两，除改归临榆二名，实支银八十五两，遇闰加银七两八分三厘三毫。更夫五名，实支工食银三十两，遇闰加银二两五钱。火夫十名，实支银六十两，遇闰加银五两。吹鼓手六名，支银三十六两，遇闰加银三两。潘家口水夫三名，实支银九两，遇闰加银七钱五分。小河水夫十名，实支银三十两，遇闰加银二两五钱。青龙河水夫五名，实支银十五两，遇闰加银一两二钱五分。滦河水夫六名，实支银十八两，遇闰加银一两五钱。孤贫冬衣花布银二两七钱八分三厘零。新设孤贫十名，口粮银三十六两，遇闰加银三两。

二年一办，贡生花红旗匾银五十两，每年实支银二两五钱。

三年一办，会试举人盘费银十五两，每年实支银五两。新中举人牌坊银八十两，每年实支银二十六两六钱六分六厘零。新中进士牌坊银一百两，每年实支银三十三两三钱三分三厘零。武场公费银十四两，每年实支银四两六钱六分六厘零。誊录书手银十两，每年实支银三两三钱三分三厘零。新中武举人花红旗匾银五两，每年实支银一两六钱六分六厘零。新中武进士花红旗匾银十两，每年实支银三两三钱三分三厘零。

以上存留实支银一千七百六十三两四钱三分六厘零，遇闰加支闰月银一百六两四钱二分七厘七毫零。

乐 亭 县

修理龙亭仪仗银五钱，修理文庙银十两，本府知府俸银一百五两，禁卒十二名，银七十二两，遇闰加银六两。斗级六名，岁共支银三十六两，遇闰加银三两。山海管粮通判轿夫伞扇夫七名，岁共支银四十二两，遇闰加银三两五钱。本府经历俸银四十两。皂隶四名，岁共支银二十四两，遇闰加银二两。本县知县俸银四十五两。门子二名，银十二两，遇闰加银一两。皂隶十四名，岁共支银八十四两，遇闰加银七两。仵作二名，银十二两，遇闰加银一两。马快八名，每名发支工食马料银十六两八钱，共银一百三十四两四钱，遇闰加银十一两二钱。民壮二十九名，内派山海通判四名，本县二十五名，岁共支工食银一百七十四两，遇闰加银十四两五钱。禁卒八名，岁共支银四十八两，遇闰加银四两。轿夫伞扇夫七名，岁共支银四十二两，遇闰加银三两五钱。库子四名，岁共支银二十四两，遇闰加银二两。斗级四名，岁共支银二十四两，遇闰加银二两。本县典史俸银三十一两五钱二分。门子银六两，遇闰加银五钱。皂隶四名，银二十四两，遇闰加银二两。马夫银六两，遇闰加银五钱。本县儒学教谕训导俸银共八十两。斋夫三名，工食银三十六两，遇闰加银三两。门斗二名，岁支银十四两四钱，遇闰加银一两二钱。廪生二十名，岁支银共六十四两，遇闰加银五两三钱三分三厘零。膳夫二名，共银十三两三钱三分三厘三毫，遇闰加银一两一钱一分一厘。

社稷、山川、风云、雷雨、城隍、马神等春秋二大祭银三十两。

文庙、崇圣、名宦、乡贤春秋二大祭银四十两。

关帝庙三大祭银四十两。三小祭无祀鬼神银十两。坛夫二名，工食银十二两，每遇闰加银一两。本府乡饮二次，银二十两。本府朔望行香银二两。本县朔望行香银一两。本县宪书银三两。本县乡饮酒礼银十二两。走递马匹每年草料银四十五两，遇闰加银三两七钱五分三丝。榆关驿工料银二千一百五十六两四分，遇闰加银一百八十七两五钱一分八厘六毫零。廪给口粮银一百八十两，新增站饭银九十两。新协济银二百七十两，遇闰加银二十二两五钱。抬轿夫二十名，每岁共支银二百十六两，遇闰加银十八两。接递皂隶十名，岁共支银二十七两，遇闰加银三两三钱七分五厘。铺兵八名，共支银四十八两，遇闰加银四两。潘家口渡夫二名，小河桥渡夫二名，大河桥渡夫五名，漷河桥渡夫八名，岁共支银五十一两，遇闰加银四两二钱五分。更夫五名，岁共支工食银三十两，遇闰加银二两五钱。火夫十名，工食银六十两，遇闰加银五两。吹鼓手六名，岁共支银三十六两，遇闰加银三两。孤贫冬衣布花银三两三钱四分一毫零。新设孤贫十二名，口粮银四十三两二钱，闰月银三两六钱。

二年一办，岁贡花红旗匾银二两五钱。

三年一办，会试举人盘费银十五两，每年带支银五两。新中举人牌坊银八十两，每年带支银二十六两六钱六分六厘六毫零。新中进士牌坊银一百两，每年带支银三十三两三钱三分三厘三毫零。新中武举花红旗匾银五两，新中武进士花红旗匾银十两，二项每年带支银五两。保定武场公费银十四两，每年带支银四两六钱六分六厘零。

以上实支存留各项银四千七百五十八两二钱一分四厘，内除榆关驿缺额不敷，协济加增银七十七两九钱四分八厘，在于卢龙县裁给银内拨给外，实支银四千六百八十两二钱六分六厘八毫零，实支存留闰月银三百三十五两四钱八分四厘七毫五丝零，内除榆关缺额不敷，协济加增闰月银十六两四钱六分六厘六毫五丝，在于卢龙县裁站银内拨给外实支闰月银三百十九两一分七厘（内除榆关驿裁缺官俸工食银四十三两五钱二分又闰月银一两）。

临榆县

修理龙亭仪仗银五钱。修理文庙十两。山海管粮厅斗级十四名，共支工食银八十四两，遇闰加银七两。本县知县俸银四十五两，门子二名，银十二两，遇闰加银一两。皂隶十四名，共支工食银八十四两。马快八名，每名岁支银十六两八钱，共银一百三十四两四钱。民壮五十名，共支银三百两，遇闰加银二十五两。仵作二名，共银十二两，遇闰加银一两。禁子八名，共支银四十八两，遇闰加银四两。轿伞扇夫七名，共支银四十二两，遇闰加银三两五钱。库子四名，共支银二十四两，遇闰加银二两。斗级四名，共支银二十四两，遇闰加银二两。典史俸银三十一两五钱二分。门子银六两，遇闰加银五钱。皂隶四名，银二十四两，遇闰加银二两。马夫银六两，遇闰加银五钱。教谕、训导俸银共八十两。斋夫六名，每名工食银六两，共支银三十六两，遇闰加银三两。门斗二名，共支银十四两四钱，遇闰加银一两二钱。膳夫二名，每名岁支银六两六钱六分六厘七毫，共支银十三两三钱三分三厘四毫，遇闰加银一两一钱一分一厘一毫。石门寨巡检俸银三十一两五钱二分。门子工食银六两，遇闰加银五钱。皂隶二名，工食银十二两，遇闰加银一两。弓兵十六名，共支银九十六两，遇闰加银八两。马夫银六两，遇闰加银五钱。吹鼓手六名，共支银三十六两，遇闰加银三两。朔望行香银一两。

文庙、崇圣、名宦、乡贤春秋二大祭银四十两。

社稷、山川、风云、雷雨、城隍、马神、八蜡等神春秋二大祭银三十两。

关帝庙三大祭银四十两。三小祭银无祀鬼神银十两。乡饮酒礼银十两。宪书银三两。孤贫冬衣布花银二两七钱八分三厘四毫九丝。铺兵十二名，共支银七十二两，遇闰加银六两。更夫五名，共银三十两，遇闰加银二两五钱。火夫十名，共支银六十两，遇闰加银五两。农夫二名，银十二两，遇闰加银一两。唐家川渡夫三名，共支银二十一两，遇闰加银一两七钱五分。新设石河渡夫四，名共支银二十四两，遇闰加银二两。新设梁河堡巡检弓兵六名，共支银三十六两，遇闰加银三两。迁安驿工料产并递马等项实支银三千三百六两六钱，闰月工料银二百八两一钱五分八厘零。协济加增银三百两，闰月银二十五两。

二年一办，贡生花红旗匾银三两三钱三分三厘零。

三年一办，会试举人盘费银五两。新中文举人牌坊银二十六两六钱六分六厘零。新中文进士牌坊银三十六两三钱三分三厘零。新中武举人花红旗匾银一两六钱六分六厘零。新中武进士花红旗匾银三两三钱三分三厘零。武场公费银四两。

以上存留官俸役食等项共银五千三百三十四两八钱一分，闰月加银三百十六两四钱一分九厘零。

起　运

卢　龙　县

共征地丁银八千二十九两五钱五分五厘，遇闰加丁闰银五十三两四钱一分八厘零，又原加闰月银五百四十九两九钱八分五厘，除支销存留外实剩起运银二千九百三十八两五钱三分六厘零，遇闰实剩起运银三千一百七十四两一钱八分四厘。

滦　州

共征地丁银一万二千四百三十四两五钱九分五厘，除存留支销外实剩起运银六千三百七十八两七钱一分四厘，遇闰加银六百九十六两五钱五分七厘，除支实起运闰银三百十六两五钱四分三厘零。

迁　安　县

共征地丁银九千九百九十两五钱九分六厘，除存留支销外实剩起运银六千七百六十六两二分一厘，遇闰加征丁闰及原闰银二百九十五两三钱二分，除支实起运银七十一两二钱七分二厘零。

抚宁县

共征地丁银一万一千五百八十四两三钱九分七厘，除支销存留外实剩起运银六千六百十一两四钱七分一厘，遇闰加征银七十六两二钱一分八厘，应支闰月银三百四十二两九钱七分六厘，尚缺银二百七十两八钱一分二厘，在于起运正银内支给。

昌黎县

共征地丁银一万五千二百七十六两五钱六分九厘，除支销存留外实在起运银一万三千五百十三两一钱三分二厘，遇闰加征地闰银五百四十六两三钱三分八厘，又丁闰银九十九两八钱八分四厘，除支实起运五百三十九两九钱五分二厘。

乐亭县

共征地丁银四千六百四十二两六钱六分八丝零，应支银四千六百八十两二钱六分六厘，尚不敷银三十七两六钱六厘，遇闰征银四百十一两八钱六分一厘，除支剩起运银九十二两八钱四分三厘。

临榆县

额内外并丁匠共征银五千六百四十六两九钱七分九毫，除支销存留外实在起运银六百三十两三分九厘零，又丁闰地闰银三十八两一钱三分一厘，应支三百十六两四钱一分九厘零，实不敷闰银二百七十八两二钱八分八厘零，在于地粮起运内扣存。

盐法

场界

济民场 在滦州柏各庄，距运司分司三百十里，南滨海，东极潮河（即刘家河）接石碑，转北至城，入滦州境，西跨运河，连越支场界，延亘百三十五里，中盐坨三，今废，堡三，存煎滩三处：一在新庄，一在常坨，一在边家灶。原额锅一百七十一面。

石碑场　在乐亭县石碑镇，距运司分司三百六十余里，南临大海，北跨滦河，入永平府境，东连乐亭之石阁，接归化场界，西接刘家河济民场界，延广一百七十里。中盐坨三，今废。堡五，存锅原额七十二面，今实在三十九面。

惠民场　在抚宁，今并于归化场。

归化场　在临榆县盐务镇，距运司分司七百余里，南临海中秦王岛，北接抚宁县境，至龙王庙，东抵山海关界，西增惠民场域，入昌黎境，接石碑场界，延亘四百余里，中盐坨各三，今废。堡各三，尚存煎滩六处，在临榆者二：一盐务、一赤头，在抚宁者二：一戴河、一苏村，在昌黎者二：一在浦河、一团林，原额锅百十有九面，又惠民百有七面，今实在煎锅在临榆者三十二面，在抚宁者一十二面，在昌黎者三十四面。

按：盐有煎、有晒，晒者名盬，煎者名末盐。永郡独无滩可晒，率由煎成。煎法择碱地，畚锸起土，摊晒候干，方实土池中，以水浸淋而卤滲之，投以石莲子验其浮沉，须莲子浮立，卤面乃可入锅。沉，则卤淡不可煎。投卤于锅，炽薪于灶，卤干盐结，周十二时为一伏火。凡干六锅，锅有大小不等，每锅可煎数斗，有至石者，将成盐必投皂角数片，盐始凝。然必资于水草，故须冬窖冰，秋积草而春始淋煮之，昼作而夜候潮，无宁晷焉。

场　　户

济民场　原额三十八户，六百四十五丁，在滦州，今实在三十八户，六百八十五丁额，征银二百两七钱六分六厘。

石碑场　原额八十六户，一千六百五十丁，在滦、昌二县，今实在五十九户，一千八十五丁。

归化场　原额百五十四户，五百五十二丁，在抚、昌、临三县，本场今实在一百五十四户，五百五十二丁，又归并惠民场四十二户，四百十三丁。

场地

济民场 原额灶地二百六十六顷八十亩，草场地一十九顷八十四亩，今查实在草薄地一十九顷八十四亩，坐落新庄等处，按各灶取草供煎灶地无额，征银二十八两三钱五分。

石碑场 原额草薄地六十三顷五十四亩三分，今实在一百三十三顷五十九亩三分。每亩征课银三厘。

归化场 原额地二千九百六十四亩六分零，草薄地六十七亩（按《畿辅通志》云：据雍正三年由草登载）今实在草薄地六十七亩，坐落临榆县，每亩额征课银三厘五毫八丝零，灶地无，又归并惠民场，草薄地四十四顷五十四亩二分三厘零，坐落抚宁、昌黎二县，每亩额征课银一分三厘六毫四丝零。

引课

卢龙县 原额八百七十七引，新增七百九十七引，分认京引一百六十引，共一千八百三十四引（《畿辅志》与此小异此县册所报），每引盐三百十五斤，征银四钱二分三厘六毫四丝五忽，共征银七百七十六两九钱六分五厘。

迁安县 原额八百四十六引，新增三百八十九引，分认京引五十七引，共一千二百九十二引，共征银五百四十七两三钱四分九厘。

抚宁县 原额一千六十八引，新增一千八百三十九引，认京引一百三十四引，内分一千一百七十六引，与临榆实存一千八百六十五引，共征银七百九十两九分八厘。

昌黎县 原额一千二百三十二引，新增一千七引，分认京引一百三引共二千三百四十二引，共征银九百九十二两一钱七分七厘零。

滦　州 原额一千二百四十引，新增一千二百四十引，分认京引一百四十引大共二千六百二十引，共征银一千九十八两九钱三分五厘。

乐亭县　原额一千四百二十三引，雍正间增引一千六百八十九道，又新增引一千七百五十道，分认京引一百四十三道，今实在引五千零五道，共征银二千一百二十两三钱四分三厘。

临榆县　原额四百六十六引，新增七百一十二引，共一千一百七十八引，共征银四百九十八两二钱七厘。

以上按年销引完课，商人于奏销前自赴运使司交库解部，大共额征引课银五千八百十五两三钱八分零，计引一万三千七百二十七引。

按：引制明初损益元制，每一大引四百斤，折二小引，每包二百斤，加包索五斤，后增加至八十斤，计一引凡二百八十五斤。其法灶户自备器皿煎煮，每丁岁办盐四引，地每亩办盐十六斤，车一辆办盐二百斤，牛驴一头办盐一百斤。成化六年，以陆路穹远，商人不支盐课，遂致盐斤堆积消折，改令每盐四大引折白布一匹，长三丈二尺，议价银三钱。嘉靖八年，又以四场离批验所穹远，商人支掣实难，将四场灶丁每引改折银一钱，解司给商收置勤灶余盐以补原中之额。嘉靖三十九年，户部定派永平引数三千九百十八引，分属州县，滦、卢各一千八十九引，迁、抚、昌、乐各四百三十五引，官立循环簿记，买过引盐并水程期限，按季送盐院稽考。隆庆五年，盐院议额派商引，因边境不通，商贾故将盐引酌量州县大小计里分引（明以一百十户为一里），每引纳银一钱，题准减派为二千引，共纳银二百两，又于丁口食盐每百斤抽纳税银一分五厘，共多银一百六十余两，本府印票发州县填给卖者如数纳课，按季解司，次年复加银及六卫共五百两为年例，每岁土人包纳库银官给小票，行贩纳钱于官，自行买卖，明季通行无滞。至国朝顺治四年户部奏立画一之规，因天下各司俱有盐商，惟顺、保、永三处无商，遂题定改引招商，乃以州县户口之多寡定额，每丁岁食盐十斤四两，府属共定五千八十六引，每引岁纳银二钱六分，后又以生齿日繁，递增至一万三千七百二十七引，每引增银四钱二分三厘六毫零。其引包斤两，国初稍减，以二百三十斤为一引，后于康熙年间部议将割没等名摊入正项，每引加盐二十五斤，雍正间又将长芦盐斤每包再加五十斤，今为三百斤云。

杂项折价银

济民场　额征边布银二百二十九两四钱一分三厘三毫，京山银四十二两九钱一分，锅价银十一两五钱五分，白盐折价银六十四两九钱一分二厘四毫零，遇闰加银二两四钱七分五厘，盐砖折价银九两六钱三分八厘，俸粮银四十四两九钱七分五厘，遇闰加银一两八钱六分七厘七毫。裁汰书办工食银六两。

石碑场　额征边布银二百九十一两零，京山银七十六两三钱四厘，锅价银六两五钱八分，白盐折价银九十六两五钱六分三厘三毫。盐砖折价银五两六钱三分八厘，俸粮银九十三两三钱二分七厘七毫遇闰加银四两六分七厘。裁汰书办工食银六两。

归化场　本场额征边布银八十四两五钱七分九厘七毫，又惠民场八十五两九钱三分八厘三毫，计每丁纳盐四引二十斤，每引折价银一钱，京山银二十两七钱一分，又惠民场二十七两六钱六分，锅价银六两三钱三分，又惠民场七两四钱九分，白盐折价银二十二两五钱三分二厘一毫六丝零，遇闰加银一两六钱五分，又惠民场三十四两三钱三分二厘六毫六丝零，遇闰加银二两四钱七分五厘。盐砖折价银九两六钱三分八厘，又惠民场七两六钱三分八厘。俸粮银四十九两六钱一分二厘，遇闰加银一两七钱七分二厘，又惠民场四十八两六钱二分八厘，遇闰加银二两四分六厘六毫。裁汰书办工食两场各征银六两。裁并青衣工食惠民场额征银十四两四钱。

供　盐

济民场白盐七千七百五十一斤四两。石碑场白盐一万一千五百三十一斤。归化场白盐二千六百九十斤五两。惠民场白盐四千一百斤三两。

卷之八

学校志

夫鲁作泮宫，诗人致颂，王泽衰缺，子衿刺焉。是治乱之本关于庠序者非浅鲜也。古圣王良法美意莫此为大，厥后代有创兴，乃旧志只载学宫修建，而于崇祀礼乐一切大典概置不录，岂朝廷诞敷文教之意！兹汇征制作特立一门，俾按籍者不致茫无所稽，后之君子述子游之盛心，追文翁之雅化，将见黄山濡水之间，蒸蒸向上，月异而岁不同。海滨邹鲁之颂，其在于斯欤！作学校志。

学　宫

永平府儒学　在治北一百五十步，明伦堂五间，两序东西斋各五间，前为仪门，又前为大门外东西两坊，创建年月莫考，元延佑中总管府达鲁花赤也孙秃，至正中，总管贾维贞，明正统中知府李文定，天顺中周晟，成化中王玺、王问，弘治中吴杰，正德中何诏、唐夔，嘉靖中李逊，隆庆中兵备沈应乾、知府刘庠，万历中兵备宋守约，知府辛应乾、张世烈、徐准皆曾修葺。国朝顺治中副使宋公琬、郡守杨公呈彩，康熙六年李公兴元，十六年常公文魁，三十六年梁公世勋，郡丞彭公尔年，四十八年郡守张公朝琮，乾隆二十八年郡守七公十四皆重修。三十八年李公奉翰补修。

先师庙在明伦堂西，正殿五间，两房各五间，前露台、戟门，又前泮桥，左右碑亭，前棂星门。崇圣祠在庙左，名宦祠、乡贤祠在戟门左右，敬一亭在庙西，久废。教授宅旧在明伦堂后，有号舍两楹，今俱废。康熙三十二年，教授徐麟详请借居北平书院。

训导宅三所，在明伦堂左，国初废，借居武学右舍。康熙三十七年训导徐香修建，乾隆二十八年教授杨宸、训导崔鹤仪仍改建于旧处。

附　**府武学**　在府治南，旧守备厅地，明隆庆六年知府辛应乾建，今改为敬胜书院。

辽　学　顺治二年因辽生散居关内，题设至十二年裁，官归并府学代理，今裁。

卢龙县儒学　在郡城东南隅，县治之前。明伦堂三间，前有捲棚，前为仪门，又前为大门。明洪武二年建，知县胡炳经始。正统间巡按御史李奎、魏林、徐宣相继捐修，景泰间知县胡琮重修，天顺间圮于水，教谕李伦重修，成化间教谕徐润等更拓之，弘治间知县李景华、吴杲、知府吴杰增建号舍（今废）。嘉靖间府同知张守、知县王大猷、吴道南、杨保庆，隆庆间知县潘愚重修，万历十五年又为水圮，兵备叶梦熊、知府孙维城、推官沈之吟、知县王衮、王象恒，天启中孙止孝、崇正中张煊，皆重修。崇祯十五年为飓风所拔。国朝顺治中知县梁应元、赵汲，康熙间知县闵峻，相继重修。康熙十年淫雨倾侧，知县魏师段、吕宪武，教谕朱持正，知县卫立鼎、陈梦熊重修。四十八年大水坍塌，知县晏宾，教谕胡仁济修葺之。乾隆三十六年教谕丁廷辅，训导田云青重修明伦堂。

先师庙旧在明伦堂前，规制卑狭，嘉靖四十五年兵备道沈应乾，迁于学左。正殿五间，东西房五间，前戟门、泮池，又前为棂星门，棂星门之南建坊二，其东西临街建坊各一，今废。

崇圣祠旧在敬一亭西，后改建东北隅。名宦祠、乡贤祠在戟门左右。忠孝祠、节烈祠在明伦堂左右。敬一亭在庙后，今废。教谕宅在明伦堂后。

训导宅，在明伦堂西，旧废，训导王拱辰复建。馔厅，在堂左，废。学仓在堂右，废。

滦州儒学　在州治西北。明伦堂三间，左为厨，右为库，东西两序，东为兴诗斋，西为立礼、成乐二斋，今废。东出为居仁门，西出为由义门，又前为东西儒学二门，门外两坊：曰兴贤、育材。辽清宁五年始建，元至正四年知州孙明撤而新之，至明洪武四年李益谦重建。洪武中刘政，永乐中谈辉、陶安，正德中刘并，天顺中郑鼐，成化中杨鼐，洪治中吕镃、汪晓，正德中陈溥、高堂，嘉靖中刘礼元、张士俨、陈士元，隆庆中推官陈训，万历中知州郑琉、张元庆、刘从仁、林养栋、李乔岳、周宇，国朝顺治中朱伸府，同知刘日永，州同史在德，康熙中知州张勿执，学正白学曾、王子梴，训导韩文煜，相继修葺。

先师庙，在明伦堂前，正殿五间，夹室为东西两房，前为戟门，又前为泮池，为桥，又前为棂星门，门外有石望柱二，郡人许庄立。

崇圣祠，在庙东南隅，聚奎堂北。

名宦祠、乡贤祠，在成乐斋西，本馔堂地。

敬一亭，在明伦堂后。

魁星楼在崇圣祠前，明万历间建。

聚奎堂，在魁星楼北，东西文会房各三间。

学正宅，旧在兴诗斋东，久废。今在明伦堂后，乾隆三年李光祖购买民地建。

训导宅，旧在馔堂南，久废。今在殿西，乾隆三年李光祖建。

射圃亭，在乡贤祠西，今废。

学仓，在学正廨南，久废。

迁安县儒学　在治东。明伦堂五间，两序：东为进德斋，西为修业斋，并废。前为露台，下为甬道，东出为义路，西出为礼门，洪武二年，知县萧颐创始。永乐中知县邢冕，宣德中巡按余思宽，正统中知县商辂，景泰中费永宁，皆增修，原在东门外，成化四年，教谕胡宪详准展城以包之。嘉靖中都御史孟春重修增建，后知县陈策、温志敏、王锡韦、文英、罗凤翔，万历中王淑民、冯露、申安、张镃、张廷拱相继修补。崇祯三年毁于兵火，七年知县任明道重修，后复倾圮。国朝顺治中教谕蒋文灿，康熙中知县武喻周，王永命、张一谔、屈明基、蒋以选、乔于瀛，教谕杜维桢，雍正七年知县王孔彰相继修葺。

先师庙，在明伦堂前，正殿三间，东西两房各五间，前为戟门三间，又前为泮池，为桥，又前为棂星门，有文书房、祭器库、斋宿所、更衣亭并久废。

崇圣祠，三间在庙东北。

名宦祠、乡贤祠，在戟门东西。

敬一亭，在明伦堂后，今废。

教谕宅，在明伦堂西，前为儒学大门。训导宅，在教谕宅后。

射圃亭，在崇圣祠东，久废。

附　三屯营文庙，在三屯城内西北隅。

抚宁县儒学　在县治东南。明伦堂三间，前为仪门，又前为大门，明洪武十一年建。成化间知县姜镐，弘治中刘玉，嘉靖中叶宗荫，万历间知县张彝，训导徐汝孝，国朝康熙中王文衡、谭琳、刘馨，教谕辛进修，知县赵端皆经修葺。

先师庙，在明伦堂东，正殿五间，东西房各五间，前为戟门，又前为泮池，石桥三座，前为棂星门。

崇圣祠，在庙左。

名宦祠、乡贤祠，在戟门东西。

敬一亭，在明伦堂后，今废。

教谕宅，在明伦堂东北。

训导宅，旧在教谕宅西，久废。今移学前东山书院，重修增建。

昌黎县儒学　在治西南，明伦堂三间，东西斋各三间，日博文约礼，后有号舍，久废。前为仪门，又前为大门，创建年月无考。元大德四年县尹刘懋修。明永乐十五年知县杨禧重建。弘治中殷玘、张云凤，嘉靖中闫凤、胡汉、楚孔生，隆庆中孟秋，万历中吴应选、石之峰、胡溪、吴望岱、杨于陛、徐汝孝，崇祯中秦士英，国朝顺治中推官刘增，知县宋荐，教谕吴凤起、陈兆桢，训导王渠，康熙间知县王曰翼，训导李维楫皆重修。

先师庙，在明伦堂东，大殿五间，两庑各五间，前为戟门，又前为泮池，为棂星门，东西牌坊各一座，曰兴贤育材。

崇圣祠，在庙后。

名宦祠，乡贤祠，在戟门左右。

敬一亭，在明伦堂后，有敕谕碑四，勿箴。

射圃，在城西南隅。

教谕宅，在敬一亭后，教谕邵纲王大槐重修。

训导宅，在庙左，旧废。康熙五十五年训导郭鼎建，乾隆十九年王元钊，三十七年郭鋐俊皆增修。

乐亭县儒学 在县治西，明伦堂五间，两序，东为居仁斋，西为由义斋，后为馔堂（今废）。其前为中门，门内为号舍（今废），又前为学门，金天会中邑进士李杭建，县令韩昶、邑进士鲜于仲权，元至元中县尹柴立本修葺。元季兵燹，明洪武中知县王文贵重建。正统中吕渊，天顺中董昱、县丞狄春，成化中知县王弼修补，李瀚迁建于文庙东。弘治中郝本、田登，嘉靖中杨凤阳，万历中林景桂、于永清、杜和春，天启中刘檄，国朝顺治中知县叶矫然，康熙中于成龙、金星瑞、张敏，教谕王纯，训导柴育德，乾隆间知县陈金骏，教谕赵云书相继增修。

先师庙，在明伦堂右，正殿五间，东西两房各十间，前为戟门三间，角门各一间，又前为泮池、为桥、为棂星门，门之外绕以围墙，形如玉带，左右各一坊，其神厨、神库、宰牲房，今废。

崇圣祠，旧在戟门东，今改建大成殿北。

名宦祠、乡贤祠，在戟门左右。

忠义节孝祠，并在县治东南，雍正八年知县黄奇圣建。

敬一亭，旧在崇圣祠前，久圮，改建明伦堂后。

教谕宅，在明伦堂左。

训导宅，在明伦堂右。

射圃亭，在居仁斋后，久废。

学仓，在明伦堂后。

临榆县儒学　在县治西，系山海卫旧学。明伦堂五间，东西两斋曰文成、武备，后改建崇德、广业，今废。前为仪门，大门，明正统元年创建。都指挥王整、教授张恭，天顺间指挥刘纲，成化中主事尚絅、胡、吴杰、苏章、熊录、尚缙，嘉靖中黄景奎、邬阅，隆庆中任天祥，万历中孟秋、王邦俊、张时显，遵化巡抚李颐、主事李本纬、员外邵可立相继修理。崇祯中山永巡抚杨嗣昌改建，庙西旧射圃废地，巡抚朱国栋、关内道张志完增修。国朝顺治中关内道杨茂魁、通判杨生辉，康熙中教授韩国龙、通判陈天植、安达里、周廷润。教授张璞，训导梁薛一，乾隆间教谕胡坦，训导李廷对重修。

先师庙，在明伦堂东南，中为大成殿，东西两房，前为戟门，门外泮池，石桥三甃，又前为棂星门、照壁，左为金声门，右为玉振门，其神厨、更衣亭在戟门左右，并废。

崇圣祠，在大成殿东北。

名宦祠、乡贤祠，在戟门左右。

忠孝祠、节烈祠，在棂星门东西。

魁星楼，在名宦祠东。

文昌宫，在乡贤祠西。

敬一亭，旧在崇圣祠前，改建明伦堂后。尊经阁即旧明伦堂改建。教谕宅旧在堂西，训导宅旧在庙东，并废，今在本学大门左，魁星楼后，原为生儒号舍。

射圃亭，在崇圣祠右。

历朝崇祀纪年

汉高帝十二年过鲁，祀孔子，以太牢。

元帝时诏：褒成侯霸以所食邑祀孔子。

平帝元始元年，初追谥孔子曰褒成宣尼公。

东汉明帝永平二年冬十月，令郡县学校祀圣师周公，孔子。

安帝延光三年祀孔子及七十二子于阙里。

桓帝元嘉三年，鲁相请为孔庙置守庙百户。卒史，春秋享礼出王家钱。

魏齐王正始二年及五年、七年，并命太常释奠，以太牢祀孔子于辟雍，以颜回配。

晋武帝泰始三年，诏太学及鲁国四时备三牲以祀孔子。七年皇太子亲以太牢祀孔子。

东晋时孔子裔孙袭封奉圣亭侯于江左。

南宋文帝元嘉二十二年，皇太子释奠国子学，乐用登歌。

南齐武帝永明三年，诏用轩县之乐，六佾之舞，牲牢器用依上公。

梁武帝天监四年，皇太子亲释奠，登阼阶以明从师之义。

北魏孝文帝十六年，改谥宣尼日文圣尼父，告祀孔庙。

北齐制：每岁春秋二仲行释奠礼，每月朔，祭酒领博士以下及诸生谒庙行礼，郡学博士亦如之。

北周宣帝大象三年，追封邹国公。

隋制：国子学每岁以四仲月上丁释奠于先圣先师，州郡学则以春秋仲月释奠。

唐高祖武德二年，始诏国子学立周公、孔子庙，七年以周公为先圣、孔子配，九年封孔子之后为褒圣侯。

太宗贞观二年，罢周公，尊孔子为先圣，以颜回配。十一年诏尊孔子为宣父，二十一年诏天下以左邱明、卜子夏、公羊高、谷梁赤、伏圣、高堂生、戴圣、毛苌、孔安国、刘向，郑众、贾逵、杜子春、马融、卢植、郑元、服虔、何休、王肃、王弼、杜预、范宁二十二人从祀尼父庙堂，国学遣官行礼，其州县以长官主祭。

高宗乾封元年，追赠孔子为太师。

总章元年赠颜回太子少师，曾参太子少保，皆配享。

中宗嗣圣七年，封孔子为隆道公。

元宗开元八年，始定诸贤坐像，二十七年追谥孔子为文宣王，正南面之位，赠颜子兖国公，闵子等为侯，曾子等为伯，以十哲为坐像，悉与祀。帝亲制颜子赞，余令文士分为之。

宋太祖建隆元年，幸国子监，亲撰先圣、亚圣赞，十哲以下命文臣为之。三年，诏庙门立十六戟。

真宗大中祥符元年，追谥孔子元圣文宣王，追封圣父叔梁纥为齐国公。二年加冕九旒，服九章，执桓圭，追封十哲为公，七十二弟子为侯，先儒为伯，五年又以国讳改谥元圣文宣王为至圣文宣王。

仁宗景祐元年，诏释奠用登歌。

神宗元丰六年，封孟子邹国公，七年以孟子配享，荀况、杨雄、韩愈并从祀。

徽宗崇宁元年，封伯鱼泗水侯、子思沂水侯，又诏殿以大成为名。四年增文宣王冕十二旒，服十二章，执镇圭。庙门立二十四戟。

大观二年，以子思从祀。

政和五年，诏孟子庙以乐正子配享，公孙丑以下从祀，封爵有差。

高宗绍兴十年，改京师释奠为大祀，加笾豆十二。

理宗宝庆三年，封朱子信国公，绍定三年改徽国公，淳祐元年，加周敦颐、张载、程颢、程颐、朱熹从祀。景定二年加张、吕祖谦从祀。

度宗咸淳三年，以颜、曾、思、孟为四配，升颛孙师位，十哲列邵雍、司马光于从祀。

金章宗明昌二年，诏避周公、孔子之名。

元世祖至元十年，诏春秋二丁执事官员各依品序公服陪位。

大德十一年，武宗即位，加孔子号为大成至圣文宣王，加封颜子父无繇为杞国公。

仁宗皇庆二年，以许衡从祀。延祐三年，诏封孟子父为邾国公。

文宗至顺元年，加封孔子父齐国公叔梁纥为启圣王；加颜子为兖国复圣公，曾子国宗圣公，子思沂国述圣公，孟子邹国亚圣公，加程颢预国公，程颐洛国公。是年始以董仲舒从祀，位居七十二子之下。

顺帝至正二十二年，以杨时、李侗、胡安国、蔡沈、真德秀从祀，追封朱熹父松为齐国公。

明太祖洪武元年，诏正诸神封号，惟孔子特仍其旧，定每岁春秋仲月上丁日遣官行释奠礼，复孔颜孟三氏子孙徭役。四年令进士释褐行释菜礼，更定祭器、礼物、乐舞、改八笾豆为十，以国子生及公卿子弟在学者充乐舞生。五年罢孟子配享。六年复孟子祀。十五年诏天下儒学通祀孔子，颁释奠仪。二十六年颁大成乐器于天下，各州县如式制造。二十九年，黜杨雄从祀。

成祖永乐八年，正文庙绘像圣贤衣冠，令合古制。

宣宗宣德三年，刊定从祀名爵位次，颁行天下。

英宗正统二年，以宋胡安国、蔡沈、真德秀从祀。三年禁释老宫，不得渎祀孔子。八年始以元吴澄从祀。

景帝景泰二年，诏以颜子、孟子后为五经博士，世袭承祀。六年诏以周、程、朱子之后为博士。

宪宗成化二年，封董仲舒为广川伯，胡安国建宁伯，蔡沈崇安伯，真德秀浦城伯。十二年增乐用八佾，笾豆为十二。十六年命过孔门者皆下马。

孝宗弘治八年，始以宋杨时从祀，封将乐伯。

世宗嘉靖九年，改称孔子为至圣先师，不用王号，四配为复圣、宗圣、述圣、亚圣，十哲及门弟子称先贤，左邱明以下称先儒，不复称公侯伯。易塑像为木主，改大成殿为先师庙，大成门为庙门，乐章中称王者并易为师，遵旧制用六佾、十笾豆，以申党即申枨，去党存枨，公伯寮、秦冉、颜何、荀况、戴圣、刘向、贾逵、马融、何休、王肃、王弼、杜预、吴澄、俱罢祀。林放、蘧瑗、卢植、郑众、郑元、服虔、范宁七人俱各祀于其乡，进后苍王通、胡瑗、欧阳修、陆九渊从祀。又于先师庙后别建启圣公祠，祀圣父叔梁纥，以颜无繇、曾点、孔鲤、孟孙氏配程珦、朱松、蔡元定从祀两庑。

穆宗隆庆五年，以薛瑄从祀。

神宗万历初，以罗从彦、李侗从祀。十二年，以陈献章、胡居仁、王守仁从祀。二十三年，以宋周惇颐、父周辅成从祀启圣祠。二十八年，诏易先师庙以绿琉璃瓦。四十七年，以罗从彦、李侗从祀。

熹宗天启六年，以张载后为博士。

庄烈帝崇祯三年，以大程子及邵雍后为博士。十五年，诏改左邱明及周、程、张、朱、邵六子称先贤。

国朝顺治二年，定文庙谥号，称大成至圣文宣先师孔子。十四年，仍改称至圣先师孔子。

康熙二十三年御书“万世师表”匾额悬国子监，并颁发各学大成殿。二十五年御制先师及四贤赞，颁学勒石。二十九年，议准凡文武官民人等经过文庙下马。三十八年，诏各学设乐器。三十九年，置闵氏、端木氏世袭五经博士。五十一年特谕升朱子于十哲之次（《国学礼乐录》作四十一年，兹从《阙里文献考》）。五十四年诏以范仲淹从祀。五十九年以卜子后为博士。

雍正元年诏追封孔子五代王爵，改启圣祠为崇圣祠。命各省学宫建忠义孝弟祠，仍建节孝祠于学宫之外，二年命增定从祀先贤、先儒，复林放、蘧瑗、秦冉、颜何、郑康成、范宁，增县亶、牧皮、乐正子、公都子、万章、公孙丑、诸葛亮、尹焞、魏了翁、黄干、陈淳、何基、王柏、赵复、金履祥、许谦、陈浩、罗钦顺、蔡清、陆陇其，增张迪入崇圣祠。是年部颁文庙礼乐图籍，三年命讳孔子名加阝为邱。四年御书“生民未有”匾额颁悬各学。七年修阙里文庙成，新塑圣像冕十二旒，服十二章，先贤九旒、九章。

乾隆二年，特命阙里文庙易黄瓦，国子监亦如之，以先儒吴澄从祀，以韩愈后为博士。三年颁御书“与天地参”额于文庙，升先贤有若为十二哲，移朱熹西哲末。二十一年，改正孟庙从祀，告子为浩生不害。

庙祀次位

正位南向，木主定式高二尺三寸七分，阔四寸，厚七分，座高四寸，阔七寸，厚三寸，朱地金书：“至圣先师孔子。”

东配西向，木主定式高一尺五寸，阔三寸二分，厚五分，座高四寸，阔六寸，厚二寸八分，赤地墨书：

复圣颜子　名回，字子渊，鲁人。

述圣子思子　名伋，字子思，伯鱼子。

西配东向，木主定式与东配同。

宗圣曾子　名参，字子舆，鲁人。

亚圣孟子　名轲，字子舆，邹人。

东哲西向，木主定式高一尺四寸，阔二寸六分，厚五分，座高二寸六分，阔四寸厚二寸，赤地墨书：

先贤闵子　名损，字子骞，鲁人。

先贤冉子　名雍，字仲弓，鲁人。

先贤端木子　名赐，字子贡，卫人。

先贤仲子　名由，字子路，卫人。

先贤卜子　名商，字子夏，卫人。

先贤有子　名若，字子若，鲁人。

西哲东向，木主定式与东哲同。

先贤冉子　名耕，字伯牛，鲁人。

先贤宰子　名子，字子我，鲁人。

先贤冉子　名求，字子有，鲁人。

先贤言子　名偃，字子游，吴人。

先贤颛孙子　名师，字子张，陈人。

先贤朱子　名熹，字元晦，婺源人，谥文公。

东庑西向，先贤木主定式皆与两哲同，先儒木主定式高一尺三寸四分，阔二寸三分，厚四分，座高二寸三分，阔四寸，厚二寸，赤地墨书：

先贤蘧瑗　字伯玉，卫人。

先贤澹台灭明　字子羽，鲁人。

先贤原宪　字子思，鲁人。

先贤南宫适 字子容，鲁人。

先贤商瞿 字子木，鲁人。

先贤漆雕开 字子若，鲁人。

先贤司马耕 字伯牛，宋人。

先贤梁鳣 字子鱼，齐人。

先贤冉孺 字子鲁，鲁人。

先贤伯虔 字子析，鲁人。

先贤冉季 字子产，鲁人。

先贤漆雕徒父 字子有，鲁人。

先贤漆雕哆 字子敛，鲁人。

先贤公西赤 字子华，鲁人。

先贤任不齐 字子选，楚人。

先贤公良孺 字子正，陈人。

先贤公肩定 字子仲，晋人。

先贤鄡单 字子家，卫人。

先贤罕父黑 字子索，鲁人。

先贤荣旗 字子旗，鲁人。

先贤左人郢 字子行，鲁人。

先贤郑国 字子徒，鲁人。

先贤原亢 字子杭，鲁人。

先贤廉洁 字子庸，鲁人。

先贤叔仲会 字子期，鲁人。

先贤公西舆如 字子尚，鲁人。

先贤邦巽 字子敛，鲁人。

先贤陈亢 字子禽，陈人。

先贤琴张 一名牢，字子开，卫人。

先贤步叔乘 字子车，齐人。

先贤秦非 字子之，鲁人。

先贤颜哙 字子声，鲁人。

先贤颜何　字冉，鲁人。
先贤县亶
先贤乐正克
先贤万章
先贤周敦颐　字茂叔，道州人，谥元公。
先贤程颢　字伯淳，河南人，谥纯公。
先贤邵雍　字尧夫，河南人，谥康节。
先儒谷梁赤　字元始，鲁人。
先儒伏胜　字子贱，济南人。
先儒后苍　字近君，东海郯人。
先儒董仲舒　字宽夫，广川人。
先儒杜子春　字时元，河南缑氏人。
先儒范宁　字武子，鄢陵人。
先儒韩愈　字退之，邓州人，谥文公。
先儒范仲淹　字希文，吴县人，谥文正。
先儒胡瑗　字翼之，海陵人，谥文昭。
先儒杨时　字中立，将乐人。
先儒罗从彦　字仲素，剑南人，谥文质。
先儒李侗　字愿中，延平人，谥文靖。
先儒张栻　字敬夫，绵竹人，谥宣公。
先儒黄干　字直卿，闽人。
先儒真德秀　字希元，浦城人，谥文忠。
先儒何基　字子泰，金华人。
先儒赵复　字仁甫，德安人。
先儒吴澄　字幼清，临川人。
先儒许谦　号白云金华人。
先儒王守仁　字伯安，余姚人，谥文成。
先儒薛瑄　字德温，河津人，谥文清。
先儒罗钦顺　字允升，泰和人。

先儒陆陇其　字稼书，平湖人，谥清献。

西庑东向，木主定式与东庑同。

先贤林放　鲁人。

先贤宓不齐　字子贱，鲁人。

先贤公冶长　字子长，鲁人。

先贤公晳哀　字季沈，齐人。

先贤高柴　字子羔，齐人。

先贤樊须　字子迟，鲁人。

先贤商泽　字子秀，鲁人。

先贤巫马施　字子期，陈人。

先贤颜辛　字子柳，鲁人。

先贤曹恤　字子循，蔡人。

先贤公孙龙　字子石，楚人。

先贤秦商　字子丕，鲁人。

先贤颜高　字子骄，鲁人。

先贤壤驷赤　字子从，秦人。

先贤石作蜀　字子明，秦人。

先贤公夏首　字子乘，鲁人。

先贤后处　字子里，齐人。

先贤奚容蒧　字子晳，鲁人。

先贤颜祖　字子襄，鲁人。

先贤句井疆　字子疆，卫人。

先贤秦祖　字子南，秦人。

先贤县成　字子祺，鲁人。

先贤公祖句兹　字子之，鲁人。

先贤燕伋　字子思，鲁人。

先贤乐欬　字子声，秦人。

先贤狄黑　字晳之，卫人。

先贤孔忠　字子茂，夫子兄，伯皮之子。

先贤公西葴　字子尚，鲁人。
先贤颜之仆　字子叔，鲁人。
先贤施之常　字子常，鲁人。
先贤申枨　字子周，鲁人。
先贤左邱明　鲁人。
先贤秦冉　字开，蔡人。
先贤牧皮
先贤公都子
先贤公孙丑
先贤张载　字子厚，郿县人，谥明公。
先贤程颐　字正叔，河南人，谥正公。
先儒公羊高　齐人。
先儒孔安国　字子国，夫子十一世孙。
先儒毛苌　赵人。
先儒高堂生　字伯汉，鲁人。
先儒郑康成　高蜜人。
先儒诸葛亮　字孔明，琅邪人。
先儒王通　字仲淹，龙门人。
先儒司马光　字君实，夏县人，谥文正。
先儒欧阳修　字永叔，庐陵人，谥文忠。
先儒胡安国　字康侯，崇安人，谥文定。
先儒尹焞　字彦明，洛阳人。
先儒吕祖谦　字伯恭，金华人，谥文亮。
先儒蔡沈　字仲默，建阳人，谥文正。
先儒陆九渊　字子静，金溪人，谥文定。
先儒陈淳　字安卿，龙溪人。
先儒魏了翁　字华甫，邛州人。
先儒王柏　字鲁斋，金华人。
先儒许衡　字仲平，河内人，谥文正。

先儒金履祥 字吉夫，兰陵人。

先儒陈浩 字可大，南康人。

先儒陈献章 字公甫，新会人。

先儒胡居仁 字叔心，余干人。

先儒蔡清 字介夫，晋江人。

崇圣祠位次

正位南向

肇圣王木金父

裕圣王祈父

诒圣王防叔

昌圣王伯夏

启圣王叔梁纥

春秋祭祀与文庙同，日笾豆牲帛，视四配东西配位，视十哲从祀先儒，视两庑详后图。

东配西向

先贤颜氏无繇

先贤孔氏鲤

西庑东向

先贤曾氏点

先贤孟氏激

东庑西向

先儒周氏辅成

先儒张氏迪

先贤蔡氏元定

西庑东向

先儒程氏铮

先儒朱氏松

名宦乡贤、忠孝、节烈诸祠所祀详各传，兹不具列。

释奠礼乐

仪　注

先期致斋二日。祭之前日，承祭官率僚属至明伦堂观演乐习仪毕，更朝服诣先师庙前丹墀行三跪九叩首礼。兴，视涤器，鼓乐前导至省牲亭香案前献爵奠酒三揖，宰牲取血，执事者捧送各庙祠供奉。承祭率僚属至，先师庙丹墀陪祭，至崇圣祠阶下俱候诸执事，安奉毕各一揖退。正祭日，鸡初鸣齐集文庙门外，更朝服，先诣崇圣祠致祭毕，阴阳官鸣鼓三通，起乐，通赞生引各官至先师庙丹墀，文东武西排立，通赞二生立月台唱：主祭官、陪祭官各就位。乐舞生各就位，执事者各司其事，瘗毛血，迎神乐奏昭平之章，各官皆行三跪九叩首礼。兴，乐止奠帛，行初献礼，乐奏宜平之章，引赞二生上分班导承祭官诣盥洗所盥洗进巾，诣酒樽所，司樽者举幂酌酒，承祭官诣至圣先师孔子神位前跪，献帛上香献爵叩首。兴，诣四配位前跪，献帛上香献爵叩首。兴，诣读祝位跪，各官皆跪，读祝生跪祝文毕。兴，复位行分献礼，赞引陪祭官东西两哲神位前，又赞引陪祭官诣东西两庑先贤先儒神位前跪，献帛上香献爵叩首。兴，复位行亚献礼，乐奏秩平之章，赞引承祭官诣先师位前跪献爵叩首。兴，诣四配神位前跪，献爵叩首。兴，复位，赞引陪祭官诣东西两哲神位前，又赞引陪祭官诣东西庑先贤先儒神位前跪，献爵叩首。兴，复位，行终献礼，乐奏叙平之章，赞引承祭官，陪祭官行礼如亚献，复位，赞引承祭官诣饮福位跪、各官皆跪，饮福受胙叩首。兴，复位，行谢福胙礼，各官俱三跪九叩首。兴，复位，彻馔，乐奏懿平之章，送神乐，奏德平之章，行三跪九叩首礼，读祝者捧祝，司帛者捧帛，各诣燎所望燎礼毕，众退，执事生皆退。

崇　圣　祠

祭日，鸡初鸣承祭、陪祭各官齐集祠下，通赞唱：起乐，承祭官就位，陪祭官就位，执事者各司其事，瘗毛血，迎神。各官皆二跪六叩首。兴，奠帛行初献礼，赞引承祭官诣盥洗所，盥洗进巾，诣神位前跪献帛上香，献爵叩首。兴，诣读祝位跪，各官皆跪，读祝生跪，读祝文毕。兴，复位，行分献礼，赞引陪祭官诣东西配、东西房神位前跪，献帛上香，献爵叩首。兴，复位，行亚献礼，赞引承祭官诣神位前跪，献爵叩首。兴，复位，赞引陪祭官，诣东西配，东西房神位前跪，献爵叩首。兴，复位，终献礼如之。复位，彻馔送神，各官皆二跪六叩首。兴，捧祝帛诣燎所望燎礼毕，退位。

礼　器

祝版二（书祝文之版也，以素木为之，有座、朱漆、金饰大成殿正位一，崇圣祠正位一）。祝案二（髹以朱漆，黄紵为围，大成、崇圣正位各一）。篚十八（承帛之匣也，制方长有座，编竹丝为之，边座皆朱漆，正位一，配位各一，哲位东西各一，两房东西各一，崇圣五，正位各一，配位东西各一，两庑东西各一）。供香帛案（髹以朱漆），彝（裸以盛酒之器也，云缘素腹，两耳作夔形，铜质无丹）。勺（所以斞酒者也，铜质，外刻星水文，柄端与御勺处皆刻龙首），幂（覆尊彝之巾也，用黄紵为之绘以云气，四角有押）。斝（酌以灌地降神之器也，古制画禾稼以为饰，是尊之属，今纯素无文，两耳如戟，铜质）。彝几斝几（髹以朱漆）。茅沙池（裸以缩酒之器也，用铜池实以沙，为茅束立沙上，裸则沃酒其上）。尊（献以盛酒器也，制有七，一大尊，以陶为之，素质一牺尊制为牺形，穴背受酒。一象尊制为象形，穴背受酒。一山尊刻为山云之形，一雷尊古雷文从回汉制刻为雷师云气之形。以上四尊皆铜质与大尊共为一案，陈而不用，不加勺幂。一著尊亦铜质饰饕餮雷文，惟酌献至圣先师位前用之，有勺幂，一壶尊亦铜质状如瓜壶，饰同著尊）。尊案（大、牺、象、山、雷五尊，共为一案，有座有栏，雕刻云花，饰以金朱五彩，著尊面刻三凹以承三尊，髹以朱漆，黄紵为围壶，尊面有孔，以承尊，朱漆红紵围）。爵一百九十（饮器之象，爵者前若喝，后若尾。足修而锐，两柱为耳以牛首为扳，金有雷文、云气、饕餮、蟠夔之饰，以铜为之，献爵正位三配位各三，哲位各一，东庑六十一，西庑六十二，又东西各三，崇圣祠五，正位各三，配位各三，东西庑各三，福爵一）。站（似豆而卑，断木为之，口圆微侈所以置爵亦以承尊，今惟爵用之）。登一（盛太羹之器，古用瓦，今亦范铜为之，饰以云雷饕餮，惟圣位前用之）。鉶二十四（盛和羹之器也，亦范铜为之。三足两耳，盖施三纽皆镂以饕餮雷文，正位二，配位各二，哲位东西各二，崇圣祠五，正位各二）。簠簋各三十八（簠盛加馔之器稻粱也，簋盛常馔之器黍稷也，方曰簠，圆曰簋，皆两翅两耳，镂以饕餮雷文，正位各二，配位每位各二十二哲每筵各一，两房每筵各一，崇圣祠五，正位每位各二，配位东西各一，两庑东西各一，降用一者去稻粱）。笾豆各一百五十二（所以荐庶馐者也，白饼黑饼形盐薨鱼为朝事之笾，枣栗榛实为馈食之笾，菱芡鹿脯为加笾之实。韭菹醓醢菁菹鹿醢为朝事之豆，脾析豚拍为馈食之豆，芹菹兔醢笋菹鱼醢为加豆之实。笾竹质朱漆，裹金笾足里黑漆。豆木质，刻鱼鳞文，正位各十，配位每位各八，哲位东西各二筵，每筵各八，两庑东西各五筵，每筵各四。崇圣祠正位每位各八，配位东各四，两庑东西各四，其降用八者去白饼黑饼脾析豚拍，降用四者又去榛菱芡薨鱼韭菹醓醢笋菹鱼醢）。供案二十八（所以陈祭品也，两端施档四足，圆卷髹以朱漆正位一，配位各一，哲位东西各二两庑各五，崇圣祠正位各一，配位东西各一，两庑东西各一，并有围）。馔盘十六（朱漆方口取簠簋笾豆之实，每品各置少许于盘，于送神前彻之，即古胙俎之遗意，正位一，四配位各一，哲位东西各一，崇圣祠正位各一，四配东西各一，两庑东西各一）。俎三十三（载牲之器，今制似周，房俎木质朱漆，正位三，配位各二，哲位东西各二，两庑东西各三，崇圣祠五正位各二，配位东西各一，两庑东西各一）。毛血盘（铜质）。胙盘（木质朱漆）。燔炉（铁质）。香鼎、香盒、香盘、烛台、花瓶、庭燎（今制用铁如笼有干植干陛间，实以松明然之）。洗罍（贮水器）。盥盘巾（拭手之帨）。燎叉（燎时擎帛，以铁为之，有柄）。瘗锹、斋戒牌、誓牌、班位牌、拜席。

府学祭器凋敝，今乾隆三十八年，郡守李公奉翰遵照《阙里文献考》敬谨制备，以重祀典，圜桥观礼者咸欣感焉，其各州县则州县旧志载明。滦州知州陈士元造祭器，乐亭知县李瀚铸祭器，昌黎知县王汉杰置锡笾豆三百八十件，今俱无考，惟抚宁绅士冯泰运所造铜器至今完好精备云。

乐　器

麾二（身用朱纻丝，首则以青篆书中和二金字，通体绘金，升龙朱，干上饰龙首，承麾其下，有架在柷敔北，东西相向，举则乐作，偃则乐止）。节二（以旄牛尾茜为赤色，凡九就，有盖朱，干金，为曲首以维节，其下有架，在舞佾之北，导舞列进退）。镛钟鼓各一（即特钟、县鼓在大成门左右，初祭击鼓，毕祭击钟，迎神送神齐击）。楹鼓足鼓各一（楹鼓一名建鼓，贯以柱而竖之下，设兽跗，上覆黄盖，顶置翔鹭，四旁垂五采流苏，在编钟之东，足鼓有四，足在编磬之西，皆北向）。鼗鼓二（有柄，两旁有耳，持其柄摇之，耳还自击，设搏拊之下，东西相向，与搏拊同节）。搏拊二（形如鼓，以苇为之，著之以糠，在歌工北，一字终拍拊应之）。编钟一堵（即歌钟十六枚，共一，在东南，每一句之始击之，以开众音）。编磬一堵（即歌磬十六枚，共一在西南，每句终击之，以收众音）。埙二（范土为之，中空，锐上平底，六孔，在编钟编磬之北，左右各一）。篪四（似管在编钟编磬之北左右各二，次埙）。凤箫二（十六管，今谓之排箫，左右各一，次篪虡）。篴六（在埙篪排箫之北，左右各三）。洞箫六（无底，在笛北，左右各三）。瑟四（在洞箫北，左右各二）。琴六（在瑟北，左右各三）。笙六（左右各三，直列在歌工后）敔一（形如桶，内有椎柄，连底桐之令左右击，今改正方为斗状，上广下狭，在搏拊北，用以举乐）。敔一（状如伏虎，背有龃龉以木尺栎之，在搏拊北，用以止乐）。籥翟各十八（籥以竹为之，开三孔，朱漆翟以木为柄，朱漆金龙首，上植雉尾，文舞所执）。

手版（木质，粉饰，歌工所执）。衣顶（执事时用襴衫雀顶。常服用銀盤起花銀顶）。按：今制陳樂器于露臺上，舞佾之外不分堂上堂下，文舞生在樂縣之北。

乐　谱

乾隆八年钦颁新谱，依圣祖仁皇帝御制《律吕正义》旋宫起调之法，以黄钟为宫声，大吕为清宫声，以次太簇、夹钟为商，姑洗、仲吕为角，蕤宾、林钟为变征，夷则、南吕为征，无射应钟为羽，半黄钟、半大吕当变宫之音，去四清声加四倍声，而以倍无射，倍应钟为变宫，倍夷则倍南吕为下羽。五正二变，阳律从阳，阴吕从阴，各成一均。其法以月律立宫下羽，主调宫、商、角、羽皆起调，正征及变宫征皆不起调。调皆用五正音，二变音不入调，倍夷则于箫为上字，于笛为凡字，倍南吕于箫为伍字，于笛为仉字，倍无射于箫为伬字，于笛为合字，倍应钟于箫为伬字，于笛为六字，黄钟于箫为工字，于笛为四字，大吕于箫为仜字，于笛为五字，太簇于箫为凡字，于笛为乙字，夹钟于箫为凡字，于笛为亿字，姑洗于箫为合字，于笛为仩字，仲吕于箫为六字，于笛为上字，蕤宾于箫为四字，于笛为尺字，林钟于箫为五字，于笛为尺字，夷则于箫为乙字，于笛为仜字，南吕于箫为亿字，于笛为工字，无射应钟与倍夷则、倍南吕应埙篪与箫应，笙与笛应，琴瑟则以五音定弦位，琴芶、应羽苟、应宫芶、应商芶、应角芶、应征、瑟苟芶、应下羽苟芶、应宫芶芶、应商芶芶、应角芶芶应征芶苟、应羽。释奠之乐，四仲皆以月律为宫，以月律之下羽起调，春丁以夹钟为宫，仲吕为商，林钟为角，应钟为征，倍应钟为羽。倍应钟起调，为夹钟，清商宫之羽清变宫调，秋丁以南吕为宫，应钟为商倍应钟为角，夹钟为征，仲吕为羽。仲吕起调为南吕，清征宫之羽、清角调立宫之均不同其旋宫声调则一也。

《阙里文献考》云：按《律吕正义》旋宫起调表，各律皆以下羽主调，正羽同调首。而无半宫之音，是正羽，虽入调而调首则必以下羽且歌亦不用半宫矣。乾隆十二年秋，太常乐工来阙里教肄新乐，其奏歌章惟宣平、秩平、德平三曲起调，六曲毕曲，及懿平渎字用下羽，余皆歌正羽高声，又昭平章之韵字，宣平章之振字、既字，秩平章之再字、誉字，叙平章之祭字，懿平章之四字、不字自字，德平章之祀字，此十字皆歌半宫高声，是为下羽，至半宫凡七声正义皆未言此用意者，正羽既同调首亦可起调，而歌正宫声于正羽声之上清浊悬远，难合抗坠之节故以子声闲正奏欤然则表列下羽至正羽殆所以著律吕旋宫之列而半宫子声又太常歌工之变例也。

乐　　章

乾隆八年部颁，春祭夹钟为，宫倍应钟起调

迎神

昭平之章

按仉为宫，伕为商，伍为角，仕为征，伬为羽

大伬哉仉孔六子伍，先伬觉仕先伍知伕，与仉天伕地仕参伍，万伬世仕之伍师伍，祥伍征仕麟仉绂伕，韵仉答仕金伬丝伍，日仉月伕既伬揭伍，乾仉坤伕清仉夷伬。

初献

宣平之章

予伬怀仉明伕德伍，玉仕振仉金伬声仕，生伕民仉未仕有伍，展仉也伕大伍成伕，俎伍豆仕千伬古伍，春伕秋伕上伍丁伕，清伬酒仕既仉载伬，其仉香伕始仉升伬。

亚献

秩平之章

式伬礼仉莫伕愆伍，升仕堂伍再仉甗伬，响仕协伍鼓仉镛伕，诚伍孚仕罍伍献伬，肃伍肃伍雍伕雍伕，誉仉髦伬斯仕彦伬，礼仕陶伍乐仉淑伕，相伍观伕而仉善伕

终献

叙平之章

自伬古仉在伍昔伕，先仕民伍有仉佽伕，皮伍弁仕祭仉菜伬，於仕论伍思伕乐仉，惟伍天仕牖伬民伍，惟仉圣仕时仉若伕，彝伍伦伍攸仕叙尺，至仕今伍木仉铎伬。

彻馔

懿平之章

先伬师仉有伕言伍，祭伬则仩受伬福伍，四仉海伬黉伍宫仩，畴仉敢伕不仉肃伬，礼伍成仩告伬彻伍，毋仉疏伕毋仉渎伬，乐伍所仩自仉生伬，中伍原伕有仉菽伬。

送神

德平之章

凫伬绎仉峨仩峨伍，洙仩泗伬洋仉洋伕，景仩行伍行伍止仩，流仉泽伕无伍疆伕，聿伍昭仩祀仉事伬，祀伬事仩孔仉明伕，化伬我伍蒸伬民仩，育仉我伕胶仉庠伬。

秋祭南吕为宫仲吕起调

迎神

昭平之章

大伕哉亿孔仩子伬，先伕觉仉先伬知仩，与亿天仩地仉参伬，万伕世仉之伬师伬祥伬征仉麟亿绂仩韵亿答仉金伕丝仉，日亿月伕既伕揭伬，乾亿坤仩清亿夷伕。

初献

宣平之章

予伕怀亿明仩德伬，玉仉振亿金伕声仉，生仩民亿未仉有伬，展亿也仩大伬成仩，俎伬豆仉千伕古伬，春仩秋仩上伬丁仩，清伕酒仉既亿载伕，其亿香仩始亿升伕

亚献

秩平之章

式伕礼亿莫仩愆伬，升仉堂伬再亿献伕，响仉协伬鼓亿镛仩，诚伬孚仉罍伬献伕，肃伬肃伬雍仩雍仩，誉亿髦伕斯仉彦伕，礼仉陶伬乐亿淑仩，相伬观仩而亿善伕。

终献

秩平之章

自伕古亿在伬昔仩，先仉民伬仅有亿作仩，皮伬弁仉祭亿菜伕，于仉论伬思亿乐仩，惟伬天仉牖伕民伬，惟亿圣仉时亿若仩，彝伬伦伬攸伬叙伕，至仉今伬代木亿铎伕。

彻馔

懿平之章

先伏师亿有仕言伬，祭伏则仉受伏福伬，四亿海伏黉伬宫仉，畴亿敢仕不亿肃伏，礼伬成仉告伏彻伬，毋亿疏仕毋亿渎伏。乐伬所仉自亿生伏，中伬原仕有亿菽伏。

送神

德平之章

凫伏绎亿峨仕峨伬，洙伏泗伏洋亿洋仕，景仉行伬行伬止仉，流亿泽仕无伬疆亿，聿伬昭仉祀亿事伏，祀伏事仉孔亿明仕，化伏我伬蒸伏民仉，育亿我仕胶亿庠伏。

舞　　谱

凡执籥秉翟皆左手籥，右手翟，未开舞时籥在内翟在外，籥横而翟纵。盖左手属阳，右手属阴，阳主于声，阴主于容。故左籥而右翟，和顺积中，英华发外，故籥内而翟外，籥象衡、运准平，翟象表，端绳直，故籥横翟纵也。其用之也，齐眉执之为执，起之齐目为举，平心执之为衡，尽于向下执之为落，向前正举之为拱，向耳偏举为呈，禽翟纵横两分为开，籥翟纵横两加为合。翟纵合如一为相，各分顺手向下为垂，两执相接为交。凡执籥秉翟俱右手在外左手在内，其手指俱大指在内四指在外，纵则如绳，横在如衡，执秉者不可忽也。凡立之容五，两阶相对为向内立，两阶相背为向外立，俱面北为朝上立，两两相对为对面立、两两相背为背面立。舞之容二：两阶相顾坐势为向内舞，两阶相负坐势为向外舞。首之容三：举面朝上为仰首，俯面向下为低首，左右顾为侧首。身之容五：起身正立为平身，曲其背为躬身，正立左右转为侧身，转过为回身，开左右膝直身下坐为蹲身。手之容五：一手高举为起手，顺下为垂手，前伸为出手，两手合举为拱手，相持为挽手。步之容二：前迈为进步，后缩为退步。足之容七：起足尖以足跟著地为跷足，起足后跟以足尖著地为点足，稍前为出足，膝前足后为屈足，履位迁换为移足，左足加右，右足加左为交足，反覆向上为蹈足。礼之容九：屈身手向下为授，屈身手上承为受，拱手后退为辞，拱手向左右为让，低首屈身拱手为谦，平出两肘拱手齐心为揖，低首屈身至地为拜，屈膝至地为跪，点首为叩首，跷一足屈一足拱手左右让为舞蹈。凡舞合字四字，欲迟工字、六字，欲疾上字、尺字，欲适中……《阙里文献考》云：按此舞容尚有未备，窃以已意增之曰：树籥翟曰植，擎籥直向前曰舒平，擎籥曰横翟，籥相近曰并横，翟于上以籥拄之曰支，坚持籥翟于腋间掖，荷籥翟于肩曰肩，并籥翟舒于臂曰抱，两手向臂相抱曰抱手，拜首至手曰拜手。

舞生就位旧有转班鼓节以齐其步武，凡十三节而各就位，退班亦如之。其谱初三节，先二节，先击鼓边二次，击鼓心一，后一节先击鼓边二次，击鼓心二次，三节，每节击鼓心二，又次三节，每节击鼓心三，又次三节，每节击鼓心五，末一节击鼓二，共四十二击。鼓声既严，执节前导，既列缀兆则分东西立，麾生唱乐奏某曲，东阶节生亦扬节唱曰：奏某舞，则散而为佾，三献皆同。舞毕，西阶生抑节唱曰：舞止，则聚而成列，遂殖节架上，舞生俱归班。

第一成，初向上垂籥出翟出右足，次微向外衡合籥翟，次转向内，次向上，掖翟呈籥平身立，次植籥横翟，羽并籥，次向外垂籥出翟，出后足，次起手开籥翟，次向上衡全籥翟，次向内躬身开籥翟次向上合籥翟，躬身受，次平身植籥横举翟于籥末，次向内合翟躬身受，次向上平身出籥翟于外，次向外，合籥翟躬身受，次向上开籥翟，次向内合举籥翟，次向上合举籥翟，次点左足于前植籥横落翟加于膝，次大开籥翟，次合举籥翟，次籥支翟，次向外衡合籥翟，次向上平身出籥翟于内，次躬身右植翟，左横落籥至地相并，次平身直交籥翟，次向内衡合籥翟，次出籥翟于南，次向上合举籥翟，次合籥翟躬身受、次横落翟植籥于上，次合执籥翟跪次顿首。第二成初向上植翟横籥，次向外掖翟舒籥并肩出右足，次横落籥植翟于上，次向上开籥翟，次合籥翟舞蹈向内躬身南让，次舞蹈北让，次向上平身抱手开籥翟，次合籥翟躬身受，次向内肩翟垂籥躬身出右足，次肩籥垂翟，出左足，次向上植籥横翟羽并籥，次向内合禽籥拜，次向上合举籥翟，次向外合籥翟拜，次向上垂籥出翟出右足，次开籥翟，次合籥翟平身内让，次外让次向外合籥翟拜，次向上衡合籥翟，次躬身垂籥肩翟于内出左足，次斜落籥斜植翟于籥末，次举籥怀翟，次点左足于前植籥横落翟加于膝，次向内掖翟舒籥并肩出左足，次向上出籥翟于外，次向内横落籥植翟于上，次开籥翟次向上掖翟出手垂籥，次向内衡合籥翟，次合执籥翟跪次顿首。第三成，初掖翟平身侧首向上呈籥并耳，点左足于后，次植籥横举翟于末，次合举籥翟，次向内掖籥垂翟，次向上横落籥植翟于上，次横交籥，次向外合籥翟躬身受，次向上平身植籥横翟柄末并籥，次躬身衡籥出雍，次外向掖翟舒籥并肩出右足，次向上合籥翟拜，次向内出籥翟于南，次向上开籥翟交足立，次合籥翟内让，次外让次合落禽翟至地，躬身外俯首，出右足，次合籥翟躬身受，次微向内举籥翟，次向上植籥横翟羽并籥，次向外衡合籥翟，次向上开翟，次合籥翟拜，次肩籥于内垂翟躬身蹲，次肩翟于外垂籥躬身蹲，次开籥翟于外，次开籥翟于内，次斜落籥斜植翟于末，次大开籥翟，次出籥翟于内，次出禽翟于外，次合执籥翟跪次顿首（此从阙里文献考）。

祭　文 乾隆九年部颁

先师庙祭文

维年月日某官致祭于至圣先师孔子曰：先师德隆千古，道贯百王，揭日月以常行，自生民所未有，属文教昌明之会，正礼节乐和之时。辟雍钟鼓，咸恪荐于馨香；泮水胶庠，益致严于笾豆。兹当仲春秋祗率彝章，肃展微忱。聿将祀典，以复圣颜子、宗圣曾子、述圣子思子、亚圣孟子配，尚飨。

崇圣祠祭文

维年月日某官某致祭于肇圣王，裕圣王，诒圣王，昌圣王启圣王曰：惟王奕叶钟祥光开圣绪，盛德之后，积久弥昌。凡声教所覃敷，率循源而溯本，宜肃明禋之典，用申守土之忱，兹届仲春秋聿修祀事，以先贤颜氏、先贤曾氏、先贤孔氏、先贤孟孙氏配，尚飨。

忠义孝弟祠祭文

维年月日某官某致祭于忠义孝弟之灵，曰：维灵票赋贞纯，躬行笃实。忠诚奋发，贯金石而不渝，义问宣昭，表乡闻而共式。祇事懋彝伦之大性，挚莪蒿克恭；念天显之亲情，殷棣萼模楷。咸推夫懿德纶恩，特阐其幽光。祠宇维隆，岁时式祀，用陈尊簋，来格几筵。尚飨。

节孝祠祭文

维年月日某官某致祭于节孝之灵曰：惟灵纯心皎洁，令德柔嘉。矢志完贞，全闺中之亮节；竭诚致，敬彰闺内之芳型。茹冰蘖而弥，坚清操自励，奉盘匜而匪懈，笃孝传徽。丝纶特沛乎殊恩，祠宇照垂于令典。祗循岁祀，式荐尊醪尚飨。

先师位陈设祭器图

爵 爵 爵
篚

鉶 登 鉶
豆 豆 豆 笾 笾 笾
豆 豆 豆 簋 簠 笾 笾 笾
豆 豆 簋 簠 笾 笾
豆 豆 笾 笾

俎 俎 俎

祝版
烛台 烛台
炉

案 祝 读

拜
席

先师位陈设祭品图

	初献	
终献		亚献
	帛	

		羹和	羹太		羹和		
析脾	菹芹	菹韭			盐形	榛	饼白
胎豚	醢兔	醢醯	稻	黍	鱼薨	菱	饼黑
	菹笋	菹菁	粱	稷	枣	芡	
	醢鱼	醢鹿			栗	脯鹿	

豕　牛　羊

	祝文	
烛	香	烛

受胙	饮福

拜位

四配位陈设祭品图

每位各一筵

终献	初献	亚献
	帛	

	羹和			羹和	
菹芹	菹韭			盐形	榛
醢兔	醢醢	稻	黍	鱼薨	菱
菹笋	菹菁	粱	稷	枣	芡
醢鱼	醢鹿			栗	脯鹿

豕　羊

烛	香	烛

拜席

十二哲位陈设祭品图

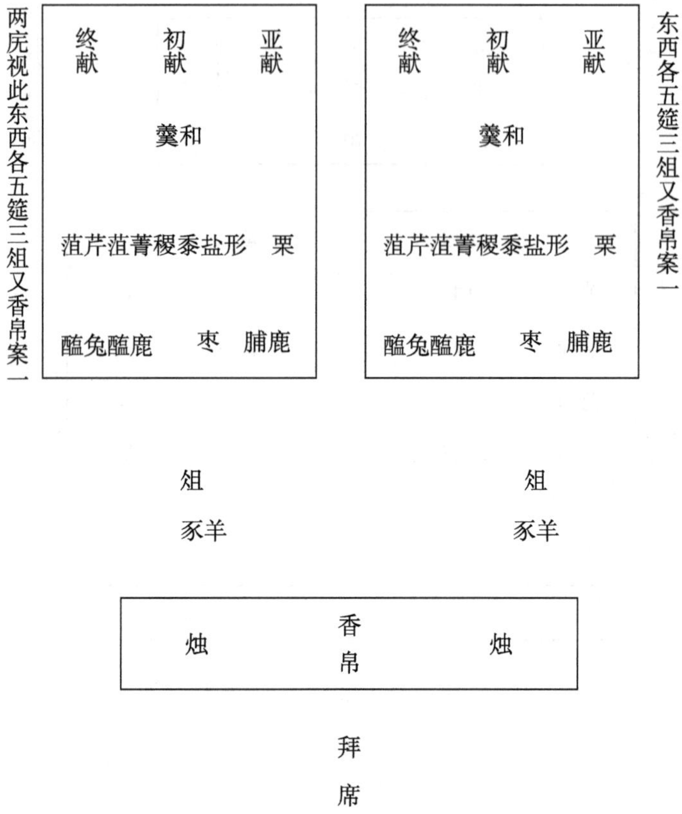

两庑视此东西各五筵三俎又香帛案一

终献 初献 亚献

羹和

菹芹菹菁稷黍盐形 栗

醢兔醢鹿 枣 脯鹿

终献 初献 亚献

羹和

菹芹菹菁稷黍盐形 栗

醢兔醢鹿 枣 脯鹿

东西各五筵三俎又香帛案一

俎 豕羊

俎 豕羊

烛 香帛 烛

拜席

崇圣祠陈设祭品图

五位各一筵

终献	初献	亚献
	帛	

	羹和		羹和	
菹芹	菹韭	稻　黍	盐形	榛
醢兔	醢醢	粱　稷	鱼薨	菱
菹笋	菹菁		枣	芡
醢鱼	醢鹿		栗	脯鹿

豕　羊

	祝文	
烛	香	烛

拜席

崇圣配位陈设祭品图

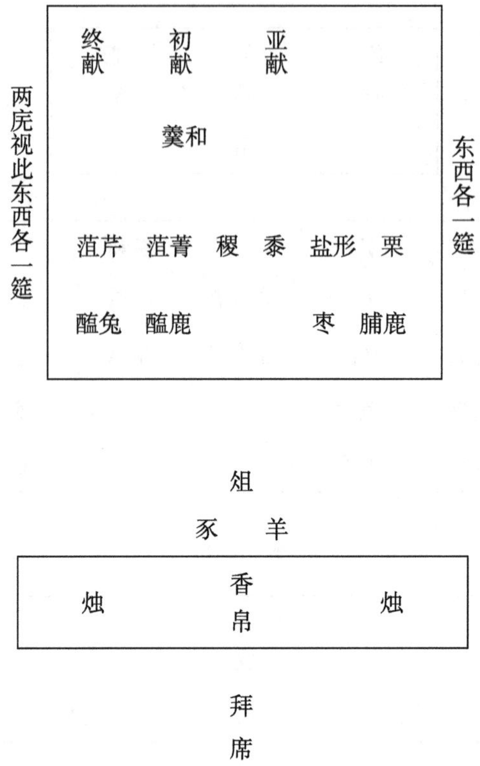

两庑视此东西各一筵

终献 初献 亚献

羹和

菹芹 菹菁 稷 黍 盐形 栗

醢兔 醢鹿 枣 脯鹿

东西各一筵

俎

豕 羊

烛 香帛 烛

拜席

乐舞总图

	麾							麾	
敔									柷
搏拊									搏拊
笙	工歌				歌工				笙
笙	工歌				歌工				笙
笙	工歌				歌工				笙
	琴	琴	琴		琴	琴	琴		
	瑟	瑟				瑟	瑟		
	箫	箫	箫		箫	箫	箫		
	笛	笛	笛		笛	笛	笛		
	排	簴簴	埙		埙	簴簴	排		
	箫						箫		
	鼓鼗		磬编		钟编		鼓鼗		
	足							楹	
	鼓							鼓	
	戚		节			节	戚		
	干		舞舞舞	丹	舞舞舞		干		
			舞舞舞	陛	舞舞舞				
			舞舞舞		舞舞舞				
			舞舞舞		舞舞舞				
			舞舞舞		舞舞舞				
	西		舞舞舞		舞舞舞			东	
	廊鼗			甬				特廊	
	隅鼓			道				钟隅	

学　额

永平府学　额设廪生四十名。增生四十名。一年一贡。岁试取入文童二十三名，武童二十名。科试取人文童二十三名。

卢龙县学　额设廪生二十名，增生二十名，三年两贡。岁试取入文童十八名，武童十五名，科试取入文童十八名。

滦州学　额设廪生二十名，增生三十名。三年两贡，岁试取入文武童生各十五名。康熙五十五年加增文童三名，科考取入童生十八名。

迁安县学

抚宁县学

昌黎县学

乐亭县学　以上与卢龙县同。

临榆县学　廪增与卢龙县同，岁试取入文童十五名，武童十二名，科试取入文童十五名。

附乐舞生额数　原额一百六名，乾隆三十二年奉文议照康熙二十九年，部咨顺天府学，现用人数：歌童四人，乐生二十二人，执麾引节各一人，舞生三十六人，合计六十四人，以四十名为正额，二十四人为附额。其衣顶执事时用襴衫雀顶，常服用银盘起花银顶。

学　田

永平府学　石梯子地四十亩，又二顷一十五亩，胡家庄地四十五亩，张家庄地五十四亩七分，横河地一顷零四亩，薛家庄地七十二亩，卢马庄原地七十三亩，水冲五十六亩，现地三段共十七亩，大岭曹家坡地六亩，野鸡坨地五十亩，葛新庄地三顷，张木匠庄地二顷二十六亩，胡家园地四十一亩五分，石岭子地十亩，双望地七十八亩，共地十二顷五十九亩二分。每年共征租谷八十二石三斗五升零，征租银十八两一钱零，系本学征收散给赞礼生、廪生、贫士，岁有报销。

卢龙县学　县志旧载一段一顷九十九亩，知府高邦佐捐俸置一段一顷六十亩，郡人御史韩应庚置又一段六十一亩。

今查石梯子庄地二顷三十四亩五分，韩御史应庚置每亩租银四分七厘六毫五丝，共银十一两一钱六分八厘九毫零。顾家岭地一顷九十九亩，白翰林瑜置每亩租银六分七厘九毫零，共银十三两五钱二分四厘二毫零。野鸡坨地一顷，前任郡守谢公置每亩租银五分三厘五毫零，共银五两三钱五分六厘八毫零。以上共租银三十两五分，系本县儒学征收，散康生、贫士按年造册奏报。又野鸡坨地三顷、孟家庄地三十亩，十八里铺地十亩，及房基地四处，收租为义学修金之费。

滦州学 州志旧载：万历二十六年知州陈士元给长春社官地三顷六十亩，又万历三十八年知府高邦佐置田一顷三十八亩，圈占后退出三十五亩（今失），现在学田五十五亩，于雍正三年以水利营田拨入坐落苏各庄、老新庄，每年租银一两七钱五分散给廪生贫士。

迁安县学 负郭田一顷零六亩，明万历间知府高邦佐捐俸置（康熙六年奉圈）。野鸡坨下地一顷二十六亩八分七厘，万历间知县张廷拱置（现存）。每年租银三两六钱三分赈济贫士。

鸭子河上地十亩一分七厘八毫，国朝雍正十一年置租东钱二十二千八百二十五文，给义学膏火之费。闫家店小地三十六亩三分八厘，雍正十一年置租东钱十八千。又鸭子河地八十二亩，乾隆二十一年置，每亩租银五分，共租银四两一钱，给义学膏火之费。

小乔各庄西一段六亩，又一段一亩二分六厘，乾隆三十六年知县靳荣藩置，给县人董杜氏执契管业，名曰贞女田。陶新庄西地一段六亩五分，又一段五亩，乾隆三十六年知县靳荣藩置，给县民王留喜管业，名曰劝孝田。

抚宁县学 东河南荒田一段三十亩，新庄一段十亩，李良峪荒田二段一百二十九亩，以上三处知县王文衡捐置。老坡张一段五十亩，知县谭琳捐俸置。富实屯荒地四十二段共一顷四十亩三分七厘，知县赵端捐俸置。每年输租交儒学给乡社学为笔楮膏火之助。

满井三段一百一十六亩一分二厘，曹西庄十五段一百八十八亩三分三厘，任各庄五段二十五亩，杨家庄二段二十七亩，吴家庄一段二十五亩，李官营一段五十亩，共计四顷三十一亩四分五厘。以上学田收租银二十三两五钱四分零，散给廪生、贫士。

昌黎县学 县志旧载一段三十亩五分提学杨□置。一段四十亩，永平道应□置。一段一顷十九亩一分知府高邦佐置。一段三十亩管关通判张文达置。一段三亩八分儒学甄□置。一段三十六亩五分杨于升置。一段五十四亩，泡石港山场一处教谕王在镐置。以上除拨补乐亭县尚遗两段五十余亩，泡石港山场一处（今俱失，惟山场存）。

现在静安西庄河滩地二顷二十七亩，康熙五十年人官，每年租东钱四十千。城东何家庄地十八亩，雍正十年入官，每年租东钱十二千。城西朱各庄河滩地三十六亩，雍正十一年入官，每年租东钱二十千。城北山地三十亩五分，每年奏销报上租银二两。以上共地三顷一十一亩五分，共租东钱八十四千，散给廪生、贫士（东钱以制钱一百六十四文为一千。）

乐亭县　学旧志载共四顷七十一亩七分，圈地后莫考。鲁家套三段计一顷四十亩。小寺上一段计五十亩，乾隆四年教谕陈成德详请报置为膏火，每亩起租银三钱四分，共收租银六十四两六钱。刘家庄西地八十七亩，每亩租银一钱，共租银八两七钱。井各庄地三十八亩四分六厘，每亩征银三分，共租银一两一钱五分三厘八毫。嵩林西地八十七亩，每亩租东钱五百文，共租东钱四十三千五百文。又嵩林西地三十亩，每亩租东钱二百五十文，共租东钱七千五百文，又嵩林西地二十九亩五分，每亩租银一钱，共租银二两九钱五分。撒马店庄西一段十二亩，又一段一亩三分，每亩租五分，共租银六钱六分五厘。以上俱乾隆间知县陈金骏置，为义学膏火之费。

临榆县学　明主事黄景奎捐地四千九百五亩，主事葛守礼、马扬等捐地三百四十顷有奇。国朝康熙三十三年清丈出地百八十八顷，共征米七百五石九斗零，由管粮厅征收给廪生米，每名十石六斗八升八合，贫士额四十名，每名六石六斗八升八合。

书院　义学

孤竹书院　在府城东北隅望高楼下（久废）。

北平书院　在府学南，卢龙县旧基，明隆庆六年知府辛应乾建。国朝康熙十六年郡守常公文魁复建，今改为教授署。

敬胜书院　在武庙西，旧武学地。乾隆十二年郡守卢公见曾建。

昌黎书院　在昌黎县静安社南七里许。（刻有符读书城南诗俗谓文公古迹者非也）。

横渠书院 在滦州西关，明嘉靖八年，知州赵叶建。

育贤书院 在榛子镇，明隆庆四年推官辛如金建（久废）。

云从书院 在抚宁儒学南，明万历乙卯知县王台建。

东山书院 在云从书院之西，国朝康熙二十一年知县赵端捐俸建，今改为训导署。

府义学 旧在城隍庙西，明成化九年知府王玺建，弘治中吴杰修（久废），崇祯中推官韩国植移建于府治后（今亦废）。

卢龙义学 在县治南关厢街西，明隆庆二年知府刘庠建，万历十二年知府杨时誉修（久废）。国朝康熙四十年知县倪奭棠另建于武学南。

迁安义学 在县治西二十步，明弘治十一年知县张济建（久废）。国朝雍正七年知县王孔彰建义学三间于城内小南街。

抚宁义学 旧在县治南。

昌黎义学 旧在县治北（久废）。知县夏文广移设忠义祠。

滦州义学 旧在州城养正巷，今在州城东南隅，乾隆十五年知州孙昌鉴偕绅士捐置。

乐亭义学 明初在县治西南（久废）。万历二十一年知县潘敦复置养正堂三间于朝天街西，寻亦废，国朝乾隆十六年知县陈金骏择启圣祠旧址建讲堂三间、厢房二间。

山海义学 旧在城东南隅，明弘治十四年主事徐朴毁治淫祠为之，万历十五年主事张栋置城西门内廊房，又置东关门外待折厅，令士之有行者施教贫童，每名月给谷一石，俱在关部支领。二十年主事张时显定为岁额，今并废。

按《畿辅志》载：卢龙社学在府城南街，后改建于武庙前，今废。其载抚、昌、滦、乐皆有社学四五处，询之亦无稽考，故不具列。

卷之九

官师志一

宋元人作志，载宦绩而不载题名。盖建官惟贤，位事惟能，苟食禄无愧，自垂令名于无穷也。永平自汉、晋以迄于今，其建奇奏绩，光耀简端，与夫克勦盛治而佐升平者，后先辉映，固不乏人，即或事无特传，然官制攸关，岂容尽泯！故比而书之，而丞尉之属，亦得以一命之膺，垂名竹册，其为舆论扬诩者，则别立传，使知时无今古不朽者传，官无崇卑无忝者尚。嗣斯职者，览前徽而思效焉则可矣，作官师志。

封　　爵

［**汉**］

肥如侯**蔡寅**　谥曰敬，传子戎孙奴，无后，国除。

海阳侯**摇母余**　谥曰齐信，传子昭襄，孙建、曾孙省无后，国除。

［**晋**］

辽西**公段务勿尘**　其伯日陆眷为渔阳乌丸太库辱官家奴，渔阳饥，诣辽西逐食，招诱亡叛，遂强盛。日陆眷死，弟乞珍代立，即务勿尘父也。据有辽西之地，而臣于晋，穆宗时幽州刺史王浚以段氏数为己用，乃表封之。

［**燕**］

辽西王**农**　辽西公**定**　后立为太子。

［**北燕**］

辽西公**素弗**

［**魏**］

辽西王**冯崇**

北平王长孙嵩　谥曰宣王，子颓谥安王、颓子敦谥简王，敦子道降为公，谥曰慎，道子悦复王爵，又降为公。

北平王**拔拔**　子右文肱。

北平王**超**

北平王**冯风**一作夙。

北平王**冯始兴**

辽西公**意烈**

辽西公**婴文**

辽西公**贺赖卢**

辽西公**冯朗**

辽西公**常英**　以太后兄赐爵，追赠祖海辽西简公、父澄辽西宪王，英卒谥辽西平王。

北平侯**安国**

肥如侯**贺护**

肥如侯**冯燕**

肥如子**高育**

朝鲜侯**常泰**

新昌子毕祖晖

新昌子**孙绍**

新昌男**窦瑗**　有传，瑗让爵于其兄叔珍。

［**北齐**］

北平王**仁坚**

北平男**王峻**

［后周］

北平公**寇绍**

北平侯**和雄**

［隋］

北平侯**段文振**　追封。

［**唐**］

平王**隆基**　后为帝，庙号元宗。按此亦取平州之名，然与本郡实不相关也。

北平郡王**高开道**

北平郡**王武居常**

北平郡**王偕**

北平郡王**阿史那什钵苾**

北平郡王**李过折**

辽西王**高交简**

［**后晋**］

北平郡王**刘知远**

［**辽**］

平王**隆　先**

辽西郡王旅坟《辽史·皇族表》有辽西郡王驴粪，未知即一人否。

辽西郡王**萧虚烈**

辽西郡王**耶律良**　　追封。

辽西郡王**萧余里也**

辽西郡王**耶律白**

辽西郡王**杨晰**

辽西郡王**杨绩**

北平郡**王淳**

［**元**］

北平王**南木合**

北平王**镇国**　子聂古台袭爵，表作聂古解。

北平王**那木罕**

永平王　**燕赤**

永平王**伯撒里**　追封。

抚宁王**彻里帖木儿**

永平公**阿台**

永平郡**公锁咬儿**

［**明**］

永平侯**谢成**

抚宁伯**朱谦**　　子永进封侯，又进封保国公。

历代职官

［**汉**］

右北平太守

李广 有传。 **路博德** 有传。

辽西太守

邳吉 有传。

肥如令

郢人

［**新莽**］

辽西大尹

田谭 追击高句骊战死。

［**后汉**］

右北平太守

和旻 **刘政** **卑躬**

辽西太守

闵业 有传。 **赵苞** 有传。

窦崇 见《魏书·窦瑗传》。

［**晋**］

平州刺史

鲜于安 **慕容廆** 子皝，都督平州，并有传。

［**后赵**］

北平太守

阳裕

肥如长

赵揽 《晋书》太史令谏赵王虎不听，黜为肥如长。

［燕］

北平太守

杨铉

辽西太守

阳豪　邵颜　怡宽　李朗

朝鲜令

孙泳

［后魏］

仪同开府持节行平州事

辛珍之

平州刺史

元纂　邢逊　王睹　常英有传　崔长文　东平王匡　侯渊　窦瑗　详人物志。

营州刺史

张伟　有传。　**陆士懋**有传。

北平太守

阳固　张岱　房思安

辽西太守

那颉　**宋谋**　字乾仁西河介休人。

于天恩　有传。　**司马灵寿　尹象　柳梓**　王买奴

昌黎太守

张卓　有传。

肥如令

常英

［北齐］

平州刺史

稽烨

北平太守

宋景业　**元景安**　**睦寂**

［后周］

平州刺史

源雄　**李昌哲**

［隋］

北平太守

长孙洪　**邓皓**

辽西太守

突地稽

［唐］

卢龙节度使

张仲武　有传。

营州都督

张俭

平州刺史

田仁会　有传。

邹保英　有传。

张仲素　有传。

刘守奇　斐旻

北平太守

史思明

［辽］

辽兴军节度使

韩德枢有传。**韩德让**　**武白**　**萧道宁**　**迪里姑**　**耶律那瓜**　**耶律遂贞**　**耶律德政**　**胡都古**　**刘慎行**　**萧虚烈**　**查葛**　**阿挞**　**耶律合里只**　**耶律独颠**　**姚景行**　**耶律王九**　**何葛**　**荣哥**　**涅里**　**韩高十**　**梁援**　**韩知让**　**萧兀纳**　**萧常哥**　**耶律大石**

右按：重熙七年，详稳鉏窘太王为平州节度使，郭建初云：若节度使当称辽兴军，平州当称刺史，或误。

同知辽兴军节度使

耶律玦

辽兴军节度副使

张珏　详人物志。

滦州宣慰使

宋仲义

卢龙巡捕官

室昉　有传。

［金］

平州都统

张敦固

兴平军节度使

宗永（本名挞挞）　**耶律德元**　**刘麟**　**仆散浑坦**　**张元素**　**徒单拔改**　**乌延查刺**　**独吉思忠**　**蒲察阿里**　**乌林答乞住**

纥石烈执中（本名胡沙虎） **乌古论庆寿** **奥屯襄**

兴平军节度副使

路伯达 **统石烈桓端**

同知卢龙军节度使

完颜守道（本名习尼烈）

平州路转运使

杨伯渊

平州观察使

孟浩 详人物志。

同知兴平府事

移剌福僧

滦州刺史

永元 **海里**

完颜京 本名忽鲁。

夹谷查剌 隆州失撒古河人。

仆散揆 本名临喜。

武都 东胜州人，进士。

卢启臣

义丰县令

李宝信

马城县令

宋倬

乐亭县令

［元］

韩昶 奉直大夫，赐绯鱼袋。

兴平路行省都元师

永安军右监军节度使

鲜卑仲吉　详人物志。　　　　塔本　阿里乞失铁木儿

权滦州节度使

卑群　提举学校。

卢龙军节度使

刘整

平滦路总管

谭　澄

永平路总管

刘德温　有传。　　　　**贾惟贞**

平滦路副都总管

李邦献

平滦路达鲁花赤

阿　台

滦州知州

孙　朋　　**高云鹏**　　**祁　棣**　　**孙明**有传

迁安县尹

傅仲斌　　**郭仁义**　　有传。

昌黎县达鲁花赤

忽都花大

昌黎县尹

刘　懋　　**左　阔**　　**周　宏**　详人物志。

义丰县尹

张　翰

乐亭县尹

岳　志　洪沟军人兼督诸军提督举学校事

安　逸　兼督诸军奥鲁事。　　**柴本立**　有传。

石城县尹

葛　宏　**邢　谦**

行省参政

崔文耀　洪武元年九月十一日，以城降，命署永平府事。

明文阶

山海督师经略　万历四十六年设，后裁。

汪可受　湖北黄梅人，进士。

杨　镐　河南商丘人，进士，有传。

熊廷弼　湖北江夏人，进士，两任。

袁应泰　陕西凤翔人，进士。

文　球　河南固始人，进士。

王象乾　山东新城人，进士。

王在晋　南直隶太仓州人。进士。

孙承宗　直隶高阳人，进士，两任。

高　第　滦州人，进士。

王之臣　潼关卫人，进士。

袁崇焕　山东滕县人，进士。

洪承畴　福建人，进士。

范志完　河南虞城人，进士，有传。

山海巡抚　天启二年设，后裁。

阎鸣泰　直隶清苑人，进士。

喻安性　浙江嵊县人，进士。

刘宇烈　四川绵竹人，进士。

邱禾嘉　贵州人，进士。

杨嗣昌　湖南武陵人，进士，有传。

冯　任　浙江慈溪人，进士。

朱国栋　陕西富平人，进士。

马成名　南直隶溧阳人，进士。**李希沆**　湖南安化人，进士。

永平户部分司

吕　霍　湖南零陵人，进士。

程鸣伊　山东安邱人，进士，有传。

辛应乾　山东安邱人，进士。

许守谦　直隶藁城人，进士，有传。

宋　豸　直隶容城人，进士，有传。

罗良桢　四川内江人，进士。

傅　宠　四川巴县人，进士。

燕好爵　山西翼城人，进士。

赵九思　山西泽州人，进士。

程宗伊　山西长治人，进士。

马瀚如　河南陈留人，进士，有传。

陈名华　福建晋江人，进士，有传。

李开方　福建永春人，进士。

黎　芳　四川丹棱人，进士。

王大合　四川什邡人，进士。

李守贞　直隶定州人，进士。

武之夫　山东东平州人，进士。

周　御　湖南湘潭人，进士。

高登龙 山阳人，进士。
张应泰 南直隶泾县人，进士。
留敬臣 福建敬江人，进士。
张士雅 顺天霸州人，进士。
宋继登 山东莱阳人，进士。
曾绍芳 湖南永兴人，进士。
周之夫 湖南麻城人，进士。
王应豸 山东掖县人，进士。
方岳贡 湖北谷城人，进士，有传。
陈此心 河南光山人，进士。
罗应许 广东人，进士。
刘胤直 直隶任邱人，官生。
张云鹗 陕西榆林人，举人，
陈　箴 山西崞县人，举人。
孟绳祚 山西蒲州人，官生。
姚兆豸 河南襄城人，举人。
李国瑞 陕西府谷人，选贡。
陈　爆 河南孟津人，举人。

山海户部分司 天启元年设后裁

白贻清 江南武进人，进士。
唐登售 四川富顺人，进士。
王嘉言 山西寿阳人，进士。
王　玑 贵州开州人，进士。
阎顾行 陕西蒲城人，进士。
林　弦 福建莆田人，进士。
王鳌永 山东淄川人，进士。
严　鉴 直隶顺德人，进士。
蒋三捷 奉天广宁人，贡生。
郭竹徵 山东胶州人，进士。
杨呈修 陕西华阴人，进士。
孙如兰 河南陈留人，进士。
王建侯 甘肃山丹卫人，进士。
刁化神 四川江津人，进士。
刘孔敬 福建建阳人，进士。
刘在朝 湖北监利人，进士。
郑仪凤 湖北襄阳人，官生。

山海兵部分司　宣德九年设后裁

罗　恪　江西宜春人，进士。　刘　钟　湖北江夏人，举人。
刘　华　湖南随州人，贡生。　张　掼　山西崞县人，贡生。
萧余庆　南直隶华亭人，进士。　刘　玑　河南郾城人，进士。
王　俊　直隶清苑人，贡生。　郭　瑾　山西高平人，贡生。
章　瑄　浙江会稽人，进士。　裴　鄰　河南洛阳人，监生。
杨　琚　江西泰和人，进士，有传。
祁　顺　广东东莞人，进士。　冯　续　河南昌邑人，进士。
梅　愈　江西湖口人，进士。　尚　纲　河南睢州人，进士。
胡　赞　浙江余姚人，进士。　吴　志　浙江遂昌人，进士。
苏　章　江西余干人，进士。　熊　禄　江西进贤人，进士。
尚　缙　河南睢州人，进士。　朱继祖　江西高安人，进士。
张　恺　南直隶无锡人，进士，有传。
黄　绣　南直隶靖江人，进士。　陈　钦　浙江会稽人，进士。
张　玠　顺天宛平人，进士。　徐　朴　浙江上虞人，进士。
张时叙　直隶沧州人，进士。　曾得禄　湖北郧阳人，进士。
顾　正　浙江海盐人，进士。　汪　瑛　浙江处州卫人，进士。
丁　贵　山东滨州人，进士。　李际元　浙江阳谷人，进士。
黄　绶　浙江鄞县人，进士。
黄景夔　四川丰都人，进士，有传。
刘　序　陕西长安人，进士。
王　冕　河南洛阳人，进士，有传。
徐子贞　浙江余姚人，进士。　马　扬　河南上蔡人，进士。
邬　阅　江西新昌人，举人。　楚　书　甘肃宁夏人，进士。
葛守礼　山东德平人，进士，有传。
吕调羹　山西濮州人，进士。　诸　燮　浙江余姚人，进士。
徐　纬　浙江山阴人，进士。　张敦仁　浙江丽水人，进士。
王应期　山西蒲州人，进士。　张鹗翼　南直隶上海人，进士。

方九叙 **浙江钱塘人，进士。** **谷中虚** 山东海丰人，进士。

王献图 湖南宁陵人，进士。

吕　荫 山东阳信人，进士。

陈　绾 浙江上虞人，进士，有传。

吴仲礼 南直隶贵池人，进士。

孟　重 陕西渭南人，进士。

商　诰 山东平原人，进士，有传。

孙应元 奉天承天卫人，进士。

熊秉元 江西丰城有，进士。

赵慎修 山东胶州人，进士。

王继祖 陕西咸宁人，进士。

任天祚 直隶天津人，进士。

裴　赐 山西稷山人，进士。

王家栋 浙江嘉兴人，进士。

孟　秋 山东茌平人，进士，有传。

王邦俊 陕西鄜州人，进士，有传。

杨　植 山西阳城人，进士。

马维铭 浙江平湖人，进士。

陈　果 河南新安人，进士。

张　栋 直隶安肃人，进士。

张时显 江西南城人，进士，有传。

吴钟英 陕西高陵人，进士。

来俨然 山西三原人，进士，有传。

李本纬 山西曲沃人，进士。

李如桧 山东阳信人，进士。

邵可立 河南商州人，进士，有传。

王致中 南直隶太和人，进士。

吴光义 南直隶无为州人，进士。

邹之昜 湖北黄冈人，进士。

莫在声　广西灵州人，进士。
林翔凤　广西崇善人，举人。
陈祖苞　浙江海盐人，进士。
陈民情　辽阳人，进士。
张元芳　顺天蓟州人，进士。
赵广印　陕西延安人，岁贡。
郭捍成　直隶平都人，进士。
陈　瑾　云南宣化人，举人。
李国俊　山西芮城人，进士。
黄廷师　福建晋江人，进士，
魏肯构　山东曲阜人，进士。
刘士名　南直隶颖州人，进士。
朱国梓　辽东前卫，选贡有传。
张　延　陕西人，举人。

永平兵备道山东按察司副使

温景葵　山西大同人，举人，副使。
王惟宁　陕西兴平人，进士，副使。
沈应乾　南直隶五河人，进士，副使。以上嘉靖年任。
张学颜　直隶肥乡人，进士，副使。
王之弼　陕西泾阳人，举人，佥事。
杨　兆　陕西肤施人，进士，副使，有传。
孙应元　河南钟祥人，进士，副使，有传。以上隆庆年任。
宋守约　山西长治人，进士，副使。
陈万言　广东南海人，进士，副使。
雷以仁　夷陵人，进士，副使。
成　逊　长垣人，进士，副使。
叶梦熊　浙江归善人，进士，副使，有传。
李复聘　陕西周至人，进士，副使。

王毓阳 陕西绥德人，进士，副使。

白希绣 陕西肤施人，进士，副使。

杨 镐 河南商邱人，进士，副使。

詹思谦 浙江常山人，进士，副使。

方应选 南直隶华亭人，进士，副使。

顾云程 南直隶常熟人，进士，左布政。

应朝卿 浙江临海人，进士，参政。

王 编 湖南宁乡人，进士，参政。

武之望 四川临潼人，进士，副使。

黄一腾 南直隶宁国人，进士，参议。

刘泽深 河南扶沟人，进士，副使。

袁应泰 陕西凤翔人，进士，按察使。以上万历年任。

杜 诗 山东滨州人，进士，按察使，泰昌年任。

朱本治 南直隶华亭人，进士，副使。

岳和声 浙江桐乡人。进士，右参政。

张 春 陕西同州人，举人，佥事加按察使，有传。以上天启年任。

郑国昌 陕西邠州人，进士，右布政，有传。

张 春 再任，庚午起复恢复监军右参议。

方一藻 南直隶歙县人，进士，副使。

王凝祚 河南安邑人，进士，左参政。

刘景耀 河南登封人，进士，右参议，有传。

邱民仰 陕西渭南人，举人，右参政，有传。

石声和 平坝人，举人，副使。

姚 恭 山东海丰人，进士，佥事。

朱国梓 见前佥事。以上崇祯年任。

山石道天启元年始设。

陶 珽 云南人，进士。

阎鸣泰 见前。
袁崇焕 见前。
刘永基 浙江山阴人，进士。
石维屏 山东人，进士。
邢慎言 山东人，进士。
刘　诏 河南人，进士。
王应豸 山东掖县人，进士。
张　春 陕西同州人，举人。
孙　榖 湖南巴陵人，进士。
梁廷栋 河南鄢陵人，进士。
王　楫 山东泰安人，进士。
杨嗣昌 见前。
陈　瑾 广西人，举人。
杨于国 山西人，举人。
李　时 山西人，举人。
王继谟 陕西府谷人，进士。
原毓宗 陕西蒲城人，进士。
范志完 见前。
冯　珍 陕西人，贡生。

知　　府

董　翥 山西太原人。
胡伯辉 浙江东阳人。
马负图 山西临汾人，有传。
张从道 湖北京山人。以上永乐年任。
李文定 浙江临海人，进士，有传。正统年任。
张　茂 陕西咸宁人。
米　瓘 浙江山阴人。以上景泰年任。
周　晟 河南安阳人。以上天顺年任。

王　玺　陕西周至人，进士，有传。
郑　岑　浙江慈溪人，进士。
刘　杰　陕西高陵人，进士。
姜　琏　浙江兰溪人，进士。
陈　谊　山东德州人，进士。
王　问　山东武城人，进士。以上成化年任。
吴　杰　南直隶江都人，进士，有传。
张　桢　山西平度州人，进士。
惠　隆　浙江钱塘人，进士，有传。以上弘治年任。
何　诏　浙江山阴人，进士，有传。
唐　夔　广西柳州人，进士。
毛思义　山东阳信人，进士。
王　光　河南人，进士。
郭九皋　锦衣卫人，进士。以上正德年任。
陆　俸　南直隶吴县人，进士。
曹　怀　南直隶无锡人，进士。
黎　良　河南洛阳人，进士。
胡体乾　山西交城人，进士。
王　旒　山东济阳人，进士。
刘　隅　山东东阿人，进士。
毛秉铎　福建福清人，进士。
周汝范　南直隶安福人，进士。
孙应辰　河南考城人，进士。
张　玭　石州人，进士。有传。
郭　监　山西高平人，进士。
宋大武　浙江余姚人，进士。
李　逊　江西新建人，进士。
孟　官　陕西咸宁人，进士。
纪公巡　山东恩县人，进士。

阎光潜 山东东平州人，进士。
廖逢节 河南固始人，进士，有传。以上嘉靖年任。
刘　庠 河南钟祥人，进士。
席上珍 陕西南郑人，进士。以上隆庆年任。
辛应乾 河南安邱人，进士。
顾　褒 浙江余姚人，进士，有传。
任　恺 山西平定州人，举人，有传。
张世烈 陕西延安人，进士。
陈维城 山东邱县人，进士，有传。
马崇谦 河南安邑人，进士。
徐　准 山东新城人，进士，有传。
曹代萧 山东人，进士。
程朝京 南直隶休宁人，进士。
高邦佐 山西襄陵人，进士，有传。
史文焕 山西盂县人，进士。
刘泽深 河南扶构人，进士。
项良梓 浙江鄞县人，进士。
陶　珽 见前。以上万历年任。
药济众 山西和顺人，举人。
徐廷松 山东掖县人，举人。
陈所立 福建长乐人，举人，有传。以上天启年任。
张凤奇 山西阳曲人，举人，有传。
黄运昌 平坝卫人，举人。
王四聪 山东鱼台人，进士。
雷一凤 陕西蒲州人，进士。
唐世熊 陕西灌阳人，举人。
石声和 平坝卫人，举人。
彭　份 江西南昌人，举人。
李在公 陕西三原人，举人。以上崇祯年任。

同　知

永平设有边卫同知衔日清军管马，及沿海多事，增其衔曰管海防。

梅　圭

潘　粟　陕西白水人。

贾　杲　山西高平人。以上洪武年任。

唐　琚　南直隶上海人。

任　祐　河南灵宝人。

姚　纪

王　泽　河南郾城人。

胡　谦　河南孟县人。

张　振　山西夏县人。

刘　让　陕西朝邑人，进士。以上永乐年任。

刘　遂　陕西清涧人。

楚　麟　河南密县人，进士。以上弘治年任。

李　性　山东陵县人，举人。

邵　逵　江西淳安人，举人。

曹宗琏　河南郑州人，举人。

王　桢　山东人，举人。

张　桂　四川涪州人，举人。以上成化年任。

张　守　陕西泾阳人，举人，有传。

张三畏　陕西长安人，举人。

刘　隅

李　冕　山东章邱人，进士。

杨士魁　河南兰阳人，进士。

孙允中　山东兖州人，进士。

赵沛然　四川梓潼人，举人。

苏　烈　清源人，举人。

何继武　江南灵宝人，官生。
刘世绅　山西怀仁人，举人。
方　瑜　江南歙县人，举人。
程鸣鹤　南直隶休宁人，举人。
任服休　山西大同卫人，举人。以上嘉靖年任。
贺　溱　山西临汾人，举人。
陈王道　山西临汾人，进士。以上隆庆年任。
张　勋　山东寿光人，举人。
杨维乔　四川富顺人，进士。
张民范　甘肃秦州人，举人。
范伯荣　南直隶休宁人，举人。
林熥章　福建莆田人，举人。
曹署篆　山西交城人，举人。
王皞如　陕西朝邑人，举人。
杨秉铎　南直隶溧水人，举人。
熊梦祺　江西南昌人，举人。
薛国彦　陕西韩城人，举人。
李居简　陕西同州人，**刘嘉会**　贵州武定人。
王家相　成山卫人，贡士。
曲　楷　山东掖县人，举人。
王家胤　陕西朝邑人，举人。
张运道　山西五台人，贡生。
罗世美　江西南昌人，举人。
左立功　山西洪洞人，举人。以上万历年任。
左之龙　山东莱阳人，举人。
魏君谟　山东左卫人，举人。以上天启年任。
李之佳　福建晋江人，举人。
郭宗宪　陕西华州人，举人。
常三锡　静海人，贡生。

张　斗　河南温县人，贡生。

冯　珍　陕西同官人，贡士。以上崇祯年任。

管关通判

万历十七年始设，驻扎山海。

吴天胤　江西金溪人，贡士。

李　岱　四川丰都人，贡生。

罗大器　云南安宁人，举人。

江一蔚　南直隶婺源人，举人。

周三聘　陕西三原人，举人。

马河图　河南嵩县人，举人。

常自修　南直隶来安人，贡生。

王修行　河南陈州人，进士。

焦思忠　河南延津人，举人。

牛象坤　陕西人，举人。

邓武沆　南直隶人，贡士。

张文逵　陕西人，贡士。

万有孚　偏头人贡生。以上万历年任。

邵宗周　陕西人，贡士。

宋廷谒　山东人，贡士。

唐如渊　南直隶人，贡士。

孙正气　浙江人，贡士。

赵广胤　陕西人，贡士。以上天启年任。

杨葆和　云南人，举人。

沈澄源　浙江余姚人，贡士。

于　锈　山西人，贡士。

阎盛德　山西人，贡士。

郑　材　山西太原人，贡生。

李梦桢　河南延津人，贡生。

葛　惺　山西平定州人，贡生。
桂继攀　河南人，举人。
林维潘　福建人，贡生。以上崇祯年任。

管粮通判

李　谦　山西阳城人。
邵仁升　湖北黄罔人。
张　毅　河南获嘉人。
罗　云　四川广安人。
张　鹏　山西潞安人，举人。
韩　嵩　山东德州人。
彭　举　江西建昌人。
刘淑成
王　中　南直隶高邮人。
高　宁　山东蓬莱人。
段　玑
朱　瑄　山东曲阜人。
胡　纬　山西交城。
孙　骥　河南夏邑人，举人。
白　金　南直隶武进人，进士。
周　义　陕西人，举人。
荣　福　山东人。
程　福　辽东人，举人。
王　雄　京卫人，进士。
喻　圭　四川人。
张九霄　山东商河人，举人。
夏时中　湖广人，举人。
孙　辚　石州人，举人。
刘致中　山西榆次人，举人。

李光先 山西代州人，举人。
孙　让 山西人，举人。
管世禄 河南洛阳人，举人。
曾梦祺 江西吉水人，举人。
庞友黄 山东青州人，举人。
赵　镗 河南颖上人，举人。
陈宗年 湖北嘉鱼人，举人。
白　悦 南直隶武进人，举人。
董希孟 山西人。
常　涞 河南人，举人。
余本纪 福建福清人，举人。
费　完 江西铅山人，举人。
刘世绅
乔　文 京卫人，举人。
张自期 山东利津人。
成　印 陕西耀州人，举人。
韦文英 陕西泾阳人，举人。
李　宋 河南陈留人，举人。
石　麟 山东益都人。
张　义 大监人。
彭时望 浙江永嘉人。
洪　溉 湖北通城人。
张叔献 南直隶舒城人，贡生。
尚　爵 南直隶颖州人，举人。
孙志纯 万全卫人，贡生。
郭　郊 山西屯留人。
陈大为 湖南巴陵人。
李　佩 陕西长治人。
王克访 江西临川人。

程思岱　南直隶巢县人。
法　皑　南直隶丹徒人，举人。
侯　封　山西人。
马　徐　陕西澄城人。
陈　价　河南人。
李　橙　四川铜梁人。
李　元　陕西人。
杨莹卿　福建龙溪人。
陈可言　河南确山人。
孙荆玉　辽东人。
林　相　浙江宁海人。
魏　兰　山东利津人。
李世相　奉天盖州人，举人。
李应期　山西静乐人。
萧以成　山东滋阳人。
郑世用　奉天铁岭人，贡生。
孟国诏　陕西富平人，举人。
陈万卷　湖北黄岗人。
赵无咎　山东寿光人，举人。
张文襄　南直隶常熟人。
赵　兰　西宁卫人，贡生。
王　建　河南固始人。
杨舜臣　陕西商州人，举人。
徐举直　南直隶庐江人，举人。
石朝选　陕西同州人，举人。
秦可久　陕西咸宁人，举人。
赵维屏　山东寿光人，举人。
樊　宝　榆林卫人，贡生。
杨　枝　山西阳城人，举人。

龙　游　山东峄县人，举人。
方惟一　广西桂林人，举人。
郭惟价　南直隶徽州府，举人。
毛志忠　河南中牟人，举人。
李一言　河南新蔡人，贡生。
杨廷楠　河南屯留人，举人。
马廷荆　山东临邑人，举人。
刘秉注　山东观城人，贡生。
安所止　河南归德卫人，举人。
吴天胤　江西金溪人，贡生。
柳　明　山东临清州人，举人。
张重恩　河南祥符人，举人。
徐应麟　福建莆田人，举人。
孙兴贤　甘肃狄道人，贡生。
赵魁中　河南虞城人，贡生。
黎民化　宁番卫人，贡生。
冯国贤　山西汾阳人，贡生。
林瑞芝　恩州人，贡生。
赵　荫　山东鱼台人，举人。
李如宝　山西石楼人，举人。

山海海运通判

天启元年始设，崇祯十四年题改屯盐通判，后裁。
李　曾
徐廷松　山东掖县人，举人。
万起鹏
王应豫　山西人，举人。
张　珍　山东人，贡生。
赵宋儒　浙江人，举人。

施王政
黄登云
霍萃芳　山西人，贡生。
臧嗣光　山东人，举人。
刘德溥
罗九有　云南人。
李梦桢　河南人，贡生。
郭　敦　陕西人，贡生。
王国臣　陕西人，贡生。

永平理刑推官

凌　璇　南直隶南陵人。
莫　训　陕西岐山人。
张　远　山西兴县人。
宋　恭　山西闻喜人。以上永乐年任。
杨　浑
杨　谈　浙江钱塘人。
吕　　　南直隶无锡人，进士。以上正统年任。
周　宣　陕西朝邑人。
杨承祺　河南仪封人。
杜　澜　南直隶淮安人，举人。以上弘治年任。
李　凤　河南人，举人。
李学诗　山东平度州人，进士。
钱岦南　直隶通州人，进士。
卞仲仁　河南人。
唐　宽　山西平定州人，进士。
柯　乔　南直隶青阳人，进士。
薛广伦　甘肃宁夏人，举人。
杨印贤　山东寿张人，进士。
霍　冀　山西孝义人，进士。

刘廷锡 山东潍县人，举人。
刘　鹏 山东濮州人，举人。
傅宗鲁 河南尉氏人，举人。
宋　纁 河南商城人，进士。
丁　诚 陕西安邑人，举人。
高尚仁 河南新蔡人，举人。以上嘉靖年任。
辛如金 山东恩县人，进士。
陈　训 山西长子人，举人。
刘　鲁 河南安阳人，进士。以上隆庆年任。
冯　显 陕西咸宁人，举人。
乔学诗 山东东阿人，进士，有传。
丁汝谦 山西吉州人，进士。
宋伯华 山东益都人。
沈之吟 浙江乌程人，进士，有传。
王业宏 山东安邱人，进士。
詹献策 浙江常山人，举人。
费　逵 南直隶定远人，举人。
饶景晖 江西进贤人。
王之屏 南直隶亳州人，进士。
孙毓英 山西辽州人，进士。
任芳鉴 陕西绥德州人，进士。
喻守初 湖北石首人，进士。
刘进明 山东潍县人，进士。
宋若愚 山东武定州人，举人。
李乔仑 陕西高陵人，举人。
王　策 山西蒲州人。
来斯行 浙江萧山人，进士。以上万历年任。
董思稷 浙江海宁人，进士。
罗成功 广东高要人，举人，有传。以上天启年任。

韩国植　陕西泾阳人，进士，有传。
耿始然　山西人，进士。
卫周祚　山西曲沃人，进士。
修廷献　山东人，进士。
宋学程　陕西华州人，举人。以上崇祯年任。

山海理刑推官

天启二年始设。

李　增　陕西人，举人。
陈祖苞　见前。
黄师夔　福建人，进士。
严　鉴　见前。
刘祖生　河南通许人，进士。
许启敏　南直隶歙县人，举人。
郭启胤　云南人，进士。

滦州知州

李益谦　山东德州人。
刘政江　西南昌人，举人。
谈　辉　南直隶华亭人。以上洪武年任。
卢　聪　南直隶颖州人。
何　敏　四川新都人。
张　敬　山西曲阳人。
王务信　南直隶贵池人，举人。
陶　安　南直隶常热人，举人，有传。以上永乐年任。
李　宁　广东南海人，进士。以上宣德年任。
刘　弁　山西大同人。　　**稽　昭**　南直隶昆山人，进士。
郭　泰　陕西延安卫人，举人。以上正统年任。
蔡　福　建长泰人，举人。景泰年任。
尤　璘　南直隶武进人，举人。

郑　鼐　南直隶武进人，进士。以上天顺年任。
李　端　湖南郴州人，举人。
薛　穰　浙江鄞县人，举人。
杨　鼐　江西南昌人，进士。
李　智　山东曹州人，举人。
潘　龄　南直隶嘉定人，举人。以上成化年任。
吕　镒　山东郓城人，举人，有传。
汪　晓　南直隶六安人，举人。
曹宗琏　河南郑州人，举人。以上弘治年任。
王　溥　山东海丰人，举人。
李　伟　江西丰城人，举人。
陈　溥　江西乐安人，举人。
彭　璘　甘肃兰州人，举人。
高　堂　陕西米脂人，举人。以上正德年任。
张国维　南直隶定远人，进士。
赵　叶　浙江东阳人。进士，有传。
魏　谧　河南汝宁人。举人。
刘体元　广东南海人，进士。
周　佐　江西永丰人，进士。
陈　道　山东陵县人，举人。
卢　杰　山东商河人，举人。
徐　桢　南直隶长洲人，进士，有传。
张士俨　四川内江人，举人。
陈士元　湖北应城人，进士，有传。
张　璜　山东海丰人，举人，有传。
王家士　河南光山人，举人。
董宗舒　河南光山人，举人。
孟鹏年　河南洛阳人，举人。
韩应春　山东茌平人，举人，有传。

李　成　湖北江陵人，举人。以上嘉靖年任。
邢元彻　四川阆中人，举人。
崔　炳　河南永宁人，举人。
刘欲仁　河南陈留人，举人。以上隆庆年任。
严守约　顺德人，举人。
邢子深　陕西南郑人，举人。
周五凤　西川富顺人，举人。
吴敬夫　浙江余姚人，举人。
郑　璘　湖北石首人，举人。
陆从平　南直隶华亭人，进士。
白应乾　山东博兴人，举人。
黄景泽　山西襄陵人，举人。
张元庆　浙江山阴人，举人，有传。
王应选　山东阳谷人，举人。
刘从仁　山西解州人，恩贡，有传。
张尧辅　陕西宜川人，举人，有传。
李鸣皋　山东博平人，举人。
赵　桐　山西应州人，举人。
何士玮　甘肃陇西人，举人。
孙　慈　蕲水人，举人，有传。
林养栋　广东番禺人，进士。
李乔岳　陕西南郑人，举人。
周　宇　四川成都人，进士。
林应聚　福建漳州人，进士。以上万历年任。
胡　应　聘河南人，举人。
刘绳祖　河南汝宁人，举人。
吴震元　南直隶太仓人，举人。
段耀然　陕西三原人，举人。以上天启年任。
杨　熑　贵州铜仁人，举人，有传。

柏之焕 奉天盖州人，举人。
施镜光 福建人，举人。
张鸿猷 河南商邱人，举人。
曹钟庆 河南商邱人，举人。
辛志谔 陕西三原人，拔贡。
冯如敬 山西代州人，恩贡。
王瑞麟 河南人，举人。
吴方思 南直隶武进人，进士。以上崇祯年任。

卢龙县知县

胡　炳 洪武年任。
尹守道 山西阳曲人。
郑　彝 山东临清人。
张　谔 山西岚县人。以上永乐年任。
胡　琮 正统年任。
刘　魁 山东高唐人，进士，有传。
乔　聪 河南河内人，举人，有传。
李景华 南直隶江都人，举人，有传。
吴　果 南直隶山阳人。以上成化年任。
谭　绅 山东滨州人，举人。弘治年任。
韩　敏　**刘世卿**　**李永昌**　**何　宏**　**戴　钰**　**王宗尧**
王大猷 山西人。
张维贤 奉天辽东人。以上正德年任。
高凤鸣 河南人。
陆　杲 南直隶无锡人。
乔一举 山西人。
胡景旸 河南人。
吴道南 山东濮州人。
李绍先 山西盂县人。

王　纶
赵　弁　山西人。
杨保庆　山西泽州人，举人。
王　高　陕西延安人。
赵敬简　山东益都人，举人。以上嘉靖年任。
平　章　山东人，贡生。
张　澜　冠县人，进士。
杨舜臣　陕西商州人，举人。
潘　愚　山东峄县人，举人。以上隆庆年任。
臧仲学　奉天辽东人，举人。
武　成　宁州人，举人。
王与可　四川蓬溪人，举人。
杨时誉　河南祥符人，举人。
白希颜　山西人，贡生。
王　衮　山西阳谷人，举人，有传。
叶世英　浙江宁波人，进士有传。
王象恒　山东新城人，进士，有传。
赵　绂　山西乐平人，进士，有传。
谢廷赞　湖南沔阳人，举人。
侯胤正　河南商邱人，举人。以上万历年任。
刘　诏　河南杞县人，进士。
孙止孝　山东历城人，进士，有传。以上天启年任。
张养初　山西人，进士。
邓绍禹　湖广人，举人。
张　煊　山西介休人，进士。
赵明远　河南人，进士。
张若麒　山东胶州人，进士，有传。
马孔健　河南陈留人，进士，有传。
刘浚源　山东曹州人，进士，有传。

王三俊　浙江山阴人，进士。

荣尔奇　山东德州人，进士。以上崇祯年任。

迁安县知县

萧　颐　洪武年任。

金彦祥

邢　冕　以上永乐年任。

贾永年

干　羽　以上宣德年任。

商　辂　浙江人，正统年任。

费永宁　景泰年任。

江　征　江西丰城人。天顺年任。

王　彝　山东济宁人，举人。

王　舟　山东曹县人。

赵　桢　山东乐陵人。

戚　胜　河南遂平人。

张　霄　山西平度人。以上成化年任。

逯　鼎　山东章邱人。

张　济　山西阳曲人，举人，有传。

周　密　山西马邑人。

邓万斛　四川富顺人，进士，有传。以上弘治年任。

高　岱　河南孟县人，举人。

罗　玉　四川南充人，进士，有传。

郭　桢　河南陕州人，举人。

钟　驯　山西汾州人，举人。

吕　端　山东濮州人，举人。以上正德年任。

孙　宥　河南新蔡人，进士。

张　镐　山东沂水人，举人。

杨　缙　山东寿张人，进士。

温志敏 山西岚县人。
许樯卿 浙江海宁人，进士。
陈　策 山东益都人，官生。
王　锡 山西代州人，举人。 **徐　州** 杨林所人，举人，有传。
韦文英 陕西泾阳人，举人，有传。
宋时俊 河南祥符人，举人。
崔文宠 山西临汾人。
宋承郊 陕西咸阳人，举人。
罗凤翔 山西蒲州人，举人。
刘　钰 山东邹县人，举人。
赵文显 山东观城人，举人。
马　山 山东益都人，举人。以上嘉靖年任。
隋　府 山东鱼台人，进士。
赵云翔 山东平阴人，进士，有传。
刘邦彦 湖南龙阳人，举人。以上隆庆年任。
王淑民 湖北咸宁人，进士。
冯　露 河南襄城人，进士，有传。
傅纳询 山西定襄人，举人。
白　夏 南直隶颖州人，举人。
申　安 山东曰照人，举人。
徐安平 山卫人，举人。
张　鉴 陕西泾阳人，贡生。
仇际可 山东章邱人，举人。
金光初 南直隶长洲人，举人。
孟履长 山西泽州人，选贡。
雷　声 山东禹城人，举人，有传。
钱吾德 浙江嘉善人，举人。
张九三 河南新蔡人，官生。
倪荣嗣 山东高密人，贡生。

林翰英 福建莆田人，举人。
骆行健 河南夏邑人，贡生。
刘仪凤 陕西周至人，举人。
刘　济 山东肥城人，举人。
张廷拱 福建同安人，进士，有传。
薛永宁 河南祥符人，举人。
张懋德 山东青阳人，贡生。以上万历年任。
王吁俊 陕西同州人。
田化霖 广东清远人，举人。
王四维 山西河曲人，选贡，有传。
屠登元 贵州都匀人，举人。
李可观 山西岚县人，举人。以上天启年任。
朱运泰 河南护卫人，举人。
胡文烈 山西永宁人，贡生。
任明道 陕西清涧人，进士。
黄道济 山东曲阜人，举人。
彭光祖 湖北江夏人，举人。
何　官 云南大理人，举人。
高承埏 浙江嘉兴人，进士，有传。
张　祺 奉天盖州人，举人。以上崇祯年任。

抚宁县知县

娄大方 浙江奉化人，有传。洪武年任。
陈　坤 陕西石泉人。永乐年任。
王　懋 景泰年任。
胡　方 江西新喻人。
姜　镐 河南修武人，举人。以上成化年任。
李　海
刘　玉 山东乐陵人。

窦　信　振武人，进士。
曹　年　山东寿张人。
高　翔　江西临海人。
赵之彦　陕西泾阳人，举人。以上弘治年任。
陈思谦　广东揭扬人，进士。
盛　樾　南直隶仪征人。
李　岩　南直隶海州人。
叶宗荫　浙江遂昌人，举人，有传。
袁　滨　南直隶通州人，举人。
陈　谏　广东保安人。
王良臣　山西绛州人。
谢应征　河南安邑人，贡生。
黑文跃　湖南常德人，举人。
郭　涞　陕西咸宁人，举人。
萧　铸　河南上蔡人。
段廷晏　山西太原人。
姜　密　山东夏津人，举人。以上嘉靖年任。
李一本　河南郏县人，进士。
张彝训　山东宁阳人，进士。以上隆庆年任。
宁　笏　河南河内人，举人。
徐汝孝　山东嘉祥人，恩贡。
雷应时　山西芮城人，举人。
崔时亨　山西浮山人，选贡。
孟　召　灵州所人，贡生。
梁　槐　陕西人，贡生。
崔敬立　山东临清人，举人。
全　梧　河南郏县人，进士。
阎国魁　山西人，举人。
李尚恒　江西新淦人，举人。

曹司礼 山西潞城人，举人。
王　台 山东临清人，举人，有传。以上万历年任。
黄中色 陕西绥德州人，举人。
薛寅宾 山西临县人，贡生。
王道同 山东黄县人，贡生。以上天启年任。
余　爵 河南禹州人，进士，有传。
卢以岑 山西太原人，举人。
李果珍 陕西雒南人，举人。
熊钟张 江西临川人，举人。
霍　藻 广东南海人，举人。
孙廷铨 山东益都人，进士。
刘名彦 山西人，贡生。以上崇祯年任。

昌黎县知县

杨　禧 大兴人，有传。
张　约 陕西山阳人。
田　蕃 山东乐陵人。以上永乐年任。
于显祖 山东蓬莱人。
王　玺 以上正统年任。
王　懋 景泰年任。
王永亨 天顺年任。
白纯道
殷　玘 山东寿张人。
梁　谊 山东人。
张云凤 山东济宁人，举人。
张　完 辽东前卫人，举人。
陈　纲 浙江金华人，进士。
赵　澜 河南修武人，举人。
郭　桢 山东钜野人。

李　钺　山东金乡人，举人。以上弘治年任。

高文学　山西繁畤人，正德年任。

秦廷锐　山东武城人，举人。

阎　凤　河南汝州人，举人。

袁　禧　陕西肤施人。

秦志仁　山西长子人。

康　绍　光甘肃巩县人，举人。

李　桐　河南洛阳人，选贡。

文世英　广西护卫人，举人，有传。

郭　锡　山西汾州人，举人。

李希洛　山西太原人，进士，有传。

王世叶　山东宁阳人，举人。

胡　溪　贵州清平人。

张彦良　辽阳人，举人。

刘　宪　南直隶赣榆人。

楚孔生　山东曹州人，举人，有传。

陈良辅　山东莒州人，举人，有传。以上嘉靖年任。

刘　泮　南直隶江都人，进士。

张存智　山东历城人，举人。

孟　秋　山东茌平人，进士。以上隆庆年任。

吴应选　甘肃会宁人，举人，有传。

曹世卿　山西稷山人，举人。

胡　科　河南武安人，举人。

桂　尹　南直隶石埭人，举人。

石之峰　山东邱县人，举人。

冯　恩　山西代州人，举人，有传。

张正蒙　山东历城人，举人。

张孔思　山东乐安人，举人。

洪　霖　云南鹤庆人，举人。

王道平 山东高苑人，进士。
吴望岱 应选子举人，有传。
王汉杰 陕西南郑人，进士。
杨于陛 四川剑州人，举人，有传。
徐州儒 甘肃固原人，举人。
姚一让 山西五台人，举人。以上万历年任。
陈廉善 湖南长沙人，选贡。
尚镰 河南安阳人，举人。
王我锡 山东淄川人，举人。以上天启年任。
左应选 山西榆次人，举人，加按察佥事，有传。
景可观 山西猗氏人，贡生。
秦士英 山西夏县人，贡生。
黄映黼 山东沂州人，贡生。
樊腾霄 江西宁州人，举人。
张三槐 山西代州人，举人。
傅继悦 山东利津人，举人。
蒋三捷 奉天辽东人。
徐可大 镇武卫人，贡生。以上崇祯年任。

乐亭县知县

王文贵
张似兰 山东平原人。
刘　盛 浙江昌化人。以上洪武年任。
周彬甫 湖南桂阳人。
魏　准 山东武城人。
王继贤 德兴人。以上永乐年任。
吕　渊 陕西凤翔人，宜德年任。
董　昱 武荣人。
元　宏 河南安阳人，举人。以上天顺年任。

王　弼　山东栖霞人，举人。
李　瀚　山西沁水人，进士，有传。以上成化年任。
蒋廷圭　广东海阳人，进士。
张　谦　河南叶县人。
郝　本　山西阳曲人，进士。
田　登　山东武城人，进士。
原　轩　山西阳城人，进士，有传。
王渊学　山东东平人。以上弘治年任。
王　溥　山东海丰人，进士。
赵　宽　山西垣曲人，举人，有传。
王　恩　南直隶宜兴人，举人。以上正德年任。
苏　文　河南南阳人，举人。
柴　轲　山东人，举人。
马　淦　山东武定人。
王　述　山西吉州人。
蔡　洞　南直隶宿迁人，举人。
卢　臣　湖北均州人。
彭　钦　南直隶定远人。
陈德安　山东章邱人，举人。
杨凤阳　南直隶宿州人，贡生。
梁　公　山东高唐人，举人。
缪　俊　南直隶江阴人，举人。
吕　鸿　山西太原人，举人。
相文祥　浙江钱塘人，举人。
侯　庶　山西泽州人，举人。
冯时中　山东范县人，举人。
宋国柞　湖北均州人，举人。
李席珍　山东济宁人，贡生。以上嘉靖年任。
王　暹　肥县人，岁贡。

李邦佐 河南陈留人，进士，有传。
尧允和 河南怀庆人，举人。以上隆庆年任。
马　露 河南襄城人，进士。
冯　速 山东曹州人，举人。
林景桂 东宁人，举人。
赵子仁 辽阳人，举人。
于永清 山东青城人，进士。
杜和春 甘肃陇西人，进士。
潘敦复 山东夏津人，进士。
刘芳久 河南安阳人，举人。
胡　绩 江西丰城人，举人。
叶敬愿 山东德州人，进士。
王国桢 陕西安邑人，进士。
李继祖 河南延津人，举人。
张　鉴 山西灵石人，选贡。
雷春起 陕西同州人，举人。
桑　高 山西太原人，举人。
赵廷庆 山西盂县人，进士。
刘　松 河南卫辉人，举人。以上万历年任。
曹养气 陕西富平人，举人。
刘　檄 历城人，贡生。以上天启年任。
李凤翥 江西乐安人，举人，有传。
王之晋 河南宝丰人，进士。
陈昌言 山西泽州人，有进士，有传。
刘所创 四川临潼人，举人。 **王文祥** 甘肃宁州人，举人。
朱光熙 浙江山阴人，进士。以上崇祯年任。

山海卫经历

徐　鼎 南直隶徐州人。

许　焕　山东人。
吴　佩　浙江人。
张　文　山西人。
车　桓　陕西人。
梁　琨　陕西人。
金　玉　甘肃河州人。
杨尚信　山东人。
徐　敞　山东人。
郭　寅　浙江人。
吴世赞　山东人。
刘国学　江西人。
康思道　山东人。
傅　奎　江西进贤人。
魏公道　山东人。
高宗恩　河南洛阳人。
韩宗学　陕西泾阳人。
王景熙　南直隶泾县人。
周懋良　浙江永康人。
沈澄源　浙江人。
施　溥　南直隶人，选贡。

明武秩

镇守苏州永平山海总兵

张　信　隆平侯。
陈　志　遂安伯。
陈　敬　京卫人。
陈景先　东胜右卫人。以上永乐年任。

王　彧　密云卫人，宣德年任。
孙继先　应城伯。
宗　胜　遵化卫人。以上正统年任。
胡　镛　永平卫人，景泰年任。
吴　得　隆庆卫人。
马　荣　兴州前屯卫人。
沈　煜　修武伯。以上天顺年任。
焦　寿　东宁伯。
冯　宗　京卫人。
刘　清　京卫人。
李铭　山东邹平人。以上万代年任。
刘　福　宁晋伯。
蒋　骥　定西侯。
阮　兴　京卫人。
王　铭　锦衣卫人。以上弘治年任。
温　和　河间卫人。
吴　玉　遵化卫人。
马　澄　京卫人。
陈　镳　遂安伯。
戴　钦　绥德卫人。以上正德年任。
马　永　金于左卫人。
张　范　大同卫人。
杨　慎　辽东人。
□　云　榆林人。（旧志缺姓）
萧　升　抚宁卫人。
刘　渊　山海卫人。
祝　雄　山海卫人。
戴　廉　蓟州卫人。
周　彻　抚宁卫人。

罗希韩　平谷人。
李凤鸣　京卫人。
成　勋　蓟州卫人。
周益昌　辽东人。
欧阳安　宜化府人。
李　广　京卫人。
张承勋　怀安卫人。
孙　膑　绥德卫人。
胡　镇　阳和卫人。
王孟夏　宁武人。以上嘉靖年任。
李世忠　绥德卫人。
郭　琥　永昌卫人。
戚继光　登州卫人。以上隆庆年任。
杨四畏　辽东人。
张　臣　榆林人。
董一元　宣化人。
张邦奇　蔚州人。以上万历年任。

山海关镇守总兵　万历四十六年设。

杜　松　榆林卫人。
柴国柱
刘　渠　顺天人。
孙显祖　**江应诏**　**马世龙**　**王世钦**
尤世禄　榆林卫人。
杨　麒
赵率教　两任。
满　桂　**杜文焕**
朱　梅　前中卫人。
宋　伟　**刘源清**

尤世威 榆林卫人。
张时杰 宜化人。
侯拱极 **马科**
于永绶 宁远卫人。
卢天福 东胜卫人。

东路协守副将

戴 镰 镇朔卫人。
九 聚 金吾右卫人。
韩承恩 辽阳人。
王继祖 密云中卫人。
毛绍忠 密云后卫人。
程 棋 兴州右屯卫人。
张世武 兴州右屯卫人。
吴 涞 通州人。
王 住 居庸关人。
唐大节 山海卫人。
李 鸾 陕西人。
龚 业 山西大同人。
王应岐 密云后卫人。
李 意 蓟州人。
戴 卿 保定人。
毛绍忠 再任。
李 贤 榆林卫人。
吴 珮 开元卫人。
蒋承勋 义州卫人。
张承勋 怀安卫人。
马 芳 陕西宁夏人。
雷 龙 陕西巩昌人。

黄　演　陕西榆林人。
尤　月　陕西榆林人。
董一元　万全人。
戴　纶　宣化府人。以上嘉靖年任。
胡守仁　观海卫人。
史　纲　大同卫人。
史　宸　永平卫人。
杨　文　台州卫人。
孙朝梁　陕西人。
白　福　山西太原人。以上隆庆年任。
史　宸　再任。
李如柏　铁岭卫人。
杨绍勋　广宁前卫人。
麻承恩　大同左卫人。
张　玠　正定卫人。
任自强　阳和卫人。
彭友德　兴州右屯卫人。
陈　霞　大同左卫人。以上万历年任。

山海关参将　隆庆三年改守备为参将。

莫如德　龙门所人，武进士。
管　英　金吾右卫人。
孙朝梁　榆林卫人。
聂大经　大宁前卫人。以上隆庆年任。
林　岐　彭城卫人。
陶世臣　永平卫人。
沈思学　宿州卫人。
王　通　榆林卫人。
王有臣　东宁卫人。

吴惟忠 浙江义乌人。
杨　栗 延安卫人。
谷承功 永平卫人。
王守道 广宁左屯卫人。
王有翼 铁岭卫人。
谷承功 再任。
张应种 广宁卫人。
姜显宗 榆林卫人。
张守职 彰德卫人。
孙一元 宣府前卫人，武举。
郭梦征 广宁中卫人。
李承祖 绥德卫人。
杨　元 定辽左卫人，武举。
蔺登瀛 龙骧卫人。
聂　钰 燕山右卫人。
李自芳 金山卫人，武进士。
朱洪范 武骧卫人，武举。
姚　洪 金吾右卫人，武举。
李获阳 保定卫人，武进士。
李茂春 永宁卫人。
白慎修 榆林卫人。
刘孔胤 怀来卫人。
蔺登瀛 再任。
吴自勉 陕西人。以上万历年任。
施洪谟 正定人。
高国桢 山西人。
宁　宠 陕西人。
叶时新 江南人。以上天启年任。
申其佑 遵化人。

张继绂 辽东人。

崔秉德 辽东人。

赵应元 山海卫人。

王永福 顺天人。

慕继勋 定州人。以上崇正年任。

建昌营参将

卢国让 山东临清人。

周孚光 蓟州卫人。

李　潮 绥德卫人。

张懋勋 山海卫人。

胥进忠 广宁卫人。以上嘉靖年任。

杨　腾 广宁中卫人。

谷承功 永平卫人。

王　轸 涿州人。以上隆庆年任。

谢惟能 开平卫人。

姚天与 广宁左卫人。

张　爵 忠义中卫人。

黄孝感 睢阳卫人。

王国翼 万全左卫人。

解一清 宣府前卫人。

陈汝忠 锦衣卫人。

林　桐 太原右卫人。

麻承训 大同右卫人。

周　俊 太原右卫人。

李如梅 铁岭卫人。

王承业 太原右卫人。

詹鞠养 铁岭卫人。

高　宗 榆林卫人。

卢拱极 东胜卫人。以上万历年任。

燕河营参将

胡　镛 永平卫人。

王　福　吴　铎　赵　源

李　铭 山东人。

王　瑄

阮　兴 会州卫人。

赵　昶

杨　胜 以上成化年任。

白　琮

高　瑛 武城中卫人。以上弘治年任。

李　洪 山海卫人。

刘　玉 金吾右卫人。

王　钦 应天卫人。

张　安 府军前卫人。

陈　勋 宣府人。

程　渶 济阳卫人。

夏　仁 蓟州人。

叶凤仪 锦衣卫人。

高　谦 燕山卫人。

王孝忠 辽东人。以上正德年任。

朱　卿 正定人。

杨　鼎 义勇右卫人。

白　珩 京卫人。

周良臣 营州前屯卫人。

王　钰 大同前卫人。

赵　卿 山东人。

邓　安 京卫人。

李　镇　武骧左卫人。
萧　宝　永清右卫人。
成　勋　蓟州人。
朱　楫　永平人。
叶　昂　山西大同人。
何　镇　卢龙人。
蒋承勋　辽东人。
王允中　辽东人。
李康民　永平人。
时　銮　榆林人。
雷　龙　巩昌人。
李　意　蓟州卫人。
佟　登　辽东人。
傅　津　榆林人。
王治道　辽东人。以上嘉靖年任。
张　冬　昌永卫人。
张　礼　榆林人。
史　纲　大同前卫人。
王　通　榆林人。
马承胤　永平人。以上隆庆年任。
张　爵　忠义中卫人。
聂大经　大宁前卫人。
陈文治　登州卫人。
高如桂　绥德卫人。
胡天定　浙江义乌人。
姜显宗　榆林卫人。
钱国用　阳和卫人。
徐从义　绥德卫人。
王　通　再任。

任自强 阳和卫人。
孟尚义 宣化府人。
褚东山 羽林卫人。
管一方 安东中屯卫人。
薛虎臣 定兴人。
刘继本 莱州卫人。
张　楷 济宁卫人。
陈愚闻 绥德卫人。以上万历年任。

石门寨游击

龚　廉 易州人。
王　芝 保定人。
王允中 辽东人。
张　勋 涿州人。
李　章 大同人。
佟　登 辽东人。
白文智 陕西人。
张　功 山东人。以上嘉靖年任。
李　信 绥德卫人。
董一元 陕西人。
李　珍 榆林人。
张拱立 甘州左卫人。以上隆庆年任。
李　信 再任。
王抚民 绥安人。
毛　策 辽东卫人。
杨四德 辽东人。
戴朝弁 辽东人。
王　辊 榆林卫人。
刘承恩 淮安卫人。

李应春 虎贲右卫人。
陈愚闻 绥德卫人。
樊崇礼 榆林人。
管一方 安东中屯街人。
胡世芳 蓟州卫人。
王国梁 宣化前卫人。
丁世用 榆林人。
李芳春 平鲁卫人。
牛伯英 以上万历年任。

建昌营都司

原设参将，万历中改为都司。

叶　鎧 处州卫人。
刘德温 开平人。
李　蓁 密云卫人。
艾应诏 榆林人。
朱　寿 通州右卫人。
马魁武 河间卫人。
胡懋功 青州卫人。
茹宗汤 东胜右卫人。
宗应魁 密云后卫人。
陶思仁 金吾右卫人。
王　问 义勇右卫人。
李宗牧 营州右屯卫人。
刘国威 广宁中卫人。
王养贤 山海卫人。
胥应征 南京留守左卫人。以上万历年任。

永平府守备

罗　政 永平卫人。

胡　镛　永平卫人。
陈　瑄　永平卫人。以上正统年任。
胡　瀚　镛之子。
罗　纲　政之子。
郭　英　蓟州卫人。
王　瑾　羽林前卫人。
郭　鋐　金吾前卫人。
刘　瑁　羽林前卫人。
单　聚　锦衣卫人。
萧　瑾　锦衣卫人。
杨　玉　锦衣卫人。
周　侨　锦衣卫人。
康　雄　锦衣卫人。
刘　宁　羽林卫人。
黄　瑾　京卫人。
李　镗　旗手卫人。
张天民　旗手卫人。
陈宗言　辽东前屯卫人。
毛绍宗　密云后卫人。
姚　海　腾骧右卫人。
成　勋　蓟州人。
吴　涞　定远卫人。
周孚先　蓟州人。
陈　淮　东胜左卫人。
祝　福　山海卫人。
郭秉中　彭城卫人。
孙　昂　镇翔卫人。
周孚先　再任。
陈尧勋　宗言之子。

卢国让 临清卫人。
陈逢吉 涿州卫人。
徐　勋 蓟州人。
胥进忠 广宁卫人。
罗惟冕 广宁卫人。以上年代无考。
姜　俊 金吾左卫人。
李　沛 正定卫人。
葛绍忠 永平人。
李惟学 济宁人。以上隆庆年任。
王添职 绥德卫人。
刘应时 德州卫人。
陈汝忠 锦衣卫人。
吴道行 扬州人。
陈邦垢 定辽左卫人。
陈永福 腾骧右卫人。
陈　仲 济阳卫人。
陈　燮 滁州人。
王　洪 苏州卫人。
陈日栋 河南卫人。
王　诰 陕西人。
青若水 陈州人。
周永祐 锦衣卫人。
顾邦镇 天津卫人。以上万历年任。

山海关守备

正统八年设，隆庆三年改参将。

王　整 羽林前卫人，正统年任。
谷　登 永平卫人，天顺年任。
陈　善 龙骧卫人。

陈　宣　永平卫人。
李　铨　锦衣卫人。以上成化年任。
李　增　永清卫人。
申　宁　沂州卫人。
王　喜　济州卫人。
赵承文　锦衣卫人。
杨　恭　府军前卫人。以上弘治年任。
王　福　旗手卫人。
叶凤仪　锦衣卫人。
李　英　锦衣卫人。
田　琮　大宁都司人。
韩　聪　金吾右卫人。以上正德年任。
钟　杰　抚宁卫人。
宋　琦　景陵卫人。
田　登　平谷人。
九　聚　金吾右卫人。
宋　经　金吾右卫人。
张世武　兴州右卫人。
栾　锐　营州右卫人。
萧　宝　永清右卫人。
赵　仁　兴州后屯卫人。
龚　廉　茂山卫人。
胡　潭　定州卫人。
涂永贵　山海卫人。
杨　舟　镇朔卫人。
李康民　永平卫人。
胡宗舜　神武右卫人。
康承绪　东胜左卫人。
戴　卿　保定前卫人。

何　凤　忠义后卫人。

朱孔阳　保定中卫人。

申维岳　遵化卫人。

倪云鹏　天津卫人。

谢　隆　忠义后卫人。

周　冕　神武左卫人。

杨四畏　定远左卫人。

赵云龙　义州卫人。

王廷栋　东胜左卫人。以上嘉靖年任。

周承远　太仓卫人。

张良臣　宁远卫人。以上隆庆年任。

永平道标中军守备

杨志和　甘肃河州人，崇祯年任。

明军卫

永平卫

在府治南，洪武四年建，领中、前后，中左、中右、中前、中后、左前八千户所，原额官军六千四百名。

指挥使　**李宏、马忠、谷祥。**

指挥同知　**李桢、李忠、罗政、张福、李杰。**

指挥佥事　**谷成、胡斌、姚全、庞英、马七十、陈雄。**

卫镇抚　**王刚、李得。**

中所正千户　**司贵、陈聚、葛兴、贾长儿、汪祥、李端。**

卫千户　**张荣、刘忠、倪旺、高鸾、周隆。**

所镇抚　**王成、陈福。**

百户　**贾宣、华得、戴受、李成、毛成、李信、田旺、曾勋。**

前所正千户　**陈鉴。**

副千户　章永、朱贵、陈敬。

所镇抚　张壹。

百户　刘安、王荣、吴世美、王春。

后所正千户　吴海、孙玉。

副千户　张忠、邹和、白卯那海、刘广、曹清。

百户　朱真、臧文成、王宁、管受骡儿、陈京、白聚。

试百户　李福、王道安。

中前所副千户　蔡成、倪永清。

百户　安贵、邵原善、郑安、胡海、朱保、俞忠、姚纯、何成、姜銮。

试百户　陈华、蔡旺。

中后所正千户　缪纪、李承爵。

副千户　王忠、李凯、张能。

百户　孙旺、杨勋、高林。

中左所正千户　路彬。

副千户　杨胜、赵成、马升。

百户　郝贵、谢兴、夏聪。

中右所正千户　张辅、殷贵、吴本。

副千户　陆阿升、潘旺、张隆、王兴、武章。

百户　曲清、郭得、王友、李斌、王荣、侯胜、钱大金。

试百户　萧淮。

左前所正千户　石忠。

副千户　顾暹、马庸、杨允。

百户　吴兴、沈均祥、丁秀、顾成、刘成、谢钊、盛昂。

试百户　陶景、杜继宥。

东胜左卫

在府治东北，旧属山西行都司，永乐元年移建于此领中、左、右、前、后五所，原额官军五千三百一十名，后并入永平府。

指挥使　**王贵、李永昌。**

指挥同知　**吴海、陈得、汪锐。**

指挥佥事　**唐泽、李春、张鹏、张观音保、谭澄、陈隆、孟祥、雷信。**

卫镇抚　**杨荣、曹得。**

左所正千户　**罗源、高秃子、刘鉴。**

副千户　**陈端、张福。**

百户　**陆毅、黄庆、潘甫祥、陶兴隆、徐贤、缪辉。**

右所正千户　**陆胜。**

副所千户　**徐得、林信、金得。**

百户　**孟添受、张林、刘福兴、萧全、阎聚、张举。**

试百户　**周连。**

中所正千户　**陈贵。**

副千户　**李祥、王海、陈凯、薛昂、萧清、李艺、李成。**

百户　**杜敏、司能。**

前所正千户　**周裕。**

副千户　**董旺、刘凤。**

百户　**白恭、陈兴、朱贞、葛兴旺、汪汝川、马忠、张斌、田贵。**

后所正千户　**解恭、卢俊。**

副千户　**周山。**

百户　**陈琦、徐福、杨三、李肃、沈福、孙方、康宁。**

试百户　**卜羊秃、冯琦。**

卢龙卫

在永平卫南，永乐四年建，领中、左、右、前、后千户所在七百户所，原额官军五千七百四十八名，后并入永平卫。

指挥使　**吴旺。**

指挥同知　**焦恕、宋堂、刘江。**

指挥佥事　**高彝、董兴、郭昱、陈宗、袁镇、张仁敬、张雄、**

李贤、尚九皋、李瑾。

卫镇抚 刘升、赵本。

左所正千户 许达、杨宣、刘鉴、许寿。

副千户 才任礼、杨教。

百户 王衍、赵进、夏贵

试百户 廖自当。

右所正千户 聂宣。

副千户 王升、孙胜、赵敏、仇兴、陈义、刘景。

百户 李官保、沈荣、李雄。

中所正千户 吕通、李英。

副千户 刘义、李贞。

百户 王成、贾清、卢旺。

前所正千户 李海。

副千户 王兴、邵谅、王成、陈宗。

百户 刘海、张保儿、冯僧奴。

试百户 周海马。

后所正千户 李安、姜彝。

副千户 任政、周成。

百户 孙道、许铭、徐英、吴铎。

试百户 李三圣奴。

七百户所百户 黄善、孙礼、赵铭、李升、陈礼

兴州右屯卫

在迁安县城，旧在口北大宁，永乐三年移建于此，领左、右、中、前、后五千户所，原额官兵四千五百名，后并入永平卫。

指挥使 魏显。

指挥同知 潘仲祥、许斡、朱克恭。

指挥佥事 陆贤、彭源、刘云瀚、张锐、梁尔。

卫镇抚 程恭、何旻。

左所副千户　曾敏孚、黄胜、汤清、赵霁、潘世武。

百户　陆贵、危原、夏斌、郝三姐、周方、任贤、包义、李友儿、王二姐、张友、李兴、韩、梅春、聂胜、阴继勋。

右所正千户　赵海、朱辅。

副千户　李荣、沈名、张真。

百户　刘福、张贵、吴兴、孟真、靳七儿、周礼、陈奇、殷广、杨兴、刘升。

中所正千户　燕贵、孙堂。

副千户　杨忠、牛信、侯兴、王贵、段先。

百户　李寿、张资、韩福、孙能、杨兴、阎敬、王玺、马斌、周真、蒋虞。

前所正千户　张端、张应爵。

副千户　韩玉春、周钺、曹信、刘润。

所镇抚　许兴、王端。

百户　韦思义、国润僧、赵宗、杨茂、王英、刘永、刘顺、李福、林福敬、韩贵、黎海、高禄、金贵。

后所正千户　王大重。

副千户　王兴、陶能、李相。

所镇抚　黄贵。

百户　刘忠、轩林、赵敬、丁监、阎实、周源、邢宗友、滕俊、陈聚、赵智。

抚宁卫

在县城东十里，永乐三年建，领左、右、中、前、后五千户所，原额官军四千五百名，后并入山海卫。

指挥使　陈斌、孟永、毛纪、林良、张宏猷。

指挥同知　孙能、陈英、刘禧、赵铭。

指挥佥事　高镛、萧鹏、周常、吴继璘、刘荣、曹勇、纪成、宋忠、凌海、钟楷、夏寅、张绳武、张耀先、魏国勋、吴世忠、陈交泰。

卫镇抚　**陈得**。

左所正千户　**范庸、任俊、陈有谅、程和**。

副千户　**王桢、傅斌、罗忠、胡琳、朱贵**。

百户　**李忏保、郭伴儿、成原、董兴、苗见儿、杨安、方敬**。

左所正千户　**邱安、李胜**。

副千户　**王得、汤回子、贾锦、陈兴、白玉、谢成、潘相**。

百户　**王成辅、牛彬、陈兴、陈宾、陈旺、康贤、徐胜、龚景**。

试百户　**尹顺**。

中所正千户　**王兴**。

副千户　**白钦、毕达、袁钦奇、韩荣、田兴、蔡智**。

所镇抚　**徐斌**。

百户　**贾成、梁通、曹保儿、张剪、白整、康荣、李春、王宗儒**。

前所正千户　**王智、陈洪、侯三锡**。

副千户　**邸得新、张能、宋虎、王成、黄忠、石玉**。

百户　**魏廷玉、陈贵、解仕、贾兴、许能、王兴、于海、张堂、晏友**。

后所正千户　**余宣、王聚、王福**。

副千户　**沈英、殷纪、卢旺、张全、孙成、陆永**。

百户　**吴真、王全、赵有通、郝福、公谅、赵成、王敬**。

试百户　**苏贵**。

八百户所副千户　**荣春**。

百户　**苏良、李安、谭整、刘聪、赵鉴、于鉴、高镗**。

山海卫

在山海关口，洪武十四年建，领左、右、中、前、后、中左、中右、中前、中后山海十千户所，宣德五年调右中二千户所于辽东，止领八千户所。

指挥使　**施亮、吕英、魏振、张俊、徐铎、符浩、于珮、赵进、**

李胜、王玺、刘凯、孙贵。

指挥同知　石金、唐旺、郭旺、徐庸、戴良、涂奇、王福、李冕、李堂、杜鸾、王佐。

指挥佥事　刘得、徐敬、苏能、林得、李哈喇勤、赵忠、胡海、刘毅、吕升、李忠、任洪、傅政、何隆、李玺、徐锦、周宝、张懋勋。

卫镇抚　余显。

右所正千户　冯良、任宏、王鬼黑赤、高英。

副千户　邢二、李贵、李军童。

百户　徐成、何礼、刘兴、谭忠、李源、谭贵。

试百户　周才。

前所正千户　赵谅、韩谅、李智中、于化、谢成、居端、孙良。

副千户　李聚、刘兴、周翱、施信、杨瓒、蔡义、潘瓒、李英。

所镇抚　陈纪。

百户　虞贵、郭顺、王斌、徐斌、贾荣、白俊、鲍义。

后所正千户　徐成。

副千户　赵兴、朱官儿、张智、杨雄。

百户　周亮、查义、樊温、潘旺、傅贵、高虎儿、吴廉、徐韶。

试百户　仇铭、刘顺、蒋名。

中左所正千户　王礼保。

副千户　钟兴、孙三。

百户　马旺、潘兴、陈忠、潘刚、赵铭、程锐。

中右所正千户　孟受、陈聚、狄观、薛滕、王忠。

副千户　张文秀、高兴、朱胜。

所镇抚　汪斌。

百户　杨荣、张大都驴、张雄、郑海、吴旺、孙忠。

山海所正千户　任忠。

副千户　李成、张胜、孙德、解聚、杜旺。

百户　陈聚、高兴、贺贵、边荣、计旺、李兴。

中前所正千户　**洪海、李小四。**

副千户　**王祐、徐胜、周源。**

百户　**王海、温泉、魏成、常顺、熊彪、张信。**

中后所正千户　**范保山。**

副千户　**孙荣、张林儿、蔡应寅、徐端。**

百户　**段信、李茂、张忠、刘贵、许敬、张奴儿、张通、任得、倪成。**

以上见府旧志，而《临榆志》载山海卫指挥使以下全不相合，未详其故，今并录于左方。

指挥使　**王服远、吕增荣、李长春、张科、魏时行、符之麒、曹汝科、赵梦、于来龙。**

指挥同知　**傅应奎、郭东光、王应龙、刘三杰、王应元、徐景泰、李承明、石维城、施怀长。**

指挥佥事　**李泰、徐可用、徐时用、陈守节、刘大斌、张宏先、苏应诏、吕世疆、曹世爵、何万邦、任嘉乱、李卫国、赵世新、林应坤、用复初。**

正千户　**任汤聘、李维业、孙绳祖、洪进孝、孙纪、王得用、徐尚德、孟锡麟、高凤鸣、杨储栋。**

副千户　**邢政、李学颜、蔡天玺、赵应元、徐世功、李延芳、杜绳武、潘高魁、刘起凤、刘显、高荐、钟宏功、李朝栋、徐国宾。**

百户　**曹鼎臣、李阳春、陈中道、刘联芳、张成功、张鹏、蒋维藩、徐霓、徐光先、张艮、张崇启、向朝明、李登先、张朝梁、傅国珍、潘应龙、谭应龙、周凤翔、赵继勋、陈献策、仇天爵、张一元、鲍朝明。**

卷之十

官师志二

［国朝］

文　阶

户部山海钞关监督

康熙三十三年设立，为满洲差，随印笔帖式一员，期年满任。

李学圣　内务府郎中，康熙三十三年任。

恩格礼　内阁侍读学士，三十四年任。

刘光美　内阁侍读学士，三十五年任。

白良瓒　礼部员外郎，三十六年任。

吴子桢　内阁侍读学士，三十七年任。

王　仕　吏部员外郎，三十八年任。

沙　浑　兵部郎中，三十九年任。

费扬古　工部郎中，四十年任。

安达礼　工部郎中，四十一年任。

佟　献　内务府郎中，四十二年任。

吴达礼　吏部主事，四十三年任。

查尔钦　理藩院员外郎，四十四年任。

纳穆萨礼　内务府员外郎，四十五年任。

三　泰　太常寺读祝官，四十六年任，留三年。
孙塔哈　户部郎中，四十九年任。
哲而谨　宗人府理事官，五十年任。
党阿赖　日讲寂左春，坊庶子掌坊事，五十一年任。
保　柱　宗人府理事官，五十二年任。
伊特海　兵部郎中兼佐领，五十三年任。
何　米　太常寺赞礼郎，五十四年任。
白　禄　内务府郎中，五十五年任，留一年。
吴达海　考功司郎中，五十七年任。
关　保　刑部郎中，五十八年任。
常　明　御前侍卫兼参领，五十九年任。
常　柱　内务府员外郎，六十年任。
本　锡　理藩院郎中，六十一年任。
瓦浑泰　内阁侍读学士，雍正元年任。
张保柱　礼部郎中，二年任。
策　林　户部郎中，兼参领，三年任。
常　寿　户部员外郎，兼参领，四年任。
傅　柱　工部郎中，五年任。
硕　色　通政司左通政，六年任。
德　福　刑科给事中，七年任。
布颜图　兵部员外郎。兼参领，八年任。
常　龄　吏部郎中，八年任。
五　格　户部郎中兼佐领，十年任，留一年。
巴德保　大理寺少卿，十三年任。
李之纲　武英殿总管事务，员外，乾隆元年任。
江　都　内务府员外，二年任。
韩四格　内务府郎中，三年任。
富尔逊　刑部郎中兼佐领，四年任。
江　都　圆明园总管，事务五年任。

明　德　御前一等侍卫兼佐领世袭骑都尉，六年任。
众神保　内务府郎中，七年任。
色　勒　内务府郎中兼佐领，八年任。
四达子　汤泉总管，九年任。
富　凯　工部郎中，四五两月任。
阿敏尔图　兵部郎中，兼佐领，十年至十三年任。
高　恒　户部郎中，十四年任，留一年。
高　诚　掌湖广道御史，十六年任。
双　玉　内务府郎中，十七年任。
哲库讷　畅春园总管兼佐领，十八年任。
德　安　户部浙江司郎中，十九年任。
福　诚　内务府护军统领，二十年任。
卓尔岱　内务府坐办堂郎中，二十一年任。
瑚　宗　室宗人府理事官，二十二年任。
特克慎　内务府会计司郎中兼参领，二十三年任。
鄂　鼐　太常寺少卿，二十四年任。
伊里布　内务府都虞司郎中，二十五年任。
广　安　吏部考功司郎中兼佐领，二十六年任。
六十九　内务府广储司郎中兼理陆库，二十七年任。
海　成　刑部云南司员外郎，二十八年任。
金　简　内务府会计司员外郎兼佐领，二十九年任。
富拉他　畅春园郎中兼佐领，三十年任。
阿敏达　户部山东司郎中，三十一年任。
存　格　宗室宗人府理事官，三十二年任。
申　保　户部建司郎中，三十三年任。
舒　泰　内务府广储司郎中，三十四年任。
苏楞额　礼部仪制司郎中，三十五年任。
平　太　宗室宗人府理事官兼佐领，三十六年任。
永　德　内务府奉宸院郎中兼参领，三十七年任。

观　光　兵部武选车驾二司郎中，三十八年任。

通永道

本通蓟兵备道驻通州，辖顺天府，属通州、三河、武清、宝坻、蓟州、遵化、丰润、玉田、梁城等九州县所。康熙八年，改通永道兼辖永平一府。雍正四年改通永河道，总理永定河。

钱世清　浙江钱塘人，举人，康熙八年改任。

崔谊之　山西平度州人，进士，十年任。

宋　荦　河南商邱人，荫生，二十二年任。

龚佳育　浙江仁和人。

霍　炳　山东青城人，进士，十六年任。

孟　卜　河南夏邑人，举人，二十六年任。

祝兆熊　奉天人，荫生，三十八年任。

沈志达　奉天人，荫生，三十九年任。

李　锡　奉天人，荫生，三十九年任。

王用霖　奉天人，荫生，四十四年任。

白为玑　奉天人，监生，四十五年任。

张连登　陕西咸阳人，贡士，五十年任。

张朝琮　浙江人，五十二年任。

张圣弼　奉天人，五十二年任。

张道源　江南人，五十四年任。

徐　炯　江南昆山人，五十四年任。

高　矿　镶黄旗奉天人，五十五年任。

张安世　奉天人，五十五年任。

李继谟　奉天人，五十九年任。

高　矿　雍正元年再任。

姜颖新　江南如皋人，六年任。

德希寿　正红旗满州人，七年任。

郑为龙　山西汾州人，十三年任。

宋寿图 江南长洲人，十三年任。
鄂　昌 正蓝旗满洲人，乾隆四年任。
周　彬 湖北监利县人，六年任。
秦　玠 镶黄旗奉天人，八年任。
恒　文 正黄旗满洲人，八年任。
秦　玠 十一年再任。
僧保住 镶蓝旗奉天人，十五年任。
王　楷 河南人，进士，十七年任。
良　卿 正蓝旗满洲人，进士，十七年任。
王　楷 十八年再任。
常　亮 正蓝旗满洲人，十八年任。
王　检 山东福山人，进士，二十年任。
明　琦 镶蓝旗满洲人，二十四年任。
玉神保 正黄旗满洲人，三十年任。
色明阿 正黄旗满洲人，三十二年任。
李　湖 江西南昌人，进士，三十二年任。
杨开鼎 江苏甘泉人，进士，三十三年任。
色明阿 三十四年再任。
锡拉布 满洲正黄旗人，三十五年任。
刘　峨 山东单县人，三十七年任。

永平府知府

冯如京 振武卫人，恩贡，顺治元年任。
李日芃 奉天人，旗籍，生员，二年任。
李中梧 奉天人，旗籍，三年任。
林起凤 奉天人，旗籍。
张懋忠 奉天人，旗籍。
朱衣助 奉天人，旗籍。
罗廷玙 江西新建人，官生。

杨呈彩 河南林县人，举人。
路　遴 江南宜兴人，进士，顺治年任。
彭士圣 奉天辽阳人，举人，康熙元年任。
李兴元 直隶遵化人，贡士，五年任。
陈　丹 江南山阳人，举人，七年任。
蔡兴周 奉天辽阳人，贡士，八年任。
唐敬一 四川成都人，举人，十年任。
常文魁 奉天广宁人，贡生，十五年任。
佟世锡 抚顺人，荫生，十九年任。
卢腾龙 奉天人，贡生，二十五年任。
梁世勋 陕西安塞人，荫生，二十九年任。
蔡维寅 浙江德清人，进士，四十年任。
华　黄 江南无锡人，进士，四十三年任。
张朝琮 浙江萧山人，监生，四十六年任。
张道源 江南人，岁贡，五十二年任。
谢赐履 广西全州人，举人，五十四年任。
郎文烈 奉天人，岁贡，五十九年任。
王　鸾 陕西人，监生，六十年任。
金熊飞 奉天人，官生，雍正元年任。
赵国麟 山东泰安州人，进士，二年任。
胡开京 浙江人，监生，二年任。
王麟瑞 福建人，荐举，三年任。
满云鹬 奉天人，举人，四年任。
吴士端 江南长洲人，岁贡，四年任。
马　益 陕西绥德州人，进士，十一年任。
梁锡藩 山西介休人，监生，十三年任。
徐景会 江苏武进人，进士，乾隆七年任。
永　宁 正红旗满州人，翻绎举人，七年任。
卢见会 山东德州人，进士，十年任。

屠用中 湖北孝感人，举人，十六年任。
赵屏晋 陕西同官人，进士，十六年任。
七十四 镶黄旗满洲人，进士，十八年任。
吴兆基 浙江钱塘人，举人，三十年任。
谢昌言 江西宁都人，进士，三十二年任。
明　兴 三十五年署任。
穆靖安 本府同知，三十六年署任。
李文耀 福建清流人，拔贡，三十五年任。
刘　峨 山东单县人，贡生，三十六年任。
穆靖安 三十七年再署。
李奉翰 正蓝旗汉军人，三十七年任。
顾学潮 江苏元和人，副贡，三十八年任。

永平府理事同知　雍正三年改设。

宋寿图 江南长洲人。
文　敏 正黄旗满洲人，翻译，乾隆十三年任。
三　常 正蓝旗满洲人，十八年任。
五珥库 镶白旗满洲人，二十一年任。
清　格 镶蓝满洲人，二十二年任。
萨灵阿 镶蓝旗蒙古人，二十六年任。
科灵阿 正白旗满洲人，三十二年任。
福　庆 镶黄旗满州人，三十四年署任。
科灵阿 正白旗满州人，翻绎，举人，三十四年再任。
宝　福 镶黄旗满州人，官学生，三十五年署任。
穆靖安 镶黄旗满州人，三十五年任。
常　德 正红旗满州人，三十八年任。
福　顺 正红旗满州人，三十八年任。

管粮通判

本管关通判乾隆三十五年改为管粮通判。

朱伸铧 山西人，贡士，顺治元年任。
王廷勷 山东人，举人，三年任。
□□□ 山西平定州人，拔贡，八年任。
杨生辉 河南辉县人，拔贡，十二年任。
□观兰 河南洛阳人，拔贡，十五年任。
赵振麟 陕西商南人，十八年任。
陈天植 浙江永嘉人，康熙三年任。
安达里 满州人，十年任，祀名宦。
□得孟 河南鹿邑人，十六年任。
黄鸿猷 江南江宁人，二十二年任。
陈曰登 浙江诸暨人，二十五年任。
尚　标 浙江仁和人，三十年任。
叶允信 浙江嘉善人，贡生，三十九年任。
周廷润 浙江上海人，三十九年任。
陈大纯 浙江会稽人，四十七年任。
戴肇名 江南人，贡生，五十六年任。
侯　慜 陕西人，贡生，雍正四年任。
陈　题 湖广人，七年任。
俞士恒 浙江人，九年任。
翁甫生 浙江人，贡生，十一年任。
胡国定 陕西人，贡生，乾隆八年任。
钟邦秀 江南人，十五年任。
三　常 满州人，举人，十八年署任。
叶宏图 湖广人，十九年任。
戴　棻 江苏人，举人，二十八年署任。
张应钧 河南人，二十八年任。
和隆鄂 满州人，举人，二十九年署任。
杨有祐 广东人，贡生，二十九年任。
清　格 镶蓝旗满州人，三十三年署任。

王　模　山东人，三十四年任。
德楞额　正黄旗州人，生员，三十八年任。

滦州知州

孙维宁　青县人，贡生，顺治元年任。
朱伸甋　陕西人，贡生，元年任。
郑　伸　奉天锦州人，二年任。
许安邦　奉天辽阳人，三年任。
王光晋　奉天辽阳人，贡生，五年任。
傅成勋　奉天辽阳人，七年任。
刘大勋　奉天辽阳人，八年任。
刘汉杰　奉天辽阳人，十年任。
萧如芝　奉天辽阳人，贡士，十四年任。
石　鲸　湖南武陵人，进士，十六年任。
陈钟斗　福建古田人，副贡，康熙四年任。
李溉之　山东长山人，荫生，六年任。
侯绍岐　陕西三原人，贡生，八年任。
潘士俊　奉天辽阳人，荫生，九年任。
孙宗元　山东淄川人，进士，十年任。
吴景炜　山西文水人，贡生，十四年任。
马如龙　陕西绥德州人，举人，十六年任。
欧　鸿　福建南平人，举人，二十年任。
王奕曾　奉天辽阳人，二十一年任。
徐原本　奉天辽阳人，荫生，二十四年任。
白崇玺　奉天辽阳人，二十六年任。
金垣生　奉天辽阳人，二十九年任。
韩逢庥　山东青城人，三十七年任。
张勿执　山东昌邑人，贡生，三十九年任。
刘士琨　山西安邑人，贡生，四十九年任。

段标麟　云南南宁人，举人，五十年任。
吴肇煌　江南武进人，五十四年任。
朱　煌　浙江长兴人，雍正元年任。
黄　伟　正白旗汉军人，贡生，六年署任。
李　馥　山东乐平人，贡生，六年任。
刘　焜　江南太和人，举人，七年署任。
胡文伯　山东太嵩人，贡生，七年任。
唐士梁　广西临桂人，举人，乾隆元年任。
朱　煌　三年再任。
燕臣仁　山西陕州人，进士，四年署任。
马琪瑞　山西介休人，四年署任。
张嘉成　浙江海宁人，贡生，六年任。
李钟俾　福建安溪人，进士，八年任。
卢见曾　山东德州人，进士，九年任。
胡　星　山东高密人，进士，十年署任。
杨肇焜　浙江仁和人，十年任。
务　廉　镶蓝旗满州人，十二年摄任。
胡　星　十二年再署任。
怀荫布　正黄旗满州人，十三年署任。
景师毅　山西安邑人，岁贡，十四年署任。
孙昌鉴　浙江山阴人，贡生，十四年任。
卢　炅　十八年署任。
申　澍　陕西三原人，举人，十八年任。
纳齐图　镶红旗满州人，十九年署任。
张正化　山西介休人，十九年任。
蒋曰杞　江南吴县人，十九年署任。
叶宏图　湖北江夏人，二十三年署任。
朱　山　浙江归安人，进士，二十三年任。
王南珍　福建漳浦人，二十五年任。

萨灵阿　镶蓝旗蒙古人，二十九年摄任。
顾学潮　江南元和人，副贡，二十九年任。
王铭琮　江南上元人，举人，三十四年署任。
霍裕铨　江南合淝人，贡生，三十四年任。
朱克阅　河南嵩县人，举人，三十五年署任。
孔傅瀛　山东曲阜人，廪贡，三十五年任。
王述曾　广贵州贵阳人，三十九年任。

卢龙县知县

夏之中　顺天人，举人，顺治年任。
金一凤　奉天辽东人，生员。
梁应元　奉天辽阳人，生员，三年任。
赵　汲　奉天锦州人，贡士，五年任。
熊一龙　江西南昌人，贡生。
李士模　山东高密人，进士，十四年任。
闵　峻　浙江乌程人，贡生，康熙四年任。
魏师段　湖北黄冈人，贡士，九年任。
吕宪武　山东掖县人，难荫，十三年任。
卫立鼎　山西阳城人，举人，十九年任。
陆　楙　浙江平湖人，副榜，二十五年任。
陈梦熊　山东潍县人，拔贡，二十七年任。
倪奭棠　福建晋江人，举人，三十九年任。
晏　宾　广贵州平远州人，举人，四十四年任。
周宗鲁　江南宝应人，副榜，四十九年任。
封俊升　江南泰兴人，贡生，五十年任。
马腾龙　正白旗汉军人，五十三年任。
乔于瀛　迁安知县，五十七年署任。
杨鸿应　广西马平人，拔贡，五十七年任。
沈维贤　乐亭知县，雍正五年署任。

卫步青 山西闻喜人，举人，五年任。
韩履曾 江南长洲人，六年任。
邓尊德 广西怀柔人，举人，七年任。
聂廷琮 湖广汉川人，贡生，七年任。
万承岑 江西南昌人，进士，十一年任。
杨理范 浙江山阴人，乾隆五年任。
李廷桂 河南汲县人，拔贡，八年任。
端木长淙 江南江宁人，十年任。
万承岑 十一年再任。
王元勋 广东乐会人，拔贡，十四年任。
劳宗发 浙江钱塘人，进士，十五年任。
王元勋 十九年再任。
陈金骏 福建晋江人，二十年任。
孙　洙 江南金匮人，进士，二十一年任。
何大璋 四川会理人，拔贡，二十一年任。
李文耀 福建清流人，拔贡，二十一年任。
诸世钟 浙江山阴人，二十二年任。
顾　光 浙江仁和人，举人，二十六年任。
李嵩嶙 山西太平人，举人，二十七年任。
萨灵阿 本府同知，二十七年摄任。
方立经 湖北兴国州人，举人，二十七年任。
魏源吁 江西广昌人，举人，三十三年任。
夏　铝 正红旗汉军人，县丞，三十七年署任。
陈钟琛 抚宁知县，三十七年署任。
王直邦 广贵州安平人，举人，三十七年署任。
胡　淳 广贵州修文人，举人，三十七年任。

迁安县知县

阙士登 湖南桃源人，岁贡，顺治三年任。

徐逢时 奉天广宁人，贡生，三年任，旧志作满州人。
王　宏 山东济宁人，进士，四年任。
张　玉 满州人，贡生，五年任。
张自涵 山东平原人，进士，七年任。
吴德方 江南当涂人，拔贡，十二年任。
刘光远 河南商邱人，举人，十四年任。
戴廷对 四川中江人，举人，十五年任。
武纮周 陕西延安人，岁贡，康熙元年任。
杨　鸣 江南安陆人，举人，三年任。
严仪凤 山东曰照人，举人，七年任，旧志姓业今从迁志。
王永命 山西临汾人，举人，九年任。
唐九纬 浙江山阴人，贡生，十三年任。
张一谔 浙江山阴人，拔贡，十六年任。
程万培 奉天锦州人，贡生，二十年任。
张汝贤 广西人，进士，二十四年任。
李继烈 奉天人，二十五年任。
潘　眉 江南宜兴人，二十六年任。
熊梦龙 广东人，举人，二十七年任。
屈明基 奉天辽阳人，三十二年任。
蒋以选 浙江山阴人，拔贡，三十九年任。
周廷槐 福建人，进士，四十五年任。
张世绥 江南娄县人，恩贡，四十六年任。
乔于瀛 山西猗氏人，进士，四十八年任。
刘文焕 江西人，举人，六十年任。
赵景荣 旗人，六十一年任。
王孔彰 福建人，举人，雍正四年任。
张奎祥 湖南华容人，拔贡，六年任。
李廷益 江苏吴县人，拔贡，九年任。
杨理范 江南扬州人，监生。

马尔栋 甘肃永昌人，举人，乾隆五年任。

端木长浤 江南江宁人，七年任。

景师毅 山西安邑人，十三年任。

王述献 江南太仓人，十五年任。

燕臣仁 河南陕州人，进士，二十年任。

朱惇允 江南常州人，二十二年署任。

顾伟烈 江苏上海人，拔贡，二十二年任。

刘　同 江苏武进人，副榜，二十八年任。

祁　标 本府经历，三十二年署任。

杨有祜 本府通判，三十二年署任。

何师轼 浙江钱塘人，进士，三十二年任。

杨有祜 三十二年再署任。

宫书禧 山东文登人，举人，三十二年任。

祁　标 三十三年署任。

杨有祜 三十三年署任。

靳荣藩 山西黎城人，进士，三十四年任。

陈钟琛 抚宁知县，三十七年署任。

靳荣藩 三十七年复任。

胡　淳 卢龙知县，三十八年署任。

熊道阶 湖南巴陵人，进士，三十八年任。

祁　标 三十八年署任。

乔钟吴 江南上海人，进士，三十九年任。

抚宁县知县

侯一匡 山西人，生员，元年任。

张毓中 山西阳城人，举人，二年任。

李三元 奉天辽阳人，贡生。

张懋忠 奉天辽阳人，贡生。

王德新 奉天辽阳人，贡生。

王全忠 奉天辽阳人，贡生。
雷腾龙 陕西三原人，贡生。
张宏猷 陕西榆林卫人，贡生，以上俱顺治年任。
刘羽圣 福建闽县人，恩贡。
王文衡 江南江宁人，贡生，康熙五年任。
谭　琳 湖北崇阳人，举人，十年任。
刘　馨 湖北沔阳人，荫生，十四年任。
赵　端 浙江钱塘人，贡生，十九年任。
何　琮 江南丹徒人，拔贡，二十四年任。
刘　镳 江南丹徒人，进士，二十五年任。
宋　绎 奉天辽阳人，进士，二十六年任。
董隆祚 奉天辽阳人，三十一年任。
孙士贤 江南凤阳人，四十年任。
刘肇元 奉天辽阳人，贡生，四十二年任。
武令谟 河南孟县人，进士，四十七年任。
程大禧 福建浦田人，雍正四年任。
裘君发 江西新建人，五年任。
居　淳 江苏吴县人，十年任。
张奎祥 湖南华容人，拔贡，十年任。
庄学愈 江苏武进人，举人，十二年任。
陶　乐 浙江会稽人，十三年任。
毛览辉 浙江遂安人，贡生，乾隆元年任。
刘士伸 湖广衡阳人，举人，七年任。
王育榞 山西猗氏人，进士，八年任。
钱　鋆 江苏常熟人，举人，九年任。
张　楷 江苏江宁人，贡生，十三年署任。
张秉愔 江苏上海人，贡生，十三年任。
袁芳杏 江西宜春人，举人，十四年任。
单　玪 山东高密人，进士，十七年任。

何大璋　四川会理州人，拔贡，二十一年任。
宋英玉　江苏吴县人，贡生，二十二年任。
贾　熙　河南武安人，贡生，二十三年任。
王述曾　广贵州贵阳人，三十一年任。
陈钟琛　广西临桂人，举人，三十二年任。
张若瀛　安徽桐城人，三十八年任。

昌黎县知县

刘应锡　奉天辽阳人，生员。
程　量　奉天杏山人。
石应泰　满州人，生员。
陈家修　山东即墨人，贡生。
刘彦明　陕西三原人，举人。
宋　荐　甘肃巩昌人，举人。以上顺治年任。
林　修　江南泗州人，贡士。
洪世讲　湖北黄梅人，举人。
寇新民　河南西华人，拔贡，康熙七年任。
张广乘　山西翼城人，举人。
王曰翼　山西阳城人，举人，九年任。
万　任　江西新建人，进贤籍进士，十四年任。
陈邦齐　奉天盖州人，荫生，十五年任。
孙复炜　浙江嘉善人，贡士，十九年任。
刘　震　江西清江人，举人，二十二年任。
李凝祚　山西绛州人，贡士，二十六年任。
王　炜　山西平阳人，举人，二十八年任。
丁　策　浙江嘉善人，进士，三十年任。
刘之颖　奉天辽阳人，贡士，四十二年任。
唐　缮　江南含山人，拔贡，四十七年任。
赵世卿　奉天人，五十年任。

蒙圣宗 广西武宣人，拔贡，五十六年任。
徐荣畴 江南华亭人，岁贡，五十九年任。
李士著 河南孟县人，雍正三年任。
刘玉林 广贵州大定人，四年任。
刘延泰 江南武进人，举人，十一年任。
吴浣安 福建侯官人，进士，乾隆六年任。
怀荫布 满州人，进士，十年任。
吴世臣 福建浦城人，十四年任。
夏文广 云南恩安人，举人，二十一年任。
朱嗣发 广贵州清镇人，副榜，二十三年任。
林中麟 四川泸州人，进士，三十年任。
单　焘 山东高密人，举人，三十七年任。

乐亭县知县

龚懋学 奉天辽阳人，顺治元年任。
金廷献 奉天辽阳人，贡士，二年任。
梁宇曜 奉天辽东人，贡士。
姚时来 山西静乐人，贡士，七年任。
韩　望 陕西泾阳人，进士，九年任。
李日闰 和津人，岁贡，十三年任。
叶矫然 福建闽县人，进士，十五年任。
黄肇丹 福建邵武人，举人，康熙二年任。
刘所勤 陕西人，举人，原志无，按抚志补。
姚舜民 浙江仁和人，生员，六年任。
于成龙 奉天辽阳人，荫生，七年任。
张承瓒 奉天辽阳人，荫生，九年任。
于成龙 十年复任。
唐懋淳 江南高淳人，举人，十九年任。
金星瑞 浙江仁和人，二十一年任。

陈梦熊 山东潍县人，拔贡，二十三年署任。
黄赐英 福建晋江人，举人，三十年任。
周　琛 奉天辽阳人，三十三年任。
董隆祚 奉天辽阳人，三十五年署任。
汤　彝 浙江仁和人，三十八年任。
王　经 陕西朝邑人，副榜，四十三年任。
张德祁 山西泽州人，举人，四十五年任。
张　敏 广东新兴人，举人，五十五年任。
张景松 江南吴县人，进士，五十九年任。
张睿生 湖南郤阳人，举人，六十年任。
熊　震 盱江人，举人，六十一年任。
沈继贤 浙江海宁人，进士，元年任。
来　珽 陕西富平人，举人，五年任。
黄奇璧 广东花县人，举人，六年任。
杨正传 四川南允人，进士，九年任。
冯鸿模 浙江慈溪人，进士，十二年任。
施世洪 浙江秀水人，雍正十三年任。
李之蕃 广东翁源人，举人，乾隆四年任。
李有爵 广西全州人，举人，五年任。
董　沾 江南赣榆人，八年任。
秦　翊 山东曰照人，举人，八年任。
巨秉乾 河南南阳人，举人，九年任。
安　泰 山西代州人，进士，十二年任。
陈金骏 福建晋江人，举人，十四年任。
张辅汉 陕西肤施人，拔贡，二十二年任。
宁　城 山东即墨人，举人，二十九年任。
曹　良 山东安邱人，举人，三十四年任。
赵大经 山东德州人，举人，三十七年任。

临榆县知县　乾隆二年设

王毓德　正红旗汉军人，乾隆二年任。
朱一蜚　浙江嘉兴人，贡生，五年署任。
张　楷　江南江宁人，贡生，六年任。
王式烈　湖南云梦人，进士，十三年署任。
张秉义　山东胶州人，贡生，十三年任。
程闰生　江南长洲人，举人，十七年署任。
钟和梅　浙江海宁人，进士，十七年任。
周承业　江南吴县人，二十三年署任。
袁鲲化　江南宝应人，二十三年任。
田　澍　山东阳信人，举人，三十一年任。
王建中　云南剑川人，拔贡，三十四年任。
陶　淑　江西南城人，进士，三十四年任。
祁　标　浙江山阴人，三十九年任。

府儒学教授

陈　丹　遵化人，贡生。
邵国琬　真定人，贡生。
贾永升　晋州人，贡生。
王　美　昌平人，贡生。
郭履礼　静海人，贡生。
苏之屏　良乡人，贡生。
王思牧　固安人，贡生。
李含春　通州人，进士，十七年任。以上顺治年任。
谢国擢　延庆人，贡生，康熙四年任。
纪五典　宛平人，举人，九年任。
高居敬　宁晋人，举人，十七年任。
冀振先　内邱人，举人，二十年任。
孙　麟　万全人，拔贡，三十二年任。

赵允昌 满城人，举人，四十四年任。
钱甫生 武清人，进士，五十一年任。
左方焯 河间人，岁贡，五十九年任。
杨昌言 曲阳人，进士，雍正元年任。
魏　枢 承德人，进士，十二年任。
董　禧 辽阳人，进士，乾隆二年任。
郭　琮 冀州人，进士，十二年任。
牛毓松 清河人，进士，十四年任。
贾　璐 枣强人，贡生，二十一年任。
杨　宸 宛平人，名通榜，二十六年任。
王　临 奉天锦县人，进士，三十一年任。
王家干 昌平州人，进士，三十四年任。

滦州儒学学正

董　恪 高阳人，贡生，顺治元年任。
韩唐愈 永年人，八年任。
王　瀚 大城人，举人，十年任。
杨之柚 十七年任。
王麟图 保定人，康熙四年任。
刘元掞 枣强人，举人，十一年任。
张问明 安肃人，举人，十七年任。
吴煜锽 大城人，举人，二十年任。
及绍先 交河人，贡生，二十二年任。
王登锽 任邱人，举人，二十五年任。
白学曾 南皮人，举人，二十九年任。
宋若郊 龙平人，贡生，四十七年任。
王子樾 天津人，生员，四十八年任。
徐肇鉴 大兴人，举人，五十九年任。
尉　昌 雍正元年本州训导署任。

张应昌 南和人，举人，雍正二年任。
尉　昌 五年再署任。
李　准 通州人，廪贡，六年任。
徐在丰 祁州人，岁贡，乾隆二年署任。
丁之琮 宛平人，举人，三年任。
姚肇修 举人，十九年署任。
杜天滋 元氏人，举人，十九年任。
侯作吴 吴桥人，廪贡，二十四年署任。
张　方 安肃人，贡生，二十四年署任。
李复起 大城人，举人，二十四年任。
石绍奋 清苑人，举人，三十四年署任。
李配元 西宁人，捐贡，三十四年署任。
黄组绶 蠡县人，举人，三十四年任。

卢龙县儒学教谕

顺治十六年奉裁康熙十五年复设。

韩秉正 陕西扶风人，贡生。
黄扬化 元城人，贡生。
王纳谏 大城人，贡生。
王家彦 宁津人，贡生。
杨应运 昌平人，贡生。
马　备 大兴人，贡生。以上顺治年任
杨芳声 宣化府人，贡生，康熙十六年任。
朱持正 大兴人，贡生，十七年任。
史廷赞 宛平人，副榜，二十六年任。
贺邦桢 大兴人，贡生，三十一年任。
齐　捷 大兴人，贡生，三十六年任。
王昌运 武邑人，拔贡，四十五年任。
胡仁济 大兴人，贡生，四十九年任。

郄作砺 阜平人，拔贡，五十二年任。
杨　亢 宝坻人，贡生，五十四年任。
李肇遴 枣强人，拔贡，五十六年任。
王者佐 正定人，举人，雍正七年任。
王于韩 永年人，副榜，乾隆六年任。
赵树坊 祁州人，举人，十六年任。
赵德仪 深州人，拔贡，二十四年任。
丁廷辅 大兴人，举人，三十四年任。

迁安县儒学教谕

顺治十六年奉裁，康熙十五年复设。

蒋文灿 昌平人，举人。
乔大绶 三河人。
田　宇 定兴人，举人。以上顺治年任。
师若椝 安肃人，举人，康熙十五年任。
刘孟易 宛平人，贡生，十七年任。
孙　焕 大兴人，贡生，二十六年任。
杜维桢 通州人，贡生，三十三年任。
解良栋 天津人，贡生，四十八年任。
贺耀祖 安州人，副榜贡生，雍正三年任。
王　灿 奉天海城人，恩贡，八年任。
杜　师 怀柔人，举人，乾隆八年任。
孙据德 奉天铁岭人，拔贡，三十一年任。
韩克鋐 高阳人，举人，三十三年任。

抚宁县儒学教谕

顺治十六年奉裁，康熙十五年复设。

黄可献 辽东人。
王梦旭 唐山人。
王家遴 高阳人，举人。

霍文炳 顺德人。
萧功一 宛平人，生员。以上顺治年任。
聂应闻 宜化人，贡生，康熙十五年任。
辛进修 新安人，拔贡，十七年任。
胡文蔚 顺天人，贡生，二十一年任。
金兆玙 宛平人，贡生，三十二年任。
赵子礼 大兴人，贡生，三十七年任。
孙 临 大兴人，贡生，四十二年任。
宋 琰 大兴人，贡生，四十六年任。
刘 溥 大兴人，贡生，四十九年任。
赵 更 平山县人，副贡，乾隆八年任。
斐 澜 束鹿县人，举人，十一年任。
徐 莹 望都县人，廪贡，十四年任。
高秉钺 新安县人，副贡，十七年任。
王汝斌 广宗县人，廪贡，二十三年任。
齐士元 静海县人，拔贡，二十五年任。
张国栋 盖平县人，恩贡，三十年任。
刘克良 宁晋县人，举人，三十二年任。
李 湜 天津县人，举人，三十八年任。

昌黎县儒学教谕

顺治十六年奉裁，康熙十五年复设。

吴起凤 雄县人，举人。
孙兆桢 完县人，举人。
陈日晋
张良猷 晋州人。以上顺治年任。
田 嘉 大兴人，贡生，康熙十六年任。
吴宗伯 真定人，拔贡，二十五年任。
张其祚 冀州人，举人，二十九年任。

唐之夔　密云人，贡生，三十二年任。
王中实　长垣人，副榜，三十三年任。
汪敷敏　宛平人，举人，四十二年任。
王士玙　安平人，副榜，四十六年任。
郝性禄　蔚县人，副榜，四十九年任。
王建衡　威县人，拔贡，五十七年任。
姚文郁　宣化人，拔贡，五十九年任。
庞　玺　任邱人，拔贡，乾隆二年任。
邵　纲　东安人，举人，五年任。
姚肇修　大兴人，举人，十八年任。
马霈锦　延庆人，因贡，二十三年任。
王大槐　清苑人，廪生，二十九年任。
周兆升　南宫人，拔贡，三十七年任。

乐亭县儒学教谕

顺治十六年奉裁，康熙十五年复设。

傅作衡　大兴人，举人。
胡继芳　三河人，举人。
辛调羹　山海人，贡生。
崔　冕　安平人，举人，以上顺治年任。
孙肯廷　辽东人，康熙六年任。
王世遹　辽东人，举人，十六年任。
李　瀚　宣化人，贡生，二十三年任。
王　寅　大兴人，贡生，二十五年任。
赵嘉会　任邱人，举人，二十六年任。
戴　昙　沧州人，贡生，三十四年任。
张有异　大兴人，贡生，三十八年任。
张鼎新　易州人，拔贡，四十四年任。
韩雄嗣　高阳人，贡生，五十年任。

付保师　衡水人，副榜。
王　纯　曲安人，拔贡。
郭　炼　清苑人，拔贡，五十八年任。
许廷卿　邢台人，副榜，雍正六年任。
孙枚枝　雄县人，恩贡，十三年任。
陈成德　清苑人，拔贡，乾隆三年任。
戈云书　景州人，十二年任。
侯作吴　吴桥人，二十一年任。
施梦麟　鸡泽人，拔贡，二十五年任。
张士俊　蓟州人，副榜，二十九年任。

临榆县儒学教谕　乾隆二年设

沈廷奎　宛平人，举人，乾隆四年任。
董　禧　奉天人，进士，十一年任。
阎　珣　曲周人，举人，十一年任。
胡　坦　清苑人，举人，十四年任。
贾天禄　辽阳人，贡生，二十年任。
王　镩　通州人，举人，二十二年任。
杜　师　怀柔人，举人，二十八年署任。
崔鹤仪　宁河人，贡生，二十八年署任。
田元枢　通州人，举人，二十九年任
王　临　锦县人，进士，三十三年署任。
赵　壁　安州人，举人，三十三年任。
段　震　大兴人，举人，三十四年署任。
金　铨　通州人，举人，三十五年任。

府儒学训导

顺治十六年裁，康熙十五年复设。

王凤鸣　顺义人，贡生。
李上举　枣强人，贡生。

程　灿　新河人，贡生。
杨呈秀　通州人，贡生。
符永培　盖平人，贡生，六年任。
霍文灿　沙河人，贡生。
伊　棐　阜城人，贡生。
高士奇　武清人，贡生。
蒋甲春　大兴人，贡生。以上顺治年任。
周宏勋　保定人，贡生，康熙十七年任。
桑开达　玉田人，贡生，二十一年任。
徐　香　宛平人，贡生，三十六年任。
朗天祐　昌平人，岁贡，五十四年任。
萧沛兴　浚县人，岁贡，五十七年任。
刘继儒　武清人，岁贡，雍正三年任。
车　通　景州人，岁贡，九年任。
张尔公　锦县人，岁贡，十二年任。
杜　瑞　新安人，廪贡，乾隆三年任。
刘　炜　文安人，岁贡，十二年任。
王兆瑞　南宫人，廪贡，十四年任。
于继祖　清丰人，岁贡，十六年任。
董德良　丰润人，岁贡，十九年任。
陈　章　西宁人，岁贡，二十四年任。
崔鹤仪　宁河人，廪贡，二十七年任。
傅基赐　灵寿人，举人，三十二年任。
李锡朋　西宁人，廪贡，三十五年任。

滦州儒学训导

顺治十六年裁，康熙十五年复设。

马士骐　博野人，顺治二年任。
李经济　魏县人，二年任。

马之骕　雄县人，贡生。
赵　璧　河间人，八年任。
韩成溥　十二年任。
董温德　灵寿人，十五年任。
张国猷　密云人，贡生，十六年任。
郭大鹏　满城人，贡生，康熙十六年任。
郭如岱　河间人，贡生，二十七年任。
杨文蔚　大兴人，贡生三十二年任。
刘　掞　固安人，贡生，三十五年任。
田　秤　密云人，贡生，四十六年任。
韩文佺　通州人，贡生，四十七年任。
尉　昌　大兴人，廪贡，六十一年任。
王　淮　清苑人，廪贡，雍正七年任。
李　准　本州学正，八年署任。
刘汉杰　锦县人，岁贡，八年任。
徐在丰　祁州人，岁贡，十三年任。
丁之琮　本州学正，乾隆七年署任。
李准中　仁县人，廪贡，七年任。
赵树坊　祁州人，举人，二十年署任。
赵　培　曲阳人，岁贡，二十年任。
杜天滋　本州学正，二十三年署任。
王元钊　正定人，廪贡，二十四年署任。
张　方　安肃人，贡生，二十四年任。
李复起　本州学正，三十年署任。
李配元　西宁人，廪贡，三十一年任。
黄组绶　本州学正，三十六年署任。
王大槐　清苑人，廪贡，三十六年署任。
李　基　易州人，廪贡，三十六年任。

卢龙县儒学训导

郑　锐　广平人。
杨　复　保定人，贡生。
刘硕辅　无极人，贡生。
贾　源　通州人，贡生。
张缵拭　清苑人，贡生。以上顺治年任。
徐焕然　魏县人，贡生，康熙四年任。
邢宗孔　新河人，贡生，六年任。
孙　琮　河间人，贡生，八年任。
李　升　清苑人，贡生，十三年任。
赵孟豪　清河人，贡生，十七年任。
尹国琳　阜城人，贡生，二十一年任。
孟养诚　保定人，贡生，二十八年任。
刘甘霖　献县人，贡生，三十八年任。
刘缮先　大兴人，贡生，四十二年任。
王拱宸　蓟州人，贡生，四十三年任。
李宸扆　平乡人，贡生，五十一年任。
卜尔贵　怀安人，贡生，五十五年任。
路德秀　临城人，贡生，雍正三年任。
张鸿翰　正定人，贡生，五年任。
杨　琮　曲阳人，贡生，十年任。
魏　概　承德人，贡生，十一年任。
苏象贤　元氏人，贡生，乾隆三年任。
高　节　密云人，贡生，七年任。
杜德威　怀柔人，贡生，十一年任。
徐　进　平谷人，贡生，十九年任。
田云青　完县人，贡生，三十年任。

迁安县儒学训导

岳毓粹 保定人。
马攀龙 房山人。
崔及第
白方岳 河间人。
刘 峒 保定人。以上顺治年任。
韩谓道 献县人，康熙年任。
马负图 固城人，康熙九年任。
冯尧年 临城人，十年任。
吴 绍 正定人，贡生，二十年任。
高桂茂 宁晋人，贡生，二十六年任。
张治国 南宫人，贡生，三十一年任。
夏三极 长垣人，岁贡，三十六年任。
王正宗 深州人，贡生，四十三年任。
郭养高 南皮人，岁贡，五十一年任。
王铨儒 天津人，例贡，五十四年任。
张世宁 昌平人，岁贡，雍正五年任。
张 璐 满城人，岁贡，八年任。
周世法 天津人，岁贡，十三年任。
王允征 保定人，岁贡，二年任。
吴自昆 承德人，岁贡，七年任。
苏应昌 密云人，岁贡，十八年任。
苑 瑾 新城人，岁贡，二十三年任。
谷中璞 荣城人，岁贡，二十五年任。
陈麟友 文安人，举人，三十二年任。
萧 柏 奉天承德人，岁贡，三十五年任。
赫 皎 奉天人，岁贡，三十五年任。

抚宁县儒学训导

吴士俊 良乡人。
杨□□ 辽宁人。
丁与玉 宛平人。
吴　瑛 顺天人，以上顺治年任。
刘三德 顺义人，康熙四年任。
魏永昌 庆云人，贡生，十九年任。
戈　晕 景州人，贡生，二十年任。
王栋夫 交河人，贡生，二十三年任。
张永寿 新城人，贡生，二十九年任。
盖　琠 行唐人，恩贡，三十四年任。
郭宪璞 赤城人，贡生，三十六年任。
杨实秀 顺义人，贡生，四十二年任。
刘有沛 延庆人，贡生，四十四年任。
汪跃龙 密云人，贡生，四十八年任。
杨继隆 保定人，岁贡，雍正十二年任。
和　文 邢台人，岁贡，乾隆十三年任。
魏士敏 香河人，岁贡，十七年任。
米　玮 故城人，岁贡，二十三年任。
李浩学 容城人，岁贡，三十年任。
边乂禧 任邱人，举人，三十四年任。
王　锦 元氏人，岁贡，三十八年任。

昌黎县儒学训导

石成璋 保定人。
刘尚信 涞水人。
田　芸 怀来卫人。
王　渠 顺天人。
张含章 大城人。以上顺治年任。

梁养大　井陉人，康熙年任。
李维楫　定州人，贡生，六年任。
刘世绣　雄县人，贡生，十五年任。
李枝录　浚水人，贡生，二十四年任。
戈可展　景州人，贡生，二十六年任。
孙枝翘　行唐人，贡生，三十八年任。
张乾元　内邱人，贡生，三十四年任。
王业□　宁晋人，贡生，三十七年任。
刘令闻　饶阳人，贡生，四十年任。
张　森　永清人，岁贡，五十一年任。
郭鼎建　宣化人，岁贡，五十五年任。
高呈照　静海人，捐贡，六十年任。
郭惠普　城安人，岁贡，雍正五年任。
汪文质　天津人，岁贡，六年任。
张　煊　清苑人，岁贡，九年任。
吕成斌　延庆人，岁贡，十一年任。
许善庆　高阳人，岁贡，乾隆七年任。
韩三才　高阳人，举人，十年任。
王元钊　正定人，岁贡，十八年任。
郭铉俊　大兴人，举人，三十三年任。
贾延梁　清苑人，举人，三十八年任。

乐亭县儒学训导

王元宾　三河人，贡生。
韩章美　永清人，贡生。以上顺治年任。
朱家麟　保定人，贡生，康熙四年任。
王之造　浚县人，贡生，七年任。
郄三策　曲阳人，贡生，十九年任。
阴志贞　容城人，贡生，二十二年任。

陈王前 曲周人，贡生，二十三年任。
杨培之 灵寿人，贡生，二十四年任。
朱行健 晋州人，贡生，二十七年任。
毛鸿逵 浚县人，贡生，四十一年任。
柴育德 大兴人，贡生，四十五年任。
毕鸿基 宛平人，六十年任。
赵　简 平谷人，雍正三年任。
王德裕 昌平人，七年任。
徐　颖 龙门人，乾隆四年任。
王客卿 平谷人，六年任。
杜振先 大兴人，十七年任。
杨登绅 开原人，二十年任。
栗　璠 阜平人，岁贡，二十五年任。
王士昕 义州人，拔贡，三十一年任。

临榆县儒学训导

马汝翼 隆平人，贡生，乾隆二年从卫学改正。
杨淑茂 灵寿人，贡生，十一年任。
毕　清 东光人，贡生，乾隆四年任。
杨淑茂 灵人，拔贡，十一年任。
李准中 任县人，贡生，十四年任。
李廷对 蔚县人，贡生，十四年任。
王　馆 通州人，举人，二十八年署任。
杜　师 怀柔人，举人，二十八年署任。
段文时 栾城人，廪贡，二十八年任。
赵德仪 深州人，拔贡，三十三年署任。
段　震 大兴人，举人，三十三年任。

济民场大使

顾玉宸 江南吴县人。以前无可考。

程继斌
赵廷玢　直隶人。
庄楚宝
徐毓椿　云南人，举人。
于逢吉　山东诸城人，举人，乾隆二十八年任。

石碑场大使

揭凤翎　江西南丰人，二十七年任。以前无考
袁　治　四川成都人，举人，三十一年任。
常天佑　顺天大兴人，三十二年任。
沈光裕　江苏元和人，举人，三十四年任。
师问忠　云南赵州人，举人，三十六年任。

归化场大使

陈如麟
薛天成　陕西人。
胡士杰　浙江人。
王　琳　山东人。
王治章　河南人。
郭余芳　山东人，雍正六年任。
景　莪　河南人，举人，乾隆六年任。
江自岷　甘肃人，举人，十三年任。
何绍图　湖南人，举人，二十三年任。
梁　珽　□□人，贡生，二十七年任。

府经历

王嘉相　陕西西安人。
吴　淑　浙江山阴人。
陈文英　浙江人。
刘德玉　陕西华州人。以上顺治年任。

俞　献　浙江慈溪人，康熙四年任。

赵廷玑　浙江山阴人，十六年任。

方　琚　江南歙县人，二十二年任。

包祥钰　浙江鄞县人，二十八年任。

叶映桂　浙江余姚人，三十八年任。

储佐才　江南池州人，四十五年任。

戴兆龙　浙江慈溪人，四十六年任。

朱凛延　浙江山阴人，贡生，四十九年任。

刘民牧　江南歙县人，乾隆二十九年任。

祁　标　浙江山阴人，二十九年任。

滦州州判

雍正五年添设专管河务，乾隆二十六年移驻州南胡各庄，兼司巡检事。

程毓麟　江南海州人，雍正五年任。

赵　坤　山东济南卫人，六年署任。

张天佑　江南长洲人，七年署任。

蔡亨宜　福建龙溪人，七年署任。

刘永清　镶白旗汉军人，九年署任。

傅天伟　湖南兴宁人，十三年署任。

蔡亨宜　乾隆元年再任。

刘永清　元年再署任。

郑松滋　丰润人，生员，二年任。

潘　滨　大兴人，二年署任。

沈　湘　浙江山阴人，十年署任。

江志观　浙江钱塘人，二十二年署任。

黄维藩　大兴人，二十三年署任。

焦汝亮　山东青城人，拔贡，二十七年署任。

狄朴存　江南溧阳人，拔贡，三十年任。

滦州吏目

李翔世　浙江山阴人，顺治元年任。
张文钦　浙江山阴人，三年任。
雍际飞　陕西华州人，十三年任。
都廷楷　浙江钱塘人，十七年任。
俞士章　浙江山阴人，康熙十六年任。
凌文若　江南含山人，二十二年任。
谢玉龙　江南上元人，二十五年任。
章国才　浙江山阴人，二十九年任。
沈　楫　浙江会稽人，三十四年任。
赵　桢　山东莘县人，四十八年任。
赵正铉　江南江都人，五十二年任。
梁　渟　江南上元人，五十九年任。
杨国清　河南正祥符人，雍元年署任。
张可权　山东范县人，二年任。
郝　浩　山西祁县人，三年署任。
韩竣德　山西广灵人，四年任。
赵　坤　山东济南卫人，五年署任。
张天佑　江南长洲人，六年任。
孙宸辅　山东益都人，十三年署任。
罗天文　湖北安陆人，岁贡，乾隆三年任。
王君德　奉天承德人，四年署任。
陈宽亮　浙江会稽人，五年署任。
李世杰　广东嘉应人，五年任。
金曰廉　浙江山阴人，九年署任。
施元恺　江南青阳人，九年任。
余　纯　浙江山阴人，十一年署任。
廖肇先　四川万县人，岁贡，十二年任。
吴一峰　江西乐平人，十六年署任。

王希文 四川万县人，岁贡，十六年任。

朱　莹 湖南东安人，十九年署任。

许　柱 江西萍乡人，二十一年任。

王师德 浙江会稽人，二十三年任。

沈士濂 浙江慈溪人，二十四年任。

陆　蔚 广德人，二十六年署任。

刘瑜文 山西汾阳人，贡生，二十六年任。

胡　毅 江南阳湖人，二十七年署任。

杨文琛 江南靖江人，武生，二十九年任。

吴为鼎 浙江石门人，三十二年任。

卢龙县典史

高光照 陕西人。

赵之璋 陕西人。

程启先 湖广人。以上顺治年任。

戴万象 江西南昌人，康熙年任。

汤　旺 甘肃巩昌人，康熙十一年任。

冯　杰 浙江山阴人，十五年任。

徐鼎臣 奉天人，十九年任。

谢　玘 浙江会稽人，二十一年任。

徐　法 山东莱阳人，三十二年任。

杨希斗 山西平阳人，三十六年任。

韩象琦 山西襄陵人，三十九年任。

丁　周 浙江义乌人，四十年任。

凌兆昌 浙江山阴人，五十一年任。

赵　坤 山东济南卫人，五十四年任。

谢维贤 浙江山阴人，雍正七年任。

王世秀 江南绩溪人，乾隆三年任。

金仪凤 浙江山阴人，十三年任。

李　伟　山西解州人，十三年任。
单奇龄　浙江萧山人，二十年任。
骆琪光　浙江诸暨人，二十一年任。
易一东　湖南湘乡人，二十七年任。
平汝骐　浙江山阴人，二十七年任。
郭元治　江西南昌人，二十八年任。
饶易然　广东嘉应州人，三十二年任。
黄　吉　建昌营巡检，三十四年署任。
涂鼎先　江西靖安人，三十四年任。
黄　灏　四川简州人，三十四年署任。
方甸西　广东惠来人，三十四年任。

迁安县典史

丁应魁　江南人。
何春蛟　浙江杭州府人。
罗四维　湖广人。
来民服　浙江人。
张朝相　江南无锡人。以上顺治年任。
欧阳超　湖北钟祥人，康熙九年任。
徐元慎　江南江都人，十八年任。
赵宏永　河南洛阳人，二十六年任。
崔含玉　山西潞安人，三十年任。
平　迁　浙江山阴人，三十二年任。
胡煜京　浙江余姚人，三十九年任。
吴清文　浙江人，四十六年任。
郝　浩　山西人，五十四年任。
刘　然　江南人。
关　绪　山西潞安人。以上雍正年任。
陈渊度　江南石埭人，乾隆元年任。

鲁元华 浙江会稽人，九年任。
吴长忠 江南绩溪人，十九年任。
杨万春 江南华亭人，三十六年署任。
李维全 山东长山人，三十六年署任。
吴长忠 三十六年再任。
朱锡昌 浙江会稽人，三十七年署任。
陈　谦 浙江鄞县人，三十八年署任。
鲁元华 浙江会稽人，三十八年任。
余士爕 河南桐柏人，三十九年任。

抚宁县典史

魏邦秀 山西人。
彭尚式 湖广人。
李亘古 陕西富平人。
汪　湄 苏州人。
胡大鹏 江南无锡人。以上顺治年任。
王希彦 浙江鄞县人，康熙六年任。
王震芳 浙江会稽人，十九年任。
田章玺 陕西人，二十五年任。
张文昌 河南人，三十三年任。
陈　策 陕西泾阳人，四十二年任。
丁起凤 浙江会稽人，乾隆九年任。
孙　湘 广贵州清平人，附贡，三十六年任。

昌黎县典史

莫胜之 浙江山阴人。
高大成 浙江山阴人。
王国兴 浙江山阴人。
王　橪 浙江山阴人。以上顺治年任。
周　雪 浙江山阴人，康熙年任。

逯思仁 山东博平人，康熙九年任。
丁　应 湖北安陆人，十七年任。
张　杰 浙江仁和人，二十六年任。
宋缵殷 山东蒙阴人，二十九年任。
刘柞昌 广东广宁人，四十四年任。
郝　桂 山西大同人，四十九年任。
王　元 陕西肤施人，五十五年任。
陈廷元 江南武进人，六十年任。
朱宏堂 浙江山阴人，雍正十年任。
赵梦麟 浙江山阴人，乾隆四年任。
席世维 江南吴县人，十九年任。
赵梦麟 二十七年再任。

乐亭县典史

陈尚典 浙江仁和人。
虞斐然 浙江奉化人。
钱青选 浙江钱塘人。
陶彬儒 浙江会稽人。以上顺治年任。
马有良 山西太原人，康熙七年任。
张秉耀 陕西绥德人，九年任。
孟　秀 山东益都人，十一年任。
叶士琮 江南江都人，十三年任。
郭　琯 山东济阳人，二十四年任。
马德良 江南寿州人，二十七年任。
柴　璨 山东章邱人，三十三年任。
宋麟祥 山东胶州人，五十一年任。
陈良懿 青阳人，五十四年任。
宁振乾 山东馆陶人，雍正九年任。
王　玺 浙江仁和人，九年任。

蒋希仕 湖南巴陵人，十二年任。
鲍　恺 江南仪征人，乾隆十一年任。
张德华 江南旌德人，十六年任。
朱　绣 浙江仁和人，二十五年任。
王天宠 江南卢江人，三十三年任。
鲁兴诗 河南信阳人，三十八年任。

临榆县典史 乾隆二年设

沈　钦 浙江人，乾隆二年任。
金仪凤 浙江人，五年任。
张　炯 河南人，四年任。
黄廷梓 浙江人，九年任。
钱士贵 江南人，九年任。
金　简 四川人，二十年任。
周先祖 浙江山阴人，十九年署任。
汪朝瑞 湖北汉阳人，二十九年署任。
马　驷 浙江钱塘人，二十九年署任。
周大勋 湖南宁乡人，十一年署任。
郭元治 江西南昌人，三十二年任。
刘宏庆 江南旌德人，三十四年任。
杨乐咸 江南武进人，三十五年任。

滦州榛子镇巡检

朱尚禹 江南丹徒人，顺治年任。
高以书 福建侯官人，康熙十一年任。
谈　兹 陕西富平人，二十五年任。
徐廷佐 江西南昌人，三十一年任。
倪正义 湖北鄱阳人，三十八年任。
金远敷 山东德州人，四十九年任。
杨国清 河南祥符人，五十六年任。

张可权 本州吏目，雍正二年署任。
李　伸 山西介休人，二年任。
陈廷元 江南武进人，六年署任。
王荣宗 山西交城人，七年任。
陈成恺 浙江会稽人，十年署任。
邢国桓 山西浮山人，十一年署任。
钟怀谔 程乡人，十二年署任。
陈宽亮 浙江会稽人，十二年任。
沈良嗣 浙江山阴人，乾隆八年任。
金日廉 本州人，九年署任。
鲍梓芃 青阳人，九年任。
殷玉振 获嘉人，十一年署任。
胡　鳌 江南青阳人，十二年任。
廖肇先 本州吏目，十二年署任。
黄履端 江南甘泉人，十三年任。
胡位锦 江南山阳人，十五年署任。
胡宗远 福建永定人，十八年署任。
杨　炳 江南长洲人，十九年任。
张　寓 江南桐城人，二十一年署任。
许　柱 本州吏目，二十一年署任。
刘洪仁 四川璧山人，二十二年任。
冯　礼 福建永安人，二十五年署任。
陆　蔚 江南广德人，二十五年任。
孙士俊 湖南澧州人，二十八年署任。
郑命新 福建漳浦人，二十八年署任。
苏以太 江南石埭人，二十九年任。
曹赓先 江西新建人，三十年署任。
刘钧恕 山东诸城人，三十年任。
刘承梅 四川长宁人，三十六年署任。

孙腾蛟 浙江山阴人，三十七年任。

迁安县喜峰口巡检 雍正十一年设

施明法 江南青阳人，雍正十三年任。
王廷用 湖广人，乾隆七年任。
周士弼 江南溧阳人，九年任。
潘　芝 浙江山阴人，十五年任。
徐宜玺 广东揭阳人，二十三年任。
徐　钊 江苏丹徒人，二十八年任。
李葆玉 河南夏邑人，三十二年任。
赵守谦 深河巡检，三十五年署任。
杨万春 江苏华亭人，三十五年任。

迁安县三屯营巡检

邱廷湜 江南元和人，乾隆二十年改任。
贾联璸 山西汾阳人，二十一年署任。
张企良 江苏娄县人，二十五年任。
林　淇 广东平远人，三十四年任。
任防龙 山西闻喜人，三十四年任。
郭宜黼 江西庐陵人，三十四年任。

迁安县建昌营巡检 新设

黄　吉 江西宜黄人，乾隆三十年任。

临榆县石门寨巡检 乾隆三年设

谢惟贤 浙江人，乾隆三年任。
赖定瑶 江西人，十二年任。
吴迪锽 浙江人，十二年任。
黄廷梓 浙江人，十七年任。
钱士贵 江南人，十七年任。
易　东 湖南湘乡人，二十三年任。

何德辉 广东保昌人，二十九年任。

临榆县深河堡巡检

乾隆十一年设抚宁临榆分属。

金仪凤 浙江山阴人，乾隆十一年任。

王　楠 河南商城人，十七年任。

胡礼煌 浙江山阴人，十七年任。

黄再英 四川三台人，二十一年任。

任　文 四川清溪人，二十八年任。

周光祖 浙江山阴人，二十九年任。

韩志溥 四川成都人，二十九年任。

徐国柱 广东镇平人，三十年任。

赵守谦 安徽合肥人，三十四年任。

卷之十一

官师志三

国朝武秩

山永协镇副将

原设游击一员，顺治六年裁，改设副将。

张惟一 京卫人，勋卫。

鲁国男 长清人。

朱运亨 奉天辽阳人。

王国栋 山东临清卫人。

张思盛 奉天辽阳人。

张　镇 陕西绥德人。

李廷楠 陕西西安人，以上顺治年任。

张应标 陕西人，康熙七年任。

喻三元 江南徐州人，武生，十二年任。

傅　成 陕西人，二十年任。

林伯馨 福建人，将材，三十年任。

黄　登 福建人，三十二年任。

李　默 福建侯官人，武进士，四十二年任。

杜明仪 陕西榆林人，武举，四十二年任。

郑继宽　京卫人，武探花，四十六年任。
李正春　宛平籍三屯人，四十七年任。
马振图　陕西甘州人，五十四年任。
黄　明
王安国　陕西成县人，六十年任。
王　仕
李如柏　陕西宁夏人，武状元，雍正四年任。
岳含奇　陕西平凉府人，五年任。
胡　杰　四川保安人，六年任。
师应举　陕西西安人，武举，八年任。
赵　伟　十二年任。
杨泽宏　大兴人，进士，乾隆四年任。
伊萨纳　正白旗人，十年任。
兴　常　正黄旗人，十六年任。
明　达　正白旗人，二十年任。
德　保　正红旗人，二十四年任。
华　封　浙江绍兴人，进士，二十八年任。
王日信　山西大同人，进士，三十年任。
纳而吉　正黄旗人，三十三年任。
长　保　正黄旗满洲人，三十八年任。

蓟协三屯营副将

杨宏德　辽东人，康熙四十九年任。
李如柏　宁夏卫人，状元，雍正元年任。
赵国瑛　正蓝旗人，雍正元年任。
柏之蕃　正黄旗人，三年任。
李元亮　正蓝旗人，四年任。
马　雄　宁夏人，七年任。
高宏桀　镶黄旗人，八年任。

高文涵 广宁人，九年任。
高　琦 镶黄旗人，乾隆元年任。
海　亮 正黄旗人，九年任。
明　泰 镶黄旗人，十年任。
永　德 正白旗人，十五年任。
四十八 镶红旗人，十九年任。
胡大献 广东顺德人，进士，二十年任。
赵登高 山西大同人，进士，二十七年任。
耀成额 镶红旗满洲人，三十五年任。

山永协左营都司 雍正二年改设

刘　瀛 宣化县人，雍正十年任。
李得勋 山东临清县州人，十三年任。
萨木哈图 正蓝旗满洲人，乾隆二年任。
杨　舒 镶黄旗满洲人，八年任。
诚　代 镶黄旗满洲人，十二年任。
七十一 镶红旗满洲人，十三年任。
杨桑阿 镶黄旗满洲人，十六年任。
鄂士馨 正白旗满洲人，十九年任。
福　明 镶黄旗满洲人，二十二年任。
济兰泰 镶蓝旗蒙古人，二十六年任。
伊凤阿 镶蓝旗满洲人，三十一年任。
和绷额 正白旗蒙古人，三十五年任。

山永协山海路都司

原设参将，顺治六年改都司。

秦国荣 山海人，顺治六年任。
张开仕 江南淮安人，十一年任。
陈　锜 江南高邮人，武进士，十六年任。
孙枝茂 万全人，武进士，康熙元年任。

陈名远 顺天人，武进士，七年任。
钟　声 江南淮安人，十二年任。
严　梅 陕西人，武进士，十九年任。
齐　明 河南人，二十二年任。
王　明 山西人，二十六年任。
俞启相 江西人，武举，二十七年任。
丁延相 旗人，三十三年任。
洪建都 陕西人，三十六年任。
许仕隆 陕西人，三十八年任。
冯西生 陕西人，三十九年任。
马　忠 陕西同原州人，四十三年任。
谭克明 陕西宁夏卫人，五十一年任。
刘得紫 正红旗奉天人，五十四年任。
王道义 大兴人，五十七年任。
刘　正 陕西西安府人，雍正元年任。
许全武 福建漳州府人，九年任。
骆文镇 清苑人，十一年任。
李　挺 陕西长安县人，十二年任。
桂栖鹦 山西沁州人，十三年任。
额尔登额 镶蓝旗满洲人，乾隆十一年任。
黑　格 镶黄旗满洲人，十六年任。
玛尔清阿 正黄旗满洲人，二十二年任。
色　勒 镶黄旗满洲人，二十八年任。
六十九 镶红旗满洲人，三十五年任。
苏三泰 正红旗满洲人，三十八年任。

山永协石门路都司

原设参将，顺治六年改都司。

王　雍 清苑人，顺治六年任。

李三阳 顺天人，十年任。
段九功 直隶人，十三年任。
文兴明 河南人，康熙二年任。
赵　琳 唐县人，十三年任。
朱　琳 河南人，将材，十六年任。
刘绍基 湖广人，武举，二十二年任。
冯西生 陕西人，三十六年任。
高从斗 陕西人，三十九年任。
马　忠 陕西人，四十一年任。
王　琳 陕西人，四十三年任。
燕　纲 六十年任。
傅得胜 湖广武昌人，雍正二年任。
哈元贵
朱存桂 乾隆元年任。
马清阿 镶红旗人，四年任。
甘　洲 镶蓝旗人，七年任。
巴　泰 正白旗人，侍卫，十年任。
南　泰 正红旗人，十五年任。
邦　郡 正黄旗人，十七年任。
达　色 正白旗蒙古人，侍卫，二十年任。
济兰泰 镶蓝旗蒙古人，二十三年任。
福　明 镶黄旗人二十六年任。
喜　住 镶白旗蒙古人，二十九年任。
六十九 镶红旗人，三十三年任。
苏三泰 正红旗人，三十五年任。
额璘亲 镶红旗蒙古人，三十八年任。

山永协燕河路都司　雍正十年改设

宋　濂 陕西人，进士，雍正十年任。

郝满仓 山西人，十二年任。
武尔登额 镶白旗人，乾隆八年任。
宋大鹏 湖北人，十六年任。
长 保 正黄旗人，二十一年任。
李彰祖 浙江人，二十七年任。
胡大忠 广东人，二十八年任。
吴 章 江南人，三十三年任。

山永协建昌路都司

顺治六年设游击寻改都司。

骆长升 遵化人，顺治年任。
王丕振 山东历城人，武进士。
缪嘉谟 江南江阴人，康熙年任。
毕世靖 靖远卫人，康熙十三年任。
康允宁 浙江山阴人，武举，二十年任。
朱 采 陕西人，二十七年任。
游洪祚 湖广人，三十一年任。
方 凯 陕西人，三十四年任。
杨 英 甘肃宁夏人，三十五年任。
李世英 天津人，四十三年任。
史兰翾 陕西人，四十九年任。
哈元生 顺天人，五十年任。
何圣兆 河南人，武进士，雍正元年任。
保 定 镶黄旗人，二年任。
朱 采 山东济南人，武进士，十三年任。
凤 盛 镶红旗人，乾隆二年任。
萨 保 正黄旗人，七年任。
铁 保 正黄旗人，十二年任。
拖克拖和 镶蓝旗人，十六年任。

素尔方阿　正黄旗人，二十年任。
清　明　镶白旗人，二十六年任。
拜灵阿　镶蓝旗人，二十九年任。
敦多克　镶蓝旗人，三十三年任。
常　林　镶蓝旗人，三十六年任。

天津镇蒲河营都司

黄腾蛟　江南人。
尤起龙　江南上元人，武进士。以上顺治年任。
张德杰　山东滨州人，康熙十七年任。
马见邦
杨国相　陕西人，行伍。
李愈隆
尤宏龙　陕西榆林卫人，五十一年任。
桂栖凤　山西沁州人，五十六年任。
孙志雄　浙江余姚人，雍正二年任。
袁朝桂　正黄旗汉军武进士，十五年任。
赵明奇　四川城都人，乾隆八年任。
瓦尔大　觉罗正红旗满洲人，十八年任。
卜　琮　浙江归安人，进士，十九年任。
庞佐元　浙江归安人，进士，二十四年任。
清　明　镶白旗满洲人，二十九年任。
董　琰　正白旗汉军武举，三十四年任。

蓟协三屯左营都司

曹　炎　江南华亭人，进士，乾隆十六年任。
曹万卷　湖广沚江人，二十二年任。
汪　富　福建晋江人，二十九年任。
马应璧　镶黄旗汉军，三十五年任。

蓟协潘家口都司　雍正十年改设

闫　魁　**朱廷佐**　**双鼎巴克坦**　**查　什**　**赵　兴**
德奇讷　**承　德**　**扎汉泰**　**倭成额**　**忒英额**　**德克什布**
三德　正红旗蒙古人，乾隆三十六年任。

天津镇乐亭营都司

刘公义　湖广远安县人，雍正十年任。
卢起凤　山东蓬莱县人，乾隆元年任。
张　自　陕西宁夏人，七年任。
朱奇芳　陕西宁夏人，进士，十二年任。
伍以信　湖广荆门州人，十四年任。
陈　襄　云南人，十七年任。
佟保住　镶蓝旗满洲人，二十三年任。
德　魁　镶黄旗满洲人，二十六年任。
马得亨　陕西固原洲人，二十八年任。
秦怀德　山西神池县人，三十三年任。

山永协右营守备

原设游击，顺治六年改设守备。

李之桢　万全人。
苏宏功　奉天铁岭人。
刘　杰　京卫人，武进士。以上顺治年任。
李一奇　通州人，康熙十年任。
郑俊拔　大兴人，将材，二十年任。
谢大胜　江南丹徒人，武举，三十年任。
哈应忭　河间人，三十五年任。
黄应龙　甘肃固原人，四十九年任。
马得功　河间县人，康熙五十七年任。
窦进禄　山西汾阳人，雍正二年任。

熊汝麟 直隶献县人，七年任。
李国柱 天津县人，十三年任。
塔　金 镶黄旗人乾隆三年任。
福隆阿 正蓝旗人，八年任。
那　玺 正红旗人，十年任。
阿萨礼 正白旗人，二十年任。
福敏泰 正蓝旗人，二十五年任。
公　泰 正黄旗人，三十三年任。
绰尔浑 满洲人，三十八年任。

蓟协三屯标右营守备

二保柱 镶黄旗人，乾隆八年任。
诺　海 镶黄旗人，十一年任。
依桑阿 镶黄旗人，十八年任。
德金泰 镶红旗人，十八年任。
常　德 正黄旗蒙古人，三十六年任。

山永协左营千总

常应龙 福建人，康熙五十五年任。
吕灵钟 河间府人，五十九年任。
徐登云 福建人，雍正元年任。
萧大受 宣化府人，十三年任。
李天禄 陕西长安人，乾隆七年任。
马金凤 河间县人，十二年任。
依拉齐 正红旗蒙古人，十九年任。
长　青 正白旗满洲人，二十五年任。
崔若峨 迁安人，三十二年任。
李存福 密云人，三十七年任。

山海路千总

刘昌龄　康熙四十九年任。
刘　恂　五十六年任。
韦　正　雍正三年任。
出连登　七年任。
刘祚乱　十二年任。
沈　明　乾隆六年任。
刘大勇　十三年任。
姚　□　十九年任。
毛凤仪　三十五年任。

石门路千总

李国兴　雍正元年任。
武　顺　山西宁武关人，七年任。
武　江　井陉人，乾隆元年任。
李天禄　陕西长安人，二年任。
海　升　镶白旗人，九年任。
林大节　十五年任。
长　青　正白旗人，十九年任。
毛凤仪　密云人，二十五年任。
李德明　正红旗人，三十五年任。

建昌路千总

季启攀　康熙五十年任。
林报国　六十年任。
姜启猷　陕西临洮府人，雍正二年任。
曾受爵　福建留江县人，八年任。
段起凤　正定县人，乾隆五年任。
佛　住　正黄旗人，十一年任。
李　刚　正定县人，十七年任。

刘可州 赤城人，三十四年任。
李明德 正红旗人，三十二年任。
方　正 密云人，三十五年任。

乐亭营滦州汛千总

王　英 河南人，康熙五十四年任。
黄　锦 宣化县人五十九年任。
苗遇春 万全人，雍正五年任。
张本立 陕西宁夏人，乾隆元年任。
李成龙 任邱人，五年任。
王　彪 宛平人，十二年任。
李永新 山西阳高人，十九年任。

蓟协三屯左营千总

刘　忠 密云人，乾隆二十八年任。

山永协左营把总

吕灵钟 宁津县人，康熙五十五年任。
刘国昌 蓟州人，五十九年任。
王宪恩 雍正元年任。
沈　明 迁安人，四年任。
刘可州 赤城人，乾隆六年任。
李　刚 正定县人，十三年任。
刘　錞 迁安人，十八年任。
曹可显 卢龙人，二十五年任。

山永协右营在城把总

郑廷玉 山西太原府人，康熙五十二年任。
陈　钧 卢龙人，雍正元年任。
张拱星 陕西凉州人，乾隆二年任。
王　翰 卢龙人，四年任。

张瑞麟 宣化县人，二十六年任。

王进成 万全人，三十六年任。

山永协右营分防茨榆坨把总

冯茂兴 山西汾阳人，雍正八年任。

吴德奇 卢龙人，十二年任。

白成喜 河间人，乾隆五年任。

姚　焕 江南江都人，十三年任。

张绍彦 密云人，二十年任。

山海路把总

李进善 康熙四十九年任。

武　顺 雍正二年任。

徐之达 七年任。

马　良 乾隆七年任。

李存福 二十三年任。

陈兆麟 三十七年任。

山海路南海口把总

辛玉振 天津人，乾隆二十八年任。

石门路义院口把总

胡忠荩 康熙年任。

范　珙 正定府人，康熙六十一年任。

陈启忠 陕西固原州人，雍正十二年任。

胡大勇 河间府人，乾隆三年任。

李　琦 十三年任。

金　忠 肃宁人，十一年任。

曹可显 卢龙人，二十四年任。

刘　镎 迁安人，二十五年任。

李元成 福建同安人，三十三年任。

石门路大毛山把总

魏明才 康熙六十年任。
张　永 三屯营人，雍正五年任。
顾文耀 八年任。
米　香 十二年任。
张拱星 乾隆元年任。
李若桐 卢龙人，二年任。
钱尚礼 卢龙人，十八年任。

石门路黄土岭把总

白魁元 康熙年任。
韦　青 康熙五十九年任。
贾瑞豹 雍正二年任。
李尚忠 卢龙人，五年任。
潘　麟 卢龙人，乾隆元年任。
蔡文煌 福建龙溪人，四年任。
绰　海 镶白旗人，十九年任。
韦驮保 正黄旗人，二十二年任。
孟一禄 密云人，二十九年任。
陈维纪 正定人，二十九年任。

石门路抚宁汛把总

张守仁 康熙五十九年任。
陈光祖 福建人，雍正五年任。
王智翰 山西阳曲人，乾隆三年任。
王应麟 迁安人，十二年任。
张福禄 山东陵县人，十九年任。
李　明 迁安人，三十年任。
谭有成 卢龙人，三十七年任。

燕河路专城把总

乾隆五年添设。

王廷贵　直隶人，乾隆五年任。

林起光　卢龙人，二十年任。

燕河路台头营把总

孙元锡　直隶人，康熙三十八年任。

刘朝贵　直隶人，五十三年任。

王宪恩　江南人，雍正四年任。

李　祥　直隶人，五年任。

白　麟　直隶人，雍正十一年任。

吴启亮　直隶人，乾隆三年任。

林大节　福建人，五年任。

王应麟　直隶人，十七年任。

孙九畴　直隶人，二十九年任。

孙廷栋　山东人，三十二年任。

燕河路界岭口把总

白玉麟　陕西人，康熙四十二年任。

李报国　山西人，五十三年任。

闫　玉　河南人，五十七年任。

姚　忠　河南人，雍正二年任。

张报功　直隶人，十二年任。

薛　璧　直隶人，十三年任。

徐良栋　直隶人，乾隆元年任。

陈伦叙　陕西人，六年任。

宋永吉　直隶人，八年任。

哈耀　直隶人，十六年任。

哈祥　直隶人，二十一年任。

祁开先 卢龙人，三十三年任。

建昌路迁安汛把总

毕君荣 康熙五十年任。

朱文灿 福建人，雍正四年任。

马化龙 河间人，乾隆四年任。

赵昌泰 宣化人，二十三年任。

建昌路桃林口把总

黄景星 康熙四十九年任。

哈　琳 献县人，六十一年任。

陈邦佐 福建同安人，雍正十三年任。

李　刚 正定县人，乾隆四年任。

刘可州 赤城人，十三年任。

王鉴周 丰润人，二十四年任。

张福禄 山东陵县人，三十年任。

张瑞麟 宣化县人，三十六年任。

建昌路冷口关把总

陈　虎 正白旗人，康熙六十一年任。

白成事 定州人，雍正五年任。

孟　义 十年任。

姚　焕 江南江都人，乾隆四年任。

白成喜 十三年任。

王启业 卢龙人，十七年任。

李元成 福建固安人，二十一年任。

业尚忠 河间县人，二十四年任。

建昌路榛子镇把总

曹　忠 康熙六十年任。

潘兆麟 雍正元年任。

于大成　四年任。
王　景　昌黎人，五年任。
孟一禄　密云人，乾隆五年任。
曹君用　正黄旗人，二十五年任。

乐亭营存城汛把总

闫伯彦　沧州人，康熙五十一年任。
王清仕　玉田人，雍正四年任。
葛　林　天津县人，十年任。
金学义　献县人，二十年任。
张　顺　宣化县人，二十五年任。
倪仲乾　万全人，三十六年任。

乐亭营刘家墩把总

刘文进　大兴人，武举，康熙五十四年任。
曹继董　宛平人，雍正四年任。
秦守金　宛平人，雍正十年任。
纪秉信　昌黎人，乾隆六年任。
何文珠　献县人，十五年任。
陈进元　昌黎人，十六年任。
边进忠　天津人，十八年任。
王自良　宛平人，二十七年任。
张　顺　宣化人，三十六年任。

乐亭营倴城外委把总

此汛向系山永协管辖，于乾隆三十九年改归乐亭营。
张天福　乐亭人，乾隆二十九年任。
马　文　乐亭人，三十年任。

建昌路沙河外委把总

任廷奇　卢龙人，乾隆六年任。

蒋守邦 卢龙人，十三年任。
祁开先 卢龙人，二十九年任。
公　谦 卢龙人，三十年任。

蓟协三屯左营把总

马刚 陕西西宁人，乾隆二十八年任。

蓟协三屯右营把总

王云鹏 密云人，乾隆三十四年任。

潘家口把总

黄　升　刘　禄　谭子超　高明保
方瑞生 福建诏安人，乾隆三十七年任。

汉儿庄经制外委把总

属潘家口辖。
王春正
闫荣贵 蓟州人，乾隆二十年任。

龙井关把总

属潘家口辖。
谭子奇　何腾鳌　李进贵　徐　定　孙国龙
林良栋 遵化州人，乾隆二十四年任。

国朝驻防

山海关副都统　乾隆八年设

富　和 正蓝旗满洲人，乾隆八年任。
常　生 镶蓝旗满洲人，十三年任。
舒　泰 正黄旗满洲人，二十五年任。
富当阿 正蓝旗满洲人，二十六年任。

富　玉　镶黄旗满洲人，二十九年任。

伊拉图　正白旗满洲人，二十九年任。

素　保　正红旗满洲人，三十年任。

岱星阿　镶红旗满洲人，三十五年任。

永平府防守尉

康熙三十四年自滦州移驻镶白镶蓝防守一员，防御二员，骁骑校二员，随印笔帖式一员，甲兵一百名。

恩额勒德依　镶白旗人，自滦州移驻。

阿尔赛　正蓝旗人，康熙四十四年任。

卢尔尽　镶白旗人，六十年任。

白　锡　正蓝旗人，乾隆元年任。

福尔禅　正蓝旗人，十一年任。

布达礼　正蓝旗人，十三年任。

傅住里　镶白旗人，二十年任。

哲　霖　正蓝旗人，二十五年任。

胡　保　镶白旗人，二十五年任。

常　清　正蓝旗人，三十七年任。

喜峰口防守尉　雍正七年添设

七克腾　正白旗满洲人。

富　保　正黄旗满洲人。

阿克墩　正黄旗满洲人。

四　九　正黄旗满洲人。

七十八　正黄旗满洲人。

善　柱　正黄旗满洲人。

五吉里　正黄旗满洲人。

和尔墩　正黄旗满洲人。

僧　额　正黄旗满洲人。

穆通阿　正黄旗满洲人。

老　格　正黄旗满洲人。

冷口防守尉

雍正七年添设

明　得　正黄旗满洲人，雍正七年任。

尚　保　正红旗满洲人，乾隆七年任。

七　十　正红旗满洲人，八年任。

托　莫　正红旗满洲人，九年任。

七　十　正红旗满洲人，十四年任。

福　庆　正红旗满洲人，十九年任。

武阳阿　正红旗满洲人，二十七年任。

富兰泰　正红旗满洲人，三十二年任。

山海左翼协领

何雅图　乾隆八年由城守尉改补。

准提保　镶黄旗满洲人，十年任。

福尔禅　正蓝旗满洲人，十三年任。

罗　泰　正蓝旗满洲人，二十年任。

富住礼　镶白旗满洲人，二十四年任。

山海右翼协领

永　福　正红旗满洲人，乾隆八年任。

七十八　正黄旗满洲人，十三年任。

赛音禄　镶红旗满洲人，二十五年任。

穆通阿　正黄旗满洲人，三十六年任。

山海佐领

五　海　镶黄旗满洲人，乾隆八年任。

阿木古朗　正白旗蒙古人，八年任。

海　常　正白旗满洲人，八年任。

额尔坠图　正红旗蒙古人，八年任。
富　贵　镶白旗满洲人，八年任。
勒什泰　镶红旗满洲人，八年任。
萨尔那　正蓝旗满洲人，八年任。
何　琳　镶蓝旗满洲人，八年任。
伊博赫　镶白旗满洲人，十年任。
兆　祥　镶黄旗满洲人，十一年任。
朱尔呼达　镶红旗满洲人，十一年任。
常　舒　镶蓝旗满洲人，十二年任。
赛音禄　镶红旗满洲人，十四年任。
罗　泰　正蓝旗满洲人，十六年任。
南　泰　正黄旗蒙古人，十七年任。
福　住　镶黄旗满洲人，十八年任。
乌彦图　正白旗满洲人，十九年任。
布　占　镶黄旗满洲人，二十年任。
佛　进　正黄旗蒙古人，二十一年任。
三达色　正蓝旗满洲人，二十一年任。
雅　琴　镶黄旗满洲人，二十四年任。
都　喀　镶白旗满洲人，二十四年任。
佟　保　正白旗满洲人，二十四年任。
赛音布　镶红旗满洲人，二十五年任。
齐克唐阿　正白旗满洲人，二十六年任。
达　色　正蓝旗洲人，二十六年任。
关　诚　镶蓝旗满洲人，二十七年任。
绰尔多　镶白旗满洲人，二十八年任。
伊常阿　正白旗蒙古人，三十一年任。
喜普塔　镶蓝旗满洲人，二十二年任。
闫　保　镶黄旗满洲人，三十四年任。

永平府防御

公色里　镶白旗人。

九　十　镶白旗人。

地　保　镶白旗人。

伊伯赫　镶白旗人。

哈尔泰　镶白旗人。

郎　柱　正蓝旗人。

白　锡　正蓝旗人。

布达礼　正蓝旗人。

三达色　正蓝旗人。

哲　霖　正蓝旗人。

杨桑阿　正蓝旗人。

黑　青　镶白旗人，乾隆二十五年任。

常　青　正蓝旗人，二十五年任。

达　三　正蓝旗人，三十八年任。

山海关防御　每旗一人。

哈达哈　镶黄旗满洲人，乾隆八年任。

那　苏　镶黄旗蒙古人，八年任。

文　成　正白旗满洲人，八年任。

色伦泰　正红旗满洲人，八年任。

何　伸　镶白旗满洲人，八年任。

朱尔呼达　镶红旗满洲人，八年任。

哈什泰　正蓝旗满洲人，八年任。

常　舒　镶蓝旗满洲人，八年任。

额尔克图　正黄旗蒙古人，八年任。

南　泰　正黄旗蒙古人，十一年任。

乌彦图　正白旗满洲人，十二年任。

九　常　正蓝旗满洲人，十二年任。

关　诚　镶蓝旗满洲人，十三年任。
赛音禄　镶红旗满洲人，十三年任。
赛音布　镶红旗满洲人，十四年任。
罗　泰　正蓝旗满洲人，十四年任。
图　敏　正蓝旗满洲人，十六年任。
孙达善　镶黄旗蒙古人，十六年任。
佛　进　正黄旗蒙古人，十七年任。
六达色　正白旗满洲人，十九年任。
达兰泰　镶红旗蒙古人，二十一年任。
强　都　镶黄旗满洲人，二十三年任。
杨桑阿　正蓝旗满洲人，二十三年任。
普三保　正白旗蒙古人，二十五年任。
二达色　正黄旗蒙古人，二十五年任。
齐克唐阿　正白旗满洲人，二十五年任。
达兰泰　正白旗满洲人，二十六年任。
六十四　正蓝旗满洲人，二十五年任。
常　德　镶红旗满洲人，二十六年任。
穆　腾　正黄旗蒙古人，二十七年任。
喜普塔　镶蓝旗满洲人，二十八年任。
伊常阿　正白旗蒙古人，三十年任。
德　琳　镶白旗满洲人，三十年任。
明　海　镶黄旗蒙古人，三十一年任。
白凌阿　正蓝旗蒙古人，三十二年任。
达兰泰　镶白旗满洲人，三十二年任。
莽国里　镶蓝旗满洲人，三十二年任。
苏腾额　镶红旗满洲人，三十三年任。
阿尔善　正蓝旗满洲人，三十五年任。
六十八　镶白旗满洲人，三十七年任。
颇尔泰　镶白旗满洲人，三十八年任。

喜峰口防御

原设二员康熙三十二年增二员，雍正七年又裁二员，甲兵一百名，乾隆八年又添设甲兵一百名。

萨克察 镶黄旗满洲人。

葛德浑 正红旗满洲人。

岳西那 镶白旗满洲人。

文　太 镶红旗满洲人。

那尔太 镶黄旗满洲人。

伊拉奇 正红旗满洲人。

富　贵 镶白旗满洲人。

布鲁图 镶红旗满洲人。

四　九 正黄旗满洲人。

萨哈连 镶红旗满洲人。

黑雅图 正黄旗满洲人。

富柱礼 镶白旗满洲人。

善　柱 正黄旗满洲人。

三　珀 正黄旗满洲人。

都　喀 镶白旗满洲人。

永　宁 正黄旗满洲人。

德　山 正黄旗满洲人。

巴十一 正黄旗满洲人。

绰尔多 镶白旗满洲人。

和尔墩 正黄旗满洲人。

富德镶 镶白旗满洲人。

色合德 正黄旗满洲人。

老　格 正黄旗满洲人。

达星阿 镶白旗满洲人。

永　德 正黄旗满洲人。

冷口防御

康熙九年设一员，二十三年添一员，甲兵五十名，乾隆八年又添甲兵一百名。

昴　三　正黄旗满洲人，康熙九年任。

辛　太　正黄旗满洲人，二十三年任。

达哈那　正黄旗满洲人，雍正八年任。

伯清太　正白旗满洲人，乾隆八年任。

七　十　正红旗满洲人，九年任。

福　庆　正红旗满洲人，十五年任。

佟　保　正白旗满洲人，十七年任。

武阳阿　正红旗满洲人，十九年任。

武颜图　正白旗满洲人，二十五年任。

赫林太　正白旗满洲人，二十五年任。

五　十　正红旗满洲人，二十七年任。

德　亮　正白旗满洲人，三十一年任。

永平府骁骑校

强　笃　镶白旗人。

拉　岱　镶白旗人。

地　保　镶白旗人。**伊伯赫**　镶白旗人。

都　喀　镶白旗人。

拔　岱　正蓝旗人。

喜木布　正蓝旗人。

拉　色　正蓝旗人。

布达礼　镶白旗人。

尹　柱　正蓝旗人。

图　敏　正蓝旗人。

哲　霖　正蓝旗人。

达克散　正蓝旗人。

哈尔太 镶白旗人，乾隆二十五年任。
阿什图 正蓝旗人，二十五年任。
达兰太 镶白旗人，二十九年任。
七 格 正蓝旗人，三十一年任。
六十八 镶白旗人，三十二年任。
萨克信 正蓝旗人，三十七年任。
雅隆阿 镶白旗人，三十七年任。

山海关骁骑校 每旗一人。

富尔泰 镶黄旗满洲人，乾隆八年任。
额尔克图 正黄旗蒙古人，八年任。
佟 保 正白旗满洲人，八年任。
七 格 正黄旗满洲人，八年任。
安七尔图 镶白旗满洲人，八年任。
赛音禄 镶红旗人满洲人，八年任。
索 住 正蓝旗蒙古人，八年任。
金 泰 镶蓝旗满洲人，八年任。
佛 进 正黄旗蒙古人，九年任。
白凌阿 正蓝旗蒙古人，十一年任。
硕 格 正蓝旗满洲人，十二年任。
赛弼图 镶蓝旗满洲人，十二年任。
富 德 镶白旗满洲人，十二年任。
常 德 镶红旗满洲人，十三年任。
海 兴 正黄旗满洲人，十七年任。
伊常阿 正白旗蒙古人，十七年任。
西楞额 镶黄旗满洲人，十八年任。
永 宁 正黄旗满洲人，十八年任。
强 都 镶黄旗满洲人，二十一年任。
六十四 正蓝旗满洲人，二十一年任。

西凌阿　镶黄旗满洲人，二十三年任。
德　山　正黄旗满洲人，二十三年任。
舒　图　正黄旗满洲人，二十四年任。
保　德　镶黄旗满洲人，二十五年任。
海明阿　镶蓝旗满洲人，二十五年任。
阿尔善　正蓝旗满洲人，二十五年任。
佛　保　镶蓝旗满洲人，二十五年任。
苏彰阿　镶黄旗满洲人，二十六年任。
苏腾额　镶红旗满洲人，二十六年任。
永　舒　镶黄旗满洲人，二十七年任。
郭尔吉　镶白旗满洲人，二十九年任。
六达色　正白旗满洲人，三十年任。
达星阿　镶白旗满洲人，三十年任。
齐郎阿　正红旗满洲人，三十二年任。
明　宝　镶红旗满洲人，三十三年任。
颇尔泰　镶白旗满洲人，三十四年任。
永　德　正黄旗满洲人，三十四年任。
巴　什　正红旗满洲人，三十六年任。
花　色　正蓝旗满洲人，三十六年任。
傅　明　正黄旗满洲人，三十七年任。
武勒青阿　镶白旗满洲人，三十八年任。
图　拉　镶黄旗满洲人，三十八年任。

喜峰口骁骑校

乾隆元年添设二员至八年又添二员。

四　九　正黄旗满洲人。
西尔萨　正白旗满洲人。
三达色　正蓝旗满洲人。
三音又浑　镶黄旗蒙古人。

富　庆　正红旗满洲人。
菩萨保　正白旗蒙古人。
五　十　正红旗满洲人。
黑　青　镶白旗满洲人。
杨桑阿　正蓝旗满洲人。
西布他　镶蓝旗满洲人。
舒保山　正白旗满洲人。
达　三　正蓝旗满洲人。
多隆乌　镶红旗满洲人。
五哈图　正红旗满洲人。
海　图　镶黄旗满洲人。
佛尔青额　镶白旗蒙古人。

冷口骁骑校

乾隆元年设一员，八年又添二员。

善　柱　正黄旗满洲人，乾隆元年任。
常　书　正红旗满洲人，八年任。
达兰太　镶红旗蒙古人，八年任。
宝禄　正红旗满洲人，九年任。
萨木伯　正黄旗满洲人，十二年任。
吉　来　正红旗满洲人，十四年任。
七十八　正黄旗满洲人，十四年任。
胡　保　镶白旗满洲人，十七年任。
萨　理　镶红旗满洲人，二十一年任。
拴　住　镶蓝旗满洲人。
德　亮　正白旗满洲人，二十五年任。
得　林　镶白旗满洲人，二十七年任。
实　保　镶蓝旗满洲人，三十年任。
延　书　镶黄旗满洲人，三十一年任。

常　格　正红旗蒙古人，三十六年任。
明　海　镶黄旗蒙古人，三十九年任。
德　敏　正红旗蒙古人，三十九年任。

永平府笔帖式

花　色　**锡三泰**　**金　梁**　**宁　泰**
保　宁　**明　远**　**发　浑**　**兆文崇**
朝　元　乾隆十二年任。
五尔图　三十八年任。
以上俱镶白旗人。

喜峰口笔帖式二员

化　色　正红旗满州人。
遍　禄　正蓝旗满州人。
兴　德　正红旗满州人。
柯　锡　鼎正蓝旗满州人。
鄂　赉　正蓝旗满州人。
佛　常　正红旗满州人。
丰　坤　正蓝旗满州人。
屯　图　正红旗满州人。
西　禄　正红旗满州人。
唐　椿　正蓝旗满州人。
西　辂　正红旗满州人。
丰　盛　正蓝旗满州人。
常　武　镶红旗满州人。
胡图礼　正蓝旗满州人。
花沙布　正红旗满州人。
舒起善　正红旗满州人。
塞尔芬　正蓝旗满州人。
舒芬阿　正红旗满州人。

富克禅 正蓝旗满州人。

觉罗景德 正蓝旗满州人。

德星 正红旗满州人。

冷口笔帖式

康熙九年设一员二十三年设一员。

鄂立善 镶黄旗满州人，康熙九年任。

扎 使 镶黄旗满州人，二十三年任。

齐 敏 正红旗满州人，乾隆六年任。

富 保 镶白旗满州人，八年任。

那 代 镶白旗满州人，十年任。

佛 官 镶白旗满州人，十一年任。

官 良 正红旗满州人，十三年任。

明 福 镶白旗满州人，十七年任。

承 明 正红旗满州人，十九年任。

仲 福 镶白旗满州人，二十三年任。

什木纳贺 镶白旗 满州人，二十四年任。

广 善 正红旗满州人，二十五年任。

定 住 正红旗满州人，二十八年任。

傅 巽 镶白旗满州人，三十年任。

佛尔庆 正红旗满州人，三十四年任。

永 魁 镶白旗 满州人，三十六年任。

裁缺文阶

工部分司

顺治十五年设，驻扎永平采木，寻裁。康熙十八年复设抽分潘桃等口税，为满洲差，后裁。

张云登 奉天辽阳人。

王　沣　江南常熟人，进士，以上顺治年任。
孟　安　工部主事，康熙十八年任。
龚　爱　工部郎中，十九年任。
张圣业　工部郎中，二十年任。
巴当什　工部员外，二十一年任。
安　泰　刑部郎中，二十二年任。
仲沙弼　吏部员外，二十三年任。
胡世屯　内阁侍读，二十四年任。
桑　格　内务府员外，二十五年任。
英　山　刑部员外，二十六年任。
舒石泰　内务府都虞司员外，二十七年任。
陈希曾　内务府员外，二十八年任。
佟尔年　工部员外，二十九年任。
伊巴礼　户部员外，三十年任。
布少卿　太常寺正卿，三十三年任。
常　明　兵部员外，三十二年任。
迈　图　工部员外，三十三年任。
鄂齐礼　工部员外，三十四年任。
萨哈齐　詹事府右春坊石赞善，三十五年任。
傅　坤　翰林院侍读学士，三十六年任。
叶　舒　吏部考功司郎中，三十七年任。
戴　锦　吏部考功司员外，三十八年任。
傅殷代　刑部督捕司员外，三十九年任。
舒　丹　太仆寺卿，四十年任。
索　善　刑部主事，四十一年任。
黑　色　理藩院员外，四十二年任。
党阿赖　国子监司业，四十三年任。
常　保　理藩院主事，四十四年任。
布尔赛　工部都水司员外，四十五年任。

苏　泰　广善库员外，四十六年任。

佟吉图　广善库主事，四十七年任。

达　锡　理藩院员外，四十八年任。

叶成格　户部员外，四十九年任。

图克善　户部员外，五十年任。

户部分司

明嘉靖十二年设户部分于永平专理军饷，国朝顺治元年移驻蓟州后裁。

吕鸣章　山海卫人，选贡。

孟凌云　赵州人，拔贡。

汤大临　大兴人，举人。

鄢　广　陕西城固人，举人。

万邦翰　吴桥人，拔贡。

白　芬　河南洛阳人，举人。

永平兵备道　康熙八年移驻通州更为通永道。

李丕著　山西曲沃人，进士。

石镇国　湖北黄梅人，进士。

陈宏业　奉天辽阳人，生员。

毕元彩　奉天辽阳人，生员。

王廷宾　奉天锦州人，生员。

宋　琬　山东莱阳人，进士。

赵胤翰　福建兴化人，进士。

张云龙　奉天辽阳人，贡士。以上顺治年任。

钱世清　浙江钱塘人，举人，康熙四年任，八年移驻通州。

山石道

顺治十年裁。

杨云鹤　四川彭县人，进士，顺治元年任。

吕逢春　旗人，二年任。

杨茂魁 旗人，五年任。

永平府同知

国初同知衔日贴堂，至粮署归并则日清军管粮日军粮督捕，于雍正三年改为理事同知。

冯如京 山西代州人，恩贡。

朱求构 山西人，贡士。

李　持 四川江津人，贡生。

胡守德 山西长治人，举人。

刘日永 湖广人，贡生。

王觉民 江南颖上人，贡生。以上顺治年任。

韩　章 湖广汉阳人，恩贡，康熙元年任。

梁泰来 江南寿州人，举人，四年任。

罗　京 浙江会稽人，九年任。

郑四国 山东乐陵人，十二年任。

朱用砺 江南山阴人，举人，十八年任。

祖泽溶 奉天宁远人，举人，三十二年任。

崔　宦 奉天人，荫生，二十二年任。

赵邦牧 奉天辽阳人，荫生，二十二年任。

彭尔年 奉天杏山人，监生，二十二年任。

郭　瑛 奉天铁岭人，官生，三十九年任。

杨奕绾 河南河内人，官监生，四十三年任。

永平理刑推官　康熙六年裁。

褚应于 山西人，官生，顺治元年任。

刘万策 山东蒙荫人，恩贡，二年任。

林起宗 山东文登人，进士。

尤　侗 江南长洲人，贡生，九年任。

刘浑孙 景陵人，进士。

刘　增 湖北潜江人，举人。

任暄猷 河南息县人，进士，十七年任裁。

山海理刑推官 顺治二年裁。

卢　传 晋州人，举人，顺治元年任。

山海卫儒学教授

王养正 滦州人，贡生，顺治元年任。
徐乃恒 广宗人，贡生，五年任。
姚舜臣 固安人，贡生，十年任。
梁国衡 饶阳人，贡生，十一年任。
徐乃恒 十四年再任。
韩雄胤 高阳人，翰林院，降十五年任。
韩国龙 密云人，贡生，康熙元年任。
韩雄胤 四年再任。
钱裕国 宛平人，举人，七年任。
孟赉予 滦州人，举人，十八年任。
傅　严 滑县人，举人，二十一年任。
贾　淑 晋州人，举人，二十九年任。
臧际昌 宁津人，举人，三十年任。
徐祖望 大兴人，贡生，三十六年任。
张　璞 盐山人，举人，三十七年任。
邓　隽 大兴人，贡生，四十四年任。
王　珍 卢龙人，进士，五十年任。
井　镃 文安人，举人，五十二年任。
夏御乾 滦州人，贡生，五十七年任。
马子骧 灵寿人，贡生，六十一年任。以上康熙年任。
吴一德 奉天人，举人，雍正四年任。
翟正经 卢龙人，进士，雍正六年任。
张　瑁 丰润人，贡生，乾隆元年任。

山海卫训导

顺治十六年裁康熙十五年复设今改县。

苗有稶 宛平人，贡生，顺治五年任。

刘　龙 曲阳人，贡生，九年任。

王　烨 顺天人，教习，十六年任裁。

李冒宗 容城人，恩贡，康熙十六年任。

王芳毓 铁岭人，贡生，二十二年任。

贾　圻 清苑人，贡生，三十五年任。

梁薛一 沧州人，贡生，四十一年任。

陈　谦 大兴人，贡生，五十九年任。

马汝翼 隆平人，贡生，雍正九年任。

永平卫经历　今裁

卢硕辅 陕西人，拔贡，通判改授。

窦更新 陕西富平人，吏员。以上康熙年任。

山海卫经历　今裁

武永成 山西太谷人，拔贡。

闵应魁 湖广人。以上顺治年任。

府照磨　今裁

金国柞 浙江山阴人。

杨继音 湖北兴国州人。

李文华 南直隶太和人。以上顺治年任。

府司狱司　今裁，归并经历司。

盛永富 江南丹徒人。

金　钛 江南苏州人。以上顺治年任。

倪继徐 福建福清人。

林正秾 湖广人。

许世昌 山东清平人。以上康熙年任。

滦州州同　今裁

赵钟瑞　本州人，生员，顺治元年任。
劳于庭　浙江山阴人，元年任。
姜　镇　奉天盖州人，贡生。
王梦弼　奉天辽阳人。
史在德　浙江山阴人，贡生，十三年任。
邓天栋　奉天辽阳人，康熙二年任。
洪进生　江南池州人。
马希进　山西定襄人，拔贡，十六年任。
李成采　奉天辽阳人，二十一年任。
陈廷柏　奉天辽阳人，贡生，二十九年任。
孔兴滨　山东曲阜人，三十一年任。
杨　捷　浙江山阴人，三十五年任裁。

昌黎县县丞　今裁

成之暹　浙江山阴人。
章　浩　浙江山阴人。
陈泰宁　山西人，选拔。以上顺治元年任。

乐亭县县丞

李习英　湖广人。
胡以宁　浙江山阴人。
金　汤　浙江会稽人。以上顺治年任。

抚宁县主簿　今裁

钱良基　江南人，顺治年任。

卢龙县滦河驿驿丞　今裁

杜文翰　顺天人。
田生贵　陕西人。以上顺治年任。
周大章　陕西三原人，康熙四年任。

沈世麒　浙江义乌人，十七年任。
张辅弼　山东临清人，二十年任。
黄振声　山东寿张人，三十四年任。
冯天贵　山西隰州人。四十四年任。
周　桢　南直隶太和人，四十七年任。
陈景谟　五十四年任。
沈廷俊　六年任。
沈文奎　十一年任。
强永康　十一年任。
朱肯荣　乾隆元年任。
王君德　元年任。
段廷栋　八年任。
沈自如　八年任。
张洗亮　八年任。
陈国选　十一年任。
李智声　十一年任。
左建宏　十三年任。
贺良朝　十四年任。
陈国选　十七年再任。
蔡　士　十七年任。

迁安县七家岭驿驿丞

乾隆元年兼巡检事，仍管驿务，今裁。

朱朝贵　江南长州人，康熙十七年任。
张呈璧　山西文水人，二十二年任。
樊履信　浙江山阴人，三十七年任。
李　玲　雍正年任。
朱开楚　浙江宁波人，雍正五年任。
张林　浙江山阴人，九年任。

阎光学 山东馆陶人，乾隆十七年任。
胡宗远 福建永定人，十八年任。
杨龙翔 山东历城人，二十年署任。
刘　棨 江南武进人，二十一年任。

迁安县滦阳驿驿丞

乾隆元年兼巡检事，仍管驿务，今改巡检，驻三屯营。

范应选 山东阳信人，康熙七年任。
姚　祥 浙江慈溪人，二十年任。
郑泰辰 山东历城人，三十四年任。
章启珞 浙江山阴人，四十九年任。
郭魁元 浙江开化人，五十三年任。
沈自如 江南石隶人，雍正三年任。
余　纯 浙江山阴人，乾隆九年任。
张名儒 江西雩都人，十三年任。
邱廷湜 江南元和人，十七年任。

山海卫迁安驿驿丞

今归临榆县，缺裁。

徐上达 陕西咸宁人，康熙十七年任。
张加慎 陕西富平人，二十二年任。
王元善 山东掖县人，三十六年任。
冀学成 陕西华州人，四十一年任。
宋抚民 江南碭山人，五十年任。
谢夫旺 山东博平人，五十九年任。
赵可观 江南太平人，雍正十一年署任。
沈　钦 浙江人，十一年任。

抚宁县芦峰驿驿丞

乾隆十九年驿务归县缺裁。

张　琪　山东阳信人，康熙十七年任。
雷生玉　陕西郃阳人，二十二年任。
李荣春　山西太原人，二十八年任。
石　岚　江南宿松人，四十三年任。
陈士枢　江南石埭人，乾隆十五年任。

抚宁县榆关驿驿丞

驿在深河，今改巡检。

阎　琨　陕西华州人，康熙十六年任。
郭　莘　陕西华州人，二十二年任。
陈良柱　陕西凤翔人，三十八年任。
王朝辅　山东潍县人，四十一年任。
金仪凤　浙江山阴人，雍正八年任。

裁缺武秩

山海关镇总兵

顺治六年裁。

高　第　陕西榆林卫人。
朱万寿　浙江绍兴府人。以上顺治年任。

山海关镇守副将

顺治六年设九年裁。

夏登仕　陕西榆林人，顺治六年任。

台头营副将

顺治六年改都司，寻改操守。

张邦谟　江南海州人，武进士。
姜文惠　四川人。
黄腾蛟　江南镇江人。以上顺治年任。

山海关参将　今改都司。

朱运亨　奉天辽阳人，武举，顺治元年任。

刘朝辅　奉天辽阳人，顺治五年任。

燕河营参将　今改都司。

侯全　奉天锦州卫人，顺治年任。

山海关游击　裁

孙承业　顺天人，顺治九年任。

石门寨游击　今改都司。

吴汝凤　山东兖州府人，武进士，顺治元年任。

协标左营中军守备

雍正十年改设都司。

齐可常　保定人。

李人龙　复州人。

王著名　山东临朐人，武举。以上俱顺治年任。

杨　梓　江南吴县人，武进士，康熙六年任。

尹得功　河南滑县人，十八年任。

秦　晋　山西夏县人，武进士，二十八年任。

杨　威　山西蒲州人，三十二年任。

蓝　聪　福建漳州人，三十四年任。

张　仁　甘肃凉州人，三十八年任。

赵宏范　燕山卫人，武举，三十九年任。

高　胜　湖北远安人，四十五年任。

李万鹏　顺天大兴人，五十四年任。

张自立　陕西宁夏人，五十四年任。

胡　典　江西万安人，武举，雍正三年任。

许全武　福建人，六年任。

燕河路守备

原设参将，顺治六年改设。雍正十年又改设都司。

李世魁 辽东人。

董正巳 宣化人，武进士。

龙　纲 陕西榆林人。以上顺治年任。

葛天绮 京卫人，康熙年任。

张光清 苑人，武进士，十三年任。

万成功 江南人，二十一年任。

马进凤 陕西人，三十五年任。

孙梦麟 陕西人，武举，四十三年任。

姚大成 陕西人，四十九年任。

刘君豹 陕西人，五十年任。

杨云栋 陕西人，五十一年任。

南君晟 镶红旗人，五十六年任。

乐亭营守备

今改都司属天津镇标辖。

孙中一 河南人，武进士，康熙十二年任。

陈起凤 陕西人，二十年任。

韩　璋 通州人，武进士，三十二年任。

刘仕龙 陕西人，四十八年任。

孙承勋 陕西人，世袭，四十九年任。

骆腾霞 福建惠安人，武举，五十年任。

李　琏 四川人，陕西富平籍，五十六年任。

王　前 陕西咸宁人，雍正三年任。

崔国端 湖广人，雍正六年任。

义院口守备　寻改操守。

张宿曜 江南海州人。

张异珍 陕西榆林卫人，指挥。

俞锡命 浙江慈溪人。以上顺治年任。

黄土岭守备　顺治六年改操守。

张宏基 广宁卫人，指挥。

周　鼎 奉天铁岭人，指挥。

桃林口守备　顺治六年改操守。

胡希孔 辽东人。

佟绍圣 辽东人。

李之桢 宣化府人，武进士。以上顺治年任。

刘家口守备　顺治六年改操守。

高师文 陕西榆林卫人，指挥。以上顺治年任。

冷口守备　顺治六年改操守。

赵忠 陕西榆林卫人。

许天福 山海卫人。以上顺治年任。

界岭口守备　顺治六年改操守。

何翀霄 陕西榆林卫人。

李世魁 奉天盖州人。以上顺治年任。

青山口守备　顺治六年改操守今裁。

李如登 京卫人，顺治年任。

南海口守备　顺治十三年设今裁。

崔　吉 辽东人，顺治十三年任。

俞宗舜 浙江人，十六年任。　**高世俊** 河间人，十七年任。

马子云 陕西人，康熙七年任。**陈万化** 辽东人，十二年任。

刘家墩守备　今裁

俞应坤 浙江金华人，顺治年任。

潘家口守备

雍正十年改设都司。

孙得明　**陈万里**　**夏　昙**　**闫　魁**　**徐登云**

永平道标中军守备　今裁

杨　丽　新城人。
于　龙　天津人。
王国相　宛平人。以上顺治年任。

大毛山提调

顺治六年改操守。

党从戎　陕西人，顺治年任。

永平卫掌印守备　今裁

王之熙　宣化人，进士。
高君锡　大兴人，进士。以上顺治年任。
冯邦彦　宣化人，康熙年任。
杜进梅　辽东人，十五年任。

山海卫掌印守备　今裁

焦毓秀　顺天人，武进士，顺治四年任。
郭之俊　宣化人，武进士，六年任。
董　戴　威县人，武进士，十三年任。
王御春　陕西人，武进士，十七年任。
陈廷谟　顺天人，武进士，康熙六年任。
王天福　京卫人，武进士，十三年任。
罗　宣　河南人，武进士，二十三年任。
曾起祚　河南人，武进士，二十二年任。
杨汇吉　河南人，武举，二十三年任。
刘光唐　宣化人，武举，三十六年任。
贝廷枢　沧州人，武进士，四十二年任。

王廷桂　顺天人，武举，四十九年任。

秦元勋　西安人，武举，五十年任。

永平道标千总　今裁

崔毓德　昌黎人。

高　标　迁安人。俱顺治年任。

永平卫屯捕千总　今裁

孙大谋　浙江绍县人，武举。

萧云汉　南宫人，武举。以上顺治年任。

程　墨　陕西人。

徐九伟　江南江宁人。

秦　轼　山西曲沃人。以上康熙年任。

山海卫屯田千总　今裁

马献祥　京卫人，武举，顺治八年任。

沈登瀛　顺天人，武举，十三年任。

丁　奇　京卫人，武举，十七年任。

燕河路倴城汛把总

原代管燕河路长城把总，乾隆二十九年拨归热河。

王　玺　陕西人，康熙四十八年任。

尹九锡　直隶人，五十三年任。

李国栋　直隶人，雍正五年任。

梁　翰　直隶人，八年任。

米　钦　直隶人，乾隆元年任。

王智汉　山西人，二年任。

钱国梁　福建人，二年任。

汉儿庄把总

乾隆七年移驻潘家口。

李　挺　王有仁　盛　龙　伊进忠

潘家口外委把总

乾隆七年移驻汉儿庄。

陈国英

山海关城守尉

改设都统后缺裁。

李悉怛　满洲人，顺治元年任。
塔不害　满洲人，九年任。
朱登科　辽东人，旗籍。
吕逢春　辽东人，旗籍。
王镇伦　辽东人，旗籍。
李国柄　辽东人，旗籍。
石　汉　满洲人，顺治五年任。
祁富哈　满洲人，九年任，见名宦。
李兰芳　国柄子，十五年任。
朱廷缙　登科子，十七年任。
马归山　满洲人，康熙十七年任。
李奇芳　国柄侄，八年任。
李官舒　悉怛孙，五年任。
马呈祥　归山子。
花　子　满洲人，二十七年任。
车尔布赫　满洲人，三十三年任。
莫　代　正白旗满洲人，四十四年任。
达　廉　正白旗满洲人，四十八年任。
巴　泰　正白旗满洲人，五十七年任。
白　住　正白旗满洲人，雍正元年任。
马护善　正白旗满洲人，四年任。
和　尚　正白旗满洲人，乾隆元年任。

四十八 正白旗满洲人，三年任。

何雅图 镶黄旗蒙古人，四年任。

监管高丽章京 今裁

富昂腊 满洲人，拖沙哈番。

双 哥 满洲人，拖沙哈番。

卷之十二

官师志

名宦传

［汉］

李　广　陇西成纪人，秦将李信之后。猿臂善射，讷口少言，才气天下无双。景帝授为陇西都尉，复徙为上谷、代郡、云中太守，皆以力战知名。景帝崩，武帝立，辽西太守军败，诏拜广为右北平太守。匈奴畏之，号曰飞将军，数岁不敢入右北平，尝出猎暮归，见草中石以为虎而射之，中石没镞，视之石也，复更射之，不能入。

广居郡，籍事省约，文书行阵弗正部曲，劝屯垦、修战守，一时边民安枕，每考称最，所得上赐辄分麾下，饮食与士共之，终广之身为二千石四十余年，家无余财，不言家产事。终年六十余，贤士大夫及一军皆哭，百姓闻之无老壮皆为垂涕。有子三：长曰当户，早亡，次曰椒拜代郡太守，季曰敢从骠骑将军击左贤王，夺王旗鼓而还，封关内侯，食二百户，皆有父风。

路博德　西河平州人，武帝时为右北平太守，匈奴犯塞从霍去病击之，至梼余山，斩获甚众。

［后汉］

赵　苞　武城人，为辽西太守，峻厉威严，名振边俗。遣使迎母及妻子，道经柳城，值鲜卑寇钞，为所劫质，载以击郡。苞率众与贼对阵，贼出母以示，苞悲号谓母曰:“为子无状，不图为母祸！”母遥谓曰:“人各有命，何得相顾，以亏忠义。”苞即时进战，贼悉摧破，母妻皆被害。诏封苞为侯。苞曰：食禄而避难非忠也，杀母以全义非孝也，何面目立于天地！遂呕血而死。

［**后魏**］

常　英　初授肥如令，廉善仁明，不事严苛，治民多惠政，继迁平州刺史，以地薄边塞，重农务，修武备，使民家有余蓄，乡勇皆为健卒，后封辽西公，卒谥辽西平王。

于天恩　代郡人。熙平中任辽西太守，赋性中和，百姓怀之。赠东平将军，燕州刺史。

［**唐**］

张仲武　德宗朝为卢龙节度使，镇边有功，李德裕《幽州圣德碑》具载其事。

田仁会　张安人，为平州刺史。时旱，自暴以祈雨，雨通禾熟，民歌曰:“父母育我兮田使君，挺精诚兮上天闻。中田致雨兮山出云，仓廪实兮礼义申，君常在兮不患贫，后迁右金吾，子归道、孙宾延，三世并为金吾将军，祀名宦。

邹保英　万岁通天初为平州刺史，契丹入寇，城且陷，妻奚氏率家童女丁乘城不下，诏封诚节夫人。

［**辽**］

韩德枢　为辽兴军节度使，厘纷剔蠹，恩昭信孚，劝农桑，兴教化，民获苏息，后迁平滦营三州观察使。

［**元**］

刘德温　永平路总管，当大历兵革之余，野无居民，温为政期年而户口增，仓廪实，学校兴，庶事毕举。岁旱竭诚祷祀，甘霖大至，其年大稔。

孙　明　大宁人，英锐不拘小节，好学能诗，以明经任山北宪司幕，至政四年，迁滦州知州，刑清政举，修学养士，州人赖焉，祀名宦。

郭仁义　武州人，大德中任迁安尹，惠爱及民，秩满当代，县人保留不得，祀名宦。

左　阔　良乡人，泰定中任昌黎尹，尊崇学校，轻徭薄赋，慎民力，老稚咸感思之，勒石纪德。

柴本立　至元中任乐亭尹，敬事勤民，无一夕懈，睹庙学颓圮，慨然叹曰："学校不修，儒风靡振，长民罪也。"于是捐俸金，集同志，撤而修之，成不逾时，民亦不告劳，当时翕然称焉。

周　宏　字希道，迁安人，至正中为昌黎尹，抚字有方，多惠政。时程思中作乱，宏率民拒守，城陷被执，不屈，七日不食死。民思其德为之勒石，崇祀名宦。

［**明**］

萧　愿　洪武二年任迁安知县。草昧之初，诸事未举，公首建学校，庙貌巍然，诸生弦诵得所，人称其知先务，祀名宦。

金彦祥　浙江崇德人，洪武三年任迁安主簿，故元遣将姜文靖内侵，攻围永平。祥馈粮不乏，及兵迫，县拒守益力。事平，擢知本县，转工部主事，至今称之，人祀府县两名宦祠。

娄大方　浙江奉化人，儒士，洪武七年任抚宁知县。强干果毅，时值草昧，因旧鼎新，多所建置。寇至率吏民避兵于洋河之西兔耳山南，遂建县治。经营区画，井然有法，寇不为患，士民德之，祀名宦。

马负图　山西临汾人，永乐十年任永平知府，牧御有方，修举废坠，百姓戴之如父母，升山西布政。

陶　安　南直隶常熟人，永乐中知滦州，吏事精敏，每农时出郊劝农，在任三年，境内殷富，致仕去，民追思之。

杨　禧　顺天大兴人，永乐十年任昌黎知县。课农桑，兴学校、招复通逃，威制屯卒，民感其德，祀名宦。

李文定 浙江临海人，进士，正统五年任永平知府。遇事立辨，刚果有为，修建郡学殿堂、斋舍及鸣远楼，皆极壮丽，升福建布政使。

杨 琚 江西泰和人，进士，天顺五年任山海兵部分司。公明练达，举错悉中，典型关法自讥察外无少留滞，人咸称便。时卫学始建，拘行伍子弟充诸生，皆以为厉已，弗乐，公雅意作人，士习用变，至今士民称颂不置。

王 玺 陕西周至人，进士，成化四年任永平知府。洁己爱人，尝辟郡学基址，奏复夷齐庙，请赐额及祀典祭文，时论伟之，入祀名宦。

李 瀚 山西沁水人，进士，成化十八年任乐亭知县。邑故土城，巡抚阎公檄县瓷以砖，更十余年罔功。自阉人汪直启衅，数有边警，人益恐。公下车即修筑竣工，至今攸赖。儒学旧在文庙后，湫隘特甚，公乃迁于庙左，拓前后地数亩，宏敞遂与庙称。又铸祭器，育贤才，文教蔚然，其他惠政不能殚述，士民思慕弗替。隆庆初重修城东北隅十余丈，坚巩异常，民不忍撤而止，瞻者若召棠焉。擢监察御史，历官南京户部尚书，赠太子少保，祀名宦。

姜 镐 河南修武人，举人，成化十九年任抚宁知县。恢廓县治，修建学校，勤政爱民，有去思碑树仪门外，祀名宦。

胡 宪 江南泰和人，成化间任迁安教谕。督训甚严，尝夜过号舍察诸生，勤读者劳之，否则有罚，故篝灯达日不辍，以学在东郭门外，请展东城包学宫于城内，士民颂之，祀名宦。

殷 衡 山东历城人，成化间任永平训导。学行优长，有邹鲁遗风，以三礼海生徒，捐俸置纸笔油烛资之，永平甲第汇征多其教益。母性嗜鱼，板舆迎养，值滦水涸，公密祷，河水涨鱼跃，后辟为德庄王审理，多所裨益，卒赠礼部尚书兼武英殿大学士，入祀名宦。淮南王世贞为文镌石以纪其德云。

刘 魁 山东高唐州人，进士，成化三年任卢龙知县。廉以持已，能以御事，公以存心，正以率下。秋，满擢御史，祀名宦。

李景华 南直隶江都人，进士。成化二十一年任卢龙知县。治尚廉慈，遇事果断，性不事奔竞，时称为三代遗直云，祀名宦。

乔 聪 河南河内人，举人。成化十年任卢龙知县。宽猛交济，不以严刻厉民，不以姑息养奸，吏畏民怀，擢浙江衢州府通判，人多去后思，祀名宦。

张 恺 字元之，南直隶无锡人，进士。弘治二年任山海兵部分司。操持严介，有冰蘗声，关法旧止验籍与年，公始稽貌，以杜诈伪之弊，至今因之，其待士惠民外内一致，虽黠诈者亦不忍欺云。

黄 绣 号文卿，南直隶靖江人，进士。弘治五年任山海兵部分司。宅心平恕，政尚宜民。时关内薪水颇远，居民仰给关外，公给木牌悬之，出入樵汲甚便。公绝有目力，一经睹记，终莫能眩，遇面生冒顶者辄指摘之，卒无敢欺。启闭有常期，虽祁寒暑雨及他务丛集，亦弗爽，代去之日，男女夹道遮留，车马至不得行，后转巡辽东，再经其地，居民犹依依不忍舍云。

吴 杰 南直隶江都人，进士。弘治七年任永平知府。首崇祀典，缮治坛壝，修葺圣宫。滦、漆二河船夫岁用千余人，百姓苦之，公悉力裁减如制。郡旧有志，永乐初年失之，公下车首访，得一编。残缺舛讹乃属致仕行人张廷纲，教官吴祺率诸生修之。

张 济 山西阳曲人，举人。弘治九年任迁安知县。时县残于兵，公宇圮秽，民为赋重流离，公子惠困穷，劳来安集，诸废毕举，尤加意学校，九年擢保定府通判，祀名宦。

吕 镒 字世重，山东郓城人，举人。弘治十年任滦州知州。轻徭薄赋，兴学育贤，先是滦税输边，民多苦之，公特建白，改运近地，滦人至今德之，祀名宦。

原轩山 山西阳城人，进士。弘治十四年任乐亭知县。刚方正直，不畏权要，笃志爱民，屡著异绩，有古循良风，吏民怀焉。历官都御史。

邓万斛 四川富顺人，进士。弘治十八年任迁安知县。清慎慈爱，酌处粮差，以均贫富。时镇守中贵熏灼，人莫敢撄，公独力拒之，一切征求每为阻抑，升南京大理寺评事，祀名宦。

何　诏　浙江山阴人，由进士。正德二年任永平知府。时中贵王宏镇边，踞视郡邑长吏，公独不往其所，诬盗成狱者十有四人，竟出不坐。郡有叔杀人而赂见知者，移罪于侄，狱成且二年，公一讯立辨。厘宿弊，均粮役，修学校，勤考课，闻母艰去，百姓皆追送泣别，立去思碑，入祀名宦。历官工部尚书。

邵　鉴　河南洛阳人，岁贡。正德二年任乐亭训导。平易笃实，勤督课业，训迪有方，士风变焉。祀名宦。

赵　宽　山西垣曲人，举人。正德四年任乐亭知县。资性方正，有执持，不事苛察，而吏民畏戴，有严父保母之颂。时嬖幸擅权，有鹰房阉人绎骚，公召而诘之，阉倨侮无状，公怒笞焉。坐是被逮下狱，法官察其庇民无他，乃拟赎还职，大冢宰极贤之，亡何挂冠去，祀名宦。

罗　玉　四川南充人，进士。正德七年任迁安知县。驭吏严而待民恕，岁旱，徒跣祷烈日中，乃雨。民饥请发通州仓粟以赈，全活者甚众，以才调南直武进，民攀号留之，寻迁御史，祀名宦。

贾　奎　山西蔚州人，监生。正德十年任乐亭训导。性行刚方，持守廉洁，造士勤敏，绰有矩度。既殁，士类悼之，祀名宦。

黄景夔　四川丰都人，进士。正德十六年任山海兵部分司。旧卫守抗与部使敌体，公至呈部革之，始廷参如下僚仪。地方荐饥，举赈贷，兴义仓，民赖存活者甚众，禁浮屠、巫祝、淫祀及燔尸诸恶俗，应如桴鼓无敢挠者。卫学旧无廪饩，公垦田租给之，暇则亲为校课，士风彬彬兴起焉。

王　冕　字服周，河南洛阳人，进士。嘉靖三年任山海兵部分司、初筮万安令、值逆濠之变，公召慕勇敢，继抚帅进，及逆兵衄安庆趋还南昌，为釜鱼计，公率所部遏而擒之，迁兵部主事，来守关。甫五旬，值妖卒变作，群丑啸呼，露刃阶下，侍吏拽公潜避，公正色拒，贼以刃胁公，不屈，死之，抚臣上其事，赠光禄寺少卿。

张　守　陕西泾阳人，举人。嘉靖三年任永平同知。廉慎爱民，署滦篆，旧例：草束上京输场，岁费不赀，民甚病之。公为疏请得改派附近仓驿，岁省银十之九。建昌营中贵镇守恶其不利于己，谮以妄奏，械系京师，南北科道交章荐救，升南京刑部员外。滦人请入名宦祀之，郡亦祀焉。

赵　叶　字子玉，浙江东阳人，进士。嘉靖七年以建宁同知左迁滦州知州。劝农捕蝗，兴学课士，升部郎去，士民思之，立碑于道。

陆　府　江南兴化人，官监生。嘉靖九年任滦州州同。政声赫然，考最居上第，未几乞休去，滦人思之，刻像于碑，祀名宦。

葛守礼　山东德平人，进士。嘉靖十二年任山海兵部分司，公平生敦礼法，谨言笑，提躬范物，一准古道，至取与尤严一介，关法肃然，时典章草昧，自公始行乡饮，风励耆德，创立养济院，著为令，茕独赖之。

张　伦　山西沁水人，岁贡。嘉靖十五年任山海卫训导。提躬严整，博学善诲，立训以圣贤心身正大为词，不琐章句，诸生森森就业毋敢惰者。

徐　州　云南杨林所人，举人。嘉靖二十年任迁安知县。廉介自守，惠爱元元，兴学课士，有古循吏风。

文世英　广西护卫人，举人。嘉靖二十二年任昌黎知县。多惠政，民皆感戴，升保安知州，祀名宦。

杨凤阳　南直隶宿州人，贡生。嘉靖二十二年任乐亭知县。先是邑八年逋负未完，公至，叹曰：非独小民罪也，咎在催者索，收者侵，督者徒鞭之，奈何不逋，乃尽革诸弊，酌缓急，从便宜，力绝奇羡，于是百姓乐输，流者归业，邑无通负自兹始。庙学缮于成化间，圮甚，尽撤而重建之。时有群盗狱具解府，府胥泥案累及无辜，郡逮拷讯欲置重罪，为白其冤，获释，竟为人所陷，罢官去，士民追随叹息有泣下者。

陈士元　湖广应城人，由进士。嘉靖二十四年任滦州知州。建名宦乡贤祠，造祭器，修仓赈饥，增修滦志以备百年文献。

张　批　山西石州人，进士。嘉靖二十五年任永平知府。下车即厘剔宿弊，凡有不便于民者悉力除之，置脂膏簿颁示，属吏无敢扰民，立孤竹书院以风励士类，集文行优者肄业于中，拓夷齐故城修举如制，祠成编志畀守祠者世守之，升酒泉兵备，寻转蓟门巡抚，祀名宦。

韦文英　陕西泾阳人，举人。嘉靖二十六年任迁安知县。发奸摘伏，爱民作士，亹叠不倦。升本府通判，卒于官，祀名宦。

吴　宜　山东滨州人，岁贡。嘉靖二十六年自迁安训导升任抚宁教谕。言坊行表，士子矜式，捐俸置买学田三十亩以赈贫生，有碑记祀名宦。

任　逮　南直隶萧县人，监生。嘉靖二十六年任乐亭县丞。家居孝亲，亲终，庐于墓侧。及佐邑政，专慈惠而性尤介直，士人谓其孝慈无愧圣训云。

张　璜　广东海丰人，举人。嘉靖二十八年任滦州知州。修养济院，治桥梁，疏滦河，浚濠渠，环城植柳，士民追思，崇祀名宦。

李希洛　山西太原人，进士。嘉靖三十三年任昌黎知县。文章政事濯濯炳著，升给事中，祀名宦。

陈　绾　浙江上虞人，进士。嘉靖三十五年任山海兵部分司。

才气倜傥，熟谙边务，下笔数千言立就，按之皆中利害，切时艰，如守边、赈荒诸论，蓟辽大吏俱屈服。时关东西大饥，公疏通关政，煮。粥铺之，民赖全活者甚众。

温景葵　字汝阳，号三山，山西太原人。嘉靖三十九年任永平道。创制筹画，精密周详，莅任四年练兵裕饷，事惬人心，立籴贮法以厚农，立人仓法以苏商，立稽运法以清支，设径解惜薪司法以全活卫职，修诸营寨、城堡、新郡城楼七座，约束军卫宽严相济，居民赖以安枕，又遵入庠之士馆之，孤竹书院聘师丰廪，严课鼓舞。癸亥之变，总兵阵殁，督抚重谴，朝议以公夙望，特授都御史，巡抚顺天。

商　诰　山东平原人，进士。嘉靖四十一年任山海兵部分司，壬戌岁，边敌数千薄关东，乡民奔避如蚁，议者请亟闭关，公曰："是弃万人命矣，"大开门纳之。少顷，敌攻旱门关，甚急。公亲巡垛指挥方略，励将士拒堵，敌竟遁去。事闻被赉加秩，寻迁蓟州兵备。

韩应春 山东茌平人，举人。嘉靖四十一年任滦州知州。朴茂廉明，释诬坐军四十八人，滦民怀之，立祠撰碑，祀名宦。

楚孔生 山东曹州人，举人。嘉靖四十一年任昌黎知县。清操雅量，惠政多端，莅任五年，士民感戴，以县无志，属教谕杨志高草之，滦州学正梁桂臣修饬焉。

廖逢节 河南固始人，进士。嘉靖四十三年任永平知府。设立木铎，自府治达闾巷晨昏以六谕号诏之，有崇古化民之意。时左道盛行，结众酿乱，公罪其倡首者，众始解散。其自奉衣不罗绮，食不兼味，设义仓，编保甲，立乡约，勤蒙养，息讼缓征与民休息，莅任三年，芝产后庭，升山西副使。

段廷晏 山西太原人，监生。嘉靖四十三年任抚宁知县。诚朴刚直，行所无事，士民爱之。去之日，行李一肩，士民攀送，流涕载道。

程鸣伊 字希正，号消溟，山东安邱人，进士。嘉靖四十四年任户部分司。创立永丰仓廒，修建街署，助粮以修学宫，捐俸以恤寒士，升山西大同知府，晋太仆寺卿。

陈良辅 山东莒州人，举人。嘉靖四十五年任昌黎知县。巨寇薄城，公与民死守城池获全，后被诬谪官，昌民立祠祀之。

徐　桢 南直隶长州人，进士。嘉靖中任刑部郎中，忤分宜相，左迁滦州知州。值岁饥民多流移，桢善于抚绥，民为复业，教之孝弟力田，期年仓廪实，学校兴。

李　臣 河南获嘉人，嘉靖间任迁安教谕。正直刚毅，师弟间谆谆训迪，恩义兼尽，卒于任，士哀慕之，祀名宦。

叶宗荫 浙江遂昌人，广西仪卫籍，举人。嘉靖间任抚宁知县。兴利除害，一境肃然，致仕去，士民攀送涕泣如失怙恃。

李　英 江西饶州人，岁贡。嘉靖间任山海卫教授。潜心圣贤之学，每事务躬行实践，期可盟幽独，尤以师道自任，教人不专事举子业。对诸生燕坐，谈理道，辨义利，谆谆不倦。徒辈有能厚人伦尚义举者，奖进不置口。后闻兄讣，哀毁逾礼，见者感泣。因触时政竞弃官归。当时与胡敬斋先生齐名西江，至今推理学必日胡李云。

李邦佐　河南陈留人，进士。隆庆元年任乐亭知县。时值多事，公修缮城池高厚视昔加三之一，增四门月城，各置铁栈，楼橹、敌台、雉堞倍盛于前。简募丁壮制造火器，民恃无恐。性强直无阿徇，剖断如流，除奸若刈，一方戴之为神君云。擢礼科给事中，去后乐人立祠，合前令李瀚共祀之。

杨　兆　字梦镜，号晴川，陕西肤施人。隆庆三年任永平道。为政平和近人，抚恤疮痍，作兴学校，凡坊表署额皆出其笔，升都御史巡抚顺天。

赵云翔　山东平阴人，进士。隆庆三年任迁安知县。性禀耿直，心存恺悌，公正廉明，动必合礼，祀名宦。

许守谦　字子受，号益斋，直隶藁城人，进士。隆庆四年任户部分司。嘉靖时充商者悉荡产赔累，后诬坐侵欺充戍四十余人，公力为辩豁。人皆戴之，历兵部。

孙应元　号华山，湖广钟祥人，（一作承天卫人），进士。隆庆四年任永平道。时坐商累饷，罄资赔补，犹拟远戍，公力白当道，宥诬坐土商戍边者四十余家，永人世尸祝之。赒恤贫士，加意学校，至巡视边徼不殚险阻，皆公自检核，力除虚冒，军卫敛手，牙侩裹足，其刚介精敏如此，初为山海兵部分司，南北敌台皆其所建，万历五年升山西巡抚。

宋　豸　字思直，号直庵，直隶容城人，进士。隆庆五年任户部分司。时议蠲商未决，公知应者苦，逐一蠲之，升汝宁知府至运使。

张彝训　山东宁阳人，进士，隆庆五年任抚宁知县。栽培学校，惠爱群黎，士民感德立碑于西门瓮城。

刘邦彦　湖广龙阳人，举人。隆庆间任乐亭教谕。学问宏邃，志行端方，以行谊作人，经术迪士，戒浮薄，厘陋习，一事不苟，学者翁然向风，升高邑知县，历大理寺寺正。

顾　褒　浙江余姚人，由进士。万历二年任永平知府。历事精明，公文不假胥吏，听断狱讼，一见即决，庭无留系，尽革赎锾等弊，时各衙门雇差驿递，雇役为时大累，公严禁止之，一时吏治肃然。

冯　露　河南襄城人，进士。万历四年自乐亭调迁安知县。廉明仁恕，实惠及民，申请减免永平等卫徭银，民为立石祀名宦。

乔学诗　山东东阿人，进士。万历五年任永平推官。严明整肃，人不能欺。属邑有匿官解银数千金以虚批应查，数年罔觉，公一见发之。卫官征收徭银耗重，贫苦无告，公建议令输纳于各卫，首领允为良法，行取补刑部主事。

吴应选　陕西会宁人，举人。万历五年任昌黎知县。清慎居官，真诚待物，政通法理，允孚民心，升京府通判，历知府，有专祠。

任　铠　山西平定州人，举人。万历六年任永平知府。时料丈田地，公以小民无知，十止报九，当罪者众，乃新制步弓比旧暗增五寸，俾执以度地，视前丈分数相合，众俱免辜。存心宽厚，御下不尚鞭笞，时论称为仁厚长者。建南门楼凭虚阁。升宁夏副使。

孟　秋　山东茌平人，进士。万历七年任山海兵部分司。公研精理学，特立独行，蔬布自甘，尤严义利之辨，诸生有志问业者乐于启发，竟日不倦。每念边备日弛，少有罚锾，尽捐以置神枪火器，为战守具，或迂之，答曰："此夏官职也。"时江陵擅政，边帅竞以贿进，辽左尤狼籍，公当关严检阅，因以京察被谪，后起，累官尚宝司少卿，先是隆庆间为昌黎令，治教兼隆，事功懋著，邑民肖像立祠祀之，入名宦。

陈名华　字诚甫，号章阁，福建晋江人，进士。万历九年任户部分司。申明不用土商之令，客兵屯海上扰民，请撤之，士民立石以颂，二十三年调礼部主客司郎中。

白　夏　江南颍州人，举人。万历九年任迁安知县。县无志，闻邑人王之衡有草遂属焉，又清丈田亩以清赋役，百姓感服，升山西汾州府知府，祀名宦。

王邦俊 陕西鄜州人，进士。万历十年任山海兵部分司。廉静端严，寡言笑。时严谨关法，十余日始启关，民出入颇不便，公慨复旧请，建东罗城，修理楼堞，至今攸赖。

雷应时 山西芮城人，举人。万历十一年任抚宁知县。耿介端方，不事韦脂，修辑县志，课民纺织有实惠及民，保留加通判衔。治政九载，边邑晏然，有古循吏风。

马瀚如 字纾之，号抱白，河南陈留人，进士。万历十三年任户部分司。时郡岁租甚鲜，议金商粜买以实仓庾，咸鬻产为避计，公如广开中法令，盐商输粟各仓不用土著，而佥商之议始寝，人皆德之。

叶梦熊 字男兆，号龙塘，广东归善人，进士，万历十三年任永平道，政尚宽平，豁达而持大体，时守台南兵欲为乱，公设法抚定之，聘旧门下生郭造卿修府志，以备一方文献，升山东按察司。

沈之吟 浙江乌程人，进士。万历十三年任永平推官。扶持义类，绰有仔肩。丁亥水灾，缚筏拯溺，散粟赈济，生全甚众，督修水圮城垣，增修下水关瓮城，创南关明滦门，一时才猷肆应，当事伟之，擢南京给事。

张元庆 浙江山阴人，举人，万历十四年任滦州知州。有异政，夜宿古冶寺，女鬼韩氏诉奸僧妙，存淫杀状，诘朝捕治，伏罪。又尝预识河决，囊土塞城门，不浸者三板，岁饥赈粥，全活万人。

陈维城 山东邱县人，进士。万历十五年任永平知府。操守廉清，衣履若寒士。卫余金大户征收立致罄产，公决议以收纳事尽责各卫首领，著为令甲，舍余得苏，升山西赤城道副使。

潘敦复 字彦恒，山东夏津人，进士。万历十八年任乐亭知县。为政不事催科，首崇抚字，简练乡兵，以备城守，修葺学宫，建设仓廒，邑无专志，公纂辑二百余年故实，遂成一代文献。历升山西大同知府。

杨　镐 号沧宇，河南商邱人，进士。万历二十年任永平道。才猷挥霍，风采洒然。旧例石门产煤，县辇送道府各署以供官用，里民挽运络绎，苦累不支，公至，力禁之。熟谙边务，下笔数千言立就，按之皆中肯要，迁辽东参议，寻升经略，尚书都御史。

王　衮　山东阳谷人，举人，万历二十年任卢龙知县。性坦易，才敏决，并柜以省收头俵马市之都门，免贴银赔累之苦，倭警将籍民为兵，远近骇窜公力陈当道，更为召募，应者立集，六属安堵，升陕西耀州知州。

冯　恩　山西代州人，举人，万历二十年任昌黎知县。廉以持躬，勤以任事，营建鼓楼，修筑月城，通北门，置北关，增栈房，浚棠泉，士民思之，崇祯十五年崇祀名官祠。

刘从仁　山西解州人，贡生，万历二十一年任滦州知州。威惠并宣，庭无留讼，缮城浚濠，修学宫，造祭器，不逾年百废俱兴，时称循卓。

张时显　江西南城人，进士。万历二十三年任山海兵部分司。长于治才，精核整肃，重修关志，学识瞻雅，时征倭总兵陈璘幕下鼓噪，赖公抚定，一宇获宁。

张尧辅　陕西宜川人，举人，万历二十三年任滦州知州。性耿直，爱民如子，以蔑诬去，公谕惜之，撰去思碑。

徐　准　山东新城人，进士。万历二十四年任永平知府。才干精明，临事爽决，时倭警方炽，海防单弱，公请兵二千防海，一时恃以无恐。倭平，仍申文撤之，又奉调征倭兵十万，由永渡辽，供需飞挽，增派地丁银若干，倭平，悉飞告减复如旧，六属欢呼。至条议河工利害，曲折详尽，遇事敢为，屹然莫夺，朝议以公长才加河南按察司副使。二十七年升辽东海盖道，山西参政。

叶世英　字春谷，广宁卫籍，浙江宁波人，进士，万历二十四年任卢龙知县。明敏倜傥有应变才，二十六年奉调征倭，广兵五千噪变于山海，公单骑陈以大义，悉抚定之。内三卫编徭例属附郭，县官审定之，访役诋欺，卫弁率意报徭，骤减骤增，骇愚启幸，为时大害，公先期谕众革除前弊，令各户自平，一时承应如流，六属咸取法焉，尤属意学宫，建魁星阁于埤上，树平临北斗坊，迁兵部主事。

雷　声　山东禹城人，举人，万历二十四年任迁安知县，莅任不受里递导行例金，革步快，惩市豪，清算经费以足岁支，酌议公解俵马以省各社递马银，并东塞中伙之费。迁有渡滦桥每岁秋赋民草束木架甚伙，公命民遇夏折收，所省不费。初下车即摘发部民杀弟事，奸胥敛迹，编审徭役不避权势，卒于官。士民哀思，请入名宦。

王象恒　山东新城人，进士。万历二十八年任卢龙知县。性廉洁，多惠爱，甲辰值滦漆涨溢，郭内行舟，岁饥，流民载道，公开仓赈粥，全活甚众，学宫倾圮，设法修葺，士民咸称颂之。

来俨然　陕西三原人，进士。万历二十九年任山海兵部分司。端重严整，时税珰高淮煽虐，厚币馈遗，公尽却之，出入不与偕，至有害于民，力为解释，淮亦畏其清鲠不敢纵恶，任未久卒于官，士民痛之，西罗城外龙王庙后建有专祠。

孙慈湖　广蕲水人，举人。万历三十四年任滦州知州。垦荒田，抑强暴，裁冗费，革浮役，去后士民思之，立祠撰碑。

赵　绂　号怀东，山西乐平人，进士。万历三十五年任卢龙知县。实心为政，勤俭自励，征收弗遣役滋扰，与民约四仲受输。无后期者。听讼平允，不为锾罚，岁饥赈糜全活无算，编审金富家应役以苏贫民，人咸悦服，擢御史。

吴望岱　前令应选子，举人。万历三十五年任昌黎知县。吏治精明，断狱敏辨，父子继任昌黎，人以比傅僧祐，毕元宝云，累官南户部郎中。

邵可立　陕西商州人，进士。万历三十六年任山海兵部分司。公廉直刚断，加意人文，建文昌书院，购古今遗书充之，俊彦鼓箧其中，一时称盛。值岁饥，公令屯官清绝产，置牛具分给婚不举者，卫有布花之施，贫不葬者普济会有棺木之给赏。三劾貂珰，四减关税，修镇东楼，工师苦无大木，忽海上浮若干至，及落成无赢余者，亢阳不雨，公三祷三应，忠清正直格于神祇，时咸叹异之。

张廷供　福建同安人，进士。万历四十年任迁安知县。优礼学校，均平徭役，奸胥积猾，禁革一空。秩满行取，士民遮留泣送，如赤子之离父母，为立生祠于南关祀之，历官佥都御史。

王　台　字古柏，山东临清人，举人。万历四十三年任抚宁知县。敷政宁人，筹边足国，捐俸创建云从书院，课士不倦。有生祠碑记。

杨于陛　四川剑州人，举人。万历四十四年任昌黎知县。抚民训士，补缺兴废，文学吏治两擅其美，重修邑志，笔削简当，升广西郁林知州，迁云南武定府同知，死节。

孙止孝　山东历城人，进士。万历四十五年任卢龙知县。劳心抚字，持己洁清，且英毅有远略，时值多事，创立射会，练习乡勇以备缓急，尤作兴斯文，岁时督课，设立赏格以示鼓舞，崇祀名宦。

刘泽深　字警图，河南扶沟人，进士。万历四十六年任永平道。治政刚决，不容奸伪，人无敢干以私，其所兴除皆大利大害，升湖广参政，祀名宦。

高邦佐　号衷白，山西襄陵人，进士。万历间任永平知府。初履任即谢绝填宅供应，所需日用薪米悉与平值，文移朝进暮发无停搁者，输纳尽去赢羡，官衙如水，胥侩如绁；有书手朋匿粮地稽得其状，绳之以法；大狱久不决者，一经平反，人心皆服；榷税六属分认岁额为累，改以公用抵补折；税珰高淮诬抢驿卒及士元，毒噬良善，公皆全力挽救之；朝觐不用邮递夫马，禁加派，苏凋敝，惠政累累，永人立石颂德。升天津道副使。

陈所立　字如有，福建长乐人，举人。天启二年任永平知府。性嗜经术，甫下车即于府治后建立书院，以清圣主于中，政暇集诸生讲论文义终日不倦，其文行俱优者格外礼遇之，每岁暮各给膏火炭费以砺其学，诸生益奋。北郭外淝、漆二水潆汇，夏秋涨辄啮城趾，公设法自拱辰门至菊花台横筑砖堤里许障之，今遗趾尚在，著有北平诗赋诸集。

王四维　山西河曲人，贡士。天启二年任迁安知县。勤敏宽厚，礼士爱民，旧例岁派车马扛三役，里胥诈害无穷，民间苦累，公剔除积弊。佥派均平，升涿州知州，民思慕不忘，为立遗爱生祠于县门东祀之。

陈祖苞 浙江海盐人，进士。天启五年任山海兵部分司。公一日坐堂上，忽有骡自关外闯人，向堂长鸣，公命人尾之，至一家直入，掘地得尸，廉其图财致命状，抵罪。又四人失路引回关中，官欲以奸细论，公持不可，得放归，以此致忤，罢去。东门瓮城关帝庙左建专祠肖像，后复起，历顺天巡抚。

方岳贡 字四长，号禹修，湖广谷城人，进士。天启六年任户部分司。仁慈廉介，凡仓库钱谷出纳丝毫不取余羡，有逋户解比者不事敲扑，惟劝令速输而已，诸生有以文艺谒者，给膏火课励之，接物和平乐易，咸以长者称，升松江知府，迁督粮道，时有以受贿误计者，廷质廉其实，加升都御史，寻入内阁，未几乞骸骨归，囊箧萧然。

罗成功 广东高要人，举人。天启六年任永平推官。崇祯三年永城不守，公慷慨尽节，视死如归，事平立坊表之，仍从祀武庙表忠祠。

张　春 号太宇，陕西同州人，举人。天启间由刑部主事备兵永平，一时治政琤琤有声，寻转山石道，以执法不阿移，病归。崇祯二年复起，为永平兵备，收复永滦，严禁屠掠，全活难民甚众，论功加太仆寺少卿，仍请告归籍，再起备兵通州，不数月又调永平。皇清兵下大凌河，公率兵救援，兵衄被执，坚求自尽。太宗文皇帝嘉其忠直，优养十年，公留发不剃，及卒以礼葬之。康熙三年公子伸乞骸归葬。特旨准从所请，路经山永，人皆祖道焚镪，绎络不绝。先是永人闻公死难建立专祠，凡四区：一在东郭门外百步许，一在北郭外汤坨庄，一在县治东关帝庙，一在滦州。其德泽深人人心如此。当公败绩时，夫人尽节于永平韩氏楼中，公每食必具箸遥逊同餐，父忠子孝，夫义妇烈，皆出性成，人名宦仍从祀武庙表忠祠。

郑国昌 号天府，陕西邠州人，进士。崇祯元年任永平道。时边圉多事，羽檄交驰，公应之裕如。二年冬皇清兵下永平，四境綦严，时议土著防兵单弱，调阳武营卒协守，岁除主客争酒食丰啬，治兵相攻，因纵火，众大哗，永城遂破，公策马亲冒矢石力挥武营兵数人，复率内丁堵马道，攻射武营逃兵，事已无济。有劝出亡者，公历叱之，回署公服西向再拜曰："臣力竭臣罪不可赎矣。"乃约夫人子女阖门缢死，公从容自尽，命举火以焚。事平，追赠太仆寺卿，立坊表之，仍从祀武庙表忠祠。

张凤奇 山西阳曲人，举人。崇祯元年任永平知府。莅任初值羽檄交驰，军需旁午，公修补废垒，设备刍粮，为固圉计。二年己巳冬，永平戒严，公悉心捐募，鼓励军士，又出库银以饷乡勇。三年庚午，永城不守，公尽出所有，散诸行市及舆隶，乃仰药而死，夫人阖门雉经。事平，赠光禄寺卿，从祀名宦，并武庙表忠祠。

杨　廉 贵州铜仁人，举人，崇祯元年任滦州知州。庚午皇清兵克永平，州人李际春以城降，士民惊窜，公拔刃自刎，予赠荫专祠。

李凤翥 字瑞征，江西乐安人，举人。崇祯元年任乐亭知县。才裕性果，加惠茕氓，值皇清兵下永平，公鼓舞士民多方悍御，援兵抵邑，应付有方，因忤当道排挤之，士民争先保举不得，立石颂之，祀名宦。

左应选 山西榆次人，举人。崇祯二年任昌黎县知县。甫任三日即城守戒严，庚午正月，皇清兵下永平，滦、迁俱陷，大兵攻围昌黎八昼夜。公誓死励众，百计守御，遣人突围，密约乐亭死守，以通京师山海之路，赖以全城，又灭白莲教数千人于云峰寺，以功加按察司佥事。

陈昌言 号道庄，山西泽州人，甲戌进士。崇祯八年任乐亭知县。时国事丛脞，绥辑有方，民用不扰，十三年行取，民为勒碑崇祀名宦。

赵允植 辽阳人，崇祯二年任卢龙教谕。品行端方，勤于训士，凡其诱诲启迪必以忠孝行谊为先，值庚午兵燹与妻钦氏暨女同死，祀名宦。

宋　坤 辽东人，岁贡。崇祯二年任抚宁训导。时值兵警，赖公调戢，兵民地方保全。

杨嗣昌 号文弱，湖广武陵人，进士。崇祯三年任山石道将佐，凛如神君，癸酉，晋山海巡抚。筑南北两翼城以固疆域，刊乡约，化民书，令有司师生朔望讲读以正风俗；捐俸建学宫，廓然改观，经始甫竣以迁秩去，后为山海巡抚，至今山海士子犹颂德弗谖。

韩国植 陕西泾阳人，进士。崇祯四年任永平推官。郡当残破之余，土著稀少，人文寥落，士气衰靡，公查府治后已废孤竹书院，捐俸修饬，延请有文行者董厥事，鸠民间子弟肄业其中，以东郊外营房隙地九十三亩为学俸，永郡至今食其福利云。

余　爵 字天有，河南禹州人，进士。崇祯四年任抚宁知县。长才卧理，百姓安堵，厘奸剔弊，吏胥畏服，历兵部职方司监军，征寇殉难，赠太仆寺少卿，谥忠壮。

刘景曜 号嵩曙，河南登封人，进士。崇祯六年任永平道。赋性正直，不轻言笑。时中官奉使阅兵，有总监、总督、监视、钦授等名，横甚，稍弗遂意，辄奏行逮治，公独不往谒，疏揭凡七上，时称敢言。察边阅操例兵备伺陪以属礼见，公乘肩舆直至演武中堂，总监出幄迎，以宾礼会，公犹抗言不稍假以颜色，永镇各边将士得免横索凌铄，皆公力也。督师孙公傅庭奉命赴山海监视，倚上方剑，纵护卫兵不守纪律，声势赫然所过地方民争趋避，公馆之郭外，不令一骑入城，行粮自陴上运给之，孙公怒，提协将知县乡总欲置以法，公不为礼，事旋解，城中得免糜烂，永人德之，升山东巡抚，所著有《嵩山文集》及《北平名景》诸书。

张若麒 山东胶州人，进士，崇祯七年任卢龙知县。果达明爽，案无积牍，革除佥派民役收纳之累，立柜书收受，至今便之，秩满行取。

马孔健 河南陈留人，进士。崇祯十年任卢龙知县，当兵燹余，劝农兴学，固圉安民。己卯畿东告警，督师孙公傅庭休兵永平，欲入城，郡民骇甚，公设馆城外请督师禁兵无入，民赖以安，被难男女千余人给资归之，病者养之。庚辰，台司檄县运粮十万石至，辽民大困，公条议令卫卒营兵协力递运，刻期竣役。里中子投充椒戚横噬小民，公置诸法不贷。有巨族兄弟讼家产，公闭阁引咎数日不视事，两皆惭谢和好如初，后争以重赂酬德，抗颜却之，其持正惠民如此，擢御史。

杜　浤　字腾江，保定定兴人，岁贡。崇祯十年任抚宁教谕。行谊端方，学问渊博，海人仿□□□，教条起衰式靡一时，士风丕变，庠弟子至今宗仰之。

邱民仰　号石门，陕西渭南人，举人。崇祯十二年任永平道。公有文武才，历贵州道御史，凡条议时事皆中肯要，有声于台，旋督蓟辽兵饷，挽运有方，中外倚重。以永平严疆，简公备兵，甫下车严饬边防，稽核士马，颁固圉录以备城守，著帅中录以教战攻，习火攻诸法以资行阵，讲马政录以备征调，所部将士乐为驰驱，一时甲胄旌旄严翼生色，寻调为辽东宁前提学道。

范志完　河南虞城人，进士。崇祯十二年任山石道。公多材艺，任事三年百废具举，峻城浚池，宽徭饬驿，鼓舞行伍，作兴学校，崇秩祀，奖节孝，救荒恤困，一时政治为之改观，升山西巡抚，擢总督。

彭　份　字洗存，江西南昌人，举人。崇祯十三年任永平知府。下车约法三章，悬锣中门，有冤抑者任其不时申诉，筑敌台以固东圉，修泊岸以障西河；前官遗通累公镌级者六矣，终不遣一骑以督各属，岁祲蝗不入境，永人有秋，尽数年通欠争相效输，得尽复所镌级；修葺府县学宫，不扰民间；庚辰大饥，流民万计趋永，僵仆载道，公措施衣粥，为暖舍以居之，所全活甚众，车骑营兵乘夜鼓噪，公戒守栅扼巷始开门击之，噪兵以无内应宵遁，城中得免屠掠，时服其才大而识高云。升贵州道副使。

高承埏　字寓公，浙江秀水人，进士。崇祯十三年任迁安知县。清惠明敏，力行修练，储备四事，加意养士，人文蔚起。民叠遇兵荒多转徙，公至先务赈饥，全活数千人，招抚流移，省刑缓征，闻风复业者千七百户。漕船守冻天津，檄州县陆运津粮至辽东前屯卫，迁邑派运四千石，公力请减半，念赴津道远，听民垫运，抵明年应纳屯粮，或至山海关买运前屯，省费万计。豪强投献勋戚，称四姓佃户久厉民，公锄抑之，皆投牒归其原里社。奸民投兵抗粮，公摄治渠魁诫各营路督通赋无少贷。开垦杨家店等处荒地三千八百余亩，捐俸修城数十丈，不费民钱，调繁宝坻县，两地并有去思碑。

刘浚源　山东曹州人，进士。崇祯十四年任卢龙知县。性介操清，驰任无行装，止挟一布被于舆中，服不衣帛，日用惟供蔬菜一束，时出巡行，预备饼数校自给，于当道毫无馈遗，听讼执法虽势力者不能干以私，永人以赵清献颂之。

朱国梓　字邓林，前屯卫人，总镇朱梅子，选贡生。崇正十六年任永平道。操持耿介，治政刚方，慎重精明，屏除陋习。甲申春，逆闯陷京，将薄永郡，公赴关与总镇举义，拒寇，值国朝大兵扫荡寇氛公即奉母石门，高隐以终，先任关门主事，简静不苛，建且止亭于关外以为候关内舍，至今称便。

［**国朝**］

李丕著　号愚公，山西曲沃人，进士。顺治元年任永平道。当鼎革之初郡邑无专官，公措置经理，城市始治有法，乘乱为盗者许其投首自新，招抚流离，民得复业，又请设寓学，绥恤远士，立月课以示鼓舞，凡有不便于地方者不待陈控即革除之，士民感其镇定安辑功，肖像立祠于南山之巅。

冯如京　山西太原振武卫人，恩贡。顺治元年，值开国之初以本府同知擢用知府，弹压变乱，招集流离，申请创立寓学以恤远士，革除明季陋规以抚疮痍，六属钦服，士民爱戴，其任滦州也常革老人应驿之苦，立法攒槽至今赖之，寻升榆林道副使，历广东江南左右布政。

李日芃　字培原，满州人，生员。顺治二年任永平知府。惩投充，革滥派，吏不能为奸，寻升霸州道副使，历官操江都御史卒于官，敕赐祭葬谥。

郑　伸　字行台，奉天锦州人，顺治二年任滦州知州。推诚待物，一介不取，时奉部圈田，力护近城园舍，晋大同佥事，殁祀名宦。

张毓中 字去偏，号泊水，山西阳城人，举人。顺治二年任抚宁知县。邑当明末差繁徭重，及包赔坍塌地亩钱粮为民大累，公下车清查通数，概请捐除，流亡复业，甫七日擢刑部主事，百姓如失父母，历官陕西凤翔知府。

李中梧 号灿宇，满洲人，顺治三年任永平知府。厚重少文，不轻颦笑，居官廉明有威，不避豪右。有以锄刃毙人久未成狱，公命以谷草炙锄，血迹俨然，乃脱无辜于狱，坐实杀人者。升蓟州道，士民攀辕泣送，自永至蓟凡三百余里络绎不绝，历湖广按察司。

梁应元 字仁吾，辽阳人，生员。顺治三年任卢龙知县。当鼎革初人心惶惑，公慈惠宽仁，鞠保备至，士民爱戴之。学宫倾圮，公创造一新。寻升江南池州知府，转天津道。

徐逢时 字盛寰，广宁卫人，生员。顺治三年任迁安知县。当数十年兵之后，公恤残黎，缓征，吁重学校，凡礼士爱民之事无所不至，四年升顺德知府，邑人感之，为立去思碑。

刘应锡 辽东人，生员。顺治三年任昌黎知县。当定鼎之初，人心惶怯，公廉明慈恕，加意抚绥，人心始定。升大名府知府，去之日，民送如市。

赵　汲 字学夫，号润宇，奉天锦州人，贡士。顺治五年任卢龙知县。沉静练达，廉明仁厚，政皆和易近人。前令学宫未竣，公慨然继成之。时部檄召买刍豆赴三屯备行幸，羽书旁午，民间供应不及，公乃给值铺商以所收米豆雇运，不扰民而公事立济。升江南泰州知州。

白　芬 字猗若，河南洛阳人，举人，顺治八年任户部分司。刚果有为，御下明决，尝自谓云：兴一利不若除一害。甫下车严饬仓库，有弄法者悉痛治之，积弊顿清，军民惬服，著《四书干选程墨》然以教诸生。九年移驻蓟州，而永平饷司自此裁矣。

尤　侗 字展成，江南长洲人，选贡，顺治九年任永平推官，学识优长，治政明决，尤优礼学校，因材鼓舞，人文振兴，一时称为盛事。以执法不阿调任去。所著有《北堂秋梦》、《西堂杂组》诸集行世。

韩　望　字俨然，陕西泾阳人，进士。顺治九年任乐亭知县。吏治敏达，剔蠹祛奸，一时萑苻不惊，强暴敛迹，擢户部福建司主事，士民遮留不忍去。

王　美　顺天昌平人，贡生，顺治十一年任永平教授。识见超卓，安静有才干，凡军民以事诘诸生者，公收牒斥逐之，封牒付本生，令其自省，时进诸生讲论经史，奖其所能，进其所不及，人以方李宗思、常浚孙云。

李士模　字可庵，山东高密人，进士。顺治十四年任卢龙知县。才识优长，遇事立剖，卢邑无专志，公留心篡辑，以备一邑文献。约束胥吏不假辞色，蠹弊悉除，升大理寺评事。

宋　琬　字玉叔，山东莱阳人，进士。顺治十四年任永平道。慷慨明决，遇事立剖，一时奸宄敛迹，境内肃然，增修府学，规模壮丽，前所未有，又按八佾设乐舞生，捐修乐器以光祀典，搜辑府志以备百年文献。所著有《安雅堂集》、《秦州记异》诸书。调浙江宁绍台道，寻升浙江廉使。祀名宦。

刘观澜　洛阳人，顺治中任山海通判。值悍卒狂逞，顽民影附，抚御劳心，卒于官，关人为敛费归其丧，祀名宦。

钱世清　字生一，浙江钱塘人，选贡。康熙四年任永平道。公甫筮仕即簪笔直卢，周知制度、典章、沿革要务，所在居官忠宽敏惠，廉静端凝，历有声誉，其佥臬北平也，咨恤民隐，崇尚俭约，莅任数年间，凡屯田、駉牧、邮传诸大政，以迨城郭、学校、仓廪、堤圩，罔不具饬。一时属吏咸承风化焉，郡丞梁某赔补官粮贫不能偿，以镌级解任，寻殁于官，公矜恤之，代措千五百余金，得归其丧，公生平盛德类如此。周恤贫士，鼓舞庶司，孜孜不倦，凡祠庙载在祀典有关风化者，亟修葺之。寻移驻通州道衔，加通永自公始，辛亥岁予告养亲，去之日，士民攀辕涕泣，如失怙恃，议入名宦祠崇祀。

梁泰来　字吉人，江南寿州人，举人。康熙四年任永平同知。学识优长，治政简恕，经理粮储，收授惟慎，奉批词讼，公以执法，署本府篆，推诚待物，廉静自持，留心郡乘，礼士修补，时以厚重长者称之，惜用未竟以镌级去。

李溉之 山东长山人，荫生，康熙六年任滦州知州。鞠盗得实，因投不忌器，竟坐诬去，民怀之，立碑记德。

陈 丹 字自修，江南山阳人，举人，康熙七年任永平知府。公文武兼长，先以武科起家，仕淮安总戎从事，凡天文舆图靡不精晓，值我朝定鼎率众归诚，世祖章皇帝赐以宫媛罗氏，公询其家世，知为士妻，遂养为己女，逾年访其夫归之，长安士大夫争为诗歌以颂其事，寻弃武职入太学，应辛卯乡试与子同登贤书，士论荣之。初筮河南邓州牧，及守广西浔州俱称循良，臬宪三楚，好持矜恕，以失出左迁永平，下车尽撤地方供应。治事精勤，严绝馈送，日用蔬水与寒士无异，未几，卒于官，合郡哀之，祀名宦。

于成龙 字振甲，镶红旗人，荫生。康熙七年任乐亭知县。宏才伟略，清正有为，念恤民艰，首严苛派，岁饥请赈，实惠均沾，缮城垣，除积弊，未两年政通事举，以署滦篆诖误，士民叩阍保留，于十年复任。由是修学宫，劝开垦，革里催，详除美化，屯额粮以恤丁绝，请退任邱拨补地亩以免民赔累，礼贤爱士缉盗安民。十八年升北通州知州，迁江宁知府，擢江南按察司使，升副总河直隶巡抚，叠荷圣眷，加太子少保，晋升都察院左都御史，本旗都统，河道总督，功业赫赫，社稷倚重，祀名宦。

钱裕国 字园府，顺天人，举人。康熙七年任山海卫教授。敦厚持躬，虚公训课，诸生多受其教益，时郡丞寿州梁公泰来留心郡乘，属公修补以备一郡文献。

蔡兴周 字姬桢，镶黄旗人，贡生。康熙八年任永平知府。初令完县，治政有声，行取御史，历参议，左迁永平，恤念民艰，未入境即禁止填设，以清科派之原，敬士爱民，斥强抑悍，凡事止署限期不轻差役，而案牍从无沉搁，明敏剔弊，一时积蠹尽消。

罗 京 字周师，浙江会稽人，贡生。康熙九年任永平同知。历事勤慎，清核仓粮，民间利弊每虚公咨访，有穷民积逋鬻女完欠，公廉其实，代偿之，令赎女以归，境内茕独，时加赈济，代管关篆，修举废坠，爱士恤穷，严饬轻生，浇俗丕变，关民戴之，以丁外艰去，补升直隶顺德知府。

魏师段 字松严，湖广黄冈人，贡生，康熙九年任卢龙知县。履任初革除一切陋弊，编审研，核均平，值圣驾东巡，召见询以爱民之实，奏对称旨。公勤于吏事，诸务亲裁，听讼虚公，恤穷戢暴，修学宫及邑治，焕然改观，邻邑有自殪其仆而诬人者，承审官顾其豪势，狱竟成，公一讯得情，莫不以神明颂之。祀名宦。

王永命 字九如，山西临汾人，举人。康熙九年任迁安知县。持躬清正，治政廉明，莅任初悉革陋规，禁除耗羡，凡食物器具俱见给时值，商民德之，学宫倾圮，城垣颓坏，公相继修整，绝不扰民，补葺冷口边墙十三处，均得完固，修辑邑乘以成一方文献，升行人司行人。所著有《六言通训》、《松韵堂余笔》、《边工漫记》、《别黄台山诗》，祀名宦。

王日翼 字健斋，山西阳城人，举人。康熙九年任昌黎知县。清慎有为，弹心抚字，旧有粮美陋规，公张示永除以苏民困，学宫颓圮，公捐俸修葺，又缮城修志，抑强扶弱，编审公平，士民爱戴，为立去思碑。

崔谊之 号老山，山东平度州人，进士，康熙十年任通永道。宽厚宅衷，虚公执法，念各属冲繁，不轻差役以滋烦扰。馈送悉屏绝之，时以廉静闻。

唐敬一 字耕留，四川成都人，举人。康熙十年任永平知府。禁革铺垫陋习，劝民休息，词讼，严饬吏胥，不轻差役，尤雅爱士子多所启迪，壬子夏，旱十旬不雨，禾渐焦。公斋戒虔祷，三致告文于守土之神，凡五日，霖雨大至，是年有秋，癸丑，郡城西北隅被水冲塌，公捐俸修筑以固城墉。前任太平司理衔命招抚安南，以军功擢长安郡丞，继补临洮，所在颂声丕作，乙卯升洮岷道副使。

夏时美 满名安达里，字羡之，广宁人，旗籍，康熙十年任山海通判，文武兼长。时蒙古察哈拉部落谋为不轨，群情汹汹，公完守备御关，民恃以无恐，会屠将军统师进剿，公督运军需，飞刍挽粟，供应无误，绝不派扰民间，其洁己、奉公、爱民、重士，善政实多，尝摄郡篆，颂声丕振，以忧去，合郡绅衿父老攀辕截镫，关民为之勒石建祠，庚寅岁郡守张公朝琮详入名宦。

孙宗元 字近厚，山东淄川人，进士。康熙十年以同知降补滦州知州。廉静有为，留心抚字，虚公礼士，吏民畏怀，有古良吏风，升广西思恩府同知。

刘　馨 字敬庵，湖广沔阳人，荫生。康熙十四年任抚宁知县。治政淳厚，历事和平，捐资创建武庙，设立小学，修建书院，训课生童，抚字催科悉存宽恕，县志自万历以来缺略未修，公留心谘访，纂绩刊刻，莅任四载，诸务毕举，民受安静之福。

常文魁 字月生，正蓝旗人，贡生。康熙十五年任永平知府。治政精勤，历事敏练，折狱不费繁言，两造俱服，向者旗丁与投充肆横，公至咸知守法，修理文庙，添设石坊、石栅，悉心经画，于学前购隙地创建书院，为生儒会文之所，其诸祠庙亦次第修葺。又尝修补郡乘，冀续宋公琬之后，足征留心文献之雅意云。

陈邦齐 字君弼，奉天盖州人，荫生，康熙十五年任昌黎知县。操持廉介，治政仁明，向者昌邑钱粮积逋，百姓流亡，公莅任，一切繁扰陋弊不便于民者盖行禁革，省刑薄税，百姓接踵复业，听讼虚公，案无沉牍，百姓以慈父母称之。

马如龙 字见五，陕西绥德州人，举人。康熙十六年任滦州知州。治政明爽，英发有为，除积弊以恤民艰，培斯文以振士习，听讼虚公，案无留牍，留心地方，废坠毕举，士民德之，历官江西巡抚。

张一谔 字松野，浙江山阴人，贡士。康熙十六年任迁安知县。治政精勤，宽仁抚字，整新黉序，修补城垣，旌节孝以维风，勤考课以鼓士，禁革规弊，听讼明允，人戴之若父母。有游棍诱卖故民之妻冯氏于旗下者，其妇矢志不从，控部准赎，公悯其节，捐资代为赎回，其惠爱及民类如此。

卫立鼎 字慎之，山西阳城人，举人。康熙十九年任卢龙知县。清明勤慎，治先教化，修补邑乘，薄敛省刑，境内搭桥秫秸向为民累，公给时价采买以清夙弊，遇剧有为，秩满行取。

赵　端 字又吕，浙江钱塘人，贡生。康熙十九年任抚宁知县。慈惠明敏，厘剔奸弊，民畏而爱之，尤留心学校，奖励生童，设乡塾，置学田，立义冢，又于城北设水窖以供部例，免山海运驼之累，境内晏然不愧民牧。

金星瑞 浙江仁和人，监生，康熙二十一年任乐亭知县。慈爱群黎，隆礼学校，修文庙，崇祭典，备乐器，水冲城垣颓圮过半，设法修筑，绝不派累民间，接物和平而执法必严，强暴自此敛迹。升云南师宗州知州。

胡文蔚 字豹贞，顺天通州人，岁贡。康熙二十一年任抚宁教谕。才华敏达，培植斯文，值岁试，时有庠生为兵所辱，弁威逞虐，公侃侃主持，士气赖振，至今颂之。升辽江西安义县知县。

陆　楙 字林士，浙江平湖人，副榜。康熙二十五年任卢龙知县。廉明刚正，不畏权势，时有旗员假公干虐扰地方，公执法严惩，民获安堵，春郊劝农，亲爱如家人，以直忤去官，命整行李，惟来时竹笥伞屐而已，去之日，老幼焚香泣送达于境外。

梁世勋 号鹤汀，陕西安塞人，荫生，康熙二十九年任永平知府。立心宽厚，冰蘗自矢。丁丑，郡西北城堤被水冲塌，经营修筑。尤拳拳爱民，煮粥赈饥，必亲尝寒热，捕蝗祈雨，则不惮先劳，然秋霜凛若毫无宽假，以故士乐民安，豪强敛迹，升两淮盐法道寻转直隶巡道升山东藩臬，广西、安徽巡抚。

彭尔年 字永公，奉天杏山人，监生。康熙三十二年任永平同知。时与郡守梁公世勋协恭议修文庙并城垣、堤岸，赞助经营多公之力，承审部案，存心矜恤，释无辜牵累者数十人。丙子，奉天饥，上命截留漕米三十万石，由海运济，公呈请领运前赴复州，舟至大洋飓风几覆，公焚香吁天，风顿息，咸谓公忠诚所格，克奏厥功，生平廉介自持，清操丕著，软恤穷黎，时施惠政，无何因公镌级，补任云南姚州，迁陕西西安郡丞。

韩逢庥 字悦宜，山东青城人，贡生。康熙三十七年任滦州知州。廉明正直，爱民如子。滦俗抗粮刁讼为藏盗数，公微比不许旗豪劣矜包揽，赏完罚欠，众心悦服，词讼不轻差役，据理立剖，刁风顿改，又访拿旗棍窝诈等事，雷厉风行，年余盗息民安，境内大治，未几以才能调定州牧，士民遮道泣送，立碑纪德。

蔡维寅 字典三，号赓庵，浙江德清人，进士。康熙四十年任永平知府。公早失怙，事母至孝，为政首崇学校，朔望聚诸生于明伦堂，讲论经书分别奖励，郡旧有义学名存课荒，公加意作兴，慎择塾师，清查旧存义学田亩，并设法添置膳田，义学生童至今怀之。

华　黄 号中湄，江南无锡人，进士。康熙四十三年任永平知府。介节自持，惠爱百姓，其理讼片言平反，人心悦服，凡久稽部件，到案立剖，同城官以事干渎，公端坐假寐唯唯以应，及审不为稍假彼，复来语曰："因在梦中醒则忘耳。"其不恶而严类如此。乙酉，岁值宾兴，公加意振兴，是岁获售者多人，自此永属弦诵之风较昔浸盛，以老乞休去，士民为立去思碑。

晏　宾 字鹿庵，贵州平远州人，举人，康熙四十四年任卢龙知县。天性仁厚，立品端方，尚德缓刑，爱民重士，于听讼催科常存矜恤，惟以天理良心四字谆谕而感动之，以故俗鲜刁讼，亦无通课，每冬征收仓粮随到随收，有升斗不足者，怜其天寒路远既免补偿，欢声载道。己丑水圮学宫，设法修葺，编审户口，旌举节烈，皆实心研核，公当精详。尝摄迁篆，两邑差务冗剧，公从容肆应，措理咸宜，自奉不改儒素，各上宪有第一清官之誉，以忧去，士民无计挽留，歌谣成集以颂其德。

白为玑 字子仪，镶白旗人，监生，初筮东光令，贤绩懋著。巡抚李公以大城西堤紧要，题授河间府丞，保饬河防克见成效，迁本郡守。四十五年迁通永道副使，存心仁恕周恤民瘼，凡遇地方水旱蝗蝻，沐雨披星，不惮寒暑，竭力经理，数年来，畿东无灾祲之告，实公之力也。公事调委属员，温词慰劳，往往捐俸资给，下皆感德而忘其劳，所属吏治民生咸向化蒙休云，祀名宦。

宋　琰　字德培，顺天大兴人，岁贡，康熙四十六年任抚宁教谕。端方自饬，廉静有守，署理邑篆，有海洋社烈女郭三姐拒奸惨毙，凶犯遁迹，公摘发如神，按律伏辜，万民称快。寻以忧去，士民泣送依依，至今感颂不置。

张德祁　号聿修，山西泽州人，举人，康熙四十五年任乐亭知县，才干明敏，遇事果敢，时邑被旗圈，民无恒产，公筹画得宜，民困以苏，御下严而不苛，宽猛务得其平，在任十年，以疾卒于官，民为勒碑以志遗爱。

万　任　字亦尹，号静圆，江西新建人，进士。康熙中任昌黎知县，学问优裕，居官廉明。时与宋牧仲，施愚山，王阮亭诸先生为诗文交，才名丕著，而赋性恬退，不乐仕进，故历官未久即归林，下舆论惜之。

程大僖　字岵怀，福建莆田人，监生，宋儒伊川先生之二十四代孙，雍正四年任抚宁知县。惩恶安良，兴利除弊，凡坠子奏销大计，编审庙戏进梨等杂派、当商烧锅等陋规俱尽革之。其接绅士也以谦，而不可干以私，其待胥役也以慈，而不敢玩其法。先是抚邑地亩银花户交给催头，每亩约时钱六七百或八九百（俗以制钱十六文为一百），公按户给发易知单，将正耗开明，每亩用银六分合时钱三百六十，按限自封投柜，每岁所省不下万金，详请勒石以垂久远。城西洋河杠梁之费派于里下不胜其扰，公亟捐俸修之，又驿站工料向俱九三扣除，公则按实给发，而驿官派车之害以除，其廉明刚断类如是。莅任甫一载，竟以奏销迟延挂吏议而去，士民至今思之。

裘君韬　字约斯，号退庵，江西新建人，进士。雍正五年任抚宁知县。公为人潇洒不羁，之官时显达有以书附寄上官者，公途中得诗乏纸遂书于函面，然竟以此受知，在任五载廉洁自持，守前任程公遗规，丝毫不以累民，尝冬月裘表敝无随，乃以纱为之，致仕家居，四壁萧然。

刘玉林　贵州大定州人，监生，雍正四年任昌黎知县。振兴文治，修葺学宫，讼无留狱，剖断如神，在任六载，始终无倦。殁之日，士民如失怙恃。

万承苓 江西南昌县人，进士。雍正年以庶吉士改授卢龙知县。抵任后洁清自励，厘弊安民，以振兴文教为己任，捐资立义学，敦请名师，兼为捐给薪水，俾有志之士各有造就。又奉行保甲，严稽盗贼，征收钱粮，力除耗羡，邑民歌盛德焉。

屈成霖 江南常熟县人，进士。乾隆年任卢龙知县。捐俸立义学，延师训读，并为捐备膏火，每月传集生儒，时加考课，文教振兴。又首倡捐资修理文庙，改学宫，黉序焕然。滦青二河桥梁向由社甲摊派，霖独力捐修，邑民称便。

吴世臣 福建浦城县人，监生，乾隆十四年任昌黎知县。吏治精详，宽严相济，虽廉静无华，而纪纲整饬，设养局，严夜禁，久道化成，几于夜不闭户。

夏文广 云南恩安县人，举人，乾隆二十一年任昌黎知县。明决有为，励精图治，兴义塾以植菁莪，培嘉禾而除良莠，虽莅任未久而口碑载道，迄今士民追述，有余思焉。

武职传

［明］

徐　达 江南凤阳人。洪武间帝以燕民新附，又地邻边塞，于十四年命公镇之，乃依山阻海，创立关城，复修筑墙垣，阻塞隘口，联络周密，规度宏远。累官太傅中书右丞相，晋爵魏国公。卒，追赠中山王，谥武宁。景泰间山海士民感念功德不忘，请建专祠春秋祭享。

赵　彝 虹人，洪武初虎贲百户，调燕山右卫，从颍国公征沙漠城宣府万全、怀来，历升永平卫指挥佥事。靖难兵至永平，彝以城降，从徐忠等转战有功，升北平都指挥使。文皇即位，封忻城伯，食禄一千石，与世券。永乐十三年镇徐州，仁宗召还，卒。

吴　城 本名买驴，辽阳人。父通伯元辽阳省右丞，洪武中随观童来降。买驴充总旗，出塞征虏功，升永平卫百户，从靖难攻真定、大宁、郑村坝功，升指挥佥事，广昌白沟馆陶功再升指挥使，夹河、藁城西水寒功升都指挥佥事，战淝河、小河、齐眉山、灵壁，先登渡淮，克扬州，入金川门，再升都指挥使。永乐八年，从上出塞征虏功升都督佥事，已而三出塞斩获多，洪熙元年升左都督。是年大松岭破虏，封清平伯，食禄千一百石，与世券。宣德初从擒汉庶人，三年出喜峰塞，败虏宽河，斩获进封侯禄如故。八年卒，赠渠国公，谥壮勇。

费　瓛　定远人。祖遇洪武中为燕府左相，已革府相改护卫指挥使。父肃嗣官，肃卒瓛嗣官事成祖，靖难功累官都指挥同知，镇守山海关。永乐五年召佥事后府。六年充副总兵，备倭海上，七年征湖广叛寇。八年充总兵镇宁夏、甘肃，讨平亦令真巴。十年又出甘肃防御。仁宗即位充平羌将军，镇甘肃，寻升右军都督。宣德元年入朝，上念瓛旧臣累著功名，封崇信伯，食禄千一百石，与世券，复出镇。瓛性和易，善抚循士卒，守边二十年，塞境宁静，征汉庶人尝为先锋，将佐薛禄有功。

郭　亮　合淝人。父聚开国功升流百户，亮嗣官，征虏功历升永平指挥。从靖难与都督耿献战，又与都督杨文战，皆有功。时靖难兵南下，亮独守永平，与北平为声援。建文四年封成安流侯，世伯食禄千二百石。出守开平，筑烽堠。永乐二十一年卒，赠兴国公，谥忠壮。

王　整　羽林前卫人。正统八年任山海卫守备。沉毅有谋，长于干济，山海设守官自此始，前此治尚草创，规制未备，公至，次第兴举，凡学庙、楼橹及廨舍之属，多所增建，抚士驭下，宽而有体，军王心下民畏而爱之。

申　宁　沂州卫人，弘治中为山海卫守备，安静不扰，地方德之，升山东都司，以廉勤勒石于石门路之彰善碑。

戚继光　山东登州卫人，隆庆间以剿平倭寇功召入京营练兵。寻加少保兼总理镇守蓟、永、山海等处。巡历各边，相度平险，建筑敌台，千里森列，军民不病，皆公调度得宜所致也。又尝增饷廪，制车战及火器、兵械，立传烽制，擎旗举炮，顷刻千里，百废具举，奔走诸将，檄飞随羽，至大阅三十万众咸遵纪律，阅视大臣每以李郭称之，著有《止止堂集》、《纪效新书》、《练兵实录》，真诗书名将，至今三屯营立祠祀之。

王守道 辽东左屯卫都指挥，万历十一年任山海路参将。十二年九月敌侵宁前，公率本路并延绥兵东援，遇敌却之，十月敌复合兵，夜半直逼关门，公同延绥将杭大才、中军盛庄，列营城东，血战竟日，敌失利退去，有全城之功。

朱洪范 京卫指挥，武进士，万历三十年任山海路参将。才品优长，仪表出众，整饬营伍，任用贤能，时值税监擅权，公曲获地方得免荼毒，且长于吟咏，有樽俎折冲之概，当年推为儒将。

杜 松 陕西榆林卫人。万历四十六年总镇山海。秉性忠义，气辟万人，率兵援辽，浑河大战死于阵，谥忠壮。

刘 渠 号双泉，顺天人，万历四十七年总镇山海。体貌魁岸，武艺优长，而性情儒雅，爱士礼贤，严禁官价，不致扰民，有古良将风。迁镇广宁，临阵竟以身殉。

孙承宗 号凯阳，直隶高阳人，进士，廷试第二。公沉毅豁达，天启间以内阁督师关内，设三镇，置营房于城内外，军民异处各安其所，捐俸修学，广科举额，以兴人文，施谷济贫，惠及百姓。三载劳瘁，告病回籍。崇祯己巳特旨起公，匹马就关，躬督士民防守，关城赖以保全，当多事之际，执掌军务。安详镇定，不动声色，有纶巾羽扇之风焉。

唐之靖 浙江山阴人，会举第二，崇祯元年任武学科正。三年庚午大清兵下永平，公先令阖家俱焚，因谓左右曰：吾死之后亦焚吾户，遂西向再拜自缢，从容就义，大节昭然，祀武庙忠烈祠。

程应琦 浙江山阴人，三科武举，崇祯元年任永平道标中军都司。沉毅英发，有应变才。庚午永城不守，公挺戈巷战，事不济，拔所佩刀自刎，不死，令家丁断头，众皆涕泣劝慰，公竖发裂眦复起自杀。事平，立坊表之，祀武庙忠烈祠。

朱　梅　号海峰，辽东前屯卫人，崇祯三年总镇山海。厚重浑朴，御事精详。先是值广宁失守，边人要赏，士民震骇，当事难之时，公为裨将，慨然自任。出抚于关东八里铺，詟以威灵，绥以恩信，众皆帖服，罗拜而去关门安堵。至招降丁，活难民，垦地筑垣，种种著绩。适辽兵溃还至关，公匹马独前，宣布恩威，相对抚膺流涕，无不感动，镇关不浃旬，克奏肤功，加秩世袭。及卒，晋阶谕祭以酬其勋，子国梓，历官永平道。

［**国朝**］

张思诚　号至隆，辽阳人，顺治十三年任山永副将。永平为两京要冲，行旅络绎，盗有冒干办使臣公行劫掠者，地方苦之，公履任初遇有劫盗恐游兵莫敌，每亲率健丁穷追务获，盗渐敛迹。又严禁克扣兵饷，军士得沾实惠，一时军容严肃，弁丁有生事者，必执法惩之，故终其任兵民相安，调升浙江、温台等处副总兵。

李廷楠　字若梓，陕西西安人，顺治间由功荫为山永副将，初自一片石备御，升山东沂州镇游击，征剿各塞叛寇，所向克敌，升山西大同镇参将。时东粤负固调公随征，公首克凌江，进兵要路，直抵信安，即授广东肇庆府副将。时封川、开建诸处未靖，公奉将军令代宣恩信，不旬日传檄悉定，论功加左都督，推升兹任。待僚属气度温和，时勤操阅，以练技勇，严禁借支以清克扣，虽幼历疆场未工文墨，然尊贤礼士饶有儒将风流。

吴尽忠　任县人，任山海关都司。顺治初土寇猖獗，击败之。六年贼骑劫掠，尽忠率众追至邢家湾，马蹶，为贼所执，不屈，被害。

陈廷谟　京卫人，武进士。康熙六年任山海卫守备，历事详慎，御下冲和，明恕不繁，百姓爱戴，修山海关志。

张应标　号正吾，陕西崇信人。康熙七年由将材任山永副将。公初奉檄，剿四川陈家坡巨寇刘二虎，一战夺贼老木吼窝巢，二虎失势雉经，余党悉平。又楚有大逆李来亨者，久据茅麓山寨，声势汹涌，为湖湘大害，公与总统梁家琦会剿，掘壕筑堤，割汛分守，来亨突冲公汛，夜遁。公奋力截杀，贼众大败，叙剿荡功加都督佥事，推升兹任，公胆略过人，智勇素著，历事精详，持躬敬慎，所属自都阃下及部伍之微，俱推诚以待，和而有体，有古良将风。

喻三元　字魁一，江南徐州人。康熙十二年任山永副将。持己洁清，治行果决，初从征闽省叙功升游击，镇守北楼隘口，其地相邻五台，向为盗薮，公防御有方，恩威并用，萑苻敛迹，山野肃清，加都督同知，升授兹任。简练兵卒，法令严明，念刍饷为三军命脉，严杜克扣。间有盗警，公闻报单骑叱驭，务期必获，鼠辈闻风消弭，地方赖以安辑。

祁富哈　满洲人，山海卫城守章京。清廉有守，常俸外绝无沾染，又能约束卒伍，抚恤士民，关民享无事之福者数载。以疾卒官，祀名宦。

卷之十三

选举志一

国家抡才，文武并重，文为进士，为举人，为贡生，三者固称得人之盛。而外此有荐辟，有吏掾，别途亦未尝无卓卓可观者。武则有武科，而或起自卒伍，出于世胄，其宣力疆圉为公侯干城亦一也。永平在唐以前无由详考，自辽金以来蝉联鳞比，指不胜屈，谨按籍而书之；至于服官政者，得邀宠命以荣其亲，而阶之崇者又得贻其泽于子孙，亦可以为忠孝之训，故咸纪于卷云，作选举志。

荐　　辟

［元］

张　升　乐亭人，至元间历官大学士

［明］

温　原　乐亭人，佥都御史，有传。

韩　通　乐亭人，知县。

［国朝］

何　濍　庠生，雍正七年举贤良方正，历任山东滨州、直隶州知州。

进　士

［唐］

齐　浣　滦州人，圣历年进士，中书舍人。

［辽］

冯唐卿　滦州人，大安元年第。

张　珏　滦州人，乾统元年第，历官辽兴军节度使。

孟　浩　滦州人，辽末登进士，仕金，历官尚书右丞兼太子少傅

［金］

刘敏行　平州人，天会三年进士，历官河北并东路转运使。

李　杭　乐亭人，天会年第，历官刺史。

李元道　滦州马城人，皇统间词赋登第。

李元璋　道弟正隆元年律科登第，历官吏部尚书，赐少中大夫，陇西郡开国侯。

张　芝　滦州人，正隆二年第。

张天佐　乐亭人，正隆年第，历官侍郎。

张天佑　乐亭人，正隆年第，历官中奉大夫。

任　询　义丰人，正隆二年第，北京盐运使，有传。

牛子元　滦州人，大定十二年第。

史　愈　滦州人，大定六年第。

王　扩　平州人，明昌五年第，官至尚书。

张　介　平州人，正大元年经义进士第一。

鲜于仲权　乐亭人，明昌年第，旧志作元太祖十年进士。今从《畿辅志》。

［元］

杨绍元　滦州人，中统三年第，历官集贤司直学士，有传。

赵仁举　滦州人，至元二十年第，知晋州。

赵　衍　滦州人，至元二十年第，官国子监祭酒

成　祚　滦州人，大德七年第，历官运副使。

张　德　滦州人，横渠七世孙，皇庆元年第，历官大宁路教授。

按:《元史》太宗始取中原，中书令耶律楚材请用儒术选士，从之，九年八月乃命官历诸路考试，得若干人，而当世或以为非便，事复中止。世祖至元初年丞相史天泽条具大事，尝及科举。四年翰林承旨王鹗等，二十一年丞相火鲁火孙等议行科举，皆未及行。至仁宗皇庆二年十一月乃下诏以三年八月，天下郡县兴其贤者。能者充赋有司。次年二月会试京师，则老志所载，凡是年以前登第者，皆不足据，郭建初已辨之矣，今姑仍旧志列于右。

［**明**］

宋宏道　乐亭人，官至佥都御史，有传。洪武乙丑科。

王　翱　滦州人，盐山籍，官至吏部尚书、太子太傅，有传。永乐乙未科。

崔　碧　昌黎人，官历山东佥事。永乐戊戌科。

解　贯　抚宁人，官至太仆寺少卿。宣德庚戌科。

王　锐　迁安人，官至巡抚、延绥右副都御史，有传。正统己未科。

张文质　昌黎人，历官礼部尚书，太子太保。正统壬戌科。

李　和　迁安人，官至河南参政，正统乙丑科。

刘　宣　卢龙人，官至南京工部尚书，有传。

李　胜　永平卫人，官历河南按察佥事。

周　斌　昌黎人，官历湖广布政，有传。

杨　福　永平卫人，官御史。以上景泰辛未科。

杜　谦　昌黎人，官历工部左待郎，有传。

李　文　迁安人，官历转运使。

阎　鼐　滦州人，官御史，有传。以上景泰甲戌科。

王　佐　卢龙人，河南阳武知县，天顺丁丑科。

刘　恭　乐亭人，官至河南参政，天顺庚辰科。

刘　珙　抚宁人，刑部员外。天顺甲申科。
萧　谦　永平卫人，官至湖广副使。
杨　祥　永平卫人，官至山西佥事。
齐　章　滦州人，燕山卫籍，官至太常寺少卿。
郑　己　山海卫人，御史，有传。以上成化丙戌科。
张　忱　昌黎人，文质子，兵部郎中。
齐　文　滦州人，燕山卫籍，章弟，官郎中。以上成化己丑科。
周　茂　卢龙人，湖南永州府知府。
谢　纲　滦州人，浙江上虞知县，有传。
郝　隆　滦州人，浙江金华府知府，有传。
张廷纲　永平卫人，官行人，有传。
萧　显　山海卫人，福建按察司佥事。有传。以上成化壬辰科。
魏　琮　迁安人，浙江乌程知县。
赵　绣　抚宁人，官行人。以上成化乙未科。
茆　钦　卢龙人，历任江西佥事。
王　和　迁安人，官历山东副使，有传。
才　宽　迁安人，官至工部尚书，太子太保，有传。
高　璁　滦州人，山东临邑知县，有传。以上成化戊戌科。
杜　源　昌黎人，谦子，山东青州府知府。
余　璘　滦州人，南京员外郎。以上成化辛丑科。
郭　镛　兴州卫人，官历副使。成化甲辰科。
崔　锦　山海卫人。成化甲辰科。
朱　玑　滦州人，官至太仆寺少卿。
王　济　滦州人，太仆寺少卿。以上成化丁未科。
李宗商　乐亭人，官至陕西行太仆寺少卿。弘治庚戌科。
高　谦　滦州人，陕西巩昌府知府。
王　廷　迁安人，官历山西佥事。
许　庄　滦州人，官至陕西参政，有传。
李　全　迁安人，官至江西副使。

孙　炯　迁安人，陕西苑马寺卿。
郭　瑀　滦州人，和阳卫籍。以上弘治癸丑科。
王　春　抚宁人，翰林院检讨改周府左长史。
郭　经　卢龙人，河南开封府知府。
王　蕃　滦州人，甘肃平凉府知府。
任　惠　滦州人，吏科给事中。以上弘治丙辰科。
朱　鉴　卢龙人，山东青州府知府，有传。
王　珝　永平卫人，官至兵部侍郎，有传。
王　辅　滦州人，官至河南副使，有传。
李　炫　迁安人，太仆寺卿。以上弘治己未科。
张秉清　山海卫人，官至按察司佥事。
鲁　铎　抚宁人，官至山东佥事，有传。
陈　鼒　迁安人，官历陕西按察司副使。
李　鉴　滦州人，监察御史。以上弘治壬戌科。
翟　鹏　抚宁人，官至兵部尚书，有传。
吴　吉　滦州人，户部主事。以上正德戊辰科。
王　念　迁安人，江西九江府知府，有传。正德辛未科。
杨百之　迁安人，官历山西佥事。
王道中　抚宁人，官至顺天府尹，有传。
王　翰　昌黎人，官行人，以直谏被谴卒，赠御史。以上正德甲戌科。
白　麒　永平卫人，山东邱县知县。
高　轩　迁安人，户部主事，以上正德丁丑科。
廖自显　卢龙人，河南汝宁府知府，有传。正德辛已科。
赵德祐　卢龙人，官历苑马寺卿，有传。
卢耿麒　乐亭人，官至山西副使，有传。
王　庚　滦州人，官至陕西右布政。
李　涵　迁安人，官至贵州左布政，有传。
蔡　锐　滦州人，永清卫籍。

万　义　山海卫人。以上嘉靖癸未科。

詹　荣　山海卫人，官至兵部侍郎，有传。

段　麒　滦州人，龙虎卫籍，官奉天府丞。

王金章　滦州人，河南睢州卫籍。

李充浊　永平卫人，左布政，有传。以上嘉靖丙戌科。

高　擢　滦州人，官至副都御史，有传。

钱　澍　迁安人，山东曹县知县。

王　镐　滦州人，官至巡抚宁夏右佥都御史，有传。以上嘉靖己丑科。

厉汝进　滦州人，户科给事中，有传。嘉靖戊戌科。

周　冉　滦州人，湖南汉阳知府，嘉靖甲辰科。

王好问　乐亭人，官至户部尚书，太子太保，有传。嘉靖庚戌科。

穆宁中　山海卫人，户部主事。嘉靖癸丑科。

王尚直　昌黎人，工部郎中。嘉靖丙辰科。

廖际可　卢龙卫人，浙江嘉兴府同知。嘉靖壬戌科。

王大用　东胜卫人，官至陕西参政，有传。隆庆戊辰科。

李安仁　兴州卫人，官至湖广按察副使，有传。

王胤祥　抚宁人，山西副使，有传。以上隆庆辛未科。

韩应庚　东胜卫人，官御史巡按陕西、山东、有传。万历丁丑科。

冯时泰　山海卫人，官至辽东广宁参政，有传。万历庚辰科。

高　第　滦州人，兵部尚书，经略辽东，有传。

魏可简　昌黎人，尚宝司卿，。县志作太常寺。

冯盛明　昌黎人，涿州籍，官至左布政。

朱文运　卢龙人，户部主事，有传。以上万历己丑科。

白　瑜　东胜卫人，官至刑部尚书，有传。

徐云逵　迁安人，光禄寺卿。以上万历乙未科。

张鹏翼　滦州人，官工部郎中。万历戊戌科。

程大献　兴州卫人，官至山东曹濮兵备参议

龙负图 昌黎人，户部主事。以上万历辛丑科。

白养粹 卢龙人，瑜子，官至山东兵备参议。

王尧民 滦州人，汉中卫籍。

王大智 迁安人，玉田籍，官至太仆寺卿。以上万历甲辰科。

韩原善 东胜卫人，官至开原兵备参政，有传。

张国瑞 乐亭人，官至陕西左布政。

陈王庭 卢龙人，官至太仆寺卿，有传。以上万历丁未科。

石维岳 滦州人，官至湖广按察副使，有传。万历庚戌科。

冯　铨 昌黎人，官至中和殿大学士。

郭　巩 迁安人，官至兵部左侍郎，有传。

刘廷宣 山海卫人，官至大理寺少卿，有传。以上万历癸丑科。

邸存性 昌黎人，兵部主事。万历丙辰科。

冯运泰 滦州人，官至太仆寺卿，有传。万历己未科。

崔及第 卢龙人，官行人。天启乙丑科。

严梦鸾 滦州人，陕西宝鸡县知县。崇祯丁丑科。

高辅辰 滦州人，第子，山东范县知县。崇祯癸未科。

［**国朝**］

刘鸿儒 迁安人，官至左都御史，有传。

李成性 迁安人，山东新城县知县，有传。

石　申 滦州人，维岳子，历官吏、户、刑三部左侍郎，有传。

李云起 昌黎人，毓丹子，山西黎县知县。以上顺治丙戌科。

田国足 抚宁人，江西饶州推官。

余一元 山海卫人，礼部郎中，有传。

穆尔谟 山海卫人，山东莱州府知府。以上顺治丁亥科。

赵映斗 迁安人，山西马邑县知县，有传。

孙灏 迁安人，大兴籍，吏部稽勋司主事。以上顺治己丑科。

孙如林 滦州人，河南祥符县知县。顺治壬辰科。

冯源济 昌黎人，铨子，涿州籍，官至国子监祭酒。顺治乙未科。

程观颐 山海卫人，山东淄川县知县。顺治戊戌科。

高　岗 滦州人，山东蓬莱县知县。

汪淑问 东胜卫人，四川犍为县知县，有传。以上顺治己亥科。

翁叔元 永平卫籍，殿试一甲第三名，官至刑部尚书。康熙丙辰科。

刘　伟 滦州人，官至江南道御史，有传。康熙乙丑科。

高天挺 昌黎人，培子，四川隆昌县知县，有传。康熙甲戌科。

蔡　珽 旗籍，居卢龙，历官吏、兵两部尚书，署直隶总督。康熙丁丑科。

任五伦 昌黎人，湖广汉阳县知县。

张开第 山海卫人，广东典江县知县。

汪与恒 卢龙人，淑问子，福建长泰县知县。以上康熙庚辰科。

王　珍 卢龙人，山海卫教授。

姚协于 乐亭人，熙子，浙江会稽知县，有传。以上康熙丙戌科。

高棠萼 昌黎人，翩子，浙江景宁县知县，有传。

崔　灿 迁安人，巍子，翰林院庶吉士，有传。

朱廷遴 卢龙人，河间府教授。

万　瑄 昌黎人，河南内乡知县，有传。以上康熙己丑科。

翟正经 卢龙人，江南建平县知县。康熙壬辰科。

李　兰 乐亭人，官至江西布政使，有传。康熙戊戌科。

李　针 卢龙人，康熙辛丑科。

石袭曾 滦州人，户部山东员外郎。雍正丁未科。

傅齐贤 卢龙人。

方　浩 滦州人。

牛天贵 山海卫人。以上雍正庚戌科。

阎公铣 昌黎人，贵州独山州知州，有传。乾隆丙辰科。

赵远献 滦州人，乾隆己未科。

温如玉 抚宁人，官历礼科给事中。乾隆乙丑科。
贺让德 迁安人，江南天长县知县。乾隆戊辰科。
郭天性 昌黎人，顺天府学教授。乾隆壬申，恩科。
张作霖 昌黎人，乾隆丁丑科。
刘征泰 临榆人，翰林院庶吉士。乾隆癸未科。
辛大成 卢龙人，乾隆丙戌科。
赵　桐 卢龙人，沙河县训导，乾隆己丑科。

辽学进士附

［国朝］

夏敷九 锦州人，翰林院侍读学士。顺治丙戌科。
吴允升 锦州人，顺治乙未科。
田　麟 自在州人，内宏文院编修。顺治戊戌科。
陈尧言 宁远人，推官，顺治己亥科。
杨振藻 辽东人，江苏常熟知县。康熙庚戌科。
罗衍嗣 金州卫人，绍伦子，福建盐法道。康熙丙戌科。

举　　人

［明］

温　厚 永平人。
宋宏道 见进士。以上洪武甲子科。
姚　著 迁安人，广东高州府知府。
崔　节 滦州人。以上永乐乙酉科。
刘　哲 卢龙人，山西襄垣训导。
尹　恭 迁安人，知府。
田　翥 迁安人，应天府治中。以上永乐戊子科。
李　旺 卢龙人，南直隶潜山县知县。
崔　旭 迁安人，陕西府谷县县丞。

刘　让　迁安人，兵部郎中。
吴　杰　抚宁卫人，湖广布政。以上永乐辛卯科。
赵　忠　卢龙人，御史改刑部郎中。
吴　敏　迁安人，知县。
刘　会　滦州人，南直隶固始县知县。
刘　干　滦州人，山东曹县知县。
王　翱　见进士。以上永乐甲午科。
杜　兴　迁安人，户部员外。
姚　政　抚宁人，两浙运司。
费　隐　昌黎人，山西泽州人府同知。
刘　鸿　昌黎人，照磨。
阎　本　滦州人，江南徐州府同知。
张　聂　滦州人，官历参政。
武　信　滦州人。
孙　白　乐亭人，河南杞县知县。
邢　润　乐亭人，山东商河知县。
崔　碧　见进士。以上永乐丁酉科。
刘　诚　卢龙人，工部郎中。
高　明　迁安人，山西岳阳知县。
张　震　昌黎人，山西永和训导。以上永乐庚子科。
邵　俨　卢龙人，陕西右参议。
臧　敬　卢龙人。
任　泰　卢龙人。
刘　静　迁安人，陕西西安府推官。
刘　纪　迁安人，浙江平湖县县丞。
孙　缙　昌黎人，税课大使。
李　昉　昌黎人，山东邹平知县，以上永乐癸卯科。
陆　逵　迁安人，河南祥符训导，宣德丙午科。
白　碧　抚宁人，山西沁水训导。宣德壬子科。

刘　懋　乐亭人，江西袁州府知府。宣德乙卯科。
王　锐　见进士。
张文质　见进士。以上正统戊午科。
崔　砺　迁安人，辽东三万卫教授。
沈　继　迁安人，山东栖霞教谕。以上正统辛酉科。
赵　玉　迁安人，陕西汉中府知府，有传。
李　和　见进士。
刘　钺　抚宁人，浙江布政。以上正统甲子科。
沈　礼　滦州人，南直隶淮安府通判。
阎　鼐　见进士。
李　霖　乐亭人，浙江衢州府通判。以上正统丁卯科。
谢　衷　永平卫人。
陈　暹　永平卫人，河南通许知县。
徐　义　迁安人，南直隶安庆府通判。
唐　福　东胜卫人，南通州知州，有传。
马　聪　迁安人，陕西平凉府同知。
王　杰　昌黎人，河南南阳府通判。
魏　安　昌黎人，福建运使。
郭　鼐　昌黎人，江西临川知县。
陈　恕　滦州人，河南开封府同知，有传。
王　亮　乐亭人，山西蔚州知州，今属直隶。
刘　宣　解元见进士。
杜　谦　见进士。以上景泰庚午科。
李　宽　卢龙人，山东齐东知县。
陶　献　见进士。
刘　钺　抚宁人，山西介休知县。
颜　真　抚宁人，山东曹州训导。
戴　纪　昌黎人，山东济南府同知。
吕　旻　滦州人，山东邹县知县。

周　斌　昌黎人，旧志作正统丁卯，按省志、县志俱作景泰癸酉，今从之，详进士。

李　敬　昌黎人，河南温县知县。

曹　纪　昌黎人。

李　文　见进士。以上景泰癸酉科。

崔　镛　迁安人，山西寿阳知县。

张　镛　迁安人，国子监学正。

欧阳懋　抚宁人，浙江宁波府同知。

杨　森　昌黎人，南直隶池州学正，今改为府。

翟　旻　昌黎人，山西沁州学正。

牛　本　乐亭人，江西九江府知府，有传。

张　忱　见进士。县志作天顺年举人，未知孰是？以上景泰丙子科。

刘　恭　见进士。

谢　宁　永平卫人，河南项城知县。

崔　鉴　昌黎人，碧子，河南安阳县知县。

李　贯　滦州人，山西忻州同知。

萧　显　见进士。以上天顺己卯科。

俞　衡　乐亭人。

汪　理　昌黎人。

郁　瑄　乐亭人，昌子，任知县。

郑　已　见进士。以上天顺壬午科。

李　昶　卢龙人，太仆寺少卿。

马　銮　永平卫人，山西大同知县。

朱　缨　迁安人，由东沾化知县。

宋　铭　昌黎人，河南通许知县。

杨　琇　滦州人，山东堂邑知县。

卢　敬　乐亭人，兵部司务，有传。

郝　隆　见进士。

杜　源　见进士。以上成化乙酉科。
印　玺　永平卫人，南直隶太和知县。
谢　宥　永平卫人，南直隶亳县知县，今改州。
周　本　卢龙卫人，山东济南府同知。
王　泽　迁安人，山西长子县知县。
吴　谦　抚宁人，湖广蒲圻教谕。
刘　昶　乐亭人，山东昌乐知县。
周　汉　乐亭人，山西临汾知县。
高　璁　滦州人。以上成化戊子科。
萧　临　永平卫人。
吕　麟　卢龙卫人，南直隶风阳知县。
郝　谦　卢龙人，南直隶六安知县，今改州。
郭　钦　抚宁人，河南遂平知县。
谢仲达　抚宁人，河南孟津知县。
张　慥　昌黎人，文质子，忱弟。
宋　儒　滦州人。
王　琰　乐亭人，山西忻州同知。
谢　纲　见进士。以上成化辛卯科。
金　英　永平卫人，兵部员外郎。
李　炳　迁安人，户部郎中。
章　英　迁安人，山西自在州知州。
黄　敬　抚宁人，辽东盖州卫训导。
金　茂　抚宁人，山东昌乐知县。
李　鼐　昌黎人，户部员外郎。
鲁　韬　山海卫人，山西应州学正。
魏　琮　见进士。
王　和　见进士，以上成化甲午科。
李　时　永平卫人，陕西平凉知府，有传。
王永清　迁安人，河南延津知县。

刘　琦　抚宁人，山东兖州府通判。
刘　玟　抚宁人，河南汝宁府通判。
贾　琇　昌黎人，山西交城知县。
才　宽　见进士。以上成化丁酉科。
赵　璞　卢龙卫人，山东蒙阴知县。
李文盛　卢龙人，南直隶溧水知县。
杨　东　东胜卫人，山东商河知县。
田　增　滦州人，陕西凤翔知县。
余　璘　见进士。
高　寿　滦州人，以上成化庚子科。
杨　润　卢龙人，陕西金州知州。
杨　相　卢龙人，甘肃安定县知县。
朱　瑄　卢龙人，陕西兴平知县。
潘　魁　卢龙人，河南淇县知县
王　溥　迁安人，陕西金州知州。
沈　阶　滦州人，亚元。南直隶亳州州同。
吉志学　滦州人，山东东昌府通判。
冯　清　滦州人，陕西鄜县知县。
毛　凤　乐亭人，山西万泉知县。
郭　镛　迁安人。
崔　锦　见进士。以上成化癸卯科。
王　用　滦州人，河南西平知县。
许　庄　见进士。
任　惠　见进士。以上成化丙午科。
李　桢　永平卫人。
徐　瑞　滦州人，河南宝丰知县。
张秉清　见进士。
安　民　滦州人，户部郎中。
高　胜　昌黎人，南直隶凤阳府通判。

李宗商 见进士。
李　金 见进士。
王　廷 见进士。以上弘治乙酉科。
黄　胜 卢龙人，山东沂州训导。
刘　振 乐亭人。
高　谦 见进士。
孙　炯 见进士。以上弘治壬子科。
李　秀 迁安人，南直隶庐州府通判。
胡　宪 抚宁人，山西大同府通判。
李宗夏 乐亭人，陕西分州学正。
范　兰 湖广人。
李　炫 亚元，见进士。
陈　鼐 见进士。
王　蕃 见进士。
吴　吉 见进士。
周　纪 卢龙人。
李　溥 卢龙人，山东东阿知县。
朱　鉴 见进士。以上弘治乙卯科。
崔仲淮 昌黎人，鉴子，山西翼城知县。
鲁　铎 见进士。
王　辅 见进士。
李　鉴 见进士。以上弘治戊午科。
田　跃 山海人，山东金乡知县。
王　念 见进士。以上弘治辛酉科。
王　鼒 永平卫人，陕西淳化知县。
李士杰 迁安人，陕西都使司经历。
才　英 迁安人，山西平定州知州。
王　轸 滦州人，河南孟县知县以上弘治甲子科。
王　诚 乐亭人，山东禹城知县。

翟　鹏　见进士。以上正德丁卯科。
杨锐　迁安人，河南宁陵知县。
王　韦　乐亭人。
高　轩　见进士。
王　翰　见进士。以上正德庚午科。
李　宏　永平卫人，山东参议。
许廷璋　东胜卫人。
刘　镇　迁安人，山东费县知县。
李时佑　滦州人，山西沁源知县。
任　佶　滦州人，山东郓城知县。
白　麒　见进士。
李伯润　山海卫人，浙江永康县知县，改补河南怀庆府教授。
杨百之　见进士。以上正德癸酉科。
吴　炳　滦州人，河南汝宁府通判。
王　庚　见进士。以上正德丙子科。
周良臣　抚宁人，河南卫辉府通判。
赵得祐　见进士。
段　麒　见进士。
廖自显　见进士。
于　隆　滦州人，河间卫籍。以上正德己卯科。
纪　纶　卢龙卫人，陕西延安府同知。
李　涵　见进士。
赵　瑞　昌黎人，河南伊阳县知县，有传。
王　镐　见进士。
卢耿麒　见进士。
万　义　见进士。以上嘉靖壬午科。
朱　淳　永平卫人，山东昌邑知县。
阚　杰　卢龙人，石州知州。
李充拙　永平卫人，南通州知州，有传。

梅如玉 迁安人，山东福山县知县。
李充浊 见进士。
詹　荣 见进士。以上嘉靖乙酉科。
韩　梅 永平卫人，山西大同府同知，有传。
胡守仁 永平卫人。
邵鹤年 卢龙人，山西岢岚知州。
王　钲 滦州人，河南获嘉县知县。
钱　澍 见进士。
高　擢 见进士。以上嘉靖戊子科。
吉　占 滦州人，通判。
周　冉 见进士。以上嘉靖辛卯科。
郑　钦 滦州人，河南府通判，滦志作郑卿。
厉　汝 进见进士。以上嘉靖甲午科。
李一致 卢龙人。
张效俭 迁安人，山东兖州府通判。
刘　卿 滦州人。以上嘉靖丁酉科。
王好学 乐亭人，云南楚雄府知府，有传。嘉靖庚子科。
廖献可 卢龙人，山东即墨县知县。
茆世亨 卢龙人，易州知州。
王　宥 迁安人，念从孙。以上嘉靖癸卯科。
郝宗启 滦州人，山西泽州知州，有传。
陈　情 滦州人，山西孝义县知县，有传。
谭　坊 山海卫人。
王好问 见进士。以上嘉靖丙午科。
吉　守 滦州人，甘肃阶州知州。
翟绍先 抚宁人，鹏子。
穆宁中 见进士。
廖际可 见进士。以上嘉靖己酉科。
陈嘉谟 滦州人，山东济南府通判。

刘复礼 山海卫人，陕西行太仆少卿，有传。

萧大谦 山海卫人，陕西秦安知县，有传。以上嘉靖壬子科。

白　经 抚宁人，山东寿张县知县。

王尚直 见进士。以上嘉靖乙卯科。

李　□ 迁安人，山东陵县知县，嘉靖戊午科。

张文炳 滦州人，河南泾州知州。嘉靖辛酉科。

王　淦 滦州人。

王大用 见进士。以上嘉靖甲子科。

李鹤鸣 乐亭人，河南西华县知县。

王胤祥 见进士。

李安仁 见进士。

张汝桢 乐亭人，羽林卫籍。以上隆庆丁卯科。

韩应奎 东胜卫人，山西华阴知县，有传。

张所修 滦州人，山东福山县知县。

谭　讷 山海卫人，陕西中部县知县。

李承恩 迁安人。以上隆庆庚午科。

冯时泰 见进士。

张重立 山海卫人。

刘思诚 山海卫人，山东济南府同知，有传。

李汝茂 永平卫人。以上万历癸酉科。

韩应庚 见进士。万历丙子科。

魏可简 见进士。

朱文运 见进士。以上万历己卯科。

高　甲 滦州人，甘肃巩昌府推官。

魏汝桐 迁安人，河南宜阳县知县。

崔凤雏 东胜卫人，河南巩县知县。以上万历壬午科。

白　瑜 见进士。

冯盛明 见进士。

赵养正 滦州人。以上万历乙酉科。

徐云逵 见进士。
沈育民 滦州人。
高　第 见进士。
孟陈义 滦州人，以上万历戊子科。
杨文粹 迁安人，南直隶松江府通判。
张鹏翼 见进士。
王浑然 乐亭人，好问子，四川马湖知府，有传。
王之屏 昌黎人。以上万历辛卯科。
龙负图 见进士。万历甲午科。
冯斗华 滦州人，山东长山县知县，有传。
张孔教 滦州人。
曹司牧 乐亭人，苑马寺卿。
邸存性 见进士。
秦时跃 滦州人。以上万历丁酉科。
刘汝桂 昌黎人，陕西固原县知县。
石维岳 见进士。
赵养蔚 滦州人，尚宝少卿，有传。
薛三桂 卢龙人，云南永宁州知州，有传。
程大猷 见进士。以上万历庚子科。
白养粹 见进士。
冯运泰 见进士。
张启源 滦州人。鹏翼子。
宋文熏 昌黎人，山西隰州知州，进中宪大夫。
王大智 见进士。以上万历癸卯科。
陈王庭 见进士。
崔从教 迁安人，山西太原府同知。
张国瑞 见进士。
刘廷宣 见进士。
韩原善 见进士。以上万历丙午科。

张联奎 滦州人，庆阳府知府，有传。
冯　铨 见进士。以上万历己酉科。
严梦鸾 见进士。
郭　巩 见进士。以上万历壬子科。
吕鸣夏 山海卫人，历任陕西固原兵备副使，有传。
刘廷征 山海卫人，山西洛南知县。
廖从周 卢龙人教谕。以上万历乙卯科。
王调元 抚宁人，山东滕县知县，有传。万历戊午科。
严梦鹏 滦州人，梦鸾弟。
崔启亨 卢龙人。
高辅辰 见进士。
崔及第 见进士。以上天启甲子科。
李成性 见进士。
伦之楷 滦州人，巡仓御史，有传。
张汝贤 滦州人，陕西庄浪道，有传。以上天启丁卯科。
陈兴门 乐亭人，贵州同仁府推官。
穆尔鹏 山海卫人。以上崇祯庚午科。
王胤吉 抚宁人，崇祯癸酉科。
贾重隆 昌黎人，直隶隆平知县。
赵永祉 滦州人。以上崇祯丙子科。
张　直 滦州人，湖广阳府知府。
余一元 见进士。
管声扬 卢龙人，南直隶常州府通判，有传。以上崇祯己卯科。
高翼辰 滦州人。第子，湖广参政。
石　申 见进士。
李云起 见进士。以上崇祯壬午科。

［国朝］

刘鸿儒 见进士。
田应升 昌黎人，河南罗山知县。

陈性天 乐亭人，陕西宜川知县，有传。

沈所端 山海卫人。

戴殿云 兴州卫人。

穆惟乾 山海卫人，翰林院典簿，有传。

李茂春 迁安人，遵仪籍，陕西汉阴县知县。从县志补。以上顺治乙酉科。

白培极 滦州人，卢龙县志收人。

田国足 见进士。

崔联芳 山海卫人。

鞠惟谦 滦州人。

穆尔谟 见进士。

田三接 昌黎人。以上顺治丙戌科。

黄忱孝 乐亭人，山东单县知县。

赵映斗 见进士。

孙　颢 见进士。

梁　桢 滦州人。

高显辰 滦州人，云南府知府，有传。

高　岗 滦州人。以上顺治戊子科。

李若璋 迁安人，四川什邡知县。

孙如林 见进士。

赵启晋 昌黎人。

赵天锡 昌黎人。

程观颐 见进士。

秦文标 滦州人。以上顺治辛卯科。

马逢乐 昌黎人。

裴式度 迁安人。

谭从简 山海卫人，云南晋宁州知州，有传。以上顺治甲午科。

汪淑问 见进士。

崔　巍 迁安人，武邑县教谕，有传。

张元复 昌黎人，江苏靖江知县。
宋景时 昌黎人，铭元孙。
彭　皋 迁安人。以上顺治丁酉科。
刘名远 滦州人。
孟赉予 滦州人，山海卫教授。
朱尔怡 卢龙人，奉天籍，山东沂水知县。
田元扶 昌黎人。以上顺治庚子科。
阎允吉 昌黎人，卢龙籍，江西抚州府知府，有传。
刘疏泗 卢龙人。
邢吉士 滦州人。以上康熙癸卯科。
沈锡眉 卢龙卫籍。康熙丙午科。
郑惟一 滦州人，陕西清涧知县。
周之桢 永平卫籍，直隶景州学正。
朱一麟 乐亭人。以上康熙己酉科。
蔡　珍 旗籍，居卢龙官至御史，有传。
翁叔元 见进士。
李　沛 永平卫人。以上康熙壬子科。
刘　伟 见进士。
刘之源 滦州人。以上康熙乙卯科。
张开第 见进士。康熙戊午科。
吕　征 卢龙人，直隶昌平州学正。
卫　蕃 滦州人，直隶曲周县教谕。
马庆星 昌黎人。以上康熙辛酉科。
汪与恒 见进士。康熙甲子科。
穆宗道 山海卫人，宁晋县教谕。
王祚兴 山海卫人，从县志。
卢　丹 永平卫人，赤城县教谕。
王家桢 永平卫人。以上康熙丁卯科。
武克相 卢龙人，易州学正。

姚协于 见进士。
吴　班 乐亭人，四川井研知县，有传。以上康熙庚午科。
蔡　珽 见进士。
任五伦 见进士。
高棠萼 见进士。
王　佩 卢龙人。
高天挺 见进士。
翟正经 凤翥孙，见进士。
张　坦 抚宁人，今人临榆。
张　埙 抚宁人，中书科中书舍人。
黄　如 乐亭人。以上康熙癸酉科。
程廷宣 山海卫人，畿辅志姓陆。
管名标 卢龙人，声扬孙。
岂惟讷 卢龙人。
邸　培 昌黎人。
闫　瑄 昌黎人。以上康熙丙子科。
崔　璨 见进士。
朱廷遵 见进士。
张肇吉 山海卫人。以上康熙己卯科。
高汝翼 山海卫人，博野县教谕。
张　瑄 滦州人，省志作宜。以上康熙壬午科。
张　蔚 昌黎人，宏子，山东沂水知县，有传。
韩　珣 昌黎人，文公裔。
王　珍 见进士。
李作楫 山海卫人，从《临榆县志》补。
马云蔚 昌黎人。
万　瑄 见进士。
赵文颖 昌黎人。
金蔚昌 抚宁人。

卫　锦　滦州人，昌平州学正。以上康熙乙酉科。

董　准　卢龙人。

郭　伦　滦州人，云南楚雄县知县。

吕养浩　山海卫人。

李　英　迁安人，旗籍，蓟州知州。

田永乾　山海卫人，考授内阁中书。旧志作昌黎人，误。以上康熙戊子科。

马　淳　昌黎人。

董　携　滦州人。

卢元济　滦州人。

程可法　抚宁人，大城县教谕。

高宏裁　昌黎人，安徽南陵县知县。

龚　严　卢龙人，深泽教谕。

郑　勋　迁安人，正蓝旗籍，官至浙江处州府知府。以上康熙辛卯科。

邢文明　福建永安知县。

李本洁　卢龙人，广东广宁知县，有传。

项道兴　卢龙人。

龚师胜　卢龙人，陕西武功知县。

张致一　迁安人，乾隆元年会试后，因八十寿，钦赐国子监学正衔，七年选直隶武邑教谕。

田既嶷　昌黎人。

赵　健　乐亭人。

张可宗　山海卫人，乡饮大宾。

李　泽　乐亭人。以上康熙癸已科。

刘　甡　昌黎人。

刘　清　滦州人。

郭如柏　山海卫人。

汪　瀹　卢龙人。

邢开先 卢龙人。
赵　纪 山海卫人。以上康熙甲午科。
张元复 昌黎人，江南靖江知县，有传。
李　征 迁安人。己酉科。山东同考官。
李　兰 见进士。以上康熙丁酉科
李　针 见进士。一作诚。
陈　坦 卢龙人。
汪澹予 卢龙人。
张　端 滦州人。
阮文标 卢龙人。以上康熙庚子科。
杨　鲁 卢龙人。
何　泓 卢龙人。
冯龙会 抚宁人。
宋继祖 昌黎人。
王　瑞 昌黎人。
白受采 山海卫人，高阳教谕。
李　葳 乐亭人，浙江山阴知县。
刘　洑 乐亭人。以上雍正癸卯科。
赵　襄 卢龙人。
王启文 卢龙人，河南商城知县。
吕见龙 滦州人，长垣县教谕。
裴　绯 滦州人。以上雍正甲辰科。
傅齐贤 见进士。
翟　彬 卢龙人，怀来县教谕。
马　璐 昌黎人，福建清流知县，有传。
李　果 滦州人。
方　浩 见进士。
石袭曾 见进士。以上雍正丙午科。
马拱辰 昌黎人，高阳教谕，有传。

郭　熟　山海卫人，直隶蔚州学正。
牛天贵　见进士。以上雍正己酉科。
张　厉　迁安人，官学教习。
郭天性　见进士。
张宗美　昌黎人，平谷县教谕。
李承恩　滦州人。以上雍正壬子科。
张　玥　卢龙人。
邢希先　卢龙人，奉天宁远学正。
阎公铣　见进士。
穆开聪　山海卫人。
陈永清　乐亭人，获鹿县教谕。以上雍正乙卯科。
李　柱　乐亭人。
侯伸东　抚宁人，山西宁武知县，改河间教谕。
白龙光　山海卫人。
张嵩年　山海卫人。
常克从　山海卫人。
王　辅　滦州人。
潘克昌　滦州人。
郭起凤　滦州人。以上乾隆丙辰科。
蒋兴仁　卢龙人。
赵远猷　见进士。
张作霖　见进士。以上乾隆戊午科。
刘学健　卢龙人，平乡训导。
李其溥　卢龙人。
阮　谔　卢龙人。
石　瑚　滦州人，广东盐大使。
刁尚信　山海卫人。以上乾隆辛酉科。
温如玉　见进士。
高士英　乐亭人。

李宸诏 迁安人，正蓝旗籍，榜名英绿。

边继悠 滦州人。

石兆熊 滦州人。

刘敬授 昌黎人。以上乾隆甲子科。

贺让德 见进士。

赵鸣球 滦州人。

李松龄 滦州人，直隶宁津县训导。

范德昭 迁安人，奉天府复州学正。

李　灿 滦州人。

王　璠 昌黎人。

李文沛 卢龙人。

岳　琰 卢龙人，铁岭训导。

何之杞 卢龙人。以上乾隆丁卯科。

王可拔 迁安人，湖北试用知县。

李邦彦 滦州人。

孟充善 滦州人，任邱县教谕。

张　澍 抚宁人。

翟绪祖 抚宁人，南皮县教谕。

岂非伟 卢龙人。

张玉柱 滦州人。

李秉佶 卢龙人，永年县教谕。以上乾隆庚午科。

杨贺麟 滦州人，昌平州学正。

郑首瀛 滦州人，赞皇县教谕。

刘　浦 昌黎人，宁远州学正。

杨　俶 迁安人。

刘希贤 迁安人，清丰县训导。

王士升 昌黎人。

单　槐 抚宁人。以上乾隆壬申恩科。

陈四箴 抚宁人。

刘效上　迁安人。
冯立功　卢龙籍，昌黎人。
王　璐　昌黎人。以上乾隆癸酉科。
薛佩兰　卢龙人，甘肃试用知县。
李其沛　卢龙人。
李殿英　迁安人。
孙豫吉　昌黎人，丰润县教谕。
刘景泰　见进士，更名征泰。
卫　全　滦州人，亚元。
费　敬　昌黎人，大兴籍。
才汇征　抚宁人湖南新化县知县。以上乾隆丙子科。
薛国琮　卢龙人，遵化州训导。
穆开聘　临榆人。
贲　领　临榆人，四川试用知县。
李廷琰　临榆人，山西试用知县。
张兆鹏　昌黎人，江南河工县丞。
李丕承　昌黎人。
刘之佐　乐亭人。
姚云倬　乐亭人，湖北江陵县知县。
赵有善　乐亭人，山西试用知县。
张大猷　乐亭人。
常　坦　滦州人。
焦天渊　昌黎人。以上乾隆己卯科。
汪　埠　卢龙人。
李维垣　乐亭人，山东邱县知县。
阴　海　乐亭人，河南试用知县。
高宫玺　昌黎人，山西试用知县。
陈维新　昌黎人。
张存柱　乐亭人。

吴士瑛 滦州人。
吴　桓 滦州人。
何其通 滦州人。
孟廷铨 滦州人。
常　辉 滦州人，江南奉举贤知州。
魏延抡 昌黎人，江南试用知县。
赵　桐 见进士，以上乾隆庚辰，恩科。
黄　淦 乐亭人。
孟炽汉 军旗籍，居卢龙，广东盐大使。
齐　恭 抚宁人，广东试用知县。
刘　恂 昌黎人。
牛汇征 临榆人。
李廷仪 滦州人，试用知县。
李　正 昌黎人。
吴希灏 临榆人，四川试用知县。
何士麟 临榆人。
曹应龙 昌黎人。
杨大钠 抚宁人。
吴汝楫 滦州人。
李来宣 滦州人。
刘文英 临榆人。
李玉柱 抚宁人。
董高龄 临榆人。
李　源 卢龙人。
辛大成 见进士。以上乾隆壬午科。
伦璠甲 滦州人。
李德嘉 滦州人。
陈　调 滦州人。
魏行方 临榆人。

刘元吉 临榆人。以上乾隆乙酉科。

宋　赫 抚宁人。

朱维钟 卢龙人。

张　亮 临榆人。

傅　溶 临榆人。

郭升宗 临榆人。

冯　迈 临榆人。

阴　璿 乐亭人。

李士杰 滦州人。

杨开基 乐亭人。以上乾隆戊子科。

赵槐符 滦州人，解元。

蒋　棣 卢龙人。

王　坊 卢龙人。

王　露 抚宁人。

张于宣 昌黎人。以上乾隆庚寅恩科。

石祖安 滦州人。

王　昌 滦州人。

孙捷三 滦州人。

李德舆 滦州人。

项郁文 卢龙人。

王曾贻 卢龙人。

赵集义 乐亭籍，抚宁人。

杨培干 临榆人。

严用中 抚宁人。

王　霁 抚宁人。

谭文彰 昌黎人。

段蒙泉 昌黎人。

赵彦美 昌黎人，年逾七十，钦赐举人。

刘大儒 昌黎人。以上乾隆辛卯科。

辽学举人附

［国朝］

吴三元 自在州人，贵州遵义府知府。
陶鼎铉 中后所人，江南镇江府同知。
陶成玉 沙后所人。
王共瞻 右屯卫人，知县。
王大成 沙后所人，兵部郎中。
董以威 广西知县。
吴允升 见进士。以上顺治丙戌科。
李如桂 沈阳人，浙江提学佥事。
张羽明 宁远人，江南松江府知府。
王应诏 金州人，直隶南和知县。
罗绍伦 金州人，温州府推官。以上顺治戊子科。
项天成 盖州人，赵州学正。
刘应龙 奉天宁远人，山东平阴知县。
田　麟 见进士。以上顺治辛卯科。
范章祖 沈阳人。
陈尧言 见进士。以上顺治甲午科。
刘　瑸 广宁人。
陈日晋 宁远人。以上顺治丁酉科。
杨振藻 见进士。康熙己酉科。
田维兖 自在州人，麟子。
罗衍嗣 见进士。以上康熙癸卯科。

贡　生

［明］

马　定 抚宁人，翰林典籍。

杨　讷　昌黎人，布政检校。
孙　谦　抚宁人，山东郓城知县。
李　益　滦州人，四川华阳知县。
张　彬　抚宁人，南直隶江宁知县。
马　德　滦州人，陕西蒲城县丞。
马　毅　卢龙人，浙江奉化知县。
李　举　卢龙人，湖南宁乡知县。
王　佐　卢龙人，浙江瑞安知县。
裴　友　滦州人，南直隶镇江府同知。
李　芳　迁安人，山西平陆县丞。
阎文昌　昌黎人，河东运判。
姚　贵　抚宁人，山东肥城知县。
王　纲　抚宁人，南直隶萧县知县。
才　通　迁安人，南直隶淮安府经历。
王　纶　昌黎人，山东恩县县丞。
王　贵　昌黎人，甘肃庆阳府知府。
张　忠　滦州人，南直隶广德州州判。
马　旺　昌黎人，南直隶高邮州州判。
姚　善　永平卫人，山东武定州学正今改府。
邸　定　昌黎人，南直隶杨州府照磨。
宁　玉　卢龙人，河南襄城县丞。
龙　震　永平卫人，甘肃庆阳府同知。
王　毓　滦州人，鲁府典仪。
鲁希贤　滦州人，山东登州府照磨。
卢尚质　乐亭人，布政检校。
赵　祥　迁安人，浙江嘉善县丞。
孟　华　滦州人。
安　远　永平卫人，山西河津知县。
蒋　泰　永平卫人。

赵　定　卢龙人，山东临邑知县。
魏　孙　愚洪昌黎人。　**杨　瑛**　永平卫人。
骆　胜　永平卫人，山东济宁州吏目。
殷　玘　永平卫人。
胡　宁　滦州人，直隶磁州州判。
奉　昂　滦州人，山东蒲台训导。
朱　辉　卢龙人，任邱训导。
傅　荣　东胜卫人，山东鱼台训导。
王士英　滦州人。
胡　缙　迁安人，山东阳谷训导。
陈　磁　永平卫人，陕西岐山主簿。
瞿　昂　昌黎人，山东诸城训导。
刘　铭　迁安人，山西洪洞知县。
邵　瑄　卢龙人，山东朝城知县。
李　旺　卢龙人，山西太谷知县。
张　凤　卢龙人。　**朱　杰**　永平卫人，知县。
孙　武　滦州人。　**叶　华**　卢龙人，知县。
张　昂　永平卫人。　**谢　寰**　永平人。
冯　安　永平卫。
杨　珍　卢龙卫人，山西黎城训导。
张　文　迁安人，主簿。　**宋景卢**　龙卫人，训导。
俞　能　永平卫人，训导。
阎　辅　抚宁卫人，主簿。
王　璋　卢龙人。　**张　学**　迁安人，知县。
胡　铨　滦州人。　**杜　浚**　昌黎人，礼部司务。
孙　宏　永平卫人。　**瞿　让**　马恺
商　臣　县丞。　**张　仁**
王　阳　检校。　**吕　鼎**　卢龙人，冠县教谕。
靳　鸾　东胜卫人，教谕。

张　宁　训导。
周　锐　昌黎人，河南桐柏教谕。
葛　玺　吏目。
张　敏　卢龙人。　方　珍　训导。
许　禄　训导。　范孔贤　河南巩县教谕。
王　闰　卢龙人。　刘　儒　训导。
钱　胜　永平卫人。　俞　熊　永平卫人，教谕。
吕　贤　卢龙人，山西忻州学正。
刘　璧　教谕。
王　宗　训导。　杨　淳　永平卫人。
瞿　临　训导。　俞　璋　训导。
刘　经　教授。　吕　辅　训导。
张　阳　教授。
朱　瑾　永平卫人，河南武陟知县。
张　待　卢龙人。　邵　岳　卢龙人。
徐廷璋　训导。　傅良弼　检校。
李　景　训导。　谢　泾　永平卫人。
朱鉴之　永平卫人，河南温县县丞。
靳　泽　东胜卫人，主簿。
李思睿　永平卫人，山西大同知县。
胡　铉　永平卫人，山东博兴主簿。
李　鹏　迁安人，山东章邱主簿。
唐　骟　东胜卫人，山东汶上教谕。
王　浩　东胜卫人，四川江安知县。
潘　恩　罗　乔　东胜卫人，学正。
杨　昆　永平卫人，教谕。
唐　采　东胜卫人，州判。
杨继恩　东胜卫人。　张思直　永平卫人，教谕。
胡　江　永平卫人，山东蓬莱教谕。

陈　悉　永平卫人。
杨　鬳　永平卫人，山东新泰训导。
唐　寅　东胜卫人，山西屯留知县。
王须用　兴州卫人。
吕　鹏　卢龙人，河南原武教谕。
吴　蒸　永平卫人，训导。
朱　侣　卢龙人，山东肥城训导。
赵　英　永平卫人。
张维吉　兴州卫人，山西泽州训导。
李　举　卢龙人，直隶大兴寺簿。
戴　擢　兴州卫人，河南河内训导。
杨守和　卢龙卫人，主簿。
谢　恩　兴州卫人，山东历城教谕。
李充升　卢龙卫人。　**卢　伟**　东胜卫人。
刘天禄　卢龙人，教授。　**胡　朴**　永平卫人，教授。
陆　纶　卢龙卫人，山东青州府训导。
杨守忠　卢龙人，山东兖州府教谕。
程　贞　兴州卫人，山西朔州训导。
侯　泽　永平卫人。　**谢　塘**　永平卫人，教谕。
王应鸾　永平卫人，山东莱州训导。
潘国栋　东胜卫人，山东淄川训导。
杨　济　永平卫人，河南辉县教谕。
王　用　迁安人，山东乐陵训导。
杨　坡　卢龙人，辽东盖州训导。
白　相　卢龙人。辽东辽阳训导。
彭述古　卢龙卫人，卢龙教谕。
曹一新　训导。
周　宧　兴州卫人，辽东金州学正。
王继志　迁安人，山西朔州学正。

孔思敬　迁安人，安州训导。
李　瀹　永平卫人，山东郯城知县。
唐承光　东胜卫人，山东昌乐知县。
俞志定　永平卫人，山东齐河训导。
李守平　永平卫人，江南海州学正。
魏仕贤　昌黎人，训导。
陈一正　永平卫人，山西岢岚学正。
程蓄德　卢龙人，河南嵩县教谕。
张思仁　迁安人，山西介休训导。
宋德正　卢龙人，山东郓城训导。
李子敬　永平卫人，山西闻喜训导。
王廷献　迁安人，山东东光训导。
唐　守　东胜卫人，湖广衡州府推官。
任守约　迁安人训导。
李充道　东胜卫人，山西应州训导。
朱大鼎　永平卫人。
张彦中　卢龙人，密云教谕。
韦维翰　兴州卫人，辽东铁岭训导。
严　锜　卢龙人，江南兴化教谕。
朱友仁　永平卫人，辽东金州训导。
韩继仁　永平卫人，辽东金州卫训导。
李登瀛　迁安人，广东高州府通判。
王尚宾　迁安人。　**韩　珏**　永平卫人。
唐承先　东胜卫人，赞皇教谕。
王建中　迁安人，涿州训导。
李　鉴　永平卫人，训导。
朱子恭　永平卫人，昌平州训导。
徐可久　迁安人，河南获嘉知县。
赵养粹　滦州人。　**何大吉**　迁安人。

韩继忠 永平卫人，沧州训导。

韩师范 永平卫人。

曾耿麟 永平卫人，大名府训导。

李承福 卢龙人，南直隶徐州学正。

罗文达 东胜卫人。

李可培 卢龙人，承福子。陕西两当知县。

赵安国

孔应征 迁安人，顺天训导。

韦孔修 河南阌乡知县。

卜永清 东胜卫人。

王　法 滦州人，鸡泽训导。

陈　擢 陶世宰

卜文显 东胜卫人。 **吕际可** 陕西两当知县。

卢思门 东安训导。 **王重华** **周　寅** **王三才**

方梦斗 山东莱州府训导。

傅一梅 顺天训导。

钱　府 **罗光裕** 江南保安州训导。

李鱼跃 滦州人。 **吴际盛**

李时阳 山西广灵知县。 **许汝高** 蓟州训导。

张守愚 **王　谥**

伦之模 顺天训导。

白生华 **张鹏羽** **田龙见** **孟元吉** **张　碟** **王继绪**

王汝器 滦州人，南皮训导。

杨程学 滦州人。

张凤竹 迁安人。 **赵安国** 滦州人。

刘　权 滦州人，山东齐河县丞。

徐兰芳 顺天训导。 **刘昌泰** 定兴教谕。

杨复元

郝俊髦 滦州人，山东黄县主簿，死节。

杨国栋 乐亭人。
张　灿 滦州人，四川成都府训导。
王运泰 东胜卫人，湖广安陆府知事。
刘廷讲 河南武安主簿。
李更新 乐亭人。
葛攀凤 永平卫人，江南保安训导。
沈国光　**崔元吉**
卜文掞 东胜卫人，直隶任邱教谕。
姚时俊　**赵际可**　**杜蔚然**　**许有勋**　**郝鹏宇**　**曾继儒**
穆显谟 湖广咸宁县丞。
王化征 乐亭人。　**刘廷召** 山海人。
刘尚宾
解所蕴 抚宁人，河南南阳府同知。以上府学
苏　实 太仆寺丞。　**任　豫** 山西襄陵县丞。
刘　侃 河南卫，辉府经历。
甄　显 福建建宁府照磨。
张　杲 通政司经历　**王　礼** 官至御史。
刘　本 陕西澄城知县。　**刘　恭** 工部郎中。
国　用 官历佥事。　**郝　深** 鸿胪寺序班。
贾　升 陕西神木知县。　**宋　铎** 知县。
陈　英 山西解州州同。　**王　瑄** 鸿胪寺序班。
张　璧 临洮府推官。　**蒋　荣**
王　炳 河南彰德府知事。
王　翔 河南中牟县丞。　**邵　光** 腾骧卫经历。
乐　恕 山东德平主簿。　**解　宽** 河南兰阳主簿。
朱　昭 山东金乡知县。　**顾　本** 福建延平府知事。
陈　卤 山西蒲州州判。　**张　溥** 浙江杭州府知事。
邢　端 鸿胪寺序班。　**柏　茂** 河南遂平知县。
李　诚 浙江严州府照磨。

庞　恕　浙江秀水主簿。
王　道　陕西安定知县。
李　雍　石头港巡检。　　郑　杰　陕西绥德州州同。
郝　清　江南灵璧县丞。
景　源　河南阳武知县。
郑　广　陕西醴泉知县。
萧　英　辽东义州卫经历。
贾　璘　山东滕县知县。
窦　广　山东鱼台县丞。
刘仲钦　陕西照磨。　　周　瑀
董　胜　晋府教授。　　张　敩
王　玉　山东馆陶知县。
胡　忠　山东青城主簿。
彭　铭　山西安邑主簿。
李　正　　李　信　晋府教授。
杜　祥　山东堂邑训导。
韦　安　张　纯
时　恭　河南怀庆府训导。
薛　钦　王　深　岳　寿　张　纶
刘　锐　教授　　杨　升
王　博　知事。　　苗　盛　照磨。
杨　滋　知县　　沈　秀　浙江秀水教谕。
胡　渊　教授。　　徐　英　县丞。
冯　恭　训导。　　李　龙　教谕。
刘　金　教谕。　　郑　麟　主簿。
易　鸾　教谕。　　孟　熊　训导。
薛　纯　州判。　　李　纯　县丞。
李永寿　县丞。　　岳　镇　县丞。
郑　时　主簿。　　杨存性

邵　骥　训导。

张　源　王　阎　胡　梁　窦崇德　王登之

牛仲贤　训导。

刘　经　经历。

李一方　训导。

朱朝用　李芳春吏目。

萧永常

白　凤　教谕。

刘　雄　训导。

刘　纶　教谕。

俞天爵　训导。

茹一蒙　高秉清

冯国相　训导。

鲁东山　训导。

石　声　州同。

柏友松　训导。

张思聪　训导。

韩应箕　见封荫。

朱正颜　训导。

陈三策　训导。

石　璞

张文华　教谕。

魏凤鸣　程宝

陆　鉴　辽东铁岭卫训导。

王汝器　南皮训导。

吕登洲

刘　礼　训导方

至　滦　滦州人。

徐登云　迁安人，训导。

杨尔俊　卢龙卫人，广西思恩州州同。

钱青选　卢龙卫人。

李崇德　房山教谕。

张邦治　正定府教授。

方从矩　顺天训导。

李鸣时　山东茌平教谕。

王汝成

白　珩　甘肃环县知县。

丁应时　张良贵　刘注清

周鸣凤　保定府教授。

崔启亨　选拔见举人。

杨　熠

康兆民　迁拔南直隶安庆府同知。

冯景运　李发先

朱爱民　陕西合阳训导。

李本实　河南泌阳训导。

赵　宸　河南永宁知县。

赵鸣雷

罗拱极　新城训导。

石光斗　河南光山主簿。

黄　卷　陈燮元
李先培　江南丹阳训导。以上卢龙县学。
裴　友　南直隶镇江同知。
袁　谊　光禄署丞。
马　秀　南直隶应天通判。
萧　俊　河南固始知县。
张　彧　山东蓬莱知县。　艾　寿　山西汾州，吏目。
李　春　山西临汾主簿。　艾　广　浙江开化知县。
师　颜　河南许州同知。　任　亨　湖广湘潭知县。
赵　伦　李　谦　吏科给事中。
崔　卤　户科给事中。　王　恕　南直隶江阴知县。
杨　兴　山东费县知县。　徐　铉　山东商河知县。
宋　吉　河南怀庆同知。　程　选　陕西韩城知县。
张　泰　山东蒙阴知县。　张　质　南直隶溧阳主簿。
张　翙　河南祥符知县。　刘　信　太仆寺丞。
张　铨　山东寿张知县。　王　鲤　山西夏县训导。
王　威　山西解州州判。　刘　进　按察司佥事。
宋　宁　陕西陇州州同。　刘　源　山西永和知县。
李　恭　河南怀庆照磨。　刘　贵　河南许州同知。
吴　宏　山西绛州州判。　安　泰　山西稷山县丞。
齐　义　兵马司。　邢　政　山东馆陶知县。
李　彝　王　珣　南直隶繁昌知县。
张　理　山东平原县县丞。　尚　庸　宣武卫经历。
刘　永　南直隶泗州知州。　崔　清　南直隶五河知县。
张　弼　南直隶灵宝县县丞。　高　谅　武乡知县。
赵　冕　南直隶寿州州判。　王　琉　南直隶武进县县丞。
王　睿　河南陕州知州。　马　震　浙江长兴知县。
赵　玘　　谢宁　河南原武知县。
冯　宁　山西范县主簿。　田　华　南直隶常熟县县丞。

王　铎　周　让　江西星子知县

张　文　陕西鄠县县丞。　　　李　让

杨　晃　山东即墨知县。　　　安　和　山西马邑知县。

王　佐　山东峄县县丞。　　　崔　礼　山西解州州判。

史　忠　河南孟津县县丞。　　王　钦　京卫经历。

伦　英　布政理问。　　　　　王　轨

秦　昂　山东蒲台训导。　　　曾　文　辽东卫知事。

王世英　徐衡　浙江绍兴知事。

赵鉴　晋府奉祀。　　　　　　高　铭

薛　茂　山东莱州知事。　　　邢　端　山东益都主簿。

雷　进　陕西华阴县县丞。　　史　经　福建清源主簿。

杨　宁　邸　琛

王　德　直隶满城县县丞。　　王　端　山东诸城县县丞。

吴　昂　福建建宁通判。　　　张　举　山东昌邑主簿。

吉　哲　山东商河知县。　　　贺　盛　思明，同知。

高　玘　山东汶上训导。　　　张　勋

王　镗　通州州同。　　　　　薛廷实　陕西米脂知县。

刘　鼎　王　进　山西潞州同知。

卢　胜　南直隶沛县县丞。　　艾　棋

高　亮　陕西西乡知县。　　　杨　聚　鸿胪寺序班。

许　临　高　嵩　南直隶凤阳卫经历。

杜　澄　河南睢州吏目。　　　侯　爵　山东商河县县丞。

杨　铨　河南通许知县。　　　李　举　山西浑源州吏目。

邸　隆　师　仁　江西贵溪主簿。

郑　举　浙江昌化知县。　　　冯顺亨　南直隶兴化主簿。

吉民　马璘　河南怀庆府照磨。

涂　敏　河南源武教谕。　　　陈　因　山西榆社主簿。

张　仁　南直隶宿迁县丞。　　熊　瓘

张　吉　河南夏邑训导。　　　雷　泽　河南陈留主簿。

王　章　王府教授。　张　祚　辽海卫教授。
于　隆　山东昌邑主簿。　刘　鲸　山西黎城县丞。
赵凤岐　辽东海州州判。　伦秉忠　山西长子教谕。
张渭行　太仆寺主簿。　吴　俊　山东益都县丞。
周朝献　山西浑源训导。　吉志道　王府教授。
萧　镇　山东临青州判。　解　经
崔　鼐　山东东阿训导。　韩廷震　山东临邑训导。
田舜耕　山西宣府卫经历。　刘　洋　山东昌邑县丞。
李　瀚　南直隶灵壁主簿。　曹　章
李　永　山西吉州州判。　杨　鲁
王应昭　山西灵石主簿。　王　镛　南直隶长洲县丞。
刘良臣　南直隶吴江县丞。　张　珠　山西隰州同知。
王　钥　直隶任州州判。　李　霈
王　结　山西洪洞主簿。　卫　江
张文学　辽阳卫训导。　高　荐　主簿。
任　价　河南商邱主簿。　杨　铁　主簿。
刘克勤　马应期
王廷玺　山东齐河主簿。　冯余庆　河南西华知县。
王好言　吉　杰　翟世祥　照磨。
王　钿　刘　昂　山东莱芜教谕。
刘　芗　王廷蕙　徐守信
王承荣　山东安邱主簿。　高吉昌
谢九容　辽东铁岭卫经历。　谢嘉谟
任　午　训导。　安如盘　山东青州训导。
王大化　教授。　叶一芝　陕西同州同知。
周汝夔　主簿。　王承恩　辽东训导。
吉　宦　陕西咸阳训导。　孙　扬　恩贡，直隶武清教谕。
吴学颢　湖广荆门州州同。　刘鹤来
萧继志　陕西洛川教谕。　陈国教

王津　葛为　**山西绛县知县。**　**王　松**　密云训导。
王立本　山西荣河知县。　**吴学颐**　**刘　照**　辽阳卫训导。
吉士赉　山东福山知县。　**张文耀**
张名世　湖广武昌府通判。　**萧士毅**　教授。
王文台　宝坻训导。　**王子奇**　河南睢州州判。
任应昌　山东钜野县丞。　**高思聪**　定辽卫教授。
崔凤毛　顺义训导。　**赵养心**　井陉训导。
王　队　晋州训导。　**高　等**　辽东教谕。
沈鱼化　隆平教谕。　**陈之宠**　**徐可教**
吉士举　辽东义州卫教授。　**王时信**
陈三纬　甘肃镇原知县，有传。
白廷魁　临县知县，有传。
张怀仁　深泽训导。　**赵国彦**　**田子实**
曲文光　南直隶邳州知州。　**陈善道**
赵国翰　山东钜野知县。　**王　樌**　恩选。
张寿源　**张熟礼**　卫经历。
吴际盛　**李充桂**　**李守约**
赵应瑞　山西阳曲县丞。　**张迁**　河南孟县县丞。
刘三顾　卫辉教授。　**吉盈**　**刘　庆**
张崇本　山西夏县县丞。　**沈士鲁**
张静源　山东沂州经历。　**熊加志**　定兴训导。
张汝恭　**刘维桢**　宝坻训导。
郑　鼎　陕西清涧知县。　**刘光国**
冯运亨　湖广黄梅教授。　**秦永明**　选拔。
王　柚　**郑　卿**　河南府通判，有传。
吉先见　**冯运隆**　河间训导，死节。
郝誉髦　山西洪洞县丞。　**厉荩臣**　山西怀来训导。
王养正　青县训导。以上滦州。**李　英**　户部员外。
李镇　山西清源知县。　**李恕**　河南郏县县丞。

杨　昭　　　　　　　周　凤　鸿胪寺序班。
张　琛　户部主事。　何　彬　县丞。
张　鲁　山东清平知县。　邓　俊　山东知县。
王　通　　　　　　　马　麟　兵部主事。
张　烨　户部主事。　王　苑
魏　源　浙江温州府知事。　朱　镛　南直隶盱眙知县。
吴　城　河南道御史。　刘　清
崔　勉　吏部稽勋司。
石　琳　刘　海　边　通
刘　杰　代府典簿。　李　芳　湖广辰州通判。
李　翊　陕西渭南知县。　窦　震　河南卫辉府通判。
王　址　张　瑄
张　纲　湖广武昌同知。　李　荣
张　智　湖广黄州府通判，有传。
王　升　陕西潼关卫教授。
刘　耀　河南郏县县丞。　刘　辉　山西榆次知县。
元　圭　湖广长沙府知事。　杨　瑄　山东长清县丞。
田　治　南直隶武进知县。　杨　春　周　诚
董　德　南直隶颍州吏目。　李　纲
章巨川　山东海丰教谕。　谢　纶　河南孟县知县。
曹　智　江西抚州府知事。　李　桢
王　辅　浙江盐大使。
吴　性　陕西两当知县。
孙　琮　徐　琮　南直隶太仓州经历。
蒋　盛　孝子人，府乡贤祠。
唐　忠
石　磬　山东旧县县丞。　王　瀛　陕西清水知县。
李　榮　山西寿阳县丞。　包　诚　南直隶高邮州判。
魏　琮　见进士。　梅　忠　李　治

杨　显　陕西汉中府照磨。　　徐　礼　山西祁县主簿。
李　祥　陕西宜川知县。　　李　友　河南伊阳县教谕。
景　昭　浙江秀水主簿。　　张文遂　陕西马邑知县。
邓　昶　周府教授。　　李　彬
周　文　保定府教授。　　张　旻　河南荣泽县训导。
王　荣　山西榆林次训导。　　许　闽　山东馆陶县丞。
元　端
傅　俭　陕西同官知县。　　李士杰　见举人。
史　祥　周　浚　山东青州知事
李　浚　山东武城训导。　　韩廷玉　河南沈邱训导。
赵崇礼　山东长清训导。　　徐　升
张　钦　山西蒲城训导。　　韩　举
郭　浩　陕西商州知州。　　吴　诚
马文明　山东武城教谕。　　徐　伸　礼子
徐登高　陕西乾州训导。　　徐　塘　山西石楼教谕。
李　晟　辽东宁远州训导。　　赵　清　山东平原教谕。
李自立　韩守忠　山东阳信训导。
王　宥　见举人。　　郭　浚　山东泰安府教授。
侯　升　周府教授。　　刘　东　南直隶亳州吏目。
申　儒　山西盂县知县。　　李介福
赵邦岱　山西绛县训导。　　李　节　山西荣和训导。
王　复　代府祀正。　　李　泳　辽东宁远训导。
李　培　　国　翰　河南息县训导。
张　立　河南汜水训导。　　张效良　陕西两当知县。
孙　愚　山西孝义训导。　　王之衡　南直隶虹县训导。
王　科　南直隶全椒教谕。　　张效恭　国子监助教。
杨　纶　周府教授。　　李应魁　山东历城教谕。
唐　润　涿州学正。　　李一桂　山东诸城县丞。
杨汝继　安州学正。　　章　铭　周府教授。

李　铎　山东高苑知县。　**魏尚贤**　顺天府训导。
刘汝庚　山西偏头关训导。　**章国泰**　章国贤
蔡维良　辽东前屯卫训导，县志名继良。
侯　度
崔　岩　河南怀庆府同知。　**王廷贵**　博野训导。
蔡天鹭　山东宁海州训导。　**张行义**　滑县训导。
王应元　**彭友直**　恩贡。江西抚州通判。
周治隆　辽东铁岭卫教授。　**赵国贤**　容城教谕。
刘学古　张效礼
李联芳　新乐教谕。　**徐云逵**　山西平阳教授。
王天相　**李时新**　**许成章**
王与位　永清训导。
孙荣先　南直隶扬州府教授，升知县。
彭好学　**阚守忠**　元城训导。
陈时策　**王士选**　蓟州训导。
李国壁　深泽教谕。　**李毓秀**　邢台教谕。
杨述贤　柏乡训导。　**李树名**　东光教谕。
潘鹏程　**李国梓**　**张养正**
程大猷　恩贡，见进士。　**李毓英**　恩贡，湖广武昌通判。
杨树声　恩贡。　**程　量**　恩贡。
韩　范　恩贡。以上迁安县学。
杨　建　户科给事中。
乔　益　南直隶寿州知州。　**李　式**　工部主事。
朱　莫　光禄寺署丞。　**赵　通**　广东韶州府经历。
李　宸　湖广沔阳州知州。　**李　升**　陕西葭州知州。
刘　本　浙江严州府知府。　**周　郁**　山西垣曲县丞。
刘　清　山西猗氏县丞。　**赵　春**　**赵　正**
李　显　户部员外。　**葛　永**　陕西华阴县丞。
袁　节　山东青城知县。　**张　鹏**　阳和县经历。

张　建　冯　晟　王　辅　张　端

王　恂　崇德县丞。　张　献　河南太康知县。

陈　洁　　张　勉　四川安乐知县。

李　惠　王　干　赵　璧　董　鉴

刘　俊　山东滨州判官。　贺　祥　山西按察经历。

王　春　南直隶桐城县县丞。　周　密　河南荥泽知县。

刘　芳　　王　瑶　河南怀庆府知事。

郭　瑄　陕西西乡知县。　吴　洪　浙江上虞县丞。

俞　让　云南定远知县。　马　驯　陕西绥德州州判。

韩　升　　乔　嵩　山东长山知县。

冯　彰　安徽英山县丞。　李　敬

赵　宠　县志名宏。　张　本　陕西略阳知县。

陈　琰　山西沁水县丞。　宋　吉　定辽经历县志姓朱。

金　镛　光禄寺署正。　单　雄　山西太原知县。

姚　让　河南汝州州判。　袁　通　陕西扶风知县。

白思谦　　乔　忠　河南新野知县。

王　绍　思明州吏目。　郭　理　通州州判。

邵　镛　　王　楫　晋府奉祀。

李　麟　南直隶安庆府经历。　张　琦　河南祥符县丞。

孟　诚　山西泽州吏目。　张　相　山东高密知县。

堵　昶　　李　昱　辽东复州卫训导。

胡　英　　李　恕　山东范县县丞。

周　南　南直隶盐城县县丞。　冯世宁　南直隶徐州州判。

王　深　　金　夔　山东武城县丞。

王廷相　浙江衢州府照磨。　赵　通　河南获嘉主簿。

乔　璜　南直隶长州县县丞。　刘　堂　中书舍人。

袁　奎　　陈　翱　河南临潼主簿。

贺　表　浙江宁海主簿。　金　溥　南直隶江浦主簿。

王廷纲　山东招远教谕。　赵　镗　山东莱州府教谕。

赵　武　**张　淳**　山东茌平主簿。
郭宗智　直隶赵州吏目。　**陈文辉**　**姚希贤**
袁　栋　云南建水州吏目。　**陈　镗**
张　城　辽东广宁卫经历。　**张　伟**　**陈文质**
石　坤　山东栖霞训导。　**马　钚**　**赵　宏**　**徐　行**
潘士英　甘肃甘州府知事。　**傅　金**　山东观城知县。
李　儒　南直隶绩溪主簿。　**朱　珍**　经太仓经历。
潘　锦　河南宝丰县丞。　**谢恩诰**　**杨闰**
冯学诗　山东武城教谕。　**乔明叙**　崇德县丞。
萧　韶　**王　凤**　河南永城主簿。
吴　锦　**袁　锡**　**杨泽**
鲁　东　河南卢氏县县丞。　**顾　伟**
赵　钦　浙江金华知县。　**朱　跃**　山西闻喜县丞。
李　相　**金　榜**　**张　尚质**　甘肃崇信教谕。
郭　相　山西临县教谕。　**陈　言**　云南顺宁府经历。
黄　镇　山西大同训导。　**黄　钤**　河南荥阳训导。
吴光海　南直隶太平府训导。县志姓吕。
王汝珍　陕西延长知县。　**陈　清**　山东招远教谕。
王　卉　山西榆社训导。　**赵　相**　河南中牟教谕。
赵　轩　容城教谕。　**朱自新**　南直隶太平县丞。
张三九　河南汝宁通判。　**邱维德**　定兴教谕。
朱正心　房山教谕。　**王嘉礼**　赞皇教谕。
杨凤仪　**周尚卿**　陕西米脂知县。
刘廷彦　陕西汉中府教授。　**傅如兰**　沧州训导。
周尚赤　山东邱县训导。　**黄道东**　辽东复州卫训导。
陈所学　**王学礼**　**黄道南**　训导。
李蕴粹　恩贡，西安府乾州知州。
陈中行
周中尧　恩选。　**苗来贡**　训导。

翟凌云 恩贡，山东兖州府同知，有传。
萧奇栋 恩贡，河南南阳府同知，有传。
张　曜 获鹿训导。
温克敏 恩贡，湖北汉阳府通判。一作克敬。
郭永静 拔贡，福建邵武府同知。
翟登云 训导。
贾继业 训导。
张东铭
王际明 陕西沔县知县。
田大有
徐文耀 庆云训导。
周之正
魏之璠 经历
徐　升 玉田教谕。
郭朝元
杨柱国 副榜。
赵　桂 山西路安府教授。
丁元会 山东乐陵县丞。
刘国玺 山东历城县丞。以上抚宁县学。
罗士佳 静海训导。
郭典学 完县教谕。
龚　柞 南直隶怀安卫训导。
王之聘 山东钜野训导。
张　汉 密云训导。
王德育 蓟州训导。
徐应登 正定训导
姚应光
张鹏云 河南灵宝县丞。
王之葵 江南徐州州判，有传。
龚承德
傅佳胤 山海卫教授。
万　信 开封知府，有传。
龙　云 工部主事。
杨　讷 贵州布政司检校。
鲁希贤 山东登州府照磨。
王尚德 河南经历。
刘　澄 四川叙州府推官。
张　让 经历。
戴　成 湖广应山知县。
李　宁 山东济宁州吏目。
崔　清 陕西朝邑知县。
王　贵 河南庆阳知府，有传。
王　沦 山东恩县县丞。
马　贵 陕西延安府照磨。
卢　兰 湖广汉阳知县。
祖　述 官至福建右参政。
石　确 江南溧阳知县。
赵　彝 辽西宁远知县。
刘　森 盐运同知。
王　俘 江西瑞州府经历。
傅　贞 山东齐河主簿。

李　泽　山西汾西主簿。
张　伟　山东郓城知县。
于　原　山东济河知县。
孙　通　山东夏津知县。
张　蕤　山东郯城知县。
郭　翰　河南磁州州判。
李　超　山东益县县丞。
李　新　四川龙安巡检。
张　麒　山东平原县丞。
宋　祥　贵州乌撒卫经历。
马　让　知事。
齐　聚　吏目。
王　琳　山西阳曲县丞。
冯　义　山西孝义主簿。
张　羽　按察检校。
白尚文　河南上蔡知县。
刘　瑄　河南信阳知县。
张　冲　燕山经历。
刘　鼐　羽林卫经历。
牛　麟　山东兖州府知事。
杨　宏　湖广均州吏目。
王　泉
才　俊　四川华阳知县。
赵　范　陕西西安府照磨。
刘　信　南直隶太平府经历。
萧　政　河南孟津县丞。
刘　翔　泗水主簿。
喻　昭　河南考城主簿。
申　旻　直隶曲阳县县丞。
石　瑀
任　震　山东濮州州判。
郑　义　姜　颐
郭　玘　知事。
张　瑾　南直隶溧阳知县。
李　志　山西闻喜县县丞。
雍　泾　河南彰德府教授。
王　霖　副使。
赵　凯　大使。
董　敬　南直隶江宁县秣陵关巡检。
田　贡
孙　琦　山东青城县丞。
董　济　山东商河主簿。
顾　宁　山东德州州判。
朱　玉　大使。
张　深　大使。
李　凤　山西忻州同知。
费　文
冯　得　河南安阳县丞。
范希贤　山东朝城训导。
刘志道　吏目。
张时中　河南宁乡训导。
马添寿　山西大同知县。
张　麟　刘　隆　山东乐陵主簿。

高　俊　山西静乐主簿。　景　德　山西万泉主簿。
周　明　云南武定州训导。　王　缨　浙江安吉府照磨。
竹　祥　太仆少卿。　张　润　山东济阳县丞。
卜　昌　仕　凤　山东阳信主簿。
万　实　贾　玺　冯　璪　李　春
邸　泉　杭州府通判，旧志作滦州人，兹从县志。
王　臣　赵　绅　山西大同卫教授。
宋　鉴　河南太康训导。　李　棠　李　贤
郭如京　南直隶池州府检校。
贾　琮　浙江德清主簿。　李　祺　山西平定州州判。
魏文益　陕西石泉教谕。　王　鉴　山西怀仁训导。
汪大绅　山东文登教谕。　宋　端　山东济南训导。
宋宽　山东东平州学正。　马　鼐　山东阳信主簿。
范　芝　山东登州训导。　白　瓘　南直隶常熟县县丞。
李聘儒　山东齐东县丞。　景维杰　山东蓬莱主簿。
李　梅　河南邓州州判。　魏　诰　王府教授。
郭　晟　南直隶宜兴县县丞。　贾　韶　浙江瑞安主簿，有传。
张从智　山东冠县县丞。　邢　念　山东蓬莱主簿。
汪大纺　陕西蒲城训导。　邢　润　南直隶金坛主簿。
孙　严　辽东义州训导。　李　珩　甘肃秦州州判。
张　昴　南直隶元主簿。　齐　宗　尧河东运同，有传。
李跃浪　河南永城知县。　周　急　山东武城训导。
张奇龄　山东莱阳主簿。　王尚贤　翰子，陕西富平知县。
齐宗文　山东泰安知州。　李学思　河南兰阳知县。
高崇本　王府工正。　张　汲　王府工正。
王　槐　工部左侍郎，有传。　赵克励　河南孟县知县。
齐克肖　甘肃平凉府通判。　田桂林　山东费县知县。
汪可诏　临洮同知。　宋可大　南直隶卢州府教授。
秦廷符

赵文蔚 南直隶山阳主簿。 **龙进忠** 山西潞城县丞。
张宗鲁 南直隶江阴县丞。 **邹养正** 山东莒州州判。
马呈瑞 恩贡。 **王纯义**
陈士俊 江西于都知县。
齐鸣凤 宗尧子，辽东自在知州。
刘思恭 知县。 **齐应祥** 山西阳城县丞。
张充鲁 景州学正。 **张彭年** 河南新乡教谕。
宋文灿 恩贡。 **王　荐**
齐鸣雷 宗尧子，河南林县知县。
宋维周 山西交城训导。 **王德立** 可邵子，卫学教授。
蔡志学 丰润教谕。 **贾秉节**
张国祥 昂子，甘肃渭源知县，有传。
宋　濂 儒遵化训导。
朱　洛 儒长垣训导。 **所无逸** 保定训导。
张邦达 辽东卫教授。 **孙　栋** 肥乡训导。
张所性 充鲁子，南直隶山阳知县。
龙载图 进忠子，山西马邑知县。
李惟极 四川保宁通判。
魏功懋 可简子，南直隶吴县主簿。
孙明德 栋子，训导。
龙呈图 进忠子，河南邓州府同知，有传。
齐士斌 鸣雷子，江西吉安府同知，城守功，进中宪大夫。
田宗周 保安卫教授。 **王　任**
邸养性 存性弟，直隶永清卫教谕，死节。
万人杰 东安教谕，有传。 **鲁可毅** 深泽训导，死节。
张智临 国祥子，选拔。 **王克顺** 沙河训导。
冯光大 遵化训导。 **段宏璧** 顺德训导。
齐拱极 **任应遴** 山东武城训导。
齐士杰 良乡训导。以上昌黎县学。

何　兴　浙江湖州府知府。　　刘　浩　江西广信府推官。
李　乐　御史，历任副使，有传。
刘　规　检讨。
艾　兴　河南修武县丞。　　刘　郁　山东长山知县。
刘　瑞　知府。　　张　贵　山西阳曲县丞。
崔　规　光禄署丞。　　吴　瓒　卫经历。
李　辉　河西宁州州同。　　单　清　金吾卫经历。
刘　均　南直隶寿州卫经历。
苗　盛　鲁府引礼。
李　春　山西临汾主簿。　　张　亨　山西榆次知县。
史　怡　官至江西参政，有传。
张　庸　鲁府典仪。
赵　凤　工部主事。　　魏　升　南直隶吴江县丞。
崔　庸　经历。　　单　铭　河南阳武县丞。
刘景文　河南确山县丞。　　高　智　卫经历。
崔　赟　　侯　彬　山东安邱县丞。
李　茂　南直隶高邮知州。　　李　瓒　序班。
段　宁　山东安邱县丞。　　郭　瑞　按察司照磨。
齐　文　运判。　　丁　深　河南汲县县丞。
张　杰　山东临邑县县丞。　　冯　杰　南直隶巢县知县。
郁　昌　岁贡。　　李　杰　广西永康主簿。
孙　勗　浙江缙云典史。　　王　能　山西蒲县知县。
王　畿　　李　琮　山东高苑县县丞。
李　珏　州判。　　张　秀
张　振　浙江平湖县丞。
张　泰　河南开封府通判，有传。
晁　清　山东胶州州判。　　王　佐　陕西醴泉主簿。
李　祥　太仆寺主簿。　　郭　佐　山西宁乡知县。
王　福　大使。　　郭进忠　山东临淄主簿。

蔺　泰　南直隶石埭主簿。　赵　讯　湖广咸宁县县丞。
崔　翱　山西怀仁知县。　稽　源　何　增
侯　铎　吏目。　母　瑄　周府典簿。
姚　正　南直隶江蒲主簿。　吴　睿　山东曹州府同知。
王　庆　山东棠邑县县丞。　吴　斌　高平县县丞。
李　振　山西蒲州吏目。　王　卿　南直隶常熟县县丞。
王　钱　郁　昕　岁贡，山东陵县县丞。
张　璠　浙江会稽县县丞。　刘　钦　训导。
吴　哲　山东蒲台县县丞。　李　晟　山西隰州训导。
赵　锡　孙　辂　县丞。
张　锦　山东淄州主簿。　魏　瓒　河南信阳县县丞。
郁　时　岁贡，河南仪封教谕。
刘　瑶　河南信阳县县丞。
马　寅　张　鏊　王　闻
李宗儒　河南林县县丞。　杨廷璋　山西闻喜知县。
卢　梁　见封赠。　王　铨
王致中　南直隶常熟县县丞。
吴　佑
郁　佐　东章邱县县丞。　李　瑶　河南原武知县。
张应祥　湖广汉阳府照磨。　王天佑　山东章邱县县丞。
刘孟纲　郁从舜　训导。
郭孟豪　王嘉言　山西荣河知县。
王来聘　新泰知县。　王好问　见进士，有传。
杨　沔　山东平原县县丞。　杨　湖　山西都司断事。
冯恩孚　董承恩
王平康　河南淇县训导。　孟　春　山东栖霞主簿。
韩世贤　李时元　李　栋
曹九霄　山东临清州州判。　萧云汉　河东运同，有传。
张士让　山东乐陵县县丞。　徐　权　山西沁州州判。

刘大章 山西汝水县县丞。　　**王三省** 三河训导。
萧守卿 山西泽州州判。　　**王用和** 密云训导。
高志颜　　**温德基** 宝坻训导。
张自镐　**李子香**
栗崇本 南直隶上海主簿。　　**曹九思** 山东淄川教谕。
张镐真 定府教授。　　**王用刚** 辽东锦州卫训导。
刘存仁 蠡县训导。　　**高文熙** 陕西葭州州判。
任　相 怀柔训导。　　**王熙载**
李如松 吴桥训导。　　**萧馨春** 河南浚县训导。
陈继业 辽东锦州卫教授。　　**刘驯洛** 景州训导。
谷迁乔 山东临清训导。
王孟豪　**纪凤鸣**
孙思顺 良乡教谕。　　**萧发春** 河南温县教谕。
李惟贤 南和训导。　　**单道中** 南直隶建平训导。
高启芳 福建镇武卫经历。　　**温而栗** 恩贡，山东历城主簿。
邵孔彰 恩贡。　　**韩恩范** 教授。
赵鸣鹂 恩贡，北城兵马司副指挥。
王确然 顺天训导。
张鹏翼 魏县训导。　　**韩孔育** 良乡教谕。
陈经济 山西永和知县。　　**萧时泰**　**吴邦瑾**
张世升 山西长治知县。　　**王时熙** 满城训导。
王选 教谕。　　**侯服休** 魏县知县。
萧启泰 房山教谕。　　**宋尚德** 山西静乐知县。
王利宝 兵马司指挥。
王时显 兵马司副指挥。以上乐亭县学。
曹　广
王　铎 南直隶卢州府检校。
刘　铭　　**苏　豫** 陕西同州州判。
赵　仁 山东博平主簿。　　**李　春** 山东邹平主簿。

张　宁　河南磁州训导。
戴　刚　山东黄县主簿。
张　铉　陕西朝邑县县丞。
房　绾　江西分宜主簿。
陈　策　山东莒州训导。
侯　荣　山东行太仆主簿。
萧凤鸣　显之子。
张　礼　江南靖江主簿。
何　清
王　相　旗手卫经历。
王　伟
马应奎
路　通　三万卫教授。
白九经
刘　俊　新乐教谕。
田　鹰　甘肃静宁州州同。
萧瑞凤　山西大同府通判。

刘鉴鸿　鸿胪寺序班。
蒋　英
李　琛　山东沂州经历。
李　敬　贵州卫知事。
赵　纬
杨　聪　德府典宝。
王道亨　山东登州府训导。
张　谦　山东新城县丞。
陶　恕　江南砀山县丞。
赵　聪　山东临清训导。
李　锦　陕西庄浪知县。
李秉玉　山东沂州州同。
萧大观　山东商河县丞。
毛　傅　山东潍县教谕。
沈　渊　山东平度州同。
高　宁　浙江秀水县县丞。

刘汝正　南直隶庐州府照磨，赠工部郎中。

郭大伦　山东博兴教谕。
林锦　南直隶长洲县丞。
辛三畏　山东文登知县。
崔宏沛　山西石楼知县。
李承恩　山西广昌知县。
曹　蕙　钺子。
张德立　山东乐陵知县。
张思聪　河南洧川教谕。
何秉元　辽东辽海卫训导。
谭　诗　山西太原知县。
李东升　河间教谕。

曹钺东　城兵马司指挥。
孙　鸾　四川褒城教谕。
高　肃　河南临漳主簿。
刘　栋　辽东海州卫训导。
鲁孟秋
萧道远　显孙，山东武城教谕。
冯　瀛　山东平原县县丞。
毛　恕　辽东铁岭卫教谕。
辛　涵　山西山阴知县。
曹　芹　山东齐东教谕。
赵　鹗　山东成山卫教谕。

鲁应芳 南直隶定远教谕。 **郝宗元** 辽东锦州卫经历。
于思敬 **王之藩** 山西兴县知县。
王从政 山东莱阳知县。 **萧大咸** 通判。
侯汝敬 南直隶怀来卫训导。 **张问明** 雄县训导。
田汝耔 辽东前屯卫训导。 **何景奎** 山东即墨谕。
于思明 永清教谕。 **刘熙载** 四川崇宁知县。
袁　钦 遵化教谕。 **沈　琇** 广平府教授。
刘　倮 河南宜阳教谕。 **王嘉宾** 顺天房山教谕。
邹大珍 兴济教谕。 **程　正** 南直隶合肥训导。
沈国兆 山东堂邑训导。 **刘思明** 赠府同知。
辛　浚 甘肃宁夏卫教授。 **何志重** 曲周教谕。
房自新 顺天府训导。 **吕大成** 深州训导。
蔡茂旸 吴桥教谕。 **田大登**
郭廉远 江西南昌府通判。 **吕鸣章** 陕西关西道右参议。
刘廷召 **刘克勤** 丰润训导。
吕世臣 天津卫教授。 **穆齐方** 柏乡训导。
张　翘 河南卫辉训导。 **何天祚**
杨呈芳 河南鲁山知县，有传。
刘克肃 涿州训导。
穆齐正 献县训导。 **何天宠** 河南获嘉知县。
栾东龙 山西平阳同知。 **刘应正** 山东茌平训导。
刘廷龄 顺德府教授。 **张朝栋** 山东濮州学正。
毛应坤 山东东昌府通判。
程继贤 尚宝司卿畿辅志作维贤。
郑文楫 **高　儒**
马应瑞 辽东前屯卫训导。 **郭仲金** 湖广安陆府同知。
刘廷讲 南直隶镇江经历。
以上山海卫学。

卷之十四

选举志二

贡　生

［国朝］

蔡维新　迁安人，山西长治县知县。旧志作卢龙县学，此从《迁安志》。

孟尝裕　滦州人，河南孟津知县。

卜昌运　东胜卫人，江南江都知县，有传。

王　亶　知县。

王谦吉　河南淇县知县。

韩宏业　甘肃礼县知县。

韩鼎业　东胜卫人。

赵维宁　滦州人。

邢维翰　昌黎人，县丞。

袁起鹏　卢龙人。

何重粹　滦州人。

刘文烂　滦州人。

刘以隆　永平卫人。

张文煊　滦州人。

姚乐尧　永平卫人。

白培元　滦州人。

张观成　乐亭人。

姚九万　抚宁人。

严应魁　滦州人。

鲁　颖　永平卫人，恩贡。

朱　庄　卢龙人。

董　铣　永平卫人，中书。

马玉聪　永平卫人。

陈常夏　乐亭人。

李挺秀　永平卫人。

董　钜　永平卫人，山西潞城知县。
余大知　永平卫人，选拔。
孙　琮　永平卫人，陕西武功知县。
郑　鼒　永平卫人，江南常熟知县。
董　琨　永平卫人，永清教谕。
于元征　卢龙人，天津府教授。
朱国标　辽籍。　王　伸　乐亭人。
马允兴　永平卫人。　朱运芳　辽籍。
刘镗德　永平卫人。　李元龙　辽籍。
刘　帜　永平卫人。　董　镂　永平卫人，选拔。
蔡发原　迁安人，选拔。旧志作法原。
张维新　昌黎人。　陈培元　抚宁人。
刘　治　永平卫人。　刘亮生　乐亭人。
许朝佐　抚宁人。　贾　第　昌黎人。
葛耀辰　永平卫人。　周　官　山海卫人。
李儒英　卢龙人。　温奇彪　山海卫人。
蒋应选　滦州人，恩贡。　王　谟　滦州人。
阮雯标　卢龙人，选拔。　陈际叔　滦州人，选拔。
姜昌龄　卢龙人。　张　光　滦州人。
孙能恭　永平卫人。　徐麟生　卢龙人。
陈　谔　卢龙人。　刘　林　滦州人。
赵　璞　永平卫人。　赵尔君　昌黎人。
赵　珽　滦州人，恩贡。　高士英　抚宁人。
韩振文　兴州卫人。　刘　栏　乐亭人。
赵　莹　滦州人。　计大成　山海卫人。
董　汤　永平卫人。　伦可经　卢龙人。
齐泽儒　昌黎人。　李　叙　岁贡。
卢瑞麟　岁贡。　解闻缙　岁贡，望都训导。
刘　湨　岁贡。　陈梦兰　岁贡。

任上庠　昌黎人，选拔。　高甫昌　岁贡。
孙元会　岁贡。　李庆生　临榆人，选拔。
郑　茂　岁贡。　杨廷献　岁贡。
石　彬　岁贡，云南罗平州知州，有传。
高　卓　岁贡。　刘　洁　昌黎人，选拔。
阮承先　岁贡。　李维柡　岁贡。
刘绍祖　岁贡。　冯梦龙　岁贡。
李维条　岁贡。　王　宏　岁贡。
郑方至　滦州人，选拔。　高越璠　滦州人，选拔。
田　璞　昌黎人，恩贡。　侯昌运　抚宁人，岁贡。
徐光耀　临榆人，岁贡。　龙朝彩　昌黎人，岁贡。
孟　鲸　岁贡。　李　哲　岁贡。
陈　谧　滦州人，岁贡。　高履豫　昌黎人，选拔，有传。
李应元　滦州人，岁贡。　杨四知　昌黎人，岁贡。
高棠清　昌黎人，选拔。　赵文焕　临榆人，岁贡。
李　淳　昌黎人，岁贡。　唱　深　昌黎人，岁贡。
田耕可　临榆人，岁贡。　张继先　滦州人，岁贡。
张辉业　昌黎人，岁贡。　俞　楫　抚宁人，岁贡。
刘席琰　昌黎人，岁贡。　李廷瓒　昌黎人，岁贡。
宋　玳　昌黎人，恩贡。　杨松年　乐亭人，选拔。
刘得清　昌黎人，岁贡。　周国辅　昌黎人，岁贡。
阎　濂　玉田人，选拔。　常克家　抚宁人，岁贡。
石　昆　昌黎人，岁贡。　张鹏翼　滦州人，岁贡。
韩毓蓂　卢龙人，岁贡。　宋荣先　抚宁人，岁贡。
杜　坦　昌黎人，岁贡。　龚永清　卢龙人，恩贡。
韩地声　滦州人，岁贡。　李云龙　昌黎人，岁贡。
姚汝良　抚宁人，岁贡。
魏全禄　临榆人，选拔，广东恩平知县。
毛学泗　卢龙人，岁贡。　高青选　滦州人，岁贡。

张廷禧 昌黎人，选拔。 **杨炳德** 抚宁人，岁贡。
张国臣 昌黎人，岁贡。 **李一梧** 昌黎人，岁贡。
张笃生 迁安人，岁贡。 **李　侃** 滦州人，岁贡。
张自来 玉田人，岁贡。 **鲁鲲** 抚宁人，岁贡。
张国经 抚宁人，恩贡。 **李　缙** 滦州人，岁贡。
钱　泽 昌黎人，岁贡。
张文谟 临榆人，岁贡。以上府学
陶天培 前屯卫人，湖北襄阳府同知。
赵廷臣 铁岭人，官至浙江总督。
白秉真 奉天杏山人，山西总督。
李新台 通州兵备。
姚世胤 前屯卫人，湖北绥德府通判。
姚世选 本学教授。
姜鹏程 湖北武昌府通判。
薛民心 宝振知县。
李天池 江南宿州知州。
冯允升 江南安庆府通判。
林天擎 盛京盖州人，官至南赣巡抚。
喻三畏 福建建宁府同知，殉难。
龚家玉 江南粮道。
黄尔性 陕西巡抚。
邵　文 江南舒城县县丞。
张奇动 甘肃平凉知县。
辛良器 宁远人，山西朔州知州。
张宏猷 湖广粮道。 **龚勉吾** 乐亭知县。
宋文然 **张希轼** 山东日照训导。
刘维城 广宁人。
杨应麒 宁远人，山西兴县知县。
应时章 雄县训导。 **蔡廷琇** 都司人，德平训导。

房文登 自在州人。 **王懋敬** 定辽人。
郭　镒 铁岭人，河南确山知县。
李如柏 沈阳人。
薛征泰 广宁人，山西范县训导。
程良友 开原人，山东训导。 **张士芬** 义州人，定兴训导。
张世珩 海州人，广西知县。 **夏之时** 盖州人，通判。
柏世杰 宁远人，山东莒州学正。
萧泽远 永宁人，献县训导。 **余日新** 锦州人。
李日增 前屯人，山东沂州学正。
赵廷佐 右屯人。 **任学会** 锦州人。
宁宏谟 广宁人，陕西华州知州。
张　棋 开原人，四川通判。 **裴国熙** 海州人，通判改经历。
李若冀 义州人，广西永康知州。
巩邦畿 盖州人，河间府知府。
吴绍瑄 都司人，通判。
刘洪宗 自在州人，江南松江府知府。
杜名世 定远人，山东濮州知州。
戴天德 铁岭人，河南郑州知州。
徐　昱 沈阳人，湖北黄梅知县。
李廷弼 宁远人，广西北流知县。
田　本 永要人，河南辉县知县。
高　进 **朱国材** 锦州人，通判。
孙光先 右屯人，陕西邠州州判。
佟希圣 宁远人，广西知县。 **彭冲汉** 自在州人，新城训导。
张师圣 广宁人，玉田训导。 **张文灿** 自在州人。
王应麟 盖州人。 **邹文郁** 宁远人，广西知县。
冷然善 铁岭人，涞水训导。
郝文启 义州人，山西兴县知县。
周旋礼 锦州人，教谕。 **宁宏猷** 自在州人，贵池知县

李应麟 盖州人，通判改经历。
寿无息 前屯人，通判改经历。
童宗圣 右屯人，训导。 **徐养魁** 锦州人，广平训导。
孔启秀 盖州人，训导。 **刘立极** 宁远人，训导。
鲁　启 广宁人，训导。 **尚廷辅** 海州人，训导。
曲登科 广宁人，训导。 **李天滋** 永宁人，训导。
张维栋 定辽人，训导。 **霍光祥** 自在州人，容城知县。
张光臣 广宁人，训导。 **陈尧言** 见进士。
呼中陛 前屯人，训导。 **黄家魁** 盖州人，训导。
铁国光 右屯人，训导。 **方尧典** 义州人，训导。
裴承泽 前屯人，江南县丞。 **刘　瑸** 广宁人。
曾守元 都司人，训导。 **张　伟** 义州人，训导。
卢必登 自在州人，县丞。 **陈嘉谟** 锦州人，县丞。
吴廓元 沈阳人，县丞。 **朱朝瞻** 锦州人。
王大经 海州人，县丞。 **马中骐** 广宁人。
岳登科 浙江宁绍道。 **娄镇远** 湖南辰常道。
姜　镇 江南兴化通判。 **杨美生** 江西吉安府知府。
陈全国 湖南常德道。 **崔国祥** 广东开建知县。
陈永吉 行人司行人。 **邴一茹** 广东连州知州。
裴承谟 河南荣泽知县。
姚　艮 前屯人，江南徽州府同知。
以上辽学。
崔维崃 清丰知县，有传。 **宋五聚** 山东平原知县。
刘士模 安徽怀宁知县。 **任三元** 武清训导。
张星煌 选拔，山东东昌府同知，有传。
翟凤翥 平山训导，有传。 **王大征**
阮玉振 选拔。 **冯华翰** **李虞龙**
刘疏泗 见举人。 **李炜然** 云南江川知县，有传。
穆国谟 江西弋阳知县。 **张奇勋** 甘肃平凉知县。

张钟英 福建福州府知府，有传。
张克勤 **白纯修** **刘炳辰** **张宗孔**
孙　彦 内邱训导。　**许国用**
陈际隆 浙江金华县丞。　**王显祖** 恩贡，举乡宾。
王基文 选拔。　**姚时茂** 江南淮安府通判。
李廷桂 选拔。　**姚时盛** 浙江温州府通判。
陈重耀　**姚时起** 山西大同府同知。
严文炳 河南岚县知县。　**张其则** 福建清源知县。
高士模 浙江淳安知县。　**杨世俊** 高阳训导。
李　锦 顺天大兴知县。　**刘之鼐** **孙之隽** **白　素**
张可成 选拔，阜城教谕。
孙　翊 **董熙臣** **高拱极** **张大壮** **冯圣祚** **王　鼐**
高　贞 恩贡　**王珍** 选拔，副榜，见进士。
王来聘 **宋嘉宾** **赵　捷** **郝光祚** **王弼**
岂与先 恩贡。　**李　震** **李　忠** 恩贡。
张子民 恩贡。　**马兆易** 恩贡。
邢文敷 恩贡。　**田怀德** 恩贡。
赵克显 恩贡。　**李际泰**
赵　怡 东安训导。　**李际亨** **刘德邵**
宋国柱 侯选知州。　**李　蘧** 拔贡，容城教谕。
赵克鲁 拔贡。　**刘学健** 拔贡。　**马兆文** 拔贡。
袁世臣 拔贡。　**傅廷鉴** 拔贡。　**王　杞** 副榜。
汪淑旦 岁贡。　**汪与临** 岁贡。　**毛天翀** 岁贡。
王　栋 岁贡。　**马　图** 岁贡。　**王廷玺** 岁贡。
刘亮宣 岁贡。　**俞　炳** 岁贡。　**伦　文** 岁贡。
周孝德 岁贡。　**耿良臣** 岁贡。　**李本深** 岁贡。
汪千顷 岁贡　**李如杞** 岁贡。　**赵　珩** 岁贡。
王硕彦 岁贡。　**胡　俊** 岁贡。　**刘宗淑** 岁贡。
岂惟文 岁贡。　**翟　彧** 岁贡。　**郭　越** 岁贡。

田　尹　岁贡。　**朱廷鼎**　岁贡。　**岂非雄**　岁贡。
翟赐书　岁贡。　**王　淳**　岁贡。　**王　采**　岁贡。
王世淳　岁贡。　**罗　熙**　岁贡。　**姚士鹏**　岁贡。
李德音　岁贡。　**高士倬**　岁贡。　**杨　琳**　副榜。

以上卢龙县学

郝光辅　湖北广济知县。　**赵焕然**　安徽芜湖知县。
吉　民　**邢　恕**　满城训导。
崔灿　广西梧州府同知。　**谢天锡**
孟陈王　福建将乐知县。　**冯运嘉**　**赵明瑞**
李二阳　布政经历。　**胡　琏**　**苏　贤**
刘绳武　江西都昌知县。　**李应祥**　河南祥符县县丞。
刘昌泰　定兴教谕。　**边柔远**　**何若奋**
伦品卓　选拔，江西南康府知府，有传。
赵　缵　恩贡。　**孟赉子**　副榜，见举人。
高显辰　第之子，见举人。　**孙学惠**　甘肃平凉府通判。
孙学冉　山西阳曲知县。　**袁四维**　山西兴县知县。
赵申宠　福建汀州府同知。　**赵联瑞**　甘肃渭源知县。
赵济胜　知县。　**崔景徽**　副榜。
孙启祚　**冯运皋**　**陈蒙吉**　**冯运兴**　**梅调鼎**　**郑　璧**
白应昌　贵州威宁知县。　**白　炜**　**陈翼泰**　**高灿辰**
石　翰　维岳之子。　**白　章**　广东新会知县。
孙延柞　**张光组**　**常执中**
李　橥　选拔，湖广嘉渔知县，祀乡贤。
高士麟　**石　周**
石　端　无极训导。　**石　宽**　**石　庆**　**张志**
伦品昭　良乡训导。　**伦品备**　平山训导。
何率白　献县训导。
伦可久　品卓长子，山西庆阳同知。
伦可大　品卓次子，山西泽州知州，有传。

胡一俊 绛州知州。 **高士鹩** 绛州知州。
高士鸡 江南常熟知县。 **王有功** 四川巴县知县。
王　玥 江西万安知县。 **赵及宏** 东明训导。
赵连璧 阜城训导。
伦　觉 可大之子，云南大理府通判。
李丕煊 卢龙籍，山东武定府同知。
李丕煜 官至四川川北道。
李拱极 恩贡。 **卫之俞** 恩贡。 **赵　秦** 选拔。
陈　慈 **石有声** **张士宏** **高　澿** **陈天机** **刘　谦**
陈如兰 **高文焕** **卫　宣** **高　显** **卫　屏**
陈际叔 拔贡，江西平乡教谕。
石　秘 浙江江山知县。
张我蓄 岁贡。 **石昌年** 拔贡。 **汪与赉** 岁贡。
张　增 岁贡。 **吴可珍** 岁贡。 **惠泽宏** 岁贡。
卫　睿 岁贡，邯郸训导。 **潘鸣瑜** 岁贡。
卫　泰 岁拔。 **郑　琯** 岁贡。 **张四勿** 岁贡。
吴　胜 岁贡。 **陈　瑗** 岁贡。 **韩　溥** 恩贡。
葛云麟 岁贡。 **张　豫** 岁贡。 **何　仪** 岁贡。
吕兆熊 岁贡。 **卫　淳** 岁贡。 **潘克绍** 岁贡。
李　益 岁贡。 **张　璿** 岁贡。 **王　斌** 恩贡。
张克复 岁贡。 **宋元儒** 恩贡。 **部　署** 岁贡。
李再广 副榜。 **张玉柱** 副榜。 **阚　�** 拔贡。
陈　情 岁贡。 **赵景行** 岁贡。 **裴上襄** 岁贡。
张余越 岁贡。 **孙龙光** 副榜。 **孟廷铨** 副榜。
赵作霖 岁贡。 **靳文蔚** 恩贡。 **汪与巽** 岁贡。
李凤瑞 岁贡。 **王大绩** 岁贡。
汪针若 拔贡，副榜。 **曾宏诰** 岁贡。
伦锡朋 岁贡。 **赵　桂** 岁贡。 **卫起元** 副榜。
裴　昭 岁贡。 **吴嘉美** 恩贡。 **何义存** 副榜。

李　清　岁贡。　**李修德**　岁贡。
石廷浩　岁贡。以上滦州学。　**张　昕**
赵凤起　岁贡，陕西安定知县。
郭　联　岁贡，陕西安塞知县。
李正临　岁贡，辽阳训导。　**崔登华**　江南江宁知县。
杨开泰　**刘承禄**　三山训导。
徐宸亮　康熙元年廷试以县丞用。
宋国宾　恩贡，陕西隆德知县，有传。
徐真修　恩贡，陕西临洮府知府。
郭　铨　恩贡，廷试以知县用。
裴成性　恩贡，改名式度，见举人。
郭　珮　恩贡。
刘光胤　**朱成德**　**刘王佐**
刘鸣玉　选拔。　**吴景隆**　**任思成**
王　揖　选拔，旧志作楫。　**宋　瑶**
胡明宾　恩贡。　**郭觐宸**　**马　上**
崔　璠　巍长子，选拔，平谷教谕。
王升阶
张人文　鸡泽训导。
宋　琚　**才　善**　**裴成艺**　**韩启明**
郭　章　**张　标**
郭允中　平谷训导。　**杨德晋**
崔　璨　副榜，见进士。　**马子壮**　选拔。
蔡涵一　**李　琯**　**白承基**　**王　裕**
姜　璠　**魏　镛**　恩贡。
张百龄　**张　琬**　**张揆一**
刘　昶　密云训导。
贾　朴　隆平训导。
陈尧三　**李　芃**　清苑训导。

张华宗　延庆州训导。　　　　姜　琦
冯良宾　正蓝旗籍，雍正八年拔贡。
刘天民　乡饮介宾。　　　　张可遂
彭之洙　江苏保安州训导。　刘　杰
魏克仁　乡饮介宾。　　　　李景祥　王席求
刘　劲　武强训导。
方　林　刘　焕　虞光烈　　崔大申　王永清
宋继兴　魏　诚　赵　旭
李　芹　拔贡。　张　励　拔贡见举人。
李天笃　拔贡。　刘宗汉　拔贡。　杨　堪　恩贡。
张　纯　恩贡。　张　劝　恩贡。　张　杰　恩贡。
刘余庆　岁贡。　夏　启　岁贡。　梅献玉　岁贡。
王　谟　岁贡。　刘　熹　岁贡。　徐　昆　岁贡。
徐　琰　恩贡。　任　谦　拔贡。　王　敩　岁贡。
吴玉成　岁贡。以上迁安县学。
俞秉直　恩贡，甘肃渚州同知。
徐延周　奉天训导。　　　　李宏涵　蕴粹子，完县训导。
陈　谟　高阳训导。　　　　赵君镛　恩贡。
徐延荣　恩贡，河南新乡县县丞。
杨定国　密云训导。
王　简　恩贡，甘肃庄浪知县。
李惟艳　　　　　　　　　　邹　勷　浙江萧山知县。
侯更新　张凤羽　田芳标　张希思　鲁大治
解起元　王运恒　徐廷璨　杨毓奇　陈治恒
张复　恩贡。　　　　　　　钟蕃胤　　赵应瑞　恩贡。
冯永洁　冯永溹
杨仲昌　罗国玺　唐之迪　萧　范
张　雯　张　霦
钟蕃祉　选拔。　　　　　　冯　琮　选拔。

张　霖　福建布政使，有传。

吴执中　恩贡。

罗重绣　**许青云**　**杨毓美**　**白重丹**

单铭　岁贡。

诸大申　**鲁　藻**　**杨时盛**　**郭永昌**　**王基命**

郝存性　**任运泰**　**茹　珩**　**冯　骧**　**冯　瑾**

袁　涵　拔贡，河南布政司库大使。

田国润　岁贡，曲阳训导。　**李　笃**　拔贡，新安教谕。

王元相　岁贡，怀柔训导。　**杨枝起**　岁贡，青县训导。

王基丰　岁贡，新乐训导。　**单鼎旗**　岁贡，蓟州训导。

鲁祉厚　拔贡。　**张冲溥**　拔贡。　**杨　炳**　岁贡。

茹纳博　恩贡。　**徐方达**　岁贡。　**徐阜年**　岁贡。

才汇征　拔贡，见举人。　**王　圭**　拔贡。

徐麟祥　岁贡。　**徐　昊**　岁贡。　**翟如鹍**　岁贡。

徐　显　恩贡。　**徐升闻**　岁贡。　**郝宜振**　恩贡。

徐骏声　岁贡。　**张文景**　岁贡。　**黄苍璧**　岁贡。

郭朝儒　恩贡。　**张感召**　岁贡。　**才　敏**　岁贡。

金斯盛　岁贡。　**徐道中**　岁贡。　**王　琳**　岁贡。

杨国柞　岁贡。　**严建中**　岁贡。　**翟缵祖**　岁贡。

陈延鉴　恩贡。　**徐　翼**　岁贡。

王民皓　岁贡。以上抚宁县学。

李毓舟　惟极子，山西汾州府通判。

王思问　福建清源知县。

冯盛期　盛明弟，江南黟县知县。

李似楠　邵武府同知。　**赵民瞻**　延庆卫教谕。

田起鹏　宗周子，贵州建番知州。

冯源漳　铨子，浙江云和知县。

刘秉仁　广东韶州府通判。

李先春　山东禹城知县。

王天毓 通判，改江南滁州卫经历。
石光岳 东安训导。
赵起泰 民瞻子。
张元复 见举人。
郭宪泰 **赵国才** **陈廷干**
张我藉 山东德州州同。 **高二正** 河南归德府通判。
张翰宸 湖南长沙知府。 **张尊德** 湖广副使。
张庄临 **贾九苞** **周　元** **宋杰士**
齐如仑 直隶涿州训导。
张　宏 选拔，江西新昌知县，有传。
周家瑜 **曹士鹏** **才天纵**
张应宿 翰宸子，举乡饮。
张灿宿 河南西平县县丞。
邢纯政 **高培** 岁贡。
田御梁 **张丙宿** 藁城教谕。
赵云铉 **张贞复** **高　翙** **祖厘士** **邸　绅**
任　巨 **赵之屏**
高士敏 选拔。
宋　普 **杨　倬** **赵　玙** **张四端**
高天晓 培子，恩贡。
李　惠 **田蒧蕿** 副榜。 **李　俨**
刘天麟 衡水教谕。 **赵　琅**
张忠靖 应宿子。 **马　淳** 见举人。
马　浚 **张大生** **迟日昶** **刘　寅**
刘瑞麟 浙江金华县县丞。
孙时来 **高　进** **田　本** **刘炳辰**
马允良 岁贡。 **万　珩** 岁贡。
王好善 岁贡。 **任六经** 岁贡。
李　佶 岁贡，房山训导。 **邸　捷** 恩贡。

张宗美 拔贡。 **齐　家** 岁贡。
张　著 恩贡。 **赵宏发** 岁贡。
李作屏 岁贡。 **李协一** 岁贡。
阎公锦 拔贡，盐大使。 **马　璘** 岁贡。
邸　霜 岁贡，永清训导。 **杨社永** 岁贡。
阎公铣 拔贡，见进士。 **马　颢** 岁贡。
高棠荫 恩贡。 **赵毅发** 岁贡奉天开原训导。
马　瑜 岁贡。 **冯　醴** 岁贡。 **齐崧龄** 岁贡。
张伟业 岁贡。 **李　蘀** 岁贡。 **李惟一** 岁贡。
冯嗣京 岁贡。 **韩士魁** 岁贡。 **段士林** 拔贡。
费肄咸 岁贡。 **刘建凯** 岁贡。 **高履安** 岁贡。
曹天培 岁贡。 **张懋信** 岁贡。 **唱敦典** 恩贡。
李硕果 岁贡。 **周廷选** 岁贡。 **马元恺** 拔贡。
马　璋 岁贡。 **吴克明** 岁贡。 **刘文稷** 岁贡。
王君录 恩贡。 **张廷熙** 岁贡。
张作枢 岁贡。

以上昌黎县学

孙荣祖 贵州广平教授。 **张内恬** 甘肃庄浪知县。
张一跃 选拔贵州广平知州。 **萧惠珠** 鸿卢寺序班。
赵允厚 江南如皋训导。 **邢于畿**
党化圣 江南高邮卫经历。 **王启元**
倪蕴用 魏县训导。 **曹尔饬** 山东博平知县。
孙　驯 选拔。 **曹际可** 恩贡。
王化敦 **张光胤**
韩孙迈 选拔，山东青州府通判。
宋一麟 副榜，见举人。
王　典 **曹三省** **高启睿** **邵文升** **王　彪**
姚　采 选拔，工部屯田司主事，有传。
商　确 完县教谕。 **王含珍** 恩贡。

高弥高　王　谦　韩孙昌　贾还模　齐日霁
杨止圣　　　　　　　　　　**张　铉**　选拔。
戴　庚　王含乙
候宝训　宝坻训导。
李成龙　阚汝励
陈　棐　邯郸训导。　　　　**姚　熙**　选拔，有传。
高辛嗣　姚　燮　阚汝霖
侯锡爵　新城训导。　　　　**王汝会**　盐山训导。
吴允治　恩贡。　　　　　　**李　擢**
刘君弼　庆都训导。　　　　**李培中　王　渠　孙　铬**
姚敷于　有传。　　　　　　**满朝贵　陈永清**　见举人。
倪呈琰　张　彤　刘可兴　韩世勋　李　摈　邹连登
萧斯荪　姚询于　陈亦显　贾之钲　安　铎　何宗培
孙　钦　曹肯获　陈　善　裴嘉言　李生瑞　李懋功
宋　桂　昌黎人，易州训导。
韩　桂　马日麟　刘　著　王云会　萧　柁　吴元历
李维垣　岁贡。　　　　　　**李　肃**
陈　曦　岁贡。　　**高　灿**　岁贡。　　**刘　慎**　岁贡。
刘　绅　昌黎人，怀柔训导。
戴　鼎　岁贡，昌黎人，获鹿训导。
张　昆　恩贡。　　**孟福禄**　岁贡。　　**阴　璿**　拔贡。
任永柱　岁贡。　　**李玉璞**　岁贡。　　**赵　璠**　岁贡。
王效曾　岁贡。　　　　　　**阴　赞**　岁贡。以上乐亭县学。
穆齐英　河南商城县县丞。
潘凤翼　副榜，陕西宁远知县。
郑允升　恩贡，湖广善化知县。
赵　钺　陕西巩昌府通判。
马维熙　拔贡，山西忻州州同，有传。
刘克孔　拔贡，山西汾州府知府。

辛调羹 陕西潼关卫教授。
栾正馥 赵州学正。
穆尔鹗 恩贡，江南无为州州同。
冯九光 枣强训导。
吕爆如 湖广黄陂知县。
李集凤 恩贡，河南洛阳县丞，有传。
程体乾 房山训导。　**赵于升**　**辛桂芬**
郭重光 云南腾越州州判。　**沈所元** 恩贡。
吕宪周　**王应坤** 东昌通判。
穆尔洪 永清训导。　**沈所慈** 奉天铁岭训导。
王胤祥　**穆尔琰**　**王养凤**
赵国屏 选拔，庆都教谕。　**谭可兴** 顺义训导。
宋应奎　**穆　熏** 枣强训导。
穆尔璥　**谭国枢**　**张士达**　**杨希震**　**赵开诚**
任懋勋 获鹿训导。　**赵三聘**　**房茂** 选拔。
唐世济　**高齐岱**　**栾　峤**　**魏天辅**　**王良弼**　**贾景谊**
王承中 恩贡。　**李　钠**　**张肇吉** 选贡，见举人。
任　冲　**穆维临**　**高映璧**　**萧友良**　**李含芳**
张　镇 副榜，藁城教谕。　**王天位** 三河训导。
王道行　**马世昌** 恩贡。
穆维责　**王万祚**　**张可成** 元氏县教谕。
常维豫　**张　霔** 内阁中书。
杨　葵 魏县训导。　**夏见龙** 柏乡训导。
杨　煜　**韩　照** 永年训导。
张可宗　**常天伟** 涿州训导。
李良才 安肃训导。　**王子选**
魏良琇 霸州学正。
高汝明　**魏自道**　**张汝楫**　**洪士名**
李庆生 拔贡，两淮盐大使。

郭　熟　**傅作楫**　**高汝听**　东明训导。
翟如鹍　**王元相**　**刘　荪**　**李养和**
王著起　文安训导。　**穆景惠**　天津府训导。
刘家丰　**郭　衡**　**詹际唐**　**钟　滨**
以上山海卫学
刘汉裔　**李　哲**　井陉训导。
赵应甲　**赵汝楫**　鸡泽训导。
白而诚　**王永瑞**　**赵文焕**　**张天祥**　**曹　东**
赵　兰　新河训导。
徐　镕　**赵光美**　**陈　理**
郭　儵　故城训导。　**施　典**　拔贡，曲周训导。
沈德远　**谭从易**
邬廷栋　拔贡，平谷教谕。
赵宏宣　**董　贯**
吴　彬　新乐教谕。
石　玺　**涂文魁**　**傅　涟**　**周　文**　**杨日铉**
徐全才　恩贡。**任景光**　**赵倬**　岁贡。
以上临榆县学

武进士

［明］

程　源　兴州卫人。正德庚辰科。
张世武　兴州卫人，建昌副将。嘉靖癸未科。
李　贤　兴州卫人，锦衣卫守备。
张世忠　山海卫镇抚，偏头关参将。
常　润　山海卫百户。以上嘉靖丙戌科。
郭　淙　兴州卫人。

李介明 兴州卫人。以上嘉靖己丑科。
周　径 抚宁卫舍人。嘉靖乙未科。
陆万钟 兴州卫指挥，状元。
陆　桢 东胜卫百户。
司　纶 永平卫人。以上嘉靖戊戌科。
徐　惠 卢龙卫百户。
朱承芳 卢龙卫百户。以上嘉靖丁未科。
李　恩 东胜卫百户。嘉靖庚戌科。
程　照 兴州卫舍人。嘉靖己未科。
李逢时 永平卫指挥，阶文参将。
郭应坤 卢龙卫舍人。以上隆庆辛未科。
王维新 忠义卫人。万历甲戌科。
程　灿 兴州卫人，义院口守备。万历庚辰科。
张世忠 忠义卫，荫袭。万历癸未科。
熊文济 山淦卫人，游击。
张九德 兴州卫人。以上万历丙戌科。
王养贤 山海卫人，荫袭建昌游击。万历己丑科。
李天培 抚宁人，保定游击。万历庚戌科。
马先登 迁安人，建昌都司。天启壬戌科。
丁明盛 卢龙卫人，副总兵。崇祯丁丑科。
吴　迪 抚宁人。崇祯癸未科。

［**国朝**］

张　曜 迁安人。顺治丙戌科。
张武扬 山海卫人，江南宣城守备。顺治己丑科。
周　彝 迁安人。
钱　标 卢龙人，以上顺治乙未科。
李廷斌 卢龙人。顺治戊戌科。
王肇极 迁安人，广东副将，从县志补。

穆廷櫟 山海卫人。以上顺治辛丑科。

穆武栻 山海卫人，江南苏松才师总兵，有传。

赵　跻 滦州人，赤城卫守备。以上康熙丁未科。

余　焜 永平卫人。

余　焜 永平卫人。

张朝臣 山海卫人，浙江处州协都司，有传。以上康熙庚戌科。

卢启贤 永平卫人。康熙癸丑科。

安定远 卢龙人。

陈　晋 辽籍。以上康熙丙辰科。

董　恺 山海卫人，江南崇明游击。

王心惺 永平卫人。以上康熙壬戌科。

范继瑞 滦州人，福建兴化府城守都司。康熙乙丑科。

赵廷文 山海卫人，浙江宁波城守营守备。康熙癸巳科。

杨浣初 昌黎人。雍正甲辰科。

齐大勇 昌黎人，殿试一甲一名，任湖广提督，有传。雍正庚戌科。

张伟人 昌黎人。雍正癸丑科。

吕文英 山海卫人。御前侍卫，历任福建邵武营都司。

田怀孝 昌黎人，云南景蒙营参将。以上乾隆丙辰科。

宋治安 乐亭人。乾隆丁巳恩科。

张廷亮 昌黎人，贵州提标游击。

李　霖 临榆人。以上乾隆己未科。

田怀智 昌黎人，浔州府都司。

张廷瓒 昌黎人。以上乾隆壬戌科。

裴嘉猷 乐亭人，御前侍卫，山西石楼营都司。

齐　威 抚宁人，江南南阳府游击。

蔡永福 正白旗汉军。三等侍卫，浙闽枫岭营游击。

茹　沛 抚宁人，江南潜山营守备。以上乾隆乙丑科。

杨德润 乐亭人，会元。御前侍卫，四川黎雅营游击。

刘明智 昌黎人，贵州平远协副将。以上乾隆戊辰科。

穆尧年 临榆人，直隶提塘。

李　萱 乐亭人。

安廷召 乐亭人，殿试一甲三名。御前侍卫，福建副将。以上乾隆辛未科。

蔡源宽 正白旗汉军，扬州卫守备。乾隆壬申恩科。

裴嘉乐 乐亭人，御前侍卫。乾隆甲戌科。

李国梁 乐亭人，丰润籍，状元，定海镇总兵。

陈　炳 抚宁人，御前侍卫，广东那扶营都司。

安廷赞 乐亭人，三等侍卫。

计宏谟 临榆人，湖北竹山营游击。

宋壮献 昌黎人。以上乾隆丁丑科。

阮宁方 临榆人，四川重庆府都司。

阴璐 乐亭人。以上乾隆庚辰科。

吴觐扬 临榆人。

何之标 卢龙人。以上乾隆癸未科。

武举人

［明］

程　源 见进士。

李　贤 见进士。以上正德己卯科。

张世武 见进士。

常　润 见进士。以上嘉靖壬午科。

郭　淙 **见进士。** **李介明** 见进士。

张世忠 二科，见进士。以上嘉靖乙酉科。

周　径 见进士。嘉靖辛卯科

陆万钟 见进士。

陆　桢　见进士。以上嘉靖甲午科。

谭　伦　东胜卫人。　**彭　鑫**　兴州卫人，二科。

司　纶　见进士。以上嘉靖丁酉科。

张　麒　卢龙卫人。　**韩廷玺**　东胜卫人。

谭时中　纶子，二科。以上嘉靖庚子科。

邵　永　卢龙人。　**汪承恩**　永平卫千户。

徐　惠　见进士。以上嘉靖癸卯科。

杨承光　东胜卫人。　**郑　康**　永平卫百户。

朱承芳　见进士。　**谭璋山**　海卫人。

吕　镗　山海卫人，本卫指挥。

李　恩　见进士。以上嘉靖丙午科。

罗　泾　抚宁卫人。嘉靖己酉科。

谷继节　卢龙卫人。

周德明　抚宁卫人。以上嘉靖壬子科。

夏时霖　卢龙卫千户。　**周尚文**　抚宁卫指挥。

李时芳　东胜卫，荫袭，二科。以上嘉靖乙卯科。

徐国柱　卢龙卫百户。

程　照　见进士。以上嘉靖戊午科。

程世禄　永平卫人。嘉靖辛酉科。

赵　祐　卢龙卫人。　**李时茂**　东胜卫舍人。

米　实　卢龙卫百户。

陈　忠　兴州卫人。以上嘉靖甲子科。

戴时动　兴平卫人，二科。隆庆丁卯科。

李逢时　见进士。

郭应坤　见进士。

蒋国卿　兴州卫人。

吴自科　兴州卫人。以上隆庆庚午科。

程　默　兴州卫人，二科。

王维新　见进士。以上万历癸酉科。

王梦奇 永平卫百户。 **高　腾** 东胜卫人。
张昆山 海卫人，二科。
吕复亨 卢龙卫人。以上万历丙子科。
陈应魁 卢龙卫人。
陶世学 永平卫籍，浙江人。
程　灿 二科，见进士。
侯维翰 永平卫人，二科。
张九德 见进士。以上万历己卯科。
马逢乐 永平卫人。
马士元 永平卫人。
张世忠 见进士。以上万历壬午科。
胡自强 永平卫人。
熊文济 见进士。
毕邦辅 忠义卫人，荫袭，二科。以上万历乙酉科。
徐方言 东胜卫人。
王养贤 见进士。
翟居正 忠义卫人。以上万历戊子科。
陈复先 抚宁人，罗文峪守备。万历卯科。
刘汝宽 昌黎人。万历甲午科。
李文科 卢龙人。
曲云龙 卢龙人。以上万历庚子科。
周光祖 抚宁人。万历癸卯科。
李天培 见进士。万历丙午科。
李平政 永平卫人。
毕邦畿 邦辅弟，忠义卫舍人。
李廷臣 卢龙人。以上万历己酉科。
李干城 抚宁人。万历壬子科。
李养性 迁安人，中军守备。
马先登 见进士。以上天启辛酉科。

曹维肖 都指挥管乐亭练总。天启甲子科。
任国琦 山海卫人，副总兵。天启丁卯科。
谭九畴 卢龙人。 **钱　标** 卢龙人。
曹光启 卢龙人。 **丁明盛** 见进士。
董其戎 卢龙人。 **王　标** 卢龙人。以上崇祯时人。
马中骥 山海卫人，都司佥书，二科，崇祯己卯科。
吴　迪 见进士。崇祯壬午科。

［国朝］

萧　箕 抚宁人。
惠应诰 抚宁人，江南仪征卫守备。
张　曜 见进士。以上顺治乙酉科。
贵鹏程 山海卫人，浙江都司佥书。
张武扬 见进士。
王宏胤 乐亭人。以上顺治戊子科。
周　彝 见进士。顺治辛卯科。
柯继贤 迁安人。 **王肇极** 见进士。
李廷斌 见进士。以上顺治甲午科。
王奋威 山海卫人。顺治丁酉科。
傅王臣 迁安人。
穆廷樑 见进士。以上顺治庚子科。
马　锡 迁安人，京卫籍。
穆廷栻 见进士。
赵　跻 见进士。以上康熙癸卯科。
张启元 山海卫人。 **门耀鸿** 辽籍。
符文煌 辽籍。以上康熙丙午科。
马值乐 昌黎人。 **余　烜** 见进士。
郑鸿儒 昌黎人。 **余　焜** 见进士。
穆尔训 山海卫人，陕西延绥守备。

张朝臣 见进士。

傅纬忠 山海卫人，尚谦子。

孙继武 永平卫人。

郭邦弼 山海卫人，河间籍，旧志作廷弼，从县志改。以上康熙己酉科。

张　震 抚宁人。

卢启贤 见进士。

董　嶙 滦州人。

高廷翰 乐亭人。

郭　垣 山海卫人。

李艺苑 永平卫人。

田廷宾 山海卫人。

陈廷遇 永平卫人。以上康熙壬子科。

安治远 卢龙人。

陈　晋 见进士。

李名超 辽籍。以上康熙乙卯科。

涂见龙 卢龙人。

赵三宣 山海卫人，从县志补。

王　镇 东胜卫人。以上康熙戊午科。

董　恺 见进士。

王心惺 见进士。

唐　薜 卢龙人。

张元翰 迁安人，湖广沅州守备。

李建献 乐亭人，以上康熙辛酉科。

张正传 抚宁人。

常　冶 卢龙人。

唱纯如 昌黎人。以上康熙甲子科。

汪养鲲 卢龙人。

赵　璐 昌黎人。以上康熙丁卯科。

赵统国 卢龙人，杭州右卫守备。

石　篚 滦州人。以上康熙庚午科。

侯一位 山海卫人。

郭　镃 垣子。

曹文焕 山海卫人。

尹大成 山海卫人。以上康熙癸酉科。

石　云 滦州人。

冯兆熊 昌黎人。

刘丕振 山海卫人。以上康熙丙子科。
王之琏 卢龙人。
解廷瑜 山海卫人。旧志作允瑜，从县志改。
张 霸 山海卫人。从县志补。
赵延绪 山海卫人。以上康熙己卯科。
张允显 抚宁人。 **张联榜** 山海卫人。
任 琮 卢龙人，陕西靖逆卫守备。
韩建勋 山海卫人。以上康熙壬午科。
陈 璥 滦州人。 **钱裕国** 滦州人。
冯 倜 昌黎人。 **田 彪** 昌黎人。
范 锜 滦州人。
王肇吉 滦州人。以上康熙乙酉科。
朱景圣 滦州人。 **马鹏程** 抚宁人。
戴宏勋 昌黎人。
高汝止 山海卫人。以上康熙戊子科。
魏克楙 迁安人。
刘寅亮 抚宁人，江南苏州卫守备。
刘寅亮 山海卫人。
蔡永铨 襄敏公曾孙。以上康熙辛卯科。
穆景夔 山海卫人，由增生应武试中式。
温士怡 卢龙人，江南漕运千总。
曹维屏 山海卫人。 **傅义勇** 抚宁人。
杨尔琦 昌黎人。以上康熙甲午科。
蔡 璠 襄敏公孙，京营门千总。以上康熙丁酉科。
乔世荣 山海卫人，浙江绍兴卫守备。
娄 玮 卢龙人。以上雍正癸卯科。
刘文亮 抚宁人，山东范县营守备。雍正甲辰科。
高日训 山海卫人，任浙江绍兴卫千总。
张启文 迁安人，任山东德州卫千总。

田永裕 昌黎人，任江南随帮。
万贯一 昌黎人。以上雍正丙午科。
董　露 山海卫人。　**王己任** 昌黎人。
齐大勇 见进士。
薛盛恭 卢龙人，江南泗州卫千总。
张伟人 昌黎人，以上雍正己酉科。
吕文英 见进士。
侯来泰 山海卫人，以上雍正壬子科。
宋治安 见进士。
路文元 卢龙人，江南大河卫千总。
翟赐钺 卢龙人。　**田怀智** 昌黎人。
李　信 抚宁人。
张廷亮 昌黎人。以上雍正乙卯科。
董　芳 卢龙人。　**周维镛** 山海卫人。
刘　魁 抚宁人，山东德州卫千总。
田怀孝 见进士。　**陈五伦** 抚宁人。
万　珠 昌黎人。
蔡　泓 正白旗汉军，居卢龙，江淮三帮，领运千总。
裴嘉猷 见进士。
彭见龙 迁安人。以上乾隆丙辰恩科。
李　霖 见进士。　**张朝栋** 昌黎人。
张廷寅 昌黎人。　**翟廷鉴** 卢龙人。
祝献功 卢龙人。　**王栋梁** 卢龙人。
萧士屏 临榆人。以上乾隆戊午科。
路捷元 卢龙人。　**徐　坤** 迁安人。
刘明智 昌黎人。见进士。
段成琨 昌黎人。　**杨景征** 乐亭人。
张廷赞 见进士。　**张　捷** 昌黎人。
傅　铭 临榆人，江南建阳卫千总。

张云鹏 临榆人，江南仪征卫千总。
赵　亮 临榆人。
蔡永福 见进士。以上乾隆辛酉科。
王　轼 卢龙人。　**穆尧年** 临榆人。
孙耀代 临榆人。
惠振先 抚宁人，江南苏州卫千总。
庞廷抡 临榆人。以上乾隆甲子科。
陈明德 卢龙人。　**王景云** 卢龙人。
武　钜 卢龙人。　**王廷栋** 迁安人。
傅登云 乐亭人，旗籍。　**孙宏业** 昌黎人。
依常阿 旗籍，居乐亭。　**马元浩** 昌黎人。
赵成立 乐亭人。　**马元魁** 昌黎人，江南随帮。
张仲方 昌黎人。　**王化隆** 抚宁人。
杨德润 见进士。　**陈六吉** 抚宁人。
白永泰 昌黎人，随帮千总。　**张伟烈** 抚宁人。
萧士德 临榆人。以上乾隆丁卯科。
郭从智 迁安人。　**武锦堂** 迁安人。
李生渤 迁安人。　**杨国麟** 临榆人。
杨秉乾 临榆人。　**计宏经** 临榆人。
赵靖邦 乐亭人。　**安廷召** 见进士。
李　萱 见进士。　**杨景清** 乐亭人。
杨继舜 昌黎人。　**高天叙** 昌黎人。
刘　梧 昌黎人。　**张　焕** 昌黎人。
宋旗常 昌黎人。　**汪永清** 昌黎人。
蔡源宽 见进士。
王　霦 抚宁人，湖南荆州卫千总。以上乾隆庚午科。
李萼发 昌黎人。　**王德厚** 卢龙人。
何之桓 卢龙人。　**何之标** 见进士。
李飞熊 迁安人。　**余文彪** 迁安人。

刘　景　迁安人。　　**吕　澍**　临榆人。
萧士标　临榆人。　　**李　萼**　乐亭人。
安　彪　见进士。　　**裴嘉乐**　见进士。
杨天锡　昌黎人。　　**闫　瀞**　昌黎人。
惠可举　抚宁人，江南江淮卫千总。
马廷彪　昌黎人。　　**冯大成**　抚宁人。
李鹏翮　昌黎人。
刘运筹　昌黎人。以上乾隆壬申恩科。
武　锦　卢龙人，漕运千总。
刘大凯　卢龙人。　　**余廷彪**　迁安人。
余士彪　迁安人。　　**李　雯**　临榆人。
刘　彤　昌黎人。　　**刘腾彪**　乐亭人。
徐九征　乐亭人。　　**何文炳**　昌黎人。
惠可伟　抚宁人。　　**阎　澂**　昌黎人。
郭飞龙　抚宁人。　　**刘冠英**　昌黎人。
张三元　抚宁人。　　**宋壮猷**　昌黎人。
王化博　抚宁人。　　**刘　鹏**　临榆人。
傅振武　抚宁人。　　**萧士发**　临榆人。
李　铮　卢龙人，江南镇江卫千总。
徐　瑾　临榆人。
蔡永兴　正白旗汉军居卢龙。以上乾隆癸酉科。
王永清　卢龙人。　　**何有本**　卢龙人。
戴毅发　昌黎人。　　**张　抡**　昌黎人。
李实方　昌黎人。　　**李吉贤**　抚宁人。
计宏谟　见进士。
武绍祖　抚宁人，陕西固原镇标千总。
齐鹤年　大勇子。以上乾隆丙子科。
邱　珮　昌黎人。　　**王景云**　抚宁人。
刘大凯　昌黎人，山东镇标千总。

张朝鼎 抚宁人。
刘体乾 临榆人。
郭连元 抚宁人。
宁乔年 乐亭人。
杨大勇 抚宁人。
刘一元 临榆人。
阮宁方 临榆人。见进士。
吴觐扬 临榆人。见进士。
李文翥 临榆人。以上乾隆己卯科。
安如岱 乐亭人。
安 琪 乐亭人。
裴嘉颖 乐亭人。
孟状猷 乐亭人。
孟国光 临榆人。
谭宁远 昌黎人。
惠可永 抚宁人。
计肇发 临榆人。
侯俊登 昌黎人。
张汉武 抚宁人。
张冲霄 昌黎人，浙江随帮。
陈九畴 抚宁人。
贺淑靖 昌黎人。
侯永邦 抚宁人，江南太仓卫千总。
刘大中 昌黎人。以上乾隆庚恩科
薛则武 卢龙人。
宁佑昌 乐亭人。
金 玿 乐亭人。
邱永安 临榆人。
高大用 昌黎人。
钱用中 昌黎人。
李廷彪 昌黎人。以上乾隆壬午科。
赵克让 卢龙人。
温大任 临榆人。
陈 伟 抚宁人。
齐岳年 昌黎人。
王 沛 抚宁人。
任熙光 抚宁人。
张声远 昌黎人，江南随帮。
刘大鹤 昌黎人。以上乾隆乙酉科。
李宗浩 迁安人。
郭 琳 迁安人。
安如嵋 乐亭人。
王秉清 乐亭人。
刘大渊 临榆人。
周昌宗 临榆人。以上乾隆戊子科。
薛高飞 卢龙人。
董攀宫 卢龙人。

卞国梁 昌黎人。 **魏开甲** 昌黎人。
刘化成 迁安人。以上乾隆庚寅恩科。
王士俊 临榆人。 **栗嘉修** 卢龙人。
唐国梁 抚宁人。 **马云标** 临榆人。
于尚勇 抚宁人。 **秦大勋** 临榆人。
任奇勋 临榆人。
齐汝钦 昌黎人。以上乾隆辛卯科。

职 员

[元]

孟国宝 中统初仕至太守。 **孟国祥** 中统间仕兴元军判官。
齐 泰 登封主簿。以上乐亭县。

[明]

刁 成 洪武中以才能擢用，历湖广按察佥事。
白 钥 山东汶上县丞，有传。以上卢龙县。
高 阶 山西盐运司副使。以上滦州。
石 琏 山东宁海州吏目。 **高 跃** 山东阳信县县丞。
张效温 山西文水主簿。 **张师曾** 河南息县县丞。
王清泰 光禄寺署丞。 **李果珍** 河南颖州卫经历。
裘应时 湖广潜江县县丞。 **蔡甲春** 南直隶霍县县丞。
王成禄 山东巨野县县丞。
张文成 陕县典史，有传。以上迁安县
乔廷桂 甘肃宁州吏目。 **傅扬南** 直隶旌德县县丞。
张政山 西大同县县丞。 **陈献策** 山东高密县县丞。
陈九畴 河南淇县主簿。 **傅 诱** 浙江上虞县县丞。
翟重光 鹏子，河南卫辉府通判。
周嗣昌 河南裕州吏目。 **吕希周** 自在州吏目。

夏　卿　河南卫辉照磨。
翟圻彦　重光子，河南信阳州吏目。
周尚象　徽子，山西隰州吏目。
贺　潜　德府审理。　**贺　瀛**　南城兵马司。
金文照　应州吏目。
王衍庆　胤祥子，鸿胪寺序班。以上抚宁县
张　葵　光禄寺署丞　**常仲和**　河南巩县知县。
齐宗道　王府工正。　**孙　禄**　南直隶吴县县丞。
万　乡　山东巨野县主簿。　**张　昂**　南直隶上元县主簿。
齐宗贤　山东邹平县主簿。　**梁一孝**　鸿胪寺序班。
贾秉彝　山东文登县主簿。　**梁应秋**　京卫经历。
梁应时　抚宁卫指挥。　**梁应昌**　吏目。
王之鹏　府照磨。　**马　鼎**　主簿。
冯　钰　授光禄寺署丞。以上昌黎县。
郁彦忠　江南昆山人，徒居乐亭，任广东湖州府同知。
马　冕　南直隶山阳县主簿。　**王　俊**　陕西隰州州判。
卢迪南　直隶泗州州判。　**刘子中**　南直隶平湖县主簿。
吴　祥　山东黄县县丞。　**王　霌**　羽临卫经历。
尹君召　山东东阿县知县。　**蔺文举**　山东文登县知县丞。
王九容　南直隶凤翔府经历。　**王九韶**　山东淄川县主簿。
王一夔　南直隶萧县主簿。　**王尚宾**　陕西葭州吏目。
李元棁　南直隶泰兴县主簿。　**黄　宪**　山东曲阜县县丞。
张宗伦　山东黄县主簿。　**张维藩**　保德州吏目。
王汝为　陕西长安县主簿。　**李　焕**　河南州吏目。
朱济民　兵马指挥。　**萧达春**　河南芮城县主簿。
王利宾　兵马司副指挥。
王利用　山西泽州吏目。以上乐亭县。
穆思恭　山西河津县主簿。　**詹世烈**　河南禹州州判。
萧大临　云南顺州吏目。　**张文选**　山东峄县知县。

张德禄 山西怀仁县知县。 **王　鹤** 山东金乡县主簿。
牛希哲 山西寿阳县主簿。 **栾大中** 南直隶无为州吏目。
倪　纶 陕西宁州吏目。 **王　缨** 南直隶邳州吏目。
李　铸 山西太原县主簿。 **王表正** 南直隶庐州府知事。
郭世称 南直隶邳州吏目。 **萧大恒** 山东东昌府经历。
王大宾 山西岷州卫经历。 **栾养礼** 山东益都县主簿。
倪从政 陕西泾州经历。 **穆思敬** 南直隶临淮县县丞。
郭东渊 王府典簿。 **程继伊** 京卫经历。
程信古 南京兵马司副指挥。 **王文华** 山东东平州吏目。
徐时中 山东沂州吏目。
程继贤 工部都水司员外，加尚宝司卿，有传。以上山海卫。

［国朝］

孟乔芳 旗籍，居卢龙。官至川陕总督，有传。
蔡士英 旗籍，居卢龙。官至兵部尚书，有传。
蔡毓荣 士英子，官至云贵总督，有传。
孟维祖 乔芳孙，河南夏邑县县丞。
姚应选 辽学廪生，任直隶柏乡县知县。
宋国柱 例监，历任山东曹州知州。
何　涵 例监，江南江宁府税务司。
许　夔 吏目，云南镇雄州州判。
李化溥 吏员，大兴籍，广西滕县典史。
姚永祥 吏员，江南上元县金陵驿驿丞。
朱成麟 供事，四川广元县神宣驿驿丞。
马锦文 例监，江南青浦县淀山巡检。
余日虬 福建同安巡检。 **傅元贞** 刑部司狱司。
王齐玠 广西横州吏目。 **张　锦** 浙江盐大使。
余士钊 广西兴业县典史。
朱瑞麟 浙江桐乡县青镇巡检。以上卢龙县。

王效忠 浙江萧山县西兴驿驿丞。
张　镳 山东福山县典史。 **郑　健** 廪贡，直隶武邑训导。
夏汝霖 廪贡，遵化州训导。 **赵　莹** 廪贡，成安训导。
惠泽安 廪贡，无极县训导。
吴　映 廪贡，直隶盐山县训导。
李元弼 廪贡，高阳县训导。
郑　茂 廪贡，江南盐城县训导。
李殿臣 廪贡，卢龙籍，饶阳县训导。以上滦州。
彭祖贤 山东峄县县丞。 **刘绳祖** 永新县县丞。
刘　炳 直隶密云县教谕。 **徐鸿猷** 江南淮安盐大使。
章遵道 湖南溆浦县典史。 **朱　煜** 河南临漳县典史。
刘　趾 云南宜良县典史。
徐士魁 福建仙游县枫亭镇巡检。以上迁安县。
冯泰运 江南溧水县知县。 **冯隆运** 山东长山县知县。
冯昌运 山西沁水县知县。 **冯永遴** 山东巨野县知县。
惠文俊 海宁大使。
黄维中 山西偏关县老营堡巡检。
王士重 河南孟县典史。 **谢　铉** 西城兵马司吏目。
荀聿修 江南通州税课局大使。
徐　彧 浙江杭州府经历。
姜友召 湖南点阳县安江镇巡检。
王原向 湖北兰溪镇巡检。以上抚宁县。
张我籍 山东德州州同。 **高二正** 河南归德府通判。
张翰宸 湖南长沙府知府。 **张尊德** 官至湖广布政司。
冯　致 广东南海县典史。以上昌黎县。
冯祥聘 湖广长沙府同知。
刘克望 山西马邑知县，再任江南东流。
高　选 江西广信府同知。 **朱时显** 直隶开州州判。
程启运 河南磁州知州。 **孟日吉** 陕西兴安州州判。

杨可楹 江西吉安知府。 **张瑞扬** 山西太原府同知。
穆嘉桢 四川建昌卫经历。 **辛宗尧** 江西长宁知县。
穆维泽 江南宿州睢阳驿驿丞。
程胤古 继伊子，山西布政司理问。
赵　忻 沙河教谕。 **王允猷** 户部广东司郎中。
赵正动 山西寿阳知县。 **杨时盛** 邯郸训导。
程观光 湖广衡州府同知。 **谢丕显** 河南汝阳知县。
姚九万 临汾训导。 **张可兴** 山东曹苑县知县。
任宏杰 陕西邵阳县县丞。 **倪宏昌** 江南长洲典史。
赵良玉 福建海澄知县。 **王之都** 广宁府横州知州。
董奎武 历任广西苍梧道。
房星煌 旗籍，福建漳州府知府，有传。
柯永远 旗籍，官至兵科给事中。
房星焕 旗籍，山东武德道，有传。
曹时敏 廪生，录功授灵璧知县。
冯允升 兵备，时泰孙，旗籍，江南安庆府通判。
倪　鹏 四川荣县县丞。 **吴　彬** 新乐教谕。
林　瑛 江南沭阳知县。 **林　琪** 广东高明知县。
王日恭 官至大名府知府。以上山海卫
范　浚 河间训导。 **程　珙** 大名教谕。
王作乂 刑部郎中。
程式濂 顺天训导。以上临榆县。

武　秩

［明］

胡镛 永平卫人，蓟镇总兵。

陈景先 东胜卫人，本卫右卫指挥，任蓟镇总兵。

马　永　迁安人，辽东总兵。
萧　升　抚宁卫佥事，蓟镇总兵。
刘　渊　山海卫佥事，蓟镇总兵。
祝　雄　山海佥事，蓟镇总兵。
李　洪　山海卫指挥，燕河营参将。
高　瑛　兴州卫指挥，燕河营参将。
张世宗　山海卫副千户，武进士，任偏头关参将，阵亡
李光启　乐亭人，葛峪堡参将。
周　建　抚宁卫指挥佥事，阵亡，诏实授同知，世袭。
檀　枸　乐亭人，燕山左护卫指挥。
郭思温　乐亭人，彭城卫指挥。
刘　江　乐亭人，神武右卫指挥。
高敬中　乐亭人，金吾左卫指挥。
孙　升　乐亭人，永清右卫指挥。
王　来　乐亭人，福建汀州卫指挥。
李　栋　乐亭人，广宁后屯卫指挥。
杨　宏　乐亭人，羽林前卫指挥。
高　升　乐亭人，清良卫指挥。
王　甫　乐亭人，宝庆卫指挥。
赵　斌　乐亭人，太宁前卫指挥。
李敬春　乐亭人，隆庆卫千户。
满　恺　乐亭人，常山中卫千户。
高文秀　乐亭人，常山中卫千户。
王　恭　乐亭人，彭城卫千户。
胡再和　乐亭人，燕山左千户。
杨　彪　乐亭人，遵化卫千户。
胡得成　乐亭人，武城卫千户。
吴　真　乐亭人，彭城卫千户。
王　瘦　乐亭人，燕山左卫千户。

张永泰 乐亭人，羽林前卫千户。
杨　洪 乐亭人，永清右卫千户。
王思恭 乐亭人，羽林前卫千户。
张　雄 乐亭人，忠义前卫千户。
王　刚 乐亭人，济阳卫千户。
张　汉 乐亭人，羽林前卫千户。
刘伯义 乐亭人，永宁卫千户。
张　忠 乐亭人，忠义卫右千户。
张　清 乐亭人，永宁卫千户。
李三思 乐亭人，营州前屯卫千户。
陈　振 乐亭人，羽林前卫千户。
李　玉 乐亭人，济阳卫千户。
刘　文 乐亭人，贵州平霸卫千户。
孙得良 乐亭人，燕山左卫千户。
刘　玺 乐亭人，燕山卫千户。
董　聪 乐亭人，归德卫千户。
魏　让 乐亭人，济阳卫千户。
李从敬 乐亭人，大宁卫千户。
孟宏道 乐亭人，忠义前卫千户。
王　良 乐亭人，忠义前卫千户。
刘　曹 乐亭人，永清卫千户。
彭　刷 乐亭人，德州卫千户。
申　瑾 乐亭人，常山中护卫千户。
杨　敬 乐亭人，济南卫千户。
田　诺 乐亭人，羽林左卫千户。
商文升 乐亭人，武功中卫千户。
马　铎 乐亭人，金吾前卫指挥。
王　五 乐亭人，云南宜良守御所千户。
马　见 乐亭人，羽林中卫千户。

杨　聪　乐亭人，袭羽林卫千户。
曹维肖　乐亭人，都指挥管乐亭练总。
王　安　乐亭人，永清右卫百户。
王　昶　乐亭人，济阳卫百户。
史　达　乐亭人，大兴左卫百户。
张文整　乐亭人，济阳卫百户。
刘宏成　乐亭人，浙江昌国卫百户。
牛丑合　乐亭人，神策卫百户。
史　干　乐亭人，燕山左卫百户。
李　义　乐亭人，神策卫百户。
田仕原　乐亭人，永清右卫百户。
刘　升　乐亭人，永清卫百户。
尹　四　乐亭人，羽林卫百户。
温　良　乐亭人，永清右卫百户。
吴还家　乐亭人，永清右卫百户。
杨　尤　乐亭人，燕山左卫百户。
陈景文　乐亭人，云南卫百户。
董　礼　乐亭人，府军前卫百户。
刘　四　乐亭人，燕山左卫百户。
李　秀　乐亭人，义州卫百户。
张添僧　乐亭人，忠义前卫百户。
徐来僧　乐亭人，大宁前卫百户。
马　直　乐亭人，府军前卫百户。
王　臣　乐亭人，大宁左卫百户。
张　振　乐亭人，大宁前卫百户。
王比鲁　乐亭人，浙江杭州卫百户。
韩　荣　乐亭人，燕山右卫百户。
高长颐　乐亭人，苏州卫百户。
孙　兴　乐亭人，燕山前卫百户。

罗从政　乐亭人，莱州卫指挥。
李　暹　乐亭人，安东卫指挥。
严　顺　乐亭人，建州卫指挥。
孙得材　乐亭人，燕山左卫百户。
张守忠　乐亭人，常山右卫百户。
郝甫原　乐亭人，常山中护卫百户。
陈赶珠　乐亭人，燕山前卫百户。
刘　聚　乐亭人，开平卫百户。
李　羔　乐亭人，燕山左卫百户。
侯　杨　乐亭人，府军前卫百户。
彭　花　乐亭人，南京羽林卫百户。
郭　宽　乐亭人，武骧卫百户。
史文学　乐亭人，袭燕山左卫百户。
杨德滋　乐亭人，袭燕山左卫百户。
祝　福　山海卫人，雄子，保定总兵。
赵　卿　山海卫指挥，宣府总兵。
周　徇　建孙，抚宁卫指挥，蓟镇总兵。
程　棋　兴州卫人，建昌协守副总兵。
张世武　兴州卫人，协守，东路游击。
唐大节　山海卫人，协守，东路游击。
史　宸　永平卫人，协守东路副总兵。
陶世臣　永平卫试百户，蓟镇总兵。
谷承功　永平卫人，山海路参将。
李　洪　山海卫人，燕河路参将。
彭友德　兴州卫指挥，保定府总兵。
徐　枝　山海卫人，京营都督佥事。
朱　楫　永平卫人，燕河路参将。
何　镇　卢龙卫人，燕河路参将。
张懋勋　山海卫人，神枢营游击。

钟　杰　抚宁卫指挥，独石参将。
周承聘　兴州卫指挥，昌平游击。
周大观　承聘子，松棚路参将。
邱　陵　抚宁卫指挥，葛峪堡参将。
李康民　永平卫人，燕河路参将。
李逢时　永平卫指挥，武进士，阶文参将。
曹应登　永平卫指挥，燕河路参将。
章思恭　永平卫副千户，黄甫川参将。
孟国用　宁夏总兵。
吴尚贤　抚宁卫指挥，太平寨参将。
卢天福　东胜卫人，山海经理镇总兵。
谷九有　永平卫人，德州参将。
吕鸣咸　山海卫指挥，山海南部副总兵。
周　德　彻弟，抚宁卫指挥，永平游击。
孙思坚　山海卫千户，大宁都司。
陈　舜　抚宁卫指挥，黄花镇守备，阵亡。
魏邦辅　抚宁卫指挥，三屯营都司。
刘　恩　抚宁卫指挥，大同都司。
刘　涵　恩子，抚宁卫指挥，神机营游击。
赵文明　山海卫指挥，宁山参将。
赵　勋　山海卫人，五军营参将。
熊文济　山海卫，武举，游击。
朱尚义　山海卫人，榆林总兵。
潘光启　东胜卫千户，龙井关参将。
罗　灿　永平卫指挥，任沈阳游击。
郑国忠　永平卫千户，南兵营游击。
骆子秀　永平府人，永镇右营游击。
罗　墀　永平卫指挥，昌平参将。
李魁春　永平卫千户，山西掌印都司。

郭重光 山海卫指挥，开平都司。

施兆麟 山海卫指挥，陆运营都同。

赵应元 山海卫千户，北部副总兵。

任国琦 山海卫武举，督师标下副总兵。

傅国珍 山海卫百户，花桑峪都司。

孙承业 山海卫千户，建昌路参将。

穆朝臣 山海卫指挥，经理镇标副总兵。

张惟忠 辽东人，卢龙县籍，冷口副总兵。

李鸣岗 山海卫指挥，镇标右营都司。

赵宗舜 滦州人，锦衣千户。

谢天爵 永平卫人，山永抚标旗鼓守备。

杜绳武 山海卫副千户，遵化营副总兵。

张文善 山海卫人，老营堡参将。

李自馨 昌黎人，山永抚标旗鼓。

丁明盛 永平卫人，石匣副将。

曹　纲 抚宁卫指挥，河间游击。

孙思吴 山海卫千户，中后所城守游击。

刘　江 山海卫人，总旗历任中军都督府左都督，镇守辽东，封广宁伯。

石美中 山海卫指挥同知，天寿山守备。

徐　瓒 山海卫指挥使，辽东义州御备卫。

涂永贵 山海卫指挥同知，蓟州卫守备。

任鹤年 山海卫指挥佥事，三河卫守备。

张四维 山海卫指挥，任桃林口提调。

施国藩 山海卫指挥，青山口提调。

赵大纲 山海卫指挥佥事，青山口提调。

吕　纳 山海卫指挥，洪山口提调。

王　杰 山海卫指挥同知，擦崖提调。

徐国桢 山海卫指挥，白马关守备。

张效良 山海卫指挥，罗文峪提调。
傅国忠 山海卫指挥，一片石提调
刘　楹 山海卫指挥佥事，三屯营千总。
李逢阳 山海卫指挥佥事，桃林口守备。
郭东都 山海卫指挥佥事，界岭口提调。
张继祖 游击，懋勋子，义院口守备。
李天培 山海卫指挥，桃林口守备。
任　重 守备，鹤年子，墙子岭提调。
傅崇德 山海卫指挥佥事，青山口守备。
于承芳 山海卫指挥，大安口提调。
邢万民 山海卫千户，马兰峪总兵。
戴天宠 山海卫指挥，黄土岭守备。
孟锡璘 山海卫千户，都司佥事。
林应坤 山海卫指挥，铁厂堡守备。
徐应第 山海卫人，军门标下旗鼓守备。
梁一第 昌黎人，任游击。
齐鸣鹤 昌黎人，宗尧次子，山海卫指挥。
梁应时 昌黎人，监生，功授指挥。
萧继英 升子，抚宁卫佥事，遵化守备。
高维祺 抚宁卫佥事，蓟州守备。
吴继璘 尚贤孙，抚宁卫金事。八达岭守备。
高万里 维祺子，抚宁卫佥事，灰岭口守备。
刘　熏 涵孙，抚宁卫佥事，义院口关提调。
宋文煌　王九州　李际春　田养茂　王正道
王世臣　杜文奇　史登云　李多闻　马性美
王自壮　王　培　李士奇　杜茂秋　蔡时茂
李时贤　任自得　贾有元　刘光远　杨开泰
以上俱昌黎人，以守城功授守备。

［国朝］

惠应诏　抚宁人，四川成都府总兵。

惠应诰　抚宁人，仪征守备。

萧奇楹　抚宁人，升孙，临清参将。

汤自道　滦州人，北楼口参将。

刘绍祖　昌黎人，洮岷守备。

卢拱极　东胜卫人，大靖堡参将。

李聚良　昌黎人，三眼井营都司。

郑宏谟　乐亭人，三省总督旗鼓游击。

李景阳　兴州卫人，金山副总兵。

谭九畴　东胜卫人，陕西彰义堡都司。

王　栋　迁安人，河西务游击。

王可就　滦州人，福建都标副总兵，殉难。

王度冲　抚宁人，湖广右路总兵。

张师圣　迁安人，登州副总兵，阵亡。

惠占春　应诏子，山东沂州总兵。

周　鼎　迁安人，浙江都司，阵亡。

崔毓德　昌黎人，广东守备。

冯镜盛　明子，昌黎人，武进士，广西副总兵。

詹世勋　山海卫人，江南副总兵。

冯源淮　铨子，昌黎人，武进士，荆州总兵。

赵世新　山海卫人，陕西高沟堡守备。

傅尚谦　山海卫人，江南寿春营副总兵。

秦国荣　山海卫人，浙江金华右营游击。

赵世泰　应元子，河南镇标参将，阵亡。

鲁士科　山海卫人，福建道标守备。

苗有年　山海卫人，山西保德营守备。

何万邦　山海卫人，浙江水师营都司。

周永祚　山海卫人，浙江衢州营守备。

孙遇吉 山海卫人，苏松镇标都司。
郭重显 山海卫人，开封城守营守备。
惠延祖 抚宁人，占春子，世袭御前侍卫。
白尚信 山海卫人，三省总督标下守备。
谭　俊 山海卫人，广东右翼镇游击。
王　伟 抚宁人，苏州城守游击管参将事。
刘泽深 山海卫人，碣石卫总兵。
姚季虎 滦州人，通州张家湾守备。
曹光启 卢龙人，狼山守备。
谭　纶 山海卫人，陕西略阳副将。
涂鼎臣 山海卫人，浙江左营守备。
宁九锡 乐亭人，苏州水师，镇标中军守备。
任嘉勋 山海卫人，山西平阳府城守营守备。
陈应魁 山海卫人，直隶提督标下守备。
穆秉衡 山海卫人，提督廷栻子，江南提标千总。
常怀忠 山海卫人，山西庄浪营守备。
赵　焞 山海卫人，三宣子守备。
穆秉常 山海卫人，提督廷栻子，湖北抚标参将。
穆贻烈 临榆人，高州镇守备。
林德门 临榆人，山东东昌卫守备。
石宪曾 官生江西永新卫千总，加参将衔。
傅文理 临榆人，江南太仓卫千总。
王维屏 抚宁人，江南安庆卫千总。
李秉仁 抚宁人，采育把总。
郭文宣 卢龙人，福建福宁镇左营守备。
惠世溥 抚宁人，世袭轻车都尉，广西麦邱富岭参将。
怀永义 卢龙人，保定后营守备。
王　翰 卢龙人，山永协右营把总。
曹可显 卢龙人，山永协左营把总。

怀永忠 卢龙人，河南临潭城守千总。
吴德异 卢龙人，山永协茨榆坨把总。
汪泽泓 卢龙人，山永协义院口把总。
牛应虎 古北口提标右营把总。
王 林 卢龙人，东昌卫守备。

封 赠

［明］

朱 有 以子鉴赠刑部主事。
李 凯 永平卫百户，以子时赠甘肃平凉府知府。
朱 似 以子文运赠江南丹阳知县。
王 堂 以子大用赠刑部郎中。
廖 儒 以子自显赠广东道御史。
韩廷义 以子应庚封福建道御史。
白 钥 南锦衣卫经历，以子瑜赠大理寺卿。
韩应箕 应庚弟，贡士，以子原善封兵部主事。
陈志文 以子王庭赠监察御史。
崔士登 以子及第封行人。以上卢龙县。
吴 纪 以子诚赠河南道监察御史。
王 民 以孙锐赠副都御史。
王 都 以子锐赠副都御史。
李 元 以子和赠礼部主事。
王 政 以子和赠监察御史。
郭 洪 以子镛赠监察御史。
才 整 以孙宽赠工部侍郎。
才 通 以子宽赠工部侍郎。
李 中 以子文赠户部员外郎。
王 路 以子廷赠兵科给事中。

李　臣　以子安仁赠大理寺评事。
陈　英　以子鼐封监察御史。
李　蕊　以子炫赠兵部主事。
徐　伸　以孙云逵赠光禄寺卿。
徐可久　以子云逵赠光禄寺卿。
程　墀　以子大猷封户部郎中。
郭如藩　以子巩赠兵科给事中。
彭大节　以孙友德赠总兵左都督。
彭万里　以子友德，赠总兵左都督。以上迁安县。
金　禧　以子镛赠光禄寺署丞。
姚　斌　以子政赠运使。
王　荣　以子春赠周府长史。
王　春　以子道中封顺天府尹。
鲁　海　以子铎赠户部郎中。
翟　昊　以子鹏赠户部主事。
王　忱　以子胤祥赠刑科给事中。
张　楫　以子九三赠国子监学正。
萧春台　以子奇栋封山西蒲县知县。
李　□　以子蕴粹封承德郎。以上抚宁县。
张　广　以孙文质赠工部尚书。
张　鉴　以子文质赠工部尚书。
杜　复　以孙谦赠工部左侍郎。
杜　敏　以子谦赠工部左侍郎。
魏　栋　以子可简赠尚宝司卿。
刘　锐　以子汝桂赠登州府通判。
邸尚信　以子存性封河南河内知县。
齐　逌　廪生，以子宗尧诰封朝议大夫。
宋馈豚　以子文熏封河南虞城知县。
齐　逵　以子宗文诰封文林郎。

齐鸣雷　山西灵石知县，以子士斌诰封中宪大夫。以上昌黎县
王　海　以孙翱赠左都御史。
齐　□　以子义赠兵马指挥，旧志及滦志俱缺名。
郝　兴　以子隆赠大理寺评事。
王　侃　以子蕃赠太常寺博士。
任　玉　以子惠赠吏科给事中。
王　瑀　以子辅封监察御史。
安　和　以子民赠户部员外郎。
吴　宥　以子吉赠推官。
王　璋　以子镐赠大理寺评事。
高　聪　知县，以子谦赠文林郎，孙擢赠顺天府尹。
厉　鉴　以子汝进封吏科给事中。
周　珍　以子冉赠户部主事。
高　谦　以子擢赠顺天府尹。
张大钧　以子鹏翼封工部主事。
高　玉　以孙第累赠兵部尚书。
高吉昌　以子第累赠兵部尚书。
石　璞　太使，以子维岳赠河南怀庆府知府。
冯庆余　知县，以孙运泰赠太仆寺卿。
冯斗华　知县，以子运泰累封太仆寺卿。
伦　浃　以子之楷赠陕西道监察御史。
张　夙　以子汝贤赠定陶知县。
张秉直　以子联奎赠临洮推官。
韩邦直　以子友柳赠襄府长史。以上滦州
刘　溥　以子懋累赠户部员外郎。
李　升　以子霖赠柘城知县。
李　霖　以子宗商赠户部主事。
卢　梁　以子耿麒累赠山西右参议。
王　茂　以孙好问累赠户部尚书。

王　臣　以子好学、好问累赠户部尚书。
萧　富　以子云汉赠山西应州知州。
王永昌　以子利宾赠兵马指挥。
张问道　以子国瑞累赠陕西左布政。
曹克勤　生员，以子司牧累赠巩昌知府。
陈谠论　生员，以子兴门封贵州铜仁推官。以上乐亭县。
萧福海　以子显赠兵科给事中。
詹　玉　以孙荣赠副都御史。
詹　通　以子荣赠副都御史。
刘　刚　以孙渊赠都督佥事。
刘　镇　以子渊赠都督佥事。
王　荣　以子相赠经历。
刘汝桢　以子复礼赠工部郎中。
冯　琦　以子时泰赠工部主事。
刘光大　以子思诚赠济南同知。
刘思诚　同知，以子廷宣赠大理寺左少卿。
程　矩　以子继贤赠工部员外郎。以上山海卫。

［**国朝**］

蔡云龙　以曾孙士英赠漕运总督，光禄大夫。
胡宪玉　以子来相赠监察御史。
蔡国忠　以孙士英、曾孙毓荣累赠总督，光禄大夫。
孟廷勋　以孙乔芳累赠光禄大夫少保。
孟国用　总兵，以乔方累赠光禄大夫少保。
蔡绍胤　以子士英、孙毓荣累赠总督光禄大夫。
陈靖华　以子君锡赠江南睢宁知县。
蔡毓贵　以子玮赠庆阳知府。
蔡毓华　知府，以子珍琦累赠监察御史、四川永宁道。
蔡毓秀　知州，以子廷赠翰林院检讨。

李启先　以子本洁赠文林郎。
李　正　以子本洁封文林郎。
翟　任　生员以子正经赠文林郎。以上卢龙县。
刘宗仁　以孙鸿儒赠兵部右侍郎。
刘光裕　以子鸿儒赠兵部右侍郎。以上迁安县。
张仲科　以孙霖封光禄大夫。
张希隐　以子霖封光禄大夫。
胡景鼎　以子松封奉政大夫。
王国用　以孙度冲封总兵左都督。
王　凤　以子度冲封总兵左都督。
惠应诏　以子占春赠光禄大夫。
王应举　以孙玮封怀远将军。
王德润　以子玮封怀远将军。
陈　上　生员，以孙炳封蓝翎侍卫。
陈五伦　武举，以子炳封蓝翎侍卫。
刘景祉　以子文亮封武德将军。
翟　翔　以子绪祖封修职郎。
齐　斌　以曾孙威封武翼大夫。
齐化民　以孙威封武翼大夫。
齐复显　以子威封武翼大夫。以上抚宁县。
冯尚贤　以曾孙铨赠太子太傅礼部尚书。
冯从训　以孙铨赠太傅宏文院大学士。
冯盛明　以子铨赠太傅宏文院大学士。
张君玉　以字尊德赠湖北安陆知府。
张是彝　以子翰宸赠湖南长沙知府。
冯盛期　以子铎赠平南知县。
张我铨　以子宏赠江南新昌知县。
高　培　贡士，以子天挺赠临淮知县。
齐如仑　岁贡，以曾孙大勇赠荣禄大夫。

齐如琦 庠生，大勇本生曾祖貤赠荣禄大夫。
齐如星 增生，以子泽茂封登仕郎。
齐泽沛 贡生，以孙大勇赠荣禄大夫。
齐日都 庠生，以子大勇封荣禄大夫。
韩法祖 昌黎伯裔孙，袭奉祀儒士，以子珣赠吉水知县。
高　翙 岁贡，以子棠萼赠文林郎。
马云霨 举人，以子拱辰赠文林郎。
阎登第 庠生，以子允吉封中宪大夫。
阎及第 庠生，允吉生父，貤赠中宪大夫。
阎　璞 以子公铣赠文林郎。
阎　玮 公铣生父，貤赠文林郎。
李桂林 廪生，以子佶赠修职郎。
宋　兰 增生，以子治安赠武德郎。
宋士杰 廪生，以子桂赠修职郎。
宋　枚 附监生，考授县丞，治安生父，貤赠武德郎。
高天赐 以子宏裁赠文林郎。
刘　英 以子明智封武翼大夫。
田　阜 以子怀孝封承德郎。
张绍业 以子焕彩焕文赠武德郎。
周应龙 以子德赠忠显校尉。
周宅镐 庠生，以子永平貤封修职郎。
卞大受 以孙三元赠光禄大夫。
卞为凤 以子三元赠光禄大夫。以上昌黎县
石　璞 以孙申赠吏部左侍郎兼侍读学士。
石维岳 副使，以子申赠吏部左侍郎兼侍读学士。
王朝凤 以曾孙可就赠荣禄大夫，都督同知。
王道森 以孙可就赠荣禄大夫，都督同知。
王好义 以子可就封荣禄大夫，都督同知。
伦　中 以子品卓赠南康知府。

李斗昭 以子檠封嘉鱼知县。
白培极 举人，以子章赠新会知县。
胡尔爵 以子一俊赠绛州知州。
王永禄 以子有功赠四川巴县知县。
李养琏 廪生以孙檠棨赠文林郎。以上滦州。
韩朝来 以子孙迈封山东青州府通判。
陈经济 知县，以子性天赠陕西宜川知县。
姚延嗣 生员，以子采赠国子监学正。
宁君熙 生员，以子九锡赠明威将军。
李本恭 以孙兰赠通奉大夫，安徽布政司。
李　拔 以子兰赠通奉大夫，安徽布政司。
宁一贤 以子继祖赠武德将军。
杨　玉 以孙德润赠中宪大夫。
安　宣 以孙延召赠通议大夫。
杨　峨 以子德润封中宪大夫。
安于德 以子廷召封通议大夫。
陈国泰 以子永清赠修职郎。
姚起陶 以孙云倬赠文林郎。
姚汝英 以子云倬赠文林郎。
安其位 如岛父，捐赠奉直大夫。
安　民 如岭祖，捐赠武翼大夫。
安其身 如岭父，捐赠武翼大夫。以上乐亭县
余崇贵 以子一元赠奉政大夫，礼部郎中。
穆齐英 县丞，以子尔谟封奉政大夫，礼部郎中。
刘　恼 以子克孔赠山西汾州知府。
穆齐岱 以孙廷栻赠怀远将军。
穆尔铉 以子廷栻赠怀远将军。
谭有德 生员，以子从简封孟津知县。
谭　让 生员，以孙纶赠怀远将军。

谭有法 生员，以子纶赠怀远将军。
穆尔镗 以子廷梁赠怀远将军，广东惠镇右营都司。
穆维淑 以子景惠赠修职郎。
张自立 以曾孙霖赠光禄大夫，工部营缮司主事。
张仲科 以孙霖赠光禄大夫，工部营缮司主事。
张希稳 以子霖赠光禄大夫，工部营缮司主事。
吕　铎 以子养浩赠修职郎。
赵云翰 以子三宣封宣武将军。
李思晟 以子庆年貤赠修职郎。
常维谦 以子天伟貤赠修职郎。
赵启富 以子延绪赠昭信校尉。
傅光显 以孙铭貤赠昭信校尉。
傅作霖 以子铭封昭信校尉。
解胤德 以子廷瑜赠武德将军。
王向明 以子兴宗赠儒林郎。
吕国弼 以曾孙文英封中宪大夫，御前侍卫。
吕应科 以孙文英封中宪大夫，御前侍卫。
吕调升 以子文英封中宪大夫，御前侍卫。以上山海卫。
王　瑜 以孙作义赠中宪大夫，刑部郎中。
王允猷 以子作义赠中宪大夫，刑部郎中。
田永乾 举人，以子耕可赠修职佐郎。
吴邦佑 以子彬赠修职郎。
林元寅 以孙德门貤赠武德郎。
林　英 原任江南长州知县，以子德门封武职郎。
李文秀 以子哲赠修职佐郎。
范衡礼 以子浚貤赠修职郎。
郭如柏 举人，以子备赠修职郎。
邬　亮 贡生，以子廷栋赠修职郎。
阮朝聘 以孙宁方貤赠奉政大夫蓝翎侍卫。

阮文秀 以子宁方赠奉政大夫，蓝翎侍卫。

赵宏绪 以子亮赠武信郎。

傅　鉴 以子文理赠武信郎。

程　鹏 庠生，以孙式濂貤赠承德郎。

程　换 原任大名教谕，以子式濂赠承德郎。以上临榆县。

恩　荫

［元］

王　圭 仲仁子，荫袭父爵，升成都路总管。

王伯川 仲仁孙，荫授文阶，升丰润县尹。以上乐亭县。

［明］

王道平 以父羽巡抚功荫授都察院经历。

白养元 以父瑜刑部左侍郎荫太仆寺主簿。以上卢龙县。

高　霄 以父擢都御史，荫任宗人府经历。

高应辰 以父第都御史，荫任户部照磨。

冯显谟 以父运泰太仆寺卿荫。以上滦州

赵　铨 以祖胜昌宁流伯功世袭锦衣千户。

王　世 以从父锐都御史功世袭锦衣百户。

才　荣 以父宽总制三边功世袭锦衣百户。

徐　真 以父云逵光禄寺卿荫。以上迁安县

刘　镗 以上抚宁县

韩法祖 文公裔，崇祯庚辰荫世袭奉祀儒士考选鸿胪寺序班，因母老不仕。

张　皋 以祖文质礼部尚书荫。

杜　浚 以父谦工部侍部，荫任礼部司务。

杜　汉 以父谦侍郎，荫官至南宁知府，一作南康。

王子兴 以父擢工部右侍郎，荫任詹事府典籍。以上昌黎县

李光启 卜裔，世袭授百户，升京营都指挥使。

史文学 干子，袭燕山左卫百户。

王浑然 以父好问荫官至马湖知府，升兵备副使。

杨　聪 裔无考，袭羽林卫千户。

杨德滋 裔无考，袭燕山左卫。以上乐亭县。

詹于远 以父荣兵部左侍郎荫。

詹　廷 以祖荣兵部左侍郎荫官至云南广南知府。以上山海卫。

［国朝］

蔡毓华 举人，以父士英总漕荫官至遵义知府。

蔡毓秀 以从父士英总漕荫任河南永宁知州。

孟熊弼 以父乔芳少保功荫世袭阿思哈尼哈番。

蔡　琦 以伯毓荣刑部左侍郎荫官至永宁道。

蔡　琳 以父毓荣吏部左侍郎荫任内廷职事。

孟绎祖 以祖乔芳少保功荫世袭。

孟维祖 以父乔芳少保功荫世袭。

孟继祖 以父熊臣福建汀州知府荫。

孟缵祖 以父熊飞北城御史荫。以上卢龙县。

石　几 以父申学士荫。

石　章 以父申吏部左侍郎荫。

高士鹓 以父显辰云南知府殉难，荫任绛州知州。

王应麒 以父可就都督同知，荫任荣昌知县。

王应荐 以父可就都督同知殉难，荫知州。以上滦州

刘　溥 以父鸿儒顺大府府丞荫。

刘　泳 以父鸿儒太常寺卿荫历任蓝山知县。

刘　冲 以父鸿儒兵部右侍郎荫历任福建延建邵道。

喻大常 以伯三畏建宁府同知殉难，荫任庄浪知县。以上迁安县。

冯　铎 以兄铨大学士荫任广西平南知县。

冯源泗 以从父铨大学士，荫官至甘肃庆阳府同知。
冯廷椝 以祖铨大学士荫授知县。
韩　珣 文公裔，法祖子，袭奉祀儒士，中式举人。
韩　绣 文公裔，法祖次子，袭奉祀儒士。
韩　熠 文公裔孙，袭奉祀儒士。
韩　晟 文公裔孙，袭奉祀儒士。以上昌黎县。
李掖垣 以父兰荫任河南彰德府知府。以上乐亭县
吕焯如 以父鸣夏知府荫任江南高邮州知州。
吕焕如 以从父鸣咸户部郎中荫。
毛凤仪 以父应坤通判荫任陕西阶州同知。
刘芳显 以从兄克望知县荫任河南陕州知州。
高　进 以兄选知县荫官监。
吕炜如 以父鸿夏陕西兵备道殉难，荫任江西广信府同知。
余　瑜 以父一元礼部郎中荫官监。
张振麟 以父朝臣都司阵亡，荫卫千总。
李栖凤 友松子，以功荫贵州思州府经历。
穆秉宽 提督，廷栻子，官监考授光禄寺署丞。以上临榆县

乡饮宾

［明］

赵　忠 卢龙人，举人。
张国祥 昌黎人，贡生，任训导。
张应宿 昌黎人，贡生。
李应奎 兴州卫人，任训导。
王从政 山海卫人，贡生，任业阳令。
郝誉髦 滦州人，贡生，任洪洞县丞。

［国朝］

汪淑问 东胜卫人，进士，任建为令。
吴 班 乐亭举人，任井研令。
张可宗 山海卫人，举人。
刘天民 迁安人，贡生。
魏克仁 迁安人，贡生。
侯万里 迁安人，生员。
郭朝儒 抚宁人，岁贡。
马云霨 昌黎人，举人。
徐道中 抚宁人，岁贡。
张元复 昌黎人，举人，任靖江令。
以上大宾从各传采入。
马德盛 乐亭人，康熙二十六年举。
李本恭 乐亭人。
李化龙 卢龙人，康熙五十七年举。
刘 辉 **金好懿** **刘湛英** **朱 兰**
李敷（启）荣 以上俱迁安人，见《迁安志》。
郭应荣 乾隆十年举。
陈光琢 乾隆十六年举。
王昆石 乾隆十七年举。
张连仕（仁） 乾隆十八年举。以上俱滦州人。
王天相 **鲁养心** **马守业** **惠文俊** **贾继业**
萧春台 **王 凤** **惠定边** **惠文秀** **周业隆**
徐文耀 **李宏函** **单笃行** **魏之璠** **杨重望**
袁应瑞 **张鹏云** **祖思问** **赵夔龙** **孙振祖**
以上俱抚宁人，见《抚宁县志》。
赵文煌
陈舜上 以上俱抚宁人。
张岳生 昌黎人。
王子升 抚宁人。

张联捷 卢龙人，雍正三年举。

以上耆宾

按：乡饮酒礼所以尊有德，重高年，以为闾里劝，典至重也，考《赋役全书》，朝廷岁有经费，近年因无合例之人，多不举行。夫十室之邑，必有忠信，有其举之，莫或废之，存此以志良法美意，并附仪节于后，亦厚风化之一端也。

乡饮酒礼

每岁于孟春望日、孟冬朔日举行二次（先期县官访绅士之年高德劭者一人为大宾，次为介。至之日，三揖迎入，又次为众宾，皆详报督抚核定举行），设宴于明伦堂，坐主于东南以象仁（以掌印官为之），坐宾于西北以象义（以乡官齿德最尊者为之）。坐僎于东北以辅主（按会典旧图有一僎、二僎、三僎之名，据仪礼宾若有尊者，亦待以宾礼。同人举报之内不知谓之宾者，以同从外来耳。其实载记同仪礼注疏，皆以遵为不干主人正礼，前说似误。近乾隆十九年新颁则例改正此条。僎以本地显宦偶居乡里，愿来观礼者，依次坐于东北，三品以上席南向，四五品席西向，无则阙之不立，一僎二僎三僎之名，不入举报之内，于仪礼最合）坐介于西南以辅宾（以乡中齿德稍次者辅之）僚属众位于东西，依仪礼之次司正扬觯，主宾献酬讲读律诰，三歌鹿鸣。宴毕，谢恩，拜送出。

卷之十五

人物志一

自古哲人伟士，多奋迹于边陲，况永平为清圣故墟，汉魏而后垂名史册者代不乏人。迨我朝定鼎，而夹辅之勋，股肱之佐，与夫以德行文章为邦之光者炳炳蔚蔚，实足追前哲而昭来兹。旧志每旁援境外以附益之，果足为此邦重耶？今皆不取焉。而录诸人之实生于斯者，若夫节义著于乡闾，才技得诸闻见，虽一端之善，亦得以次相附。继起者克自振兴，媲美前徽是余所深望也夫，作人物志。

列　传　上

［**商**］

伯夷、叔齐，孤竹君之二子也。父欲立叔齐，及父卒，叔齐让伯夷。伯夷曰："父命也。"遂逃去。叔齐亦不肯立而逃之。国人立其中子。于是，伯夷、叔齐闻西伯昌善养老，盍往归焉。及至，西伯卒，武王载木主号为文王，东伐纣。夷、齐叩马而谏曰："父死不葬爰及干戈，可谓孝乎？以臣弑君可谓仁乎？"左右欲兵之，太公曰："此义人也"，扶而去之。武王已平殷乱，天下宗周，而伯夷叔齐耻之，义不食周粟，隐于首阳山，采薇而食之。及饿且死，作歌，其辞曰："登彼西山兮采其薇矣。以暴易暴兮不知其非矣。神农虞夏忽焉没兮，我安适归矣。吁嗟！徂兮命之衰矣。"遂饿死于首阳山。由此观之，怨耶？非耶？或曰：“天道无亲，常与善人。”若伯夷叔齐可谓善人者，非耶？积仁洁行如此，而饿死。且七十子之徒，仲尼独荐颜渊为好学，然回也屡空，糟糠不厌而卒，早夭天之报施。善人其何如哉？盗跖日杀不辜，肝人之肉，暴戾恣睢，聚党数千人横行天下，竟以寿终。是遵何德哉！此其尤大彰明较著者也。若至近世操行不轨，专犯忌讳而终身逸乐，富厚累世不绝，或择地而蹈之时然后出，言行不由径，非公正不发愤而遇祸灾者不可胜数也，余甚惑焉。傥所谓天道是耶？非耶？子曰：道不同不相为谋，亦各从其志也，故曰：富贵如可求，虽执鞭之士吾亦为之，如不可求，从吾所好，岁寒然后知松柏之后凋。举世混浊清士乃见，岂以其重若彼其轻若此哉！君子疾没世而名不称焉。贾子曰：贪夫徇财，烈士徇名，夸者死权，众庶冯生。同明相照，同类相求，云从龙，风从虎，圣人作而万物睹，伯夷叔齐虽贤，得夫子而名益彰，颜渊虽笃学，附骥尾而行益显。岩穴之士趋舍有时，若此类名湮灭而不称，悲夫！闾巷之人欲砥行立名者，非附青云之士恶能施于后世哉！（《史记》）

［汉］

公孙瓒　字伯圭，辽西令支人也，为郡门下书佐，有姿仪，大音声，故太守器之，以女妻焉。遣诣涿郡卢植读经，后复为郡吏。刘太守坐事征诣廷尉，瓒为御车，身执徒养。及刘徒日南，瓒具米肉于北芒上祭先人，举觞祝曰：“昔为人子，今为人臣，当诣日南，日南瘴气，或恐不还，与先人辞于此。”再拜慷慨而起，时见者莫不歔欷。刘道得赦还，瓒以孝廉为郎，除辽东属国长史。尝从数十骑出行塞，见鲜卑数百骑，瓒乃退入空亭中，约其从骑曰：“今不冲之则死尽矣。”瓒乃自持矛，两头施刃，驰出刺胡，杀伤数十人，亦亡其从骑半，遂得免，鲜卑惩艾，后不敢复入塞。迁为涿令。光和中凉州贼起，发幽州突骑三千人假瓒都督行事，传使将之。军到蓟中，渔阳张纯诱辽西乌丸邱力居等叛，劫略蓟中，自号将军，略吏民攻右北平、辽西属国诸城，所至残破。瓒将所领追讨纯等有功，迁骑都尉。属国乌丸贪至，王率种人诣瓒降，迁中郎将，封都亭侯，进屯属国。与胡相攻击五六年。邱力居等钞略，青、徐、幽、冀四州被其害，瓒不能御。朝议以宗正东海刘伯安既为德义，昔为幽州刺史，恩信流著，戎狄附之，若使镇抚可不劳众而定，乃以刘虞为幽州牧。虞到，遣使至胡中告以利害，责使送纯首。邱力居等闻虞至，喜，各遣译自归。瓒害虞有功，乃阴使人徼杀胡使。胡知其情，间行诣虞，虞上罢诸屯兵，但留瓒将步骑万人屯右北平。纯乃弃妻子逃入鲜卑，为其客王政所杀，送首诣虞，封政为列侯。虞以功即拜太尉，封襄贲侯，会董卓至洛阳，迁虞大司马，瓒奋武将军，封蓟侯。关东义兵起，卓遂劫帝西迁，征虞为太傅，道路隔塞，信命不得至。袁绍，韩馥议以为少帝制于奸臣，天下无所归心，虞宗室知名，民之望也，遂推虞为帝，遣使诣虞，虞终不肯受。绍等复劝虞领尚书事，承制封拜，虞又不听，然犹与绍等连和。虞子和为侍中在长安，天子思东归，使和伪逃卓，潜出武关诣虞，令将兵来迎。和道经袁术，为说天子意，术利虞为援，留和不遣，许兵至俱西，令和为书与虞，虞得和书，乃遣数千骑诣和。瓒知术有异志，不欲遣兵，止虞，虞不可，瓒惧术闻而怨之，亦遣其从弟越将千骑诣术以自结，而阴教术执和夺其兵，由是虞瓒益有隙。和逃术来，比复为绍所留。是时术遣孙坚屯阳城拒卓，绍使周昂夺其处，术遣越与坚攻昂，不胜，越为流矢所中死。瓒怒曰："余弟死祸起于绍。"遂出军屯磐河将以报绍。绍惧以所佩渤海太守印绶授瓒从弟范，遣之郡欲以结援，范遂与渤海兵助瓒破青、徐黄巾，兵益盛，进军界桥，以严纲为冀州，田楷为青州，单经为兖州，置诸郡县。绍军广川令将曲义先登，与瓒战生禽纲，瓒军败走，渤海与范俱还蓟，于大城东南筑小城与虞相近，稍相怅望。虞惧瓒为变，遂举兵袭瓒。虞为瓒所败，出奔居庸，瓒攻拔居庸，生获虞，执虞还蓟。会卓死。天子遣使者段训增虞邑六州，瓒迁前将军封易侯，瓒诬虞欲称尊号胁训斩虞。瓒上训为幽州刺史，瓒遂骄矜记过忘善多所贼害。虞从事渔阳鲜于辅齐周、骑都尉鲜于银等率州兵欲报，瓒以燕国阎柔素有恩信，共推柔为乌丸司马。柔招诱为乌丸鲜卑得胡汉数万人，与瓒所置渔阳太守邹丹战于潞北，大破之，斩丹。袁绍又遣曲义及虞子和将兵与辅合击瓒，瓒军数败，乃走还易京固守，为围堑十重，于堑里筑京皆高五六丈，为楼其上，中堑为京特高十丈自居焉，积谷三百斛，瓒曰："昔谓天下事可指麾而定，今日视之非我所决，不如休兵力田畜谷，兵法百楼不攻，今吾楼橹千重，食尽此谷，足知天下之事矣。"欲以此弊绍，绍遣将攻之，连年不能拔。建安四年，绍悉军围之，瓒遣子求救于黑山贼，复欲自将突骑直出傍西南山，拥黑山之众陆梁冀州横断绍后。长史关靖说瓒曰："今将军将士皆已土崩瓦解，其所以能相守持者，顾恋其居处老小以将军为主耳，将军坚守旷日，袁绍要当自退，自退之后，四方之众必复可合也。若将军今舍之而去，军无镇重，易京之危可立待也。将军失本，孤在草野何所成耶？"瓒遂止不出救，至欲内外击绍，遣人与子书刻期兵至举火为应。绍候者得其书，如期举火，瓒以为救兵至，遂出欲战。绍设伏击，大破之。复还守。绍为地道突坏其楼，稍至中京，瓒自知必败，尽杀其妻子乃自杀。鲜于辅将其众奉王命以辅为建忠将军，督幽州六郡。太祖与袁绍相拒于官渡，阎柔遣使诣太祖受事，迁护乌丸校尉，而辅身诣太祖，拜左渡辽将军，封亭侯，遣还镇抚本州。太祖破南皮柔将部曲及鲜卑，献名马以奉军，从征三郡乌丸，以功封关内侯，辅亦率其众从。文帝践阼，拜辅虎牙将军，柔渡辽将军，皆进封县侯位特进。(《后汉书》)

［吴］

韩　当　字义公，辽西令支人也。以便弓马有膂力幸于孙坚，从征伐周旋数犯危难，陷敌擒虏为别部司马。及孙策东渡，从讨三郡，迁先登校尉，授兵二千骑五十匹，从征刘勋，破黄祖，还讨鄱阳，领乐安，长山越畏服，后以中郎将与周瑜等拒破曹公，又与吕蒙袭取南郡，迁偏将军，领永昌太守。宜都之役与陆逊、朱然等共攻蜀军于涿乡，大破之，徙威烈将军，封都亭侯。曹真攻南郡，当保东南在外为帅，厉将士同心固守，又敬望督司，奉遵法令，权善之。黄武二年，封石城侯，迁昭武将军，领冠军太守，后又加督都之号，将敢死及解烦兵万人，讨丹阳贼，破之，会病卒。子综袭侯，领兵。其年权征石阳以综有忧使守武昌，而综淫乱不轨。权虽以父故不问，综内怀惧，载父丧将母家属部曲男女数千人奔魏，魏以为将军，封广阳侯。数犯边境，杀害人民，权常切齿。东兴之役，综为前锋，军败身死。诸葛恪斩送其首以白权庙。(《三国志》)

［晋］

阎　亨　辽西人。苟晞为大都督，督青、徐六州诸军事，刑政苛虐，纵愤肆欲，亨以书固谏，晞怒杀之。(见《晋书·苟晞传》。)

［后周］

怡　峰　字景阜，辽西人也。本姓默台，因避难改焉。高祖宽燕辽西郡守，魏道武时率户归朝，拜羽真赐爵长蛇公。曾祖文冀州刺史。峰少从征役以骁勇闻。永安中假龙骧将军，为都将，从贺拔岳讨万俟丑奴，以功授给事中、明威将军，转征虏将军都督，赐爵蒲阴县男。及岳被害，峰与赵贵等同谋翊戴太祖，进爵为伯。时原州刺史史归犹为侯莫陈悦守，太祖令峰与侯莫陈崇讨擒之。及齐神武与魏孝武帝构隙，帝频敕太祖简锐卒入卫京邑，太祖乃令峰与都督赵贵等率轻骑赴洛阳，至潼关值魏孝武西迁，峰即从太祖拔回洛，复潼关，拜安东将军，华州刺史。寻转大都督，讨曹泥有功，进爵华阳县公，邑一千户。大统二年，从太祖破窦泰于小关。还，拜散骑常侍，车骑大将军，仪同三司。又从复宏农，破沙苑，进爵乐陵郡公。仍与元季海，独孤信复洛阳。峰率奇兵至成皋，入其郛，收其户口而还。东魏遣行台任祥率步骑万余攻颍川，峰复以轻骑五百邀击之。自是威名转盛，加授开府仪同三司。东魏围洛阳，峰与季海守金墉，太祖至，围解，即与东魏战于河桥。时峰为左军不利，与李远先还，太祖因此班师，诏原其罪，拜东西北三夏州诸军事，夏州刺史。后与于谨讨刘平伏，从解玉壁围，平柏谷坞，并有功。凉州刺史宇文仲和反，峰与于谨讨之。十五年东魏围颍川，峰与赵贵赴援，至南阳遇疾，卒，时年五十。峰沉毅有胆略，得士卒心，当时号为骁将，太祖嗟悼久之，赠华州刺史，谥曰襄威。子昂嗣官至开府仪同三司。朝廷追录峰功，封昂郑国公，昂弟光少以峰勋赐爵，安平县侯，起家员外散骑常侍，累迁司上中大夫左武伯，出为汾、泾、豳三州刺史，加开府仪同三司，进爵龙河县公。光弟春少知名，历官吏部下大夫、仪同三司。(《周书》)

段　永　字永宾，其先辽西石城人，晋幽州刺史匹之后也。

曾祖愧仕魏黄龙镇将，因徙高陆之河阳焉。永幼有志操，闻里称之。魏正光末，六镇扰乱，遂携老幼避地中山，后赴洛阳，拜殿中将军，稍迁平东将军，封沃阳县伯，邑五百户。青州人崔社客举兵反，永讨平之，进爵为侯，除左光禄大夫。时有贼魁元伯生率数百骑，西自崤、潼，东至巩、洛，屠陷坞壁，所在为患。魏孝武遣京畿大都督匹娄昭讨之，昭请以五千人行，永进曰："此贼既无城栅，唯以寇抄为资，安则蚁聚，穷则鸟散，取之在速不在众也，若星驰电发，出其不虞，精骑五百自足平殄。若征兵而后往，彼必远窜，虽有大众无所用之。"帝然其计。于是命永代昭，以五百骑讨之，永觇知所在，倍道兼进，遂破平之。帝西迁，永时不及从。大统初，乃结宗人潜谋归款，密与都督赵业等袭斩西中郎将慕容显和，传首京师，以功别封昌平县子，邑三百户，除北徐州刺史，从擒窦泰，复宏农。破沙苑，并有战功，进爵为公。河桥之役，永力战先登，授南汾州刺史，累迁大都督，车骑大将军，仪同三司，散骑常侍，骠骑大将军开府仪同三司，赐姓尔绵氏。魏废帝元年，授恒州刺史。于时朝贵多其部人，谒永之日，冠盖盈路，当时荣之，孝闵帝践祚，进爵广城郡公，转文州刺史，入为工部中大夫，迁军司马。保定四年，拜大将军。永历任内外，所在颇有声称，轻财好士，朝野以此重焉，前后累增凡三千九百户。天和四年授小司寇，寻为右二军总管，率兵北道讲武，遇疾，卒于贺葛城，年六十八。丧还，高祖亲临，赠使持节柱国大将军，同华等五州刺史，谥曰基。子岌嗣官，至仪同二司兵部下大夫。(《周书》)

［**唐**］

韩　愈　字退之，邓州南阳人。七世祖茂，有功于后魏，封安定王。父仲卿为武昌令，有美政，既去，县人刻石颂德，终秘书郎。愈生三岁而孤，随伯兄会贬官岭表，会卒，嫂郑鞠之。愈自知读书，日记数千百言。比长，尽能通六经百家学。擢进士第，会董晋为宣武节度使，表署观察推官。晋卒，愈从丧出，不四日，汴军乱，乃去依武宁节度使张建封，建封辟府推官，操行坚正，鲠言无所忌，调四门博士，迁监察御史。上疏极论宫市，德宗怒贬阳山令。有爱在民，民生子多以其姓字之，改江陵法曹参军。元和初，权知国子博士，分司东都。三岁，为真改都官员外郎，即拜河南令迁职方员外郎。华阴令柳涧有罪，前刺史劾奏之未报而刺史罢，涧讽百姓遮索军顿役直，后刺史恶之，按其狱，贬涧房州司马。愈过华，以为刺史阴相党，上疏治之，既御史覆问得涧赃，再贬封溪尉，愈坐是复为博士。即才高数黜，官又下迁，乃作《进学解》以自谕。执政览之，奇其才，改比部郎中、使馆修撰，转考功知制诰，进中书舍人。初，宪宗将平蔡，命御史中丞裴度使诸军按视，及还，具言贼可灭，与宰相议不合。愈亦奏言："淮西连年侵掠，得不偿费，其败可立而待，然未可知者，陛下断与不断耳。"执政不喜，会有人诋愈在江陵时为裴均所厚，均子锷素无状，愈为文章字命锷，谤语嚣暴，由是改太子右庶子。及度以宰相节度彰义军宣慰淮西，奏愈行军司马。愈请乘遽先入汴，说韩宏使协力，元济平，迁刑部侍郎。宪宗遣使者往凤翔迎佛骨入禁中，三日乃送佛祠，王公士庶奔走膜呗，至为夷法灼体肤，委珍贝腾沓系路，愈闻恶之，乃上表极谏。帝大怒，持示宰相将抵以死，裴度崔群曰："愈言讦牾罪之诚宜，然非内怀至忠安能及此？愿少宽假以来谏争。"帝曰："愈言我奉佛太过犹可容。至谓东汉奉佛以后天子咸夭促，言何乖刺耶！愈人臣，狂妄敢尔，固不可赦。"于是内外骇惧，虽戚里诸贵亦为愈言，乃贬潮州刺史。既至潮，以表哀谢，帝颇感悔，欲复用之，持示宰相曰："愈前所论是大爱朕，然不当言天子事佛乃年促耳。”皇甫鏄素忌愈直，即奏言愈终狂疏，可且内移，乃改袁州刺史，初，愈至潮，问民疾苦，皆曰：“恶溪有鳄鱼，食民畜产且尽，民以是穷。”数日，愈自往视，令其属秦济以一羊一豕投溪水而祝之。是夕，暴风震电起溪中，数日水尽涸，西徙六十里，自是潮无鳄鱼患。袁人以男女为隶，过期不赎则没入之。愈至，悉计庸得赎所没，归之父母七百余人，因与约禁其为隶。召拜国子祭酒，转兵部侍郎。镇州乱，杀田宏正而立王廷凑，诏愈宣抚。既行，众皆危之。元稹言韩愈可惜，穆宗亦悔。诏愈度事从宜无必入。愈曰：“安有受君命而滞留自顾？”遂疾驱入，廷凑严兵迓之，甲士陈庭。既坐，廷凑曰：“所以纷纷者乃此士卒也。”愈大声曰：“天子以公为有将帅材，故赐以节，岂意同贼反邪？”语未终，士前奋曰：“先太师为国击朱滔，血衣犹在，此军何负朝廷，乃以为贼乎？”愈曰：“以为尔不记先太师也。若犹记之固善，且为逆与顺利害不能远引古事，但以天宝来祸福为尔等明之。安禄山、史思明、李希烈、梁崇义、朱滔、朱泚、吴元济、李师道，有若子若孙在乎？亦有居官者乎？”众曰：“无。”愈曰：“田公以魏博六州归朝廷，官中书令，父子受旗节，刘悟、李祐皆大镇此，尔军所共闻也。”众曰：“宏正刻故此军不安。”愈曰：“然尔曹害田公，又残其家复何道？”众乃欢曰：“侍郎语是。”廷凑恐众心动，遽麾使去，因泣谓愈曰：“今欲廷凑何所为？”愈曰：“神策六军之将，如牛元翼比者不少，但朝廷顾大体，不可弃之。公久围之何也？”廷凑曰：“即出之。”愈曰：“若尔则无事矣。”会元翼亦溃围出，廷凑不追。愈归奏其语，帝大悦，转吏部侍郎。时宰相李逢吉恶李绅，欲逐之，遂以愈为京兆尹、兼御史大夫，特诏不台参，而除绅中丞。绅果劾愈，愈以诏自解。其后文刺纷然，宰相以台府不协，遂罢愈为兵部侍郎，而出绅江西观察使。绅见帝得留，愈亦复为吏部侍郎。长庆四年卒，年五十七，赠礼部尚书，谥曰文，愈性明锐不诡，随与人交终始不少变，成就后进，士往往知名，经愈指授皆称韩门弟子。愈官显稍谢遣，凡内外亲若交友无后者，为嫁遣孤女，而恤其亲嫂郑，丧为服期以报。每言文章自汉司马相如、太史公、刘向、扬雄后，作者不世出。故愈深探本元，卓然树立成一家言，其《原性》、《原道》、《师说》等数十篇，皆奥衍宏深，与孟轲、扬雄相表里，而佐佑六经云。至它文造端置，辞要为不袭蹈前人者，然惟愈为之沛然若有余，至其徒李翱、李汉、皇甫湜从而效之，遽不及远甚。从愈游者，若孟郊、张籍亦皆自名于时《唐书》。

毛西河曰:《旧唐书》曰：韩愈，昌黎人，此据李翱行状而署之者也。《新书》改曰：邓州南阳人，此据皇甫提神道碑，与李白作愈父仲卿碑而改之者也。然皆未是者，退之《祭十二郎文》有曰；从嫂归葬河阳，又曰吾往河阳省墓。其作《女拿圹铭》又曰：归骨于河南之河阳韩氏墓而葬之，则退之实河内之河阳人也。其曰昌黎伯则宋后祟祀封号，非爵里也。而其自称亦曰昌黎韩愈者，意者退之先世自弓高侯后有仕北魏为常山太守及征南将军者，曾居昌黎，而世袭称之，此如杜甫居襄阳而自称杜陵野老正同耳。

按：今之昌黎乃辽之广宁，金大定间始改今名，与汉唐郡县亦不相涉，详见顾宁人《京东考古录》，第自有明以来建祠奉祀既已有年，故仍列之如右。

田廷玠　平州卢龙人。尚儒学，不乐军旅，与承嗣为从昆弟，仕为平舒丞，迁乐寿、清池东城、河间四县令，以治称，迁沧州刺史。李宝臣、朱滔与承嗣不协，合兵围沧州，廷玠固守，连年食虽尽无叛者，朝廷嘉其节，徙相州承嗣盗磁相，廷玠无所回染，及悦代立，忌廷玠之正，召为节度副使。廷玠至让悦曰:“而承伯父绪业，当守朝廷法度以保富贵，何苦与恒郓为叛臣？自兵兴来叛天子能完宗族者谁耶？而志不悛，盍杀我，无令我见田氏血污人刀也。”遂称疾不出，悦过谢之，杜门不纳，愤而卒（《唐书》)。

田宏正　字安道，廷玠之子，幼通兵法，善骑射，承嗣爱之，以为必兴吾宗，名之曰兴季安，时为衙内兵马使同节度副使，封沂国公。季安侈汰锐杀罚，宏正从容规切，军中赖之翕然归重，季安内忌，出为临清镇将，欲因罪诛之。宏正阳痹痼卧家不出，乃免，季安死，子怀谏袭节度召还旧职，怀谏委政于家奴蒋士则，措置不平，众怒，咸曰：“兵马使吾帅也。”牙兵即诣其家迎之，宏正拒不纳，众哗于门。宏正出，众拜之胁还府，宏正顿于地，度不免，即令于军曰：“尔属不以吾不肖使主军，今与公等约能听命否？”皆曰：“惟公命。”因曰：“吾欲守天子法，举六州版籍请吏于朝，苟天子未命，敢有请吾旄节者死。杀人及掠人者死。”皆曰：“诺。”遂到府，杀士则及支党十余人，于是图魏博相、卫、贝、澶之地，籍其人以献，不敢署僚属而待王官。先时诸将出，屯质妻子，里民不得相往来，宏正悉除其禁，听民通馈，谢庆吊服玩僭侈者即日撤毁之。承嗣时正寝华显，宏正避不敢居，更就采访使堂皇听事，幽恒郓蔡大惧，遣客镌说钩染，宏正皆拒遣之。宪宗美其诚，诏检校工部尚书，充魏博节度使。又遣司封郎中知制诰裴度宣慰，赉其军钱五百万缗，六州民给复一年，赦见囚，存问高年茕独废疾不能自存者。度明辩具陈朝廷厚意，宏正不觉自失，乃深相结纳，奉上益谨，复请度遍行其部，宣示天子恩诏，因令节度佥谋布衣崔欢奉表陈谢，且言天宝以来，山东奥壤化为戎墟，官封世袭刑赏自出，国家含垢垂六十年，臣若假天之龄，奉陛下宸算，冀道扬太和，洗濯伪风，然后退归邱园避贤者路，死不恨。制诏褒答，且赐今名锡与踵涂。天子讨蔡，宏正遣子布以兵三千进战数有功，而李师道疑其袭己不敢显助蔡，故元济失援，王师得致诛焉。王承宗叛，诏宏正以全师压境，破其众南宫。承宗惧穷，归于宏正。宏正表诸朝，遂献德、棣二州以谢，纳二子为质。俄而李师道拒命，诏宏正与宣武等五节度兵进讨。宏正自杨刘渡河，距郓四十里坚壁，师道大将刘悟率精兵屯河东，战阳谷，再遇再北，斩万余级，贼势蹙悟，乃反兵斩师道首诣宏正降，取十有二州以献。初，悟既平贼，大张饮军中凡三日，设角抵戏，引魏博使至廷以为欢，悟盱衡攘臂助其决，坐中皆惮悟勇。客有白宏正者，宏正曰：“郓士疲于战，疮者夫起，悟当恤亡吊乏，慰士大夫心，奈何取快目前耶！吾奉诏按军伺悟去就，今知其无能为也。”既而诏悟为义成军节度使，狼狈上道时称知悟之明。以功加宏正检校司徒同中书门下平章事。是岁来，朝对麟德殿眷劳，殊等引见，僚佐将校二百余人皆有颁赐，进兼侍中，实封户三百，擢其兄融为太子宾客东都留司。宏正数上表固请留阙下，帝劳曰："昨韩宏以疾辞不就军朕既从之矣，今卿复尔我不应违，但魏人乐卿之政，四邻畏卿之威，为朕长城又安用辞。"宏正遂还。常欲变山东承袭旧风，故悉遣子姓仕朝廷，帝皆擢任之。朱紫满门，荣冠当时。穆宗立，王承元以成德军请帅。帝诏宏正兼中书令为节度使。宏正以新与镇人战有父兄怨，取魏兵三千自卫入其军，时天子赐钱一百万缗不时至，军有怨言，宏正亲加抚谕乃安，仍请留魏兵为纪纲以持众心，度支崔俊吝其廪沮却之。长庆元年七月，归卫卒于魏。是月军乱，并家属将吏三百余人皆遇害，年五十八。帝闻震悼，册赠太尉，谥曰忠愍。宏正幼孤，事融甚谨。军中尝分曹习射，宏正注矢联中，融退怒抶之，故当季安猜暴时能自全，及为军中推迫，融不悦曰："尔竟不自晦取祸之道也。"朝廷知其友爱，诏拜相州刺史，赐金紫。宏正性忠孝，好功名，起楼聚书万余卷，通春秋左氏，与宾属讲论终日，客为著《沂公史例》行于世。宏正子布、群、牟。布字敦礼，幼机悟，宏正戍临清，布知季安且危，密白父请以众归朝，宏正奇之。及得魏使，布总亲兵王师诛蔡，以军隶严绶屯唐州。帝以布大臣子，或有罪且挠法，宏正请以董畹代，而士卒爱布愿留，帝乃止。凡十八战，破陵云栅，下郾城，以功授御史中丞。裴度轻出观兵沱口，贼将董重质以奇兵掩击，布伏骑数百突出薄之，诸军继至，贼惊引还，蔡平，入为左金吾卫将军。谏官尝论事帝前，同列将麾却之，布止曰："使天子容直臣，毋轻进。"宏正徙成德，以布为河阳节度使，父子同日受命。时韩宏与子公武亦皆领节度，而天下以忠义多田氏。布所至必省冗将，募战卒，宽赋劝穑，人皆安之。长庆初，徙泾原。宏正遇害，魏博节度使李愬病不能军，公卿议以魏强而镇弱，且魏人素德宏正，以布之贤而世其官可以成功。穆宗遽召布解缞，拜检校工部尚书、魏博节度使，乘传以行。布号泣固辞，不听，乃出伎乐与妻子宾客诀曰："吾不还矣。"未至魏三十里，跣足披发号哭而入，居垩室，屏节旄，凡将士老者兄事之，禄奉月百万一，不入私门，又发家钱十余万缗颁士卒，以牙将史宪诚出麾下可任，乃委以精锐。时中人屡趣战，而度支馈饷不继，布辄以六州租赋给军，引兵三万进屯南宫，破贼二垒。于是朱克融据幽州，与王廷湊唇齿河朔，三镇旧连衡，桀骜自私，而宪诚蓄异志阴欲乘衅，又魏军骄悍格战，会大雪，师寒粮乏，军中谤曰：它日用兵团粒米尽仰朝廷，今六州刮肉与镇冀角死生，虽尚书瘠已肥国，魏人何罪？宪诚得间，因以摇乱。会有诏分布军合李光颜救深州，兵怒不肯东，众遂溃，皆归宪诚，惟中军不动。布以中军还魏，明日会诸将议事，众哗曰："公能行河朔旧事则生死从公，不然不可以战。"布度众且乱，叹曰："功无成矣！"即为书谢帝曰："臣观众意终且负国，臣无功不敢忘死，愿速救元翼，毋使忠臣义士涂炭于河朔。哭授其从事李石讫，乃入至几筵引刀刺心曰："上以谢君父，下以示三军。"言讫而绝，年三十八，赠尚书右仆射，谥曰孝。子鐬，宜宗时历银州刺史，坐以私铠易边马，论死。宰相崔铉奏布死节于国，可贷鐬以劝忠烈，故贬为州司马。群会昌中历葵州刺史，坐赃且抵死，兄肇闻之不食卒。宰相李德裕奏："汉河间人尹次、颖川人史玉，坐杀人当死，次兄初玉毋浑诣官请代，因缢物故，于时皆赦其罪。"于是武宗诏减死一等。牟宽厚明吏治，为神策大将军。开成初盐州刺史王宰失羌人之和，诏牟代之，累迁廊坊节度使，再徒天平二为武宁一为灵武军官，至检校尚书左仆射，卒，诸子皆有方面功，以忠义为当世所高。(《唐书》)

周　宝　字上圭，平州卢龙人。曾祖代选为鲁城令，安禄山反，率县人拒战死之。祖光济事平卢节度希逸为牙将，每战得攻鲁城者必手屠之，历左赞善大夫，从李膺以徐州归天子。父怀义通书记，累擢检校工部尚书，天德西城防御使，以徒城事不为宰相李吉甫所助，以忧死。宝籍荫为千牛备身，天平节度使殷有尝为怀义参军，宝从之为部将。会昌时选方镇才校入宿卫，与高骈皆隶右神策军，历良原镇使，以善击球俱补军将，骈以兄事宝。宝强毅未尝诎意于人，官不进自请以球见，武宗称其能，擢金吾将军，以球丧一目，进检校工部尚书，泾源节度使。务耕力聚粮二十万斛，号良将。黄巢据宣歙，徙宝镇海军节度兼南面招讨使。巢闻，出采石略扬州。僖宗入蜀，加检校司空。时群盗所在盘结：柳超据常熟，王敖据昆山，王腾据叶亭，宋可复据无锡。宝练卒自守，发杭州兵戍县，镇判入都，石镜都童昌主之，清平都陈晟主之，于潜都吴文举主之，盐官都徐及主之，新登都杜棱主之，唐山都饶京主之，富春都文禹主之，龙泉都凌文举主之。中和二年，进同中书门下平章事兼天下租庸副使，封汝南郡王。宝和裕喜接士，以京师贼陷，将赴难益募兵号后楼都。明年，董昌据杭州，柳超自常熟入睦州，刺史韦诸杀之。四年余杭镇使陈晟攻诸，诸以州授晟。宝子玙统后楼都，孱不能驭军，部伍横肆。宝亦稍惑声色，不恤事，以婿杨茂实为苏州刺史，重敛，人不聊生，田令孜以赵载代之，实不受命，宝表留不听，乃残郛署汗垣牖去。诏以王蕴代载，载留润州。初，镇海将张郁以击球事宝，光启初据贼剽昆山，宝遣郁领兵三百戍海上，郁醉而叛王蕴，谓州兵还休不设备，郁遂大掠。蕴婴城守，宝遣将拓拔从讨定之。郁保常熟，因攻常州，刺史刘革迎降。众稍集，宝遣将丁从实督兵攻之，郁走海陵依镇遏使高霸，从实遂据常州。及董昌徙义胜军节度使，宝承制擢杭州都将钱镠领州事。宜州贼李君旺陷义兴，守之。是时右散骑常侍沈诰使至江南，负田令孜势震暴州县，嗣襄王下令搜令孜党，宝收诰及赵载杀之。高骈领盐铁辟宝，子信为支使，宝亦表骈从子在幕府。骈为都统，寝不礼宝，宝衔之。帝在蜀，淮南绝贡赋。谩言道浙西为宝剽阻，帝知其诬不直骈，自是显隙。骈出屯东塘，约西定京师，宝喜，将赴之。或曰高氏欲图公地，宝未信。骈遣人请会金山谋执宝，宝答曰："平时且不闻境上会况上蒙尘，宗庙焚辱，宁高会时耶？我非李康不能为人作功，动欺朝廷也。"骈遣人切让，宝亦诟绝之。会部将刘浩刁頵与度支催勘使太子左庶子薛朗叛，宝方寝，外兵格斗，火照城中，宝惊出，谕曰："为吾用则吾兵，否则寇也。六州皆我镇，何往不适？"乃自青阳门出奔。士大掠官属，崔绾、陆锷、田倍皆死。浩奏朗领府事，宝至，奔牛埭，骈馈以齑葛，讽其且亡也。实抵于地曰："公有吕用之难，方作无诮我。"即奔常州，依丁从实，召后楼都无一士至者。钱镠遣杜稜徐及攻薛朗，稜子建徽攻从实，声言迎宝，击破贼君旺，取船八百艘，遂围常州。从实奔海陵，鏐具橐鞬迎宝，舍樟亭，未几杀之。不淹月而骈为毕师铎所囚，宝死年七十四，赠太保。鏐以杜稜守常州。文德元年拔润州，刘浩亡不知所在，执朗剖其心祭宝。使阮结守润州，杨行密杀高霸，而张郁丁从实皆死。初，黄巢平时溥遣小史李师悦上符玺，拜湖州刺史，昭宗时迁忠国军节度使，董昌反，师悦连和与鏐有隙，而结好于行密，安仁义次润州复助之。乾宁三年，率子继徽代，以地附行密，其将沈攸谓不可，继徽乃奔扬州，陈晟据睦州。十八年死，弟询代立，畏鏐忌已，因徐绾乱与田郡通，鏐割桐庐棣杭州，询遂绝鏐攻兰溪，鏐使方永珍击询。天佑元年，行密遣将阚晊，陶雅救之，执鏐弟镒、大将王求、顾全武等，未几，鏐将杨习攻婺州，询乃奔杨渥，渥以金师会守之。及鏐破衢州，师曾走，鏐取其地。(《唐书》)

阳　旻　字公素，惠元少子（见忠烈）。惠元之死被八创，堕井以救得免，历邢州刺史。卢从史既缚。潞军溃，有骁卒五千从史，尝以子视者奔于旻，旻闭城不纳，众皆哭曰："奴失帅，今公有完城又度支钱百万在府，少赐之，为表天子求旌节。"旻开谕祸福遣之，众感悟，遂还军。宪宗嘉之，迁易州刺史。王师讨吴元济，以唐州刺史提兵深入三百里，薄申州外郛残其垣，以功加御史中丞，容州西原蛮反，授本州经略招讨使，击定之，进御史大夫，卒赠左散骑常侍。

［**宋**］

陈思让　字后已，幽州卢龙人。父审确仕后唐，至晋历檀、顺、涿、均、沁、唐祁城八州刺史，预征蜀，权利州节度，终金州防御使。思让初隶庄宗帐下，即位，补右班殿直。晋天福中，改东头供奉官，再迁作坊使。安从进叛于襄阳，以思让为先锋右厢都监，从武德使焦继勋领兵进讨，遇从进之师于唐州花山下，急击大破之，从进仅以身免，以功领奖州刺史，从进平，授坊州刺史。八年冬，契丹谋入寇，以思让监澶州军，赐鞍勒马器帛，讨杨光远于青州也，又为行营右厢兵马都监，兵罢，改磁州刺史。会符彦卿北征契丹，思让表求预行，未几改卫州，连丁内外艰。时武臣罕有执丧礼者。思让不俟诏，去郡奔丧，闻者嘉之。起复随州刺史。汉初移淄州，罢任归朝。会淮南与朗州马希萼合兵淮南攻湖南，马希广来乞师，旋属内难。又周祖北征，乃分兵令思让往郢州赴援，兵未渡而希广败，思让留于郢。周祖即位，遣供奉官邢思进召思让及所部兵还。刘崇僭号太原，周祖思得方略之士以备边，遣思让率兵诣磁州，控扼泽潞。未几，授磁州刺史，充北面兵马巡检未行，升磁州为团练，即以思让充使。广顺元年九月，刘崇遣大将李环领马步军各五都、乡兵十都自团柏军于鹞子店。思让与都监向训、张仁谦等率龙捷吐浑军至虎亭西与环军遇，杀三百余人，生擒百人，获崇偏将王璠、曹海金，马五十匹。俄遣王峻援晋州，以思让与康延昭分为右右厢排阵使，令率军自乌岭路至绛州与大军合，崇烧营遁去，思让又与药元福袭之，俄命权知绛州，明年春迁绛州防御使。显德元年九月，改亳州防御使，充昭仪军兵马钤辖，屡败并人及契丹援兵迁安国军节度观察留后，充北面行营，马步军排阵使。五年，败并军千余于西山下，斩五百级。是秋邢州官吏耆艾、邢铢等四十人诣阙求借留，思让诏褒之。十二月，改义成军节度观察留后。六年春，世宗将北征，命先赴冀州以俟命。及得瓦桥关为雄州，命思让为都部署率兵成守。世宗不豫，还京，留思让为关南兵马都部署。恭帝嗣位，授广海军节度。宋初加检校太傅。乾德二年又为保信军节度。时皇子兴元尹德昭纳思让女为夫人。开宝二年夏，改获国军节度、河中尹。七年卒，年七十二，赠侍中。思让累历方镇无败政，然酷信释氏，所至多禁屠宰。奉禄悉以饭僧人，目为陈佛子，身没之后家无余财。弟思诲至六宅使，子钦祚累迁至香药库使，长州刺史，钦祚子若拙。(《宋史》)

陈若拙　字敏之，幼嗜学。思让尝令持书诣晋邸，太宗嘉其应对详雅，将縻以府职，若拙恳辞。太平兴国五年，进士甲科解褐，将作监丞，通判鄂州，改太子右赞善大夫，知单州，以能政就改太常丞，迁监察御史，充盐铁判官。益州系囚甚众，太宗览奏讶之，召若拙面谕，委以疏决，迁殿中侍御史，通判益州。淳化三年，就命为西川转运副使。未几，改正使，召归。会李至守洛都，表若拙佐治，改度支员外郎，通判西京留司。久之，柴禹锡镇泾州复奏为通判，迁司封员外郎，部送刍粮至塞外，优诏奖之，入为盐铁判官，转工部郎中，与三司使陈恕不协，求徙他局，改主判开拆司。车驾北巡，命李沆留守东京，以若拙为判官，河决郓州，朝议徙城以避水患，命若拙与阎承翰往规度，寻命权京东转运使，因发卒塞王陵口，又于齐州浚导水势，设巨堤于采金山，奏免六州所料梢木五百万，民甚便。河平，真授转运使，召还拜刑部郎中，知谭州。时三司使缺，若拙自谓得之，及是大失望，因请对言父母年老不愿远适，求纳制命。上怒，谓宰相曰："士子操修必须名实相副，颇闻若拙有能干，特迁秩委以藩任，而贪进择禄如此，往有黄观者或称其能，选为西川转运使，辄诉免，当时黜守远郡。今若拙复尔，亦须谴降，凡用人岂以亲疏为间，苟能尽瘁奉公，有所树立，何患名位之不至也。"乃追若拙所授告敕，黜知处州，徙温州代还，复授刑部郎中，再为盐铁判官，改兵部郎中，河东转运使，赐金紫。会亲祀汾阴，若拙以所部缗帛刍粟十万输河中，以助费经。度制置使陈尧叟言其干职，擢拜右谏议大夫，徙知永兴军府。时邻郡岁饥，前政拒其市籴。若拙至，则许贸易，民赖以济。又移知凤翔府，入拜给事中，知澶州，蝗旱之余，勤于政治，郡民列状乞留。天禧二年卒，年六十四。录其子映为奉礼郎。若拙多诞妄，寡学术，当时以第二人及第者为榜眼，若拙素无文，故目为瞎榜云。(《宋史》)

［**辽**］

张　珏　一作觉，平州义丰人，以进士仕至辽兴军节度副使。

天祚之走山西也。平州军乱，杀其节度使萧谛里，珏抚安乱者，州人推珏领州事。秦晋王淳既死，萧德妃遣时立爱知平州，珏知辽必亡，练兵畜马籍丁壮为备，立爱至，珏弗纳。金帅粘罕入燕，首问平州事于故参知政事康公弼。公弼曰："珏狂妄寡谋，虽有乡兵，彼何能为？示之不疑，图之未晚。"金人招时立爱赴军前，加珏临海军节度使仍知平州，既而又欲以精兵三千先下平州擒珏，公弼曰："若加兵是趣之叛也。”公弼请自往觇之。珏谓公弼曰：“辽之八路七路已降，独平州未解甲者防萧干耳。”厚赂公弼而还。公弼复粘罕曰：“彼无足虑。”金人遂改平州为南京，加珏试中书门下平章事判留守事。金人既克燕，驱燕之大家东徙，以燕空城及涿、易、檀、顺、景、蓟州与宋左企弓、康公弼、曹勇义、虞仲文皆东迁。燕民流离道路不胜其苦，入平州言于珏曰：“宰相左企弓不谋守燕，使吾民流离无所安集。公今临巨镇，握强兵，尽忠于辽，必能使我复归乡土，人心亦惟公是望。”珏召诸将议，皆曰：“闻天祚兵势复振，出没漠南，公若仗义勤王奉迎天祚以图中兴，先责左企弓等叛降之罪而诛之。尽归燕民使复其业，而以平州归宋，则宋无不接纳，平州遂为藩镇矣。即后日金人加兵，内用平山之军，外得宋为之援，又何惧焉。”珏曰：“此大事也，不可草草。翰林学士李石智而多谋，可召与议。”石至，其言与之合，乃遣张谦率五百余骑传留守令召宰相左企弓、曹勇义，枢密使虞仲文，参知政事康公弼至滦河西岸，遣议事官赵秘校往数其十罪曰：“天祚播迁夹山不即奉迎一也；劝皇叔秦晋王僭号，二也；诋计君父，降封湘阴，三也；天祚遣知阁王有庆来议事而杀之，四也；檄书始至有迎秦拒湘之议，五也；不谋守燕而降，六也；不顾大义臣事于金，七也；根括燕财取悦于金，八也；使燕人迁徙失业，九也；教金人发兵先下平州，十也。尔有十罪，所不容诛。”企弓等无以对，皆缢杀之。仍称保泰三年，画天祚象朝夕谒事必告而后行，称辽官秩榜，谕燕人复业，恒产为常胜军所占者，悉还之。燕民既得归，大悦。翰林学士李石更名安弼，偕故三司使高党往燕山说宋王安中，曰平州带甲万余，珏有文武材可用为屏翰，不然将为肘腋之患，安中深然之。令安弼与党诣宋，宋主诏帅臣王安中、詹度厚加安抚，与免三年常赋。金阇毋以兵至营州，珏与战于兔耳山，大败之，报捷与宋。宋建平州为泰宁军，以珏为节度使，以安弼、党为徽猷阁待制令宣抚司，出银绢数万犒赏，珏喜，远迎。金人谍知，举兵来袭，珏不得归，奔燕。金人以纳叛责宋安抚司索珏，王安中讳之，索之急，斩一人貌类者与之，金人曰：“非珏也。”以兵来取，安中不得已杀珏，函其首送金，燕京降将及常胜军皆泣下。按:《金史》列之叛臣传，珏在辽固不得为纯忠然亦非金之所得而书叛者。旧志采辽史天祚本纪补之颇当，今从之。

赵思温 字文美，卢龙人。少果锐，膂力兼人，隶燕帅刘仁恭幕。李存最问罪于燕，思温统偏师拒之，流矢中目，裂裳渍血，战犹不已，为存最将周德威所擒，存最壮而释其缚，久之，日见信用。与梁战于莘县，以骁勇闻，授平州刺史兼平、营、蓟三州都指挥使。神册二年，太祖遣大将经略燕地，思温来降，及伐渤海以思温为汉军都团练使，力战拔扶余城，身被数创，太祖亲为调药。太宗即位以功擢检校太保，保静军节度使。天显十一年，唐兵攻太原，石敬塘遣使求救，上命思温自岚宪间出兵援之，既罢兵，改南京留守卢龙军节度使管内观察处置等使，开府仪同三司兼侍中，赐协谋静乱翊圣功臣，寻改临海军节度使。会同初，从耶律牒蜡使晋行册礼，还加检校太师。二年有星陨于庭，卒上，遣使赙祭，赠太师、魏国公。子延昭、延靖官至使相。(《金史》)

［**金**］

孟　浩 字浩然，滦州人，辽末年登进士第。天会三年为枢密院令史，除平州观察判官。天眷初，选入元帅府备任使，承制除归德少尹，充行台吏礼部郎中，入为户部员外郎。郎中韩企先为相，拔擢一时贤能皆置机要浩与田珏皆在尚书省，珏为吏部侍郎，浩为左司员外郎。既典选，善铨量人物，分别贤否，所引用皆君子，而蔡松年、曹望之、许霖皆小人，求与珏相结，珏薄其为人，拒之。松年初事宗弼于行台省以微巧，得宗弼意，宗弼当国，引为刑部员外郎，望之为尚书省都事。霖为省令史，皆怨珏等毁之于宗弼，凡与珏善者皆指以为朋党。企先薨，珏□为横海军节度使选入龚夷鉴除名，值赦，赴吏部铨得予覃恩，珏已除横海部吏。以夷鉴白珏，珏乃倒用月日署之，许霖在省典覃恩，行台省工部员外郎张子周素与珏有怨，以事至京师，微知夷鉴覃恩事，嗾许霖发之，诋以专擅朝政，诏狱鞫之，拟珏与奚毅邢具瞻、王植、高凤庭、王效、赵益兴、龚夷鉴死。其妻子及所往来孟浩等三十四人皆徙海上，仍不以赦原，天下冤之。世宗在熙宗时，知田珏党事皆松年构成之，而浩等三十二人遇天德赦令还乡里，多物故，惟浩与珏兄谷、王补、冯煦、王中安在大定二年召见，复官爵，浩为侍御史、谷为大理丞，补为工部员外郎，煦为兵部主事，中安知火山军事，而浩寻复为右司员外郎。浩笃实，遇事辄言无所隐，上嘉其忠，每对大臣称之，有疾求外补，除祁州刺史，致仕归。七年起为御史中丞，而浩已年老，世宗以不次用之，再阅月拜参知政事，故事无自中丞拜执政者，浩辞曰："不次之恩，非臣所敢当。"上曰："国家用人，岂拘阶次。卿公正忠勤，虽年高犹可宣力数年，朕思之久矣。"浩顿首谢。世宗敕有司东宫凉楼增建殿位，浩谏曰："皇太子义兼臣子，若所居与至尊宫室相侔，恐制度未宜，固宜示以俭德。"上曰："善。"遂罢其役。因谓太子曰："朕思汉文纯俭，心常慕之，汝亦可以为则也。"未几，上宴群臣于东宫，以大玉杓黄金五百两赐丞相，顾谓群臣曰："卿等能立功，朕亦褒赏如此。"又曰："参政孟浩公正敢言，自中丞为执政，卿等能如是，朕亦不次用之。"上谓宰臣曰："宋前废帝呼其叔湘东王为猪王，食之以牢，纳之泥中，以为戏笑。书于史策，所以劝善而惩恶也。海陵以近习掌记注，记注不明，当时行事实录不载，众人共知之者，求访书之。"浩对曰："良史直笔，君举必书，帝王不自观史，记注之臣乃得尽其直笔。"浩复奏曰："历古以来不明赏罚而能治者，未之闻也。国家赏善罚恶盖亦多矣。而天下莫能知，乞自今凡赏功罚罪皆具事状颁告之，使君子知劝以迁善，小人知惧以自警。"从之。进尚书右丞兼太子少傅为真定尹。上曰："卿年虽老，精神不衰，善治军民勿遽言退。"以通犀带赐之，十三年薨。(《金史》略节)

李　杭　乐亭人，天会初登进士。时平滦兵戈甫定，民未知学，公择城南隅创建文庙，行释奠礼，以振兴学校、维持风俗为己任，仕至刺史，有声于时。(县志)

刘敏行　平州人，登天会三年进士，除太子校书郎，累迁肥乡令。岁大饥，盗贼掠人为食，诸县老弱人保郡城，不敢耕种，农事废，畎亩荒芜。敏行白州借军士三十护县民出耕。多张旗帜为疑兵，敏行率军巡逻，日暮则阅民入城，由是盗不敢犯，而耕稼滋殖。转高平令，县城圮垛久不修，大盗横恣掠，县镇不能御，敏行出己俸率寮吏出钱雇役缮治，百姓欣然从之，凡用二千人版筑遂完，乡村百姓入保，贼至不能犯。九迁为河北东路转运使，致仕卒。(《金史》)

赵兴祥 平州卢龙人。六世祖思温，辽燕京留守封天水郡王。父瑾，辽静江军节度使，兴祥以父任阁门祗侯，谒告省亲于白霫，会辽季土贼据郡作乱，兴祥携母及弟妹奔燕京不能进，乃自柳城涉沙碛夜视星斗而行，仅达辽军而不知辽主所向，遂还柳城及娄室获辽主，兴祥乃归国，从宗望伐宋，为六宅使。天眷初累官同知宣徽院事，母忧去官。熙宗素闻兴祥孝行，及英悼太子受册，以本官起复护视太子，转右宣徽使。天德初改左宣徽使。海陵尝问兴祥，欲使子弟为官当自言，兴祥辞谢。海陵善之，赐以玉带诏曰："汝官虽未至一品，可佩此侍立。"为济南尹，赐车马金币金银器皿，改绛阳军节度使。召为太子少保，封广平郡王，改钜鹿。正隆初，例夺王爵，迁太子少傅封申国公，起为定武军节度使。海陵伐宋，兴祥二子从军。世宗即位，海陵尚在淮南，二子未得还，兴祥来见于平州，世宗嘉其诚款，以为秘书监，复为左宣徽使。上曰："尚食庖人猥多，徒费廪禄，朕在藩邸时，家务皆委执事者，自即位以来，事皆留心，俸禄出于百姓，不可妄费庖人，可约量损减。"近臣献琵琶，世宗却之，谓兴祥曰："朕忧劳天下，未尝以声技为心。自今勿复有献，宜悉谕朕意。"有司奏南北边事未息，恐财用未给，乞罢修神龙殿凉位工役，上即日使兴祥传诏罢之。久之，以其孙珦为阁门祗侯。十五年，上幸安州春水，召兴祥赴万春节，上谒于良乡，赐银五百两，感风眩，赐医药，未几卒。(《金史》)

张景仁 字寿甫，辽西人，累官翰林待制。贞元二年。与翟永固俱试礼部进士，以尊祖配天为赋题，忤海陵旨，语在《永固传》。大定二年，仆散忠义伐宋，景仁掌其文辞。宋人议和，朝廷已改奉表为国书，称臣为侄，但不肯世称侄国，往复凡七书，然后定其书，皆景仁为之。世宗称其能，尝曰："今之文章，如张景仁与宋人往复书，指事达意，辨而裁，真能文之士也。"五年罢兵，入为翰林直学士，七年选侍讲。八年为详读官，宋国书中有宝邻字，景仁奏邻字太涉平易，上问累年国书有邻字否，命一一校勘，六年书中亦有之，上责问六年详读官刘仲渊，右丞石琚亦请罪曰："臣尝预六年详读。"上曰："此有司之过安得一责宰臣邪？"诏有司就论宋臣王瀹使归告其主，后日国书不得复尔！仲渊时为礼部侍郎，降石州刺史。景仁迁翰林学士、兼同修国史。久之，上召景仁读陈言文字，上问事款几何，景仁率易少周密，对日二十余事，复日其中如某事某事十事可行，余皆无谓也。明日上召景仁责之曰："卿昨言可行者，朕观之中复有不可行者，卿谓无谓者中亦有可行者。朕未尝使卿分别可否，卿辄专可否何也？自今戒之"。十年，兼太常卿学士，同修国史如故，转承旨兼修国史，改河南尹。二十一年，召为御史大夫，仍兼承旨修国史。世宗谓景仁曰："卿博学老儒，求如古之御史大夫，然后行之，斯为称矣。不能如古之人，众人不独诮卿，亦谓朕不能知人。卿醉中颇轻脱失言，当以酒为戒。"初朝臣言景仁有文艺，而颇率易不可任台察。景仁被诏，就台中治监察罪，辄以便服视决罚，上闻之责景仁曰："朕初用卿为大夫，或言卿不可居此官，今果不用故事率易如此，卿自慎，不然黜罚及矣。"景仁顿首谢。未几，诏葬元妃李氏于海王庄，平章政事乌古论元忠提控葬事。都水监丞高杲寿治道路不如式，元忠不奏，决之四十。景仁劾奏元忠辄断六品官，无人臣礼，上曰"卿劾奏甚当。"使左宣徽史蒲察鼎寿传诏戒饬元忠曰："监丞六品，有罪闻奉，今乃一切趋办，擅决六品官法当如是耶？御史在，尊朝廷，汝当自咎，勿复再。"元忠尚豫国公主，怙宠自任，倨慢朝士，景仁劾之，朝廷肃然，是岁薨。(《金史》)

李元璋　字宝臣，滦州人，词赋进士，元道之弟。少颖悟，每数千言一览成诵。未弱冠登正隆元年律科上第，任西北路招讨知法，有能名，升左三品校法，历石城主簿，丰润县丞，夏津令。泰和间，访山东吏材能者，璋为第一。章宗特旨宣问，璋奏：正纪纲、近忠直，远邪佞数事，上嘉纳之，擢吏部尚书，官至少中大夫。上获军府陇西郡开国侯，食邑二千户，实封一百户，赐紫金鱼袋。元璋事父母甚谨，公余拱立父侧，命退乃退，温清觐省，曲尽其礼，乡邦称之。

赵思文 平州人，累官至礼部尚书。时朝廷多难，思文在间关羁旅中，未尝堕于非礼，时人称之。

张仅言 幼名元奴，珏之子也。宗望攻下平州，仅言在襁褓间，里人刘承宣得之，养于家，其邻韩夫人甚爱之，年数岁，随韩夫人得见贞懿皇后，留之藩邸。稍长，侍世宗读书，遂使仅言主家事，绳检部曲，一府惮之。世宗留守东京，海陵用兵江淮，将士往往亡归诣东京。愿推戴世宗为天子，仅言劝进。世宗即位，除内藏库副使，权发遣宫籍监事。海陵死扬州，仅言与礼部尚书乌居仁、殿前左卫将军阿虎带、御院通进刘琉，发遣六宫百司图书府藏在南京者，还以本职，提控尚食局，转少府监丞仍主内藏。仅言能心计，世宗倚任之，凡宫室营造，府库出纳，行幸顿舍皆委之。世宗尝曰："一经仅言，无不惬朕意者。"六年，提举修内役事，役夫掘地得金匿之，事觉法当死，仅言责取其物与官，释其罪。寻兼祗应司，迁少府监，提控宫籍监祗应司如故，护作太宁宫，引宫左流泉溉田，岁获稻万斛。十七年复提点内藏，典领昭德皇后山陵，迁劝农使诸职如故。仅言虽旧臣，然世宗终不假以权任，尝欲以为横海军节度使而不可去左右，遂止。及得疾犹扶杖视事，疾亟，诏太医诊视，近侍问讯相属。及卒，上深惜之，遣官至祭，赙银五百两，重采十端、绢二百正，棺椁衣衾银汞敛物葬地皆官给，赠辅上将军。

［**元**］

张　升 字伯高，其先定州人，后徙平州。升，幼警敏过人，学语时辄能辨字音，应对异于常儿。既长，力学，工文辞。至元二十九年，用荐者授将仕郎、翰林国史院编修官，预修《世祖实录》，升应奉翰林文字，寻升修撰，历兴文署令、太常博士。成宗崩，大臣承中旨，议奉徽号飨宗庙，升曰：“在故典凡有事于宗庙必书嗣皇帝名，今将何书？”议遂寝。武宗即位议躬祀礼，升据经引古，参酌时宜以对，帝嘉纳之。至大初，改太常寺为太常礼仪院，即除升为判官。久之，外补知汝宁府。民有告寄束书于其家者，逾三年取阅有禁书一编，且记里中大家姓名于上。升亟呼吏焚其书，曰：“妄言诬民，且再更赦矣勿论。”同列惧皆引起。既而事闻廷议谓升脱奸轨，遣使穷问，卒无迹可指，乃诘以擅焚书状，升对曰：“事固类奸轨，然升备位郡守，为民父母，今斥诬诉，免冤滥，虽重得罪不避。”乃坐夺俸二月。旁郡移文报吴人侯君远者，言岁直壬子六月朔日蚀，其占为兵寇，岁癸丑，其应在吴分野。同列欲召属县为备御计，升曰：“此讹言，久当自息。毋用惑民听。”斥其无稽，众论韪之，部使者誉治行为诸郡最。历江西行省左右司郎中，除绍衣路总管。初大德至大间，越大饥，且疫疠，民死者殆半，赋税盐课责里胥代纳，吏并缘为奸害富家，升为证于簿籍白行省蠲之，前守有为江浙行省参知政事者，争代者禄米有隙，欲内之罪移平江，岁输海运粮布囊三万，俾绍兴制如数，民患苦之不能堪，更数守谓岁例如此，置弗问。升言：“麻非越土所生，海漕实吴郡事，于越无与。”章上，卒罢之。升既谨于绳吏，又果于去民瘼，故人心悦服。历湖北道廉访使，江南行台治书侍御史，召为参议中书省事，改枢密院判官，寻复中书参议。至治二年，又出为河东道廉访使，未行，拜治书侍御史。明年出为淮西道廉访使。泰定二年，拜陕西行省参知政事加中奉大夫，寻迁辽东道廉访使，属永平，大水，民多损瘠，升请发海道粮十八万石，钞五万缗以赈饥民，且蠲其岁赋，朝廷从之，民得全活者众。明年，召拜侍御史。天历初，出为山东道廉访使，时方有警，有司请完城以为备，升曰：“民恃吾以生，完城是弃民也。”由是民皆安之，文宗赐尚酝文币以赏其功。逾年，召为太禧院副使，兼奉赞神御殿事。除河南省左丞，复迁淮西道廉访使。升时年六十有九，上书乞致仕。至顺二年，复起为集贤侍讲学士，文宗眷待之意甚隆。元统元年，顺帝即位，首诏在廷耆艾访问治道，升条上时所宜先者十事。寻兼经筵官，廷试进士特命升读卷。事已，告省先墓，帝赐金织文袍以宠其归。明年，以奎章阁大学士资善大夫知经筵事召赐上尊，趣就职，升以疾辞，帝察其不可强，许之。寻命本郡月给禄半以终其身，至正元年卒，年八十一，赠资德大夫河南等处行中书省左丞，谥文宪。(《元史》)。

鲜于仲权　其先辽东人，远祖辅仕魏，任渔阳太守，有功，封亭侯，后还本镇，子孙遂家渔阳、北平间。仲权世居乐亭，少博学，工古文辞，登金明昌间进士。先是文庙创，自天会无黉舍，规模粗具，仲权慨然谋鼎建，邑人相劝兴置学馆，人物称盛自兹始。仲权为人重道义，有节概，弟仲毕官昭信校尉。(《县志》)。

陈　颢　字仲明，其先居卢龙有名山者，仕金为谋克监军，太祖得之以为平阳等路军民都元帅，子孙徙清州，遂为清州人。颢颖悟，日记诵千百言。稍长，游京师，登翰林承旨王磐、安藏之门，磐熟金典章，安藏通诸国语，颢兼习之。安藏乃荐颢人宿卫，寻为仁宗潜邸说书。于是仁宗奉母后出居怀庆，颢从行，日开陈以古圣贤居艰贞之道。会成宗崩，仁宗入定内难以迎武宗，颢皆预谋，及仁宗即位，以推戴旧勋特拜集贤大学士、荣禄大夫，仍宿卫禁中，政事无不与闻，科举之行，颢赞助之力尤多。颢时伺帝燕闲，辄取圣经所载大经大法有切治体者陈之，每见嘉纳，帝赏坐便殿。群臣入奏事，望见颢喜曰："陈仲明在列所奏必善事矣。"颢以父年老力请归养清州，帝特命颢长子孝伯为知州以就养，颢固辞，乃以孝伯为州判官。帝欲用颢为中书平章政事，颢叩首谢曰："臣无汗马之功，又乏经济之略，一旦置之政涂，徒速臣咎，臣愿得朝夕左右献替可否，庶少裨万一，亦以全臣愚忠。"帝乃允，仁宗崩，辞禄家居者十年。文宗即位，复起为集贤大学士，上疏劝帝大兴文治，增国子学弟子员，蠲儒生徭役，文宗皆嘉纳焉，颢先后居集贤署，荐士牍累数百，有计之者，颢曰："吾宁以谬举受罚，蔽贤诚所不忍。"顺帝元统初，颢扈跸行幸上都，至龙虎台，帝命造膝前而握其手，曰："卿累朝老臣更事多矣，凡议政事宜极言无隐。"颢顿首谢不敏。颢每集议，其言无不剀切。后至元四年致政，命食全俸于家。明年卒，年七十六。至正十四年，赠摅诚秉义佐理功臣，光禄大夫，河南江北等处行中书省平章政事柱国，追封蓟国公，谥文忠。颢出入禁闼数十年，乐谈人善而恶闻人过，大夫士因其荐拔以至显列有终身莫知所自者，是以结知人主，上下无有恶尤。欧阳元为国子祭酒，与颢同考试国子伴读，每出一卷颢必拾而观之，苟得其片言善，即以置选列，为之色喜。元叹曰“陈公之心盖笃于仁而逾于厚者，真可使鄙夫宽，薄夫敦矣。”次子敬伯，至正中仕为中书参知政事，历左丞右丞，二十七年拜中书平章政事。(《元史》)

赵　炳　字彦明，惠州滦阳人。父宏，有勇略，阶至奉国上将军。炳幼失估，恃鞠于从兄。岁饥，往平州就食，遇盗欲杀之，兄解衣就缚，炳年十二，立请代兄，盗惊异舍之而去。甫弱冠，以勋阀之子侍世祖于潜邸，恪勤不怠，遂蒙眷遇。世祖次桓、抚间，以炳为抚州长，城邑规制为之一新。己未，王师伐宋。未几，北方有警，括兵敛财，燕蓟骚动，王师北还。炳远迓中途具以事闻，追所括兵及横敛财物悉归于民，世祖嘉其忠。中统元年，命判北京宣抚司事，北京控制辽东，番夷杂处，号称难治。时参知政事杨果为宣抚使，闻炳至，喜曰：“吾属无忧矣。”三年，括北京鹰坊等户丁为兵，蠲其赋，令炳总之。时李璮叛据济南。炳请讨之，国兵围城，炳将千人独当北面，有所俘获即纵遣去，曰：“胁从之徒不足治也。”济南平，入为刑部侍郎兼中书省断事官。时有携妓登龙舟者，即按之以法，未几，其人死，其子犯跸诉冤，诏让之，炳曰：“臣执法尊君，职当为也。”帝怒，命之出，即而谓侍臣曰：“炳用法太峻，然非徇情者。”改枢密院断事官。济南妖民作乱，赐金虎符，加昭勇大将军，济南路总管。炳至，止罪首恶，余党解散，岁凶发廪赈民而后以闻，朝廷不之罪也。迁辽东提刑按察使，辽东闻其来豪猾屏迹。至元九年，帝念关中重地，风俗强悍，思得刚鲠旧臣以临之，授炳京兆路总管兼府尹，皇子安西王开府于秦，诏治官室悉听炳裁制。王府吏卒横暴扰民者，即建白绳以法，王命之曰：“后有犯者勿复启请，若自处之。”自是豪猾敛戢，秦民以安。有旨以解州盐赋给王府经费，岁久积道二十余万缗，有司追理，仅获三之一民已不堪，炳密启王免之。会王北伐，诏以京兆一年之赋充军资，炳复请曰：所征通课足佐军用，可贷岁赋以苏民力。”令下，秦民大悦。十四年，加镇国上将军，安西王相。王府冬居京兆，夏徙六盘山，岁以为常，王北伐六盘，守者构乱，炳自京兆率兵往捕，甫及再旬，元恶授首。十五年春，六盘再乱，复讨平之，王还自北，嘉赏战功，赉赐有加。是岁十一月，王薨。十六年秋，被旨入见便殿，帝劳之曰："卿去数载，衰白若此，关中事烦可知已。"询及民间利病，炳悉陈之，因言王薨之后运使郭琮、郎中郭叔云，窃弄威柄，恣为不法，帝闻大怒，改炳中奉大夫安西王相，兼陕西五路、西蜀四川课程屯田事，余职如故。即令，乘传偕敕使数人往按琮等，至则琮假嗣王旨入炳罪，收炳妻孥囚之。时嗣王之六盘，徒炳等于平凉北崆峒山，囚闭益严，炳子仁荣诉于王，诏近侍二人驰阳而西，脱炳，且械琮党偕来。琮等留使者，醉以酒，先遣人毒炳于平凉狱中，其夜星陨有声如雷，年五十九，时十七年三月也，帝闻之，抚髀叹曰："失我良臣！"俄械琮百余人至，帝亲鞠问尽得其情，既各伏辜。命仁荣手刃琮、叔云于东城，籍其家以付仁荣，仁荣曰："不共戴天之人所蓄之物，何忍受之？"帝嘉之，别赐钞二万二千五百缗为治丧事，国朝旧制无赙臣下礼，盖殊恩也。六月，诏雪炳冤，特赠中书左丞，谥忠愍。子六人：仁显早亡，仁表、仁荣、仁旭、仁举、仁轨，仁荣仕至中书平章政事，仁举登至元中进士，知晋州，余俱登显仕（《元史》）。

张　晋　宋横渠五世孙，历官睢州防御使。太宗六年，赐第于燕，并食邑于滦，见滦北有横山，追思其祖，榜曰："横云清逸"，筑横渠书院于东南隅。弟智，为王府参谋。

崔　煜　迁安人，事亲以孝闻，至正中任辽阳行省郎中。程思忠作乱，据永平，剽掠乡民，煜领兵保障之。后官至参政。

卷之十六

人物志二

列　传　中

［明］

宋宏道　乐亭人。少值元季，隐居不仕，讲授乡里，家业泊如恬不为意。后明兴设科，登洪武乙丑进士。拜监察御史，有声，寻迁河南左参政，以衰老乞归。琴书衣装惟一挽辂而已，后起左佥都御史，未就。年七十余卒于家（《县志》）。

温　原　乐亭人。洪武中荐辟人仕，历职勤能，官至左佥都御史，有声，载《一统志》。

李　乐　乐亭人。洪武中贡人太学。永乐间，拜监察御史，有激扬声。迁山东按察司副使，卒后有行部者至询乐，得其子茂，贫甚，捐俸助之，俾就塾，则其品望可见矣。茂正统间贡仕，至高邮州知州，茂子珏成化间贡任州判。

王　翱　字九皋，盐山人，永乐十三年初会试贡士于行在。帝时欲定都北京，思得北士，用之。翱两试皆上第，大喜，特召赐食，改庶吉士，授大理寺左寺正，左迁行人。宣德元年，以杨士奇荐，擢御史。时官吏有罪不问重轻许运砖还职，翱请：犯赃吏但许赎罪，不得复官，以惩贪黩，帝从之。五年，巡按四川，松潘蛮窃发，都督陈怀驻成都，相去八百余里，不能制，翱上便宜五事，请移怀松潘，而松茂军粮于农隙齐力起运，护以官军，毋专累百姓，致被劫掠，吏不给由为民蠹，令自首毋隐。州县土司遍设社学，会川银场岁运米八千余石给军，往返劳费，请令有罪者纳粟自赎，诏所司议详运粮事，而迁蠹吏北京，余悉允行。英宗即位，廷议遣文武大臣出镇守，擢翱右佥都御史，偕都督武兴镇江西，惩贪抑奸，吏民畏爱。正统二年召还院。四年处州贼流劫广信，命翱往捕，尽俘以还。是年冬，松潘都指挥赵谅诱执国师商巴，掠其财，与同官赵得诬以叛，其弟小商巴怒，聚众剽掠，命翱及都督李安军二万征之，而巡按御史白其枉，诏审机进止，翱至，出商巴于狱，遣人招其弟，抚定余党，而劾诛谅成，得复商巴国师，松潘遂平。六年代陈镒镇陕西，军民之借粮不能偿者，核免之。七年冬，提督辽东军务，翱以军令久弛，寇至将士不力战，因诸将廷谒责以失律罪，命左右曳出斩之，皆惶恐叩头，愿效死赎。翱乃躬行边，起山海关，抵开原，缮城垣，浚沟堑，五里为堡，十里为屯，使烽燧相接，练将士，室鳏寡，军民大悦，又以边塞孤远，军饷匮，缘俗立法，令有罪得收赎，十余年间得谷及牛羊数十万，边用以饶。八年，以九载满，进右副都御史。指挥孙璟鞭杀戍卒，其妻女哭之亦死，他卒诉璟杀一家三人，翱曰："卒死法，妻死夫，女死父，非杀也。"命璟赏其家葬埋费，璟感激。后参将辽东，追敌三百里，事李秉为名将。十二年，与总兵曹义等出塞，击兀良哈，擒斩百余人，获畜产四千六百，进右都御史。十四年，诸将破敌广平山，进左脱脱不花大举犯广宁，翱方阅兵，寇猝至，众溃，翱入城自保。或谓城不可守，翱手剑曰："敢言弃城者斩；寇退，坐停俸半载。"景泰三年，召还，掌院事，易储，加太子太保。浔梧瑶乱，总兵董兴、武毅推委不任事，于谦请以翁信陈旺易之，而特遣一大臣督军务，乃以命翱，两广有总督自翱始翱至镇，将吏警服，推诚谕瑶人向化，部内无事，明年召入，为吏部尚书，初何文渊协王直掌铨多私，为言官攻去，翱代，一循成宪。天顺改元，直致仕。翱始专部事，石亨欲去翱，翱乞休已得请，李贤力争乃留，及贤为亨所逐，亦以翱言留，两人相得欢甚。帝每用人必咨贤，贤以推翱，以是翱得行其志，帝眷翱厚，时召对便殿称先生不名，而翱年几八十多忘，尝令郎谈论随入，帝问故，翱顿首曰："臣老矣，所聆圣谕恐遗误，令此郎代识之，其人诚谨可信也。"帝喜吏部主事曹恂已迁江西参议，遇疾还，翱以闻命以主事回籍，恂怒，伺翱入朝捽翱胸，掴其面，大声诟詈。事闻下诏狱，翱具言恂实病，得斥归，时服其量。五年，加太子少保。成化元年，进太子太保，雨雪免朝参，屡疏乞归，辄慰留，数遣医视疾。三年疾甚乃许致仕，未出都，卒，年八十有四，赠太保，谥忠肃。翱在铨部谢绝请谒，公余恒宿直庐，非岁时朔望谒先祠未尝私归第，每引选或值召对侍郎代选，归虽暮必至署阅所选，惟恐有不当也。论荐不使人知，曰："吏部岂快恩怨地耶！"自奉俭素，景帝知其贫，为治第盐山。孙以荫入太学，不使应举曰："勿妨寒士路。"婿贾杰官近畿，翱夫人数迎女，杰恚曰："若翁典铨移我官京师，反手尔，何往来不惮烦也。"夫人闻之，乘间请翱，翱怒，推案击夫人伤面，杰卒不得调。其自辽东还朝也。中官同事者重翱贶明珠数颗，翱固辞，其人曰："此先朝赐也，公得毋以赃却我乎？"不得已纳而藏焉。中官死，召其从子还之。为都御史时，夫人为娶一妾，逾半岁语翱，翱怒曰："汝何破我家法"，即日具金币返之，妾终不嫁，日："岂有大臣妾嫁他人者。"翱卒，妾往奔丧，其子养之终身。李贤常语人曰："皋陶言九德，王公有其五：乱而敬、扰而毅、简而廉、刚而塞、强而义也。"然性颇执，尝有诏举贤良方正、经明行修、及山林隐逸士，至者率下部试，翱黜落，百不取一二。性不喜南士，英宗尝言北人文雅不及南人，顾质直雄伟缓急当得力，翱由是益多引北人。晚年徇中官郭聪嘱为都御史李秉所劾，翱自引伏，盖不无小损云。子孙世官锦衣千户。《明史》

按：王忠肃本滦州人，入盐山籍，今从滦志载之。

王　锐　迁安人，正统己未进士，由知县历官都御史。任事有担当不为势怵。巡抚延绥值叛兵构乱，锐率众讨平之，叙功荫子世袭锦衣卫百户。

赵　玉　迁安人，正统甲子举人，初知山东高唐州，升汉中知府，并著治绩，致仕居家十年，平心率物，乡人推重焉。祀乡贤

史　怡　乐亭人，永乐甲申贡人太学，时辽军乱入关，怡守城有功，授户部郎中，历任江西左参政，载《明一统志》。

刘　宣　江西吉安人，成卢龙卫。以春秋应景泰元年乡试，侍讲刘铉主考，定为第一人，同考者欲更其次，铉争曰："朝廷立贤无方不可"，乃止。次年殿试第二甲，授编修，累官至南京工部尚书，名德，为时所推重。

杜　谦　字益之，昌黎人。幼失恃，事继母甚谨，不拂父意。登景泰进士，授主事。以姚夔，荐出为浙江布政司，入尹京兆，拜工部侍郎，致仕归。谦居官善理事，平易明决，民怀吏畏，时定赋役等第，按察使欲增损其则，而尽贷无产之家，谦以此辈皆游民，而令赋役独归力穑之农，非重本抑末之意，卒从谦议。岁祲特奏免田租若干，旧有起运存留之数，户部以起运者不可免，而止免存留者，谦言：若然则一省官俸军饷俱乏矣，二者必增损之乃可，执奏不已朝廷从之。子源，亦第进士，官至青州府知府。

陈　恕　字达道，滦州人。景泰举人，仕至开封府同知，折狱立断，吏不敢近案一语。河汴屡决，请发帑羡躬督筑塞，保全腴田数百顷。考满乞归，送者塞路，行李萧索，有司重其廉，有赠遗即市铁铸文庙祭器，居乡谨厚，喜怒不形，恤茕赡孤，以纯德称。《畿辅通志》

唐福东　胜左卫，世袭指挥，中景泰庚午举人。孝友慕义，历知随、滨、通三州，有清白声，尝铸祭器以供圣祀，加四品服俸，九年考满，升莱州知府，未任卒，祀乡贤。《卢龙县志》

周　斌　昌黎人，登景泰辛未进士，授御史。劾忠国公石亨、曹吉祥诸不法事。调江阴知县，多惠政，擢开封知府，未几转陕西参政，军民遮道攀留，白于提学副使刘昌，记其遗爱，立石颂德，官至湖广布政使。

阎　鼐　字仲辅，滦州人，登景泰甲戌进士。授监察御史、巡按两浙，锄权横，清盐矿，风纪甚严，人以阎罗目之，谪广西平南主

簿，升山东诸城知县，操履一致，卒于官。著有《直庵集》祀乡贤。

万　信　昌黎人，以明经任开封府知府，有异政，祀乡贤，载《明一统志》

张泰乐　亭人，景泰间贡人太学，授桐乡知县。时桐乡新辟诸所未备，泰至，经营三载，六事修举，民不告劳。俗多水火葬，泰禁之，购地置义冢，他如辟茅塞，核兼并，招商贾，皆可纪焉。九年荐有成绩，升开封府通判。见《桐乡志》。

牛　本　乐亭人，景泰丙子举人，授九江府同知，素性谦恭，莅官廉慎，有惠政。九年，将代郡人赴部保留，擢本府知府。(《县志》)

王　贵　昌黎人，以明经授苏州郡丞，升庆阳知府，有德望，祀乡贤。

卢　敬　其先山阳人，徙定州，元时又徙乐亭。高祖和甫致和间闻于乡，父斌生敬嗜学，领成化乙酉乡荐，授兵部司务，侃侃不阿，冰操凛著，五载考最进阶。尝语其子粱辈曰："世有营利者为子孙计耳，竟何益？吾厄一第，子孙必有第者，若曹勉之。"丁外艰卒，家业萧然，仲子粱岁贡不仕，以子贵封右参议。

郑　己　字克修，山海卫人，天性颖敏，成童充邑弟子员。属俪句辄惊人，家甚窘，刻意向学，寒夜燃薪诵书达旦，用是博极群书。登成化丙戌进士，选庶吉士。时刘文安公典教习，每阅己文叹曰："山海乃有此子！"改监察御史，会廷推抚臣弗当抗章论之，又累疏指摘辅臣及中贵，由此人多忌己者。巡按陕西值甘凉灾诊，边境驿骚，乃上国时图治等疏，得举赈济，饬边备。时有勋贵亲弟估势凌下，监司莫敢问，捕而杖之几死，竟被累谪成宣府。其镇总戎雅敬己，馆诸佛宫，士人受学者日众。有黠卒怨总戎，诬以不道，事累己系缺下，上白其诬放归。孝宗践祚，诏复其官。己亮节有气，嫉恶如仇，家居时谈世事不平者辄攘臂愤惋，至面诘人罔避，以是弗亨于官云。

张廷纲　字朝振，永平卫人。登成化壬辰进士。授行人，赐一品服，使安南回。太监汪直执送西厂狱，未几厂革，各散去，罢归，篡府志。

郝　隆　字景昌，自汴徙滦中。成化壬辰进士。初官大理评事，历左寺、副右寺正，时江南有大狱逮者及万人，公奉命往勘立决。擢金华知府，为政宽平，积谷数万石备荒，通济桥毁，奋力修之。在任九载，致仕归，进阶亚中大夫。《滦州志》

萧　显　字文明，别号海钓，山海卫人。登成化壬辰进士，授兵科给事中，有武臣连中贵张大边功希重赏，显批奏尾驳之，直声振一时。会巫矫邪神煽惑，复抗章劾之，并请禁私创庵观，言极剀切，留中不报。一日，召至左顺门，命中官面诘，显气定语畅，应对了了，乃论遣之，又数日巫逐矣，权幸愈疾。显居省中八年，外迁镇宁同知，命下，显方对客作草书，手阅报，付其子，趣治装，仍终数纸乃罢。莅镇宁八年、复迁衢州府同知，又三年，擢福建佥事，所至皆尽心职业无厌薄意，随贵万寿表入贺，时刑部尚书白昂欲有所荐，戚友亦乐为之援，不复顾恋竟乞休归。显性醇笃，不妄言笑，尚义气，久而弗渝。所著有《海钓集》、《镇宁行稿》，其书法沉着顿挫，传播朝鲜，珍重之。

谢　纲　字廷宪，滦州人。登成化壬辰进士，素以孝友称。任上虞知县，莅政慈祥明决，有质者一判两服，卒于官，民皆望柩而哭，祀乡贤。

李　时　其先凤阳人，有御史公谪为卢龙民，子从义，以靖难功为永平卫中所试百户，五世至凯，凯生时，父产悉让诸兄，独养老母，中成化丁酉举人，知岢岚州八年，廉平多惠政。民俗因财退婚，曲为解谕完聚，吏卒鳏者捐俸备礼以配之，论财之俗为变，升汉中府同知，在任六年升知平凉府，持守不渝，忤逆瑾改思州府，又诬以前任库藏不明，落职追问，逾年乃白，补思恩军民府，行至南宁中瘴疠，卒于途。二子充浊、充拙。

王　和　迁安人，登成化戊戌进士。历南北道御史，论劾户部尚书张凤、西厂太监汪直，声动朝野，外转山东海道副使，巡海中瘴，卒于官。生平廉介刚直，卒之日贫不能殓，同官为哀金致赙始得归葬，祀乡贤。

高　璁　字润之，滦州人，登成化戊戌进士。性方严谦退，笃孝友，耽坟典，试南宫不第，进太学，闻见闳肆。及登第，尹临邑，勤政广积，值岁大祲，民多济活，暇即试士请业门下者多登仕籍焉。三载政成，遂罹疾卒。时囊无数金几不能殓，祀乡贤。

冯　清　字士洁，滦州人，亲丧庐墓三年，手植松柏百余株，逾年繁茂，里人叹异。登成化癸卯乡荐，为鄜县令，慈义兼施，狱有冤因力为详豁，后持金马以酬，挥之不受，曰："涤尔冤者国恩也，何谢？"时以廉孝先生称之。

郭　镛　迁安人。登成化甲辰进士，授金华推官，平反详允，郡无冤狱，倡修通济桥，用资利涉。考选授御史，巡按宣大，辽东，纠劾权贵，绰有直声。转山西副使督修边墙，节省粮耗，军民称便。劳瘁卒于官，时称清介，崇祀乡贤。

高　谦　字天益，滦州人，登弘治癸丑进士。性刚直不苟，父早卒，力本勤学，事母不旷定省，抚弟详甚友爱。初拜丹阳令，邑庠隘，乃拓学基，崇殿房，讲授经术。又建津梁，创仓宇，议赈贷，百度维新，士人勒碑颂之。升青州同知，转刑部郎中，升平凉知府，未几，调巩昌，逾月而卒，祀乡贤。

李　金　迁安人，弘治进士。官户部员外郎，有贵戚诬占民田，勘实归田于民，孝庙奇之，书名殿壁。擢知德安府，赈饥节冗、白疑狱，平剧盗周濂等，以神明称，历任山东副使道。次子涵官布政使。(《畿辅志通》)

王　春　抚宁人。登弘治丙辰进士，授翰林院检讨，侍寿王讲。出邸，迁春左长史，日以善道开悟，有所陈对，必云：尊天子守祖宗法度，孝宗嘉之，赐正四品服。庚申，改周府左长史，王在幼冲，启迪如在寿邸，将婚，汴之巨室有贿谋为元妃者，春发其奸，别选当嗣爵，庶兄托内使行金钱于春，谋夺嫡，春正色叱之，遂寝。乙亥王以春辅道勤劳，奏加三品服。庚寅，力求去。嘉靖丙申卒。

任　惠　字济民，滦州人。登弘治丙辰进士，授行人，两使周藩，考绩有声，迁南京吏科给事中，以弹劾太监高凤革为民，后起山东佥事，未任卒，崇祀乡贤。

王　蕃　字邦宪，滦州人。登弘治丙辰进士，由博士升御史，立朝謇谔不容人过。尝劾逆瑾，弹媚臣陈晦等，专敕切责。移疾归里，几数十年，起守平凉，又以中忤罢归，有《雪崖诗集》。

朱　鉴　字缉熙，其先扬州海门人，永乐二年遣富户实北边，遂侨居卢龙之北乡，从迁者八户，因名其地曰八家寨。始祖自名再传至善，生有，即鉴父，天性孝友坦直，积粟三千斛，尝贷姻邻不取息。鉴登弘治己未进士，授刑部主事。正德中刘瑾擅政，举朝献媚者十之九，鉴处之坦然，正直不阿，升员外郎中，出为建宁知府。居官严明果断，不受嘱托，郡人有神明之颂。以母忧归，服阕，补青州府知府，在任五载其治如建宁。致政还家，村居不事交接，居左建一小楼门，前有井，妇女非裙裳不敢至井汲水，里中皆以礼自制，严惮之如王彦方云。子三；伊，廪生，似早卒。侣，以贡生为肥城训导。

李　炫　迁安人。幼而好学，冬夏兀坐一室，登弘治己未进士，历甘肃行仆卿。河西叛将煽乱，炫匿民舍中，示方略而戢之。事平，诬执甚众，炫谳鞫多全活。致政二纪，课子耕读，足不至官府。

王　字　汝温，永平卫人。登弘治己未进士。授兵科给事中。

督工泰陵，中使董役者剥削军士，伐近陵山木代薪以规利，劾之伏辜，升工科左给事中。徽州有豪族争讼数年不决，命勘，遂得情。改御史，核应天诸郡公藏，知府某不职惧得罪，密以金馈，即发其赃私，罢之，升刑科都给事中。武宗铺宫，奏省费数千金以济边饷，升顺天府丞，岁荒饿殍载途，竭力赈活甚众，升都察院左金都御史，提督雁门等关，兼巡抚山西，裁宗室骄横以法，权要规盐利者峻拒之，阖境肃然。会敌分路入寇，督兵御之宁武关，将吏以逗留失利，劾其罪，械系京师，因自劾并三边抚臣俱左迁，寻降浙江左参议。豪民有匿租数+载，躬履亩得数百顷为公税，孝丰有作乱者，远近骚然，众议调兵剿之，请先往，至即解散，升河南右参政，分守南阳，捕浙川矿贼，乃别胁从若干，值盛寒多冻馁死，悉活以粥，遣之。升左佥都御史，巡抚山东，择有司布各郡审编户，则以均徭役。王师讨逆濠，道经齐鲁，筹刍粮供亿，兵皆无敢犯者，及六飞南幸，有司预集夫役数万候境上，疫作，且乏食，第令及期无误，悉散归，活者不可胜计，镇守指以供御，大肆科索，珝正色责之，欲击以笏，乃止。升右副都御史，巡抚陕西，秦中宗室蕃衍，禄每不给，为有司累，令多方务积折补其数，上下称便。河湟黠寇欲南下牧马，督固原将士严兵御之，遂遁归，略无所失，边民安堵。升南京大理寺卿、擢兵部右侍郎。卒，赐祭葬于城东莲花源之原，祟祀乡贤。子二，长道平，荫国子生。

王　辅　字良佐，滦州人，登弘治己未进士。授行人，两使封藩，升南京监察御史，迁河南副使。时逆瑾向所司索天鹅绒布千正，无则折价，各府敛解八万两，辅曰：“此民膏血，我甘鼎镬不可从。”发回给民，瑾因假会审邓丙事谪辅阳城县知县，迁户部主事、历员外郎中、复升河南副使，以疾乞休，乡人称为长者，祀乡贤。

鲁　铎　抚宁人。登弘治壬戌进士，授岳州推官，升大理评事。会逆瑾擅权，有党系狱，铎忤瑾竞抵罪，谋中伤，自分必死，乃以他事谪河内县丞。瑾事败，转沂水县令，升刑部主事，历官至山东按察司，分巡海道。为人执法不阿，辽人服之。

陈　鼐　迁安人，弘治壬戌进士。勤俭明敏，历曹、濮、彬、桂兵备副使，每临阵躬亲督帅，斩获甚众，崇祀乡贤。

翟　鹏　字志南，抚宁卫人，正德三年进士。除户部主事，历员外郎中，出为卫辉府知府，调开封，擢陕西副使，进按察使。性刚介，历官以清操闻。嘉靖七年，擢右佥都御史，巡抚宁夏。时边政久弛，壮卒率占工匠私役中官家，守边者并羸老不任兵，又番休无期，甚者夫守墩妻坐铺，鹏至，尽清占役，使得迭更，野鸡台二十余墩，孤悬塞外，久弃不守。鹏尽复之。岁大祲，请于朝，以□□寇入停俸，复坐劾总兵官赵瑛失事，为所计，夺职归。二十年八月俺答入山西内地，兵部请遣大臣督军储，因荐鹏，乃起故官整饰畿辅、山西、河南军务，兼督饷。鹏驰至，俺答已饱去，而吉囊军复寇汾、石诸州，鹏往来驰驱，不能有所挫，寇退乃召还。明年三月，宣大总督樊继祖罢。除鹏兵部右侍郎代之，上疏言："将吏遇被掠人牧，近塞宜多方招徕，杀降邀功者宜罪，寇入，官军遏敌虽无功，竟赖以安者当录。若贼众我寡，奋身战，虽有伤折，未至残生民者，罪当原于法。俘馘论功，损挫论罪，乃有摧锋陷阵不暇斩首，而在后掩取者，反积级受功；有逡巡观望幸苟全，而力战当先者，反以损军治罪，非戎律之平。"帝皆从其议。会有降人言寇且大入，鹏连乞兵饷，帝怒令革职闲住，因罢总督官不设，鹏受事仅百日而去。其年七月俺答复大入山西，纵掠太原、路安，兵部请复设总督，乃起鹏故官，令兼督山东、河南军务，巡抚以下并听节制。鹏受命，寇已出塞，即驰赴朔州请调陕西、蓟辽客兵八支及宣、大三关主兵，兼募土著，选骁锐者十万，统以良将，列四营分布塞上，每营当一面，寇入境游兵挑之，诱其追，诸营夹攻，脱不可御，急趋关南依墙守，邀击其困归，帝从之，鹏乃浚壕筑垣，修边墙三百九十余里，增新墩二百九十二护，墩堡一十四，建营舍一千五百间，得地万四千九百余顷，募军千五百人，人给五十亩，省仓储无算。疏请东自平型，西至偏关，画地分守，增游兵三支，分驻雁门、宁武、偏关。寇攻墙，戍兵拒，游兵出关夹攻，此守中有战；东大同、西老营堡因地设伏，伺寇所向，又于宣大三关间各设劲兵，而别选战士六千，分两营。遇警，令总督武臣、张凤随机策应，此战中有守。帝从其议，且命："自今遇敌逗遛者，都指挥以下即斩，总兵官以下，先取死罪状奏请。"先是鹏遣千户火力赤率兵三百哨至丰州滩，不见寇，复选精锐百远至丰州西北遇牧马者百余人，击斩二十三级，夺其马还。未入塞，寇大至，官军饥惫尽弃所获，奔。鹏具实陈状，帝以将士敢深入仍行迁赏。旧例兵皆团操镇城，闻警出战，自边患炽，每夏秋间分驻边堡，谓之暗伏。鹏请入秋悉令赴塞，画地分守，谓之摆边。九月间还镇，遂著为令。二十三年正月，帝以去岁无寇为将帅力，降敕奖鹏，赐以袭衣。至三月，俺答寇宣府龙门所，总兵官郤永等却之，斩五十一级，论功进兵部尚书。帝倚鹏殄寇锡命屡加，所请多从，而责效甚急，鹏亦竭智力，然不能呼吸应变。御史曹拜辅尝劾鹏，鹏乞罢，弗允。是年九月，蓟州巡抚朱方请撤诸路防秋兵，兵部尚书毛伯温因并撤宣大三关客兵，俺答遂以十月初寇膳房堡，为郤永所拒，乃于万全右卫毁墙入，由顺圣川至蔚州，犯浮屠峪，直抵完县，京师戒严，帝大怒，屡下诏责鹏。鹏在朔州，闻警，夜半至马邑调兵食，复趋浑源遣诸将遏敌。御史杨本深劾鹏逗留，致贼震畿辅，兵科戴梦桂继之，遂遣官械鹏，而以兵部左侍郎张汉代。鹏至，下诏狱，坐永成。行至河西务，为民家所窘，告钞关主事杖之厂卫以闻，复逮至京，卒于狱，人皆惜之。初鹏在卫辉，将入觐，行李萧然，通判王江怀金遗之，鹏曰："岂我素履未孚于人耶？"江惭而退，共介如此。《明史》

王　念　迁安人，副史和之子，登正德辛未进士。部使欲为立坊，念以民贫，谢，寝之。事母孝谨，尽以先业畀两弟。知九江府，修复废毁，民不病役，在程蕃奏开贡额，使知向化。居乡廉静，足迹不入公府。平居鼓琴游吟，居丧用家礼，士大夫化之，祟祀乡贤。

王道中　抚宁人，登正德甲戌进士，授安庆府推官。太湖人多避差，有一人至县即令赔纳，荡产倾家，民苦最甚，中亲诣其地，婉曲晓谕，止令办纳己赋，民甚称便。扬州知府孙某者为御史张士隆劾奏，赃私巨万，朝廷遣给事中王俊民同御史陈杰会勘，久之未决，中一勘辄明。时宸濠之变余党未尽，当事者往往以平民诬作奸细，收捕甚冤，中查有赃仗旗帜，止坐四人，余三百余人尽释之。庚辰，升刑部主事。嘉靖癸未，转员外郎。甲辰，升鸿胪寺右卿，旋转左卿。十二年，侍经筵，敬谨如一。乙未，改大理寺右卿。乙亥，升顺天府尹，辛亥卒，著有《黄齐集》。

廖自显　字德潜，卢龙卫人。家贫力学，以廉耻自持，登正德辛己进士。知颍上县，赈饥活数万人升御史，视通州仓革中官监收弊，按宣、大，劾镇将科敛及杀降冒功，山西巡抚与参议以小嫌争忿，劾罢之。嘉靖庚寅，镇守建昌太监缺，疏请裁革，遂更游击将军，一时称便，出按山东，巡抚邵锡清德藩军校，诡冒不从，殴府卒，乃劾其长史，承奉官为所中，锡罢待罪出，自显知汝宁府二载，持法不挠，罢归居家二十四年，日与故人徜祥东郭莲池芝垄间，有《拾烬集》《放言悯遗集》。从侄际可进士，献可，举人，不急仕进三十余年，铨知即墨，旋垂橐归，亦里中高士云。

张文成 迁安人，正德中以吏员任陕县典史。时流寇猖獗逼城，成奋身出战多所斩获，总督彭公闻其才，檄领兵马六千，分路剿杀，前后得首级千余颗，汝宁、上蔡等路悉平，功加三级，邑人为立祠。举入名宦，乡举饮宾，舆论钦服，祟祀乡贤。

赵得佑 卢龙人，御史忠之曾孙。三岁失恃，长为诸生，遭邻人横逆，而读书自如，人服其雅量，登嘉靖癸未进士。甫三月，授陕西道御史，巡按应天，掌南京畿道，严察苏松等府案牍及纠劾辅臣，群党侧目，外转贵州佥事，未几以边材调辽东，再调山西兵备、分巡冀南道，转贵州毕节道、升山东参议，分守辽海、东宁道、升陕西副使、备兵肃州。其在贵州却金而服蛮苗，及抚哈密、酒泉颂之，升陕西行太仆寺卿，致仕。历任二十七年，以清介终，林居泊然，宅第敝甚，郡守纪公巡以罚锾置瓦甓于城扃将为葺之，得佑闻而艴然曰："得佑薄宦，时无敢取一介，恐虐地方，今顾累及桑梓邪？"寿七十三卒。

李　涵 迁安人，按察副使金之子。孝事孀母，以田产让弟，登嘉靖癸未进士。为户部郎督兑运，尚书称为廉吏，知延安府，除水患，赈饥民，备兵肃州，修嘉峪城，军民勒石记绩，补贵州兵备，洗冤泽物，民有天星之谣，转左布政，擒首恶龙许保等，苗民率服，崇祀乡贤。

卢耿麒 字仁淑，乐亭人，梁长子。年十三人庠，过目成诵。弱冠登嘉靖癸未进士，授工部虞衡司主事，历员外郎，升陕西佥事。屯田甘肃，给成牛种。丁内艰，起补江西佥事，洗数沉冤，升山西参议，比驻云中，当外叛甫平，恩威并著，即强藩亦敛戢，防边有运筹功，建修五堡世庙，赐纶音，有巨镇赖以永安之褒，复丁外艰，起补山东参议，升山西副使，以疾卒，年四十有五。麒貌玉立，性直方，笃孝友，父产悉让二弟，所居庭前无旋马地，尤博群书，诗造唐语，著《蓝山集》。莅官所至以明敏闻，然议论辨博，长官前亦不少逊，终以此取忌焉，崇祀乡贤。

赵　瑞　昌黎人。幼有才行，于嘉靖壬午举乡试，授河南伊阳知县，居官清介，逸兴飘然出尘俗，负陶靖节操。卒，无遗金不能殓，人皆痛惜。

詹　荣　字仁甫，山海卫人，嘉靖五年进士。授户部主事，历郎中。督饷大同，值兵变，杀总兵官李瑾，总督刘源清、率师围城久不下，荣素有智略，善应变，叛卒掠城中无犯荣者。外围益急，荣密约都指挥纪振、游击戴濂、镇抚王宁同盟讨贼，察叛卒马升、杨麟无逆志，乃阳令宁持官民状诣源清所，为叛卒乞原，而阴以荣谋告，请宥升、麟死，畀三千金俾募死士自效，会源清已罢，巡抚樊继祖许之，升、麟遂结心腹，擒首恶黄镇等九人戮之，荣乃开城门延继祖入，复捕斩二十六人，录功擢光禄寺少卿，再迁太常寺少卿。二十二年，以右佥都御史巡抚甘肃。鲁迷贡使留甘州者九十余人，总兵官杨信驱以御寇，死者十之一，荣言彼以好来而用之锋镝，失人心，且示中国弱，诏夺信官，槥者送之归，番人感悦。逾年，以大同巡抚赵锦与总兵官周尚文不相能，诏荣与锦易任。俺答数万骑入掠，荣与尚文破之黑山阳，进右副都御史。寇复大举犯中路，参将张凤等阵殁，荣与尚文及总督翁万达严兵备阳和，而遣骑邀击多所杀伤，寇乃引去。代府奉国将军充灼行票，荣奏夺其禄，充灼等结小王子，入寇谋据大同，荣告尚文捕得，皆伏辜。荣以大同无险，乃筑东路边墙百三十八里、堡七、墩台百五十四。又以守边当积粟，而近边宏赐诸堡三十一所延亘五百余里，辟治之皆膏腴田可数十万顷，乃奏请召军佃作复其租徭；移大同一岁市马费市牛赋之秋冬则聚而遏寇，帝立从焉。寇入犯，与尚文破之弥陀山斩一部长，荣先以靖乱功，进兵部右侍郎，又以缮边破敌累被奖赉。召还理部事，进左尚书。赵廷瑞罢，荣署部务，奏行秋防十事。已而，翁万达入为尚书，遭母丧，荣复当署部务，辞疾乞休，帝怒，夺职闲住。越二年卒，当荣之抚大同也，万达为总督，尚文为总兵，三人皆有才略，寇数入不能得志。自后，代者不能任，寇无岁不入躏边，人益思荣等。明年，俺答薄京师，万达、荣皆已去。论者谓二人在，寇未必至此。万历中，荣孙，延为顺天通判，上书讼荣功，赠工部尚书予恤如制。(《明史》)

王　庚　字文祥，滦州人，登嘉靖癸未进士。天资纯笃，寡言笑，深易学，后进多出其门，三为县令，有廉声。历迁兵科都给事中，慷慨敢言，升山西参政按察使，陕西右布政，卒于官，祀乡贤。

张　智　迁安人，由明经，知远定县。洁己奉公，铲洗奸伪，时修理学校，政教大行，有麦秀两岐之瑞。寻通判黄州，民不忍其去，为立祠，号清张里人，举祀乡贤。

李充浊　字澄之，时之子，嘉靖丙戌进士。知叶县，收黄山巨寇，民为立生祠，与楚叶公，汉王乔为三令祠。擢为礼科给事中，屡上封事。升浙江右参政，改补河南，修筑隘口，自顺德界抵山西，延亘九百余里。升陕西按察使，辨宦室子弟五人积冤，升河南右布政，转左，寻改贵州，赈铜仁荒歉，活万余人，募民以备苗变，罢归。于城北营万柳庄，结故人为饮社。卒祀乡贤。弟充拙，字逸之，嘉靖乙酉举人，与兄同榜。知陈州，俗刁豪滑，恋公门，恩文檄，以扰害乡民，号为挂搭罗织，久莫能去，下车访首罪杖杀之，余众悉逃散。寻以母忧去，补知南通州，政平讼理，卒于官。充浊子瀹，字伯通，处世阀以谨俭称，由岁贡授郯城县丞。郯称难治，民流税逋，瀹于荒田立官庄，捐俸创庐舍三十余区，号为俸余官庄。买牛给种，招集逃民，耕垦收获，足公税及佣值，外余入义仓备赈，公私称便，民亦复业。铨部廉其贤，擢知郯城，未逾年，辞官归。

韩　梅　字应元，永平卫人，嘉靖戊子举人。任大同同知六年，廉平多惠。有范驿丞死于官，妻流落，鬻女为婢，梅捐俸赎归其母。

居家惇伦睦族，乡党称之。

高　擢　字士元，滦州人，登嘉靖己丑进士。由博士升礼科给事中，建言侃侃，得名谏议体，历副都御史，风裁独凛，奉命提督操江，苞苴绝迹，晚凿偏凉汀归隐，卒祀乡贤。

王　镐　字宗周，滦州人，登嘉靖己丑进士。擢御史，时张桂以言礼柄用，镐独正色不阿。历都御史，抚宁夏，屡奏边功。以忤时乞归，卒祀乡贤。

厉汝进 字子修，滦州人，嘉靖戊戌进士。授池州推官，征拜吏科给事中。湖广巡抚陆杰以显陵工成召为工部侍郎，汝进言杰素犯清议，不宜佐司空，并劾尚书甘为霖、樊继祖不职，不纳。三迁至户科都给事中，户部尚书王杲下狱，汝进与同官海宁查秉彝、马平、徐养正、巴县刘起宗、章邱刘禄合疏言：两淮副使张禄遣使入都，广通结纳，如太常少卿严世蕃、府丞胡奎等皆承赂受嘱有证。世蕃窃弄父权，嗜贿张焰，词连仓场，尚书王暐嵩上疏自理，且求援于中官以激帝怒。帝责其代杲解释，命廷杖汝进八十，余六十，并谪云南、广西典史。明年，嵩复假考察夺汝进职。隆庆初起故官，未至京卒，祀乡贤。(《明史》)

王好学 乐亭人，臣长子，领嘉靖庚子乡荐。尝试南京，父卒痛为肖像，及令陈留，蠲逋修学。擢刺泽州，佐归德在，在多善政，及补太原，弭盗祥刑，请治宗室骄横，檄抚石州，为画战守之策。历升户部郎中，督饷昌平，时内使往来，能正色戢之。升楚雄府知府，乞休归，著有《游艺集》，与弟好问，并祀乡贤。

王好问 臣仲子，生有异兆，弱冠抱当世志。举于乡即却馈金。登嘉靖庚戌进士，授太常博士。时分宜当权，乃泊然自守，久之方擢御史，即劾巨珰不法。嘉靖末，出按秦、晋，上兴革便宜数事，却诸祥瑞不以闻。穆宗御极，益多献替，而重孝思止，行幸查内库诸疏，并劾近侍，谋典兵柄，尤极剀切。迁大理丞，历通政使，晋工部侍郎，改刑户二部，擢南京右都御史，拜南京户部尚书。忧时思职，无一少替。南中米涌贵，例当改折问，遽发仓粟而后以闻，诏赈江南，不待移文发赈，曰："奈何稽朝廷意以忍饥民"。有古大臣风，先是为卿贰时，即抗疏求退，至是章屡上始得优允。归数月，卒。赐祭谕葬，赠太子少保。天性恬静，自奉淡泊，立朝虔恭，动由矩矱，谦抑折节，若不胜衣而内实毅然不可夺，乡谊族范，遐迩共孚。所著《春煦轩集》三十六卷。

贾　韶　昌黎人，以明经授瑞安主簿，志行严谨，六载卒于官。民感德为之立祠。

郝宗启　字文卿，滦州人，隆孙，嘉靖丙午举人。授博平知县，升泽州知州。学问深邃，事亲至孝，居乡励行，莅政有声，祀乡贤。

陈　情　字子孝，滦州人，嘉靖丙午举人。天性孝友，见事明决。隆庆元年令孝义，有捍御保城功，后令长葛，宿松并著廉明。焚红莲七祖二百年肉身，大得韩退之遗、意虑州城武备单弱，造大炮十二位、神枪二百杆防守。著有《五行奕薮》行于世，崇祀乡贤。

刘复礼　字白仁，号任斋，山海卫人，嘉靖壬子举人。坦易谨饬，宰长子县，刺浑源州，迁冬官郎，守保宁郡，历有异政。擢冏卿，驻宁夏，预知哱拜反，默为防备，寻丁艰致政。归，依居旧庐泊如也。幼以孝闻，暮年与季弟同爨，每举箸必呼弟，弟他往则不食，季弟有子，口授而教之，亦成明经，里人有修郄者，质成譬晓之，皆愧服。

萧大谦　字民服，山海卫人，佥事。显之孙，性质朴，虽屡空，微不介意，游成均时，尝拾遗金，待还其人。后领嘉靖壬子乡荐，令怀仁、秦安皆耻结纳，专意实政，士民怀其抚字，而当道恚其无馈遗，竟取忤罢归，行李萧然，至不能充食，处之自如。年八十有一卒，祀乡贤。

王大用　东胜卫人，登隆庆戊辰进士，授扶沟知县。执法无所阿，当路衔之，左迁东平州判、升滕县令，明习吏事，每事必探弊端。有大珰进贡，折辱驿官索乾没，大用诣邮亭令开箧验之，皆胖袄，遣人收捕，其解户于狱，大珰甚惧，求免，其明练肩事类如此，升大理寺评事，改户部郎中，历官辽东、陕西参政。

韩应奎　号东轩，御史季弟。为童子，馌田之暇苦志读书，中隆庆庚午乡试，五试南宫始谒选，得华阴县知县，有惠政，华人颂之。历蓬莱、乐安、温三县，皆以治绩闻。年未衰即归田，常以睦族济人为念，绝不一干有司。岁大凶施粥赈饥，给袭御寒，邑人德之。二子：长原济，倜傥不群。仲原洁，笃信秉礼，并诸生。济子乾业，洁子坤业。庚午兵变长与仲偕亡。

李安仁 兴州卫人，隆庆辛未进士。授武城令，调繁兴化，兴地利，筑河堤，剔奸厘弊。转大理评事，升衡州太守，威慑豪滑，擢湖广副使，告归。

王胤祥 抚宁人，登隆庆辛未进士。任偃城令，吏治澄清，恩威并著，县前苦水井化甘泉，咸谓善政之感。行取刑科给事中，激扬尽力，条陈九边要务，当宁嘉纳之。因劾江陵夺情，外转河南佥事，进四川参议，后转陕西副使，当事特荐者凡二十余疏，以亲老力辞，杜门终养，寿至八旬而终。

王　槐 昌黎人，贡生，工书翰，任中书，历工部左侍郎。清慎正直，不阿权贵，世庙嘉其忠，赠祖父如其官。

齐宗尧 号碣石，昌黎人。幼颖悟，苦志力学，年十八游泮，七举不第，乃以岁贡授山西屯留县丞，摄邑篆，岁饥流离载途，即为上闻，开仓发票以赈贫困，赖以全活者万计。又宽通负招流亡，复业者五千余人，上官廉其能，升陕西鄜州判官。值西戎猖獗，尧躬亲训练，号令严明，虏不敢迫。还升屯留邑宰，百姓欢呼于道曰："吾父母复来矣。"初屯无递运夫，凡有差役比户而征，民甚苦焉。尧屡请各宪，令沁州、长子两县往来递送，屯民便之。莅屯四载，招抚流亡四千丁，垦荒田二千一百顷。决狱如神，不避权势，藩府理问枉杀人，岁余不决，兵司稔知尧强干，命鞠之，尧毅然驰入王府检尸伤，竟置理问，及用刑者于法，又雪贾姓之奇冤，申屈氏之枉坐，一邑称快。有土寇杨富聚众三千余人分掠各邑，杀沁州千户，巡抚勒兵捕讨，命尧率官军二千人先往。尧乃屯兵五里外，单骑入山寨，召酋首示以利害，贼皆罗拜，泣曰："天使公活吾济也。"即释甲焚寨以降。寻以繁调定襄，士民号泣不能留，请祀名宦。不数月，升汾州知州，州人畏威怀德，豪强屏迹。隆庆丁卯秋，虏犯境，尧率素练精兵三千余人分城固守，又于城下筑墙以防冲突，三日部分甫定，虏众百万破石州乘胜长驰，中外震恐，乃令于众曰："汝等父母妻子俱在城内，当于死中求生，否则无噍类矣！敢下城者，军法从事。"众感奋，无一人不尽死力者，公亦披坚持锐，躬冒矢石，拒敌八昼夜，贼知不可破，宵遁。尧率众追袭斩获三十五级，搜捕城内奸细四十余人，以功奏擢河东转运同知，仍摄州事。益练民兵，造火器，积粮饷，筑城池，统制刘见而称之，谓雄镇之兵不如也。卒以鲠直忤强宗，旋即昭雪。调忻州，虽遭蹉跌而忠义之心不少挫，至忻简戎行，陈兵事二十余条，虽不报，而边备已见施行矣。枢省重其名，方思大用，终以守正不阿力辞，解组归，寻以疾卒。

刘思诚 字性之，号定宇，山海卫人，万历癸酉举人。英资卓识，廉直公平，领乡荐十余年毫无请托。筮仕平原，谂编征赋，设法神速，邻邑皆效法之。遇荒多方拯救，理讼称平。黉宫后有深壑数科荒落，特为筑建五桂祠，选俊秀肄业，给馔伏腊不辍，以是蜚英振起。贫生婚葬不举者，捐橐助之。招抚流遗，盖官房百余间于郊外，创立集市，垦田十余顷藉以为生，方春躬行劝农，力举实政。迁济南同知，署篆年余，吏请盘库，思诚斥之，俸工俱以原封出给不除其耗。有盐商犯科，以罂贮银二千两冒托馈酒，当堂碎罂解入府库，竟无赦。当道议派民徭，思诚勃然色变，议遂寝。终以忤贵拂衣归，事母饭必侍侧，旧产尽让弟，饶有孝友风。平原有生祠，入名宦，崇祯戊辰入乡贤。

韩应庚 字希白，东胜左卫人。世有隐德，曾祖文，富而好施；祖诚益大其业，嘉靖中岁屡歉，先后贷乡人粟至二万石不责其偿；父廷义生而英敏，通百家众技，尝擒巨寇以靖一方，封监察御史。三子，应庚其长也，少励清操，登万历丁丑进士。授彰德府推官，其治务廉明宽厚，下车取沈狱验问，数日间决断殆尽，受领新讼遣当，直设灶公署前，呼对簿者自炊，未及餐而事已判矣，平反冤狱无计。入为福建御史，出按甘肃，直大祲，不俟命即发仓票以赈。再按山东，锄强豪、黜贪墨，共出死囚二百六十余人。时年四十七即引疾归，日与亲故徜徉山水间，于城南二十里石矶上筑室，名曰钓台。以图书花鸟自娱，七征不起，从不干有司，遇不平事辄为代白，闻者启信，昭雪罔敢后。岁甲辰饥，输粟公府，而施糜、掩骼无虚日，又鬻负郭田数百亩以赡郡邑两庠贫士，寿七十有四卒，祀乡贤。

冯时泰 字虞廷，山海卫人。幼敏学寒暑不辍，登万历庚辰进士，授工部郎中，管节慎库，自能握算，核积弊著声曹署。升辽东广宁参议，守正不阿，冰蘗矢操，筑造台堡大定老军数十处，无不竭尽心力。边警，帅不用命失事，时泰奉勘，略无纤隐，致忤当事，坐谴。或以苞直请，时泰徐应曰："吾莅官惟清慎二字可揭天日，况君父之事，乌容规避。"绝不为辞。寻被逮，辽民无不称冤，欲诣阙号鸣，总督顾养谦止之，乃极为辩雪，有并褫臣职以辨其有功无罪等语，具载疏中。赵相志皋、张相位石、司马星皆交章激切力诤，竟不白，时泰尝自叹日："由来直道忤当权，过贬潮阳路八千。一掬忠肝天所鉴，几回血泪洒蛮烟。"竟以疾死狱中。

白　钥 东胜卫人。少颖慧为郡诸生，居家孝弟，事兄如父、嫂如母，由国学选南锦衣幕官，迁汶上丞，执陈友宽等大盗置之法，锄虓植良，百姓德之。无何挂冠，世高其恬退，处乡恂恂课三子，寒暑不辍，长珩、季璞，皆廪生，仲瑜登万历乙未进士，历官刑部尚书，另有传。

高　第 字登之，滦州人，登万历己丑进士。初令临颍，征赋不折封即以原柜解府，力绝耗羡。岁大歉，赈粥疗医，活数万人。转户曹，榷浒墅关，旧例支河设绳防，货舟栏出，第曰："但锁正关衣带水足矣。"何渊察为一切报罢。升大同守，捐俸赎补宗禄三千金，历楚、秦藩泉，擢御史中丞，巡抚大同，费橐七千金助给抚赏，寻升兵部尚书。时魏、崔党炽，珰以提督郭钦求加都督同知，参将梁甫求升总兵，矫中旨特授，第皆不应。杨、左被逮，榜掠甚惨，第经筵力陈党锢宜释，忠贤怒嗾熹宗召对切责之。会宁远警，遂出第经略蓟辽，拜命随檄道镇，坚壁清野固守，而崔呈秀衔前恨劾第不发兵为怯，勒令闲住。崇祯初年诏复原官，因己巳郡城陷复谪居无棣。己卯，放还归里，建白云楼为东山之墅，平生湛于理学，所著有《太极良知等说》、《抚云疏稿》、《籁真》等集，年八十二卒，祀乡贤。

朱文运 卢龙人，侣子，万历己丑进士，任丹阳知县。励精抚字，政简刑清。邑绅大司马姜公欲改运河于城外，以兴贸易，运恐劳民，固执不从。后五年考绩称最，竟迁南户部主事，时人为之不平。至任六月，奉差入都，因归省母卒于家。子方九龄，宦橐萧然，继室李氏课子治家，不坠先业。子济美，廪生，孝友笃行，庚午之变，遂谢功名，凡三教、六壬、医卜之书无不兼通。

王浑然 好问子，中万历辛卯举人，授中府都事，历刑部郎中。时南康守吴宝因税珰李道诬奏被逮，然问拟还职，上怒，罚俸三月，南康得以从轻。微生光妖言事东省无行老生流言彼中有闻者，然恐蔓延无辜，解发出东，抚按鞫问，保全大族甚夥。升马湖府知府，革漆户板税，修学缮城，奢首争杀，片言力解，总督王象乾题擢遵义兵备副使，下议时，疏请骸骨归，寻卒，著《蜀游草》。

白　瑜 东胜卫人，少英敏博学，善词赋，登万历乙未进士。授庶吉士，除刑科给事中，上疏请革煤税，降湖广按察司照磨。起，历通政使刑部左侍郎，居乡和雅。卒，赠刑部尚书。

张国祥 昌黎人，幼失怙恃。父昂上元主簿，殁，遗妾王氏，年十九砥节苦守。祥长，奉事如礼。师邑侯孟秋讲学，力行不倦，后师杨公启元，悟罗近谿性命宗旨。由明经任丰润训导，以身率士，士风丕变。建魁星楼以培风气，丰庠科甲自此盛焉。升渭源令，苏驿弊，灭杂徭，除奸保良，罢民再起。有番里日南川，不习文教，祥择其子弟朱际昌劝课读书，力荐入泮。以鼓吹送归里中，番人聚观者塞山野，文教以兴。及解绶，归囊无长物，惟以琴书自娱，耕读课子邑大夫及乡里推重之，尊为模范，数举乡宾。

赵养蔚 字青城，滦州人，万历庚子举人。少负经济略，富甲平滦。己巳戒严，蔚捐费建城内外炮台，造锐炮数百位，募丁守城，费以数万计，时士绅多窜逸，独蔚守孤城矢死勿移，倾竭家财，犒援师，介马谒枢辅于关门，请兵恢复。事闻，授中书舍人，加职方主事，以未通籍不肯受官，疏请里居大修城池御侮之具，远近倚重。年六旬卒，赠尚宝卿，祀乡贤。

陈王庭 字心龙，卢龙卫人，登万历丁未进士，历太仆寺卿，宽厚清谨。天启中，矢贞不附魏珰，先尝巡按辽东，得将士心。辽失，收养全活甚多，庚午城陷，王庭服堇几死，复苏为黄冠，大帅祖大寿、张存仁辈皆伏拜床下，报德恐后。事平论者议其不死，逮狱，绝粒而殒。

李应奎　兴州卫人，由明经，授扶沟训导。值大旱，奎积诚祈雨立应，扶邑立石纪之。升历城县教谕，适县令欲于文庙坐困收粮，奎不许，令固不从，因叹曰："微末一官职不容守，尚可恋升斗昧吾心乎？"毅然挂冠归。年近九旬，邑侯张公九三素仰奎名，岁时存问，数举乡宾，且念其贫而无后，欲为赡后计，乃笑曰："清苦一生将就木矣，昔闵仲叔不以口腹累安邑，吾岂以后事累令支乎？"不通片格。奎初受麟经传于邑侯白公夏，至今迁邑业春秋者皆其遗也。

韩原善　字继之，别号鹏南。父应箕字希臬，御史之次弟也。负文武才兼精骑射，倜傥尚谊，有古侠客风。尝出两婴孺于剧盗手，凡疏族贫交待以举火者，恒数十人。构宗祠，修世墓，缮义塾，动费不费，无几微吝色。以明经入对大廷，不仕。原善生而颖悟，沉酣经史，旁及青鸟黄石、奇门遁甲诸书靡不研究。登万历丁未进士，授青浦县知县。吴淞久塞，震泽、淀湖之水合流东下，民苦昏垫，为请赈、请蠲、平籴、设粥不遗余力，而躬行给散卒事无哗者，他如裁公正，均荒绝，开津贴、苏塘夫、清漕兑，无不恳恻周至，邑人尸祝之。调繁长洲，为吴郡首邑，赋役甲天下，又当水陆之冲，治之独游刃有余。县田一百二十二万三千亩，自创立官甲，政在乡绅，诡计花分，民户坐困，巡抚徐公请均之，原善身任怨劳按亩科差增役田三万一千四百七十顷。精于造士，是岁中乡闱者十人，五年考最称廉治，窝访触忌，仅迁户部郎。在县时父尝斥产贻之佐廉，及转户曹父益喜，为能不瘠民以媚当道也。旋丁外艰，服阕，补兵部东事，方棘以不次，推开元兵备，拜命疏陈方略八款，又言召募有六难有四易，疏入上遂俞发帑金七万四千，抵关门五十日募官兵一千六百余名，马六百五十余骑，甫出关而开元报陷，乃兼程趋至广宁。先是全辽军需仰给海运莱津岁运二十万卸三犋牛，地距辽六百余里，水陆烦费。原善冒雪行至海上经画，以登莱海盖两道，累年会议不决者，定泊盖套岁节费数千金，不匝月而完粮二十二万。丁母艰归，屡荐不起，卒。原善生平孝友，性豪爽，有远略，周人之急有如其身，所著诗文八卷，奏疏二卷，尺牍四卷，六壬指掌二卷，祀乡贤。

张联奎 字辉含，滦州人。万历己酉举人，除彰德司理，有张佛之颂，以直忤左迁秦泉，幕署商州，辑流亡，多善政，寻复理临洮阅河西五镇，活杨弁孥累百口，临巩帅以幕金三百饷，却之，再馈珠帘庭责其役而挥去曰："奈何浼我邀覃恩，赠父如其官，以边才擢庆阳郡守。流贼寇城，单骑谕祸福辄解散，因积劳谢病归，侨寓邢台，时给谏冯公可宾及台中交荐不赴。邢破，配田氏不屈，遂遇害。奎困顿旋里，环堵萧然，衔杯啸歌晏如也，年六十有九无疾卒。

石维岳 字五峰，滦州人，登万历庚戌进士。筮中牟令，以坦直拂相国，谪河东盐运司知事，相国卒，事乃白。擢推官，升刑部主事，历郎中，时魏珰焰烈，夺戚畹李承恩园，置之狱。法司希魏意拟辟，岳抗言曰："杀人媚人当何律？" 卒以园归。李出守怀庆，建告帝堂，凡昼行事录卷焚之。韩昌黎裔有在怀者式微，访得之，复其业，为建祠置奉祀生。既而珰祠遍天下，怀人以请岳，曰："俟我去若辈自为之，" 以故珰败怀独无逆祠。迁长沙副使，岷王妃奏王被弑状，下两台讯，岳廉实，建抚按以下十九人，崔呈秀为魏珰义子，岳以妃事触怒，且群小嫉之，因媒孽成蓟州，妃特疏昭雪，狱终不自明。年七十余，卒，崇祀乡贤。

郭　巩 字德固，号金溪，迁安人，登万历癸丑进士。性刚介，甘淡泊，筮仕行人，考选给事中，凡封疆大事，劾奸斥佞不避权贵，侃侃直陈。值魏珰用事告归，杜门谢客，屡起太仆、太常、兵部左右侍郎，凡七召俱以病固辞。疏云：臣之病不在四肢而在腹心，微词规讽，忠爱弥笃，居乡雍睦，即野老村夫莫不敬而怀之。

刘廷宣 字化卿，号方壶，晚号木庵，山海卫人，登万历癸丑进士。丰神清颖，廉直谨饬，筮仕仪封，励学校，恤鳏寡，课农桑，劝孝弟，河汜瀹治之，获名田几万亩，民赖以苏，征赋绝耗美讼，俱自拘不判赎，设保甲法萑苻克靖，革一切无名科派，省民镪不下巨万。

擢浙江道御史，强章不避中贵，巡按陕西未复命转为大理丞。假归未半载，寻因母老请终养，以大理寺少卿归，甲戌六月病卒。

白廷魁 字复古，号雪轩，滦州人，由明经任临县令。出供具学宫，月再课士，岁以为常，催科不扰，讼狱者理而遣之，不责赎锾。时税桑田助耕敛，以不善俯仰，中忌调简，遂拂衣归，以寿终。

王调元 字燮伯，号和阳，抚宁人。少孤奉母王氏至孝，年十七为诸生，尝读书僧舍，杂钟鱼梵呗间，二十年如一日。万历戊午举乡荐，谒台使刘公，胪母守节抚孤状，疏奏奉旌，因母老仕嵩县教谕，仿胡安定教士法，与诸生相切刷。有势家仆辱士，元不畏强御力培士气，升临朐令，时流寇犯河南，朝议以修城垣练乡勇为守令殿最。朐城故版筑，地高无水，廛闬鳞次附女墙而居者千余家，令下之日，元曰：“贼远在二千里外，先使吾民妇子露处失业，是人心先自解也。”值宪司单骑来视，高墉屹屹守御之具纤悉毕备，深叹其言为是，调知滕县。先是妖贼徐鸿儒之乱，滕人死者无算，又地邻曹濮，多椎埋探丸之盗，元令严法治，有犯必诛，于是奸盗屏息，境内肃然。亡何以戆直罢归。家居三十年，未尝一履公庭，故人在铨部招之不往，又属台使起之，坚以疾辞。生平重然诺，不以生死盛衰变易。年八十有五，卒。少宰石公申、仪部余公一元表志其墓。

冯运泰 字六符，滦州人，斗华长子，万历己未进士。弱冠登贤书，声誉藉甚。事继母以孝闻，尤笃友爱。令堂邑，聊城以和静岂弟为治，恤民造士，两邑争尸祝之。升工部郎，监修三殿，综核勤密，省帑金数万两。叙功擢太仆卿，假归省视，以违限夺官，父子并祀乡贤。

陈三纬 字泰华，滦州人。以明经除修武丞，精毅廉洁，弗染习污。迁镇原令。汉史高平第一垒也，荒敝特甚，抚恤疮痍，捐俸薪代完逋赋。请告归里，解橐助城工，行谊咸推长者，崇祀乡贤。

陈之楷 字百式，滦州人，天启丁卯举人。夙负经济，有应变才，知荣颖，时值大盗号一条龙者纠众围城年余，百计攻击，楷应有余力，乘夜晦出奇兵尽歼其丑，叙功以卓异召对平台。擢御史，奉命巡漕擒大蠹，以清漕政。须发为白，劾逃帅懦抚，论陈启新，以上书幸得给谏，直声震殿陛，丁艰归，台使屡荐不起。卒，祀乡贤。

张汝贤 字景宣，滦州人。天启丁卯举人，仕定陶令。清廉爱民，事至立断。时群贼蜂起，贤不动声色，密计招诱，得通巢穴擒获渠魁李之茂等，四境肃清。擢巩昌郡丞，值流寇攻城，画战守奇策，懋著军功，且赈饥掩骼，惠政累累。升临洮府知府，迁庄浪道，以劳瘁乞休归里，年七十二卒，祀乡贤。

郑　卿 字省吾，滦州人。由贡仕河南府通判，清慎自持，有悬鱼酌水之风，衙斋寂，与名彦弹琴赋诗，抗疏归里，力辞聘征，著《省吾诗文集》，祀乡贤。

翟凌云 字崑瀛，抚宁人。由明经授肥城令，不畏权势，除巨奸大蠹，擢兖州府同知。浚河有功，省帑银四十万，为共事者所忌，罢归林下三十余年，阖门养重，称乡望焉。

龙呈图 昌黎人。积学富文，天姿和厚，由明经任邓州佐，升山东都司经历，廉静有为，解组归。崇祯庚午，捐费鼓众登城守御，以功加四品服，授中宪大夫。

萧奇栋 号擎元，抚宁人。由恩贡，任蒲令。时流寇猖獗，民不聊生，栋多方抚循，悉备战守之具，百姓恃以安辑一时戴之，寻升南阳府同知，卒于官。

王之葵 抚宁人，由明经任徐州州判，智明胆决，不肯阿徇。当流寇之乱，州牧自焚，葵亦坚求自尽，士民力救得免。以徐水陆要冲宪司勉以代篆，视事三载，抚恤疮痍，安辑流离，民复业，一时赖之。

詹　廷 字忠卿，号绍山，尚书荣之孙，由诸生补荫。筮南通政幕以吏才著，升顺天府别驾，廉能有声。升南比部主事，迁本部郎中，升广南太守。时奢酋叛，滇南一带摇动。廷赴任被围，贼协降至再，誓以全家殉，贼揣廷志不夺，稍纵，阅月得乘间出，遂达省备陈贼形及守御之策，捐俸以助军需。莅任二载，多善政，除蠹爱民，宽猛兼济，奏最之日，舆疾归。广南士民建祠祀之。

卷之十七

人物志三

列 传 下

［国朝］

孟乔芳 字心亭，永平人，以世胄从世祖定鼎燕都。简任川陕总督，三辅以外实惟凭藉。时叛寇贺珍连贼数万围攻西安，声势震撼，公亲御敌楼镇静无哗，城中市沽不变，若不知有贼者。遣总兵陈德军西门，任珍军北门，突冲贼营，斩其骁獍，复会援兵合力追击，直抵永寿，斩首万计，公身不解甲，目不交睫者七昼夜，未尝言瘁。嗣有河西回犷之乱，兵号百万，朝议将发大师，公疏请以身任督标，将星驰秦州，密授总兵马宁、张勇等奇策，以精骑五百，夜捣贼营，悉惊溃，遂解巩昌之围，并恢复五凉、甘肃，擒斩米喇印丁国栋等，而河西遂平，山西姜瓖余氛势逼太华，公奉命疾驰，移兵朝邑声扬航河，阴令总兵赵光瑞就潼关飞渡，一战复蒲坂，再战破陆村，三战平芮绛，逆魁授首，余党出降，太行以西，华岳以东，莫不怀德投诚。会宁夏告警，公计连间谍，诛擒枭孽，而兴安之衅永消，从此崤函高枕无忧矣。公雄才伟略，气度宽和，且能随材任使，宥过赏功故士皆乐用，所向克敌，凡属吏、将校，及绅士、编氓莫不畏威戴德。顺治十一年卒于官。敕赐祭葬赠太保，谥忠毅，入祀乡贤。子三：熊臣知汀州府事；熊飞监察御史；熊弼袭阿思哈尼哈番世职。

蔡士英 字伯彦，号魁吾，汉军正白旗人，其先世以军功袭锦州左屯卫千户。我大清顺治元年授牛录章京世职，从英王讨李自成，擒流贼扫地王于霸州。三年，从经济王收福建。五年，授佥都御史，寻迁右副都御史。六年，征叛镇姜瓖，克朔州及汾州府，加授阿思哈尼哈番世职。九年，迁兵部右侍郎，巡抚江西。时海宇初定，流亡未集，土地荒芜，公因前抚夏一鹗请豁荒田税粮，据实覆查题报，得奉恩旨准与除豁，民困大舒。又瑞州府自明初奸民黎伯安以伪寇陈友谅索饷倍征之册抱献遂为定额，而袁州府亦以明初伪将欧祥归附之时投献册籍，误以乡斗之数报作官斗，终明之世不改，公因布政使庄应会之奏，确查前元旧额，得减浮粮二十余万石，为二郡永利。乃分遣将领擒斩土寇刘京、李文斌、杨文、苻烈、蘧颖等，各郡底定，招集流亡，开荒筑室，亲行区画，民赖以安。先是有言广信府封禁山出木植者，工部覆奏敕查，是山初名铜塘，因其峭险屡为盗薮，历代以来皆行封禁。公谓此举一行，不独凋残之民疲于奔命，且恐启奸人之乱谋，爰取具先朝封禁图说，具题力陈其不可，事遂寝。十二年，迁漕运总督兼巡抚凤阳等郡，亦多建白：如清归屯田以资其恒产；编派闲丁以帮其造费；买补船只以充其缺额；早给行月二粮以裕其食用，可谓恤备至矣。十四年，以疾告归。十六年，海氛内讧，瓜仪失守，复起公前任。时江北大水，流民载道，公设法散赈，复请蠲淮、凤、徐、扬四郡银米，东南依以为命。寻迁兵部尚书。十八年，再乞休归，康熙十三年卒。敕赐祭葬，谥襄敏。碑文称其性行端良，才猷亮敏，所著有《抚江集》《督漕奏议》，崇祀乡贤及江西名宦，淮、扬亦祠祀焉。康熙四十四年圣祖仁皇帝南巡，驻跸金山，御书奏绩东南匾额赐其祠。子四：长毓贵早世；次毓荣云贵总督加绥远将军，另有传；次毓华遵义府知府；季毓茂京口副都统；毓秀其犹子也，亦以公荫任永宁知州。

管声扬 字鸣銮，号风岗，卢龙人，明崇祯己卯举人。国初任常州水利通判，操守清廉，职务勤慎，厘正盐法，清理运务，筑堤浚塘，大兴水利。丁内艰服阕，三院交章题□以疾辞，士论高之。子巩祚邑庠生，谨厚尚义，孙三：伯季俱庠生，仲名标，康熙丙子举人。

吕鸣章 字大吕，山海世胄。尝遵父命让爵与弟，顺母心让产与弟，以官荫予侄，又为亡侄立嗣，其孝友如此。前明天启元年恩贡，初任许州州判，当事重其才，任以抚寇，深入垒巢能不辱命，比旋寇叛，躬率家丁巷战，力保危城，百姓尸祝之。寻迁京卫经历，以内艰归。甲申革命，佐举义旅，大战石河，努力歼寇，录功补户曹员外郎，历陕西分守、关西道右参议。致政归，家居二十年，问耕课读，清素自甘。子爆如由贡生，历黄陂宰。

郭仲金 山海卫人，以孝闻。前明崇祯八年贡，为良乡教谕，训士有法，擢平阴令，政简刑清，教养备至，任所不携眷属，衙署用度一皆取之于家，群称廉洁，以卓异迁安陆府同知，卒于官。康熙五十四年崇祀乡贤。(《畿辅志》)

高　选 山海卫人，以廪生录功，授山西交城令，升知平阳府事，改江西广信府同知。英敏练达，所至有声。其治交城尤久，交民德之。康熙五十三年崇祀乡贤。(《县志》)

穆维乾 字介公，号圭炎，山海卫人。少嗜学，博经史。领顺治乙酉乡荐，为滑县教谕，迁保定左卫教授，整饬学规，课士有方。尝摄满城邑篆，值旱荒设法赈济，全活甚众。巡抚金公疏荐云："行同濂、洛、关、闽，才类韩、柳、欧、苏。"真实录也。升翰林院典簿，时修四书满汉讲义，至羔裘元冠不以吊，掌院叶公方蔼为犯圣讳，商于同僚，俱不能对。乾谓大字当仍原字以尊经，小注改元字以避讳，掌院询何所本？曰："《中庸》慎独乃原字，小注改谨字。"掌院大悟云："余自幼疑此，今始知朱子为避讳也。"深加敬礼。预修《太宗文皇帝实录》赐白金文绮。及归休林下，讲学论道，诱迪后辈，殷殷不倦，生平廉节自持，不慕权势，乡望特隆。康熙五十三年卒，崇祀乡贤。

卜昌运 字泰寰，东胜卫人，顺治二年贡。除南宫训导，迁东光县教谕，群盗猝犯城，运率家僮登陴奋呼隶卒，炮击渠魁，城赖以全，擢知江都县，卒于官。

陈性天 乐亭人，顺治乙酉举人。应省试时于逆旅得遗金，不开缄。阅九日，失金人号泣而来，原缄授之。后授宜川令，地与米脂接壤，闯贼乱后，人民凋敝，抚字勤劳，六七年间境内大治，去官日，邑人建清风阁以志遗爱。康熙五十三年祀乡贤。(《畿辅志》)

石　申 字仲生，滦州人，明副使维岳公子。登顺治丙戌进士，选庶吉士，视学江南，搜拔孤寒，所取士多抡大魁。历迁学士经筵，久资启沃。擢吏部左侍郎，矢公无欲，门绝苞苴。以抗中忌，夺职。后事定，起补刑部左侍郎，上《慎刑疏》，天下传诵。丁继母艰，服阕，补户部左侍郎，总督仓场。旧例厨馔交际取资斗级，衙侩藉恣吞陷，公一切罢去，综核无遗，厘清夙弊。值慈母讣闻，归里，婴疾而卒。敕赐祭葬，祀乡贤。先是世祖章皇帝稽古制，选汉官女备六宫，申女及笄，承恩赐居永寿宫，冠服用汉式，敕召申妻赵淑人，乘肩舆人西华门，至右门下舆入宫，行家人礼，赐重筵，赐紵，赏赉有加，后封恪妃。

刘鸿儒 字鲁一，迁安人。父光裕，有行谊。鸿儒登顺治丙戌进士，历官户科给事中。国初额赋未定，吏胥因以为奸，派扰滋甚，鸿儒疏请颁赋制以苏民困，诏从之。又条上京东盐法，语极切直，其在通政有《遵谕陈言疏》，在兵部有《请开海禁疏》，在户部有《酌议钱法疏》及《官都宪疏》、《免赋》，复论封疆大臣不宜拘以文法，隳任事之心，请敕部破例以收实效，为科臣所劾，归。康熙三十八年父子并祀乡贤。(《畿辅通志》)

李成性 迁安人，登顺治丙成进士。任新城令，抚绥残邑，克著循声。未几，乞休，归隐，居山庄读书，嗜古耄年弗倦，乡人推为理学先型。

余一元 字占一，号潜沧，山海卫人，登顺治丁亥进士。初授刑部主事，迁礼部，历仪制司正郎。冰蘖自持，端方谨饬，时以清正称，加从四品，告疾还里，闭户著书，屡征不起，立社讲学，启迪后进，从不干谒有司，若事关学校及地方兴除大务必力为救正，远近倚为师表。所著有《潜沧文集》八卷、《重修山海关志》，康熙二十九年崇祀乡贤。

胡来相 号玉衡，永平人。事亲孝谨，居恒言动，每以古人自期。顺治四年筮仕元城令。时萑苻未息，大河以北骚然煽动，天雄为畿省要地，公矜抚流亡，人心赖以宁固，且开谕恩信，贼相继降附。以卓异擢山西道监察御史，有謇谔声。巡按湖南，首以除盗为己任，区画战守，动中机宜。寻掌河南道，升太常寺少卿，卒于官。子祝历河南道御史。

高显辰 字钦思，滦州人，顺治戊子举人。授德安令，擢补南宁郡丞，升云南守。时吴藩赫奕，麾下虐民，辄移文该管讽刺之，或途值即面叱其非，上官同僚每劝勿撄其怒，应曰："吾辈天子之吏，何可诡随异姓王之帐下儿耶！"卒以是得祸。当吴逆之变也，逼司府人，欲授伪职，公拒诃戆，几毙杖下，遂放于北洱，自此绝音耗。公当放时原配戈氏已自经，女适滇泉李兴元子毓秀，随滇任，李同时受祸更惨云。崇祀乡贤。

崔维嵘 字岚峰，卢龙人，明举人，启亨公子。年十四被俘至辽，太宗询知为启亨子，曰："是求死不作知州人子乎？勉事吾，勿辱汝父也。"顺治五年以贡授清丰令，时值畿辅盗贼未靖，躬率亲属歼渠魁，释胁从，丰邑遂安。升兴安知州，招集逃亡，贷粟劝垦，期年，民用辑宁。因防兵扰民，执法绳之，与守将忤，竟镌级归。遂绝意仕进，在廷故旧招之不往，晚年庐于漆西先茔者九年，鹑衣粝食，惟一蠢仆庸日以给，每晨起哭拜母墓，手掬土培冢，植木四周。子廷瑜中康熙癸卯举人，任全州刺史，解组归，迎养玉田坚不允，所奉悉挥却之，年八十有六卒。

房星煌 字朏如，山海卫人，旗籍。顺治五年贡授睢州牧。兴利除害，不畏权势。升漳州知府，耆民争相肩舆泣送数十里，其治漳设堤防，严城守，闽南倚为保障。

张钟英 号瑞峰，其先辽东义州卫人。父玳天启时司谕卢庠，遂家卢龙。膺顺治五年贡，筮定陶令。甫下车土贼纠众围城，英率众屠剿，射中贼渠，余党悉平。于是除荒芜，招流离，重宾兴，复乡饮，治行称最，升黄河同知，去陶日士民镌石德之。癸巳河溢堤决石香炉，富家集南北一带，民居漂溺，英住守河干多方修筑，节物力，恤夫役，民之居者、役者胥赖安全。升福州府知府，以修河积劳未任，致仕。

赵映斗　迁安人，登顺治己丑进士。任吴堡令，邑敝民贫加意抚绥，不事纷扰，因挂误携级，事白，补马邑廉能有声。

翟凤翥　字仪轩，卢龙人。少孤力学，素履端方，燕居虽盛暑必冠。以明经司训平山，见学宫倾圮竭力倡修。年七十余予告归，犹披览经书弗辍。子二：长俊，次任，俱庠生。任幼失恃，事继母以孝闻，父丧哀毁尽礼，生平盛德尚义，咸以长厚称。孙正经，康熙癸酉举人，壬辰进士，令建平。

张星煌　字斗辉，卢龙人，拔贡生。以通判改授襄阳卫经历，摄篆宜安及均州事，治政明决，督、抚、漕三院荐最，升东昌府同知，冰蘖自矢，代州事挂误回里，与同志讲学问字，食贫不怨，温良之度人乐近焉。

谭从简　山海卫人，顺治甲午举人。授故城县教谕，训士有方，升灵邱令，以忧去官，服阕，知南娄县事，改调河南孟津，终云南晋宁州牧。所至有声，不事明察，而吏不能奸。寓催科于抚字，民德之咸乐输无后，勤勤以教养为事，不博声誉，用是无赫赫名，而有去后思。性孝友轻财，能急人之难，好读书，尤邃于易，康熙五十三年崇祀乡贤。按《临榆县科贡志》载：从简为顺治甲午举人，人物传则云康熙举人，乙未会试副榜，然康熙甲午则其崇祀之年也，其误无疑，而《畿辅志》人物传云：副榜贡生，亦未确。

田宗周　昌黎人，三任广文。赋性仁厚，接人谦谨俨然有道遗风，司李尤侗赠匾曰：人师国老。享年九十有六。

宋国宾　迁安人，以贡生知陕西隆德县，刚方果断，卓有政声，隆邑赖其保障，后家居著书，乡人咸重其品。

崔　巍　字岳生，号坦庵，卢龙人。幼孤，崇祯庚午郡城陷，母王氏度不能免，自经。依兄嫂避难，兄嫂利其产百计死之，赖母叔王如梅密收养之。王业农弗令就学，年逾冠里胥欲派以仓役，公耻之，遂发愤力学，入迁安庠，后益自攻苦，遍涉经史，茧足走京师受春秋于归安尹平之先生。领顺治丁酉乡荐，就武邑教谕，修学舍，课生徒，铎声丕振。巍留心理学，议谕一宗紫阳。时讲学者多排诋阳明，巍曰："致知之学孔孟真宗，且阳明先生直谏勤王，功在社稷，真以身讲学者，若随俗以异端斥之，不但得罪阳明，亦紫阳所不许也。"年四十八卒。子三：长璠拔贡，次玙庠廪，季璨翰林院庶吉士。

房星焕 字皓如，山海卫人，旗籍。由筹海功顺治十五年授南康通判，壤接湖山，萑苻时发。公下车即捐俸修理城濠，设炮石，立旗帜，盗迹远遁。以才能调兖州洳河通判，修举废坠，百姓勒石纪德。寻升武德道副使，卒于官。

汪淑问 字清公，号迈陶，东胜卫人。幼失估恃，事祖父母以孝闻，委曲承志，善慰祖心。登顺治己亥进士。筮犍为令，邑当草创，居民仅六七家，问竭虑抚绥，招徕安辑，著有实效。未几，以诖误解组，士民拥马首号哭失声。生平笃交谊，宦蜀时贫苦不能自存，犹解俸以急友难。客武昌幕，力赞死罪留养之例，迄今永著为令，山左郡县感问之德多尸祝之。居乡力敦古道，谦厚恂谨，为一郡典型者垂五十年。数举乡宾，著有诗文集，藏于家。寿八十有五卒，子三：长与临，次与贲，俱庠廪生；季与恒，康熙庚辰科进士。

李炜然 字含醇，卢龙人，贡生。以州同改授江川县知县，邑数罹兵燹，百姓流亡，然发票招徕，多方安辑，以土司变解任，士民镌石德之。

蔡毓荣 号仁庵，襄敏公仲子。生而伟异，弱冠任佐领，旋擢刑部郎中，兼本旗参领。顺治十七年随征楚寇，又调征郑国信。海氛既靖，绅士多罹伪籍，公矜释甚众。有宦者横于市，公执而挞之。诏问状，公俯对曰："臣何敢挞宦者，挞虐民犯法人耳。"由是声振长安，晋京畿道御史。时襄敏公居总宪，持风节，公继之，行避骢马，人称为大小绣衣。康熙元年，迁秘书院学士兼礼部侍郎，五年，历刑部左右侍郎，疏请除匣床苦毒之刑。七年，转吏部左右侍郎，澄清铨政，多所建白。九年，圣祖仁皇帝特简总督川湖镇守荆州，上亲解袍赐之，着体犹温。十二年，吴三桂反，逼荆江，公悉力守御，一月之间须发尽白。十三年二月辛丑，加公兵部尚书衔，四月部议以常澧长兵相继陷贼，应革职，得旨戴罪图功。八月己未，命率所部绿旗兵随王师协力平定地方。是年襄敏公卒。上以公在军，恐伤其心，诫勿计，逾年始知之，请守制，不许。十四年九月，宁南靖寇大将军多罗顺承郡王请以绿旗精兵七千分为援剿二营，诏公专辖。十五年二月，公率兵渡江，追至荆州，贼望风逃窜，退守松滋，益挖壕筑城置滚木、铁签、排枪，炮火甚密，故我兵弥年不能攻。十七年三月，诏公与安远靖寇大将军贝勒尚善入湖破贼。五月，公率标兵与大军进洞庭湖，军君山西岸柳林嘴，贼屡乘风来犯，公亲临战，冒枪矢大小十余战，皆大捷，斩获有差，是年吴逆死于衡州。十八年正月，伪将军吴应期遁，余众降，公入岳城安抚，常、长、衡、永诸郡相继复，乃疏陈进剿机宜。特授公绥远将军印，总统绿旗官兵。时在事文武大员多名位相埒，咸相顾眙愕，及建旗鼓会诸将，申明约束，诸军肃然。十九年三月，公亲督大军攻辰龙关，分拨诸将由辰州坪、巫溪、苍溪等处潜师入，贼方拒敌，伏兵并发，出不意，弃关走，而芙蓉、乱石、鸡鸣、马鞍等关皆破。八月，统兵进取贵州。十月，公同定远平寇大将军固山贝子章泰领兵抵镇远，恢复府城。二十年二月，大兵先后至云南省城，大败贼众。十一月逆孽吴世璠自杀，逆党以城降，云南平。疏闻，上以公劳绩茂著，复其原官。二十一年六月，命公为云贵总督，兵部尚书，加正一品衔，仍留绥远将军印敕。爰上筹滇善后十疏：其一蠲荒赋，其二制土人，其三靖通逃，其四议理财，其五酌安插，其六收军器，其七议捐输，其八弭野贼，其九敦实政，其十举废坠，俱奉俞旨次第举行，云南至今赖焉。二十五年，移总督仓场户部左侍郎，转兵部左侍郎，寻以罪革职，发遣口外，未几复召还。康熙三十八年卒。公任云贵总督时，抚辑流离，咸得其所，滇之士民思之，公请崇祀名宦祠。子八：长琳内廷职事，食主事俸；次珣海盐县知县，余俱未仕。

孟熊臣　字辅昌，永平人，忠毅公犹子。由荫生初知保德州，治政明恕，不事敲朴，尝称贷二千余金代民偿逋。秩满，升汀州郡守，时海氛未靖，军务繁兴，汀属不困于粟米力役者，咸臣申请有方也。顺治十八年摄漳南巡道篆，奉令安插海兵，星驰诣杭，请于东郊造营房以居之，又具详家口粮额，俾不病民，杭民德之。家居谦和谨厚，缙绅家称由礼者以臣为最云。

喻成龙　字武功，其祖父从龙定鼎卜居滦州。公弱冠以恩荫任江南建德令，廉明仁爱，膺卓荐。值吴、耿叛，时公虽离任，抚军壮公才略，分兵协剿，亲冒矢石，所向披靡，获从逆姓氏簿，即焚之，保全实多，士民不忘遗爱，勒石塑像，迄今兰台山犹尸祝焉。题授池州郡丞，督军需赴荆岳，劳绩茂著，即题授本郡守。当军兴旁午，督造战船，刻无宁晷，公犹加意民食，所属各建义仓积谷，民乐输至数十万石，遇歉分给，民不苦饥。创建书院，置学田，积藏书，暇则与生童讨论，俾从事经济实学，池于江南为小郡，一时彬彬称盛。丁内艰去，补江右临江府，地瘠民贫，公抚字噢咻，循声大振，擢山东鹾运，转臬藩，连任山左，俱有治绩。适辽东歉收，议令抚军由海运粟济荒，诏特委公载粮，百艘星发，海若效灵不扬波者数月，活辽民万亿，一岁之内晋卿、廷尉、少司空，三迁显秩，人皆以为荣，公悚惕益甚。乙亥岁，北鄙跳梁，复诏公运粮，两经大漠，直穷西海，军食未尝稍缺，叙功转少司马。奉命看河，敷陈无不报可，因发帑修筑，同事九人凡所建竖多出公裁，漕运赖之，覆命顾问谆谆条对悉当。简总督湖广，随驾南巡，恩赐华衮扁对诗章字帖甚多，甫莅任，会征红苗，剿除十余寨，抚绥五百余寨，恩威互施，楚地以宁。解组归，以读书吟咏自娱，有诗集行世。

阎允吉　字卜子，号留亭，卢龙籍昌黎人，康熙癸卯经魁。仕通州学正，升江南徐州萧县令，山东兖州同知，调淮海屯田缺，裁补四川成都府同知，升江西抚州府知府，卒于官，崇祀名宦。郡人设像立祠，其祠碑略曰："公孝友性成，学问渊邃，所历之区、食其德而蒙其休者，在在有显烈焉。迨莅我抚也，纲举目张，利兴弊革，其爱民也宽而有法，其驭下也严而有体，其晋接邦之绅士也，恭让而有礼，乐易而可亲，相引于道义之则，而不渎以私，守如是可不谓贤乎？”观此亦可以概其生平矣。

伦品卓 字宣明，滦州人。性倜傥不羁，以选拔筮仕江西南康，治有循声。康熙辛亥，南康大饥，公贷请帑金三千两，买运减粜，康人赖之。康地处下流，旧制米交漕运，舟多漂溺，若上仓发兑靡费不支，卓力请督漕，以康米竟达京口著为例。壬子押运，力除私折盗卖诸弊，先期抵通仓漕，合疏荐举，值康守乏即擢典国郡，重士保赤，习俗丕变。重修白鹿书院及郡学。甲寅冬，饶贼逼城，守兵寥寥，卓激劝乡练乞援会剿，日战三捷，歼渠献馘，地方以宁。上嘉其功，敕部议叙，会丁外忧，以金革夺情。计抚伪官百二十余名，伪兵七千余人，余孽悉平。无何，失意重臣，解组归。徜徉诗酒，寿至八十有五，卒。子三：长可久，任陕西庆阳府同知；仲可大，任山西泽州知州；季可经，府库贡生。

张　宏 字宥涵，昌黎人，康熙壬子拔贡。授河间府肃宁县教谕，历九载，课士有方，才能著绩。升浙江新昌县知县，单车赴任，一应铺设、舆盖、仪卫之属，绝不介意，每曰：“邑民甚苦，吾岂独甘耶！”先时县署日费米烛等类俱发官价，里长赔累疲于奔命，宏到任毅然除之。甫下车，有谋财害命者，捕凶手无踪迹，宿城隍庙积诚默祷，恍惚梦一人立阶下，神指日此朱买臣也。寤而思，谋死者卖珠客也，珠则为贝，买臣者四人分贝也，遂单骑密访，果得之。狱以决，人称神君。新邑田多荒芜，乡民以积逋为忧莫敢垦种，宏遍谕城乡令各自开垦，准为世业，免旧欠给以牛种，邑遂称乐土焉。在任五载，卒于官，崇祀名宦。邑人公建生祠。子四：蕡、夔、著俱廪膳生；蔚，康熙乙酉举人。

蔡　珍 字左才，襄敏公孙，遵义守毓华长子。康熙壬子举人，授中书舍人，升典籍，转武关同知，勤慎练达，治绩著闻。秩满，迁员外郎，补礼部，升工部郎中。扬历曹署，守正不阿。擢监察御史，风裁謇谔，直声丕振。

刘　伟　字远公，滦州人。幼嗜学，性倜傥不羁。父昌泰以明经司谕定兴，伟省侍克承庭训，为文博雅坚劲。康熙乙卯，韩慕庐先生主顺天乡试，闱中得伟卷，大加欣赏，定第一，行稿出，传诵遍天下。乙丑，捷南宫，选庶吉士，丁卯，授监察御史，巡视东城，风裁高峻，声著台班。卒于官，遗橐萧然。

蔡　珽　襄敏公从孙，幼颖敏，读书舅氏家，沈潜力学，言笑不苟。康熙癸酉，公年十七中乡试。丁丑成进士，改授庶常，屡掌文衡。六十一年授四川巡抚。雍正二年罢官。次年复诏授左都御史、充经筵讲官、议政大臣、吏兵两部尚书、正白旗汉军都统，充《实录》、《会典》、《明史》三馆总裁，署理直隶总督。五年，降补奉天尹，缘事革职系狱十载。迨今上登极得赦，乾隆八年以疾卒。公平生孝友敦伦，宗党无间言。舅氏亡，遗孤幼，割宅以居之，饮食教诲以至于成立。性刚介不能容人过，人亦不敢干以私。博文广识，工诗古文辞，翱翔词馆者二十年，后进无不推为宗匠。又力能挽强，善骑射，击剑运矛皆其余事。老年更究心禅理，淹通释典，有所注《楞严经》及《金刚经》，人以为夙慧云。其诗文集藏于家，未及梓。

张　霖　字汝作，抚宁人，幼孤嗜学。弱冠游庠以贡生任工部营缮司主事，母老告归，颜其堂曰“爱日”，色养曲至，居忧哀毁尽礼。起补原官。寻升陕西驿传道。上念陕为岩疆，欲增置道员，难其人，廷臣交荐公，制报可。时陕饥民多流亡，霖设法捐赈，全活甚众。迁江南上江按察使，治狱多平反。会皖江兵冗议裁，军士汹汹哗当事门，霖推诚谕慰，遂辑。迁福建布政使，旧钱粮解藩库，有羡耗陋规悉除之。生平慷慨乐解，推待以举火者不下千百家。尤喜为诗古文词，与四方知名士唱酬无虚日。加意桑梓人文，于邑之学宫旁创义塾十余间，多所成就。子增，候补光禄寺典簿，坦、埙，俱康熙癸酉举人，埙，任中书科中书舍人，坦，候补光禄寺寺丞，墀，候补主事。

伦可大　字子受，滦州人。髫年为诸生，随父品卓之南康任，适滇黔逆警，左右其父于军前屡建劳绩，寇平，父为大吏诬劾，可大奔走斡旋，事遂白。以贡生仕西蜀新津令，当被兵后邑无城郭，袛穴处二十余家，可大斩荆棘，招流亡，垦荒除赋，五年生聚，转疮痍于衽席。荐升粤东化州牧，州多未完积逋，绅衿咸遭系辱，概与宽释，至镌十五级甘之如饴，而逋亦竟苏。丁内艰服阕，补山西泽州，杜绝苞苴，革除陋弊。时有鹾商以白金三千贿，即白上司，奉有加级优旨，在泽十年手著濩濩泽，政纪可垂治谱。会盐枭构祸，可大与参戎率兵往视，枭民聚众对垒，参戎即欲屠戮，可大力为劝阻，因单骑开谕，枭民感泣罗拜，旋即解散，缘此遂干挂误。去泽之日，民扶老携幼攀辕号泣，建立生祠。殁后远近老稚匍匐赴祠号奠者旬日，其德泽深入人心如此，大学士泽州陈公廷敬志其墓。

吴　班　字彬如，号郎山，乐亭人，领康熙庚午乡荐。性孝友、敦义让。族有侄孙妇新寡为之立嗣，抚恤二十余年，授以产业，无德色。振兴义学，先后景从者数百人，皆能因材成就，如李方伯诸人皆其高弟也。初李公髫龄从学，即纳之为婿，曰：“此人杰也”，其识力过人如此。康熙末年为井研令，持躬耿介，罕所合，二年即告归。居乡以讲学明道维持风化为务。雍正三年，举乡饮大宾，寿至九十余，无疾而终。

高天挺　字本天，昌黎人，康熙甲戌科进士。初令临淮，著慈惠声。县当江淮之冲，田被水而犹纳粮者，名曰水沉田，邑民受其累，甚至鬻男女以偿官逋，公到任，即力求督宪奏请豁免，民困以苏。又捐俸设学，择秀良者亲为督课，由是人文日盛。在任五年，丁母忧回里，淮民如失慈父母焉。后补隆昌令，地苦民瘠，役重差繁，益加意抚恤，未尝受一钱，枉一法。又曾判疑狱，雪奇冤，人服其神，年六十五岁卒于任。归榇之日，士民泣送百里不绝，两邑皆立祠祀之。

崔　璨　字淡余，号茗菊，迁安人，武邑学博巍季子。五岁孤。

九岁五经成诵，康熙癸酉中副车贡入成均。己卯乡荐第四魁麟经，己丑成进士，选庶吉士。性恬静，笃孝友，事母色养备至。严事两兄长，兄性刚，怒责即长跽以请，非怒解不敢起，自童子至为官皆然，生平无疾言遽色，虽清贵益自谦抑。善诗古文词，著有《式好堂集》藏于家。年四十三，忽遘疾卒于官。

姚　采　乐亭人，延嗣子，康熙间拔贡，授内黄教谕。勤于训诲，多所成就，擢国子监学正，尤以振兴文教为兢兢。迁刑部司务，转工部主事，以亲老假归，侍膳承欢，终养尽志。越十年起补，授工部员外郎。尝监厂务，综核严谨，吏胥肃然。(《县志》)

张翰宸　昌黎人，以明经任翁源令，多惠政。擢长沙郡守，洁己率属，政治廉明，活无辜九人，狱无冤滞。致政归，捐费训课，启迪后进。值岁歉，煮粥赈贷，待举火者不下千百家，邑人感之，请祀乡贤。

张　蔚　字云升，昌黎人，宏子，康熙乙酉举人。居家孝友，为诸生时即以成就后学为己任，敦实行，不务虚声。选授沂水令，清介自持，执法平允。有以暮夜之金至者，蔚惕然曰："盖为此乎？稍不自谨大节亏矣。"因力请告休，乃改教谕，授良乡县学，崇本抑末，堪为多士模楷，两载以病卒于官。

姚协于　乐亭人，熙长子，登康熙丙戌进士。任会稽令，廉以励己，和以处人，势豪奸吏，畏威怀德。莅任四年，修黉宫，设义学，葺城池，筑石塘，善政多可纪，邑人思之，崇祀名宦。(《县志》)

万　瑄　昌黎人，康熙己丑进士。初任山东邹县令，下车时，两麦不收，不待宪檄即为停征。详请赈济，文方申即开仓借粜，追得请，饥民已更生矣。各宪嘉其能，檄饬各州县效之，全活者数万人。事无大小，曲直立判，雪孔生之奇冤，至今其家尸祝焉。历任六月，即丁内艰，服阕，补河南内乡县，当闯贼残破之后，多新附之民，疆界不清，讼狱繁兴，瑄为之一一清厘，且除陋规五十余条，后以年高致仕归，卒于家。

高棠萼　字仲篪，号念庵，昌黎人，康熙己丑进士，授浙江景宁令。景宁本山邑，叠石为田，雨稍期即苦旱，公为之兴水利，引泉灌溉，行之数年，水道修而民享其利。先是邑有积逋，累至数千，公宽其期，推诚开示，及秋稔争输过半，其力不能偿者，萼悉为代偿，民困以苏。岁歉必以上闻，请赈报可，即亲身履勘，散发不假胥吏，民皆实受其惠。捐修文庙，悉出俸余，摄永嘉篆，邑有宋文文山祠，萼为请置春秋祀。莩性仁爱，甘淡素，一切皆自雇募，不以累民。其为治也，兴利除害，汲汲若不及。莅景十年，中间摄篆者凡数邑，所至有声。中丞奇其才，以堪胜海疆荐。人觐还浙，冒暑得疾，卒。邑人感其德，立祠崇祀，有文稿未传于世。

李本洁 字澄庵，卢龙人，康熙癸已举人，授粤东广宁令。邑有虎患，多金募捕卒绝其害。遇水旱极力拯救，民赖以生。捐修义学，纂辑邑乘。致仕后士民思之。家居闭户，每日犹必披阅小学，曰："我辈学问只以内行为基，此处一缺根本乃亏矣。"生平言行不苟，接物以诚，有德于人，未尝矜伐，一时共称长者。年八十四卒。著有《宁阳政略》、《公余录》诸书。

张元复 字桃岩，昌黎人，康熙丁酉举人。少有志节，初任玉田县教谕，接诸生以诚，持寸衷以恕。秩满升大名府教授，继迁靖江县知县。听讼明允，案无遗牍，慈惠之声，洋溢远近。邑滨江，芦苇课田，愚民贪目前利，争认为已业，其后水涨随坍，多有累及子孙者，复力请抚军奏请开除，民困乃苏。治靖五年，洁已爱民，劝农课士，兴大利。除大奸，不动声色，事无不济。致仕归，焚香哭送者不下数千人。家居九年，举乡饮大宾，寿八十有四，无疾而逝。

李　兰 乐亭人，字汀倩，号西园。早失怙恃，奉继母以孝闻。家贫，率诸弟芸、葳等力学不倦。康熙丁酉领顺天乡荐第一，戊戌成成进士。选庶常，授翰林院检讨，饮食服用如布衣时。寻擢户科给事中，谏议能持大体。外补江西督粮副使，迁湖南按察使，历江西按察使、布政使，改安徽布政使，所至威望严重，正已率属，吏无容奸，民皆安枕。年四十有五卒于官。兰学问渊邃，崇尚雅正，甲辰科典试江南，癸卯、甲辰两次分校南宫，所得士皆名俊。任江南时定议开江浦朱家山河，吴人赖之。卒后荫子掖垣，官光禄大官正，擢大理寺丞，再迁湖南桂阳州知州，今补河南彰德府知府。

姚敷于 乐亭人，康熙戊戌贡人太学。性孝友，色养承欢，务得父母心。闭户课读，不干外事，乡里有盛德长厚之称，邑令沈继贤重之，举孝廉方正，辞不受。

马　璐　字玉轩，昌黎人，雍正丙午举人。授福建清流令，历任五年，建学宫、修义家，案无停狱，民不忍欺，至今邑有祠宇。后调任邵武，有董姓侵占学宫地，业经百余年矣。璐为清查厘定尽还学宫。邑东门外有激湍大河，捐俸倡率修万安桥十七丈，民不病涉。上官差役扰民者，捕治不少贷。署建宁府同知，因病请休回籍，年八十以寿终。

马拱辰　字廷枢，昌黎人，雍正己酉举于乡。学问渊博，志洁行芳，事亲以孝闻。性宽厚，待人平恕，约躬廉谨，有万石风，为高阳教谕，课士勤息，谆谆以立品为先。奉委赈济，务使人沾实惠。每语人曰："百姓嗷嗷，宁过于厚，毋失之刻。"至今高阳士庶犹诵其德焉。致仕家居，以耕读课子弟不与外事。长男元浩、次子元魁同登乾隆丁卯科武举。三男元恺，乾隆乙酉选拔。

石　彬　滦州人，以贡生举孝廉，授清源令。自太原县之高家堡至牛家寨开永济等渠，共一十五道，享灌溉之利者几遍清邑。邑民为立石公渠碑记，因颂曰："渠开东北，膏泽沾足，惠被无疆。介我禾稷，源远流长，仁者之福。"升云南罗平州牧，卒于官。

何　惠　卢龙人，为邑庠生。居家孝友，敦睦宗党。雍正七年正定司马宋公以贤良方正保荐，简用知县。初任山东泗水，再任武城，清廉爱民，裁榷关冗税，革鹾务陋规。升任滨州知州，剖雪疑狱，判决如神。致仕之日，士民攀辕不绝，如婴儿之失慈父母，公建生祠以祀。子之杞，丁卯举人；孙埠、勋、炜，相继入泮。

阎公铣　字丹赤，号惺甫，昌黎人。天性孝友，博极群书，工诗文，为诸生即名噪一时，主北平书院，乐育后进，门人擢巍科，采芹藻者更仆难数。雍正乙卯膺选拔，遂举于乡，丙辰成进士，历任浙江缙云、丽水、嘉兴、平湖诸县令，升贵州镇宁威独山等州牧，所至称神君焉。精于吏治，临大事而不眩，其兴利除弊一切善政难以枚举，而其最著者令嘉兴时捕拐匪富大，搜其舟，得采生折割凶具，骨殖药物等类，究其党与富子文等数十人，置之于法，士民称快。其令平湖也，访陆清献公之裔，绵其奉祀，倡修当湖书院，用广理学之传。其牧镇宁也，雪陷狱之沉冤。其牧独山也，清积年之旧牍，去之日士民泣送于道，勒碑纪石设祠以祀。

文　苑

［后魏］

卫冀隆　辽西人，官国子博士。为服氏之学，上书难杜氏春秋六十三事。

［金］

王元粹　平州人，为南阳酒官。有诗名，诗见《中州集》。

任　询　滦州义丰人，正隆二年间授进士。嗜诗书，其文章行实载《中州集》，善书法，作真草隶篆，气完力劲，世宝传之，历北京盐运使。（按《金史》作易州军，市人与此不同。）按《碣石丛谈》曰：金明昌间，乐邑有斐宗智善篆书。贞祐末，有张守谦善属文，皆有碑刻。斐称秀岩居士；张号天倪老人，略不见有名位，殆逸民者流与？

［元］

杨绍先　乐亭人，中统三年进士。至正中授集贤院司直。学士德行文章为世推重。捐书于本县学，备庠生讽诵。子塾仕至济南路厌次尹、善篆书，不坠家声，见邑学碑。

［明］

许　庄　字德征，滦州人，登弘治癸丑进士。知临汾、宝鸡二县，俱有声。迁平阳同知，历升山东佥事，陕西参议。为人卓荦博学，喜著述，有《康衢文集》、《梅花百咏》、《心鉴警语》诸作。

冯斗华　字应垣，滦州人，万历丁酉举人。任长山令，政尚简约，公余与学博诸生横经问字，丐公文者相望。以清直忤直指罢归，读书不置，所著有《经书解义》、《平平言》二集。以子运泰贵，累封大中大夫、太仆卿。

张　诗　字子言，别号昆仑山人，卢龙卫民李氏子。十岁避佥丁随父母逃京师，衡州同知张公抱以为子。张殁后，访卢龙得诸从兄弟，哭诸祖父墓，衡州卒，乏嗣，仍子之。学文于吕泾野，学诗于何大复，遍游天下名胜，时以燕山豪士称之。所著有《骂鬼诘》、《发笑琳七子》等文，善行草书，《岳氏雨华编》以昆仑为首云。

刘景周　字宪之，卢龙人，邑庠生。有孝行，性沉静，博研今古，手著《易义心解》三卷，并编族谱、家训、刻俭约说数千言。

高　霄　字云冲，擢之子。官生，任宗人府经历。霄本世胄，绝无纨縠习气、餐经味道，攻苦甚儒，生性蕴藉，虽田夫乞丐亦深爱敬。事继母、庶母皆中礼，有诗一卷行于世。子阶亦能读父书，时人比之太邱彦方云。任山西盐运司副使，晋开封周王相，清望益著。

张汝能　字敷四，滦州人。事兄如父，推产于幼弟，训戒诸生，酷嗜诗古文词，门人王仲默尝言奇字之学久无折质，先生自虫文鸟篆尽海汇诸书，所载怪异不经见者罔弗详，其反切字义可谓博矣。嗣文灿中副车。(《州志》)

王仲默　中丞镐之曾孙，滦诸生也。风度秀挺，龄年辄喜为诗文，瘦媚若清蝉古木，笔力超迈迥出人上，善小楷，自镌石章，细劲同汉瑑。没后，郡人醵金刊其遗稿。(《州志》)

萧云汉　乐亭人，富长子。博学工古文词，贡人太学，授大同府通判。膺荐举升河东运同，乞归。居乡以文史自娱，邑之铭碣多出其手。子馨春任浚县训导，发春任磁州训导，达春任芮城主簿。(《县志》)

［**国朝**］

李集凤　字升，山海卫人。生有异质，十五饩于庠，有声。屡蹶场屋，由拔贡授洛阳丞，以廉明称。卒于官。生平敦气节，不慕权势，于学无所不窥，尤深《春秋》，尝手注之，凡六十五卷。康熙五十三年，崇祀乡贤。

姚　熙　乐亭人，延嗣次子，康熙戊寅拔贡。性颖悟，能文章，闭户读书，足不履市，惟手一编以课生徒，后学多所造就，教子以义方，长协于成进士，次敷于明经；次起陶、次纳于俱博士弟子员。崇祀乡贤。(《县志》)

高履豫 字奋斋，号蓼劬，昌黎人，辛酉拔贡。年少喜读书，经史每数过辄不忘，中年绝意仕进，著书自娱，工楷法，善属文，经其指授者，学问俱有本源。立品甚高，而接物以和。乐亭陈明府聘修邑乘，考核精详，迄今称善。

武　功

［**后汉**］

郭　凉 字公文，右北平人。身长八尺，气力壮猛，虽武将然通经书，多智略，尤晓边事。初幽州牧朱浮辟为兵曹掾，击彭宠有功，封广武侯。建武九年为雁门太守，与骠骑大将军杜茂击卢芳将尹由于繁时，其将贾丹、霍匡、解胜等杀由诣凉降。诏送委输金帛赐茂凉军吏，自是卢芳城邑稍稍来降。凉诛其豪右郭氏之属，镇抚羸弱，旬月间雁门平。芳亡入匈奴，帝擢凉子为中郎，宿卫左右。见(《杜茂传》)

魏　攸 右北平人，为幽州牧刘虞东曹掾。虞与公孙瓒有怨，密谋于攸，攸曰:“今天下引领以公为归，谋臣爪牙不可无也，瓒文武才力足恃，虽有小恶固宜容忍。”虞乃止。顷之攸卒，虞积忿不已，率屯兵攻瓒，大败，为瓒所杀。

［**宋**］

姚内斌 平州卢龙人。少仕契丹，周显德六年太祖从世宗征，次瓦桥关，内斌以城降，世宗以为汝州刺史。国初从平李筠改虢州，又为庆州刺史，在郡十数年戎不敢犯塞，号内斌为姚大虫，言其武猛也。初内斌降，其妻子皆在契丹。乾德四年子承赞密自幽州来归。五年幽州民又以内斌儿女六人间道来归，太祖并召见厚赐之，送还。内

斌卒年六十四，常赙外赐其子田三十顷，承赞为供奉官阁门祗侯，死于阵。(《宋史》)

郭　琼　平州卢龙人。祖海本州两冶使，父令奇卢台军使。琼少以勇力闻契丹，为蕃汉都指挥使。后唐天成中挈其族来归，明宗以为亳州团练使，改刺商州，迁原州。清泰初移城垒未葺，蜀人屡寇，琼患之，因徙城保险，民乃无患。受诏攻文州，拔二十余砦，生擒数百人。晋天福中移刺警州，属羌浑骚动，朔方节度张希崇表琼为部署将兵共讨平之，连领滑坊虢卫四州。开运初为北面骑军排阵使，阳城之役战功居多，改沂州刺史，充荆砦主兼东面行营都虞侯。擒莫州刺史赵思以献，改刺淮州，俄为北面先锋都监。契丹陷中原，盗贼蜂起，山东为甚。契丹主命琼复刺沂州以御盗，琼即日单骑赴郡，盗闻琼威名相率遁去。汉乾祐中淮人攻密州，以为行营都部署，未至，淮人解去。会平卢节度刘铢恃佐命之旧称疾不朝，将相大臣惧其难制，先遣琼与卫州刺史郭超以所部兵屯青州。铢不自安，置酒召琼，伏壮士幕下欲害琼，琼知其谋屏去从者，从容就席，略无惧色，铢不敢发，琼因为陈祸福，铁感其言遂治装，俄诏至即日上道，琼改颍州团练使又加防御使。时朗州结荆淮广南合兵攻湖南，诏琼以州兵合，王令温大军攻光州。寻以内难不果，罢归。朝遣诣河北计度兵甲刍粮。周祖祀南郊，召权知宗正卿，事世宗征刘崇为北面行营都监，历绛、蔡、齐三州防御使。在齐州民饥，琼以己俸赈之，人怀其惠，相率诣阙颂其德政。诏许立碑，宋建隆三年告老，加右领军卫上将军，致仕归洛阳。乾德二年卒，年七十二。琼虽起卒伍，而所至有惠政，尊礼儒士，孜孜乐善，盖武臣之贤者也。(《宋史》)

［**元**］

王荣禄　迁安人。通兵书，有谋略，以旗军总从世祖征伐，所向克捷。累迁至昭武大将军、河南路总管，后迁镇西夏，体恤军民，抚番有方，加都元帅辅国上将军。(《县志)

王仲仁　乐亭人。父统，刚毅有力，金末为裨将，从帅镇高丽，东方以宁。元初仲仁从奇渥击信安儿有功，授左监军，取金汴、蔡擢先锋。西蜀事平，赐玺书、银符。中统初，升大都、大同、真定等路奥鲁都总管，抚将士恩威兼至，卒赠镇国上将军。(《县志》)

王圭仲 仁长子，袭官从兵四川。至元二十年加授武略将军，商州知州兼诸军事，持躬谦抑，政事秩秩有条，在任最久，商人德之，见陕西《名宦志》。元末升宣命武节将军，成都路总管官治中兼奥鲁等诸军事。子褫刚，带金符千夫长武略将军。(《县志》)

王　祥 统曾孙父珍至元间任兴元路千夫长武略将军，殁于王事。祥从父至江淮发九矢毙九人，以荫补忠显校尉，数立奇功，晋武义将军，擢武略将军。乃牙叛，祥讨平之，加武节将军，累章求退，诏许之。萧然野处，训诲子弟，大德间卒，赠金吾上将军征行兵马都元帅。(《县志》)

［**明**］

刘　江 山海卫总旗，骁勇有谋略，洪武末从靖难累建殊勋，升中军都督府左都督。永乐中镇守辽东，剿杀倭寇有功，进爵广宁伯，卒赠广宁侯。

韩　志 字英气，昌黎人。父文以靖难功官大宁都司指挥佥事。志袭职从征有功，正统间调邳州卫抚养士卒，训练依司马兵法，下皆畏而爱之。十四年，虏入寇，被荐入卫。景泰中，从武靖侯驻大同。天顺初，平逆贼曹钦，累官都督府同知。英宗时，命带刀侍卫宠遇，日加致仕归，卒。(《畿辅通志》)

赵　胜 迁安人，宣德中世官。景泰元年累功升都指挥金事，天顺五年以讨曹贼功升都督同知，已而充参将出固原捕虏有功。成化四年升都督，充总兵官镇辽东，七年捕斩朵颜有功召还。十二年修京城，加太子太保三屯营总兵，十九年封昌宁流伯，食禄千石。又明年加太保。卒赠侯，谥壮敏。子先卒，弘治年孙鉴乞嗣伯吏部，言昌宁初封流伯鉴嗣世指挥使，铨锦衣。

周　玺 迁安人，嗣职为开平卫指挥使。负气节，习兵书，善骑射，以征北功擢署都指挥佥事充右参将，分守阳和。成化十六年累进都指挥使，御边寇有功，进署都督金事，迁大同副总兵。十九年秋分守怀仁，闻总兵许宁战失利，急还兵援，夜遇敌乘胜前锐甚，厉将士曰："今日有进无退"，大呼陷阵，敌少却，久之短兵接战，臂中流矢，拔镞，战益急，与子鹏及麾下壮士击杀十人，会救至，还以功予实授，寻以右副总兵分守代州，兼督偏头诸关，著边功称名将。弘治初移镇陕西，讨平扶风诸县，附籍回回，三年佩征西将军印，镇守宁夏甫一岁，卒。将死，召诸子曰："吾佩印分分已足，独未尝大破敌，抱恨入地矣。连呼杀贼而瞑。子鹏，累官锦衣卫金事。(《县志》)

马　永　字天锡，迁安人。生而魁岸，骁果有谋，习兵法，好左氏春秋，嗣世职为金吾左卫指挥使。正德时从陆完击贼有功，进都指挥同知。江彬练兵西内，永当隶彬，称疾避之。守备遵化，寇入马兰峪，参将陈乾被劾，擢永代战柏崖、白羊峪皆有功。十三年进都督佥事，充总兵官，镇守蓟州。尽汰诸营老弱，听其农贾，取佣直给健卒，由是永所将独雄于诸镇。武宗至喜峰口，欲出塞，永叩马谏，帝注视久之笑而止。中路擦崖当敌冲，无城堡，耕牧者辄被掠，永令人持一月粮营崖，表版筑其内，城廨如期立。乃迁军守之，录功进署都督同知。嘉靖元年金山矿盗作乱，遣指挥康雄讨平之，塞其矿。朵颜把儿孙结诸部邀赏不得，盗边。永迎击洪山口，而伏兵断其后，斩获过当，进右都督。已，复馘其骁将，把儿孙不敢复扰边。大同兵变杀巡抚张文锦，命桂勇为总兵官往镇，而议将抚之，永言逆贼干纪朝廷，赦其胁从恩至渥也，雇犹抗命，今不剿，春和北寇南牧，叛卒勾连祸滋大矣。宜亟调邻镇兵克期攻城，晓臂利害，县破格之赏，令贼自相斩为功，元凶不难殄也。乃命永督诸军与侍郎胡瓒往会，乱平，乃还镇。永上书为陆完请恤典，且乞宥议礼获罪诸臣，帝大怒夺永官，寄禄南京。后府巡按御史邱养浩言永仁以恤军，廉以律已，固边防却强敌，军民安堵，资彼长城，闻永去，遮道乞留，且携子女欲遂逃移，夫陆完久死炎瘴，非有权势可托，永徒感国士知，欲效区区之报不负知己，宁负国家？祈曲赐优容，俾还镇顺天。巡抚刘泽及给事御史交章救之，俱被谴，永竟废不用。永杜门读书，清约如寒士。久之用荐佥书南京前府。大同军再乱，廷臣交荐，召至已就抚，复还南京。十四年辽东兵变，罢总兵官刘淮，以永代之。太清堡守将徐颢诱杀大宁卫九人，部长把当孩怒，寇边，永击斩之，其族属把孙借朵颜兵报仇，复为永所却。已复入犯，中官王永战败，永坐戴罪辽东。自军变后，首恶虽诛漏网者众，悍卒无所惮，结党叫呼，动怀不逞，广宁卒佟伏、张鉴等乘旱饥倡众为乱，诸营军惮永无应者，伏等登谯楼鸣鼓大噪，永率家众仰攻，千户张斌被杀，永战益力，尽歼之。事闻，进左都督。永畜士百余人皆西北健儿，骁勇敢战，辽东变初定，帝问将于李时，时荐永，且曰其家众足用也。帝曰将须文武兼，宁专恃勇乎？时曰："辽土新定，须有威力者镇之。"至是竟得其力。都御史王廷相言永善用兵，且廉洁，仍宜用之蓟镇作京师藩屏。未及调，卒。辽人为罢市。丧过蓟州，州人亦洒泣，两镇并立祠。永为将厚抚间谍，得敌人情伪，故战辄胜。雅知人，所拔卒校后多至大帅，尚书郑晓称永与梁震有古良将风。(《明史》)

萧　升　抚宁卫佥事，累升马兰峪参将。嘉靖癸巳，大同内变，结连北卤，兵部推升以副将协守大同，升至，兵事戒严内外不通，升诣督抚献捣巢计，以贼全部在内，巢穴必虚，督抚任之，贼遂瓦解，升前军都督佥事，镇守蓟州。卒，赐祭葬。

刘　渊　山海卫佥事，刚之孙。刚视山海篆有名，渊自三河黄花镇守备入坐显武营，历延绥游击、宣府参军，迁协守副总兵，升后军都督金事，挂镇朔将军印，改镇蓟州有名，调提督西官厅，听征总兵官，赠刚及父镇官。

祝　雄　广宁前屯卫金事，调山海卫，擢京营听征参将，老营游击，偏头关副总兵，升后军都督府佥事，挂征西前将军印，镇守大同，改镇蓟州，代渊。善养士，士乐为用。卤入塞，率子男为士卒先，子少却，立斩以殉，卤望旗帜即遁。在镇三年，卤马不敢南牧，名闻书于御屏。廉静自持，奉客无兼味，行边布袍毡帽如行伍。卒于官，私囊仅足以敛，蓟为立祠，三人并起列校，为方镇而皆属卫职，又相继镇蓟，前志称之。

［国朝］

王可就 字向明，滦州人。以将材任山东抚标游击，剿巨盗王进、周拨宣等，又抚贼张正等数万人，以功升延安府参将。值逆贼谢化奇等作乱，设计剿平。升庆阳府东协副将。阁部洪经略题调恢复云贵，镇守偏桥。其地有诸葛洞者，江中多怪石，舟楫不能通，军需皆民丁负运，因召父老叩状，佥曰：中有巨石高数丈，石下有洞，谶云若要此洞开，除非诸葛来，自昔畏难辄止。就慨然力任，募石工勇慧者亲为经理，巨石下得一碣，有“丁口京边九十公”之语，乃武侯笔，隐就名于中，众皆踊跃，数旬成功。土人勒石记之，以功升杭州城守副将。先是杭多猾贼，贿通当道，不肖者复左袒贼，就与贼唐起凡战，败之。兵道某反谓误入平民为盗，因与抗论，事白，督抚遂专任就。起凡密遣贿说就不出战，愿代为缘得总戎，就怒曰：“逆贼视我为何如人哉！誓必灭此朝食。”于是元旦会兵围其岩，亲登，手刃之，余党降。起凡兵称百万为杭害者几二十年，至是始平。上嘉其功，加升荣禄大夫，署都督同知，赐蟒玉，封三代。任杭时总督被江贼劫所佩刀，急召与议，就献策阻塞沿江，便路置塘戍守，率兵严捕，江贼遂平。寻升福建副总兵，以都督同知署总。督标下中营事，诣阙陛见。上亲临试射，授云南临元，澄江等处总兵官。时吴逆变作，复召见，赐彩缎二表裹，且谕曰：“可速回闽，密察耿藩，恐效尤吴逆也。”遂星驰逾仙霞岭，尚不知耿逆之变。逆密遣四伪官要于途，日夜严防，不容死。既至，图乘间诛逆，谋泄，迫趋都尉府，度不能免，仰天叹曰：“大丈夫不能为国除贼，夫复何言？”举家号泣随之，不顾，遂遇害，年六十二。上悯其忠，赐祭。荫二子，长应麟，任荣昌令，次应荐，性至孝，以母老不仕，居乡任义周恤，于就殁后四年卒。

杨文魁 号近楼，永平卫人。国初以副将从征宣力，屡立战功。擢工部左侍郎，凡条议时务，精练豁达，前奉差监修奉天诸陵寝，楼櫓桥梁，暨寺塔大炮诸工，劳绩懋著。

穆廷栻字符公，山海卫人，康熙丁未武进士。初任蔚州守备，升四川提标游击，整伤营伍，爱恤士卒。擢威茂营参将、永宁协副将、苏松水师总兵，频邀圣眷，仕至福建提督，加左都督。卒，赐谥清恪。公性谦和，操守谨慎，绰有古儒将风。子秉常，仕至云南汉水总兵。

齐大勇 字养浩，号凤岩，昌黎人。幼颖异通书史，素负大志，年二十游文庠，应乡试不第，乃弃文就武，为武生。雍正己酉应武乡试不第，大学士公马齐素知勇膂力过人，弓马纯熟，兼长文事，乃为之称屈，竟彻宸听。世宗宪皇特命与新科武举在紫光阁一体考试，钦赐武举。明年会试，殿试俱第一，授乾清门头等侍卫，一时名噪都下。九年三月奉旨往军营，随大将军岳钟琪学习行走，赐孔雀翎盔甲、衣服等物，又解御佩小荷包赐之。曰："好生学习勿负朕意。"勇感激圣恩，驰赴巴里坤。大将军派领戎纛兵马进剿六次，奋往争先，屡著功绩，西酋闻之心慄。十三年题补山西抚标中军参将。莅晋数载，整饬戎行，练习营务。乾隆七年特升湖南沅州协副将，抵任五月丁父艰回籍，服阕，补江南镇海将军、中军副将。十二年正月补授湖广襄阳镇总兵，旋于九月调陕西兴安镇总兵。十三年十一月奉旨派领西安、固原、延绥、河州、兴汉五镇官兵进剿金川。十四年六月升授湖广提督。十六年调陕西固原提督，又调甘肃提督，仍移固原提督，十一月入觐，屡蒙召见，谓诸王大臣曰："齐大勇乃先皇旧臣，洵状元中之杰出者。"面奉谕旨仍在乾清门行走。十二月陛辞回任。二十三年十二月奉旨调补湖广提督，嗣以固原提督任内保举不称，以参将衔发往巴里坤效力行走，凡四年叙列一等，选授河南营参将，以母丧致疾，葬甫毕而殁，卒年六十有六，勇服官三十载，廉洁自矢，区画军务，巨细精详，兵民爱之如父母，去之日，靡不流涕道左，勒石以志不忘。其孝友出于天性，两丁内外艰，哀毁逾节，至于灭性，乡党为之流涕。与人交披肝胆，无粉饰，工书法，于旧榻名笔尤精鉴别。两遇覃恩，晋封资政大夫、荣禄大夫。

卷之十八

人物志四

忠　　烈

［唐］

阳惠元　平州人，以超勇奋事平卢军。从田神功、李忠臣浮海入青州，诏以兵隶神策为京西兵马使，镇奉天。德宗初立，稍绳诸节度跋扈者。于是李正已屯曹州，田悦增河上兵，河南大扰，诏移兵万二千戍关东。帝御望春楼誓师，因劳遣诸将，酒至神策将士不敢饮。帝问故，惠元曰："初发奉天，臣之帅张巨济与众约，是役也不立功毋饮酒，臣不敢食其言。"既行，有馈于道，惟惠元军瓶罍不发。帝咨叹不已，玺书慰劳。俄以兵三千会诸将击田悦，战御河，夺三桥，惠元功多，以兵属李怀光。及朱泚反，自河朔赴难，解奉天围，加检校工部尚书，摄贝州刺史。诏惠元与神策行营节度使李晟，廊坊节度使李建徽，及怀光联营便桥，晟知怀光且叛，移屯东渭桥。翰林学士陆贽谏帝曰："四将接垒，晟等兵寡位下，为怀光所易，势不两完，晟既虑变，请与惠元东徒，则建徽孤立，宜因晟行合两军，皆往以备，贼为解，趣装进道，则怀光计无所施。帝不从，使神策将李升往伺，还奏怀光反明甚。是夕夺二军，惠元、建徽走奉天。怀光遣将冉宗驰骑追及于好时。惠元被发呼天，血流出眦，袒裼战而死。二子晟、皓匿井中，皆及害，建徽独免。诏赠惠元尚书左仆射，晟殿中监，皓邠州刺史。少子旻字公素，惠元之死被八创，堕别井，或救得免，历刑州刺史。卢从史既缚，潞军溃有骁卒五千从史，尝以子视者奔于旻，旻闭城不内，众皆哭曰："奴失帅，今公有完城，又度支钱百万在府，少赐之为表天子求旌节。"旻开谕祸福遣之，众感悟遂还军。宪宗嘉之，迁易州刺史。王师讨吴元济，以唐州刺史提兵深入二百里，薄申州，拔外郛，残其垣，以功加御史中丞。容州西原蛮反，授本州经略招讨使，击定之，进御史大夫，合邕、容两管为一道。卒，赠左散骑常侍。(《唐书》)

［元］

周　宏　字希道，迁安人，尹真定、无极，调辽阳宁昌，俱有惠政。至正间调昌黎，抚字有方，利泽及人。平章程思忠乱，据永平，宏率民拒守，城陷被执。宏七日不食，骂不绝口而死，崇祀乡贤。

［明］

高　德　抚宁人，洪武初归附。从征累立战功，除授副千户。十四年奉调征云南金齿卫等处，所至奏绩。十五年八月进攻阿白寨，奋击，力战死之，及云南平，事闻，诏封明威将军、都指挥使，世袭指挥佥事。

李光启　乐亭人。其先李卜，当洪武间成陕西平鲁卫，后有功升百户世袭。光启性忠孝有才干，累升京营都指挥使，赠其先为镇国将军。归祭先茔，为树碑，给族人衣，升宣镇葛峪参将。嘉靖丙戌，敌数突入，侵苦居人，启愤焉。一日警至，率所部兵疾驰图歼之。未及为阵，敌四至，大呼杀人，启被缚引去，困饥不得死，因给敌曰："我为帅，第引我亭障下当有赎者。"敌果引至亭障下，启骂曰："尔宜杀我，我非不肯死，虑中国人疑我真降尔，徒负辱国大罪，幸毋赎我。"敌大怒，遂支解之。事闻，诏立祠，春秋祀焉。(见《宣镇忠烈传》)

周　建　抚宁卫指挥金事，成化十六年管界岭驻操营事。三月，虏入寇，参将王宣督令截杀，至白石店夺回被掳人畜，烧敌车辆。回至椴木岭，伏贼突出，前贼复回夹攻，战衄，贼欲取建甲衣，喝令脱，不从，犹以刀伤贼臂，群怒争刃之。事闻，诏加实授指挥同知，世袭。

才　宽　迁安人，登成化戊戌进士。由县令历郎署、太守、方伯、都宪，转工部侍郎。以不附阉瑾，出为陕西总制，加工部尚书。军法甚严，部将怯懦辄以巾帼耻之，临阵躬亲督战，奋不顾身，遂遇害。上为辍朝哀悼，谕祭，赠太子少保，谥襄愍，仍荫子世袭锦衣卫百户，崇祀乡贤。

张世忠　字显甫，别号平山，山海卫副千户。忠貌不逾中人，而神爽英发，总发时以世胄袭职。嘉靖丙成会武试登孙堪榜，加授署指挥佥事，寻掌卫篆，迁秩守备天寿山，历升大同中路参将，严整步伍，数立战功，调援有奇捷，得实授正千户缘边事挂误听勘回籍。未几，西邮告急，本兵疏名，上请特命移守偏头关，频年失利，人为忠危之，忠跃然曰："此吾报国之秋也。"嘉靖二十一年太原警，忠与诸将分五哨进，歃盟互援，适遇敌于六支村，忠麾下健卒仅千人，挺身血战，自巳至酉矢石俱尽，后援不至。敌且增轻骑合围，射忠中额，寻殪其马，忠犹跨墙对射，矢透忠衣袖，死之，事闻，赐祭葬，赠右都督，谥忠愍。

陈　舜　抚宁卫指挥使，任黄花镇守备。嘉靖二十五年三月，敌入寇，舜奋身率轻骑持短兵截战，敌众我寡，死之。事闻，诏加都指挥佥事。

魏　琦　迁安庠生。嘉靖三十六年兵变，琦率乡人保守。兵至琦手刃二人，既而众兵群合，遂被执，琦骂不绝口而死。当事大加叹异，命有司周恤给葬焉。

杨呈芳　字桂林，山海卫人，由恩贡授鲁山令，丰容伟干，居官平易。时土寇蜂起，与衙胥结通，芳知事不克济，冠带坐堂上，贼环侍不忍加害，出入数四，始戕之。为具棺敛停丧，后其弟往收其尸，经年启视，面貌如生。事闻，赠汝州知州。(《县志》)

薛三桂 卢龙人，万历庚子举人，云南永宁州知州，遭奢囚之变死难，赠按察佥事。(《县志》)

李国梁 山海卫指挥。体貌丰伟，普力绝伦，从杜将军松，浑河大战没于阵，以功加升都督指挥佥事。

高如松 东胜卫千户。万历中任石门路千总，时泰宁寇花场峪，佯令数骑讨战，主将轻出，敌伏起陷围，如松奋勇力斗，出入阵中者三，敌攒射落马，剖其心而死。事闻，赠加二级世袭指挥同知。

李国栋 山海卫指挥，体貌丰伟，膂力绝伦。万历间从杜将军松出塞，与我大清兵浑河大战，没于阵，以功赠都指挥佥事。子鸣岗袭荫。

边万里 山海卫百户，以都司管中军事。崇祯已巳入卫京师，行至蓟州五里桥，敌兵掩至，据桥大战，自未至酉身被重创，力战死。

焦庆延 卢龙卫人，由世胄任居庸参将。操守廉介，居官尝买田自给，事母极尽子道，兵备道张公春恒称之曰:“武将若庆延何愁不得将士心耶！”历任三屯副总兵，称廉孝将军。崇祯庚午庆延闲住，适敌至，战死陴间。赠光禄大夫、骠骑将军，敕祀武庙表忠祠。

韩原洞 字开之，少为诸生，诗文有奇气。当郊原多故，尝慷慨悲歌，慕古人以身殉国之义。崇祯庚午力捍危城，出金犒师，知不可支，乃为《忠国论》置怀中，赴斗而死。事闻，祠祀。

张国翰 东胜左卫指挥金事，历任营卫，有声。庚午敌陷府城，从容酌酒，俾其子逃生，同妻韩氏缢死。诏建祠旌表。

廖汝钦 卢龙人，中书舍人。庚午之变，汝钦守奎楼死之。敕祀表忠祠。

杨尔俊 卢龙人，汝宁通判。庚午城陷，不屈，遇害。敕祀表忠祠。

陈靖华 东胜卫指挥，掌永平卫印。兴屯利国，抚绥有方。庚午，守东城死于难。长子君锡，由贡生任淮安睢宁县知县；次子君任，陕西总督内司游击。

牛星耀 **仇耀光** 并卢龙人，英勇过人，弓马熟娴，为忠武营千总。庚午之变，杀敌甚多，俱阵亡。

石可玩 卢龙人，时为千总，庚午城陷，闭门阖室自焚。

周祚新 永平庠生。庚午城陷，视妻与子女等先缢，乃自缢死，遗火焚宅。

胡承祚 张学闵 皆卢龙人。庚午，为城千总，城陷，战死堞间。

胡登龙 卢龙人。庚午城破，登龙义不求生，携子生员光奎暨阖门男妇俱投火中而死。

罗世杰 永平生员。庚午之变，有弟三人曰峻、曰采、曰圻，一人守家，三人守城，城陷皆死于战，守家者亦自杀。

田种玉 子福元，皆卢龙庠生。庚午城陷，阖宅自焚，其侄士隽，城将陷，赴战死于东城上。

冯继京 永平庠生，端方厚重，能诗文，善骑射，称文武才。庚午城陷自缢，人救免之，叱曰："偷生吾不忍为。"夜复缢而死。弟联京，短小精悍，守城有胆气，戒众勿退，及持戟冲敌连刺三人，因大队先登，死于陴间，兄弟并祀表忠祠。

卜小峰 城守千总，庚午之变战死。

梁壮威 卢龙人，千总。庚午城陷，人劝之去，壮威曰："守死于此吾事也，何去为。"奋勇临敌，射不虚发，会矢尽，持短兵接战，死乱兵中。祀表忠祠。

房应祥 城守中军。庚午督乡兵巡城，城陷，血战而死。

李光春 丁应抡 李文灿 胡起鸿 刘可足 皆卢龙庠生，及武生张鸿鸾、医官陆橘、郡民李应阳、张俊、郭重光、张宗仁、张礼、李大敬、张尚义、傅守望，俱死于庚午之变。（以上《卢龙县志》）

韩原性 卢龙廪生，有学行，喜奖拔后进，千里之内负笈从游者甚众。庚午守榛子镇，不屈死。

吕鸣云 山海卫人，孝廉鸣夏之弟。武健材勇，以守备为扬武营中军。庚午守郡城，战死。追赠游击将军。

杨开泰 山海卫百户。郡城失守，泰以本路把总率兵侦探，至榆关西遇敌，对射死之。

杨廷栋 山海卫百户。少以勇力称，为扬武营千总。郡城破，奋击死之。

张汝恭 滦州廪生。庚午州城陷，死难，祀表忠祠。

高应见 迁安人，庚午兵变，饮毒而死，督抚汇题旌表。

蔡国勋 山海卫千户，率兵恢复遵化，侦探遇敌，奋勇直前，战殁于阵。阁部孙承宗题恤，赠指挥佥事。

严大宽 山海卫千户，从总兵赵率教应援遵化，中途遇敌，众溃，大宽力战不退，死之。

周昌会　李崇乐　张　三　张守霜　刘　极

杨狗子　郑应秋　邱小月　洪保儿　马九哥

孟之奎　张福儿　孙鸣海　于守道　赵世祥

高声骏　卜云吉　郭来贵　张友贵　钟五儿

翟　三　龚自学　李蕃枝　单应武　朱可昌

梁民乐　于守通　梁世文　王六儿　刘君福

孙　三　孙来哥　王国臣　李思谦　张六指

郭得哥　王大才　王　六　周德纯　齐　福

搜梯郎君 失其姓名，并昌黎人。崇祯庚午，守城死事，巡抚杨嗣昌檄县刊石竖碑，有司春秋致祭，今祀于忠义祠。

王肇桓 兴州卫人，中军都督府都督同知。崇祯末年遭寇乱，合门坠井死。

冯运隆 字翊明，滦州人，由明经任河间训导。壬午冬流寇至，隆守降，力战，城陷不屈死。

王际明 抚宁人，秉性刚直，言行不苟。由明经任清河学博，升沔县令，未半月遭寇袭城，士民惊散，明执铁锏率家人对敌，贼多有中伤者，明为乱矢所困，犹血战不屈。贼惧乃却，寻复挟忿，纠党严攻，七月不下。积劳成疾，告休还里，路经临清之变，誓不幸生，登楼自焚。山左抚按交章入告，部覆方下，闯贼陷京，未沾恤典。

王之心 字鉴吾，滦州人，司礼监太监。博学精翰墨，监督蓟、永、力杜馈遗，免文吏庭谒。崇祯甲申都城陷，心同御马监太监王承恩，侍帝缢于煤山，一时称两中贵殉义。心弟之仁任苏州总兵，顺治二年率所部入海，见事不成，复登岸诣督师洪公请死，曰："某海中自裁，人未我知，特来求明白死耳。"从容就刑，可谓兄弟合节矣。

程继贤　号敬庵，山海卫人，由贡监初授中书舍人，历尚宝司卿，封朝议大夫。贤事亲不诿，诸兄父百岁具奏建坊。完兄产，抚兄子，时以孝弟称，且敦笃友谊，生死不渝，请除催头之弊，功在梓里。年逾七旬，居乡谦抑。甲申守官都门，不臣逆闯，捶几死，侨寓天津，土寇忽起，贤独不屈，竟遇害。国朝顺治庚子，本卫士民公请入祀乡贤。

李友松　字赤仙，山海卫痒生，性刚毅有学识。崇祯甲申春，流寇薄城，势甚危急，松慷慨倡义，率庠生高轮毂、谭邃寰、刘泰临，乡耆刘台山、黄镇庵，赴营说贼缓军，遂遇害，然城卒赖以完。国朝录功，荫子栖凤为贵州思州府经历。(《县志》)

［国朝］

吕鸣夏　字九三，山海人，明万历乙卯举人。天性孝友，弟鸣云殁于王事，遗孤幼稚，抚训成立，舆论重之。初仕清丰教谕，继补束鹿，训课有方，升真定郡丞，分驻宣镇。以抗直取忤，挂冠归里。明末贼逼关门。夏家居，佐义歼寇。我朝定鼎录功，补卫辉郡守。时天下初定，抚安百姓，政绩称最。擢金宪，备兵固原，值降将武大定等谋叛，以兵胁，夏不少屈，历数其罪，骂不绝口，遂遇害。事闻，敕赐祭葬，赠光禄卿，荫，入祀乡贤。

马维熙　字天御，山海卫人，拔贡生。顺治三年录功，授忻州同知，署偏关西粮厅篆。值姜瓖之变，山右一带摇动，偏关阖城皆从逆，公独不屈，乃囚公别所，遣人守伺。久之守义愈坚，遂加害。事闻，赠忻州知州。

张师圣　迁安人，读书善骑射，以将才任金吾守备。升靖海参将，简练军士，整饬防汛，数年海上肃清。顺治中升山东登州副总兵，未离任，海寇旋发，督抚令将兵进讨，没于阵，诏荫恤。

刘良臣 字心伯，永平卫世袭，以军功授游击，剿平流寇，历升甘肃总兵，挂平羌将军印，卒于阵，赠右都督，进光禄大夫。子泽洪总兵袭荫。

崔尚朴 卢龙庠生。被俘至辽，改姓名李嘉宾，应试，复入庠。国初授新蔡令。清廉慈爱，邑人尸祝之。升南康郡守，遇金王之变，鸠众坚守城，守备内叛，遂被执。骂贼求死不得，偕配吴氏投缳死。事定，议赠，荫，惜无子。

陈柱国 卢龙人，康熙十一年任乐亭驻防把总。盗伺县尹公出诈为行客，入城肆劫，柱国挺身与斗，中流矢，被获缚，令导引，柱国裂眦厉骂，遂遇害。事闻，诏赐银百两襄葬事。

张朝臣 字鼎望，山海卫人，武进士。任浙江处州协都司。康熙四十七年遂昌县土贼作乱，臣率兵赴剿，至大拓，崖高路窄仅容一骑，臣不避危险，奋勇身先，杀贼被创死。事闻，诏赠都司金事，加一级，赐祭葬，荫一子卫千总。

孝　义

［辽］

齐　陶 马城人，天性纯孝，孚于闾里。寿昌间征授石城令，迁明威将军。

［金］

吉士宽 尹吉甫裔也，南汉太守格之后，五代徙居滦州宜安里。事亲最孝，富而好施，赠昭勇大将军。

葛　宏 滦州人。金末岁饥，竭力赡恤，全活数百人，元辟为石城县尹。

［元］

庞　遵 卢龙人，母病三年不能起，思食鱼，遵求于市不得，悲

叹而归。忽有鱼跃入舟中，作羹以献母，食而病痊。(《县志》)

李彦忠 卢龙人，性至孝，父丧，庐墓八年，足迹不至于家，至治中旌表。按旧志及《卢龙县志》并作至治中旌，《畿辅志》作弘治中，恐误。

任伯仁 滦州人，南麓六世孙。让产于弟伯义、伯礼，孝友出至性。元贞中授银符进义副尉，武魏亲军百夫长。

路进兴 字通举，滦州人。大德间随伯颜破贼，不避矢石，累获大功，受敕牒印绶，赐敦武校尉，辞归奉母，务尽菽水之欢。母卒，饘粥缟素，哀毁逾礼，乡人以孝称焉。

［明］

韩孝子 旧志失名，乐亭人。居乡廉让，与人无竞，竭力以奉亲，洪武间题旌。(《县志》)

姚　清　徐　俊　石　敬 俱乐亭人。景泰三年，滦水暴涨，岁饥，民多流亡，各捐粟八百石助赈。事闻，诏旌所居曰：尚义之门。(《杂志》)

宋　会　董　全　周　清　杨玘 俱迁安人。景泰三年岁大饥，各出粟八百石以助赈，诏旌表其闾，立尚义坊。(《县志》)

马　麟　吕　信　俱 卢龙人，景泰三年各输粟八百石赈济，诏旌其门。

高信兴、才　震 俱昌黎人，景泰三年各出粟八百石赈饥，有诏旌表其门，立尚义坊。

许　敬 抚宁人，景泰三年出粟八百石赈饥。事闻，诏旌其门，立尚义坊。

翟　昊 抚宁人。天性温厚，与物恂恂，人有侮者，受而不报。遇颠连疾苦者，常解衣推食以周之，祀乡贤。

田　绅 乐亭人，庠生。景泰初以亲老，陈情于督学使者求侍养。父殁，哀毁逾礼，既葬，自跣足负土，母终亦如之，封土岿然，可望数里。有司请旌，未果。

冯　钦　字师尧，其先浙江海盐人。祖宁，明初迁滦为岁贡。任范县主簿，清励至无以归，生子源授忠义官。钦茂颖强记，弱冠饩于庠，就例游太学，交四方云彦，推解以急友朋。正德中仕京卫经历，见逆瑾肆虐，解组归，人以为知几。源训子常曰：“富者怨之府，人已嫉之，从而骄人，事端起矣。”钦能守父戒，故推诚施与，闾里被其泽焉。

王天相　抚宁人，好施乐善，不遗余力。本县扁旌其门曰：泉石幽贞。

冯守业　抚宁人，尚义乐施，常捐费活贫，输粟救荒，士夫高其行谊。

杨　念　抚宁人，治家严肃，一门雍睦七代不分。本县扁旌曰：七世同居。

曲　祥　字景德，永平人。永乐中父亮为金山卫百户，祥年十四被倭掠，国王知为中国人，召侍左右，改名元贵，遂仕其国。有妻子，然心未尝一日忘中国也，屡讽王人贡。宣德中与使臣偕来，上疏言：“臣夙遭俘掠，抱衅痛心，流离困顿，艰苦万状，今获生还中国，夫岂由人，伏乞赐归侍养不胜至愿。”天子方怀柔远人，不从其请，但许给驿暂归，仍还本国。祥抵家，独其母在，不能识，曰：果吾儿则耳阴有赤痣。”验之信，抱持痛哭，未几别去。至日本启以帝意国，王允之，仍令人贡，祥乃复申前请，诏许袭职归养，母子相失二十年，又有华夷之限，竟得遂其初志，闻者异之。(《明史》)

杨　珍　抚宁人，克供子职，母早逝，事父惟谨，侍食侍寝无怠，内外咸以孝子呼之。父疾笃，医药罔效，口尝其便，知不能起，遂治后事如礼。及葬，庐于墓侧，负土筑坟，三年乃归。

金　镛　抚宁庠生。父禧，早逝，母高氏守志抚孤，凛松柏操，镛性孝，负米采薪勤于供养，母恙即忧见于色，焚香祝天，愿以身代，进食必先尝其寒热，虽贫尝奋志读书。由恩选官光禄寺署正，乞归终养。母节子孝，萃于一门。

朱　辉　卢龙庠生，母程氏亡，昼夜号泣，哀毁骨立。庐墓负土成冢。及期白狼驯扰不去，有燕来巢、谷双岐之异。抚院给近坟山场环五里许，官为植树。成化甲辰题旌，以岁贡为任邱训导。

吴思文 滦州人。输粟救荒，成化五年诏赐七品散官。

王　信 抚宁卫人，进士王印祥之祖也。成化七年大饥，出粟八百石赈济。

李　福 滦州人。于成化七年为义葬，凡不能葬者举之。

徐　礼 滦州人。成化间隆冬时施衣，每岁行之不倦，人怀其惠。

王　渊 卢龙人，幼丧父，其母陈氏守节至七十余卒，渊庐墓三年，日三抔土，高冢岿然在望。

朱国贤　朱德诏　萧大用 俱卢龙人，亲丧庐墓三年，有司奖之。

李士杰 兴州卫人。为诸生时聘陈氏女，女后失明，或劝其更聘，杰竟娶之，人钦其义，弘治中登贤书。

冯　恩 昌黎人，仕州同。律己廉明，娶里人郭姓女，自幼目瞽，誓不更娶，乡里贤之。

安　民 字修己，滦州人，弘治己酉举人。授兵部司务历户部郎中，引疾乞休，加四品服色归。初父和尹大同卒于官，民幼扶榇还，事母周氏曲尽欢愉。母卒，庐于墓恸毁三年，未尝近帷室，乡人称孝焉。

刘　甫 乐亭人。自明初至弘治间六世同居，凡内外婚葬礼仪必均俱无后言，己未巡按御史张鹴嘉其贤，命知县田登旌其庐。

张云鹏 山海卫人。父病夜不假寐，汤药亲尝，父殁，敦古礼庐墓三年。

赵文举 山海卫人。幼极孝，母患疽痛不可忍，医皆云不治，举虔祷于天，母获痊。家素窘，居常奉母即富者不能过云。

王　臣 乐亭人。父茂有孝行。臣善楷书，郡辟为从事，有罪人通赂求逭，臣指天自誓，郡守贤之，每疑狱辄召与议。能白人冤，亡何奉母柩归里，山水暴至，舟几覆，臣抚柩悲号，竟无患，若神助焉，有客怀二十金欲籴粟，入市遗金，哭之悲，臣怜助之。年四十七未举子，往祷泰山，梦神告曰："以吾二子与尔"，逾年生太守好学，又三年生尚书好问，若与梦符。以二子贵，累赠至南京户部尚书。

萧　富　乐亭人，少孤，事母孝。母卒，富供王事不在侧，归而痛极呕血，终身言及泪泫泫下。以祖居让伯仲，而自居他所。尝为府吏，廉而有阴德，既归省即隐不仕。嘉靖丁酉大饥，乡人求贷，乃转贷之，负累代偿，绝不挂齿，其重义轻利类如此。始艰嗣，后连举四子，长云汉，博学工古文，词贡游太学，授大同通判，累荐考最，升河东运同，致仕归，赠富如其官。

刘　会　滦州人。嘉靖十六年，输粟一千石，赈饥。

高　汉　乐亭人。六世同居，嘉靖十六年知府刘隅奖之。

王　荣　迁安人。由明经任榆林训导，未几乞休，居乡友睦，尝买人田，人不忍舍，辄毁券无难色。

高　玉　滦州人。货颇富。嘉靖二十五年施义田并粮二千石以周贫乏。

陈　慎　滦州人。孝义令陈情弟，事母至孝，营漏泽园，共施地六亩，于福君庙东北里许。

温　钦　乐亭人。性笃实，与人无竞。非公，罕至城市，贫而乐善，卓有古人风。年至百有余岁，嘉靖间匾其名于"旌善亭"。

萧韶凤　山海卫人。年十九父病蛊迎医视之，曰：得樟柳木根可愈，城中求之不获，或告以产于海阳，时石河水暴涨不可渡，韶直前往觅，家人止之，泣曰："父病笃，阻水而止，于心忍乎？"竟涉至中流溺死，三日尸浮于海，君子重其孝而哀其愚。

张懋勋　山海卫人，都督世忠子也。痛父殁于王事，每语及辄流涕，事孀母三十余年，孝养备至，母卒，哀毁骨立，庐墓如礼。

冯恩孚　乐亭人，岁贡，事亲称孝，曲为承顺，有老莱风，母性严刻，孚略不违意。待人谦和无忤，未仕卒。

王永昌　乐亭人。家富好施，能周人急。乡人称贷有以田庐为质，多负而私转鬻，昌不与竞。又尝捐地为义冢，其转粟、输金、输工役，以佐公家者不胜纪。

张自镐　乐亭人，岁贡。性谨厚，事亲最孝，母多任性，镐每几谏，久亦感悟，乡人称焉。

侯　显　昌黎人，国学生。尚气节，敦朴素，父母双亡，俱庐墓侧，鸠巢于舍，芝生于冢。

孙　渤　昌黎人。幼丧父，事母最孝，母死，庐墓哀毁如礼。

傅梦良　山海庠生。性纯笃，事母孝。母殁，哀毁骨立，既葬，庐墓侧，秋夏霖雨累日，庐中水盈尺不为动。

王尚贤　昌黎人，行人翰之子。性孝友，堂弟郎中尚直乏嗣，以次孙承祧而不利其产。居乡恂恂仁恕，因号恕斋。由明经知富平县，有名，及归囊橐萧然，不异寒素。孙之屏，登万历辛卯乡荐。

冯余庆　滦州人，由明经授西华令，一尘不染，捐费千金建长桥于治郭以利涉，归施义田用济贫族。以孙运泰贵，赠间卿。

石　璞　滦州人。赋性醇厚，立心宽和，人有急难多方周恤，而毫无德色，推诚布公，不吝不争，每以栖亩之余割共邻族，牛豕犯田者，饱饲归之。诗书以训后昆，有先民矩矱焉。以子维岳贵，赠中宪大夫，孙申贵，晋赠通议大夫、少冢宰。

杨　腾　迁安人，为诸生。幼孤，母病目，以舌舐之而愈，及没，庐墓三年，有冰花结于盆，俨如树下人拜伏坟前之象，已而芝草生焉。隆庆中上闻，诏立：纯孝格天，华表于通衢，仍给冠带荣之。（《畿辅志》）

刘文焕　字世英，乐亭人。幼孤，事母至孝，妻卢氏亦孝于姑，姑病吁天请代，冬著单衣者三年，病果痊。及姑殁，欲庐墓，文焕止之，曰此为子事也，自庐墓三年，每日覆土者三，坟可望数里。尝凿井于墓旁，汲以自爨，不数尺泉水涌出，人号为孝泉云。（《县志》）

蒋　盛　迁安人，庐父墓三年，诏旌表其间。

韩　瑛　迁安人，庐母墓三年，日哀痛覆土三次，母墓成邱，深山独处，有虎卫之，冬产瑞芝，诏立孝感坊。

郭纯学　抚宁人。乐善好施，明万历间值岁荒，捐米赈饥，本县旌其门。

王　华　迁安人，锐曾孙。隆庆中输砖十万，灰五万，修县东城。万历十五年大饥，出粟八百石助赈，诏立尚义坊。

高吉昌 字介儿，滦州人，贡生。少负异颖，目下数行，生平喜骏马，善方卦射猎之艺，重然诺，通缓急，赈凶荒累世之积尽公于乡族，有文正父子之风。以子贵，赠资政大夫，兵部尚书。

王克勤 滦州庠生，事继母以孝闻。万历十三年学按两奖其间。

穆思文 山海庠生。事继母尽孝，有二弟俱继母出，财产必均，后二弟家窘，又为弟之子给产婚娶。督学汪公应元疏请建孝义坊。

王士倜 山海庠生。敦朴谨慎，天性孝友，父从政知山东莱阳县，以持正忤当事，被诬系狱，倜偕弟伟挝登闻鼓，刎颈力救，卒白父冤。

任自永 迁安人。三岁孤，母郭氏孀居，抚永成立。永幼事母以孝闻，及没，哀毁逾礼，既殡，庐于墓，朝夕哭奠，三年如一日。

杨有成 抚宁庠生。八岁丧父，已知哀毁，及母有疾，汤药亲奉。卒之日，浆水不入口。及葬，庐墓侧茹蔬啜粥，负土筑坟，日三哭奠，历寒暑不辍，即边警亦不少动。旧有枯松复活，禽鸟栖巢于上，人皆谓纯孝所致。

袁　卉 抚宁人。素敦孝行，母早逝，及父殁，庐于墓侧三年，蛇驯薵次，地忽涌泉，共称孝感。

高向辰 字钦邻，第长子，廪生。事继母许夫人，竭哀尽诚扶榇步行百里，友爱诸弟。若不知为异母者。推诚任侠，助友至数百金不惜。年四十二卒，里人罢舂，名士会葬者，不远数百里而至，世家子弟称最贤而文者。

崔赴闱 字名胪，卢龙人，庠生。博学善属文，小试屡冠军。以躯干丰伟号舍不能容，遂绝意仕进。性好周恤，尤爱惜文士，族孙及第家贫力学，赴闱阅其文许必售，资助应试，且予粟二石，曰：“速酿酒以宴贺客”，果登乡荐，乙丑捷南宫。兄之孙启亨少孤，收养之。为择师教训，是岁亦列贤书。迁安郭巩甚贫，衣履弗完，延之家给衣食，且授以成宏正法，巩遂早捷。由给谏晋少司马，尝予告归来，谒留之饭粗粝不异昔时，巩欢然语人曰：“吾师以古人待我矣。”因乏嗣，子弟之子，然弗材。是时年已古稀，又病足痿，巩肩舆逆致其家。察精神犹健，劝纳继室。笑曰："世岂有七十翁婿人者乎？"不许，然巩已密聘王氏室女，至期，大惊，辞之不能，遂合香焉，生子巍。及卒时巍甫六岁。

穆大任　山海庠生。至性纯笃，父早逝，事母以孝闻。母殁，躬庐墓侧，值兵变，乡人居村落者皆入城避乱，大任独守墓不忍去。

郑中选　字佐明，始祖甫智，以御史直谏谪滦州，因著籍焉。天性纯孝，不冠帻弗敢见父母。遭丧，哀毁尽礼。以孝谊征辟，迁文登令。清介自矢，士民绘屏尸祝。失上官意，罢归居乡，力行善事，至今称之。

蒋　盛　韩　瑛　杨　腾　俱迁安庠生，各以庐墓奉旌。

张廷佐　迁安庠生。性至孝，父疾不解衣带者五旬余。又失明，佐祷神以舌舐之愈。及殁，夜依柩侧，风雨不避。奉母终身，孝养弥至。

孙国贤　抚宁人，以庐墓奉旌。

高应辰　字钦明，尚书第仲子。不敢以贵介忤物，读书莫测其蕴，以官生任户部照磨。督犒援兵城下，椎牛封羊乾糇刍茭，一手拮据，劳瘁骨立。值父丧，痛躃奔赴。逮葬呕血数升，三月而卒，乡里哀之。

徐应登　字子科，抚宁人，敦行孝友，不昧孤侄遗金，乡党推重。以明经授真定广文，教人先德行而后文艺，弟子佩服不谖。

［**国朝**］

夏曰瑚　滦州庠生。父辅明于崇祯九年随叔建中之扶风县佐任，死于流寇，家人负骸骨归。瑚甫五岁，赖母聂氏苦节抚训游庠。自幼事母曲尽孝道，母病，密为尝粪。及殁，哀毁逾常，七日不食。竭蹶殡葬，庐于墓侧，日夜哭泣，哀感行路。及三年归，犹日三至墓，呼母不应，号泣。反至老病，必扶策往，虽风雨无间。

刘光裕　号小峰，迁安人。居乡乐施尚义，慈爱谦恭。抚孤侄，嫁族女，助丧赈饥，盛德积累，乡人号之曰刘佛。以子鸿儒贵，赠兵部右侍郎，入祀乡贤。

张宗仕 滦州人。幼失估，事母尽孝。及长喜读孙吴书，任侠好施。明崇祯时，从兵备张春军中，屡战有奇功，授明威将军。顺治壬辰癸巳间岁频饥，两次输粟一千八百石有奇，赈济，赖全活者无算。郡守旌其门曰："惠溥一方"，举乡宾；又尝捐渡船二只，水手四人，置青沱河口，以济行人。远近咸感其德，子起鲤，任河防州同。孙瑛，食饩州庠。孝慈接武，咸谓积德之遗云。

韩坤业 字子厚，府庠生。父原洁，崇祯庚午殁于兵燹。母王氏苦节四十年，抚坤成立，自幼事母尽孝，内外无间言。母殁，庐墓三年，哀感行路，日手抔土，高冢巍然。康熙九年题旌建坊。

崔联芳 字子宗，山海卫人。父出游五年不归。顺治丙戌应顺天乡试，榜未发，闻父凶信，不知死所，日夜号哭，几不欲生。比揭晓已膺乡荐不顾，历四省寻尸，若有神示，于河南确山县得之。负骨归葬，咸称为诚孝所感。两经部选，高隐不仕，年八十卒。

赵天锡 昌黎人，顺治辛卯举人。事祖母至孝，二亲病卧三十余年，躬侍汤药，始终无倦。康熙五十三年祀乡贤。(《畿辅志》)

赵名元 抚宁庠生。母卒，庐于墓侧，晨昏哭奠，三年始归。康熙二十年奉旌。

刘从性 抚宁人，性至孝。母年八十二卧病不起，性封股祷神，病遂愈。

徐从新 抚宁庠生。母性严，从新恪恭承顺。生平任侠急公，人服其义，本县扁旌其门。

徐进孝 抚宁人。父患心疾，贫不能延医，祷神许愿，疾愈，愿莫偿疾复作，进孝割胸前肉如掌祷还神愿，疾竟瘳。以肉挂庙树上，经数月不腐，鹰鸟亦不忍食，咸谓至孝所感，有司表其闻。

冯泰运 字熙轩，抚宁人，由贡士任溧水令。吏治精敏，尝捐费二百余金助修抚宁学宫，并制铜冶祭器以肃陈荐。若炉、若瓶磬、若铏、若勺、与夫笾、豆、簠、簋、尊、爵之属共二百四十二件云。

迟震起 字茂先，昌黎人。少食贫，事亲以孝闻，居丧哀毁骨立。后入太学，不乐仕进。生平谦和乐善，无疾言遽色，宗党咸以长者称之。子二：长日旭，为浙江浦江令，嗣宰湖广黄梅，起以子贵，敕封文林郎；次日昶，岁贡生。

王　鹽 字于隰，滦州人。性严重，不苟颦笑。生平重然诺，乐奖后进，而尤敦族谊。凡婚丧、药饵、棺物及急难事施济难更仆数，于孝义节烈，更加意曲成，与人交不以死生变易。年八十卒，进士，汪公淑问为著《考终录》事甚悉。子四：伯仲早世，次代出继，季遂功府庠生。

张应宿 昌黎贡生，长沙郡守翰宸公子。性慷慨，重然诺，恤贫周急，毫无德色，举乡饮。

徐进礼 字天一，山海卫人。赋性醇朴，少贫以勤俭力自振兴。与人交，忠信和易，尤笃友爱。两弟早世，遗孤稚龄，抚翼教诲二十余年，同居无间。年及七旬未尝一至公庭，有古君子风。

马德盛 乐亭人。贩茶为生，有至性。居家孝友，奉嗣母甚谨。母病，盛在外，闻之，夜行百五十里抵家，亲调汤药。事兄如事父，每事必禀而后行。虽乏财而性喜施，尝赴市拾遗金，待其人还之。康熙二十六年举乡耆。(《县志》)

姚延嗣 字振公，乐亭庠生。天性孝友，睦族抚孤，多藉成立。遇贫乏不能婚葬者，周助无德色。乐邑宫颓坏，首先倡修，殿一新，生平乐善好义类如此。子采以选拔任国子监学正，赠公如其官。康熙二十九年奉文崇祀乡贤。

刘文选 乐亭人。有事母不赡，计鬻妻以供甘旨者，选闻之给以缗米，遂不果鬻。然刘家计亦非素饶，人谓鬻妻者不失郭巨之存心，给缗者无愧元振之盛谊，为两难云。(《乐亭志 · 杂记》)。

谢丕智 字若愚，山海卫人，府庠生。事亲诚孝，母病汤药亲尝，衣不解带者两月。病转剧，乃焚香虔祷，封股投药，母遂痊。康熙三十二年公举孝行，郡守梁公世勋旌其门。

刘　潔 迁安人，孝行纯笃。父母亡，庐墓三年，哀痛如初丧。

邑宰乔于瀛、刘文焕皆给匾旌其门。(《县志》)

宋　濯　迁安人。少孤，力耕以事祖母。艰辛备历。事继母曲得欢心，竭力供三弟读书，俱入胶庠，无异同母。(《县志》)

陈德元　迁安人。幼孤贫，长事祖母最孝，祖母有疾率妻张氏昼夜祈祷，汤药必尝。时充行伍古北，提督某壮其品，授以标下把总，元以祖母老辞不就，士人贤之。(《县志》)

郭重修　迁安人。家贫佣工养亲，菽水承欢。康熙四十年其父病笃，修吁天祈命愿以身代，病竟愈。且友于性成，竭蹶供幼弟龙冈读书入庠，乡人重之。(《县志》)

刘　辉　迁安人。康熙四十一年路拾白金二百两、黄金二十两，访失金者还之。县令旌其门，后举乡饮耆宾。

李毓元　字储英，滦州人。慷慨尚义，一诺千金。家设义塾以训族子，岁解私橐以周亲知，急公排难之举不可胜纪。康熙四十二年出粟一千石赈济，复捐助义仓五百石，大学士安溪李公光地抚直时，给匾旌其门。子桢绰有父风。

吴元臣　山海卫人。性至孝，母病危笃，医药罔效，乃焚香叩天，刲股投药中，母饮，遂痊。康熙四十二年公举孝行，有司旌之。

田毓琦　字瑞生，昌黎人。性孝友，具才干。家贫贸易，生计渐饶，事父母养生送死，及兄弟子侄衣食婚嫁咸身任之。尝商于蓟之上仓，时河水氾溢，堤将溃，琦出费募夫塞堤得免水患，所保全者不下数千家。子永乾，中康熙戊子科举人。

王嗣昌　字祖生，卢龙庠生。九岁失恃，赖继母陈氏抚育，昌事之极尽其孝。生平谦厚恬退，课子义方。子五，长珍，康熙丙戌进士，仲季俱庠生。

李洪灿　号培庵，其先山后六州人，后徙乐亭。幼孤能自竖立，为乡里望。尝捐金创栗家湾坨石桥，里人便之。子本恭性诚笃不欺，有人托白金数万镒，权得浮金数千悉还之无所利焉。遇贫乏能推与不私其财。举乡饮大宾，本恭子拔幼游庠序有声，后以父年迈尚行贾济究间请代之，计应责逋债，遇贫不能偿者悉还其券，至今称颂。后以

子兰贵，各诰赠如其官。(《县志》)

刘一蛟 昌黎人，贡生。父病，衣不解带者三载。事孀母承欢无间，抚孤侄如子。族人有以贫鬻子女者，一蛟为措价出二十四口与婚嫁，其他赈饥济乏尤多义举。学以濂洛为宗，士类无不仰之。康熙五十三年祀乡贤。(《畿辅志》)

武天英 迁安人，监生。恭顺事兄，抚侄如子，亲友贫者多周济之。康熙五十五年，捐谷百石贮义仓，其妻侯氏寿百岁。(《县志》)

张一跃 乐亭人，顺治间拔贡。历任绍阳、万载、开化、黄安令。擢知黄平州，悉有循声。以亲老归，性孝友。父应登尻下患毒频死，一跃口吮脓血殆尽而愈。以两兄子女多累，一弟尚幼，悉出己产让之。任绍阳时丁母艰，湖抚以一跃抚绥有术，欲题请夺情。跃叩头流血哀恳以免。康熙五十三年祀乡贤。(《畿辅志》)

王积善 正蓝旗汉军，监生。居乐亭，事亲孝，与人信，临财廉。其父廷相任江南盐城县丞，卒于官，积善年方弱冠，号泣奔丧，扶柩旋里，哀毁骨立。安厝后庐墓三年，本旗保举孝廉，以母老侍养辞不就，旋蒙题请旌表，敕建孝子坊。(《乐亭志》)

马云霨 字龙翔，昌黎人，康熙乙酉举人。天性孝友，甫八岁值母病，泣祷于祖先，求以身代。手足之谊，老而弥笃。为人诚悫醇谨，寡应酬，慎取与，朴素自甘，人每称其俭德，而性好施与，乐善不倦。康熙五十四年岁大饥，煮粥以食贫者，族党中给升斗者无算。尝有人称贷百余金，无力还偿，立焚其券。康熙五十八年举乡饮大宾。

刘元驷 昌黎人。素性仁厚，乐善好施。康熙五十五年施粥县城，历有三月，当事旌之。五十八年施粮于开平西南鱼朝等庄，邑令徐某举为乡饮耆宾。其子允中、允升，仰遵父志，于雍正九年施粮于白官营等庄，贫民普沾其惠。允中候选经历，允升中乾隆戊午科副榜，孙梧彤并登武科，人咸称为积善之报。

杨尔瑛 昌黎人。天性淳笃，年五岁时其父震成谋生关外，三十余年杳无音信。尔瑛常问其故，辄涕泣不止。弃家寻觅，潦倒五年，忽于三乌拉南关帝庙遇之，负归奉养，邑人称其孝焉。

赵　琅　昌黎人，岁贡生。乐善好施。值岁荒，捐粟五百石煮粥赈饥，赖以全活者二千余人。府县旌其门，辞弗受。

宁咸临　乐亭人。幼补弟子员，援例入贡。性醇谨，居乡乐善。邑南关外木桥岁久将压，邑人议甃以石，苦费巨莫举，咸临首先倡之，费钱四万缗有奇。子克昌善体父志，行仁施义，弥有加焉。(《县志》)

赵廷杰　乐亭人，性慷慨，周人之急。邑有死丧贫不能殓者，施与棺椁，三十余年不怠。前郡守县令皆给额旌之。(《县志》)

任正传　字介庵，乐亭人。世授岐黄术，至传尤精其业。任医学训科，施药济人全活无算。尤急公尚义，凡邑有创建踊跃输助，为士民先，族党咸矜式之。(《县志》)

李兴官　乐亭人，国学生，授县丞职。幼失估恃，勤俭起家，凡里中婚葬贫不能举者求无不应，里人德之。(《县志》)

李　瑸　字舒英，乐亭人，以优行人贡。天性孝友，二兄俱早没，兄嫂及孤侄无倚，收养之，数十年如一日，皆赖成名。雍正三年举贤良方正，以亲老不就。(《县志》)

韩世勋　乐亭人，晋子，增广生。饬廉隅，端操守，教授生徒，以奉甘旨。父染病疾，日侍汤药，饮食必亲奉，三十余年如一日。积馆金以建宗祠，族人咸感其德。督学吴襄优其行，给匾旌之曰：饬躬励行。(《县志》)

孙　升　抚宁人。事亲至孝，父病汤药亲尝，衣不解带，及殁哀痛几绝。葬后庐墓三年，每日亲炊哭奠，包土筑坟，乡党称之。雍正二年旌表。(《畿辅志》)

高士瑱　临榆人，庠生。父凌霄，卒时士瑱年已六十，庐墓三年，朝夕哭奠，孺慕弥笃。母吴氏继卒，庐墓亦如之。(《县志》)

李明生　临榆人，监生。孝友纯笃，母死庐墓三年。雍正十一年选江南歙县巡检司，未莅任卒。(《县志》)

李标生　临榆人，府学增生。母死，庐墓三年。(《县志》)

齐　叕　昌黎人，庠生。天性孝友，父作极亦庠生，雍正间幕游西蜀，淹留七年杳无音信。齐日夜悲思，乃徒步寻访。由京师历山西、陕、甘至成都，始知卒于邻水。躃踊哀号，痛不欲生，爰至邻水，启柩扶以归里。凡八历寒暑，计程一万五千余里，跋涉艰难，辛苦万状。阖邑皆称其孝。

宁　瑄　乐亭人，幼补弟子员。行己端方，居家孝友，族人贫乏及孤寡无倚者，悉赖其鞠养焉。又输义谷以备荒，施药饵以救人，善行可纪。乾隆元年恩赐八品冠带，寿八十七岁终。(《县志》)

孙式仁　乐亭人，生有至性。未弥月丧父，四岁丧母，仁痛父母早背，每朔望必哭奠于墓侧。乾隆五年，儒学陈成德请旌孝童。(《县志》)

宓　彩　迁安人。乾隆十二年，捐谷四百石贮社仓，蒙县令详请题旌，荣以七品顶带。

王明发　乐亭人，为学胥。尝奉差赴府，路拾遗金不昧，给还其主。(《县志》)

王启智　卢龙人。庐墓三年。乾隆十二年，督学吕公旌其门，曰：孝行可风。(《县志》)

夏正明　抚宁人。天性孝友，总角时即知怀物遗母，闻他人丧亲，辄为涕泣。家素贫，不能攻儒业，稍长，即随父国祥营家计，备物致敬，曲尽菽水欢。及父殁，哀毁几绝，孝母益笃。母有疾，焚香默祝，愿减己算以益亲。既没，尽礼尽哀，殡葬庐墓侧，朝暮哭奠三年。乡邻扶归，犹哀声不已，时人以孝称。乾隆二十五年题旌。

何之枢　卢龙人，捐知府衔。生平笃亲睦族，乐善好施。捐费设立义学，延请塾师备膏火以教育寒士，历久不倦。诸生由此入庠者二十余人。又于城北尹家庄置义冢一区，以妥游魂。于乾隆二十八、九等年舍粥救饥，助红白事，棺衾妆奁之费，闾里德之。嗣子有本由武举捐游击衔，亦复善承先志，奉行不怠。

侍孔坐　卢龙人，文秀之子。母王氏见节烈传，母死孔坐庐墓三年，母节子孝，乡里称之。

王留喜 迁安人。其父母流徙陕西，卒于长安县，留喜负骨归葬，备历苦辛，知县靳荣藩为捐俸置田以旌之。

隐 逸

［金］

赵 质 字景道，辽相思温之裔。大定末举进士不第，隐居燕城南，教授为业。明昌间章宗游春水过焉，闻弦诵声幸其斋舍，见壁间所题诗，讽咏久之，赏其志趣不凡，召至行殿，命之官。固辞曰："臣僻性野逸，志在长林丰草，金镳玉络非所愿也，况圣明在上，可不容巢由为外臣乎？"上益奇之，赐田千亩，复之终身。泰和二年卒，年八十五。(《金史》)

［明］

韩原浚 字发之。父应庚，万历丁丑进士。历官监察御史，学者称西轩先生。西轩公年逾，商瞿未举丈夫子，元配郝孺人忧之，聘于刘为亚室，是生浚。幼而早慧，年十七西轩公捐馆舍，郝孺人年已耄矣。刘母佐持家秉，御僮奴严而有则，择良师傅浚，一动止不少假，以故折节读书，循循如寒士。甫弱冠为邑庠生，后选人太学。庚午之变，孺人度城不能守，以五千金诣监军犒师，已而遍召族党纵其所取，仅以千金贻浚，俾出亡于外，曰："若行以存韩氏祀，吾死守门户耳。"甲申，神京陆沉，以林虑可以避兵，乃携拿以行，久之，迁鄢陵，继乃买田密县，结庐大魏山之麓而居焉。丙申冬卒于密县，享年六十。鼎业奉骸骨还葬西轩公墓侧。容城孙征君奇逢志其墓。

崔启亨 字建初，卢龙人。少孤，抚于族祖家。天启甲子举于乡，庚午大清兵入郡城时，太宗皇帝延揽贤才，闻启亨名，授滦州牧，启亨坚辞，太宗赐以乳酒十巨觥。启亨性不善饮，至是连举尽醉，次日不知所终。

流　寓

［明］

刘　寅　字绍和，江西安福人。代父成卢龙，虽在行伍，励志读书。巡抚邹来学阅其文，大惊，待以殊礼。送之试京闱，举酒祝曰：汝此行必取解首，否则无相见，众窃笑之，是秋果中第一，仕至南工部尚书。寅少罹穷苦，故历官自奉凉薄，食不重味，一衣二十年，为能俭以成廉云。(《畿辅志》)

鲁绍芳　浙江余姚人。性恬澹，积学有蕴藉，万历初因祖戍山海依焉。乃设教关门，以戴礼训诸庠生，榆之治礼者多出其门。(《畿辅志》)

黄象奎　江西赣州人，原姓李名逢月，天启辛酉举人。授两当知县，以土寇破城逃匿至滦州。祝发萧寺，诸生蔡君见而异之，劝勉畜发，与共笔砚。开馆横经，后教授抚宁，士多出其门。奎邃于易，精岐黄之术。施药济人，全活甚众。卒，葬紫荆山下。

黄衍相　字六治，蒲田人，太学生。肆力古文歌诗，犹擅临池，博求名帖，规模神似，以宰相黄中五荐任中书侍直。迁工部郎管司经局正字。时次辅魏广微疏救杨左为衍相手书。珰衔之，传旨切责，削籍押出都门。崇祯初诏复官，绝意仕进，不赴。流寓滦州，年七十卒。开平寺《金刚经》、滦治前碑皆其笔云。(《滦州志》)

王元辅　扬州兴化人。幼随父宦游永平，遂家焉。姿性过人，为文千言立就。补郡弟子员，家贫授徒养亲，曲尽诚孝。郡人韩令尹应奎妻以女，元辅不爱美饰，韩女即练衣椎髻，躬行俭素，夫妻相敬如宾，有鲍宣桓少君之风焉。庚午之变没于兵。(《卢龙县志》)

刘宪孟　字圣翼，浙江会稽人。负性纡澹，耽诗书，人称为书愚。明末入北平籍，为诸生，饩于郡庠，以谈经糊口。疾殁，门生辈葬之州原，岁时祭祀，方仲舒之下马陵焉。(《滦州志》)

张星炳　江西人，以明经谒选入都。兵后无归，缚茆于永平郡城夷齐里，授经自给。作诗曰："摇落江湖此结庐，何期得傍古人居。

儿今授室余将老，归思多年已渐除。

［**国朝**］

李孔昭　玉田人，明季孝廉，与杜相国立德同榜。安贫乐道，教授生徒喜为人言忠孝大义，及利济生民之业。时大清兵数入关，孔昭乃隐于昌黎五峰山。迨我朝定鼎，杜相国作诗讽之出仕，兼馈以酒，昭受其酒答以诗曰："玉堂金马君思我，流水高山我忆君。若问故人何所乐？北窗笑傲醉斜曛。"竟不出。

林征韩　字退思。其先闽人也，旧家海滨，国初避海寇之乱薄游章水，会逆藩不靖。国家有事东南，乃梯黔航楚浮家郢下，流寓京师。爱畿东山水，卜居昌黎禅伏山，阳谋终老焉。性洒落，少负不羁，生平足迹所历几遍天下。年过半百，遂息影萧斋，徜徉自适。性喜吟诗，率不存稿，著《忘余录》以纪其游历，述其见闻焉。

方　伎

［**明**］

赵　楷　乐亭人，补弟子员。幼聪明，得麻衣诀，然不欲轻以术售人。抚宁翟中丞鹏家居时，楷望见辄语人曰："翟当重用，第不终尔"，已而果然。王司徒好问未遇时意殊郁郁，楷曰："君当清贵可上，卿无忧不第"，后亦验。又自知休咎，言如左券。（《县志》）

梅如玉　迁安黄崖人。尝从遵化牛东阳（号了义）授三元通天照水经二卷。不著作者姓氏，云得之易水上异人，为人相宅百无一失，其言休咎如指掌。嘉靖中如玉为河内尹，以传邑人张九一，九一以付梓，卢龙韩西元详之，厘四卷。（见郭造卿《碣石丛谈》）

刘　冠　河南仪封人。祖浩，从太祖取张士诚有侦寇功，授都指挥，不受，愿就医。随徐武宁调理军士，遂家山海。冠世其业为医，不轻试药饵，预知吉凶。时主政邬公艰嗣，宠姬多人，内有娠者，尝以疾求诊脉。冠曰："请以面盘印手"，讫出盘，冠曰："此非病，乃喜兆也，主生男”，后果验。詹大司马家居，病痰。一医自京来，邀冠相陪，冠一见即告司马曰：“亟送回此医，公疾无恙。”司马然而送之。至潞河驿医为马轶躏死，预断诸如此类，号为神医。

仙　释

［金］

王川子　姓王氏失其名，在滦州长宁店西建庵，尸解莫知所在，后有人岭南见焉。

［元］

白云子　姓王氏，失其名。初居滦州五山，因鲜卑金吾元帅请住持长宁观阐元教。至元二年赐号广德真人。

浮　聪　乃东溟宋氏，幼削发为僧，游清水兴国寺，师蔼公颇多解悟，于是遍历丛林，探华严金刚奥旨。后于云峰得诀，始归构庵不出。至元乙卯入定，诸沙门为造浮屠。有月泉老衲访道清溪，为聪作铭。后至明成化初塔裂启之，止舍利二三存焉。

［明］

杨不语　滦西人。性淳实，甘淡泊，寡言笑。幼出为僧。明初时栖祥云岛古刹，尝寂然竟日。初不侈口讲谈，人呼为杨不语，亦特信其淳实，未之奇。后往往见二虎来卧寺门，不语汲水饮之，虎驯不加害，始知有行。至宣德间百岁余化。

马真一　自称河南人。年一百八十余岁。昔在华山学道，崇祯初年来入广宁，居北镇庙，采蘑菇拾野菜为食。时大旱，经略袁公崇焕曾使人致之祈雨，次日果雨。但语言颠狂，举止疏放，袁怪之，目为妖妄，羁迟山海。遇关宪梁公廷栋尤加亲洽，与谈休咎，皆应讲经论艺，剖抉如流。饮食不拘荤素，取足而止。诙谐之中往往皆成谶兆。踪迹无常，人不能测，后不知所之。

祥　迈　别号如意野老，住持昌黎道者山。性警敏，洞悉禅机。

尝著莲花经序及注释，序成佛前祝曰："某愚昧，恐不能阐发大道，如文可传，碎而复合。"乃剪撒之，须臾微风鼓凑如故，一字不乱，众皆异之，遂刊传。

卦和尚 居府东阳山庵。娶八妻，皆死。其寿百六十岁。人以为采补延年。能前知，言祸福如神。有访者辄知之，作饭以待。盗至先期呼山下庄客伏庵侧，闻磬声，各敲铜铁器惊之，遂解散。又一日，知盗来，自避庵后高处静坐，盗盈担归，至庵下百步许，迷失道，尽一夜力周庵四围，日出，若有人拘者。齐至卦前视之，各盗如梦醒，遂叩头流血。挂慰以善言，陈利害，各还物于故处而去。

沈　环 抚宁人。幼得仙术，言祸福多奇中。相传于嘉靖某年，值元宵日与妻弟某骑木凳腾空，跨海蓬莱县看灯，环半夜即回，遗妻弟彼处丐食而归，呼吸导引，后不知所终。

明　见 号弗一，四川人，以国变祝发住锡卫城隍庙中。庙僻，人昼不敢入，弗一孑处诵经茹淡，起居宴如。历十余年以五月七日坐化，面如生时，三日后，火其龛塔于大安寺之东。

补　遗

［国朝］

李廷桂 字瑞英，卢龙人，康熙年拔贡。性豪爽学最博，尤善风鉴。尝宴姻家指臧获中一人，语主人曰："若者不为干城，定聚绿林，非君家所宜有也。"主人遂善遣之，后果为逻者得，旋脱去，卒以武功显，由是世咸服其灼见，而能免人于祸。平生持躬俭朴，赒恤里党无吝色德容，且不畏权要。里有豪右欲塞巷以广庐舍，众莫敢樱。桂独挺身相抗，巷赖以存，至今居民便之。长子忠恩贡，次子肃增生，孙向春庠生，曾孙美廪生。

翟正经 字迁斋，卢龙人，平山司训凤翥孙也。少失怙恃，安贫励行。康熙癸酉登贤书。，壬辰成进士，就职左卫教授。教士先器识而后文艺，为大中丞赵公许可延为会城义馆师，一时知名之士多从之。及补山海教授，修理黉宫，捐设祭器，讲学论文，士风丕振。乾隆元年以卓异授江南建平令。仁慈居心，平允持法，未几卒于官。士民追慕不忘。其挽词有云："百日仁风周屋；千秋清节照郎川。"其事实可概见矣。子九苞，国学生。孙赐钺，雍正乙卯科武举人，赐书廪贡。曾孙晓，庠生。

龚　严　字子真，卢龙人，康熙辛卯庚于乡。慎以孝闻，素慕薛文清之为人，因颜其斋曰敬，郡守满公云鹬以孝廉方正举，坚辞不就。选深泽教谕，尽职奉公，振兴士习，历九年卒于官。榇舆旋里，执绋者百余人，皆失声。归即请诸官并享于深邑七贤祠。子，长采，次会，孙应纶、应绅，俱庠生。

张廷璇　字衡齐，卢龙人。才敏性挚，未冠入庠，识者咸器之。

事父母曲尽色养，相继遭内外艰，庐墓三年。手植树木，封土岿然。远近高其谊，从游者众，一时知名之士多出其门。

卷之十九

人物志五

节　烈　上

［唐］

李孝妇　平州人，夫名失传。随姑采薪山中，遇雨雹，以身翼姑而死。土人名其山曰媳妇山。

［明］

翟　氏　李鹗妻，　永平府人，夫亡，抚孤守节终身。

［国朝］

齐　氏　燕先正妻。

宋　氏　杨茂新妻。

齐　氏　贾汉儒妻。

崔　氏　费进秋妻。

范　氏　张仲孝妻。

孟　氏　王理妻。俱永平人，夫亡，守节，题请旌表。

刘　氏　王思让妻，永平府人。年十七归思让，一岁而思让卒，氏矢志守节。

李　氏　王得妻，永平府人。夫亡，子幼，家甚贫，母劝改适，氏严拒之。守节五十余年卒。

赵　氏　张元妻。

白　氏　周尚卿妻。

李　氏　周大奇妻。

章　氏　张缙妻。

刘　氏　卢克敬妻。

费　氏　邹宏道妻。俱永平人，夫亡，守节。

以上见《畿辅志》不详其县。

［**元**］

宋　氏　王宗仁妻，进士宋絅之女也。宗仁家永平，兵乱偕氏避于铧子山。夫妇为军所掳，行至玉田有窥氏色美欲害宗仁者，氏顾谓夫曰："我不幸至此，必不以身累君。"遂携一女投井死。时年二十九岁。

［**明**］

崔　氏　永平卫赠镇抚杨成妻。年二十六，夫亡，二子兴旺在抱，纺绩自活，宣德三年旌表。

李　氏　吕文秀妻。年二十二，夫亡，遗孤在哺，亦殇。氏以针工自给，天顺八年旌表。

杜　氏　庠生李达妻，侍郎谦之姊也。年二十五夫亡，遗孤三岁，氏守而抚成，天顺八年旌表。

孙　氏　刘俭妻。年二十六，夫亡，养舅姑、抚孤克尽慈孝。成化二十年旌表。

周　氏　李泽妻。年二十五，夫亡，剪发自誓。姑年九十余患风痹不能步履。候起居，侍汤药，经年歾，葬以礼。成化二十年旌表。

叶　氏　王铭妻。年二十三，夫亡，苦节四十余年，以纺绩自给，教子有成。成化二十年旌表。

李　氏　杨姜妻。夫死无子。嘉靖九年敌自黄崖人犯，被获，拥之上马，不从，大骂见杀。

戴　氏　郡庠生陈表妻。年二十九，夫亡，抚遗孤，以女工自给，四十余年。万历元年旌表。

茹　氏　庠生朱廷芳妻。年二十一，夫亡，抚孤克俭，甘贫守节，抚按旌其门。

钱　氏　翟堂妻。年十九，夫亡，子守忠尚在襁褓。奉姑守节，姑八十余终，子亦寻卒，门无五尺童，家无升斗储，氏与子妇相依为命，人称双节。

程　氏　郡庠生李鹗荐妻。年二十七，夫亡，奉舅姑尽礼，抚孤学孟为诸生，守节四十余年。

胡　氏　郡庠生李妻。年二十，夫亡，抚孤守节。

张　氏　进士郭经妻。家贫，事姑杨氏尽孝，夫卒，无嗣，守节终身。

霍　氏　青山驻操艾绣妻。年二十，夫亡，长斋守志，年至八十余。

张　氏　东胜左卫知州唐福继室。年二十四，夫亡，遗腹子例应袭世职，族人争之，氏吁天曰："得存此息以奉烝尝足矣。"让之。教驹，成明经，任学正。

罗　氏　顺天大兴县世家女，青州守朱鉴之族孙昌期赘居焉。昌期亡，遗孤明时幼，氏依母家守节课子，占籍大兴，登万历庚戌进士，历任河南兵备道副使。

刘　氏　故家女。御史韩应庚五十无子，知其贞静求为侧室，父有难色，氏晓书史，翻晋络秀传，父解其意，乃嫁之。年二十八应庚卒，生子原浚方十余岁。氏扶嫡郝氏坐堂上，呼家童抱原浚于前，慨然谕以大义，内外帖然。崇祯庚午，郡城垂危，氏尽生平耕织所贮括万金，上军门犒师，命原浚避难，以存韩祀，而身与城为存亡。城陷，复以智免。

杨　氏　韩御史侧室。崇祯庚午之变，被执，大骂而死。

宋　氏　金宪韩原善继妻，封孺人。赋性贞静，年三十而寡，力持家政。遇前子广业慈爱，佐膏火成名士。次宏业已出也，甫数岁，佥宪卒，教之独严，任知县。

王　氏　华阴令韩应奎仲子原洁妻，乐亭王大司徒孙女也。崇祯庚午，夫遇害。氏不惮凶秽，泣寻夫尸于积骸中，即欲枕尸而死。姑徐氏携孤坤业百端劝慰乃忍恸勉从。逾两月生遗腹子泰业。苦节守志，教子游泮，乡党称之。

李　氏　布政司充浊之女。适卢龙卫指挥焦承勋，勋居官廉有父润风，早卒。氏年二十余，哀毁绝粒，誓欲徇夫。姑谕以遗孕在腹当念焦氏后，氏乃勉从姑命，生子效良抚孤奉姑靡不周至。终身非至亲不面。诏旌。

韩　氏　光禄监事李浣妻，封御史廷义女也。夫卒，无嗣，哀毁庐墓，复肖夫像，并夫之父方伯公、祖郡守公之像，筑墓柳庄别业祀之。自制诗文书于壁，给事白瑜勒石记之。

陈　氏　太仆卿王庭长女，适庠生韩景昌。崇祯庚午景昌死于兵，氏扶八旬祖姑，携三岁孤遇春，皆得保全，教子为诸生。

陈　氏　名静英，太仆卿王庭次女，字滦州高尚书孙士凤。年十四，崇祯庚午乱中乡绅白某妻罗氏知女美而慧，欲为侄娶之，给太仆夫人云：“今将选民间秀女”，迎英避其家。英往，罗伪言高阁门被杀，强之议婚，女不可，夜簪高聘钗以领巾结吭死。诏建坊旌之。

秦　氏　两当知县李可培妻，崇祯庚午，被执不屈投井死。子生员正藻被杀。妇田氏年十九，子端生六日，投井救免。养祖姑至九十，抚端为庠生，守节三十年。

彭　氏　陆纯妻。夫故，守节，抚子松成立。年至八十五。松死庚午之难。妻梁氏抚孤完节，年至七十五，人称双节。

韩　氏　卢龙卫指挥同知焦延庆妻。崇祯庚午夫战死降间，氏即求死，家人力止之，出城远匿山庄，守节二十余年及卒，与夫木方合葬之。

王　氏　庠生原洞韩妻，崇祯庚午率子妇吕氏俱缢死。

李　氏　南户部主事朱文运总妻，二十六，夫亡。子济美方九岁。遗橐萧然，氏事姑尽孝课子务农，家业不坠，建坊旌表。

王　氏　东胜卫程玉妻。夫亡，里媪欲夺其志，啗姑以厚利。氏窃知之，泣曰："妾即窭家儿，顾可以利失身乎？"投缳而死。总兵罗希韩葬之城西芦岗，总理戚公继光为之立碑。

谢　氏　永平卫杨太芳妻。夫亡，绝粒九日而死，与夫同棺而殡。

王　氏　汤世功妻。夫亡，守节抚子思道成立，任参将。

王　氏　卢龙卫指挥佥事孙鋐妻。年二十二，夫亡，甘贫守节，抚孤光普承袭世职。

牛　氏　卢龙卫百户马逢时妻。夫故，守节训子，玉聪为郡廪生。崇祯庚午城陷，自缢完节。

陈　氏　举人廖从周子承训妻。崇祯庚午，承训与叔师周俱被害，师周妻刘氏病，遗孤雅尚未周龄，氏恐廖门无后，舍己女以乳叔，教之入泮，雅亦以母事之，人称节孝。

王　氏　庠生侯王臣妻。夫死不食，七日而死。

陈　氏　王自省妻。年二十余，夫亡，知志守节，教子耀祖、显祖为诸生。

杨　氏　永平卫监生张世昌妻。夫亡，无子，守节诏旌。

张　氏　东胜左卫白镛妻。夫亡，养姑守节，人无间言，诏旌。

刘　氏　东胜左卫总旗卢钦妻。年二十一，夫亡，遗孤彦忠甫三月，欲死以殉，姑与父母谓之曰："死矣奈孤何？"乃强从，抚孤有成。

石　氏　千总朱镇胡妻。镇胡从军殁，氏年二十余，或怜其少艾无子，劝之嫁，氏悲号欲绝，茹辛忍苦，纺绩资赡，几四十年，始终全节。

尚　氏　庠生李思敬妻。姑年衰暮，夫患痼疾，氏奉养服劳，克尽其道。姑与夫相继殁。子析甫八岁，含冰茹荼，教之游泮，守志五十余年。

韩　氏　东胜卫指挥张国翰妻及邑民高应攀妻侯氏、刘声远妻杨氏、刘承敬妻贾氏、王惠民妻沙氏、生员陈蒙贞妻宋氏，俱以庚午城陷死节。

岂　氏　宋成禄妻。年十九，夫亡，遗子鸿儒方三月，教之成立，食饩县庠，寿至七十余。崇祯十四年旌表。

袁　氏　庠生贾真儒妻。夫亡，欲以身殉，勺水不入口。亲属谕之曰：“姑老子幼，汝死何赖？”氏强起食，勤女工以奉姑，抚孤卓有名节。（一作抚宁人。）

［**国朝**］

董　氏　庠生赵惇妻。年二十，夫殁，孝事舅姑，教子克显人庠，雍正五年旌表。

王　氏　侯选经历傅启荣妻。年二十九，夫亡，孝事舅姑，严于教子。雍正五年旌表。

王　氏　马化麟妻。夫亡，守节，雍正八年旌表。

王　氏　刘德宏妻。年十六，适夫，未逾年，夫亡，孝养舅姑，克尽心力，抚继子训以义方，守节三十九年，雍正十年旌表。

李　氏　王琀妻。年十九，夫亡，奉事孀姑，色养备至，抚育孤子，教以义方，守节至六十一岁，雍正十二年旌表。

齐　氏　王玱妻。夫亡，守节，雍正十二年旌表。

汪　氏　王栋妻。夫亡，守节，乾隆元年旌表。

葛　氏　王前妻。夫亡，守节，乾隆五年旌表。

王　氏　增生李肃妻，母族为邑中右姓，夫家亦世敦诗礼。氏幼即贤淑，克守女仪，迨于归后生三子，皆不育。至二十八岁，夫故，氏矢志贞坚以奉翁姑。继伯氏次子向春为嗣。乾隆五年旌表。寿至八十四岁。向春为县诸生，孙美今食饩于庠。

葛　氏　贾桂馥妻。夫亡，守节，乾隆八年旌表。

马　氏　刘植妻。

王　氏　郭肇基妻。

李　氏　王运泰妻。

邸　氏　庠生刘德明妻。

韩　氏　王凝妻。俱夫亡，守节。乾隆十年旌表。

姚　氏　樊养正妻。夫亡，守节，乾隆十一年旌表。

赵　氏　郝伦妻。张氏，伦健妻。铉氏，王元德妻。俱夫亡守节，乾隆十二年旌表。

王　氏　侍文秀妻。吴氏，贾成章妻。俱夫亡守节，乾隆十三年旌表。

魏　氏　王中善妻。燕氏，陈杰妻。杨氏，王之翰妻，俱夫亡守节，乾隆十七年旌表。

王　氏　张隆妻。翁氏，王文鉴妻。杨氏，许焕妻。赵氏，李祲妻。俱夫亡守节，乾隆十九年旌表。

窦　氏　许灿妻。夫亡，守节，乾隆二十年旌表。

刘　氏　陈化鹏妻。年十七，夫亡，矢志守节，奉翁姑、抚继子，以孝慈闻，寿迈古稀，孙曾绕膝。乾隆二十七年旌表。

邢　氏　田国祥妻，明末祥殁于难，氏携三月孤缒城避难，甘贫苦守，教子三杰为郡庠生。（以下未旌）。

李　氏　庠生薛文龙妻。明末龙殁于兵，氏抚育两孤，茹荼训海。长子国佐中顺治辛卯将材武举。

杨　氏　庠生郭元士妻，年二十三，夫亡，无嗣，秉志守贞，孝事二老，慈抚继子，未及授室而氏殁，寿仅五十二岁。

李　氏　陈靖策妻，夫亡，上事髦姑，下抚幼子，食贫守志三十余年。三子俱成立。

王　氏　周士昌妻，婚百日夫亡。孝事舅姑，生遗腹子恩勤，苦守未几，子又亡。氏矢节终身不渝。

刘　氏　杨体亨妻，夫亡，氏姑尽孝，抚孤成立。

王　氏　马大德妻，夫亡，遗孤甫八岁，食贫守节，训诲有成。

沈　氏　王辅妻，事舅姑维谨，抚孤成立，孝慈可风。

管　氏　庠生刘亮辅妻。年二十九，夫亡，辛勤抚孤成立。子又亡，氏慰妇，抚孙守节。

张　氏　庠生毛峻岐妻。年二十五，夫亡，守节抚孤成立。

郭　氏　庠生张宏妻。年二十九，夫亡，两孤幼，氏矢节苦守，抚教成立。

杨　氏　庠生丁维楫妻。年二十，夫亡，遗孤蕙方二岁，氏矢志苦守，孝事孀姑，教子游泮。

张　氏　武进士赤城守备赵跻妻。夫亡，守节，奉亲抚孤，内外无间，教子统国中康熙庚午武举。

张　氏　庠生沈蕴秀妻。年二十七，夫亡，奉姑苦守，教子应昌及孙游泮。

蔡　氏　绥远将军毓荣公女也。赋性端贞，适候补主事金墩生，年十八，夫亡，遗一子、一女，子旋亡。氏矢节弥贞。继任启复为嗣。恩勤抚教，任内阁撰文中书，康熙四十二年覃恩诰封太孺人。

韩　氏　蔡将军仲子海盐令询妻，原任贵州按察使阿琳妹也。性真淑，娴礼训，夫亡，守节，家政肃然，遵夫命，抚幼叔瓒，教诲成立。

张　氏　李自玓妻。年十九，夫亡，孝事翁姑，抚遗腹子成立，守节三十余年。

李　氏　武宏昭妻。夫死他乡，氏矢志事姑，教子苦守四十年。

王　氏　周阿京妻，年二十三甫婚，三月夫亡，遗孕生子起麟又夭，氏矢志益贞，勉事翁姑，翁耄年纳妾生子，氏备极恩勤，抚叔成立，旋为婚娶，生二子，继其一为嗣。郡守张公朝琮给匾旌之。

沈　氏　胡兆麟妻。年二十七，夫亡，抚孤成立，守节二十五年。

周　氏　张宏义妻。年二十五，夫亡，抚三岁孤成立，矢节三十余年。

张　氏　王从聘妻。年二十从聘，病笃与诀，氏誓以相殉。及卒，氏引剪自尽。郡张公朝琮给匾旌之。

高　氏　冯瑄妻。年二十七，夫亡，矢志苦守，抚子端云入泮。

傅　氏　张宏士妻。性至孝，年二十六，夫亡。家贫亲老，矢志代供子职。舅拮据，殡葬如礼，耄姑在堂，朝夕侍奉弥谨。守节三十六年。

张　氏　穆廷召妻。年三十，夫亡，家徒壁立，力勤女红以事姑，抚侄承嗣。守节四十年。

段　氏　鲍联捷妻。年二十九，夫亡，孝事舅姑，抚孤成立，守节四十二年。

管　氏　陈美杰妻。年二十五，夫亡，孝事孀姑，抚孤成立，守节四十七年，备尝艰苦。

徐　氏　蒋瑞秀妻。年十九，夫亡，子女俱无，苦守四十三年。

易　氏　候选经历赵正贵妻。年二十三，夫亡，矢志甘贫，抚孤成立，守节五十三年。

刘　氏　赵世英妻。夫亡，守节，抚孤子又亡，抚嗣孙成产，守节三十余年。

王　氏　宋天禄妻。年三十，夫亡，矢志甘贫，抚三岁孤成立，守节三十四年。

郭　氏　白石营游击李重美子若宾妻。年二十九，夫亡。侧室潘氏年二十六，氏与矢节同守，抚遗孤浩游庠，考入明史馆。当事多题赠表其双节。郡守张公朝琮曰：松筠双劲。

李　氏　王臣妻。夫亡，矢志靡他。孝事舅姑，抚弱子成立，守节三十余年，郡守张公朝琮旌曰：贞淑慈徽。

谢　氏　陕西西安府司狱王国垣妻。年二十二，夫亡于官。氏拮据经营，扶柩归里。抚三岁孤成立，守节三十余年，郡守张公朝琮旌之。

李　氏　朱之琦妻。夫亡，矢志抚孤。持家勤俭，五子俱成立，仲为诸生，守节垂五十年。

何　氏　刘建基妻。建基山西人，贸迁于永，娶何氏，旋亡，无宗党。氏年十九抚三岁孤，矢志靡他，苦守成立。

石　氏　刘承恩妻。年二十九，夫亡，辛勤纺绩，事姑抚子，守节四十余年。

高　氏　李茂阳妻。年二十，夫亡，遗孤维化甫三岁，家贫，氏矢志苦守，孝事孀姑，抚子游泮。

闫　氏　庠生韩遇春妻。年二十八，夫亡，抚子生阳入泮。娶媳孙氏，生阳又亡，媳年二十七。奉姑同矢苦节，两世孀居，备尝艰苦。

闫　氏　朱正妻。年二十七，夫亡，事姑朝夕不怠，甘贫守志，训遗腹子为极游庠。

李　氏　庠生王绮妻。年二十六，夫亡，遗二子，长大任，次大伸，俱幼，氏甘贫矢志，奉公姑克尽孝道，纺绩，训二子皆成立。

尹　氏　王九富妻。年二十四，夫亡，氏矢志不移，事舅姑以孝闻，教子祥克有成立。

申　氏　尤谦妻。　**李　氏**　韩宾妻。　**王　氏**　马一霄妻。

彭　氏　宋成禄妻。俱夫亡守节终身。

李　氏　庠生张琳之妻。　**汪　氏**　张彬之妻。俱夫亡，守节，督学赵公给匾曰“慈荫双清”。

蔡　氏　府廪生许炳妻。年二十四，夫亡，守节，抚遗腹子凌云成立，游庠，至六十岁卒。

高　氏　童人文妻。年十七于归，逾年夫没，痛欲身殉，潜投水缸，家人救苏，乃苟延岁月，以奉翁姑。迨后翁姑没，日夜号泣，以致呕血成疾而亡，时年方二十五，闻里悲之。

汪　氏　贡生屿之女也。幼娴姆训，性耽诗书，颇饶道韫风。年十八岁适商城县知县王启文弟启书。于归方两阅月，旋遭黄鹄之悲，奉姑守志，金石同坚，抚育后嗣子孙林立，年六十一岁而殁。

王　氏　马化骐妻。年二十三，夫亡，遗孤之骏方四岁，家业艰窘，苦志守节，奉衰姑曲尽淑水欢，闻里以孝闻，寿至七十五岁，无疾而逝。邑令邓公表其门曰“玉洁冰清”，迄今孙曾繁衍，多入邑庠。

高　氏　王言妻。家贫从夫就食锦州。年二十七，夫殁，遗子女各一，抚孤守志，备历艰辛。以女工作苦，卒能扶夫柩还葬，嫁女娶妇，经理有条，子死又抚孙，至于成立，苦节四十余年，现年七十岁。

魏　氏　王文明妻。年十九，夫殁，遗腹生子，家甚贫窭，敬事二老，矢志抚孤，历五十余年，现年七十一岁。

李　氏　王文德妻。年二十九，夫殁，无子，继族侄为嗣。上奉翁姑，下抚幼子，慈孝兼尽，闾里高之，现年六十一岁。

王　氏　儒童赵越妻。年十九，夫亡，剪发毁容，立志守节。事祖姑及姑朝夕匪懈，得以颐养余年。抚长子及遗腹次子成立，现年五十一岁。

夏　氏　生员郑应时妻。年二十八，夫亡，柏舟自誓，奉老存孤，迨后翁姑相继没，氏送终尽礼，教子成立，现年六十一岁。

石　氏　王伟妻。年二十八，夫亡，矢志守节。善事翁姑，抚子成立，现年七十岁。

胡　氏　邑庠生康赓扬妻。和惠愿谨，明大义，善事公姑。年十九，夫亡，仅留弱息长三岁，次未周龄，三月之内相继大殇，氏痛不欲生。夫兄庠生赓虞仅一子，情难自禁，议为嗣之。氏收泣曰："子虽无，节不可无；夫不在姑固在也，吾守吾节，吾奉吾姑而已。安庸嗣子，乃坚吾志也。"爰引针刺目以自誓，姑即救解，已毁左目矣。迄今守节二十年，孝姑不衰。

张　氏　陈九经妻。年十七，夫亡，遗一子，至七岁又殇。氏辛苦守节，孝奉孀姑，惟依母家存活，现今四十三岁，已守节二十七年。

王　氏　庠生姚盛猷妻。年二十八，夫亡，无子，孝奉孀姑，养生送死，克尽妇道。夫族贫寒，不能相顾，氏惟辛苦以女工度日，炊爨不继，贞操逾厉，或谓其自苦。答曰："吾待死而已，他非所知也。"现年五十三岁，已守节二十六年。

王　氏　儒童张品超妻。年二十三岁，夫故，无子，家贫惟以纺绩奉养翁姑，生养死葬，克尽妇职。后十年始继夫侄为嗣，教之成立，乡里称之。现年八十三岁。

周　氏　窦以达妻。年二十一，夫亡，无嗣。矢志奉养翁姑不衰，继夫侄执中为子。执中入县庠，呈母节，学宪旌之曰"苦节流芳”。现年五十一岁。

翟　氏　贡生翟彧女也。年二十一适生员赵永禧，佐夫殡葬翁姑哀毁尽礼。甫及一载，旋遭夫殂，冰霜自厉，志矢柏舟，丸熊抚孤，名列黉序，现今年逾五十。子德肃，邑庠生。

傅　氏　张鏻妻。性贞淑，于归后即以孝敬闻于乡，夫笃疾历岁，氏汤药扶持，无怨色。二十六岁，夫故，无子女，号痛欲殉，姑责以守节，始抑哀奉老克代子职。两继夫侄俱夭，乃泣请于翁曰：“是未亡人福薄殃及嗣子也，愿后叔有儿，且毋谓未亡人母，俟与夫同穴。时，再正继嗣之名，俾张族不绝为佳耳。”翁姑哀其意而许之，氏清操益励，孝事舅姑，抚诸侄如己出，皆有成立。现年四十七岁。

以上卢龙县

［**金**］

王　氏　义丰县令李宝信妻。值平州军乱，陷于贼。贼逼欲污之，氏骂不从贼，怒支解之。大定十二年，赠贞烈县君。

周　氏　李伯通妻。年十六，父母许聘李，邻豪觊氏姿，欲贿夺之，氏以死拒，卒归李。后伯通为丰润令，挈妻子之任，元兵攻丰润，伯通不知所往。氏与子易被执，不屈，自投深堑，主者怒拔佩剑三刃其体而去。得不死，携易至汴，织纤自给，教易有成。

［**元**］

董　氏　任椿妻。幼适椿，曲尽妇道。未三十而椿亡，氏砥冰霜之操，抚育诸孤，俱成立，元贞三年旌表。椿为南麓先生五世孙。

［**明**］

吴　氏　王宏妻。年未二十，夫亡，矢志靡他，奉姑尽孝，训子有成。守节数十年言动中礼。远近称之。寿七十余，成化四年诏旌。

谢　氏　进士高璁妻。璁为临邑令，卒于官，氏年仅三十。教子谦成进士，为巩昌守，孙擢登嘉靖巳丑第，官至大中丞，氏年九十余，累封太淑人，诏旌节寿。

许　氏　名毓英，王侃妻。年未二十夫亡，遗子蕃在抱，稍长，氏训以《春秋》，成进士，为御史。受封太孺人，弘治十四年诏旌。

余　氏　户部员外郎璘女，年十七，归陈瑛，二载，英暴卒，无嗣。氏守志，足不履阈，事舅姑尽道，及殁殡葬中礼。或讽使改适，氏怒号哭成疾不肯，服药死，弘治十四年诏旌。

尚　氏　李恕妻。年二十七，夫亡，存遗孤，姑怜其少，欲夺其志，使人屡迫之。氏持刀断发，誓必死，众骇愕乃止。抚子成立，里号闺贞。

李　氏　王珏妻。夫亡，守节。嘉靖二十六年郡守张公批匾旌其门。

赵　氏　国学生欧阳玳妻，夫亡，守节，万历十四年诏旌。

吴　氏　庠生郝邠妻，夫亡，守节，万历十八年诏旌。

厉　氏　王思文妻。夫亡，守节，万历十九年诏旌。

陈　氏　李发妻。夫亡，守节，万历二十二年诏旌。

谢　氏　国学生高朝妻。夫亡，守节，万历三十年奉旌。

邸　氏　左太妻。夫亡，守节，万历三十一年奉按院旌。

王　氏　庠生李东妻。夫亡，守节，万历三十六年诏旌。

刘　氏　庠生李柱国妻。夫亡，守节，万历三十七年奉旌。

张　氏　庠生王许妻。夫亡，守节，万历四十年诏旌。

郝　氏　庠生高升妻。夫亡，守节，万历四十五年奉学按两院旌。

李　氏　庠生韩友苏妻。夫亡，守节，天启五年诏旌。

杨　氏　庠生王之英妻。年未二十，夫亡，遗孤方数岁，氏柏舟矢志，训子游太学，守节四十年，道府旌之。

宋　氏　庠生陈蒙吉妻。夫亡，守节，崇祯七年奉旌。

宁春姐　贫家女。年十四生有淑姿，独与母居，邻恶觇其母他出，带刃强逼，且力持之，女大呼，四邻至，恶始奔。女哭誓曰："吾女子，被男子手近衣领，而语无状，何以生为？"竟缢死。兵宪刘公景耀置恶重典，自为文祭之，值暑月启棺改椁，女尸如生，目不瞑，既灌乃瞑，时崇祯十年事。

［国朝］

冯　氏　庠生孟臣极妻。明季夫死于难，氏伏尸饮血，欲与同死，舅姑力劝抚孤。氏长斋奉佛，终养二亲，殡葬尽礼，守节四十余年，康熙十年旌表。

王　氏　庠生伦品观妻。夫亡，遗孤可宗甫四十二日，矢志守节，孝事舅姑，及殁，典鬻衣钏，殡葬如礼，教子游庠食饩。康熙三十五年旌表。

伦　氏　李先期妻。夫亡，遗孤本立未周岁，家贫亲老，力勤纺绩以供菽水，教子游庠，守节四十七年，康熙三十五年旌表。

李　氏　彭玉妻。为李自荣逼奸杀死，康熙六十一年旌表。

罗　氏　李芬妻。夫亡，事翁姑，抚幼子，孝慈兼至。雍正五年旌表。

陈　氏　李棠妻。年十七，夫亡，无子，抚侄为嗣，苦节三十余年。雍正六年旌表。

王　氏　吴倬妻。夫亡，孝事舅姑，抚子克昌成立。雍正七年旌表。

董　氏　张清模妻。年二十，夫亡，遗子镕甫八月，纺绩以养舅姑，课子入泮，苦节四十余年。雍正七年旌表。

郝　氏　张起鲸妻。年十九，夫亡，无子，翁姑衰老，继侄为嗣，娶媳生孙，未几翁、姑、子媳俱相继殁。氏茕茕孑立，抚育幼孙，备尝艰苦，年六十岁卒。雍正七年旌表。

萧　氏　吉谦妻。年二十七，夫亡，翁年八十目失明，饮食起居氏维持周至。抚二子有成，族有弱女，氏为收养择配，尤人所难能者，守节至六十七岁。雍正十年旌表。

郝　氏　任三瑞妻。年二十一，夫亡，翁姑继殁，氏典衣鬻产经营葬事，抚周岁侄成立，入泮。守节历五十年。雍正十年旌表。

张　氏　李学孟妻。年十九，夫亡，养亲抚孤，守节四十三年。雍正十年旌表。

孙　氏　田畴继妻。年二十二，夫亡，家贫，荼苦自甘，抚育前子，训诲成立，入泮。守节至六十二岁。雍正十二年旌表。

汪　氏　彭起妻。年二十，夫亡，纺绩度日，寒暑不辍，抚育双孤，俱克成立，入泮。守节至六十岁。雍正十二年旌表。

李　氏　马躬健妻。结璃四载，年二十六，夫故，哀痛欲绝，事翁姑朝夕侍养不倦，训子成名。乾隆元年旌表。

孙　氏　王曰敬妻。年二十七，夫亡，殡葬翁姑，教子成立。守节三十余年，乾隆元年旌表。

刘　氏　李之龄妻。年二十二，夫亡，姑亦亡。氏独理葬事，苦节五十余年。乾隆元年旌表。

惠　氏　冯骥妻。归冯二载，年二十五，夫亡，教训嗣子，蜚声州学，乾隆元年旌表。

王　氏　生员赵及溥继妻。年二十三，夫亡，视前子如己出，未娶复没。苦节三十九年。乾隆三年旌表。

周　氏　王柏椿妻。夫亡，日夜纺绩。孝事舅姑，舅姑相继亡，竭力葬事。抚育子女，守节五十余年。乾隆五年旌表。

胡　氏　李正妻。年二十五，夫亡。尽礼尽哀，抚子及孙俱成立，守节六十余年。乾隆五年旌表。

王　氏　生员裴有瑞妻。天性贤淑，年二十四，夫亡，哀毁尽礼。事孀姑，抚幼子，苦节四十余年。乾隆六年旌表。

魏　氏　生员王曰琦妻，年二十九，夫亡，孝奉祖翁及孀姑，典衣供膳，相继病故，丧葬尽礼。抚养嗣子成立。乾隆九年旌表。

赵　氏　生员鞠汝捷妻。年二十一，夫亡，勤俭居家，义方教子，四十余年，始终如一。乾隆九年旌表。

李　氏　赵大成妻。年二十六，夫殁，姑老子幼，纺绩营生，仰事俯育，艰苦备尝。乾隆十一年旌表。

李　氏　边元佐妻。奉姑至孝，夫贸易关外，寻殁。或劝改适，誓死不移，命子扶榇归葬。乾隆十一年旌表。

李　氏　金泰妻。年二十三，夫亡，矢节不移。养生送死，独力经营，备尝辛苦五十余年。乾隆十一年旌表。

董　氏　马斯徂妻，年二十八，夫殁，孝事翁姑，抚幼子，口授诗书，弱冠游泮。乾隆十一年旌表。

谷　氏　霍瑞起妻。年二十二，夫亡，纺绩孝养，公姑怜其少，令改适，不从。欲服毒，邻里救之，得免。乾隆十二年旌表。

徐　氏　耿建生妻。年二十三，夫亡，敬事舅姑，训子成立。乾隆十六年旌表。

宋　氏　吴基远妻。舅姑染疾，夫亦卧病。二子幼，一切奉养，氏独任其事，治家严肃。年二十一，夫殁，训子成名。乾隆十六年旌表。

高　氏　张义妻。年二十二，夫亡，孝事舅姑，独力经营。姑亡，人欲夺其志，氏将自缢，邻族救之得免。乾隆十六年旌表。

周　氏　赵乘时妻。舅姑殁，尽礼致哀。年二十三，夫故，截发矢志，身勤纺绩，不避寒暑。乾隆十六年旌表。

伦　氏　郭翰妻。年二十三归郭，一载夫亡。饮卤自尽，翁姑救之，复苏。教养继子，茹苦自甘。乾隆十六年旌表。

史　氏　周成羽妻。年二十七，夫亡，家贫，殡葬尽礼，训子义方。母弟欲夺其志，氏断左中指以誓。乾隆二十年旌表。

张　氏　袁学惠妻。孝事舅姑，菽水承欢。年二十二，夫故，自尽者再，邻里劝免，卒教子成立。乾隆二十三年旌表。

陈　氏　何谦妻。家素贫，年二十五，夫故，百计营葬事，尽礼致哀，毁形示志。乾隆二十三年旌表。

刘　氏　许有抱妻。年二十一，夫亡，孝事舅姑。勤纺绩，教子有成。乾隆二十四年旌表。

李　氏　监生杜步章妻，年二十三，夫亡，事翁姑朝夕不怠。抚育子侄，辛苦备至。乾隆二十五年旌表。

高　氏　张礼妻。年二十四，夫亡，竭力营葬，教子成立。乾隆十七年旌表。

郭　氏　鲁礼妻。年二十二，菽水承欢，尽礼尽志，三载夫亡，竭力抚孤，截发自誓。乾隆二十七年旌表。

李　氏　毛承基妻。年二十七结璃，未一载夫亡。日夜纺绩，抚育继子不异已出，孝养翁姑，始终无倦。乾隆二十八年旌表。

赵　氏　庠生于魁份妻。年二十二。赋性幽闲，持躬淑慎。夫亡，仰事俯育，勤劳不懈。乾隆二十八年旌表。

李　氏　李敷勋妻。年二十六，夫故，孝姑育子，克尽其道。数年子又亡，抚孙成立。乾隆三十五年旌表。

陈氏　营兵张逊妻。年二十一，夫阵亡，日夜纺绩，抚育遗子。成立。苦节三十三年，乾隆三十六年旌表。

戈氏　知府高显臣妻。随夫任云南，遇吴逆之变，显臣殉节，仰药死，氏亦自经。（以下未旌）

李　氏　省察官田国祚妻。年二十三，夫亡，守节数十年，勤慎自持。时脱珥以周亲族婚葬。顺治八年郡守朱公旌之。

聂　氏　庠生夏辅明妻。崇祯九年辅明随督建中之扶风县佐任，死于流寇，家人负骸骨归。氏甫二十岁，哭痛欲绝，五日不食，誓以身殉，时有六旬孀姑，五岁孤子，亲族责以孝养大义，氏强起饮食，竭力治葬。事姑卧病九载，日夜奉侍，未尝稍懈，殡葬如礼。苦节四十余年，教子瑚为诸生，事母以孝闻。郡守张公朝琮旌曰“节孝辉映”。

李　氏　杨德斌妻。居海陬夫亡，冰蘖自励，抚二子暨孙有成，苦节六十余年，寿九十，无疾卒，道府旌其门。

石　氏　庠生伦品著妻。年二十三，夫死，氏决志殉夫。小祥后自备含禭緹繶之属，入室自缢。远近奔视，面色如生，士大夫争为诗文以传其烈。

伦　氏　国学生张抡英妻。年二十五，夫亡，矢节抚孤，事舅尽孝，躬纺绩，教子成名，至七十余岁卒，有司旌之。

孟　氏　举人白培极继妻。年二十五，夫亡，矢节抚前。妻子景易视同己出，教次子章以贡仕海丰令，康熙三十六年覃恩封太孺人，寿至七十余。

焦　氏　庠生赵琮妻。年二十，夫亡，遗孤谦在襁褓，家无斗筲之储，贞操自励，教子成立。游庠子旋亡，遗孙文燕幼，复辛勤抚课，游庠，守节五十余年。

孙　氏　庠生赵玘妻。年二十二，夫亡，无子，家业单寒，苦节四十余年，族人重其贞操，为立祠。

王　氏　李雅妻。年二十七，夫亡，遗孤甚幼，矢贞操，孝舅姑，勤俭持家，义方教子，守节四十余年。

刘　氏　庠生陈玮妻。玮危疾，自知不起，谓氏曰："家贫尔无子可守，我死即他适以图存。"氏曰："君无虑，我不负君也。"玮死，氏吞卤亦死。玮复苏，知妻死，乃瞑目。氏年二十七。郡守华公黄挽以诗，张公朝琮旌曰"真情大义"。

王　氏　赵应泰妻。年十七，夫亡，或劝之嫁，不从，以无子恐之，氏曰："姑吾母也，吾善事而依之，复何忧。"后二十年，继一子，视如己出，或劝与伯兄异产，氏曰："兄弟分家吾素鄙之，吾虽妇人，不为是也。"

蒋　氏　谢昆妻。年十八，夫亡，无子，矢志靡他，甘贫励节。夫兄有疾，不能持家，氏力任勤劳，悉索典质，毫无吝色。苦节三十余年，同居雍睦，内外无间。

杨　氏　袁侑妻。年三十，夫亡，无子。矢志守节，继侄学仲为嗣。上事舅姑，下抚幼子，茹荼集蓼，曲尽孝养。亲殁，殡葬如礼。娶妇钱氏，学仲亡，生遗腹孙，亦夭。两孀相依，袁祀几绝，又继族侄学商为子，以商子为孙，四十余年，备尝艰苦。

吴　氏　郭运升妻。年二十八，夫亡，呼天抢地，自残其躯，苦节五十余年。足不逾阈。伯阶升仅一子，怜其节而嗣之，生五孙。康熙戊子仲孙伦登乡荐。

以上滦州

［**明**］

许　氏　进士魏琮孙樟妻。年二十，夫亡，时太姑刘氏在堂，年八旬，两孤幼，氏安贫矢节，纺绩以事太姑，教子有成，孀居五十余年，有司奖之。

吴　氏　杨彪妻。年二十五，夫亡，欲以死殉，念姑老家贫无倚，矢志守节。纺绩以奉，教子孙并为弟子员，年八十余卒。

丁　氏　王龠妻。年二十，夫亡，坚贞苦节，子之义、之孚、之砥，乡称孝友。孙士选任蓟州训导，抚按旌曰“母节子贤”。

郭　氏　任佑妻。年十七，夫亡，艰辛守节六十余年，抚孤成立，抚按旌其门。

谭　氏　建昌营舍人李堂妻。年二十，夫亡，抚遗腹子，坚志守节，年八十余卒，有司旌之。

沈　氏　李伋妻。年二十二，夫亡，抚遗腹子几为诸生，年七十余卒。

李　氏　建昌营军余周维屏妻。年二十，夫亡，遗孤周岁，或怜其少，劝之他适，氏以死拒，守节终身不易。

徐　氏　马杰妻。年二十八，夫亡，守节抚两孤，仲子玉授锦衣百户。

陈　氏　兴州卫百户李承恩妻。婚三年，生子国栋。夫亡，守节事舅姑，生养死葬如礼，为两叔择配成家，教子以义方。比长服官，有过必挞，虽至亲终身不出见。

纪　氏　兴州卫指挥魏一清妻。无子，劝夫纳妾，清不许。氏强纳三妾，各生子。清亡，子俱襁褓，氏与三妾誓同抚孤，保爱如己出。长子如枢袭世职；次子如楹庠生；季如桐举人。守节三十余年，勤俭慈睦，人无间言。抚按旌曰“节义双全”。

石　氏　张腾妻。少寡无子，孀居七十年，始终一节。寿九十卒，邑宰马仁旌曰“天寿贞节”。

李　氏　忠义卫军余王天禄继室。禄先娶马氏不育，乃纳妾徐氏，生子增，马亡，禄不欲更娶，徐劝曰：“中馈可任之，苹藻非嫡谁主乎？”因娶李氏，年二十，夫亡，生遗腹子墀，舅姑怜之，命再适，曰：“子妻也，有死靡他。”徐曰：“吾虽妾岂适二夫哉！”携手悲恸，同心守节训二子。勤织纴，以供朝夕，二子皆成立，道府旌其门。

彭　氏　兴州卫百户滕汝捷妻。年十九，夫亡，家贫无子，继侄承嗣。纺绩度日，不出户庭，殡葬舅姑，哀恸逾礼。尝曰：“丈夫托我何敢忘之。”事闻，按院题请诏旌，年八十余卒。

吴　氏　兴州卫武状元陆万钟妻。年二十，夫亡，无子，孝事舅姑，守节五十余年。

周　氏　三屯营军韩金妻。金随征古北口阵亡，无子。氏年三十，终身守节，以女红自养，有司旌之。

杜　氏　建昌营军余张源妻。夫亡，无子，坚贞矢节，至六十岁卒。

周　氏　庠生马玺妻。玺疾革与诀，氏许以身殉。及卒，屡欲自尽，家人百方解劝，氏佯诺。理丧事如常，乘间投缳死，年二十二，诏旌。

张　氏　榆木岭军孙忠妻。年二十一归忠，甫三月夫贫且病，竭力奉汤药，日夜不怠，及亡，潜缢以殉。

仇　氏　兴州卫百户沈凤妻。凤守铲车岭寨，兵乱，氏被掳，将污之，不从，遂支解死。

马　氏　庠生何秉善妻。冷口兵乱，被执，上马至青龙河跃入水中死，县建贞烈坊。

陈　氏　三屯营高贵妻。赋性坚贞，邻有逼而污之者，事迫，赴井死。总理戚继光立石井旁，题曰“全节井”。

杨　氏　贡生韩范继室。年二十余，适范，居数载夫亡，氏号啼几绝，欲自尽，家人守之，乘间缢柩前。家人觉而救之，既葬，饮鸩而死。

徐　氏　杨茂华妻。明季夫殁于兵，氏闻夫死即自缢，邻妇救之，至次晚以柴塞门牖放火自焚。诏旌，县建节烈坊。

石　氏　兵部左侍郎郭巩侧室。崇祯庚午城陷，自缢，死建坊旌表。

［国朝］

张　氏　马成妻。为山东民张九林逼奸，不从，被踢身死，雍正二年旌表。

张　氏　旗人李怀德妻。二十八岁守节，恩勤抚孤，训课严而有方，长子继夏中丁卯副榜，乾隆四年旌表。

于　氏　冯良栋妻。年十九，孀居，矢志靡他，苦守四十余年，乾隆四年旌表。

毛　氏　明光禄寺卿徐云连侧室。生子元修，甫八岁，光禄逝世。氏矢志抚孤，勤俭持家，苦节四十余年，寿至八旬。顺治中邑宰王永命旌曰：大节维风。（以下未旌。）

耿　氏　庠生徐元修妻。年二十，夫亡，遗孤权甫二岁，氏矢节，事姑四十年如一日，抚权为诸生。

李　氏　庠生刘文举妻。年二十八，夫亡，室如悬磬，绩纺汲炊，孝事孀姑，抚遗腹子为诸生，苦节五十余年。

燕　氏　杨烟滨妻。年二十九，夫亡，守节安贫，躬事纺绩，抚子其盛为诸生，寿至九旬卒。

程　氏　郡庠生罗之鼐妻，明山东兵备参议大猷女也。夫亡，无子，继侄为嗣，抚爱如己出，甘贫坚守，节操凛然。

刘　氏　庠生魏携妻。年二十，夫亡，家贫无子，坚志守节，事孀姑，抚三女，苦节五十余年，寿七十余卒。

雷　氏　彭光烈妻。年二十三，夫亡，守节训育前室二子。康熙五十五年其子不昧拾金，人称获训。

余　氏　魏高登妻。年十九，夫亡，事孀姑，抚幼子，甘贫苦节垂四十年。

侯　氏　庠生王弼妻。年二十，夫亡，遗孤昌绪生甫数月，氏坚志守节，孝事舅姑，抚昌绪游泮，苦节三十余年。

朱　氏　庠生刘光珂继妻。婚数月，夫亡，事衰老舅姑；抚前室幼子，备极孝慈，坚志守节，不归宁者二十年，子聚星为诸生。

阳　氏　杨国琦妻。年三十，夫亡，绩纺度日，孝事舅姑，训于育和为诸生，坚节苦守四十余年。

米　氏　庠生王鼎新妻。刘氏庠生王恒新妻；徐氏，王履新妻。兄弟相继早亡，一门三孀，各抚幼孤，共励守节，有司旌之。

张　氏　马空群妻。年二十余，夫亡，遗两孤俱幼，矢节甘贫，女红自给，抚二子成立，苦节四十余年。

小　氏　王继卫妻。年二十八，夫亡，抚二孤矢志靡他，有司旌之。

李　氏　庠生韩儒妻。年二十，夫亡，抚二幼孤，矢节甘贫，有司旌之。

徐　氏　翁照民妻。夫亡，孝事舅姑，苦节三十余年。

丁　氏　张一本妻。年二十四，夫亡，遗孤未周岁。氏孝事舅姑，抚子及孙游泮，守节五十余年。

魏　氏　庠生杨敏学妻。年二十，夫亡，孝舅姑、和姑娌，抚数月遗孤，教诲成立，恪恭矢节，始终不渝。

蔡　氏　庠生王瑞妻。年十九，夫亡，孝事孀姑，抚继子成立。

守节三十八年，备尝艰苦。

李　氏　方沛妻。年二十七，夫亡，遗三幼孤，家贫无倚，氏矢节茹荼，抚育成立，苦守三十五年。

杨　氏　武天锡妻。孝事舅姑，夫亡，守节，勤俭持家，训二子为诸生，守节三十余年。

汤　氏　庠生张璠妻。年二十，夫亡，守节，孝事舅姑，抚遗腹子崇一游庠，苦节四十余年。

蔡　氏　庠生徐燕妻。年二十九，夫亡，守节，孝事孀姑，抚周岁孤佩荃游庠，苦节三十年。

李　氏　王建极妻。年少，夫亡，矢志守节，孝慈两尽。

汪　氏　庠生会极妻。二十五岁，夫亡，抚孤志章成立入庠。

彭　氏　郭子句妻。年二十五，夫亡，端贞励节四十年如一日。

高　氏　于鸿绪妻。年二十五，夫亡，孝养舅姑，竭力殡葬，抚孤成人。

金　氏　庠生郭谦亨妻。青年，夫亡，守节逾三十年，奉姑育子，慈孝两全。

张　氏　王三锡妻。二十二岁，夫亡，奉老抚幼，艰辛备历。

宁　氏　李温妻。年少孀居，抚孤成人，节操无玷。

沈　氏　庠生张元妻。二十四岁，夫亡。敬事舅姑，抚继子如己出。

宋　氏　侯灿妻。年少孀居，亲老子幼。养生送死，竭力尽心。

王　氏　虞光尧妻。年少守节，孝事孀姑，抚孤成立。

王　氏　石光秀妻。年二十八，夫亡，孝养衰姑，抚遗腹子瑾，日勤训诫，名列胶庠。

李　氏　庠生张逢辰妻。二十三岁，夫亡，孝养舅姑，殡葬尽礼，抚侄为嗣。

郭　氏　刘升妻。二十四岁，夫亡，孝事孀姑，历久无怠。抚养孤子，身中痼疾，苦节愈励。

吕　氏　段太贵妻。二十九岁，夫亡，孝亲养孤，克尽妇道。

尹　氏　郭子裔妻。年二十，夫亡，抚孤成立，苦节三十余年。

高　氏　范学乾妻，年二十一，夫亡，孝慈克全，节操无玷。

张　氏　庠生李俊妻。青年守节，白发全贞。

丁　氏　刘汉章妻。年二十五，守节，事孀姑，抚幼子，妇道无虚。

刘　氏　王承先妻，年二十二，守节，敬顺翁姑，训育继子继鳌入庠食饩。

张　氏　庠生凌渐磐妻。年二十五，夫亡，孤子未成立而夭，守节不变。

杨　氏　刘慄妻。少年守节，顺事公姑，抚继子成立。

翟　氏　李法德妻。二十三岁，夫亡，竭力孝亲，始终尽礼，抚遗腹子入泮。

何　氏　王育民妻。年二十三，夫亡，事舅姑、抚幼子，慈孝两全。

徐　氏　翰林院庶吉士崔璨继室。年二十九，夫亡，抚前妻子如己出。

凌　氏　谢理妻。年二十五，夫亡，甘贫励节，抚孤成立。

李　氏　郭祚显妻。年二十二，夫亡，敬事公姑，始终不倦，教育孤子郭升成立入庠。

田　氏　王养民妻。年二十，守节，养老抚幼，妇道无齮。

王　氏　李成枝妻。年二十八，夫亡，孝养翁姑，抚育继子，人无间言。

魏　氏　王三省妻。年十八，夫亡，抚嗣子如己出，敬顺翁姑，始终不渝。

刘　氏　魏玺妻。年二十四，夫亡，矢志不移，孝事翁姑，抚侄为嗣，一如己子。

杜　氏　杨洪谟妻。二十六岁，夫亡，抚育幼孤成立。

李　氏　杨允吉妻。年二十二，夫与长子俱遭虎伤。抚次子成立，备历艰辛。

何　氏　李英妻。年二十七，夫亡，抚育幼孤，教训成人。

王　氏　杨明义妻。年二十六，夫亡，孝孀姑，抚孤子。子又亡，抚侄孙嗣其子，厥操益坚。

梁　氏　张定一妻。年二十五，夫亡，抚二孤成人，历尽穷苦。

张　氏　许登荣妻。年二十七，夫亡，孝养公姑，抚前室子焕章成人入庠。

郜　氏　李振业妻。年二十七，夫亡，孝姑育子，始终一节。

韦　氏　李承业妻。年二十六，夫亡，甘贫守节，孝事孀姑，抚孤成立。

李　氏　凌兆吉妻。年二十七，夫亡，甘贫苦，抚幼孤，家业不坠。

李　氏　余杰妻。年二十九，夫亡，抚孤成人，贞节无玷。

季　氏　李成义妻。年二十七，夫亡，守节孝亲育孤，克全妇道。

雷　氏　吴中宪妻。年二十八，夫亡，孝养翁姑，殡葬尽礼，教子成名。

郭　氏　张从美妻，年二十，夫亡，无子，与婶王氏同奉翁姑，共励苦节。

王　氏　张从吉妻。年二十七，夫亡，事舅姑始终不怠，抚继子夭殇，坚守不渝。

曹　氏　朱之贵妻。年二十，守节，抚遗腹子成立，艰苦备尝。

宁　氏　贾琮妻。年二十七，夫亡，孝事翁姑，抚两孤成立。

武　氏　庠生马松龄妻。年二十，守节，孝事公姑，抚育继子，恩勤倍至。

苏　氏　刘体敏妻。年二十三，夫亡，事亲育子，克承夫志。

白　氏　崔维毅妻。年二十五，夫亡，奉养公姑训子成人。

杨　氏　张贞妻。年十八，夫亡，贫苦竭力，养翁姑抚遗腹子，训育成家。

彭　氏　宋周秋妻。年二十，夫亡，无子，守节，孝事孀姑。姑死，夫兄欲夺其志，氏坚拒之，过族侄为嗣，辛苦备尝。

樊　氏　李本裕妻。年二十六，夫亡，无子，人诱之出嫁，氏以白刃自誓。过从侄为嗣，孝事舅姑，生养死葬，簪环尽鬻。

胡　氏　陈仲会妻。年二十，夫亡家贫，子佐亦亡，抚幼孙德元，教训成人，寿八十八岁。

刘　氏　晏邦弼妻。年二十五，夫亡，孝事翁姑，过侄为嗣，志节弥坚。

张　氏　方恒妻。年二十七，夫亡，无子，矢志柏舟，抚嗣子煜，训课游泮，督学旌其门。

张　氏　李廷贵妻。二十四岁，夫亡，守节白首完操。

姚　氏　王显魁妻。年三十，夫亡，守节抚训幼子游泮。

杨　氏　马祖谦妻。年二十六，夫亡，家贫如洗，守节终身。

李　氏　刘溥妻。年二十三，守节，孝事舅姑，数十年无怠色，抚幼子绳祖成名，任永新县，敕赠孺人。

阳　氏　杨文修妻。年二十九，守节，抚幼子锦，训课游泮，后亡。媳李氏年二十八，甘贫守志，姑媳纺绩度日，训育两孙。次孙作栋人庠，本府旌其门曰“一门双节”。

王　氏　张玢妻。年二十三，守节，抚继子如亲生，白首完贞，清操无玷。

潘　氏　蔡洪业妻。三十岁，守节，抚孤成立，历数十年冰霜毅益励。

马　氏　傅宗孔妻。年二十五，守节，事舅姑，抚幼子，仰事俯畜，两无遗憾。

张　氏　艾尔英妻。二十六岁，守节，绩纺度日，抚周岁孤子成立，寿至八十。

白　氏　韦彦妻。年二十九，守节，孝养翁姑，抚孤体泰读书人庠，县令旌其门。后体泰亦亡，媳郭氏年二十励志守节，训育幼孙作德游泮，人称一门双节。

李　氏　魏理妻。十八岁，夫亡，无子。矢志守节，孝敬公姑，抚侄文选为嗣，夭亡，又抚次侄文擢，训育弥笃，食府庠。

刘　氏　庠生徐纯妻。二十六岁，守节，绩纺度日，抚周岁孤子成立，寿八十一岁。

韦　氏　庠生乌方升继室。三十四岁守节，其姑病卧八载，氏孝事，历久弥笃。抚前室子宪章，恩勤如己出，兼抚孤侄龙章，教养无异，俱入胶庠，乡人称孝慈焉。

宁　氏　张洪盘妻。二十二岁守节，女红度日，抚幼孤璘成立，入庠，县旌其门。

裴　氏　王建勋妻。二十四岁守节，家贫如洗，日勤绩纺，抚幼孤际兴成立游泮。

彭　氏　余谦妻。二十五岁守节，家贫无子，矢志不移，族人怜之。继从侄为嗣，历三十余年如一日。

魏　氏　武生李桐妻。年二十九，夫亡，守节抚育遗孤，训课成立，瑞麟、兆麟俱列府庠。

张　氏　李之宾妻。二十岁，夫亡，守节抚遗腹子作霖入庠而夭。氏矢志更坚，媳妇华氏亦励节，事姑同甘荼苦，乡人怜而重之。

刘　氏　张宏业妻。二十五岁，夫亡，矢志立节，抚未岁孤子训课成立。

魏　氏　张钟妻。年二十八，夫亡，守节，家贫无子，抚侄为嗣，教养成人。

杨　氏　罗万枝妻。年二十一，守节，抚两岁孤子，教养成立。

孟　氏　马巽妻。年二十二而寡，是时氏痛甚，欲自经，其姑谓之曰："新妇有子在，乃欲从之死，使不幸而无成，是再死其夫也，且新妇素知书，死易，立孤难，而忘诸乎？"氏乃强饮食。苦节自贞，朝夕之需大抵从十指出，其辛勤有人所不能堪者。先后持姑舅丧有加礼，及娶媳生孙而子与媳又相继亡，抚孙成立，以善称乡里。氏本儒家女，幼能诗，及称未亡人，遂绝弗为，著有居家二十则，远近传以为法。邑令马以"冰玉松筠"表其闻。

杜　氏　许聘董某，未娶而董殁。女欲从其母唁之，不许，引剪自刺，母不得已偕之往，至则哭拜如礼，愿留以事姑，曲尽妇道。县令靳荣藩旌之以额，乡人醵钱为置腴田以赡之，现年四十余岁。

以上迁安县

［**明**］

高　氏　金禧妻。年二十五，夫亡，子镛方二岁，矢志抚孤。舅姑怜其少，欲夺其志。人有慕其姿者争求之，氏夜闭户窗，以艾灼面，及觉，毁窗入救，面灼成疮矣。勤女红，课镛读书，官光禄寺署正。封氏太孺人，年九十终，诏旌。

王　氏　乔润妻。年二十六，夫亡，子嵩在抱，氏以节自持。抚子为明经，官山东长山知县，诏旌。

李　氏　姚斌妻。年二十七，夫亡，子政在襁褓中。誓不他适，纺绩供政读书，领永乐丁酉乡荐，累官两浙盐运使，诏旌。以子贵赠太宜人。

王　氏　翟昊妻，年二十五，夫亡，子鹏方三岁，矢节自守，闭门纺绩。课鹏读书虽至亲不面。鹏登正德戊辰进士，授户部主事，诏旌。以子贵赠太宜人。

刘　氏　庠生许俊妻。年二十四，夫亡，遗孤幼弱，勤女红抚之成立，年八十卒，人无间言，诏旌。

李　氏　金鼐妻。年二十八，夫亡，无子，贞节自励，誓不他适。与舅妾张氏，刘氏同守节。衣食屡乏，节操愈坚，诏旌“一门三节”。

华　氏　抚宁卫军余华寿女。母潘氏年二十五，寿告回原籍。取军装，去无消息。时女方五岁，母曰：“夫去不回，女幼无靠。我将何之。”誓守此女，贫苦不恤。及女稍长，母欲议婚，女曰：“母为我守，我安忍离母哉！”亦誓与母共甘革。如是者几四十年，母故，遂柩母于床侧，其节益励。破屋半间，风雨不蔽，衣食常缺，惟闭户念佛而已，至万历七年病卒，年六十余矣。邻里怜之为助棺举葬焉。知县徐汝□上其事，诏旌其门，为贞孝之门。

王　氏　庠生王尧相妻。年二十一，夫亡，昼夜号泣，勺水不入口。姑以姑老子幼谕之乃毁容截发，勉事鞠育。姑病疾，饮食扶掖，曲尽孝道，及卒祭葬如礼。纺绩训子三十九年如一日，万历戊子，子调元领乡荐直指，刘公思诲具题旌表。

朱　氏　李鹤年妻。年二十六，夫亡，守节抚孤，天培成名，寿八十六卒。

范　氏　任子孝妻。年二十七，夫亡，茹荼饮蘖。矢节七十年，寿九十七卒。

惠　氏　州同郭朝元妻。年二十九，夫亡，守节，抚孤游庠。

贾　氏　杨枝盛妻。年二十四，夫亡，守节，抚孤游庠。

周　氏　温应学妻。年二十四，夫亡，守节，抚孤成立。

祝　氏　都司陈复先妻。夫亡，守节，抚孤成立。

惠　氏　茹英妻。年十九，夫亡，无子，抚继侄，苦守四十九年。

传　氏　庠生王有庆妻。年二十七，夫亡，守节，抚孤游庠，寿九十卒。

徐　氏　庠生傅大成妻。年二十七，夫亡，守节，抚三子俱游庠。

张　氏　庠生萧春育妻。夫亡，守节，抚孤成立。

单　氏　庠生肖奇干妻。夫亡，守节，抚孤游庠。

杨　氏　庠生钟朝杰妻。年二十七，夫亡，守节，抚孤游庠。

董　氏　王隆明凄。年二十七，夫亡，守节，抚孤游庠。

杨　氏　李守敬妻，年二十四，夫亡，守节，抚孤成立。

鲁　氏　刘天学妻。夫亡，孝事舅姑，守节终身。

史　氏　赵中正妻。夫亡，守节，抚孤成立，寿八十卒。

［**国朝**］

王　氏　署渭南令萧苇妻。年二十四，夫亡，抚孤成立，题请旌表。

陈　氏　庠生茹春芳妻。年二十七，夫亡，三孤方抚训成立，仲良翰游庠食饩，守节垂六十年，题请旌表。

陈　氏　校尉杨凤鸣妻。年二十五，夫亡，励节苦守，抚孤成立，至七十岁卒，题请旌表。

陆　氏　庠生王绍先妻。年二十一，夫亡，无子，决志殉夫，家人防之甚密，后稍疏，遂自缢。康熙二十年旌表。

齐　氏　赵文炳妻。年二十一夫亡，无子。孝事孀姑，以礼自矜，抚夫弟以续宗祀，守节三十余年。康熙五十三年旌表。

曹　氏　孙胤蕃妻。年二十五，夫亡，守节，纺绩为业，教子读书入泮。雍正二年旌表。

赵　氏　郝明扬妻。善事舅姑，夫亡后孝敬弥笃。娶妇冯氏亦能执妇道，子早亡，姑妇相依守志，俱以节孝著。雍正五年旌表。

张　氏　俞承恩妻。夫贫就食关外，氏事孀姑无缺礼。年二十六，夫亡，姑亦寻殁。氏携孤子，负土为坟，母家劝之改适，终身未尝归宁，守节至六十三岁。雍正十年旌表。

祖　氏　刘成柱妻。年二十七，夫亡，事姑委曲承顺，抚侄娶媳。妇亡口哺孤孙成立，守节至六十六岁。雍正十年旌表。

王　氏　庠生张希闵妻。年二十四，夫亡，遗孤周岁，氏矢节孝事舅姑，养生送死，妇道克尽。抚孤至五岁殇，继族孙为嗣，贫苦茕茕，皎然劲节。乾隆三年旌表。

池　氏　张廷洪妻。年二十一，夫亡，矢节不移，力勤织纺。乾隆三年旌表。

王　氏　孙文正妻。

李　氏　王三锡妻。

张　氏　谢琦妻。

茹　氏　胡连妻。

萧　氏　生员单珍妻。

贺　氏　刘深妻。

郑　氏　生员单鉒妻。俱夫亡守节，乾隆三年旌表。

张　氏　幼失估恃，依孀婶扶养，受聘谢门，艰难困苦，恪守闺训。氏姑因其子英久出不归，令氏改适，氏誓死不从。后闻夫病故于外，立志归夫家守贞，尽孝事姑，善处姑娌，立嗣承祧，以纺绩度日。于乾隆三年旌表。

王　氏　胡宇仁妻。夫亡，守节，乾隆四年旌表。

姜　氏　李尚亮妻。**田　氏**　李蕃妻。俱夫亡，守节。乾隆六年旌表。

李　氏　王基勇妻。夫亡，守节。乾隆七年旌表。

李　氏　赵宪妻。夫亡，守节。乾隆九年旌表。

程　氏　解朝佐妻。**姬　氏**　杨天纯妻。**金　氏**　杨名妻。**袁　氏**　单从新妻。**徐　氏**　方明妻。俱夫亡，守节，乾隆十三年旌表。

赵　氏　李献方妻。**夏　氏**　王仑妻。俱夫亡，守节，乾隆十六年旌表。

王　氏　庠生翟琪妻。年二十四，夫亡。遗孤三岁欲以身殉，舅姑勉以抚孤大义乃止。家贫纺绩，以供菽水，苦节五十余年，教子游庠食饩。乾隆十六年旌表。

孙　氏　赵秀龄妻。冯氏，安文杰妻。俱夫亡，守节，乾隆二十二年旌表。

李　氏　张起云妻。**程　氏**　吴从义妻。俱夫亡，守节，乾隆二十四年旌表。

周　氏　杨旺妻。夫亡，守节，乾隆二十六年旌表。

赵　氏　崔国良妻。夫亡，守节，乾隆二十九年旌表。

郭　氏　张明德。夫亡，守节，乾隆三十二年旌表。

高　氏　进士田国足妻。年二十七，夫亡，守节，孝事舅姑，抚孤游泮。（以下未旌）

栾　氏　马承爵妻。年二十一，夫亡，遗孤在抱，孝事孀姑，抚子成立。

张　氏　庠生田如梁妻。年十九，夫亡，守节，抚孤游泮。

王　氏　杨会妻。年二十二，夫亡，遗孤在哺苦守成立。

杨　氏　张国仕妻。年二十二，夫亡，守节遗孤三岁教成立。

田　氏　庠生陈斯文妻。年二十五，夫亡，矢世抚子成立，苦守六十余年。

夏　氏　庠生邱行三妻。夫亡，子女俱无。守柩四十余年卒，亲族为之合葬。

惠　氏　庠生茹良翰妻。年二十七，夫亡，守节至八十岁卒。

杨　氏　朱廷佐妻。年二十四，夫亡，守节，抚孤五十余年。一作临榆。

张　氏　罗士俭事妻。

党　氏　惠应征妻。

黄　氏　焦朝卿妻。

贺　氏　孙承宗妻。

刘　氏　杨凤翼妻。

陈　氏　庠生冯永清妻。

赵　氏　庠生杨毓英妻。

郭　氏　郑起鹍妻。

惠　氏　祝之彦妻。

刘　氏　高廷桂妻。

杨　氏　庠生张之忠妻。

董　氏　齐步瀛妻。

赵　氏　齐应聘妻。俱夫亡，守节，抚孤成立。

惠　氏　傅禀成妻。年二十八，夫亡，无子，守节至八十余岁。

张　氏　总旗田芳显妻。年二十，夫亡，无子，守节六十余年。

傅　氏　贾一麟妻。年二十，夫亡，子女俱无，守节四十余年。

任　氏　庠生唐之魁妻。年二十，夫亡，守节，四十余年。

翟　氏　庠生王辅妻。年二十，夫亡，守节，二十余年。

孙　氏　陈天禄妻。夫亡，舅姑怜其少而无子，命改适，不从，自缢死。

陈　氏　单勉行妻。年二十三，夫亡，抚孤守节，至八十余岁。

杨　氏　庠生陈鸿策侧室。夫与嫡俱亡，已无子女，守柩十余年，穷饿不悔，苦节终身。

邹　氏　杨克礼妻，年二十，夫亡，无子，坚志守节，至八十余岁。

马　氏　庠生金启成妻，年二十七，夫亡，无子，守节孝事舅姑，族人怜之，继侄为嗣。

张　氏　王一元妻。年十九，夫亡，家贫姑老，子未周岁，苦守五十余年。

张　氏　王晏妻。夫亡，遗孤振祖甫周岁，矢节抚孤，娶祖氏生子甫周岁振祖又亡，氏与子妇励节苦守，抚孙成立。

陈　氏　庠生高科妻。年二十四，夫亡，子在抱，抚教游庠，苦节五十余年。

赵　氏　王址妻。年二十五，夫亡，矢节苦守三十六年。

杨　氏　刘忠妻。年二十五，夫亡，守节抚孤成立，教孙游庠，苦节五十年。

王　氏　庠生刘振兴妻。年十九，夫亡，遗孤廷瑚生甫月余，姑与祖姑皆寡，三世仅恃一线，氏仰事俯育，备尝艰苦，姑与祖姑相继殁，竭蹶殡葬如礼，苦节三十余年，教子游庠。郡守张公朝琮旌曰："节孝无双"。

高　氏　武举萧箕妻。年十八，夫亡，遗孤周岁，甘贫励节，孝事继姑，抚子成家，孙游泮。

鲁　氏　李九龄妻。年二十三，夫亡，遗孤周岁，舅姑早世，祖姑怜其少，命改适，誓死不从。甘贫励节，炊烟常断，曾绝食六日，戚党怜而周之。苦节四十余年，抚孤成立。

王　氏　侯胤祥妻。年十九，夫亡，遗孤甫数月，舅姑衰老，慨然以事亲，抚孤为己任。日操井臼，夜勤纺绩，五十年如一日，亲殁丧葬如礼，换子成家。

余　氏　庠生张庆彩妻。年二十岁，夫被盗伤。两孤幼，氏艰辛抚育。比长，两子又亡，守遗孙纺绩以给，劲节自持。

齐　氏　王�妻。年二十，夫亡，两孤在抱，氏矢节事姑，衣食弗充，辛勤织纺，抚子力穑成家，苦守完节。

韩　氏　傅迪妻。年二十五，夫亡，家贫子幼，矢节不渝，苦守四十余年。

李　氏　张自春妻。年二十九，夫亡，守节三十余年。

张　氏　国学生王煌妻。煌随父之任庄浪病故，氏年二十二，闻讣号哭，几不欲生。姑劝之曰：死节何若守节，继侄基丰为嗣。竭力尽孝，教子游庠食饩。

王　氏　庠生董悉悦妻。年二十一，夫亡。遗两孤幼，氏矢节事姑，克娴礼让，教子游庠，苦守三十余年。

平　氏　平自得女，年十八，待字。邻人赵某窥其姿，强暴横加，继母与女志趋不合，每为赵地，女度不免，潜以线缝衣上下如织，投缳赵门首，时康熙三十六年五月。当事受贿剖腹验孕，以肚为胎衣，诬女已失节，竟宽赵罪。士论冤之，葬秦皇岛立石勒诗，郡守张公朝琮旌曰："光耀日星"。

郭三姐 郭大福女。年十八，未字，一日父母与兄他出，惟嫂与女居，日晡，女往田间取菜，邻恶王德成勒女于北山万松中，强逼不从，殴踢几死，复缢之树上，是夕风雷大作，学博宋琰署邑篆，廉凶置重典。郡守张公朝琮旌曰："坤元正气"。

戴 氏 庠生诸大益妻。年二十六，夫亡，守节三十余年。

李 氏 薛璠妻。年二十九，夫亡，矢志抚孤，勤俭持家，守节三十八年。

傅 氏 江南寿春营副总兵尚谦女也，适国学生罗国珍。姑朱氏自二十九岁守节，氏孝事维谨。年二十五，国珍亡，二子幼，氏与姑相依为命，矢志抚孤，力勤机杼教子，为诸生。郡守张公朝琮旌曰："一门双节"。

刘 氏 石朝佐妻。年二十，夫亡，守节四十余年。

孙 氏 李璇妻。年二十三，夫亡，守节四十余年。

赵 氏 李元成妻。赋性端严，不苟言笑。夫亡，遗子女各三，俱幼。氏矢节勤苦，日亲农事，夜自纺绩，并日而食，毫无戚容，邻有周恤之者辞弗受。教子习农樵，完婚嫁，课孙读书，苦节四十余年。

高 氏 温吉翰妻。年十九，夫亡，遗孤襁褓，抚教成立，守节垂五十年。

郭 氏 庠生马襄妻。年二十二，夫亡，遗两孤幼，矢节苦守，教子成立，仲游庠。

朱 氏 王果妻。年二十六，夫亡，遗两孤幼，矢节不渝，孝事舅姑，力勤机杼，教子义方。

张 氏 刘从新妻。年二十四，夫亡，遗孤三岁，甘贫守节，孝事孀姑，抚子成立。

王 氏 罗召世妻。罗两世同居，舅姑叔婶在堂，家素寒。召世谋食他乡，数载一归，氏罄桩资以供甘旨。姑病力奉汤药，及殁舅娶继姑，婶又殁，叔娶继婶，氏历事四姑，恪执妇道。年二十八，夫故他乡，遗三孤俱幼，舅年老而家愈贫，氏慨然以仰事俯育为己任，身受饥寒，力勤纺绩，抚二子成立。仲瑄为庠生，守节三十年。

刘　氏　张怀远妻。夫亡守节，乾隆十一年督学给匾旌之。

黄　氏　李文熙妻。**惠　氏**　俞标妻。俱夫亡，守节，乾隆二十三年督学给匾旌之。

徐　氏　聂思义妻。**李　氏**　王可量妻。俱夫亡，之守节，乾隆二十三年督学给匾旌之。

李　氏　王桢妻。夫亡，守节，乾隆二十四年督学给匾旌之。

冯氏　生员王楫妻。夫亡，守节，乾隆二十六年督学给匾旌之。

刘　氏　李如兰妻。夫亡，守节，乾隆二十八年督学给匾旌之。

贲　氏　祖良玉妻。**高　氏**　祖馨妻。**刘　氏**　单正心妻。俱夫亡，守节，乾隆三十一年督学给匾旌之。

陈　氏　张选妻。**李　氏**　生员王国勋妻。俱夫亡，守节，乾隆三十五年督学给匾旌之。

陈　氏　王有容妻。年二十二，夫亡，事姑至孝，姑患疮疾，医治罔效，氏静夜焚祝割臂肉奉姑，疮旋愈，人以孝称。县令陈钟琛给匾旌之。

刘　氏　孙尚勇妻。夫外出谋食，氏侍孀姑能养能敬，姑患病调治不效，氏焚香默祷，割胸肉一片作饼馅以奉姑，不数日病随愈，乡邻公举孝行，县令陈钟琛给匾旌之。（附载）

以上抚宁县

卷之二十

人物志六

节　烈　下

［元］

王　氏　李贤卿妻。年十八，夫故，誓不他适，纺绩以养舅姑，始终人无间言，至正十五年旌表。

［明］

刘　氏　白瑛继室。年二十，夫亡，抚前室两岁子，视如己出，纺绩奉姑，始终无二，诏旌。

汪　氏　教谕大绅女也。适张湖，湖殁，氏年二十一，自知子嫠难以存立，乃将己产尽遗张族，就食母家五十余年，清节著闻。

李　氏　郭宗愚妻。年二十五，夫亡守节，抚孤子，纺绩以资衣食，至九十卒。

李　氏　庠生郭然妻。年二十五，夫亡，守节，抚一子一女，历尽艰难，至九十卒。

王　氏　齐逍妻。年二十一，夫亡。誓不再嫁，勤纺绩，孝姑嫜，藐孤宗尧甫一岁，抚而教之，及长，任河东都运。

赵　氏　庠生王尚宾妻。年二十五，夫亡，抚二女，清白苦守，始终如一。

王　氏　上元主簿张昴妾，昴卒于任，氏年十九，偕嫡齐氏子国祥扶榇还里，族人欲夺其志，自缢至再，七日不饮食，知不可夺，乃止，抚祥成立，出仕。氏年七十卒，县官为之请旌。

李　氏　王诉妻，年二十六，夫亡，守节至八十七卒。

李　氏　省察官苏学颜妻，年二十九，夫亡，守节至五十七卒。

王　氏　谷钟妻，年二十，夫亡，誓以死从，亲属不能解，防少疏，遂缢死，诏旌。

齐　氏　庠生张至临妻，少寡，守节敬事舅姑，以寿终。

朱　氏　张莹然继妻。夫亡，氏幼无所出，抚前妻子，备历艰辛，终无二志，长子仕季游庠，有司旌之。

刘　氏　庠生赵裴然妻。年二十九，夫亡守节，纺绩茹荼，孝养舅姑，教子有成，寿九十六终。

张　氏　高世俊妻。李氏高世龙妻。兄弟偕亡，无子，妯娌共誓守节，俱至六十余岁。

张　氏　庠生宋文耀妻。不育，纳侧室尤氏，生二子。尤年二十一，夫亡，两孤在抱，与嫡矢志同守，家业赖以不坠，抚子景光，景瑗，俱游庠。邑宰旌曰:“双节冠世”。

［**国朝**］

张　氏　吉安郡丞齐士斌妻。年二十四，夫亡，无所出，抚前妻子。亲爱弥笃，内外无间，题请旌表。

汪　氏　齐士良妻。幼寡，砥节苦守，抚孤游庠，题请旌表。

朱　氏　庠生张我见妻。夫亡守节，抚孤游庠，题请旌表。

白　氏　进士李云起妻。云起任黎城令，死于寇。氏年二十，无子，矢节事舅姑，生养死葬，纺绩自给，题请旌表。

郭　氏　苟鹤程妻。夫避兵遇盗死，氏年少，无子，矢志靡他，题请旌表。

曹　氏　庠生张是达妻。夫亡，无子。砥志守节，勤俭自给，题请旌表。

赵　氏　庠生张敬宸妻。年二十二，夫亡，遗孤甫三月，矢节靡他，历三十年始终如一，题请旌表。

田　氏　齐士敏妻。年少，夫亡，家贫子幼，矢节苦守，纺绩以给，抚长子游庠，余俱成立，题请旌表。

党　氏　国学生齐士望继妻，夫亡矢节，抚孤成立，题请旌表。

黄　氏　张鸣凤妻。夫亡遗孤甫三岁，矢志守节，贫苦自甘，至八十岁题请旌表。

冯　氏　庠生田生瑞妻。年二十余，夫亡。遗孤甫三岁，矢志靡他。舅姑耄老，孝敬弗衰，苦节三十余年，人无间言，题请旌表。

张　氏　田鹍妻。年二十七，夫亡，遗两孤，长甫三岁，次生二月，甘贫矢节，织纴奉姑。教长子克昌游泮，苦节三十六年，题请旌表。

常　氏　庠生李位妻。年二十六，夫亡，家贫无子。继族侄绍祖为嗣，教之游泮，没年八十四岁，题请旌表。

孟　氏　马用德妻。年十八，夫亡，遗孤甫二岁，矢节事舅姑，勤纺绩苦守三十余年，题请旌表。

才　氏　刘朝宗妻。年二十九，夫亡，遗孤未周岁，矢志靡他，孝事孀姑，抚子成立。守节四十六年，题请旌表。

张　氏　万斯属妻。夫亡，氏守志，安贫誓不他适。纺绩以资衣食，初终如一，题请旌表。

贺　氏　邑增生邱尔珠妻。夫亡抚遗腹子，集蓼茹荼，以奉舅姑几四十年，题请旌表。

马　氏　万之全妻。夫亡氏青年矢志，白首全贞，题请旌表。

马　氏　宋梯云妻。年十六归宋。逾年，舅往秦绝耗，姑旋殁。又一年夫亡，无子。祖翁景时曾任青阳令，年老不能动履，氏力供甘旨。曲为护持，抚继侄夭，又继承嗣，矢节三十九年。康熙五十二年旌表。

刘　氏　盛治妻。年十九，夫亡，坚贞自矢，孝事舅姑，送死养生，尽礼无愆，勤俭持家，时出纺绩余资以周亲族，继侄大经为嗣，抚育教诲，守节三十七年。康熙五十二年旌表。

高　氏　田发启妻。自十九岁于归，孝事翁姑。四载夫故，甘贫茹苦，教子有方，乾隆元年旌表。

郝　氏　庠生郝良英女，归庠生荀毅为继室。年二十四，夫亡，柏舟永矢，纺绩自供，奉孀姑而甘旨无亏，抚幼孤而教养并至。乾隆元年旌表。

罗　氏　处士齐用极妻。持躬淑慎，秉性幽娴。二十三岁，夫亡，矢志靡他，抚孤成立，乾隆十一年旌表。

朱　氏　贡生刘寅妻。二十八岁，夫亡。青年守志，白发完贞。乾隆十三年旌表。

刘　氏　处士马德众妻，年二十三，夫故，子甫七月，家徒四壁。矢志靡他，侍病姑昼夜罔懈；抚稚子教养有成。乾隆十三年旌表。

鲁　氏　陈恺妻。年二十，夫亡。生遗腹子，纺绩度日。上奉病姑；下抚弱息。奉养无缺，教训有方，历三十四载，守节完贞。乾隆十九年旌表。

王　氏　马瑗妻，年二十，夫亡，贫不聊生。纺绩度日，上奉老姑；下抚幼子。乾隆十九年旌表。

耿　氏　谭五伦妻。年二十四，夫亡，立志守节，奉养翁姑，克供妇职，抚孤子，读书成人。育幼孙长人武庠，次中庚科武举。乾隆二十七年旌表。

俞　氏　郭朝抡妻。十八岁，夫亡，甘贫茹苦。孝事孀姑，善抚继子。乾隆二十七年旌表。

周　氏　高琚妻。年二十，夫亡，立志守节，继嗣承祧，纺绩以事翁姑，贫苦艰难，始终无间。乾隆二十七年旌表。

李　氏　齐万福子妇，农家女也。素性端严，笑言不苟，一日万福乘间调戏，李氏正色拒之，万福持斧斫伤，旋即殒命。乾隆三十三年旌表。

李　氏　庠生高齐斗继妻。年三十，夫亡，奉耄姑，抚幼子，不

坠家声。（以下未旌）

齐　氏　国学生魏业懋妻，明林县令齐鸣雷之女也。夫亡，无子，委其业于族，依母家以守。值客兵。移驻昌邑，与民杂处，氏惧辱，闭户自缢，有司旌之。

刘　氏　夫名失传，舅赵万忠。氏年十九，夫亡，无子，父母劝改适，氏不从，备楮帛奠夫墓，昼夜哭，潜自缢死。其家讼舅于官，司理某公得其情，杖其父，而旌之。

刘　氏　邢凤喈妻。年十九，夫亡子幼，舅姑劝令改适，不从，刺一目以见志。孝舅姑，抚孤子更新成立，守节八十余卒。后更新早卒，妻杜氏年二十亦承姑志，守节终身。

马　氏　邵瑚妻。年二十二，夫亡，守节抚孤成立，年七十三岁卒。

田　氏　年十七，夫亡，姑早孀，强暴乘姑外出，诱之。氏拒骂，触怒，击碎其首而死，阖邑为立烈女坟。

曹　氏　举人赵天锡妻。年三十，夫亡，矢节孝舅姑，勤纺绩教子琅为明经，郡守张公朝琮旌曰“坤贞懿范”，寿九十一终。

曹　氏　庠生齐如琦妻。年二十六，夫亡，清贞自矢，勤俭抚孤，教次子泽需食饩郡庠。守节四十余年，至六十九岁卒。

高　氏　庠生齐如云妻。年二十余，夫亡，矢节不移，纺绩课子成立。

孙　氏　庠生齐泽遍妻。年二十八，夫亡，事继姑勤纺绩。伯兄泽永早世，氏为择继抚之，一如己子，至六十岁卒。

赵　氏　贡生张以忠妻。年十八，夫亡，矢节坚贞，继侄为嗣，尽心抚教，守节垂三十年。

李　氏　张化龙妻。年二十，夫亡，遗孤旋夭，舅亦逝。氏矢节孝事孀姑，夫弟甫数岁抚之成立，苦节四十年。

李　氏　周延助妻。年二十三岁，夫亡，家贫子幼，矢节不渝。力勤纺绩，抚孤成立，苦守三十四年。

丁　氏　周文广妻。二十岁，夫亡，家贫子幼，大节抚孤苦守三十四年。

刘　氏　曹文质妻。年十九，夫亡，无子，氏矢节自誓，抚育继嗣，教以务农，娶妇生孙，苦节终身。

刘　氏　田种玉妻。年三十，夫亡，矢节甘贫，抚遗腹子成立，苦守四十余年。

龙　氏　文公裔韩法祖妻。夫亡，家贫日甚，力勤纺织，孝事庶姑，教二子有成。长珣中康戊子举人；次琇袭世荫儒士。

赵　氏　张于堂妻。堂亡，氏年二十四，无子，舅姑早逝，继侄定方为嗣，后入武庠，兼抚夫弟于陛升成立，为娶室张氏，年余陛又亡，张年方二十亦无子，族中无可继者，乃依嫂励志守节，事孀嫂如姑，抚孤侄如子，纺绩糊口，甘苦相依，苦节四十余年而殁。

焦　氏　杨廷甬妻。年二十二岁，夫亡，孝事公姑，公姑殁，丧葬尽礼，抚孤成立，年七十二而卒。

任　氏　张玠甫妻。于归五月余，玠殁，氏年方十九岁，举遗腹子矢志守节。孝事衰亲，抚养孤儿，饮冰如蘖者六十余年，乡人称之。

杨　氏　庠生段志灏妻。年二十五，夫殁，嗣子段焯流落关外，氏贫困自守，依孀姑侄妇纺绩度日，寿八十三而卒。

曾　氏　张延绪妻。年二十，夫殁，无子，矢志守节，继族子为嗣，氏亲操井臼，食贫作苦，敬事舅姑三十余年，乡人咸推重焉。

陈　氏　齐兆熊妻。夫亡，氏年十九，遗子泰甫周岁，氏立志抚孤，敬事舅姑，朝夕不懈。延师课子，青年入泮，守节三十余年。

任　氏　庠生段有经妻。年二十三，夫殁，誓死靡他，言笑不苟，嗣子士枚以延宗祀，寿五十七而卒。

岂　氏　卢邑举人岂惟讷女，高偲妻。年二十三岁，夫亡，舅老，夫弟幼，子孤，氏纺绩度日，勤俭成家，年六十五岁卒。

阎　氏　邑庠生阎琮女，苟堂妻。年二十二岁于归，甫七月夫亡，坚贞自矢，奉养孀姑至五十余岁卒。

贾　氏　杨成名妻。年二十二，夫亡，家无常产，氏矢志守节，日勤纺绩，教子诲女四十余年。

王　氏　刘文炳妻。年二十七，夫亡，所生俱夭，孀居至六十岁。孤苦零丁，霜清玉洁，邑人称之。

刘　氏　戴君杰妻。年二十三，夫亡，时长子甫四岁，次子在襁褓，家贫，父母欲夺其志，氏立志抚孤，长子朝胤克继书香；次子宏勋中戊子科武举。寿八十四而终。

乔　氏　李桐妻。年二十三岁，夫亡，家无置锥，子方在抱，纺绩度日，矢志靡他，年九十完节以殁。

赵　氏　庠生孙继武妻。年二十七，夫亡，氏志守节，抚孤入泮，邑令吴某给匾旌之。

刘　氏　邑庠生邵玟妻。年二十三，夫亡，抚子尔钦读书成名。

上奉孀姑，竭诚尽敬，颇得欢心。孙男多列黉宫，寿一百二岁卒。

李　氏　处士邵良臣妻。年二十四，夫亡，氏柏舟自矢，集蓼茹荼，嗣子裁抚养成立，年七十卒。

李　氏　万璋妻。年十四岁，夫亡，抚幼子永励冰霜，守节三十二年。

王　氏　温成义妻。年二十岁，夫亡，舅姑欲夺其志，氏痛哭柩前自缢死。邑令徐某给匾旌奖。

郭　氏　方成魁妻。二十三岁，守节，孝事孀姑，纺绩度日，督学倪公旌其门。

周　氏　邑庠生钱世珍妻。年二十六，夫亡，继族侄泽为嗣。教养兼至，为府学岁贡。督学徐公额旌其门。卒年八十有一。

张　氏　任七政妻。年二十，夫亡，无出，嗣子名上庠，抚教有方，于雍正癸卯年得膺选拔，寿至古稀。

梁　氏　唱煦其妻。年十七，夫亡，生子不满三月，氏立志守节，抚养遗孤，克勤克俭，闾里称之。

孟　氏　王淑世妻。年十九，夫亡，无子，誓不改嫁。勤织纺，时翁年已逾六旬，为之买妾生二子，躬亲抚养，节孝双全。

孙　氏　李礼妻。年二十三，夫亡，守节，凄风苦雨五十余年，督学金公给匾旌之。

马　氏　刘国章妻。年二十六，夫亡，遗子方三龄，舅姑衰老，家贫无资。氏敬事二亲，抚养孤子，年七十六岁以寿终。

范　氏　郭天民妻。年二十一，夫亡，氏纺绩度日，冰雪为心，督学德公旌其门。

韩　氏　李作梅妻。十七岁于归，二年夫亡，持家勤俭，志凛冰霜，督学徐公给匾旌奖。

王　氏　梁鞊妻。夫亡，氏年十九岁，无子，继侄为嗣。抚如已出，青年守志，白首完贞，乡里咸推重焉。

周　氏　董用妻。年二十七，夫亡，氏矢志守节，孝事翁姑，抚嗣子成立，以延宗祀，年七十六岁卒。

王　氏　曹国柱妻。年二十四，夫亡，氏立志守节，誓不他适，督学某公给匾旌之。

陈　氏　李尚敏妻。年二十五，夫亡，氏立志守节。纺绩糊口，督学金公额旌其门。

刘　氏　高宏奏妻。夫病剧，氏誓以身殉，归与母家永诀。及还，夫病惛愦，遂乘间自缢，年二十二岁。

周　氏　高执中妻。年十九，夫亡，继子为嗣。日勤纺绩。竭力事姑，姑以孝妇称之。

王　氏　儒童高理妻。年二十一，夫赴考得疾卒，氏恨不与面诀，痛不欲生，以姑在堂，继侄士骏承祧，事姑以孝闻。

周　氏　高宏琮妻。年二十，夫亡，继侄为嗣。立志苦守，日夜纺绩垂三十年，乡人称之。

齐　氏　高天赐妻。年二十五，夫亡，遗二子，躬亲织纴，教养成立。长入文庠；次子宏裁辛卯举人，任南陵知县。督学吕公给匾旌之，敕封孺人。

章　氏　张琇妻。年二十四岁，夫亡，氏矢志靡他，日勤纺绩，孝事公姑，抚子鹏翼成立，由府庠入贡，守节三十八年卒。

席　氏　赵梦麟妻。年三十一岁，夫亡，遗三子，氏治家有则，训子有方，饮冰茹蘖六十余载，寿九十三而终。次子延辅妻郭氏，年二十八岁，延辅亡；三子延杰妻高氏，年二十五岁，延杰亦亡，俱苦节完贞，人无间言，寿七十余而终，督学钱公给匾旌之曰“三松蕴翠”。

王　氏　赵兴昌妻。年三十三，夫亡，氏日勤纺绩，志励冰霜，教子有成。始终如一，卒年六十四岁。

赵　氏　张基妻。年二十五，夫亡，氏甘贫守节，继侄为嗣，抚养成人，完贞以殁。

侯　氏　邑庠生高浚妻。二十三岁，夫亡，氏守节不移，抚孤成立，长子天权入庠，太守张公给匾旌之。

孙　氏　李林妻。年十八于归，本年夫亡，氏立志守节，誓不再醮，集蓼茹茶，终身无怨，乡里称之。

朱　氏　卢焕妻。年二十三岁，夫亡，矢志守节，孝奉孀姑，抚嗣子成立。贞操历久不渝，寿至七十有二，乡人至今称之。

王　氏　冯炯妻。二十岁于归，本年夫亡，氏绩纺度日，艰苦备尝，人咸称其节焉。

周　氏　杨作材妻。二十五岁，夫亡，时舅姑已殁，无子息，田产，父母欲夺其志，氏以死自誓，从此不登父门。族人哀其志，继堂兄子承嗣，饥寒困苦，终无怨言迄今，八十余岁。

冯　氏　临榆县庠生冯呈祥女，任方谷妻。年十九岁，夫殁，誓不他适，纺绩自给，日夜不辍。嗣子以延宗桃，教养成人，乡人推重焉。现年六十岁。

钱　氏　增生孟法孔妻。年十九适孔，甫五月夫亡，奉养孀姑，克敦妇职。姑殁，氏尽贾簪珥，力营丧葬。继侄以承宗祀。弱冠游府庠。苦节贞操，久而弥笃，乡党称为节孝，现年七十六岁。

赵　氏　原任博兴县知县赵文颖女，处士阎公铸妻。年二十五岁，夫亡，氏柏舟自矢，孝于公姑，继侄为嗣，教养成立。性甘勤苦，纺绩之声五夜不辍，饮冰茹蘖者四十六年，现年七十岁。

刘　氏　任上达妻。年二十二，夫亡，氏誓死守节，敬事舅姑，抚嗣子如己出，人无间言，现年六十二岁。

王　氏　杨名实妻。年十八岁，夫亡，甘守苦节，嗣子以承宗祧，现年五十八岁。

靳　氏　刘有德妻。年二十四岁，夫亡，氏矢志靡他，继侄以承宗祀。事祖父母舅姑克敦妇职，居常淑慎寡言，端庄有度，现年六十余岁。

侯　氏　田永嘉妻。年二十七，夫亡，孀姑年老，日夜纺绩，孝养十年，抚孤成立，现年七十四岁。

耿　氏　李尚礼妻。年二十，夫亡，氏甘心守节，孝事公姑，谨执妇道，始终无间，现年五十八岁。

赵　氏　张进德妻。年二十一，夫亡，氏甘心苦守，备历艰难，现年六十七岁。

李　氏　傅进功妻。年二十三，夫亡，守节抚子成立，现年七十岁。

刘　氏　李绍陶妻。年二十，夫亡，氏立志守节，孝事公姑，教子成立，现年五十四岁。

杨　氏　任汝贤妻。年十九，夫亡，氏柏舟自矢，孝事公姑，继夫侄为后，四十余年始终如一，现年将六十岁。

赵　氏　邑庠生戴琇妻。琇亡，氏年二十四。守节抚孤，勤劳家业，子亡抚孙，延师课读，以继书香，现年六十岁。

魏　氏　处士张朝弼妻。年二十五，夫亡，矢志守节，教子成名，现年六十八岁，督学德公给匾旌之。

乔　氏　魏景妻。年二十九，夫亡，氏仰事俯育，志砺冰霜，现年六十一岁。

陆　氏　刘运元妻。年二十六，夫亡，矢志守节，继子承祀，现年六十三岁。

赵　氏　处士邵桀妻。年二十二，夫故，氏誓不他适，仰事翁姑，起敬起孝，嗣子永孝已列胶庠，现年六十岁。

赵　氏　郝大雅妻。年十七，夫亡，抚遗腹子，家徒四壁，纺绩以事翁姑，养生送死，各尽其礼，现年六十六岁。

许　氏　贾平凤妻。年二十四，夫亡，嗣子承祀，舅姑老且病，氏奉养维谨，朝夕不懈，及殁，殡葬尽礼，现年六十五岁。

苟　氏　郭思忠妻。年二十三，夫亡，氏纺绩糊口，皓首完贞，现年六十三岁。

张　氏　龙行云妻。年二十三岁，夫亡，子未周岁，姑早逝，孝事衰翁，抚孤成立。或称其贤，氏曰："此未亡人分内事，非是吾何生为！"闻者重之。现年七十三岁。

邵　氏　赵梁栋妻。年二十九，夫亡，守节，现年六十六岁。

常　氏　张起麟妻。年十八岁，夫亡，教子有方，治家有道，现年八十二岁。

费　氏　李廷琳妻。年十七于归，甫六月，夫亡，氏柏舟自矢，敬事翁姑，纺绩度日，现年五十七岁。

吴　氏　李云鸿妻。年二十四，夫亡，无出，继侄为嗣，氏赋性端庄，持家勤俭，完贞守节，人无间言，现年六十四岁。

秦　氏　赵三多妻。年二十七，夫亡，氏柏舟矢志，教养双孤，现年五十八岁。

庞　氏　儒童杨实妻。年二十，夫亡，无子，矢志守节，孝奉孀姑，继侄为嗣，现年五十岁。

以上昌黎县

［**金**］

张　氏　信武将军齐某妇。锦州故工部尚书九思后也。适齐封汝南县君，能抚其前子。将军观史，氏从旁问，将军重之，后将军卒，贞祐初蒙古兵入平滦大掠，乃携家之燕，乱平归，业已焚荡无余。氏甘辛苦，拮据治家，竟能保有宗祀，孀守三十年卒。及殡，执绋送者千人，乡贡守素其子也。

［**明**］

石　氏　太守石某女。适丰润县尹王伯川，生子守兴。伯川早卒，其子亦夭。氏抚其妾子无异已出，又丐文立碑祖茔，纪先世功德。翁璜恶之，为磨其文，并削妾子名。比翁卒，犹为立石纪不仕高蹈之志。

孙　氏　宋升妻。年二十七，夫亡家贫，两孤襁褓，氏织纺以给衣食，抚之成立。后二子相继亡，又抚遗孙成立，年八十余卒，天顺五年旌表。

王　氏　刘敬妻。年二十二，夫亡，家贫，遗一女。誓不再适，纤刺自给，年六十五卒，嘉靖七年旌表。

李　氏　宫富妻。年十九，夫亡，一子襁褓，守节四十年，嘉靖八年旌表。

葛　氏　党文明妻。年十八归党，五月而夫亡，号痛不辍，其母止之，氏曰：夫死再嫁，岂良妇耶？因自缢，人觉而救之。夫殡，防少弛，氏竟缢死，事闻旌表。

商　氏　庠生刘孟弦妻。子珠甫三月而孤，饘粥不给，氏奉姑尽欢，抚孤成立，人无间言，年七十卒。

杨　氏　庠生卢继伯妻。年十六于归，未再岁夫亡，恸欲俱亡，时有娠五月，姑谕曰："倘得一子，亦可承祀，奈何死为？"果生子，闺范甚肃，奉姑极孝，姑病月余，日夜扶掖尝药，及卒哀毁尽礼。又善奉庶姑，戒子勤学为诸生，事闻旌表。

王　氏　庠生汪必相妻。年十九，夫亡，遗孤襁褓，哀毁骨立，自缢柩前，赖救获免。纺绩事姑，姑暑月患痈。氏日夜洗濯，敷药吁天，愿以身代，果愈。逾数年姑殁，殡葬如礼，守节四十余年。万历三十一年诏旌。

齐　氏　庠生宁君锡妻。年二十五，夫亡，抚孤四岁，守志不夺，纺绩以事继姑，食贫无怨，至八十余卒，诏旌。

史　氏　庠生魏化淳妻。年二十四，夫亡，遗孤三岁，甘贫守节，抚训游庠，至八十余卒，诏旌。

［**国朝**］

刘　氏　康朝选妻。年十九遭侄赛求奸，不遂，用斧钉死。康熙三十九年旌表。

李　氏　程可法妻。年二十三，夫亡，子方三岁，抚养成立。未几，子复夭，又抚孙成立，雍正三年旌表。

侯　氏　萧裔介妻。年十九，夫亡，子甫三月，教育成立，苦节五十余年，雍正三年旌表。

李　氏　庠生阚相宸妻。年二十七，夫亡，兄欲夺其志，剪发以誓，食必先荐夫灵，尝割股疗姑病，抚三子俱入庠，寿九十三卒。雍正六年旌表。

孙　氏　曹启贤妻。年十六，夫亡，舅姑俱殁。祖舅姑年俱八十余，无所依倚，氏纺绩供奉，抚孤成立。雍正八年旌表。

毛　氏　康庆远妻。年二十五，夫亡，孝事舅姑，丧葬尽礼。课子食饩，子亡，与媳任氏同抚孤成立，守节五十年。雍正八年旌表。

萧　氏　郝文贤妻。年二十九，夫亡，翁年九十余，氏奉事维谨，抚幼子成立。雍正十年旌表。

萧　氏　毛钟秀妻。年二十八，夫亡，事孀姑，节己食用以供医药，姑得享遐年，抚周岁子成立。雍正十年旌表。

李　氏　李轮妻。年二十八，夫亡，家贫，孝事翁姑，供膳甘旨，悉资纺绩。继侄为嗣，抚之成立。雍正十年旌表。

王　氏　杨甫望妻。年二十六，夫亡，抚周岁子朝用。采藜藿度日，子十岁即教以力田，暇则令读书义学，俾得成立。雍正十年旌表。

宁　氏　张宏基妻。年二十四，夫亡，翁姑俱高年，日夜纺绩，养生送死，备尝艰苦。抚幼子继先入泮，守节六十四年，雍正十一年旌表。

李　氏　孙翰妻。年二十，夫亡，无子，姑患瘫病，不能动履，氏扶持养十一年，卒，无怠色。继侄为嗣，抚之成立，雍正十一年旌表。

姚　氏　张永康妻。年二十三，夫亡，遗二子，虎、楷俱幼，舅姑旋殁。氏竭蹶殡葬，纺绩度日，训二子读书，俱为庠生，苦节四十年。雍正十一年旌表。

叶　氏　宁璟妻。年十八，夫亡，孝事翁姑，抚二岁子，住嗣成立，补增广生。娶妻安氏，生孙夔，甫四岁而安氏亡。氏又教养之，亦得入泮。守节七十余年。雍正十一年旌表。

赵　氏　萧有賁继妻。年二十一，夫亡，前子甫九岁，辛勤抚养无异己出。纺绩以供姑膳，及殁，竭力殡葬，族党称孝。雍正十一年旌表。

刘　氏　尹仲成妻。年二十六，夫亡，翁姑俱七旬，氏奉养维谨。及殁丧葬尽礼，纺绩茹素，抚孤成立。雍正十二年旌表。

云　氏　陈永贵妻。年二十四，夫亡，孝事舅姑，甘旨不缺，抚孤十余年，复殁。又继侄为嗣，训之成立。雍正十二年旌表。

杨　氏　吴珗妻。年十九，夫亡，翁姑早逝，遗子仅两月，家计窘乏，父母怜其孤苦，劝令改适，氏以死自誓，荼苦自甘，卒能抚孤成立。雍正十二年旌表。

姚　氏　刘志儒妻。年二十二，夫亡，翁姑衰子仅二岁，氏纺绩奉养数十年，抚孤入泮食。雍正十一年旌表。

白　氏　高甲妻。年二十二，夫亡，事病姑以孝称。遗孤仅弥月，抚育成立。两小叔俱幼稚，氏维持保护不少倦，乡党贤之，守节至七十六岁。雍正十二年旌表。

萧　氏　廪生王孙兰妻。年二十五，夫亡守节，家赤贫，氏纺绩为生，事七旬舅姑始终维谨，抚六岁孤子早岁入庠。乾隆元年旌表。

佟　氏　曹沉妻。

毕　氏　陈一甲妻。

魏　氏　卢毓花妻。

萧　氏　刘通妻。

周　氏　田选妻。

邹　氏　孙可振妻。

孙　氏　赵璠妻。俱夫亡，守节，乾隆元年旌表。

齐　氏　商鹏九妻。年二十四，夫亡，遗孤二岁，氏纺绩为生，上供舅姑甘时；下资弱子膏火。苦节五十余年，子补县庠。乾隆二年旌表。

王　氏　刘京妻。

康　氏　张捷魁妻。

杨　氏　李朝华妻。

胡　氏　郭健才妻。

井　氏　张荫选妻。

贾　氏　段修道妻。俱夫亡，守节，乾隆二年旌表。

姚　氏　李芝妻。年二十三，夫亡无子，孝养老姑，训继嗣成立，补弟子员。乾隆三年旌表。

刘　氏　阴思恭妻。

胡　氏　田聚宝妻。

王　氏　周广生妻。

石　氏　何怀璞妻。

徐　氏　阴自科妻。俱夫亡，守节，乾隆三年旌表。

姚　氏　张绅妻。

李　氏　徐弼龙妻。

倪　氏　王道复妻。

孙　氏　张启健妻。俱夫亡，守节，乾隆四年旌表。

刘　氏　毛胤龙妻。夫亡，守节，乾隆五年旌表。

正　氏　赵庄妻。

苗　氏　刘孔训妻。

石　氏　李玉宝妻。

王　氏　陈子上妻。俱夫亡，守节，乾隆六年旌表。

景　氏　贾尔胤妻。夫亡，守节，乾隆七年旌表。

葛　氏　严居珍妻。　　**王　氏**　杨玉秀妻。

武　氏　高良宰妻。　　**杨　氏**　刘明泽妻。

张　氏　王思敬妻。

康　氏　高奇妻。俱夫亡，守节，乾隆九年旌表。

萧　氏　曹琮妻。夫亡，守节，乾隆十年旌表。

富　氏　杨聚兰妻。夫亡，守节，乾隆十一年旌表。

杨　氏　孙好问妻。

耿　氏　郁文灿妻。

李　氏　刘海问妻。

苗　氏　齐国碧妻。

杨　氏　孙连举妻。

王　氏　孙朝宾妻。俱夫亡，守节，乾隆十二年旌表。

李　氏　张永正妻。

张　氏　刘兴仁妻。俱夫亡，守节，乾隆十三年旌表。

季　氏　李守凤妻。夫亡，守节，乾隆十七年旌表。

倪　氏　李范妻。年十九于归，逾九月夫卒无子，继侄维垣为嗣，教诲成立，选贡成均，乾隆十八年旌表。

陈　氏　孟显妻。年二十二，夫亡，贤淑天授，贞节性成，孝事孀妇，慈育孤子，纺绩自给，备尝艰苦，乾隆二十一年旌表。

葛　氏　太学生阴自成妻。年二十五，夫亡，无子，矢志守节，抚夫兄子为嗣。恩义肫至，事舅以孝谨闻，族党重之。乾隆二十三年旌表。

张　氏　庠生宋传胪妻。年二十六，夫亡，矢志同穴。事翁姑克尽妇道，姑病数年，日夜扶持罔懈，抚育嗣子，补郡弟子员。乾隆二十九年旌表。

汪　氏　王克勤妻。年二十岁，守节，藜藿不充，纺绩以事翁姑，历尽艰苦，教子成名。乾隆三十五年旌表。

倪　氏　王钟灵妻。年二十四，守节，孀姑在堂，纺绩以供甘旨养生送死，尽礼尽哀，抚继子如己出，延师读课，入泮成名。乾隆三十五年旌表。

高　氏　王承烈妻。年二十二，夫亡，翁老子幼，家贫无倚，氏纺绩以供，苦节四十余年。乾隆三十五年旌表。

赵　氏　张应资妻。年二十一，夫亡，遗孤二岁，有富豪慕其姿求聘，氏誓死不从，孝事孀姑，抚子成立，子又亡，抚三岁孙成立，艰苦食贫，终身无间，至八十一卒。以下未旌表。

刘 氏 庠生王时衡妻。年十九，夫亡，矢节抚孤继孙成立，相继而亡，又抚曾孙，宗祧不绝，皆氏力也。寿九十卒。

高 氏 贾桀妻。年十九，夫亡，无子，或劝之嫁。氏自誓守节，足不逾阈，亦不归宁。姑患疽，氏吮脓秽，奉汤药，数年不怠，苦节四十年。

姚 氏 王三晋妻。年二十四，夫亡，无子，贫寒彻骨，誓以死守，继子含珠未周岁，嚼汁喂哺，抚育成立为庠生，苦守四十余年。

冯 氏 庠生萧济妻。年二十三，夫亡，遗孤柱，甫弥月，翁亦旋亡。欲夺其志者甚众，氏抱哺其子，矢节益坚，及子长，氏始安，苦守五十年。郡守张公朝琮旌曰“劲节存孤”。

高 氏 庠生王积蔚妻。年十八，夫亡，舅姑早殁，遗腹子全斌幼多病，氏百计护持，委曲抚训，得为庠生以继书香，苦守六十余年。

赵 氏 贾思福妻。年二十三，夫亡，无子，继侄尔胤为嗣，娶媳景氏甫三年尔胤又亡。遗孙在襁褓，两孀一孤，形影相吊，贞操并矢，抚孤成立。氏守节五十三年，景氏守节三十九年，郡守张公朝琮旌曰“松柏双贞”。

朱 氏 江有余妻。年二十七，夫亡，遗孤永幼，氏劲节自持，辛勤抚育，教子游庠，守节五十余年。

牛氏 齐自先妻。年二十八，夫亡，力勤纺绩，孝养舅姑，生事死葬靡不尽礼，抚育二子成立。

刘 氏 葛万里妻。年二十四，夫亡，遗孤四岁，纺织延生，并日而食，或劝之嫁，氏曰：“夫亡而吾不死者为葛氏嗣耳，岂贪生人世乎！”会大雪，房压氏与子埋雪中二日。幸救得苏，子长娶媳生孙璁，子媳相继而亡，孙无乳食氏哺喂之。及长令就读义塾。氏自甘饥馁，遗食于孙，诸艰备尝，教孙游泮，苦节四十余年，郡守张公朝琮旌曰“劲节贻谋”。

刘　氏　王君相妻。年二十一，夫亡，矢节甘贫，敬事舅姑，辛勤训子，苦守三十年。

张　氏　吴宗圣妻。年二十三，夫亡，舅姑早殁，遗孤三岁，赤贫无依，藜藿自甘，抚孤成立，苦节四十余年。

张　氏　王调元妻。年二十七，夫亡，家徒四壁，矢志弥坚，纺绩度日，抚孤成立，苦节五十余年。

陈　氏　庠生商云生妻。年二十五，夫亡孤幼，氏日勤纺绩以事舅姑，及殁殡葬如礼，抚孤成立，乡里称贤，苦节垂四十年。

任　氏　贾升妻。年十九，夫亡，遗孤未周岁，矢志完贞，辛勤抚育至五十三岁卒。

杨　氏　石崇玉妻。年十八，夫亡，耄姑在堂，遗孤二岁，坚贞自矢，孝慈兼尽，守三十六年。

王　氏　国学生贾朝聘妻。年二十三，夫亡，矢志靡他，孝事舅姑，辛勤教子，守节三十年。

邹　氏　庠生贾士英妻。年二十七，夫亡，姑老子幼，家贫岁饥，氏矢节力勤织纺，仰事俯育，备极孝慈，教子游庠，苦节垂五十年。

郭　氏　贾士祥妻。年二十二，夫亡，遗两孤幼，矢节孝事舅姑，及殁殡葬尽礼，抚子成立，长为诸生，守节三十年。

马　氏　高继先妻。夫卒姑老子夭，继族子为嗣，伶仃孤苦，安之若素，守节三十余年。

景　氏　杜邦相妻。年二十二，夫亡，抚二岁幼子成立，娶妻后子与媳俱殁，又抚周岁幼孙，守节六十年。

刘　氏　宁宏昭妻。年二十二，夫卒，继侄为嗣，守节五十年。

葛　氏　赵子荣妻。年二十七，夫亡，守节六十年。

苗　氏　张侗妻。年二十，夫故，遗子甫二岁，翁姑在堂，自勤纺织，色养承欢，寒暑无间。及公姑殁，丧葬尽礼，抚孤成立，苦节五十余年。

杨　氏　孙大志妻。年十九，夫亡，无子，继嗣承祧，三十余年，人无间言。

戴　氏　庠生朱采妻。年二十三，夫亡，遗孤甫二岁，家贫无以为养，氏昼夜作苦，上事翁姑，下抚孤子，三十余年，乡党翕然称之。

王　氏　汪文贵妻。年十七归汪。无翁姑伯叔。文贵原籍山西，寄居乐邑越十余载，夫殁，遗女一，子二俱幼，守志十三年。长子夭，五年次子又亡，氏大恸曰："吾所以不即死者为两孤耳，今已矣！无复望矣，只有一死以报汪氏。"遂乘夜潜至旷野缢死。

陶　氏　李寅妻。年十七适李，是年九月，夫故，无子，家极贫，氏纺绩自给，人嘉其苦节。

霍　氏　李成玺妻。年十八岁，夫故，无子，日夜哭泣，越年余母欲夺其志，氏以死自誓。勤俭作苦，上事翁姑，至老不懈，亲族莫不钦其节孝。

徐　氏　增广生李妻。年二十一，夫亡，无子，以族子承嗣，事姑孝谨，教子严毅，冰霜自矢三十余年。

陈　氏　廪膳生商卓妻。年十八，夫亡，无子，誓无二志，奉姑极孝，年六十五卒。

吴　氏　张廷桂妻。年二十四，夫故，无子，守节至八十五卒。

王　氏　李智轩妻年二十五，夫亡，守节纺绩，课子至七十三岁卒。

王　氏　李维新妻。年二十六，夫亡，事翁姑以孝闻，抚二子皆成立。

萧　氏　宁乐尔成妻。年二十，夫亡，老姑在堂。子甫二岁。氏苦志守节，纺绩以事孀姑，抚幼子成立。

张　氏　生员姚起陶妻。年二十六，夫亡，遗子二，家贫无以为生，自勤纺绩。课子读书，二子俱补弟子员，事舅姑以孝；待姑娌以和，为乡里所重。

刘　氏　韩效孟妻。年二十七，夫亡。遗子五岁，家贫，日勤纺绩，抚子成立。

张　氏　廪生葛鸿箓妻。年二十七，夫亡，遗子六岁，事姑能孝，教子成立。

程　氏　王朝真妻。真兄朝清干以非义，强逼不从，因勒毙，清亦畏罪自杀，未及请旌，县令赵大经榜其墓。

以上乐亭县

［明］

黄氏女　名妙宣。许字龙升，年十九未婚，而升亡。女闻讣哀恸不食。久之有求聘者，父母强之，则以死誓，知不可夺，乃止。事亲极孝，饮食衣浣者皆出其手，族叔婶俱亡，遗三尺孤，特为抚养，且教之成立，年逾七旬，颜发如童。

赵烈女　一片石军人赵来住女。年十六未字，其母过，邻家有同成军窥母不在，挑之，女怒手批军面，军惊去，母归哭诉曰："我为女子，尚未适人，贼军辄敢淫语谑我，安用生为。"求自尽。母防之，既三日，给其母出，遂阁户自缢死。郡守张公世烈勘明，治军罪，为之营葬，树碑以旌其烈焉。

张　氏　千户女，为李百户长男升之妇。升之病死，无子，晨夕哀恸，见者感动，舅姑强之嫁，自缢死。

郭　氏　庠生何志道妻。年二十四，夫亡，家更无人，父母迎归养之，讽以别醮，誓不可。屡强，乃祥许曰：即改嫁须还顾何门。及至何，痛哭竟日，中夜自缢死，部使商公诰旌之。

田　氏　千户刘世隆妻，国学生田路女也。世隆守界岭口阵亡，氏年二十九，矢死靡他，孀居五十八年，备尝艰苦，部使商公诰旌之。

郭　氏　都督张世忠妻，寿官郭茂女也。忠死事，氏年二十九，几欲捐生。戚属以抚孤劝，矢志二十余年。御史温公如璋疏称：夫为国而死忠，妻为夫而苦节，昭哉！双义允矣可嘉，特竖旌坊。

萧　氏　庠生张云鹗妻。父萧大壮亦庠生，鹗卒，氏年二十六，遗子重立甫五岁，室如悬磬，苦心抚训，领万历癸酉乡荐。重立又卒，遗妻王氏及幼子三人，氏与子妇艰苦共守，抚诸孙长并攻儒业，年七十五卒，部使孟公秋旌之。

林　氏　卫卒罗荣妻。年二十七，夫亡，家贫子幼，苦志自守，寿九十六卒，诏旌。

郭　氏　朱澄之妻。年二十二，夫亡，无子，甘守孤贫。苦节垂六十年。

倪　氏　国学生栾养义妻。年二十四，夫亡，矢节抚二子苦心训育成立。寿八十卒，巡抚李公颐题旌。

张　氏　刘复初妻。年二十七，夫亡，仅遗一女，语及改嫁辄惭愤。孝养其姑终身，无敢违礼。

王　氏　庠生施允宸妻。年二十六，夫亡，舅姑子嗣俱无，穷苦励节，三十余年。

韩　氏　千户高世勋妻。年二十六，夫亡，遗孤尚忠方怀抱，抚育苦守，当子袭职时氏年七十岁。

刘　氏　千户洪大金妻。年二十，夫亡，家徒壁立，抚孤成人，苦节六十余年。

刘　氏　国学生萧被远妻，太仆卿复礼女。年二十八，夫亡，子女俱无，孤守四十年，闭门不出，笑言必谨，代巡吴公阿衡旌之。

林　氏　庠生程继中妻。年二十六，夫亡，引刀欲殉，家人力劝不得死，乃毁容断发，矢节终身，代巡吴公阿衡旌之，七十二卒。

罗　氏　庠生郑廷献妻，年二十二，夫亡，守节不渝，抚子允升游庠食饩，时氏已老。代巡吴公阿衡旌之。

詹　氏　庠生冯九鼎妻。年十九，夫亡，遗孤甫六月，艰苦自守，誓不他适，四十七卒，乡人哀之。

魏　氏　指挥李宗尧妻。年二十五，夫亡，无嗣。守节六十年，院道屡旌。

王　氏　庠生萧裕远妻。莱阳知县从政女也。年三十，夫亡，遗一女，孤守无他志，动循礼法，髦年而终。代巡吴公阿衡旌之。

鲁　氏　儒士穆齐仑妻。年十六，夫亡，遗一子。氏剪发营葬，孤苦四十余年，内外无间。

郭　氏　庠生李养士妻。年二十六，夫亡，遗孤六岁，贫苦励节，以针工自给，至六九卒。

周　氏　韩国桢妻。少孤幼，断火绝粒，日攻针，抚子有成。

郭　氏　徐承恩妻。年二十一，夫亡，遗孤甫周岁，及葬，临穴欲殉，舅姑亲属力劝乃止，守节三十余年。

张　氏　儒士辛栋隆妻。年二十一，夫亡，家甚贫，遗孤幼，女红自给，孝养舅姑，课子游泮诏旌。

杨　氏　庠生张翙妻。翻孝廉重立季子也。孝廉早逝，孀姑王氏在堂，翙亡，氏年二十守节，孤子四岁，不辞贫窶，孝姑教子，祖姑孙妇三世俱以节闻。

孙　氏　庠生萧行远妻。年二十归行远，克执妇道，虑夫无子，嗣脱珥置媵未育。夫亡，伶仃靡倚，苦守四十年，临终几无以为殓。

郭　氏　庠生谭有临妻。年二十，夫亡，誓死殉夫，姑多方劝慰，鞠育周岁孤儿，苦节四十余年。

范　氏　千户张守诚妻。夫亡，几欲捐生，笃志苦守，针工自给，允称苦节。

陈　氏　标兵马如麒妻。麒从镇将追剿叛兵，卸甲中风死。氏闻变，誓以身殉，时年二十五，有子甫四岁，麒柩至，赴哭三昼夜食不进，姑劝以抚孤，乃谓姑曰："若非尔子耶？十六岁尚不能事姑以终天年，此茕茕者又何恃焉！"遂弃不复顾，乘间自缢死。关内道范公志完请于巡抚宋公国栋，令配享贞女祠。

［**国朝**］

李　氏　彭瑾妻。夫亡，翁姑年迈，汤药亲尝。及亡，丧葬尽礼，抚孤子世勋入泮，康熙间旌表。

宋　氏　典姐许嫁兰姓，夫亡，投缳自尽，康熙间旌表。

徐　氏　庠生郭重发妻。年二十六，夫亡，止遗一女，矢节苦守，几五十年题请旌表。

杨 氏 庠生张珣妻。年二十六，夫亡，守节，题请旌表。

曹 氏 镶白旗满州生员马图之妻，年二十，夫亡，事姑训子，历三十年，题请旌表。

王 氏 庠生郭声远妻。年十九，夫亡，遗孤未周岁，矢志靡他，事舅姑以孝闻。守节四十余年。雍正七年旌表。

张 氏 庠生穆维颐妻。年二十二，夫亡。遗孤宗璠甫三岁，矢志苦守。辛勤织纤，教子游庠，守节三十七年。雍正十年旌表。

穆 氏 庠生赵瑛妻。年十七，夫亡，遗孤汝楫甫二岁，劲节自励，始终无间。课子游庠，贞守三十三年。雍正十年旌表。

刘 氏 郭如朱妻。年二十九，夫亡，事翁姑及继姑克尽孝敬，抚周岁子娶媳生孙，犹勤纺绩，守节至六十二岁。雍正十年旌表。

马 氏 林凤至妻。年二十四岁，夫亡，事翁姑生养死葬，俱克尽礼。抚子继芳授室游庠，子媳双亡，子身孤苦，纺绩以终，年六十岁。雍正十年旌表。

徐 氏 常时兴妻。年二十六，夫亡，姑老，两子俱幼，纺绩奉养，抚孤成立。孀姒残疾养之如姑，以次子为之后，守节至八十四岁。雍正十二年旌表。

魏 氏 吕正德妻，年二十七，夫亡，翁姑年俱七旬，三子皆幼，仰事俯畜皆出纺绩，艰苦备尝，守节至八十九岁卒。雍正十二年旌表。

傅 氏 吕储元妻。年二十四，夫亡，家贫甚，氏纺绩抚孤，荼苦五十余年，雍正十二年旌表。

赵 氏 刘碣妻。年二十一，夫亡。六日生遗腹子，氏立志抚孤成立，娶妇生孙，子又夭，氏偕媳共守苦节三十四年，雍正十二年旌表。

詹 氏 程廷对妻。年二十九，夫亡，孤贫自守，上事翁姑，下抚子孙，慈孝克备，雍正十三年旌表。

王 氏 庠生贾朝聘妻。年二十四，夫亡，翁姑继殁，氏竭蹶丧葬，咸称合礼。抚育两孤，俱克成立。未几二子相继亡，氏寿终七十八岁，雍正十三年旌表。

沈　氏　庠生吕世升妻。年二十七，夫亡，矢志守节，教子成立。卒年八十有四，乾隆元年旌表。

郭　氏　范维礼继妻。夫亡，无所出，抚元配子女如己出。家故贫，然性好施与，见邻里饥寒，辄脱簪珥周之。子浚由明经秉铎河间；孙方霭入泮，乾隆元年旌表。

赵　氏　监生李馥生妻。年二十九，夫亡，二子俱幼氏矢志守节。事继姑尽孝，勤俭持家，抚孤成立，殁年八十有二，乾隆二年旌表。

熊　氏　施怀信妻。年二十八，夫亡，有二子，家赤贫，纺绩以资朝夕。长子邦佐旋亦病故，偕子妇抚其幼孙以迄成立。性勤俭，耻华饰，举动以礼，不苟言笑。处娣姒亲娅间从容和厚，内外无言，殁年九十有二。乾隆四年旌表。

郭　氏　赵正功妻。年二十二，夫亡，遗孤文焕甫八月抚之成立，贡于太学，殁年八十有二。乾隆四年旌表。

余　氏　施邦佐妻。年二十九，夫亡，矢志守节，事姑尽孝。家贫纺绩日夜不辍，训子义方，俱各成立。乾隆四年旌表。

李　氏　庠生吉毓麟妻。年三十，夫亡，翁老子幼，俯仰无资，氏冰霜自矢，孝慈克尽。乾隆四年旌表。

郝　氏　杨进朝妻。年二十八，夫亡，教子读书克有成立，苦节五十余载。乾隆十一年旌表。

赵　氏　王元良妻。元良偶他出，氏独处，邻人以言调之，氏怒骂，邻人遁去，元良归，氏诉其事，遂自缢死。乾隆十三年旌表。

赵　氏　吏员李惠民妻。年二十七，夫亡，遗一幼女，矢志守节，事舅姑定省无缺；抚继子教养有方。乾隆十四年旌表。

郭生姐　年二十二，许字族姑之子范彬，彬患疯，无力婚娶，女还其聘钗，又曰以女红助伊姑薪水，逢令节必有所馈，姑不忍误其年少，持还婚帖，生姐遂自缢死，时年二十有七。乾隆十八年旌表。

穆　氏　李天祚妻。顺治元年闯贼寇关，欲强逼氏，氏怒骂不从，抱女投井死。年二十六岁。（以下未旌表。）

蒋　氏　庠生王文科妻。年二十五，夫亡，子二：长守绪、次善述，抚育成人俱游庠，雍正二年督学吴公应莱书额旌之。

郭　氏　萧之高妻，年二十九，夫亡，冰霜自矢，抚遗腹子成立游庠，苦守四十余年。

李　氏　庠生郭重美妻。年二十八，夫亡，遗两孤幼，氏矢节训子。长子游庠，又亡，家贫以针工自给，艰苦四十余年。

潘　氏　王尔勤妻。年二十一，夫亡，遗孤未周岁，艰苦抚育，立志不移，及至游邑庠食饩，守节垂六十年。

穆　氏　庠生刘廷巩妻。年三十九，夫亡，无子，矢节勤纺织，孝事孀姑，苦守五十年。

王　氏　谭有章妻。年二十三，夫亡，遗孤三岁，舅姑旋殁，家业中落，藉女红度日，课子宏道为诸生，苦节五十余年。

曹　氏　刘世名妻。年二十七，夫亡，遗孤四岁，矢志靡他，抚子游泮，守节垂五十年。

郭　氏　庠生刘秉乾妻。年十九，夫亡，止遗一女，家贫织纴，养亲曲尽孝道，女甫及笄又亡，孤苦姑茶，历五十余年。

穆　氏　赵梦辐妻。年二十九，夫亡，遗孤二岁，矢节事姑，亲操井臼，勤俭持家，训子为诸生，苦守三十余年。

林　氏　魏士翰妻。年二十七，夫亡，甘贫矢节，抚孤成立，贞守五十余年。

冯　氏　庠生任嘉彦妻。年二十九岁，夫亡，遗两孤幼，抚养维艰，矢志苦守，终身不渝。

穆　氏　庠生王钦明妻。年二十七，夫亡，舅姑子嗣俱无，矢节茹荼，亲睦妯娌，苦守三十余年，贞操弥坚。

董　氏　庠生程体观妻。年二十九，夫亡，遗孤幼，励志苦守，教子游庠，始终一节。

何　氏　萧升妻。年二十七，夫亡，子幼，矢志靡他，孝事孀姑，终身劲节。

蔡　氏　国学生吕焕如妻。年二十一，夫亡，遗孤甫周岁，家徒四壁，艰苦备尝，孝养姑嫜，抚子成立。

董　氏　国学生郭进妻。年二十七，夫亡，无子，矢节坚守，历三十余年。

朱　氏　庠生冯腾蛟妻。年二十七，夫亡，子幼，与姑詹氏同守孀节，贫苦自甘，历久弥劲。

杨　氏　于应祥妻。夫亡，子幼，矢节靡他，孝姑弥谨。其母怜其年少，与姑议令改适，坚志不从，及服阕归宁，母强之益力，遂痛哭，反向夫灵大恸，比暮自刎死，郡守张公朝琮旌曰"巾帼完人"。

解　氏　冯九征妻。年十七，夫亡，遗孤甫五月，坚贞自励，抚子游庠，守节四十年。

常　氏　武举郭垣妻。年二十一，夫亡，遗孤鳞甫三岁，矢志苦守。力勤纺绩，教子亦中武举，守节三十七年，郡守张公朝琮旌之。

刘　氏　王慎修妻。夫亡，抚子成立，娶媳张氏，子又亡。姑媳同抚一孙，苦守四十年，郡守张公朝琮旌曰"松柏辉映"。

吕　氏　庠生程启元妻，光禄卿鸣夏孙女。年二十二，夫亡，遗孤先登甫三岁，矢节。孝事孀姑，抚子游庠，贞操皓然。

邢　氏　庠生杨兆生妻。年二十九，夫亡，矢节甚坚，勤俭持家，始终无间，抚三子成立，仲补增广生。

唐　氏　庠生刘天德妻。年二十八，夫亡，已无所出，妾聂氏年二十二，生子，甫三月，氏与聂矢志抚孤，女红以资薪水，备历艰苦，十八年孤又亡，乃继堂侄为嗣，其守贞之志弥劲。

吕　氏　穆宗孟妻。年十九，夫亡，遗孤开诚甫二岁，矢志不渝，自甘勤苦，教子游庠，守节三十三年。

夏　氏　庠生穆维节妻。年二十，夫亡，遗孤幼，矢志靡他，抚子成立，守节三十四年。

穆　氏　吕时名妻。年二十二，夫亡，遗孤承祖甫三岁，清贞砥节，辛勤织纺，教子游庠，苦节五十年。

乔　氏　詹宽妻。年二十二，夫亡，遗子三岁，女襁褓，贫苦无依，衣食常缺。氏矢节弥坚，惟凭女红度日，苦节二十余年，竟饥寒死。

房　氏　生王成基妻。年二十二，夫亡，家甚贫，两孤幼，冰蘖自励，誓死靡他，资针工抚子成立，苦守三十六年，郡守张公朝琮旌之。

刘　氏　郑遇时妻。年二十七，夫亡，孤幼，矢志守节，孝事舅姑，力供菽水。及殁，殡葬如礼，辛勤抚子成立，苦守四十余年。

陈　氏　国学生任中杰妻。年二十九，夫亡，五子俱幼，矢志坚贞，劬劳纺绩，抚课五子，四列胶庠，守节三十六年，郡守张公朝琮旌之。

魏　氏　薛邦兴妻。年二十四，夫亡，家贫无依，矢节坚贞，诚孝事姑，义方教子，苦守三十余年。

李　氏　儒士计可成妻。年二十二，夫亡，家贫子幼，劲节自持，纺绩精勤，动循礼法，抚孤成立，苦守三十余年，郡守张公朝琮旌曰："金石贞操。"。

刘　氏　牛文龙妻。年二十八，夫亡，矢志靡他，孝事孀姑，勤操家计，抚子良佐游庠，守节五十余年。

张　氏　傅尚卿妻。年二十四，夫亡，子幼，矢节抚孤，及长，又亡。遗两孙复抚课游庠，曾孙亦入泮，甘苦贫完节，五十余年，郡守张公朝琮旌之。

房　氏　儒士赵敏妻。年十六归赵，甫三月，夫亡，誓死靡他，生遗腹女。抚训备至，择婿字之。苦节垂三十年，郡守张公朝琮旌曰"节比松筠"。

刘　氏　蒋元辅妻。年二十二，夫亡，家徒壁立，矢志守贞。生遗腹子怀，日资纺绩，抚孤成立。苦节三十三年，郡守张公朝琮旌曰"冰霜劲节"。

董　氏　程起云妻。年二十二，夫亡，矢节孝事舅姑，力勤纺织，教子法为郡庠生。守节三十七年。

王　氏　杜朝盛妻。年二十五，夫亡，止遗二女，孤苦伶仃，织纤自给，矢节三十四年。

张　氏　常进文妻。夫亡，遗两孤幼。氏矢节抚之成立，俱授室。次子时兴先亡，媳徐氏年二十三，遗孙仅两月，长子时泰亦亡，媳王氏年二十九，三孀相依，共抚两孙成人，秉信为郡庠生。郡守张公朝琮旌曰“一门贞节”。

侯　氏　庠生赵登云妻。年二十六，夫亡，遗孤丹未周岁，内外无倚，氏矢节，力勤针工，抚子游庠，苦节四十余年。

赵　氏　林枝宗妻。年二十三，夫亡，几欲捐生。舅姑曲谕抚孤大义，乃矢节尽孝。抚三岁子琦贡入太学，守贞五十余年。

张　氏　王应新妻。年二十七，夫亡，遗两孤幼，抚育成立。仲子加士娶妇郭氏，年二十三，加士亡，遗孙三岁，氏与媳相依苦守，始终无间。郡守张公朝琮旌曰“一门双节”。

刘　氏　潘天柱妻。年二十六，夫亡，家贫子幼，或劝之嫁，氏誓死坚守，抚孤成立，苦节三十五年。

张　氏　庠生马应运妻。年二十七，夫亡，子幼，孤苦伶仃，饔飧不给，氏辛勤抚孤，绩纺度日，守节三十余年。

傅　氏　刘文登妻。年二十七，夫亡，子幼，家业日窘。氏矢志抚孤，食贫无怨，教子有成，守节垂四十年。

侯　氏　高琳妻。年二十二，夫亡，遗孤文绣甫四十日，矢节事舅姑，养生送死，备尽孝道。殷勤抚育，教子游庠，苦节四十年。郡守张公朝琮旌曰“励节全慈”。

计　氏　郡庠生王象贤妻。年二十一，夫亡，无子，冰操自励，孝事孀姑，朝夕不懈，苦守二十余年。族人嘉其节孝，继侄嗣之。

牛　氏　国学生谢昌言继妻，年二十九，夫亡，家贫勤女工以奉姑，生事死葬尽礼，抚前子女如己出，子丕显食饩郡庠，守节垂三十年。郡守张公朝琮旌曰“断发授经”。

王　氏　周琏妻。年二十二，夫亡，遗孤三岁，矢志靡他，抚子成立，守节三十年。

朱　氏　赵德芳妻。二十五岁，夫亡，遗三孤幼，矢志靡他，抚子成立，纺绩自给，教孙游庠，苦节五十年。

柴　氏　李起凤妻。年二十九，夫亡，两孤幼。苦节持家，义方教子，守节五十余年。

李　氏　何尔通妻。年二十九，夫亡，守节教子昌运游庠。

何　氏　郭万里妻。年二十二，夫亡，矢节苦守，抚子成立，始终不渝。

田　氏　王云鸣妻。年二十七，夫亡，遗孤二岁，矢志坚贞，抚子成立，守节三十六年。

杨　氏　田养粹妻。年二十四，夫亡，家素寒，上有舅姑，下有弱息。氏身任其事，日用薪水，咸取办于十指，养生送死，罔不尽礼，训子以义方，寿七十终。

郭　氏　庠生马襄妻。年二十二，夫亡，遗两子俱幼，矢志苦守，教子成立。其仲子游庠，寿终七十有三，郡守张公朝琮旌其门。

宋　氏　监生罗鸿儒妻。年二十九，夫亡，子国珍仅三月，抚养成立。旋殁，子妇傅氏年二十六，矢志共守，傅氏生子三，长緂游庠。郡守张公朝琮旌其门。

刘　氏　穆维丰妻。年二十五，夫亡，遗孤甫十月，家徒四壁，执女红以自给。饔飧常竭，而节操弥坚至卒，年六十有五。

冯　氏　生员杨赓妻。年二十五，夫亡，遗子甫五岁，教养成立，饩于庠，旋殁。孙亦继亡，无嗣。

张　氏　庠生李开芬妻。年二十五，夫亡，无子，以侄承嗣，守节四十三年。

黄　氏　范思胜妻。二十六岁，夫亡，家贫。生子未周岁，纺绩以给饘粥，抚育成人，殁年六十七。

刁　氏　曹鼐妻。年二十一，夫亡，家贫无子，矢志苦守。督学钱公陈群书额旌之。

赵　氏　吴皑继妻。年二十八，夫亡，舅姑年老，前室子二俱幼，氏生子未周岁。家贫，纺绩度日，奉事舅姑二十余载，曲尽孝道，三子皆抚之成立，守节三十余年。

郭　氏　刘士贤妻。年二十九，夫亡，立志守节，断指自誓，遂昏绝，力救复苏，卒成其志，后疾笃，其子琰封股作羹以进。食之，既而愈，知之，茹素终身。

李　氏　常维乾妻。年二十八，夫亡，子天俊尚幼，氏立志守节，孝翁姑，事葬尽礼，课子严肃有法，以文名饩，于殁时年五十有五。

李　氏　庠生穆廷遵妻。年二十六，夫亡，无子，贫不能自活，资女红以济。孝事舅姑，和睦妯娌，继侄为嗣，抚之成立，苦守四十余年。

谢　氏　庠生穆宗霨妻。年二十六，夫亡，遗孤甫二岁，苦节独励，教子开琛游庠食。上事舅姑，族党称孝，督学使者钱公陈群旌其门。子开琛娶魏氏，年二十六，琛殁，生子未一月，魏誓不欲生，族众以事孀姑乳幼子为劝，乃勉自活。未一载而子伤，氏昼夜悲啼，笃孝孀姑，守节凡十五载，年四十而卒。

聂　氏　庠生刘天德妾。年二十二，夫亡，生一子，与正室唐氏共抚之。后子殁，继堂侄为嗣。唐氏旋殁，聂氏一人抚之成立。氏年八十有八。郡守张公朝琮，管关厅周公廷润均旌其门。

张　氏　袁起云妻。年二十四，夫亡，子二。苦志守贞，乾隆十一年县令张公旌其门。

杨　氏　齐进孝妻。年二十四，夫亡，家贫，纺绩教子，乾隆八年督学使者赵公大鲸旌其门。

高　氏　李开香妻。年一十五，夫亡，守志终身。

程　氏　陈四海妻。年二十七，夫亡，抚孤子纺绩度日，守节终身。

王　氏　傅国备妻。年二十八，夫亡，守节课子读书入泮。

张　氏　庠生程廷升妻。年二十三，夫亡，无子，守志不移，奉姑维谨，年六十时有为氏请旌者，氏闻之曰："吾不幸夫早丧，宜相从于地下，岂愿留姓名于人间耶！"

杨　氏　李养植妻。年二十八，夫亡，家贫，纺绩度日，辛勤训子，乾隆二十年督学使者徐公以烜给额旌之。

涂　氏　李时秀妻。年二十七，夫亡，遗一子，纺绩教养。及长，授室。子出关贸易，遂不复归。氏与其妇以女红度日，艰苦万状，闻者哀之。

向　氏　闫梅之妻。年二十二，夫亡，舅姑衰老，遗孤仅一岁，氏亲执女红度日，养生送死，克尽其道。子长授室，旋亦亡，与子妇周氏荼苦共守。

谭　氏　监生穆永清妻。提督廷栻子妇。年二十四夫亡，仅遗女二，矢志守贞，族人欲为请旌，氏曰："舅姑远宦南省，未尽一日侍奉，真天地间罪人，至守节乃未亡人本分，何敢邀旌。"议遂寝。

甘　氏　李道和妻。年二十四夫亡，遗孤八月，家贫，氏执机杼以事舅姑，抚夫弟及幼子皆克成立。乾隆二十年督学徐公以烜给额旌之。

李　氏　邵起云妻。年二十九，夫出坠海死，时有孕才四月，既而生子，抚之。子长采樵以养其母，母以纺绩助之，意泊如也。乾隆二十一年督学使者徐公以烜旌之曰"茹苦甘饴"。

陈　氏　温大妻。年二十八，夫亡，遗腹三月生一子，苦守三十三年，教子成立，乡人称之。

宋　氏　吉永泰妻。年十九，夫亡，遗孤生一女，家无立锥，勤女红以奉孀姑，人以孝称之。

陈　氏　辛延邱妻。年二十九，夫亡，子又不肖，或劝之改适，不从，卒守其志。

郭　氏　薛良斌妻。年二十八，夫亡，抚孤成立。

徐　氏　赵子玉妻。年二十八，夫亡，遗孤两月，舅姑衰老，家又甚贫，仰事俯育，皆取给于十指，乡党称焉。

田　氏　赵昌绪妻。年二十八，夫亡，遗二子，家贫，饔飧不给，氏日夜纺绩，抚孤成立。

郑　氏　刘中兴妻。年二十九，夫亡，生子甫二月抚之成立。

高　氏　赵升妻。年二十六，夫亡守节。家贫，纺绩教子。

连氏张开甲妻。年二十六，夫亡，遗孤五岁，教之成立。为诸生有文名，氏事舅姑以孝称。

张　氏　陈自贵妻。年二十五，夫亡，遗孤至弱冠亦亡，抚其幼孙，纺绩糊口。

王　氏　张谨至妻。年二十三，夫亡，生子未弥月，舅姑衰老，家贫，氏事亲抚孤，养生送死，虽极困顿，未尝言瘁。

赵　氏　张彬继妻。年二十九，夫亡，家徒四壁，遗孤三月，氏守志抚孤，备极艰苦。有讽以改适者，则失声流涕曰：妇无二天，饿死奚恤？况弱息在抱，可使谓他人父乎？年衰老，犹率子妇执女红不怠。

李　氏　田尔渥妻。年二十三，夫亡，子方周岁，家贫，纺绩度日。

赵　氏　刘朝典妻。年二十一，夫亡无嗣，氏上事舅姑；下抚夫弟，终身无倦色。

何　氏　王锡位妻。年二十六，夫亡，无子，抚侄为嗣。事孀姑以孝，处妯娌以和，纺绩糊口，晓夜无间。

石　氏　杨超妻。年二十八，夫亡，无子，继侄为嗣，抚养教诲，一如己出，督学使者张公泰开给额旌之。

罗　氏　田吉妻。年二十一，夫亡，遗一子，贫苦自守，纺绩自给。

谭　氏　刘琬妻。年十八，夫亡，子殇，抚继子成立。

张　氏　赵元英妻。年二十二，夫亡，无子，舅姑垂暮，贫不能养，或劝之改嫁，氏拒之。越十年以疾卒，乡人嘉其节，立石以志。

金　氏　庠生张玮妻。年二十九，夫亡守节。

穆　氏　监生周梦龙妻。年二十四，夫亡，抚其子，子又亡，抚其孙，三人皆成立。

石　氏　张瓒妻。年二十四，夫亡，子甫二岁，誓不他适，纺绩课子成立。

范　氏　郑镕妻，庠生范宏楷女。年二十四，夫殁，无子，止一女。舅姑及其亲属咸劝改嫁，氏以死誓。久之姑得狂疾，人皆避不敢近，氏侍疾三载，无倦色。既殁，事舅尤谨，家益贫困，资纺绩以给朝夕，舅不乐，必委曲譬解，得其欢心。舅殁五载，氏遘疾曰："吾事毕矣！"不药而卒，时年三十有六。

刘　氏　乔世昌侧室。年二十二，夫亡，嫡张氏无出，氏子步云仅二岁，氏矢志守节，事嫡惟谨，治家有法，训子为邑庠生。

杨　氏　庠生沈德厚妻。年二十九，夫亡，坚操守节，现年六十八岁。

以上临榆县（山海卫并人）。

卷之二十一

艺文志一

永平文之最古者，莫如秦皇之铭，汉武之书。魏晋以还简册无征，已若境内山谷残碑断碣，唐迄金元仅存一二。惟是近代诸公或纪城池学校之兴废，或为山川景物之流连，登高作赋，揽胜题诗，并郡乘所不可缺。嗟乎！地恒因人重，人不以地传，故滕王黄鹤得王勃、崔颢之作，遂垂不朽。旧志所载未免芜杂，爰汰而去之，又姑就所见略加补辑，要必择其有关于郡事者，庶乎言之有征也，作艺文志。

玺书制诏

汉武帝报右北平太守李广书

将军者，国之爪牙也。司马法曰：登车不式，遭丧不服，振旅抚师以征不服，率三军之心，同战士之力，故怒形则千里竦，威振则万物伏，是以声名暴于夷貉，威棱乎邻国。夫报忿除害捐残去杀，朕之所图于将军也。若乃免冠徒跣，稽颡请罪，岂朕之指哉！将军其率师东辕，弥节白檀，以临右北平盛敌。

唐授田布魏博节度使制

元稹　撰文

经曰：父母之仇不同天，虽及匹士，而犹寝苫枕干以期必报。是以子胥不殉伍奢之死，卒能发既藏之墓，鞭不义之尸，取贵春秋，名垂万古，而况于身备将坛，父死人手，家仇国耻并在一门，当怀尝胆之心，岂俟绝浆之礼，金革无避其在兹乎！前四镇北庭行军兼泾原节度使、捡校左散骑常侍御史大夫田布，咨尔先臣，惟国元老，首自河朔，来朝帝廷，而又东取青齐，北讨燕赵，提挈义旅，勤劳王家，冒白刃而不疑，推赤心而自信。属冀方求师，余所重难，辍自大名，付兹巨镇，而中台暗折，上将妖侵，蝨贼潜置于腹心，豺狼勃兴于肘腋，人神愤痛，朝野惊嗟，深软予怀，誓擒元恶。以尔布诗书，并习忠孝两全，常用魏师，克征淮孽，素行恩信，共著勋庸，岂无奋激之图，为报寇仇之党，且魏之诸将由尔父而崇高，魏之三军蒙尔父之仁爱，昔既同其美利，今岂忘其深冤。尔其淬砺，勇夫敬恭。义士一饭之饱，必同于士卒，一毫之费，必用于戈矛。非算画不萌于心，非军旅勿言于口，居则席藁，寒则饱冰，以丧礼处之。若哀心感者必有为横身刎颈，感智捐躯，下报营魄，旁清丑类。於戏！至诚可托，稔恶难逃，矧彼凶残去将安往？墨缞在体，元纛在前，提剑执金，无忘哀敬，可起复宁远将军守右金吾卫大将军员外同正员捡校工部尚书兼魏州大都督府长史、御史大夫充魏博等州节度观察处置等使，勋赐如故，主者施行。

元至元十八年十二月戊申封伯夷叔齐诏

盖闻古者伯夷、叔齐逃孤竹之封，甘首阳之饿，辞爵以明长幼之序，谏伐以严君臣之分，可谓行义以达道，杀身以成仁者也。昔居北海之滨，遗庙东山之上，休光垂于千古，余泽被于一方，永怀孤峻之风，庸示褒崇之典。於戏！去宗国而辞周粟，曾是列爵之可廉，扬义烈以激清尘，期于世教之有补，可追封伯夷为昭义清惠公，叔齐为崇让仁惠公。

颂

伯夷颂

唐·韩愈

士之特立独行，适于义而已。不顾人之是非皆豪杰之士，信道笃而自知明者也，一家非之力行而不惑者寡矣。至于一国一州非之力行而不惑者，盖天下一人而已。若至于举世非之力行而不惑者，则千百年乃一人已耳。若伯夷者穷天地亘万世而不顾者也，昭乎日月不足为明，崒乎泰山不足为高，巍乎天地不足为容也。当殷之亡，周之兴，微子贤也，抱祭器而去之，武王、周公圣也，从天下之贤士与天下之诸侯，而往攻之，未尝闻有非之者也，彼伯夷叔齐者乃独以为不可。殷既灭矣，天下宗周。彼二子者，乃独耻食其粟，饿死而不顾。由是而言，夫岂有求而为哉？信道笃而自知明也。今世之所谓士者，一凡人誉之，则自以为有余，一凡人沮之，则自以为不足，彼独非圣人而自是如此。夫圣人乃万世之标准也。余故曰：若伯夷者特立独行穷天地亘万世而不顾者也。虽然，微二子，乱臣贼子接迹于后世矣。

状

进田宏正碑文状

唐·元缜

田宏正魏博德政碑文，右前件碑文，伏蒙御札朱书，遣臣撰述，恩生望外，事出宸衷，铭镂骨肌，难酬雨露。臣伏以陛下所以令臣与宏正立碑，盖欲遣魏博及镇州将吏等并知宏正首怀忠义，以致功勋。臣若苟务文章，广征经典，非惟将吏不会，亦恐宏正未详，虽临四达之衢，难掩万人之口。臣所以效马迁体叙事直书，约李斯碑文勒铭称制，使宏正见铭而戒逸，将吏观叙而爱心，不隐实功不为溢美，文虽朴野，事颇彰明。伏乞天慈特留宸鉴，其碑文谨随状封进。谨具奏闻，伏听敕旨。

奏　　疏

敬陈京东水利疏

怡贤亲王

窃河道有经有纬，而纬常多于经，所以资节宣利挹注也。臣等力勘京东之水，若白河、若蓟、若淏，以及永平之滦河，皆经流之最大者。白河为漕运要津，农田之蓄泄不与焉。然河西旷野平原，数十里内止有凤河当道自南苑流出，涓涓一带蜒蜿而东，至武清之堆上村断流，而河身淤为平陆，此外别无行水之沟，亦无潴水之泽。一有雨潦，不但田庐弥漫，即运河堤岸亦宛在水中矣。查凉水河源自京城西南，由南苑出宏仁桥至张家湾入运，请于高各庄开河分流，至堠上循凤河故道疏浚，由大河头入，仍于分流之处各建一闸，以时启闭，庶积潦有归，且可沾溉田畴，而于运道亦无碍也。运河之东则香河，其下为宝坻，沿河堤岸坍颓屡为二邑之灾，应饬河官及时修筑高厚，并于牛牧屯以上斜筑长堤一道，以障上流之东溢，则香河、宝坻无运河之患矣。再通州烟郊以南之水皆汇于窝头，分为二股，一股南入运河，一股东流经香河县之吴村，汇于百家湾，入七里屯，达于宝坻。查七里屯以上，大半淤塞，地皆沙卤，难以开凿。若将南流一股疏通深畅，则窝头经流归于运河，分入香河之吴村者无多，少加浚导则亦可免冲溢矣。又夏店之箭杆河，经香河东北入宝坻之沟头，疏浚导流于宝坻城南，合七里屯之水东入八门城，达于大河，庶水有攸归，不致漫溢为害。且潮水自八门城逆流入河，于农田亦有利焉。宝坻之西北壤接蓟州，蓟州运河自三台营会诸山之水东南至宝邑，会白龙港又南经玉田、丰润，合淏水达于海。河身深阔源远流长，所谓弃之则害，用之则利者也。臣等愚见，请先筑河堤务须高厚，永保无虞，然后于下仓以南建石桥一座，空下闸壅水而升之，注于两岸以资灌溉。多开沟洫，自近而远，纵横贯注，用之不乏矣。淏水又名还乡河，发源迁安之泉庄，喷薄汹涌，悬壁而下，既入平地则委折蛇行，土人有三湾九曲之称。自康熙四十二年，决运河头夺流而西，至雍正元年始塞决口挑引旧河，然河道狭而堤堰卑，东决则淹丰润，西决则淹玉田。二邑士民请展狭为广，改曲为直，其说近是。然以建瓴之势奔放直泻，恐下流益滋冲溃之患，似应酌量于甚曲之处，如刘敛庄、王木匠庄各开直河一道，其旧流亦无令壅塞，俾得两处分泻，堤堰之逼近河身者，扩而广之，再加高厚，可无冲决之患。至沿河一带建闸开渠，数十里内无非沃壤，土人动言便水湍急为患，不知败稼之洪涛即长稼之膏泽，凡溃而为害者，皆分而为利者也。现在近河居民引流种菜，千畦百陇，在在皆然，曾未见利于圃，而有不利于农者也。玉田本属稻乡，蓝泉水出蓝山西南，流入蓟运河，潴水为湖，伏秋山水暴发，河与湖平，一望弥漫，应将河身疏通深广，束以堤坊，西北另开小河一道，引山涧汗漫之水入河不流，使湖无泛滥，而南湖内外田地均沾灌溉。仍于湖心最下之处圩为水柜，以济泉水之不足，其利可以万全。又泉河发源小泉山，东流会孟家泉、暖泉达于蓟运河。现在引流种稻，所当搜涤泉源多方宣播，以广水利者也。丰润负山带水，涌地成泉，疏流导河随取而足，志乘所谓丰泽润美，邑之得名非虚也。臣等力勘所至，如城东之天宫寺、失鹿山、铁城坎，以及沿河沮洳之处，或疏泉、或引河，可种稻田数百亩，多至千余亩。而止惟县南接连大泊一带，平畴万顷，土膏滋润，内有王家河、汉河、龙堂湾、泥河，其四道皆混混源泉，春夏不涸。王家河、汉河流入泊，龙堂湾、泥河西入蓟运河，而田畴不沾勺水之利，为可惜也。应请涤其源，疏其流，坝以壅之，堤以蓄之。东北引陡河为大渠，横贯四河，而中间多开沟血，度陌历阡，潆洄宣布，数十里内取之，左右皆逢其源，涝则田水达于沟，沟达于渠，渠会于河，河归于大泊，广八里，长方十余里，若于东南穿河导入陡河以达于海，而泊内可耕之田多矣。陡河即馆水，源自滦州之馆山，东流绕县境而南，旁河村庄曰：上稻地、下稻地，南曰官渠。盖昔年圩田种稻沟塍遗址尚存者。宣各庄以下至今稻田数百顷，村农以此多致饶裕，若推而广之，沿河坚筑堤防，多设坝闸，以时蓄泄，疆里一循旧迹，不劳区画，而两岸良田不可数计。至板桥、狼窝铺等处，东达榛子镇一带，流泉大概入滦河境矣。滦州为永平属邑，永平之水滦河为大，其源远，所从来者高，汹涌滂沛，推壅沙石，既不可束以堤防，亦难以资灌溉。然各属支流，藉以汇归，故少涨溢之患。而涓沥皆农田之资。如滦州近城之别故河淤塞漫流数十年于兹，若照旧疏通，不惟城闉不受浸啮，而西南负郭之田皆收浸润之利。城南则有龙溪，出五子山东大泉，腾沸流至五官营，伏入地中至闫家庄复见，即清河之源也。城西则近河经芹菜山南流，折而东，又转而南，二河之间地势平衍，士冈环之。东南一望无际，皆可播流而溉也。西南则游观庄之靳家黄坨河，引泉可田。南则稻河、吴家、龙堂等处，引河可田。西北则自沙河驿之东，榛子镇之西，龙溪、黄崖暖泉会于牤牛河，经双桥而围山瀑水入之，流清而驶，地平而润，沿岸一带建坝开沟无处，非水耕火耨之地矣。滦州之北，为迁安城北徐流营涌出五泉，合流入桃林河，又三里桥涌泉流出滦河蚕姑庙，泉河与滦河相接，龙王庙之泉头流为三里河，经十里桥而南，夹河皆可田。黄山之麓一泓湛然，浮沫如珠，西漾入石渠，渠岸皆清泉喷涌，即还乡河所自出也。自泉庄至新集五六里，两岸地与水平，播之可种稻田百余顷，且可分还乡河上流之势。滦河经府治之西青龙河会焉。青龙河即卢水，县以此得名。境内岗峦起伏，地高水深，难以汲引。惟县北之燕河营涌泉成河，及营东五泉漫溢四出，至张家庄一带皆可挹取为树艺之利。他如抚宁、昌黎、乐亭以及遵化、三河等州县，臣等未及遍历，然按图考志，大抵水泽之利居多。伏念京东土壤膏腴，甲于天下，祗缘积俗息玩，苟且因循，人有遗力，地多遗利。我皇上轸念民瘼，宵旰勤求，无刻或释。臣等奉命勘查，所至宣扬圣德，明白晓谕，一时民情踊跃，欢声雷动。今春融冻解，正动工修筑之时。臣等分遣效力人员，逐一确估，请旨兴工。惟是工程浩大，地方辽阔，臣等钦遵圣谕，弹心筹画，所勘情形，大概如此。至高下广狭，随宜随量，容有变通之处，抑或委员经理未必尽合机宜。圩田之多寡，奏效之迟速，统俟工完汇齐送册将勘过情形绘图恭呈御览，伏乞皇上睿鉴施行。

请更定盐法疏

国朝·刘鸿儒

题为畿东行盐之法未善，请旨厘正，以资民用，以无损国课事。臣窃惟盐政之设，因民生日用之需，取天地自然之利，必使上能裕国，下不厉民，始堪为经久不易之策也。如江淮诸处水陆四达，产多食广，商人资本富厚，招中销引自属成法。惟臣乡永平所属州县地方无几，食盐止取给滦、昌、乐濒海诸处，产亦无几，惟产与食一隅亦自相准。自明季清初以来，行贩流通郡邑，悉地方有司给票收其正税，禁遏私贩，名为包课，而课亦不至失额，民颇便之。忽于顺治四五年，有等无稽棍徒规时射利，亦借纳银销引之名投认盐商力承课税，所司自易信从。一自纳银之后，遂于每州县居要地方各张盐店一区，行贩悉行禁绝。小民居止不齐，即有买自邻近店中者，亦坐以私盐首告，胥远近而惟一区是资已属艰苦，况其以扼吭自恣，价凭自定，数倍于昔。至于升斗抑勒，尤难悉状，以致民间咸称不便，怨读言丛生，至有宁甘食淡，而不肯一窥盐店者矣。如此专利病民，即使国课足额，已非善计，乃诸人本属赤手贫棍，实无蓄贮多盐可售，不过初由借债以支掌，意图取偿于重价。然价既腾踊，买者自少，所谓贪贾三倍，势所必至也。及于年例应输额课，依然拖欠封纳不前，竟至公私交受其困矣。平时有司以承课有人，不复管理，及至销引不及纳课失期，复以干已考成，从而为之代纳，则其累及于有司者又如此。昔人云：塞人之养而隘其途，犹云将以利取也。今此一事而上下咸属不便乃尔，则将安用此坐店之盐商为哉！臣请敕部察其积弊，将畿东盐店商人尽行裁革，所有当发额引仍责令有司支领给票通商，禁止私贩，务俾正课足额，而民间亦不至苦窳，庶公私两便之道也。此事止一隅，似属细故，以臣乡见闻最真，不敢不以上闻。如果臣言不谬，祈敕部议施行。

请颁赋制裁衙蠹疏

刘鸿儒

题为速颁赋制以慰民情，严裁衙蠹以除民害事：窃惟盛朝创兴之治，惟安百姓为第一急务。安百姓惟轻赋徭革积害为第一急务，我皇上定鼎伊初即颁诏，赋徭役经制照万历初年，爱民之心可谓切矣，治国之急务可谓晰矣。天下无论老幼贤愚闻纶音而欢欣鼓舞以手加额，曰："今而后始得出水火登衽席矣。"其望经制之定也，惟恐迟一日不获受一日之福。及观顺治二年征纳之数，较明末之分数不减且增。呜呼！赋徭之重，追比之惨，至明末极矣，而今复加焉。兵火余生其堪此耶？向之欢欣鼓舞者，仍变为惨泣愁呼矣，即今清核赋役，圣旨业已申明，第念元年之诏至三年未见施行，而三年之清核又不知何年何日可施行也。臣请一面清核，一面申饬有司，务要照万历初年催征，不得仍前模糊视为故事也。然衙蠹不革，弊孔百出，即赋轻而私索之害无穷。州县六房书吏之设，其初每房一书一吏，而今增至八人十人不等。朘民膏以供己，窃官银以肥家，或新任官质朴慈善，事体未经历练者，鲜不为彼所欺。甚至书吏挥指，有司唯唯。加以如狼如虎之皂快肆行民间，所以良有司不多见，而民情汹汹。臣请严敕该部申行州县，一切书吏、皂快止照旧数简选备用，余皆即行裁革，是大为民间去一毒害也。斯二者乃安百姓不可缓之事。百姓安，则人心固；人心固，则盗贼自息，太平立致。久安长治之道，端不外此。臣蒙恩拔耳目之司，民间利病敢不披肝沥胆绘情以陈乎？仰乞敕部施行。

明白回奏疏

刘鸿儒

奏为遵旨明白具奏事：臣于六月初十日具有速颁赋制，以慰民情，严裁衙蠹以除民害一疏。奉圣旨；明季加派钱粮，恩诏内已尽行蠲免，这本说顺治二年征纳之数，较明末不减且增，是则何地何官系何钱粮，或本地私征、或部文多派，通著刘鸿儒明白具奏，毋得含糊。有司衙门吏胥人等额外多增的，尽行革汰，违者重处。该部知道，钦此。臣跪捧庄诵之余，仰见我皇上暨皇叔父摄政王惓念百姓，精心赋制，弊必详其实，言必采其真也。臣系迁安籍，而迁安催征之事，臣知之切见之真，敢不具实为皇上陈之：迁安自明末之时，每丁起银下下则二钱，下中则四钱。每上地一亩起银七分有奇，百姓莫不称苦，而逋欠甚多。至我皇上恩诏下颁蠲免之条，班班可指，宜乎钱粮之减半也。乃所征之数，每丁二钱者加至三钱六分，四钱者加至七钱二分。每亩上地加至八分二厘有奇，如此可谓照万历初年乎？不照万历初年乎？臣草茅中见此增加之数，不胜惊惶骇愕，茫然不解何故，且本县县驿已裁，民壮已裁，扛夫已裁。只此三项便当减许多钱粮，又何为如此加多也？臣愈不解也。况恩诏初颁，昭若星日，赫如雷霆，尚不能行之。近京之郡县如沿而至于数十年之久，或千万里之遥，其所为增加科派又不知几何矣。臣见迁安一县如此，则一府可知；一府如此，则天下可知。所以痛愤激切，而有速颁赋制之请也。仰祈敕下该部详究增加原故，系奉何文？仍敕巡抚监司彻底清查，应蠲免者毅然蠲免，庶不致上有轻赋薄徭之名，而下无轻赋薄徭之实也。谨具实奏闻。

碑　　记

清圣庙碑记

元·马祖常

大元建国全燕以御华夏，永平为甸服股肱郡。至元十有八年世祖皇帝甫平江南五岁矣，即裹干戈放马牛而不用，大召名儒修礼乐之事，敕有司咸秩无文。于是永平郡臣以其邦为孤竹旧壤，伯夷、叔齐兄弟让国之所也，列闻以请。大臣以闻，上曰："其令代言为书命以褒之。"谥曰：清惠、仁惠，于今又五十年矣，郡臣前后凡不计几人，漫不加意。兹者某年某官等乃状上书曰："郡境庙像清惠、仁惠之神，岁无牲牢，祭品不备，领祀无官，尚书秩宗有礼有义，谨以告。其日会太常议，制白丞相府，符下永平曰：夷齐求仁得仁，庙食固宜岁春秋蠲吉具仪，有司行事符且署矣。乃重白丞相府：以孟轲称伯夷圣之清，孤竹其宗国也。今既像设而庙食之，宜以清圣额庙，丞相府佥曰：允哉。呜呼！大道之郁也，则民乌得而知古焉，士盖有一二世不知其传者，大道之彰也，则民不识金革战斗之暴，内则有父子夫妇相与饬于礼节，外则有官师之教，朋友之交，相与让于古，岂独知己之所传，又知当时之名世者而传之。是则永平之人，遭逢国家之隆，而沐浴大道之彰也。吾将见行者让途，耕者让畔，学士相让于俎豆，工商相货以器货而市价不二矣。推本我世祖皇帝教化之意，顾不由此与邦之人尚砺其志，而施于行哉！毋徒神之而已也。

王公先茔碑记

明・王翱

翱以不肖之质，获蒙祖考余庆以有禄位，缪膺奖擢践更要职。国有常典，命及其先，非惟优异台宪之臣，盖以彰积善垂庆，其来有自，而欲昭潜德，发幽光，俾为臣子者退得伸孝于家，而进得尽忠于国，此朝廷所以推仁而广恩，而为臣子者之至幸也。翱自永乐乙未第进士，历官监察御史、行人司正佥都御史、进副都以至左右都御史，今加升太子太保仍兼本职，累朝恩典随官迁转，皆受诰敕藏之于家，而此二通乃翱为左都御史镇辽东时，今上皇帝所赐，追赠翱之祖考祖妣者也。翱之先世家滦州刘家庄，自吾祖太公而上至讳进昌者，凡十七世俱葬滦州。元季兵乱，吾父及吾伯叔携家徒沧州之盐山，卒葬其地。子孙遂为盐山人。今翱自辽阳还，乃得命工砻石勒祖考妣受诰文，树于滦之先茔，余皆以次当勒石于盐山也。吾所以为此举者，非在夸耀于闾里乡党，侈君上之恩，彰先世之德，尔后之子子孙孙观感而兴起者，登斯垅睹斯文，忠孝之心得不油然而兴乎！景泰三年月日荣禄大夫、太子太保兼都察院左都御史孝孙翱谨识。

重建永平府城楼碑记

明・陈循

京师之东有永平府，盖孤竹国也。虽为禹贡冀州之地，然舜分十有二州已隶于幽矣，至秦为辽西郡，汉属右北平，魏为卢龙郡，元为永平路，国朝始改路为府，置永平卫成守。府故有城，筑土而已，卑隘不称。洪武四年，指挥费愚廓其东而大之，周围至九里十三步，其形势则东表碣石，西界滦河，大海在其南，群山限其北，山之外为朔漠之地。城有四门：东曰高明，南曰德胜，西曰镇平，北曰拱辰。门上有楼，旁有雉堞相属，已壮伟宏丽矣。而于城之东南暨北三最高处，又各为楼，以望烽火，名之曰：望高楼。太宗文皇帝建北京，以其畿内东藩，且为重镇襟喉之地，朝鲜诸番朝贡必由之路，乃增置龙卢东胜左卫，所以控制守御乎一方者严矣，近岁朝廷虑典兵者久则或生懈惰，往往简命大臣之刚廉者俾总其事，且典其机焉。圣天子践祚之初，都察院右佥都御史麻城邹公来学实以提督军务巡抚是邦，既遍阅关隘，悉设险固成守，以防外患。顾视永平城楼颓毁俱尽，无以壮观内服，威视远方，会岁屡登，人用咸给，乃聚工材，悉仍其旧而重建之。赞襄之者，则总兵官都督佥事宗胜、左参将都指挥佥事胡镛，暨都指挥佥事罗政、永平府知府张茂，亦皆协力助成其事。盖经始于景泰二年秋七月十六日，而落成于是年之十月十五日。文武勤于奉公，故用虽费而不以为侈；军民乐于趋事，故成虽速而不以为劳。其视致力于释老无益之祠庙，若其他所为者何可同日而语也哉！既成，宗公以为不可以不记其成之岁月，乃介翰林庶吉士刘宣来请文书于石，且以彰邹公之美焉。宣，予同郡人，尝自永平成举进士，固予所爱重者，而邹宗二公又都宪总戎之贤者也，故不辞而书以归之。

山海关天妃庙碑记

明·祁顺

天地间海为最钜，海之神天妃为最灵。凡薄海之邦无不祀天妃者，由其能驱变怪，息风涛，有大功于人也。直隶山海卫去城南十里许为渤海，汪洋万顷，不见涯涘。海旁旧有天妃祠，相传为国初时海运之人有遭急变而赖神以济者，因建祠以答神贶，历岁滋久，故址为浪冲击几不可支，而堂宇溢陋亦渐颓毁。天顺癸未，太监裴公珰以王事驻节山海。谂神之灵，就谒祠下，顾瞻咨嗟，语守臣及其属曰：

“天妃显应功利闻天下，而庙貌若兹，非所以崇明祀也。盍撤其旧而新是图？”遂施白金三十两以倡于众。时镇关兵部主事杨君琚，暨参将吴侯得各捐资为助，而凡好义者亦皆致财效力以后为愧。于是市材僦工，择时兴役，崇旧基而加广焉。为祠前后各三间，坚致华敞足历永久，其像惟天妃因旧以加整饬，余则皆新塑者。复绘众神于壁间，威仪跄跄，森列左右，远近来观莫不肃然起敬，以为前所未有也。肇工于甲申年秋七月，落成于是年冬十月。众以丽牲之石未有刻辞，征予记其始末，用传诸后。夫能御大灾，能捍大患，以安生人者，征诸祭法于祠为称。我国家明制度、尊祠祀岂无意哉？亦为民生计耳！尝闻东南人航海中者，咸寄命于天妃，或遇风涛险恶变怪将覆舟，即疾呼来救。见桅樯上火光灿然，舟立定，是其捍患御灾，功罕与比，故在人尤加敬事，而天妃名号居百神之上，亦莫与京焉。渤海之广，无远不通。神之流行，无往不在。人赖神以安，神依人以立，然则斯祠之建，庸可后乎？当祠成之岁，居其旁者厄于回禄，势焰赫然及祠，土人远望之，见烟光中人影上下，意其为护祠者。既而旁居荡为灰烬，而祠一无所损，向所望烟中人影皆无之，乃知其神也。噫！神之显赫不可掩如此，所以惠福于是邦，岂浅鲜乎哉！顺既叙其事，复作迎享送神之辞，俾邦人歌以祀云。其辞曰：荪壁兮药房，辛夷楣兮兰桂梁。杂芬菲兮成堂，神之奠兮海旁。吉日兮将事女，巫纷兮至止，惠肴蒸兮荐芳醴，衣采兮传葩，吹参差兮舞婆娑。神不来兮奈何？轻风飕飕兮水扬波。神之来兮容与。载云旗兮驾风驭霆，成再拜兮传神语。旋猋不流兮使我心苦，神庙食兮无穷。神降福兮曷其有终，海波恬兮偃蛟龙，弭怪雨兮驱暴风，灾诊弗作兮时和岁丰。人有寿兮无瘝痌，永世不磨兮神之功。

开平中屯卫新城碑记

明・姚夔

永平，禹贡冀州之域。秦汉为右北平郡，唐为平州，元置平滦路。我太宗文皇帝入正大统迁都北京，而永平去京师五百里，遂为畿甸重地。又以滦负山带河，尤为要害。乃于义丰旧县置开平中屯卫，自大宁沙岭徒来。今去州九十里旧有土城颓圮。成化改元之明年，都察院右都御史李公，以其地密迩边境，宜有城以备非常，奏准下有司讲修筑之政。于是巡抚右佥都御史阎公，镇守印绶监右监丞龚公，总兵官东宁伯焦公，相与协谋经画，而府卫咸听约束。择廉洁官得永平府通判段玑、忠义中卫副千户陈昶董领厥事。计货食之出入，量工程之多寡，因旧增新，百堵既完，乃作南门以正面势，作东西门以通往来。浚沟隍，布桥梁，疏水道，是故甲兵有宿，室家有护，晨昏警严，钟鼓分明，民居帖安，诚可谓一劳永逸者也。周计尺九千二百七十有八；高为尺二十有三。始事于成化三年十月一日，讫工于明年五月十二日。通判以是役钜而不费，重而不劳，上卫乎国，下庇乎民，巡抚镇守总戎之功不可无记述以示后，乃次其颠末来请余文。余惟城郭沟池有国者所当设也，然设必有时，我国家承平百年于兹，四方无患，而城郭沟池惟恐其不完固者，诚安不忘危之意也。况京东保障之地乎？虽然，民非兵无以卫，兵非民无以守；城具矣而守之，非其人与无城同；人得矣而治之，非其人与无人同。故曰：地利不如人和，长斯卫者盍思有以和其人，而善所守哉！庸书此，俾刻之城隅，以告诸执事。

清节庙碑记

明·商辂

成化九年癸巳，前监察御史知永平府事臣玺上言："是郡实孤竹旧壤，伯夷叔齐所生之地也。夷齐兄弟逊国而逃，节义凛凛，虽百世犹一日，故孔子称其仁贤，孟子称为圣之清，迨夫宋元加之以封爵，至我朝洪武初再饬祠祀。岁久祠圮，祀亦寻废，事载《大明一统志》可考见。已窃惟表章前贤，风励邦人，臣之职也。因谋诸同官，捐俸倡义，鸠工敛材，重建正堂三间，翼以两房，门二重，神库厨斋房为间各三。肇役初是岁春三月，至秋八月落成。庙有余地数百亩，以付居民侯王等种之，岁收其租之入供祀事。伏惟皇上追念二贤生平节义，赐以庙额，庶几永终弗坠，臣玺昧死以请。”制曰：可，赐额清节，并降祝册，命守臣春秋行事如仪。恩典涣颁，军民胥悦。于是守具事状加书介郡人通政司掌司事、兵部左侍郎张文质属辂为记。谨按：孤竹有国，封自殷汤，传至夷之父墨胎氏，将死，遗命立叔齐。叔齐逊伯夷，伯夷曰：“父命也”，遂逃去。叔齐亦不立而逃之。盖伯夷以父命为尊，叔齐以天伦为重，其逊国也皆求所以合乎天理之正，而即乎人情之安，诚有功于世教，如孔孟之所称道是已。夫有功世教虽天下犹将祀之，况宗国乎？太守此举可谓知所重矣，是以朝命允俞，礼秩有加。自今二贤节义益以表白于世，殆见逊让成风，民德归厚，由近以达远，举一以劝百，夫岂小补云乎哉！噫！邦人士毋徒以祠视之，则善焉。用书以为之记。

显功庙碑记

商　辂

中山武宁王，早以雄才大略首从太祖高皇帝举义，平定天下，混一海宇已。而率师漠北，收其余民，比还，留镇于燕，慎固封守，为长治久安计。以平滦渝关土地旷衍，无险可据，去东八十里得古迁安镇。其地大山北峙，巨海南侵，高岭东环，石河西绕，形势险要，诚天造地设，遂筑城移关，置卫守之，更名曰：山海关，内外截然，隐然一重镇也。自山海以西，若喜峰、若古北、大关小隘无虑数百，葺垒筑塞，既壮且固，所以屏蔽东北，卫安军民，厥功甚伟。景泰甲戌，今左都御史李宾奉命巡抚卫人萧汝得等合词告言：昔中山武宁王镇此，城池关溢皆其创建，边邮宁谧，殆将百余年矣，愿立庙祀以报王公，为请诸朝，许之。属岁屡歉，事未克就。成化辛卯，李进握院章追维前诏，因谋诸总戎，募义敛材，卜日蒇事。乃即山海卫治之西，建王正殿三间，翼以两房，树以重门，缭以周垣。兴造伊始，适巡抚左佥都御史张纲下车，锐意倡率。时镇守太监龚荣、总兵右都督冯宗，及参将刘辅、李铭，悉以俸费来助，用底完美，实癸巳春三月也。纲告成于上，赐额显功，仍降祝词，命有司春秋致祭，岁以为常。山海军民，闻命欢呼，踊跃称快，有以见王之功德及于人者深且远矣。李以事之始末属守关兵部主事尚絅述状，征予以记。谨按祭法有云：能捍大患则祀之。若王之设险守国，使百年之间，敌国莫能窥其隙，室家得以奠其居，其功不已大乎？祠而祀之岂不宜哉！虽然，王为开国元勋，当其时，南取吴越，北定中原，东平齐鲁、西入关陕，王之功居多，独山海之人思慕之深者，盖王镇抚燕蓟十有余年，丰功盛烈，非他处比，庙祀聿严有以也。夫王姓徐氏，讳达，凤阳人，累官太傅，中书右丞相，进爵魏国公，追封中山王，谥武宁。其履历备载国史，兹不重著。惟述立庙之意，俾刻之坚珉，庶来者有考焉，谨记。

抚宁县新城碑记

明·彭时

时距京师之东五百余里有府曰永平，又东七十里有县曰抚宁，是为永平属邑。盖其地在汉隶右北平郡，汉以后率多荒废，至金大定末升新安镇为抚宁县，抚宁之名始于此。元无抚宁，与昌黎邻地或并或析，最后乃并置焉，国朝因之。洪武十一年，知县娄大方以避寇故，请迁治于兔耳山之阳。永乐中复即旧治置抚宁卫，而卫与县相去十里许，皆未有城居者。凛焉惟外患是惧，名虽曰抚宁，而实有不宁者矣。时提督左都御史李公秉，巡抚右佥都御史阎公本，询察民情利病，乃具疏请城卫并复县治、学校于一城，制曰：可。于是镇守右少监龚公荣、总兵官东宁伯焦公寿，相与赋财鸠工。命永平府同知刘遂、抚宁卫百户郝铭，督率军民分工筑砌。始成化三年三月一日，越明年五月告成。周围一千一百五十六丈，高一丈有九尺，其上为垛口一千八百七十。其东西南北辟门以通往来，县治、学校并列于内。自外观之，城垣崇固，濠堑深阔，森严壮观，隐然为一邑之保障矣。同知刘遂、指挥毛绶，具事本末致书兵部左侍郎昌黎张公文质，托以求予记。予惟天下郡邑有僻有要，恒因时势为轻重。抚宁之地在唐宋以前僻居东北，概视为荒远，未之重也。迨永乐肇建北京以来，是为畿内要地。盖其北密迩边徼，东控扼山海，为辽阳襟喉，其要且重如此，故军卫置焉。置卫所以安民也，而县与卫异治，非因循之过与。兹当承平百年之久，所宜思患而预防，不合于一，何以相守以安生民，不固以城池，亦何所凭藉以相守也。《易》曰："王公设险以守国"，斯其时矣。阎公有见于此，于是首倡请城之举，而龚、焦二公乃能谐谋经营以成厥事，府卫诸售亦殚心劳力以佐其成，非皆有忠爱上下之心，宁及此欤？可谓得大易设险守国之义矣。虽然，险可设也，不可恃也。继自军凭城以为固，民资军以为安，拱翼京师将有赖焉。司军民之政者，尚思和辑其心，使居有以乐，患有以捍，而奸宄不敢作，庶几抚宁名与实相称，长治久安，永为京师之巨防也。倘恃城而怠政，不恤其人，则人心嗟怨离叛，虽有金城汤池之险，奚益哉！此又来者所当知也。昔圣人修《春秋》凡城必书，说者以为重民力，兹所为书者，不独重民力，且将使民德，诸公不忘，并告来者，是修是葺，益善其政，保民于不怠矣。

抚宁县重修文庙碑记

明·李东阳

抚宁县学教谕袁溥、训导刘瑁、沈钰，具书因县丞张俭上京师以达于余曰：抚宁庙学久不修，惟一殿一堂亦就倾圮。修武姜侯镐来知县事，乃会官羸财，复劝富室为义举，图新厥制。葺大成殿五间，建东西庑为十间，饰先师及四配十哲为龛各一，为贤士二十有三，龛及主皆用木而髹以朱其外，为宰牲之厨、为置簋笾豆与凡祭物咸备。为棂星门、为戟门皆一而三，为持敬致洁门左右皆一，为碑六，覆以亭。增明伦堂三间，为重檐翼室，其旁为二斋，后为馔堂，前为仪门，又前为大门。为二楼，曰：兴贤育才之楼。凿地为泮池，有亭曰泮亭，为井曰桂井，为亭以习射，曰观德之亭，皆揆地势，简物财，规度宏丽，制周详密。盖曰侯莅政以来再阅寒暑，而命工举役，仅及其半。于是献荐有所，教学有地，章缝衿佩之士有所瞻法，闾井之民有所观化。按州部而察吏治者有所据而称为才。侯虽不敢自以为功，而兹事也不可以不识也，敢以是请于太史氏。予尝观之《易》曰：“盥而不荐有孚颙若”，其传曰：“圣人以神道设教，而天下咸服。”盖诚积会神以示仪表，莫若于祭而设教垂训。成天下之治者，于道则甚重焉。必其为祭，不徒置豆龠羽之仪；所谓教者，不独以词章句读条格号令为事，然后足以观于天下，此《易》之道，孔子之意也。今天下郡县必有学，学必有庙，庙必为孔子设者，盖学道之传，彝伦为著，而其著于经者，待孔子而后明，则仪刑所在，非极崇奉以为报。祀有不可者，故其名学先而后庙。彼斋居禀食者不过习口耳为身家计，彝伦之重漫不省为何物，是自弃于孔子之教，则所谓崇奉报祀之典蔑为末节细务而不举也，奚惑哉！然苟祭焉，而诚不至，礼不备，徇文而遗实，其视学之末者，殆无以异也。夫学者，士之所有事而倡导训厉之政则有司存。圣天子尝视国学，躬释奠，戒饬师生，俾进学业以为天下倡。抚宁畿内地风化所先，承宣之功于是乎在。而凡有事乎庙与学者，虽欲不自致于文明之治，其亦有不容已者。姜侯本宦裔，初命今官，廉勤而惠，弹修仓库，举凡废事多可书者，而无与乎庙学之事，故不复及云。

山海卫儒学碑记

李东阳

国朝建学之始惟府州县有之。越自正统改元之诏，诸戎卫始得置学，而山海卫学实为建焉。然庙地湫隘，且规制弗称。十有四年都指挥王侯整镇山海，始与卫学教授张恭建庙宇，为象设，构明伦堂五间，东西斋各三间，余尚未备也。天顺六年，指挥刘侯刚复构东西房十间，学舍六间。成化七年，兵部主事睢阳尚君絅来守山海，建棂星门及制祭器若干，厥后余姚胡君赞别筑殿址，遂昌吴君志、余干苏君章继作栋宇，为戟门于棂星门之内。进贤熊君禄重修学堂，外为周垣、为泮池、池上为桥。今尚君弟缙复以主事来守，乃修斋舍，筑官廨，辟射圃，规制悉备，与所谓府州县学者相埒。盖始于甲午之夏，告成于丙午之春，历十有二年而后备，可谓难矣。教授周达、训导曹选谓岁月不可无纪，尝属兵科给事中萧君显、前监察御史郑君己请予记，比训导君率诸生李琛及给事君子鸣凤复具书以请于予。予惟唐虞以降治天下者，大抵以武功勘祸乱，以文治致太平。故草昧之世不遑他务，及其久也化甲胄为干羽，变韬略为经籍。故汉之学校至武帝始为之。宋初虽有国学而仁宗之世州县学始遍天下，其功效次第有不得不然者也。先皇帝缵祖宗成业，偃武事，敷文德，休养生息，置天下于衣冠礼乐之域。故虽戎官武士亦为之置官建学，使出科贡，与文士为伍。当是时小大臣庶奔走祗奉之不暇，暨乎复辟之岁，乃复有继而兴者。今圣天子在上，绍志述功，日宏月著，出使者宣德意之休，居守者协寅恭之效，故虽关徼远地，拥衿佩而横诗书者与辇毂之下、畿辅之内殆无以异也。孔子谓善人为邦百年可以胜残去杀，鲁两生亦云礼乐百年而后兴，况圣人过化存神之妙，宜有朝令而夕布者，而又积之以百有余年之久哉！故观学校者当以时论，不当以人地论也。且古之胄子固未尝分文武为二途。今文士习科举而仕者亦与兵事，武胄虽专荫袭然亦有由科以起者，名虽判而实亦相通也。况彝伦风俗天下所同，无彼此之间，则所以学为忠与孝者其容以二乎哉！山海旧学固有取科目著名节者，不止乎甲胄弓矢之雄，后之学于斯者，其亦知所勉矣。盖国家之文教于是乎成，而有司之政于是乎始，故特书之俾观者有感焉。

重修文公祠堂碑记

明・翟銮

昌黎县治之东北隅，故有文公祠宇在焉。我太祖高皇帝龙飞四年建也。兹百六十载，楹桷摧毁，丹青漫漶，且规制卑隘，享祀弗称，无以上慰圣祖崇重咸秩之典。嘉靖丁酉，山西柱史景君溱按历其地，瞻拜慨然，谓观风首事景行莫先焉。遂属永守刘君隅、郡宪柯君乔拓地易材，鼎新其制。越数月而告成，乃走伻京师，征予为文以纪岁月。余读《唐史》考公世系南阳邓州人，昌黎本源地也。高祖以上实葬于斯，其在邓七世祖茂，后魏以功封安定王，盖以功名显。其在唐诸父云卿铭志，擅声大历，择木书法媲美阳冰、滂湘辈，文学及第相望于时，盖以文章显。植本发源兹地之灵，信不可诬。国初肇建祠宇不于南阳，而于昌黎，圣主真有见哉！顾岁久则敝，敝斯忘。方今浮屠淫祠遍天下，金碧装严，四方士女争致金钱，日久奔走，顾名贤之区视若庞赘，或存或敝，恬若不闻。然则侍御君景仰尚友之心端不可及。宋儒论公文起八代之衰，此纪体裁之华实耳。若辟邪辅正，左右六经。羽翼圣轨，与孟轲氏相表里，岂托诸空言，无益理道者同日语哉！又公忠勋法，应祀典，唐穆之世，藩服不庭，攻围制师，公奉命往谕，君臣上下莫不危公，公开谕忠梗，卒折其逆将而出我王人。是公一时之功，贤于四节度之师。劳孰甚焉。夫以公经世之文，定乱之勇，崇德报功万世血食可也。兹庙貌一新梓里，对峙九泉之下，公必神游其处矣。侍御君望重山岳，百废俱兴，崇植风教，急先务矣。太守君幼笃心学，与郡宪君皆以前柱史来莅是邦，是故相与以有成也。未几皆迁秩去嗣，守郡宪钱君方以柱史征，乃诸君用心之勤，遂怂恿襄其事，乐善之心咸可嘉尚也，已并书以记。

重修三屯营城碑记

明·戚继光

国初捐大宁藩封界，兀良哈为属，赖障辅郡莫重蓟镇。未几匪茹，廑我宣庙出喜峰贡路征之，而尚引外为梗。故初镇桃林口，移于狮子谷，天顺又移三屯营，去喜峰二舍矣。营曰三屯，忠义卫三百户屯地也，属迁安县西百二十里，左山海、右居庸，而绾毂其中，以要贡路示重，非拥武卫北城何以张形势而抗威棱哉！旧城庳薄而隘，南有垝垣为截杀，营即移镇府所茇也。二营间有阛阓，每以无城戒暴客，而屯戍非土著，两坊空营以行，虽名重镇虚，亦甚矣。遵化县去此五十里，忠义三卫一所附之，而此惟三百户势轻不足以犄角，镇府麾下移兵饷顾抱檄印于卫，非所以尊统驭而急御侮之完笑也。自嘉靖来震京国。隆庆之元入蓟东陲，而是镇益重，次年乃以余总理之。边垣孔亟，经营六年，次第就绪，内地赖以安堵。二营阛阓日壮，恐益海为资，虽增司守备非若军卫可永赖，而全镇之众常练于此，弗足以容成者，病之矣，乃谋辟城于制府刘公、抚台杨公。当上即位诏增饬边城，二公因得所请。适少司马汪公阅师，而以移卫谋之。公于元年条其便宜，制以忠义中卫移之三屯城内，其掌印、佐贰、巡捕、指挥及千户、经历各一佩印赴之，旗军春秋践更，而有警悉至，遂置卫增营及缮建公署。百废具举，旧城益不足以居之矣，乃于二年秋规外地而善其址。三年杨公为制府，王公为抚台，辛公为兵备，胥襄工于三月，撤南垣而环南营以围之，凡五百五十七丈，高二丈五尺，加五尺为雉堞，而广半于高，址广四尺有余。门三：南曰景忠，东曰宾日，西曰巩京。其谯甚丽而闉次之。徂暑外完秋甃其里，上下有埤以为之防。次年春二月，乃缮旧城凡六百一十六丈，表里高厚悉如新制，冬而毕役。正北为重阁，祀元武，尤雄于丽谯。角楼凡五，丽视于闉。旧东西重门，于上为楼台、神祠、下旁各有开便门，周城水洞有二，敌台有九，环以牛马墙，列孔以备睥睨。东辟场以积艾藁，从衡五十丈，其北有聚星堂，为东路诸将所属，西则阅武之场，旁隍辟十丈，长二百丈，以益其堂台，昔卑陋余新建而高敞焉。诸将之厅事有五，兼之路西来者，盖亦可寓矣。前为车营四百二十间，凡制甚具。所费公帑仅六千余金，它皆操奇以佐之。而城内外所创营房八百余间。若保河、河南、南兵、辎重、诸署，及守备司、滦阳驿、督府行台、城心抚松西南诸馆旗纛，马祖、汉寿忠烈诸祠，不出三年一切告成。贡夷过者罔不惊异，三军呼曰壮哉城也，足以卫众矣。或有疑其制多异，而因军正以请，业已乐成则谂之曰：凡堞战格利用御远，若钩援薄其下，而俯视出击为艰，乃于堞址亦创睥睨，如悬半霤可藏身而俯击，水且从之下，以外杀孔多势分，而注坚瀑落，内则迤丽鳞次如级，视彼内势直而水专注，其土善崩，外因以倾者殊矣。凡池有隍高而涸也，其库者为濠堑，故隍多复而险以夷，乃因其势浅七尺、而深三丈，其广六七尺不等。又以北川东走势不环抱完固，而于东门外下高就卑引以十丈湖，其长三百五十余丈、深仅七尺，以所出土为堤，名曰：孟堤者。孟诸，余别号也。莳以桃柳，上下二梁以跨之。堤之亭曰“同春”，留土中为亭，名曰“宛在”，取诸《蒹葭》。环流植荷，而为将士休沐地，或击楫以游焉。湖曰震湖，以在东方，以取镇胡其音同也。凡边障无北户，旧为门三而已，直北经涂有岑楼居钟鼓，金木相克多水火灾，乃于北台旁级左右共制四室，如城门状。及所塞旧门各虚其内如北制，皆为武库以藏戎器、简书、伍符，避水火也。又留旧南谯悬贡鼓，岑楼独悬景钟，跨通衢重关，金革和鸣，达于四境，登而眺之，楼、台、署、庙联以阛阓，绣错而翚飞，谓之锦城可也。嗟夫！城制本鲧以防水，后用蓄众乃藏。窃闻之古人矣，城者，盛也。所以盛众也，众则益之，不展易以盛诸？城者，成也，一成而不可毁也，制木曲尽而孰保其毁乎？故余九年于兹，东控辽左，西护陵寝，为台一千二百有余里，凡五五标十五营，皆为保障计，于以重封疆而卫社稷也。兹奉制抚诸道之画，幸有余日及此，敢不毕心力。藉将校百执之劳，而遹观厥成于重镇乎？凡我同事，既保我圉，而无罹于锋镝，则此亦可以忘劳矣。军正敬诺，镌之而示三军，且次执事于碑左，俾来许之毋忘是劳者。

乐亭县重修文庙碑记

明・冯琦

乐亭有学创自金大定之末年。迨我太祖定天下，诏郡县饰新学宫，唯时稍稍拓旧基。成化、嘉靖间再一缮葺，迄今五十余年，蚀于蠹蠹，颓于风雨，不修且日就圮坏。邑侯潘君为令之明年，百废俱修，岂弟作人，建议鼎新，又以学宫西鄙闭塞，棂星门外仅数武卑隘荒芜。夫圣道若宫墙数仞，而士贡进广大高明，奈何卑塞若是，乃出赎锾佐役构旁舍地为圣域环桥街，鸠工计费，庀材辇石，克日始事，再稔而竣。殿房门墙瓦墁棼橑，金碧丹垩，莹耀参错，以镛簴管弦、簠簋、云雷之属，靡不修饬。凡为敬一亭三楹、就中亭三楹、为斋若厨者八楹。起正月十五日，落成于七月二十四日。诸博士弟子谓不可无籍，不佞按《隋地理志》载：邑本卢龙故郡，据险乘塞，实北上游，而清潴一带绵亘渟滀，其人率豪杰任气，习于戎马击刺，而间不雅驯。已又读元庙学碑乃谓士多朴茂，彬彬礼让之遗，何两者所载剌谬甚也？岂其豪杰戎马尚未讲于俎豆，而朴茂礼让则兴诗立礼之后乎？议者谓国家二百余年，弓矢在橐，干旌在巷畿之地，童子舞勺，成人秉椠，道且大明。而比者东西告警，所乏者不在诗书而在韬略。然则邑之故习固今之所急，而后乃秕稗也。是又不然，《诗》曰：“既作泮宫，淮夷攸服。”古者壁宫桥门之内藏焉、修焉、游焉、息焉。出以受成，入以献馘，有文事，有武备则学之所以为学也。夫子不答军旅之问，而其自命曰：我战则克。至其论人材，则喟然三叹于狂狷忠信之徒。夫豪杰近狂狷，而朴茂近忠信。乐邑之风气人心，吾夫子所愿见也。孚而翼之道心宏矣，鼓而用之，德心广矣。然则昔之所谓戎马击刺，宁无说礼乐敦诗书，而今之彬彬礼让也，天下无事则不争不党，天下有事则不吴不扬。倡率化道，是在有司耳。夫子修《春秋》宣榭桓楹皆谨书之，而泮宫之作无讥焉，录其诗以彰鲁之美。今之为政者簿书不暇给，何暇问两楹！潘侯广励学宫，兴贤育才，不费公帑，不程民力，今且以治行高等征，而乐邑文物日浸月长，将相文武之选云蒸龙变，则无忘侯之教也。因为志其岁月，于泮宫之左。

重修关王庙碑记

明·白瑜

尝闻有功德于人者，祀之。又闻，神不歆非类。祀典之兴废所系非渺小也。关王有功死事，于典应祀，则歆享于乐之人，可知以其类也。夫乐之庙王也久矣，一葺于世宗时缪侯。越六十祀万历甲寅，士人惧卑隘未廓，丹青尽落，神弗妥，谋新之。幸太原桑侯来，人伦冠冕且于王乡梓也。割入禄五十金，谷若干石，鼓舞邑停学博士，绅父老靡不乐赞厥成，于是更鼎建焉。肇于二月中旬，迄于六月上旬，洵盛举也。廪生王确然嘱予记。余惟明去汉建安二千余年不为不久，乐去晋解梁二千余里不为不遥，久且遥虽王之灵响能及之，而乐之人何所感而祀王哉！岂以王刺良诛丑，解白马围，攻曹仁，斩庞德、操至议徙都以避，欲祀王武勇耶？抑当吴尚可为援时，王以义辱吴，使绝吴婚，摈吴不与通，欲祀王刚正耶？且曹礼遇王，王淡然无染，美女不御，金帛必辞，封库拜书而后行，欲祀王奇节耶？诸如此皆表表足以祀王，而王之昭昭如日中天者不与焉，君臣兄弟之伦是已。王嗜《春秋左氏》，左氏有云：臣竭其股肱之力，加之以忠贞，其济君之灵也，不济则以死继之。王自结义桃园，誓与先主共生死，虽崎岖颠沛归曹于俘虏之中，知主在袁，行驰而去，屹屹万牛莫挽，操亦云："各为其主勿追也。"盖其始心为汉，恩若兄弟，义重君臣，使奸雄皆已服其心。故虽身死于吴，人或惜其功之未就，不知王之卓荦超群，凡以徇国家报知遇耳，王诚得死所矣。余见海内自荐绅以至妇人孺子畴不仰王，自都会以至闻井夷方，畴不祀王。独于乐而虔心若是者，以乐虽海滨，薰夷齐谏伐揖逊之风，与王趣合臭同尤甚也。噫！嘻！祀王而王护乐，护乐而乐愈思报王，当自今日始。语曰：祭必受福。又曰：神所凭依，将在德矣。愿与乡之人共最之。

重修永丰仓碑记

明・黎芳

镇仓以永丰名，由来远矣。我朝初航海以饷北平，于时建在城外，规制闳钜。后徒城内，制半之。及罢海运，而仓始废。先是营路饷务咸隶于蓟，筴虽长难及马腹，率病之。世宗朝岁纪阏逢下。部臣议分置饷司一如蓟密，是计君程复葺之。仓之沿革具载郡乘者可考镜矣。嗣是议者谓营路业置仓，而永丰如故不已虚乎？遂议裁，而仓遂倾圮过半。嗟乎！此盖计睫前耳。岁丁酉，余衔命来计是镇值需饷孔棘。前部永春李公视篆东曹，议开芦浙引凡二万以佐军兴，故事召商中纳。余上檄制府邢公、抚台李公，金俞缮永丰贮之木石砖瓦藉资官帑，工匠量鸠州县，创造者凡十二楹，补葺者凡十五楹，新盖碑亭二所，大门一座，神祠官厅类皆修饬之。经始于丁酉之冬，落成于戊戌之夏。甫及一周，而废坠焕然聿新。是事也，主裁则兵宪蒲城樊公，经制则管郡事副宪新城徐公，而奉行之者则卢龙叶君洎诸贤令也。饷厅隋君新莅与有力焉。顾土运商夙习长芦不习浙引，巧脱者观望掉臂几于苦窳，余数数请大司徒杨公方得允改，而诸商始翕然乐就，后有继此而开者，其尚殷监浙焉。役既竣，卢龙尹请记其事。余惟永镇神京左辅也，顾不重耶！乃阻塞限海边关禁制，延袤可四百里许，且土瘠民贫。夫以弹丸之区，而襟喉王韩，拥卫都会，其郑重若此，主客旧额数几十万，而岁征民粟米仅四万有奇，止足支两月士饷，若遇海交征调四集，旱涝岁俭，民多转徙。当是时，召买则室空如悬，折给则腹枵以待。是不可深长思乎？古称未雨而彻桑土，未济而谨衣，言贵预也。昔荆川唐公尝请复海运，斯说盖自天津出洋以达滦河海口，滦达郡最为省，旋以台议惊涛而寝。太守孙公亦尝议通运河，自王家闸引滦导青以入，交流进黑洋，出大沽，入运河以通于天津，乃所勘议凿凿可举，试一仿而行之，则岁可省太仓十余万缗，而水旱师旅始无可虞矣。无已则广积贮，平东警底定，请将新开盐引留贮永丰，勿拘年例，时其敛散，易其陈新，斯以恤卒济边。是又常平之遗意也。不然庚癸已呼，而后谋及于爨，必不几矣。然则盖藏之计顾独可忽乎哉！余谫陋，代匮一稔将半，谬竽西秦，惭无裨益，行矣！乃若为镇计久远，图永利则以俟后之君子。董是役者例得次之碑阴，是为记。

修讲武堂碑记

明·焦竑

乐亭，古卢龙地，今京师左辅，北邻边，南滨海。其人劲悍习戎马，尚义勇，图经载之。邑有教场距城二里许，在乾之隅。厥土澶衍潦淖所钟，而广轮不能数雉，不足以驰逐。邑故所募乡兵率白徒，冗弱弛玩因循，校阅希旷。间一集而此之，阗拥纷拿肩摩趾错曾不得成列。而公宇湫陋，堂房浅迫，观亵而威顿，有事于是者立表下漏，即意斁色厌，亟亟卒卒，趣具弥文而已。阅时既久，荒薉倾圮，日以益甚。岁庚寅，潘公来视邑事，行保甲法，无何有烽警，奉檄搜乘则简保甲丁壮得五千余人，募师训肄，因故教场地扩而辟之。纵横五百二十步，增库垫隰既燥而刚。前为讲武堂，后为养威堂，左右为翼房，东南为将台，南为坊，曰容民畜众，凿井二，环植以树，而绕以堑，北有小塘通河流而浚之，裒土为冈以捍冲决。垦前污莱为方田百二十亩有奇，简阅百需于是焉，出其赋功则兵之离次辞行者讼之，论为鬼薪，城旦舂者材木甓甗悉公自筹。会贸以奇美，不费帑亦不勤民。于是畛域宏廓，位置整严，旌旗孔扬，金鼓加震，队明伍肃，骑骏射疏，人皆跃欣，倍生武勇，投石超距，矜斗乐战。监司大夫行县，冯轼而寓目者，貌峻体肃，视豁意舒，校艺程材，旌能劝敢，甚安且谛，罔有厌怠，士毕其技，上狎其观，赞诵称叹，以为令绩，而公顾鳃然若有遗也，谓尾善濡隍易复，先甲存乎事后。甲存乎言不有以告来者，令弗嗣事而堕前功，亦惟前人之责，爰砻石征予记，且曰：不肖为令，满秩幸逭于辜，整被圣书之锡有云：朕不忘东顾，尚其容民畜众曲□□，俾闾井敉宁。凡不肖所为，矻矻惟闾井是计，惟圣天子德意是承是宣，用敢恭揭丝纶，施之棹楔，以扬威武，耸历兵士凛然若天威临之也。盖仲尼系师曰：水比于地，夫地以有容善畜而水比焉。兵犹水也，畜而后可用，容而后可畜，故场圃之步武修，而众以博惬其观矣。坛宇之规制易，而士以奋扬其气矣。倘固陋弗更，踵敝不饬，备衰防弛，保障谓何？乐亭为畿辅岩邑，一旦屹然如长城，藉令继兹者，绸缪涂蒇绎而弗失敉宁之庆，讵为乐亭庙廊长无东顾忧，边尘倭祲永静全销，是则公所为拳拳之意。公讳敦复，山东夏津人。与予同举癸未进士，始令洛阳既固始，暨令乐亭，凡三为令，所至有微政云。

乐亭县建新仓记

明·焦竑

我国家稽古立法以积贮为大计，岁俭有助军储有供程，其盈缩以殿最有司者。故自畿辅郡邑而下，廪庾相望然，恬熙久远矣。令甲虽具有司或阳以名应之，往秦晋吴越岁一告祲，辄输内藏以给，甚且议支转漕之粟，而竟无疗于龟肠蝉腹之氓，此仅一方一岁之非，时而中内俱困矣。矧望以佐军兴之急乎？盖卑者不府于官府于橐。高者征会簿书槁心拮力，庶几岁满得代，可幸无罪。顾安有深思遗力及此者哉！乐亭为三辅奥区，地有遗秉，民无敛穧，旧帑匙败为尤，积粟雅不甚饶，而多露积。自潘君之令也，出牛百八十蹄，谷种三百余，而民始知缘南亩种粟以钟计。若预备、若社仓、若义仓、若常平仓，三万二千有七百，而官始知有赢粮。请帑金五十拓仓而新之，环者为廒五十五楹，北者为祠三楹，中蹲者为亭一，东西峙者为门二，而粟始知有盖藏。余因数成绩而慨叹于君之能任事也。食为民天，积贮为民大命，姑无暇远引，即迩者，扶风冯翊告荐饥矣。岛艘塞马告交哄矣。有如万分一转徙之民，枵腹而待哺，不逞之徒瞋目而语难，长孺发淮南之粟，而降人仰塞下之供，人所腐心莫僭者，君不宽然应之有余哉！呜呼！自干进之风炽，任事之效微，当官者往往有不屑之心，视其官如传舍，前者既以遗之后，后者复以委之前，展转相仍，坐待其事之自坏。君既奋身倡首，而继是任者不能缵其成，或又从而隳堕之，此岂复有人理也乎？君名敦复，余乡夏津人。癸未进士，三为令，所至有能声而未调，犹勤其官若此，其德量未有涯也。余故因请而乐书之。

忠烈祠碑记

明　刘景曜

古有祠，今无祠，古之祠有功于民者，祀惟谨。否则必其有关于教化风俗，而其人虽死犹生者也，故其祠常少而皆足垂不朽。今则大都取媚生前已耳。时之不古若也，即一祠已不胜升降之感者矣。永之有忠烈祠也，科正李江为唐程焦三公而建者也。三公当内地能从容就义，视死如饵，忠烈凛然如出一辙。夫名城失守，人方肉袒迎降，贪旦夕生，而愤不顾身如三公者，何可多得也哉！唐则先令举家自焚，因谓左右曰："吾死之后亦焚吾尸勿中"，遂更衣西向再拜自缢。程则拔所佩刀自刎，不死，令家丁断颈，众皆涕泣劝慰，程竖发裂眦复起自杀。焦则持长矛血战死锋镝下，骸骨竟无人收。噫！亦烈矣哉！李子捐金四十，募三十，为之立祠于武学戟门之右隙地。而又还赡田四分之一以永厥祀。谁谓今无祠哉！唐公之靖古越山阴籍，以会举第二人，官武学科正；程公应琦与唐同邑，以武闱三捷，任道标中军；焦公庆延卢龙世胄，历营路参军。不佞感三公之忠节，多李子之义举，辑其事实姓名勒之于石以识不朽。因为之辞曰：人之有生，百岁为期，其何不树，以止于斯，三公临戎，名城报破，琬琰俱碎，声名并大，万祀传流，芬芳远播，有尽者形，不灭者心，今之视昔，后之视今，落落祠宇，以轩以豁，孤竹之墟，高风可掇。

重修清节祠碑记

国朝　彭士圣

祭有十伦，非求福也。先王神道设教，立学礼先圣先师，虞、夏、殷、周则以舜、禹、汤、文为先圣，各取当时左右四圣者为先师。汉高虽祀孔子太牢，先圣先师号尚未正，至安帝始隆阙里。唐武德中释奠太学，犹以周公为先圣。太宗用房元龄议，乃停周公升孔子，以颜渊配，而先圣先师始定。其后天下学校并祀名宦、乡贤，诸凡古圣先贤、忠臣义士、节妇烈女，亦得耑祀于里，蜡祭报神。汉仪犹曰：报诸鬼神及古圣贤之有功于民者也。迨二氏教兴，倡以祸福动民，愚夫愚妇惑资冥福，绀宇琳宫，侈极金碧，反将胶庠古祀茂草荒烟，希福暗正俗使然矣。永平属古孤竹，采薇二子起商季，逊国叩马清节万古为昭，上而孔孟亦称曰贤曰圣，且推为百世师，是夷齐已在先圣先师列，虽不能如孔子崇祀天下学校，而祀诸宗国。今清节祠留洞山之阴，俯临滦水，当与孔子阙里等，固不仅若他贤尸祝于乡而已。予壬寅来守，春秋例得率属致祭。是夏相国范公承祀祖陵东旋，追陪清风台上，纪之以诗。目击祠圮，实维有司咎。祀不祀固无与二子，而稽自汉熹平五年已有祠，唐天宝七载祀义士八人于郡县，崇祭则自此始。宋大中祥符四年曾访庙遣官，致祭清惠、仁惠。谥号则封于政和三年。进侯加公则更于元至元十有八年。至顺元年颁庙额曰：“清圣”。古庙久废，曾移于郡城内东北隅，为明洪武九年郡丞梅圭所建。未几复废。景泰五年郡守张茂乃重建于孤竹故城。成化九年郡守王玺请于朝，赐今额。御定祭文，详载元中丞马祖常，明学士商辂两记甚著。弘治十年郡守吴杰重修，有行人张廷纲记之。嘉靖二十六年，郡守张玭重修，规制大备，有侍讲袁炜记之。四十二年备兵使者温景葵始于庙北隅隔河建孤竹君庙。隆庆六年郡守辛应乾，万历十一年兵备雷以仁、郡守任恺，二十七年郡守徐准、曹代萧等皆经重修。代萧且复同给谏白瑜辑《夷齐志》。嗟夫！首阳一饿，民到今称。台城同此一饿，尚肯舍身同泰，未闻顶礼先世，饿夫乞衣钵，斯民之不遑从事于兹又奚足怪？礼曰：有其举之莫敢废也。非其所祭而祭之。名曰淫祀，淫祀无福。狄仁杰奏废天下淫祠，吴中止存泰伯、季札四祠，如泰伯、季札者议废所不废，夷齐有功世教，恶可听置俎豆不光！爰谋诸寮属，咨于士民，积黍为铢，延至甲辰夏尚未及千金。待鸠工庀材，卜吉启土，不期大雨，滦涨平城，道没弗克往。又越月余水退，口外冲入木植集庙下，有如夙购筏至，计获命工度之已赢，止需砖瓦灰钉并匠作食用，因以所募金雇济，俾卢龙李令守掌择乡耆，督工经营。论庙制规模宏钜，非数千金不可，用力少而程工易，所赖浮木居多，时会相值，似亦有神助云。是役也，工肇于康熙三年甲辰夏闰六月，至十月终粗完，沍寒暂缀，越明年乙巳春融加以丹，四月既望迄用告竣。门楼、殿堂、台房、库厨、斋房咸撤易焕然一新。其孤竹君庙就毁，恐墨台父子异视未安，且于孔庙启圣祠意有戾，矧兹土实此君旧服，是应相继修复。往虽有庙户恒别处，朝夕不之顾，尚或利其木石而反侵损之，旧存地籍固可考，多被隐占清出，择僧舍守本不宜用浮屠藉司香火，岁以租供祀事并食之，庶不致斯庙无守，而仍为旷废也。予乃进邦人而告之曰："尔思享福，曷若远祸，祸几实兆于争，止争莫善于让，尔邦人嘘被其清风已久，今新其庙，岁时伏腊瞻拜其前，仰而思尔邦之前人为子如是，为臣如是，为兄与弟又如是，即当自审尔宜何如为子、为臣、为兄弟，纵不能比节致谨而试先师其让，始而雍容于门内，继充此操于乡党，朋友之间无不以逊让相期，廉隅共砥，自然讼狱衰息，室家和平，内侮不生，外患不作，于此鼓腹康衢，优游盛世，以载扬神休，谁谓祭不获福。

乡贤祠碑记

国朝　陈绾

山海旧无祠，立祠以祀贤自海钓萧先生始。继此而祀者有克修郑先生、角山詹先生，祀止三先生，故曰：三先生祠。夫三先生名在海内，忠在朝廷，绩在治所，彰彰著矣。顾独于山海祀之何哉？盖山海三先生之梓里也，生斯，长斯，没而魂魄游于斯，则固宜俎豆于斯。祀不忘其本，三先生之祀于斯也，重所本也，礼也。且夫贤才之生岂偶然哉！彼太行之麓，蜿蜒东注，横亘塞垣，至山海则峭壁洪涛，耸汇南北，束若瓮牖，其秀爽灵淑之气无所输泄，宜必产而为瑰伟卓特之士，而三先生者实出其间，故即山海以祀三先生昭地产也，不然将不谓秦无人哉！关令陈绾曰:《诗云》“高山仰止，景行行止”，余始至山海询父老、访故实即知有三先生，及考其行事，与其言论风旨，未尝不为之降心焉。三先生之言行已详于志乘，今姑举其大者：夫海钓公振绝学于边微，一旦释屩而处谏垣不可谓不遇矣，使能毁方以徇时俗，其崇要可立致，乃独弹驳无所避忌，卒至流落黔中者数年，稍迁至闽臬即抗疏东归，虽戚畹有力者欲为之援，公亦不暇顾，独于海内诸名公交，往来篇什以泄其豪岩不羁之气，故人称萧先生曰贤。郑御史以鲠介之资，疾恶如仇，甫入道即指摘天官阙失，巡按陕中复侃侃论当世事，卒罹谗构，谪成独石几于不免。语云：“木直者伐、羽奇者铩”，然不如是不足以见克修公之贤矣。昔大同军士之变，杀总兵官李瑾，外阻中订，计无所出，角山公以郎中督饷，独激于义。乃与游击戴廉等嚼血盟，因密通总制，阴令穴城蕲为内应，以擒首恶。不成则以阖门报。呜呼！斯志也，虽以质鬼神可也。此乡党自好者不为，而公为之，岂不伟然贤丈夫哉！论者曰：海钓公勇退完名，嚼然不滓，有蘧伯玉之操。克修公抗言亮节之死靡悔，有史鱼之直。角山公奋勇决谋，不避险难，有宁武子之愚。二先生者数奇见绌，遗佚放弃已矣。角山公宣劳边镇晋位卿贰，望重台揆，乃竟沮于寿，悲夫！使得究其施用，其树立岂如是已耶！然皆有高世之想，以名节勋庸自砥砺，视得丧死生若鸿毛，非气雄万夫，志坚百折者，不能其超逸绝尘，慷慨激烈之风，犹能使顽懦之士兴起于后代，所谓乡先生没而可祭于社者，非若而人与。

永平府书院碑记

国朝·卢见曾

敬胜书院建于府城平山之麓，故武成王庙右，盖武学旧址云。乾隆甲子天子起曾于谪戍，俾牧滦州，逾年擢本郡守。先是永公宁治是郡，政通人和。纲目毕张。曾来岁大熟，讼狱益息，艮其趾萧然无余事，思惟报国莫如为国作人，爰因郡人修武庙之请，请建书院于总督那公苏图、布政使方公观承，报可。郡人输财趋事，沛若江河之就下，月余费用大集。于是监税工部佛公宝柱构材于桃林之口、昌黎县致浮于海之大木，相宅鸠工位其为讲堂。堂三楹，前为门，后为斋，亦各三楹。右为学舍南北向者三，各五楹。东西向者四各三楹，散室三各二楹。计四十有二楹，庖福寝处器用之需备庙之制。若殿、若房、若棂星门悉复其旧制，舍院之四十二楹，而缭以垣。得请于丙寅年六月，迄于丁卯年四月，十阅月，而工毕。乃延名师立学规，征七属士之才者肄业焉。进之曰："二三子亦知武学之兴废，与予以敬胜名书院之意乎？"明初定天下建国学立六堂之法，乃命韩国公李善长选勋臣子弟入学。又置武学于大宁等卫，盖将范武于文，使介胃之士皆知说礼乐而敦诗书，其用意深远，故其为制也明以备，严而不苛。法久浸弛而会典程式累朝犹修。明之永平武学建于隆庆刘公应节，其时入学者犹应袭舍人也。崇祯十年命天下府州县皆设武学生员，提学官一体考取，杂进无实而学舍荆蓁矣。末流沿袭祖宗之法，而或反其意概如斯。夫古之教者文武不分途，古之学者体用无偏废。太公以见知之圣，际会膺扬阴符云乎哉！丹书曰："敬胜怠者吉，怠胜敬者灭。"于戏！太公所以为王者师也。二三子朝夕诵习于斯，仰瞻庙貌，溯其德业之巍巍。明乎见而知之之为何事而敬以为主者，之于家国天下无所处而不当。斯其处也，有守而出，足以有为。如举子业为文章之能事，而不究其全体大用之本原，则与骑射技勇以为武者等耳，二三子尚无忘顾是以废斯举哉！诸生曰："谨受教"，遂书之以为记。

重修抚邑武成王庙碑记

国朝·陈钟琛

尝考汉唐以前有文庙，而无武庙。自唐元宗开元十九年始立太公庙，以燕昌国君汉张留侯，唐英卫诸公备为十哲，春秋飨祀如孔子礼。迨后历代增修，凡省会府州县之地，大率多立庙者。抚邑武庙创建于康熙十六年，邑令刘公、学师聂公经营成立，而县治之体统始备。历年既久，殿宇残缺，戟门、棂星门渐就颓废。余待罪于兹每切修举之念。岁辛卯吾宗五伦六吉昆仲偕王君化溥慨然发愿，与邑之由武庠起家者踊跃捐费，鸠工庀材两阅月而敧侧者以整，漫漶者以明，庙貌维新，诚足以妥神灵昭典制矣。工既竣，问记于余。惟古无岐武于文之事，礼乐射御学者盖未尝偏废也。然自分途既久，章缝之士日殚精于典章经籍而常若不足，于是折冲御侮不得不别置翘关负重之科，以待夫魁梧奇杰之士。而武成王之庙遂与先师文庙同为朝廷崇德育才所并重。诸君斯举诚有当于国制之大也。顾余思之，王虽以武祀，然观之丹书自献，见知绍统其经天纬地者，原不仅以纠纠之概昭示来兹，则今日之沐王庥守王教者宜何如？束身名教以恪遵夫敬胜义胜之旨。善夫前记之言曰：诸生孝弟礼让人人自重，于以储干城之望，著元戎之勋，乃为建庙崇祀之意。余迂钝无能，窃喜诸君之好义有为，藉得遂数年屡欲修举之念，故即举前人揭示之语以复于诸君，庶几圣人述而不作之训，至于兴创之由，规制之略，则前记具在兹，不复道云。

卷之二十二

艺文志三

记

偏凉汀记

明 · 邱浚

太行西来千里，环帝畿而东，又数百里散一支南出为平滦诸山。滦河自边塞迤逦东南行，入平滦境始益大，去滦州城北五里许，横渡山下，是为偏凉汀。汀出众山间，据川流之，汇山之列其旁者有五：若龙，若榆，若洞，若紫金，瓦陇之属，参错联亘，狻猊踞而龙蛇走，其间林壑幽胜，草木葱茜。水之经其下者若漆，若澈，若沮，若横，若肥，如青龙之类下流胥会膏黛停而绮縠张其间，凫雁翔集，鳞族潜泳，是诚一郡之奇观也。昔人凿崖通道，因山建亭，岁久而圮。近时中贵人重为修筑，然未殚厥美也。及天顺庚辰，御马少监韦公将命道兹，因旧加高，下为阛门，上为新亭，规制宏侈，丹碧照映，登临眺望，一目千里，山若增而高，水若增而深，与夫风景云物之美，咸若踊跃奋迅而突出也。知永平府事古相周侯晟按属至斯，慨曰：是不可无记，乃以书走京师征予记。予复之曰：山川信美矣，景物亦奇矣，瞩目之顷可以尽得之，奚用记为哉！然有不可不知者，盖兹地在古为孤竹国，汉唐时皆属内地，不幸五代初始□于□，始终四百五十余年，当其时，山川如故，而其人则贸贸焉，忘其为华也久矣。人伦日用之常，尚不可得而有，况有所谓山水登临之乐者哉！幸而我高皇帝再造天地，大正疆界，兹地始复于古职方氏。今日二三君子得以于此，因胜游以恣奇观，可不知所自哉！登斯亭也，见行旅往来于此，以车以舟而无水陆之虞；居民环处于此，或佃、或渔而遂生育之乐。近而瞰乎城市、官寺、屋宇、衣冠、文物如此其盛；远而望乎边微城堞、楼橹、烽堆、关隘如此其固，若是者孰使之然与？要不可不知也。后之人有事过此而登斯亭者，其尚悠然而长思，恻然而深虑矣乎！于是乎记。

北山神祠记

明·朱鉴

罗山之阳众脉皆南走，其一支起伏而东南约二里许，又蜿蜒而西南仅一里许，结为陵，状如覆釜。厥土青黎，厥草畅茂，乃其钟灵毓秀于此而结焉者也。自是而南，地皆平衍，漆水绕乎其东，滦江经乎其西，阳山环抱乎其前，东阡南陌之参错，远村近疃之联络，鸡犬相闻，牛羊被野，乃卢龙第一乐土也。先是有祠，瓦木脱朽，古杏一株，疏干少花，罹兵燹而禁风雨者不知其经几变，故乡人旦夕往来其下，樵者、猎者、负者、戴者，远而凝望，心皆怅然，至而顾瞻罔不兴怀。余髫年时犹及见之，今莫考其年代为某姓名，意者昔在先民为春祈秋报而建焉，则断乎无疑矣。建余莅官中外殆二十年，正德丁丑岁，致政归田，有时杖履散步，徘徊故墟，但见瓦砾半见于沙碛，石峰岿然于山巅，祠之旧物惟此而已。向之朽林老杏无复余屑，俯仰今昔，未尝不迟迟吾行也。嘉靖癸未秋，北乡舍余王宣辈谒余于桑梓下而言曰："北山有祠，岁久则颓，势使然也。我辈欲重建，复敢丐一言以纪岁月。"余即欣然而诺，盖以敬神而有合焉，不可以不文辞。是岁孟冬工落成，祠宇一间，深一丈，广九尺有奇，高如广之数，中题木主四，五土五稷之神一，风云雷雨之神一，山川之神一，八蜡之神一。祠之前有抱厦四楹，栋如之，为贮炉香火朔望展拜之地。祠之内东西两壁加以黝垩，绘以丹青，象春生、夏长、秋收、冬藏，除五谷草木、山川、风云之外不画焉，山灵亦知余文不流于俗也。噫！人敬神而知礼，神福民而血食，感登梁兴思之怀，遵春祈秋报之典，是岂创淫祠徼非望之福者之比哉！生于斯者览余文而知其重修岁月、乡人姓名，且因以知祠之创建不肇于今日，而祠之修废不能不望于后日也。

殷训导先生名宦记

明·王世贞

盖猗兰困于谷风，虽死不改香，亡何而马渤陵之，在下难振哉！有质怪榉鸱鸮上托，狐鼠下族，然得谥为昂霄之雄，仁义附于高位，余窃甚卑焉。乃若在下而振，弥久而闻，此非特其所寄殊也，厥亦有至质矣。余日者察狱燕赵间，间则以祠考循良吏故实，其祠类多二千石，不则千石，亡下者，退而见其父老、诸儒生难之，雅未有以举也。是亡论其甚往绵邈，即能及其身耳目睹记亡称焉。於乎！非名实相左谬戾然耶？又东游永平，永平为古辽西地，不佞盖徘徊于离枝孤竹之封，揽先民之遗致庶几哉！有所值而不果，乃其父老诸儒生稍稍有能言其宦之良者，不言二千石铜艾，廑言殷先生。殷先生为训导，秩百石，至卑小也。又天顺、成化间人非及父老诸儒生耳目，胡以称哉！父老诸儒生更起难言，使者胡难之易也？吾非能识殷先生貌作何状与官所至第，吾之大王父行及事殷先生者，家说辈臆，以故略得之，而先生行于养母事尤著。始母来就先生养也，天大雨道泥，先生徒由泥道中扶板舆，诸门人人人徒由泥道中从矣。母性喜食鱼，会滦河鱼美，而河水旱，无鱼，先生且必衣冠河旁拜且祷也，亡何，水骤溢，得鱼，取以食母，迨而今乡之人阙供者，辄诧谓儿曰："嗐！女不习殷先生拜祷耶？"而先生故以三礼取高第，诸亡能为三礼言者，先生晨夕诱诲之至，捐俸为油楮费，束修以上未尝不谆谆也。永平家挟三礼青紫比比，三礼之传永平自殷先生始。余起谢父老诸儒生："审如公等言，是不当祠殷先生耶。蜀之有文翁，盖天壤相蔽焉。大要前用殷先生法也，夫殷先生不及身后必有显者。”及余卒卒罢察狱还治兵山东，从今国史检讨正甫游，因得闻正甫之先仕尝至德审理，相德庄王有声，不知其为殷先生也，以姓故语及之，正甫大惊曰：“吾不足以辱先审理，后待罪太史则不知先审理之教永平若是。”岁余而永平守纪君使来，言其前守李君为殷先生入祠状良悉，且谓余记之。夫二君子其犹行古之道也，夫征众公也，逮卑义也，追远仁也，假令殷先生娄起为九卿，生赫然祠矣。乌能殁而脂父老诸儒生口，至今二君子其犹行古之道也，然则不难正甫乎？诚不欲令以正甫故扬先人名，又讵宜以殷先生后故掩贤者，二君子之为永平而已矣。殷先生讳衡，武定人，后迁济南，李君名逊，今为广提学副使，纪君名公巡，由给事中迁。

钓台记

明·伦泱

平郡山水隩区，西南二十里为钓台山，名初不载郡志中，而筑台以栖，自侍御韩公始。公素好山水，虽身历宦途，常愿得一邱一壑栖息其间，于是请告以归，卜幽胜之处，乃得钓台山。兹山形从郡城东平山逶迤而南为南台，又南为虎头石，连亘数里，为安乐峪，曲折而西，则为钓台山，东西横峙，面北下临河。河固漆、滦二流交会于虎头石下，南流夹雪峰，直抵安乐峪之崖，折而西流二百步许，其上为台。台址为石矶，右傍突起孤峰，由石矶东上丈余有小岩，盖舟子停泊之地，稍西上二丈余有复领，可置杖屣，即公所号为台者。因而广除东西阔十余丈，南北半是，凿石层累之以为基，高三丈余。由基东横筑一壁，壁间设门，入门有巨石蹲踞可当屏，由石右转西向又一门，入门北转则履台之端平处。北面直承而上构七楹小轩，其檐宇飞覆台之外，中三楹向北牖，启扉下瞰河，西二楹为庖福，东二楹贮器用，各分壁界，门窦轩内敞豁。南距数武架楼三楹，楼东西各翼一小阁，楼下中半为堂，东西各一室为寝榻。堂中设屏，由屏后蹑梯东上则为楼上层，北面周以栏槛凭眺，则连郡山川与夫烟云林树一览在目。楼后基址渐高，即山为壁，东西阔数丈，南北丈许，西面复缭以垣，上接山阿，下接轩之西檐。循南崖而东上峻岭十余丈，有一洞悬壁，自洞还东出有石阶，下出门即所升入之门，盖周围曲达如此。连山上下树松千余章，苍翠可爱，然自河下升台路皆崎峭不易扳跻，于是为砌磴凡三转折，共得九十阶，以白石为之。拾级而上，英英若白云梯，梯下尽即渡河北岸，有护沙围绕。又北上二百余步有团峦与台对峙，蟠踞如龙，堪舆家言此地脉灵秀，亦自西北而来，临河结聚。东则安乐峪，西则灰山，相向共抱，最为吉壤。公修为元宅，树松数百，郁郁葱葱如列画屏。向后北转则此山之拖尾也，多五色石，绚若错绣。透迤而北三里许，则为雪峰，峰之对面高岭处又筑一台，与钓台南北相望，曰钓雪台。岭东西原有樵径崎岖不可置足，自卜筑钓台因辟为驰道，北面临渊，栏以石壁，舆马往来经行宛在云路中。由驰道西下转北，雪峰之西岸为张家村，有腴田置庐治稼事以赡家之食。指雪峰之东南下渡河，林皋郁然，为宣家村别墅，田二百亩，计岁入以资钓台缮修之用，是皆缘建置后所增设者。盖台之经始在万历丁亥，阅几稔而后告成，其诸次第修补不悉记，姑记其略如此。韩公名应庚，字希白，别号西轩，万历丁丑成进士，初授彰德府司理，擢福建道监察御史，历巡甘肃、山东，自归隐七征不起，称钓台山人云。

乡饮田记

明·詹荣

与川葛子以天子职方氏出镇山海关，逾年为嘉靖甲午，法准弊裁，无扰无整，因次及便宜，爰图修复。乃询诸士民曰："乡饮为我明盛典，著在令甲，有司奉行罔息以替，凡以兴行，崇化焉尔。矧山海畿辅重镇，当首被声教，胡于是独缺？岂国典故靳于卫，抑所司者遗也？"或对曰："乡饮举于学，我高皇帝建学定制即有之，时山海未有学也，自正统改元之诏始得建学，第初事草卤他制未遑，今人文彬彬然，日渐以著，独兹缺典举之，是待我公。"或对曰："用本无财礼备诸物无能越者，有司乡饮之供取诸岁额，斯可常继。吾卫无乡饮额胡取之？即取足目前胡继之？处画是在我公。”葛子曰：“嗟哉！嗟哉！维兹山海虽称边隘犹夫人也，乃摈诸恒典之外，若无与于化理焉者，殆非圣朝同仁之制，夫法无靳于卫，徒执往迹。无改于循习之弊，人自靳之，间有识者顾诿诸区区之费而止，是爱物而贱礼焉。乌乎，可吾天子使臣职得议法责与处分，是诚在我。”乃查近郭间田籍之官得若干亩，岁取佃租若干，委官敛贮乡饮之需取给焉。又下令于卫，若学俾慎选诸乡仕而休者，必恪乃官箴完名高节，无以墨败者滥，其诸乡民，必耆年宿德六行允修，无以弗检者滥，主之者，则卫视篆指挥也。乃正月既望，实为创举，肆筵黉序，宾僎毕来。始而迎，翼如也，扬觯有词，凛如也，读法有条，肃如也；酒食旅献乐章间作，将将如也，雍雍如也。既醉而出，充然若有所得。环桥门以观听者惕然深有所感矣。翌日诸士民造詹子所，请曰：“匪创弗开，匪承弗永，兹举也。葛公开惠吾人至矣，犹惧弗永也，子其记之以告承者。”詹子曰：“卫以即戎知方是急学业俎豆养老所先，故卫弗学厥方斯昧，学非乡饮厥业斯荒，施之政教皆苟焉耳。”山海自国初有卫，历数十年始学，又历数十年始乡饮，国初作人覃化之制至是大备。吾人果能务忠孝之实，兴仁让之风，以资亲上死长之效，遹观治隆俗美之成，庶几无负长人者之意。若曰：惟永是图，则法罔或限而用复弗窘。葛子亦既有言，承之者将无所诿也，奚惧其不永。

学田记

明・黄景夔

治世养士，衰世使士自养。士自养其弊三焉：上焉者自食其志，无所事养，守其道甘死不悔，然其不遇也，其困也极矣；下焉者自食其力徙其业，从而之他；其次焉者诎于志而惰于力，不能自食，资于人以食。若战国四公子之养士，美恶淆，而廉耻丧。冯欢之歌曰“：长铗归来乎食无鱼”，可哀也，已非国之耻欤！三代盛时，其养士尚矣，然其详不可知，已后世乃有学田，然不能皆有。我朝无学田而有学粮，府州县有差，无地无之者，唯卫学则无焉。窃意当是时，介胄子弟罕学者，卫虽有学仅存空名，故不为置粮，非法不备也。山海关东地民久私，景夔稽而归之公，仍令业焉，而出其租地四千九百五亩，米七十三石五斗七升五合，得诸生经试优等者十二人，人月食五斗载于籍以为恒。呜呼！尔士一夫一妇之养此差足矣。此地今以前之士无养，然不闻弛业，奋而出者有人焉。今以后之士有养矣，奋而出如前焉恒也，吾不尔异其奋也，倍焉斯异矣，然吾愿尔士不惟是。易曰："颐贞吉"，又曰：圣人养贤以及万民，尔养尔贞，吾兹观尔、处尔、推尔。及吾将俟尔仕哉！

山海石河西义冢记

国朝·余一元

尝读月令，孟春之月掩骼埋，王政也。夫王政行于上，泽及枯骨，其利溥矣。或有行之于下，以仰赞王政之所不及。在上好仁，在下好义，殆并行而不相悖者欤！山海旧有义冢数处，大抵湫隘倾仄，岁久邱墓稠叠，几无余地。迩有绅士商民汇金作会，施棺济乏，积谷备荒，酌量多寡为便民事未已也，爰就西郊文殊庵右，用价购抚宁县下地十五亩，益以本庵香火地五亩，扩为一大义冢区，建坊竖碑，冀垂永久。因忆昔甲申，王师入关，与流冠战此地以西二三十里间，凡杀数万余人，暴骨盈野，三年收之未尽也。值旱，约贫民拾骨一担给钱数十文，骨尽，窃取已葬之骸以继之，觉而遂止。彼时但就坑堑或掘地作坎以合掩之耳。然所杀间多胁从及近乡驱迫供刍粮之民，非尽寇盗也。故瘗埋之举，上所不禁，况此累累者，非羁旅之魂，则贫窭不能办茔地之榇。孰非并生并育之俦，安忍听其暴露抛弃而不亟为之所哉！盖普天之下皆王土也，率土之滨皆王民也，以王土葬王民即王政也，下之好义要本于上之好仁。方今圣人在上，为之下者相与培淳风，敦厚道，以为祈天永命之助，故为斯举者事出众情而命禀当事，慎勿视为愚贱之私惠，则庶几近于道矣。惟是在会诸姓名为不可泯，悉镌诸石，俾后来者有其考据，知所观感焉，是为记。

山海关义田记

国朝・王应期

山海奠畿东北，称雄海隅，惟不附于有司，是故制度纬缅典礼繁多未备。予抱关之暇，每询事采物，考制协轨图肇举焉，而以财用为碍。访之先职方氏黄公，以关东了望地给为学田，至今居聚日繁，而垦辟益广，以租而输官者仅得其半。乃与诸生议曰："遗利以藏下，遗典以陋上，非所以成民，取彼益此何为而不可哉！"遂令官度之得地一万三百四十四亩，岁征租百七十二石，兹不惟供饩有余，而大事犹可以肇举也。乃虑事以授守备龚子，相与量功略趾，筮日分司计财，称畚平干，旬日告竣。建祭五：曰社稷、曰风云雷雨山川城隍、曰八蜡、曰无祀鬼神、曰东镇义勇武安王。举农政一，曰鞭春，咸修有坛宇，植有树木，祭有品物，办有粟米，计春秋粟米之费共六十三石有奇。呜呼！是举也，庶工底绩面度咸贞，嘉邕攸宣礼文咸秩，均灵剡剡，蒸民憺憺，若将共恃之。夫先王之成民也，而后致力于神，是神导之趋也，委之典秩示之从也，设之象魏协之同也，律之禁令故民乐于福而惕于祸。是以时和年登而神降之福，将或恃之以为不恐焉。故曰神以幽之，君以明之，幽之故绥福，明之故训化。匪绥奚惧，匪训胡成，斯治之大防也，山海于是乎有赖矣。于是殚心综理则守备龚廉，翊力赞相则掌印指挥石美中，度亩计征则指挥赵伦、林洪，鸠工效力则指挥戴臣、符英，百户潘洪、王銮。嘉乐盛典适观通成则教授官善、生员李成恩等也。因并书以垂永云。

游背牛顶记

国朝・李成性

予自数年前访奇胜于久裔王子腴，闻牛顶峭拔苍翠撑空一柱，万山回合，环列画屏，面临沧海，不辨波涛，第如澹墨横挥，平满无际。遥看巨舟似轻燕撩水，点点堪疑。至晓日将升，红云乍起，晃作金光万顷，殊为壮观，尔时便已神飞绝顶矣。至辛未秋杪，偕王子来游，以九月十四日发白衣庵，抵燕河，过台头，入猩猩峪，两山夹道，愈转愈幽，一水成蹊，旋涉旋行。又三里许，见瀑流一派，飞涛骤雪，下注深潭，水色正绿，方可半亩，两崖草树，紫翠苍黄，秋容如绘。南壁磨石一片，镌龙泉两字，后题缺一字："村金璨书。"王子语予曰："此所谓龙潭也。"予曰："此《易》所谓潜龙者欤？"夫龙驾霆鞭电霖雨寰区，总于潜中得力，人亦如之，于斯笑燃犀者为多事矣。出旧边之外，望山头立石数片，为老君崖。转折而北，前渡一水，悬崖在望，下有山家，壁镌"虎穴"两字，亦是金书。穴深丈许，今如胜国之社已成屋矣。想开边时虎畏定远之窥，故携子去耳。摩壁拂苔细辨上面有七言一律，后记万历戊子季春八日，真定将军帝乡望松徐道书。迤逦行来山形渐窄，景物亦渐幽，水石粼粼，如象，如马，如豕，如龟，咸肥而色黑。山石磊磊，危者似坠，峭者似升，眠者似卧，立者似行，赏心悦目，应接不暇，不觉数里则至宏量寺。寺乃背牛下院，凡游人至，止为解装休骑之所，各换轻衣便展携杖绕出山后，远望山门缥缈空际，乱石之下则有蒙泉，涓涓始流是为水源。至于触石赴谷因物肖形，或缓如带，或急如弦，或直如矢，或转如环，行则为濑，止则为渊，悬则为瀑，聚则为潭，浚鱼龙之窟宅，费仆马之盘旋，啮山露根，漱石出骨，偷云取影，弄日流光，风来面皱，月到心澄，千态万状，百折不回。披萝寻径，又三四里，见石丈植立，名将军石，此处遥呼则上头相应，开关下迎代负行李，过此则渐逼山麓声不上达矣。西竖一岭名为砂鼻，高可数里，鸟道纡回，俯躬差力，歇足数四始造山崦，其南为欢喜岭，直北则登山线路也。石磴嵯峨仅同马鬣，飞梯三处势似猖攀，后人继前直视足底。自崦口至山门可八十余丈，虽称陡绝，石牢梯稳，步步可攀，只须定神，除其恐怖，则与康庄无异。梯穷之处斯入山门，形如圭扇，游客到此，恍似升仙，疑与世尘隔绝矣。山门之上，平台短垒，可以凭眺，松石引路，俄到梵宫，彩椽朱户，金相玉毫，宛一极乐小景。其大致负山面海，吞吐烟云，俯视群山，如丞如尉。若孙若子，不可胜纪，恍忆前闻犹未尽也。因思高山路峻尺木抔土皆从下来，古音上人成此杰构，住山之功岂在开山者后哉！晚听梵响清圆，顿觉浮生无住，热肠欲冷。起行松下见凉月去人才隔数尺，疏星底岫举手可扪。清狂欲仙，晓峰升日，晴晖满檐，不下禅榻而海山尽在目。屋后见方潭一碧，云树倒影，如现镜中，乃凿成天井以储水者。迨上一级，地势平厂，无梁殿内供望海观音。有碣记参将谷成功造，因话此中，饭香鸟乞，果熟猿收，灵羊听经，猛虎戢暴。北植鲸音一架，苍藓斑剥，扣之清远。石畔万松插壁，钟路迤西百余步，则悬崖之下枵然一洞，中二丈许，不甚平广，然背风抱日，温暖如春，石井居左，翠柏参前，右壁镌“海阔天高”四字，字如人大，笔势苍劲，题参将林桐书。复循旧路过偏坂，斜穿松径。西北里许始陟山巅，分为两顶，西顶稍高，遥望都山积雪如玉，东顶有石如床，松株攒秀，可以眠卧。忽闻涛声骤至，因悟杜工部诗：“万壑树声满”，殆谓是乎？独背牛古迹无可觅处。老衲或云：三峰师闻牛鸣山后即以名顶，至今山脚有牛象云，想当然矣。兹山深路僻又以险闻，文人墨士无太白之豪、东坡之逸，往往望而却步，故山之奇胜至今尚未发也。予与久裔搜寻云秘一纪胜游，好事君子或将览焉。

云从书院记

国朝 · 王台

人文之兴或曰天运、或曰地钟，二说皆是，然未可恃也，予直以为存乎其人。昔文翁化蜀，文定授湖，唯是萃而处之，程而课之，士遂蒸然崛起，即殊方绝微，莫不向风归化，未闻移变其星野，更定其岳渎也，则人心之灵于此征矣。抚宁号岩邑，连关接塞，应尾宿之墟，马头、兔耳、渝水、阳河种种为邑胜概，往岁登甲乙籍者不乏人，迩乃寥寥晨星，垂四十祀，或以堪舆家言，建浮屠于南之紫荆，或西辟郭门，诸建置不一。前令惺涵崔君加意学宫其尤最云，然今寥寥如故。余不佞承乏兹土，求所以兴贤翊治不敢自后于前人，窃以文物盛衰关天地转移属人文，与其乞灵于天地，固不若乞灵于多士也。乃卜之学校迤南得善地，捐俸费帑羡若干缗，创书院一区，堂五楹，东西厢各三楹，亭楹，厨馔供张具备，缭以周垣。集诸生课艺其中，月三试之，别有条约。甫两月落成，会闽大使庄公以使过临，余请名其堂，公题曰："云从"，盖取《易》云从龙义也。夫龙之需云以灵，讵不昭昭，要之非云灵也，有龙之灵而后云从之以灵也，假令蝘蜓当前，徒抱空质，即蓊然蔚然嘘以泰岱浓云亦何所益。故士患不为龙，勿患云之弗从也。虽然，应龙之神蛰以存身，不存不可以奋，屈伸变幻从泥蟠，时陶成之跃而雄飞，直须时耳。诸生诚勿以土俗局限，藻乃志，凝乃神，相观相长，挺然以神龙自命，就先资之业储为霖雨，源流泉浮冲而徐盈，有不跃然而起骧首天路、润泽环宇者吾不信也。然则云龙一区，谓非诸生存以高奋之地，不可彼邀灵天地者，其为不足恃明矣。不然者，泄泄宽假，今日俟气数，明日易山川，恐星野岳渎必有笑舍已之田而芸人之田者。多士勉之，抚之为蜀为湖将拭目睹之矣。

置学田记

国朝・刘松

乐亭学田不一而足，惟河东高郡公学租良法极便诸生。予视事后私心向往之，因查县额有柴夫之征，遇闰加派不无余羡，长令公费率取于斯，库胥缘旧例请，予应之曰："否，否。"凡兹国课秋毫皆官帑也，奈何自为出入，予向白之二千石，支解七十金为学田之需，予之素心人已耳而目之矣。今既饶微息，何不自为吾子弟计？库胥极言无几，少俟再闰，予复应之曰："如必取盈而议田，则予嘉惠斯文之心能久稽乎？"且予尝为诸生，稔知四民之业惟士独高，而士之穷者较他途独苦。乐庠不乏素封，中岂无雪案萤窗抱膝永夜者。予雅志勤民，独缓呫哔之家师，师谓何随捐俸金二十两，并柴夫支解之剩者凑足四十二两八分，适曹家庄何尚文变产不得，因罄值付之，易堪种之田七十六亩七分，岁租五两三钱六分九厘，冬底油炭可市千斤遍给诸生。虽涓滴之水，何济饥渴，予一念不自润之，热肠颇亦慰快。窃念谫劣无似，尚能出闰派置膏壤，嗣后贤者接踵，乐庠之田难以数计矣。济济青衿，其触目警心，焚膏继晷，岁岁季季无忘创始之意，联袂而起，更以予之迂图布之庠序，予亦有荣施哉！行之二年，诸生德予甚众，仿高郡公学租例勒诸坚珉。予辞不得已，命笔记之。是地南北长，东西阔，东至赵计时等，南至何尚文等，西至徐仲山等，北至徐仲山等、佃户赵彦登等，岁无丰歉，租无增减，绝不更易以滋纷扰，不腆油炭，惟资诸生他无与焉，亦效高郡公之芳规也，并记之。

平山游记

国朝·许令典

男儿志在四方，上不能为国家佐命策勋，垂青书白，次不能为一身趋时媒进躐膴升阶，庸庸碌碌，逐队随行，间膺任使，出关塞，阅马戎，历山川，逢夙好。十余年陈人面孔相向欣然若新，亦是四方快事，其忍泯诸平山！年友韩继之与余同师门，同吴令，同杯酒，啸咏山水，兴契最厚，一在海之东，一在海之北，居最远。自辛亥至甲子别最久，其间居处不同，坎壈一致。迩来继之偶困二竖，信信相慰，兀坐斋居，绝不见客，惟冀余一见之为快。兹岁冬仲天子遣大司马经略三韩，有犒师之役。遵闲曹郎往，余以是月廿八日冒雪舁金其行徐徐，腊月六日过榛子镇，晤继之喜剧匆匆饭去。初十抵关，十一移寓陈司马尔翔署，中午后同尔翔出关十里，饮望夫石，戎装跃马，壮哉！十二，董司理配公至，复饮。十三，大雪不能行，烧烛拥炉，饮至半夜。十四，同配公还。十五，宿其署。十六，赴郡伯陈如有酌，宿继之郡居小年斋中，其子广业字子有主之，又贻余诗，有“天涯鸥鹭皆兄弟，膝上儿童作主宾”之句。十七，同继之从弟开西西宾管席之游平圃。圃依北城，西邻蒙恬井，又名扶苏泉，泉甚洌。南构一亭，于石壁嶙峋中，曰平山，石隐雪中如嵌玉。出城东三里为驴槽村，俗传为张果老喂驴处，隔淝水临榆关孔道。一楼曰飞布当，西戌东圉失守，风鹤屡惊，人心惶惑，继之日帅诸弟子习骑射，投距贾勇以安集之俾无恐，冀露布早捷故云。内有墅畦清逸堂，枕云居、抚弦室、三径纡婉，轩厂高闳，一带阳山尽收睫底，卉木繁植，两葡萄高数丈，夏月绿阴可荫数亩，尚多旷址，经理未竟，继之休沐来，次第所构别业止此。十八，开西拉游侍御公土门庄，在北门外里许，即李广土门寨，四面皆山，庭前突起一石，高丈许，曰“土门一柱”。循墙而东，南面皆松，摘唐句曰：“一望松”。门前有驰道，夹道有荷，一亭曰采莲，稍上又一亭曰隐松。出土门东北里许，踏水涉淝，为李确斋方伯万柳庄。庄临流，亭日醉流。壁有朝鲜使臣柳梦寅排律十六韶。植三松，曰“三大夫”，亦以李氏三世为大夫故。西有杰阁高数十仞曰“轻阴阁”，外多奇松，垣外富枣栗，今属其后诸生。李熙字春如，即继之东床也。暮归东城礼碧霞元君祠，祠松更奇。又南数武为开西梨花庄，又名皆可园，园内亭曰醉雪。入城，登恒足堂，为司农郎永丰仓公署，登堂南山一带尽在几席，青翠层叠，若拱若屏，北平大观也。西诣郡庠谒宣圣观，五松又胜元君祠。平山奇松甚多，此更绝，恨不能写之归耳。十九，开西复拉出东门十里，盘谷深靓，上下溪坂。游刘、麻二山，刘山为侍御西元公手筑调象居，居后皆石壁，藤萝牵挂，高峻不可登。前卧一石如象鼻，袅袅欲动，骑象而观，四山凸凹，起伏万变。余笑曰：“若隐此中，纵潢池兵起能深入谷中犯狂象鼻锋乎？”北里许为响水峪，冰坚响绝。西二里为麻山，山有石鼓，高丈，圆半之，踹之彭彭有声，曲涧水至，淙淙不绝，今亦冻雪中。山房有侍御公手书绝句云：松楼待月三更后，石鼓催花二月天，近日麻山松又好，明年花月共谁怜。”时年七十有三，明年化去，亦诗谶也。刘、麻名非古，其买山自刘即刘，自麻即麻，山非旧而姓空留。余题一绝云：“沧海桑田几变更，住山何必以山名，天台玉女知何处，祗有空名未识荆。”二十，别开西席之而西，子有携榼饯余城。西二十里夷齐庙。庙乃元时所建，据地清高如其人，周遭皆石，石最高处有清风台，台前绕古松，后临滦河，深广倍他所。水北平石为孤竹君庙，庙前水中又一石隆起，非舟不渡，有隔水而祭者。庙无守，渐圮。当事者当图善后，毋令子掩父也。二十一巳刻，复至榛镇继之繁祉堂。堂左右皆暖房，与其仲兄成之炙胡饼，列长几，呼卢共饮。继之久戒酒，犹喉痒，攘臂一掷，尽兴乃止。醉卧砖榻，有奇温。次日强别，犹遽期。继之旦暮出山，重会于三竺两湖之滨，不知得此胜缘否？大抵平山之胜未易覼缕，其山自三河始，东至榛子镇而锁，故继之王父封侍御公自九百户徒居始，一传而赠长洲南立年伯，以明经荐，高尚不仕，积功累仁为乡祭酒。南宫之捷，继之始由镇而东二百二十里至深河，复开北山连塞，山顶粉堞如线，南即海，至关山尽海无涯。其水自塞外潘家口入大溪，细涧曲折澄泓无所不讫，各家园亭藉以点缀蔽流，巨木不减邓林。鱼大而肥，冬月冰坚，渔者卧冰求之即得。松皆可栽，独盛于侍御土门、刘、麻诸山。诸松皆奇，更奇于郡序五株，寒威减于关上，烈于长安，风气庞厚不逐纤趋，吾不知其他。若韩开西为继之从弟，与余无生平，一见如故。子有甫弱冠，端凝善承父志，视余如父，饮余如与其父饮，不必将命。榛镇次公成之亦别十五年，视余如兄。见其三子居业，修业、昭业，异姓同胞恍然一家，不知孰为许，孰为韩也。诸子咸执艺问盲，裁句索和，无不心赏。噫！韩氏先世之培植如彼其厚也，满门之和气如彼其蒸也，子弟之美秀如彼其稠也，受于天乎？受于人乎？受于山川乎？此行兴殊不浅，故呵冻记之，以志山川人物之胜。美哉！继之占之矣，基之矣。

游清风台记

国朝·倪承宽

永平郡西北二十里乃孤竹君旧封地。前建夷齐庙，后为清风台，台下俯滦河，滦水经焉。河北小山如蛾眉山，前祠孤竹君，余校士永平，试毕启行，乃迂涂拜庙下，至则石城嵯峨，碑碣林立，地多古松，其尤异者三：一如偃盖高不逾六七尺下可坐千人，一如卧龙，北向作拿攫势，一则矫矫入云，绝顶一枝倒落至地而起，皆画格所不及。余偕宾友登堂肃谒清圣，徘徊松下久之。爰自东入后礒西转登山拾级，上古屋三间，下瞰滦河如带。阑外松声肃肃，心目俱静，此则清风台也。太守谢慎庭遣罟师放艇崖前，获巨鲤，酌酒宴客。时日亭午，微风乍来，云影波光相掩映，于空山寂寞之中，此境如出世外。余从后山石径至河涘，坐渔舟沿山行，仰视山北面，石壁如削，中多岩洞，嵌空玲珑。西崖下一洞如小屋，左有石门一尚存。其右则阙，迤逦至东壁，河中侧视微有字迹不辨。因刺舟傍崖石剔藓谛观，得“明月清风”四字，字几广二尺，顾石质粗，又风雨磨灭，刻画之迹仅存十二三，而笔致洒落如虞永兴。既登岸质之太守则郡志未载也。余谓太守曰：“宇内山林泉石所在足供游览，顾游览之人何如耳。余奉命校士诸州郡，日不暇给，公等有守土责，亦未遑发兴来游此地，今之片刻宴集其偶然乎？且游亦不一，竹肉繁喧，罗绮杂沓则伤侈；枚荣孤征，兴尽独返则伤寂；冠盖酬酢，俯仰局蹐则更伤俗，如此不贻笑山灵，见鄙清圣耶！然则得山水趣者乃不负山水耳，顾当日之游此台，乐此境之闲旷，而后大书勒石，冀垂名于无穷，而今数百年来不独不得其名，而并此擘窠大字亦付之空山风雨之外，幸余之一过而搜得此四字又不能重镌旧刻，发古人幽光，则后之不与，余同好并舍此不顾，不知凡几矣。吾乃今知山水不负人。人自负山水耳。”晚抵沙河驿，记此时乾隆庚寅暮春日也。

游九莲庵记

国朝·王金英

郡城东十余里为阳山，古阳乐水出焉，其阴有小寺即九莲庵也。同年友孟炎初尝言其可游，而予未暇往。学博丁远亭曾偕同僚游之，意若歉然未惬，蔡梦堂闻之曰：“是未尝造其胜耳。”癸巳八月晦日，县尉方君具壶榼相邀远亭以梦堂之言乍疑乍信，亦奋然从之。益以学博李君、处士苏君凡五人并辔连镳出郭外。是日天气清朗，秋光如拭，过驴槽村小憩，由红坡南入山，山岭起伏倏升倏降，约五六里许至张家沟，而径渐幽。红叶离离拂帽檐，诸君咸相顾色喜，既而攀磴而上，林际隐隐见墙屋，则庵在焉。规模颇隘，佛宇三楹，左右厢数楹而已。山僧延入客座，望屋后峰峦嵬然，予曰：“是可登乎？”僧曰：“否，否！予曰：“闻是中有山水佳境，从小屋穿出其安在耶？”僧乃导予辈行，至则群峰环拱，万松夹涧，水声潺潺起足下，心目豁然，盖别一洞天矣。遂于清泉白石间各据地坐，李君欲穷泉源独傍崖迤逦行，山石荦确不得道而返。老僧携茶果至，远亭向索象棋与李君对着，苏君从靴勒出纸笔作绘事，予嗒然且吃茶。忽忆老友杨默堂侍御诗日："四海几人成独契，百年此石亦三生。"不觉喟然发叹，远亭回顾曰："君殆有所思乎？"予谓之曰："人生踪迹如云，随风飘飘，然不可拘执，予与诸君东西南北之人也，忽而聚于郡，忽而聚于是山，且居郡数载偕游者屡矣，而独未尝至是山，南台非不可以眺远也，清风台非不可以吊古也，而幽窅之致则俱不及是山。是山在郡境阅数千年，曾无人亟称之，近日梦堂、炎初称之，而言之不详，要非身至斯地不能言之之必详也；然而身至斯地亦不能言之之必详也，惟自得者心领之而已。"诸君皆曰唯唯，是不可以无记，故援笔书之。

天台山双泉寺记

国朝・陈钟琛

余生长山陬，游迹几遍天下。每于山水之际，结癖良深。一行作吏，得永平之抚宁，抚故多山，尝于簿书之暇，纵辔寻幽，有所得辄欣然忘返。戊子春，偕友人探胜于天台山，憩双泉寺。其地崇山奥衍，竞秀争奇，绕寺多种梨花。时琼英缤纷，恍入神仙窟宅。顾仅神宇数楹，游人倚徒无所，乃与住僧正化言而慨之，僧前席曰："是寺也，旧在兹山之东岭，结茅而居，名饮泉庵，形势逼仄，殆不可状。雍正七年，始移建于此，而双泉寺乃得名焉。草创粗完，规模狭隘。乾隆二十七年，僧焚修寺中鏤金葺治，以今视昔盖已略为宽广矣。当时本欲备精舍，缮缭垣，旋以经费不敷而止，至今僧盖心焉念之弗敢忘。"因为余言某处可以建房，某处可以浚池，指画地形，井井不紊，余为之輾然而喜，嘱之曰："勖哉！有志者事竟成，毋负此一腔善念也。"继此二年来，正化垦辟地利加以抄募，竟于辛卯之春鸠工材，次第修治。既藏事，来告余曰："僧今有以报命矣。山门改建三楹，作敞轩式以资眺远，门东置群房五间，殿仍旧制，而丹垩之前增东西耳房各一间，后筑围墙数十丈，果木周匝，莲池清深，不敢云为山灵别开生面，庶几一招提深境矣。请公落其成而记之。"会余适以王事驰驱，未即践约，然而峰峦林麓之间，神游盖久，闻正化言，境界已历历在心耳间。默念寺既改观，山益献技，从此可以快游客之登临，供骚人之啸咏，则天工将藉人力而益著，正化之用心可谓勤矣。爰书数语以付之。他日吏事少闲，行将再命游屐，旷观新构。回忆前缘必且坐卧低徊，流连不忍去，则余山水之癖亦不至销磨于尘氛俗障中也，是为记。

论

李将军论

国朝·尤侗

余读李将军传而悲之，悲其数奇不封也，悲其数奇不封而卒，至自杀也。王朔曰：祸莫大于杀已降，此乃将军所以不得侯者也。广之杀降罪矣，然广之不侯以数奇，不以杀降。高帝列侯百四十三人，岂尽不杀降者哉！白起坑赵降卒四十万，项羽坑秦降卒二十余万，皆以凶终。然起封武安君，羽为楚霸王。广所杀八百余人耳，其自杀者，杀降也，其不侯不以杀降，广即不杀降，吾固知其不侯也。何以知之？文帝曰：惜乎子不遇时，如令子当高帝时，万户侯岂足道哉！夫万户侯天子意耳，何必高帝。文帝以代来，功封□昌壮武侯以夺吕禄印，封刘揭阳信侯，又封淮南王舅赵兼周阳侯，齐王舅父驷钧清郭侯，常山丞相蔡兼樊侯。此数人者，岂当高帝时，百战得之者耶？相者相邓通当贫饿死。文帝曰："能富通者在我也，何谓贫乎？"于是赐通蜀岩道铜山，得自铸钱。邓氏钱布天下，通竟富矣。夫帝既能富通，岂不能侯广。乃嬖侯幸则有权，任将帅则无力，何迳庭哉！是知文帝本无意用广，特借高帝为口实耳。他日与冯唐语，抚髀曰："嗟乎！吾独不得廉颇、李牧为吾将，吾岂忧匈奴哉！"唐曰："主臣陛下虽得廉颇、李牧弗能用也。"上怒问之，唐因言魏尚，然尚之才未及广也，且以同时之李广委之高帝，而顾求异代之颇牧，亡谓甚矣。予因叹文帝号称恭俭，至于用人往往失之。尝说贾谊任公卿之位，而绛灌之徒害之，坐宣室问鬼神夜半前席，自以为不及，卒摈于梁以死。谊之才不以相，广之才不以将，文帝为何如主哉！夫以文帝之主且不用二子，谊之所以短命，广之所以数奇也。若广之自杀，杀降也，而卫青不能无罪焉。以广之勇，结发与匈奴七十余战，使居前一当单于，其功可胜道哉！乃徙广部行回远，而军亡导，或失道，即失道不至死，广老将独不能少假之耶？又使长史责之急，是广之死青杀之也。或曰：青阴受上诫，以广数奇，毋令当单于。然使广死于刀笔，孰若死于战阵之为愈哉！广之壮也，文帝惜其不遇高帝时，及武帝用兵以广老弗用，此广之终于数奇也。吾是以重悲之也。

议

西北水利议

国朝·徐贞明

当今经国舒谟其大且急，孰有过于西北水利者乎？虽然，概而行之则效远而难臻，骤而行之则事创而未信。盖西北皆可行也，盍先之于畿辅，畿辅诸郡皆可行也，盍先之于京东永平之地；京东永平之地皆可行也，盍先之于近山濒海之地；近山濒海之地皆可行也，盍先之于数井以示可行之端？则效近而易臻，事狎而人信。京东辅郡，而蓟又重镇，固股肱神京，缓急所必需者。矧今地负山控海，负山则泉深而土泽，控海则潮淤而壤沃，水利尤易易也。予所属二三解事者，盖遍历山海之境，阅两月而返，披图出示如指诸掌也。为言诸州邑泉从地涌，一决而通，水与田平，一引而至，比比皆然。姑摘其土膏腴而人旷弃即可修举，以兆其端者。自西历东，如密云县之燕乐庄，平谷县之水峪寺及龙家务庄，三河县之唐会庄、顺庆屯，地皆其著者。蓟州城北则有黄崖营，城西则有白马泉、镇国庄，城东则有马伸桥。灰林河而下，城南则有别山铺及夹阴。流河而下至于阴流淀，疏渠皆田也。遵化西南平安城，夹通河而下及沙河铺地方，又铁厂涌珠湖以下，至韭菜沟、上素河、下素河百余里夹河皆可成田。迁安县北徐流营山下涌出五泉，合流入桃林河，又三里桥涌泉流出滦河。又蚕姑庙涌泉成河，与滦河相接，夹河皆可田之地。卢龙县燕河营，涌泉成河，及营东五泉涌漫四出至张家庄；抚宁县西台头营河流亦自燕河营涌泉而来，皆可田。自西以东如丰润县南则大寨及茨榆坨、史家河、大王庄之地。东则榛子镇西则鸦洪桥，夹河五十余里皆可田。玉田县清庄坞导河可田，后湖庄疏湖可田，三里屯及大泉、小引泉可田，其间有民所不业之地，有屯地，有牧马之地。屯草之地属于官，官为辟其芜而收其利不难也。至于民不业者召民业之，官为助其力，何至连阡以弃鞠为茂草乎？至于濒海可田，则自水道沽关、黑崖子墩起，至开平卫南宋家营之地，东西度之百余里，南北度之八百十里，皆隶丰润。其地与吴越濒海之沃区相等，今萑苇弥望而系名于势族，然苇之利微，即势族亦无厚入于其间也。若如吴越人田而耕之，则利十倍于苇，即捐其一以与势族，使不失其旧，入势家亦何憾焉。昔虞文靖公之议，东极辽海，南滨青、徐，濒海皆可田之地。今丰润实其中境，欲举其议而行之，兹非其先当致力者乎？盖先之京东数处以兆其端，而京东之地皆可渐而行也。先之京东以兆其端，而畿内，而列郡皆可渐而行也。先之畿内列郡，而西北之地皆可渐而行也。在边陲则先之蓟镇，而诸镇皆可渐而行也。至于濒海则先之丰润，而辽海以东，青徐以南皆可渐而行也。夫事有小用则宜，大则局而不通；大用则宜，小则窘而难布。兹其试之一井，究之天下，无不利者。事有旦夕计功，而远猷不存；积久考成，而近效难覩。兹其暂之岁收，久之永赖无不利者。特端之于京东数处，因而推之西北，一岁开其始，千年究其成，而万世席其利矣。

浚乐亭支河议

国朝・陈金骏

余续修乐志，作機祥志，检旧籍，知邑被水患至数，而本年六月事又余所目睹者。窃以邑承滦下流，自塞外千余里柳河、宽河之水注之入内地，合澈恒长清横漆诸水迸会于兹，以一水当众条之水，以一邑当众邑之水，而又地势平衍，土脉疏恶，此非天行之，惟地势然也。盖水之受源远者，必使有所受以纳。汪洋之势亦必有所分，以杀奔迅之形。今邑之境内经流者惟青、滦二河，外若戴家河、贾家河、杜家河、苑家河、董家河、三岔河，深者不过三四尺，夏秋水盛乃通，则河身浅而水无所受可知矣。又邑本以两河夹送，自景泰间河徙东，滦河绝，凡附滦诸支港，如沙城社河、庞家河、中淀河皆绝，则河流直而水无所分可知矣。愚窃以为天下事与其周章于临时，何如计议于平日？与其散财赈粟惠民于穷约之中，何如有备无患措民于熙皞之天？请以每岁冬春之交塞外水绝，河流蜿蜒，凡邑中旧河故道悉行挑浚，其为今时河流所及者，挖之使深，使水之势有所受；其为今时河流所不及者，决之使通，使水之势有所分。则潦以为泄者，旱亦以为备，不诚一举两得乎？况前人之已事，如白河为患于顺义，刘天和请以兜杓数千具治河官，夫遇浅即浚，此先其事而后水有所受也。会同河、子牙河，为患于霸州，王凤灵请多开支河，联络相属而委输于海，此先其事而使水有所分也。先事不治，迨乎既事费费而无功，不既晚乎？说者曰：凡民难与虑始可与图终，昔之旧河陵谷既久，渐成田庐，况邑多旗庄地，内府税粮所在，未可轻议。予曰：唯唯、否否。苟曰旧河本非民之所宜有，况平原壤土疏，故港凿新渠盖亦数十年来京东之功令。曩者世宗宪皇帝命怡贤亲王躬历郊原，尽力沟洫，引港疏渠，开京畿水田数百万顷。维时若滦、若迁安，与邑接壤，亦各开水田数十顷，唯邑未遑，特乏任事之人耳。滦与迁安不皆五百里内圈地乎？使诚孚宜治熟议询谋，捐小利成大功，于旧港疏瀹外，更相河流两岸洼滩地，因其高下开浚长渠，近海者兼行潮田法，吾知斥卤变为膏腴。分水之道既多，奔腾之势自减，人歌乐恺，土庆安澜，与郑国史公并懋不朽矣，岂非民之所乐从哉！

辨

叩马辨

国朝·俞长城

史称夷齐就养西伯，遇武王观兵叩马谏曰：“父死不葬，爰及干戈，可谓孝乎？以臣伐君，可谓仁乎？”遂逃去。耻食周粟，饿死首阳山。俞子曰：“夷齐之饿信也，夷齐之谏诬也。”《礼》诸侯七月而葬，当是时武王即位十有三年矣，安有父死十三年而暴露于野者？说者谓：虞芮质成之岁，文王受命改元，会孟津在武之四年，武之年仍文王耳。是则天子在上而改朔易号，其罪大矣。夷齐在侧何无一言，既不能争且就养焉。至观兵而始谏，噫晚矣，智者不为也。故谓武王之不孝者诬也。至其所谓不仁尤不可不辨，夫纣在天下分天子也德独夫也，不伐商，纣暴益甚，纣暴益甚，而天下被其毒者深矣。仁人固如是乎？天命无常，有德者王。武之伐纣非特人心，有天道焉。洵如夷齐言将不逢尧舜终古无易姓之事也，且伐君者宁自武王始哉！《书》曰：“造攻自鸣条，朕载自亳。”吾谓夷齐不当耻周，先当耻商，充其操必至举世无可言之人，无可居之地，孤子畸异，怅然靡所复之而后已尔。此必战国鲁仲连、陈仲子之流倡为此说。以拟圣人，以自遂其僻。余故曰：其诬已甚。难之者曰：子以叩马为诬，于何征之？曰：不见于诗书，不为孔孟所称述，司马迁拾采方闻以八传记斯难从耳。然则夷齐何以饿？曰：夷齐之饿当在让国之后也，纣之时黎老播弃矣，夷齐又失国，是以不得其所。及闻西伯而归之，想亦古者寓公之意乎。乃知首阳之下避商非避周也，避纣非避武也，然则夷齐不死乎？曰：《论语》称其饿不称其死，其不死也明矣。藉令夷齐饿死，则是武王非圣人也，其父惠鳏寡，其子弃贤良，死墓且有封，生人不得食，即谓之不孝不仁也亦可。

山戎国辨

国朝·陈士元

春秋之山戎在黄帝为荤粥，夏曰淳维，殷曰鬼方，周曰玁狁，汉曰匈奴。齐桓公越燕以伐山戎，次孤竹还，杜预云："山戎、北狄。"胡安国云："桓不务德，劳中国而事外夷，争不毛之地。"又按唐李德裕《幽州纪、圣功碑》云："北狄之裔或曰獯狁，或曰山戎。"是山戎之非燕地彰彰也。今旧志云滦在春秋时为山戎国，《通典》亦云：滦为山戎、肥子二国地，误矣。

公孙度平州牧辨

国朝·周宇

《辽史》及旧志皆以滦为汉末公孙度所据，纲目书以公孙度为辽东太守。史谱云：度元菟人，初平初为辽东太守，自立为辽东侯，传子康及孙渊。按汉献帝建安九年，曹操表封度为永宁侯。度曰："我王辽东何永宁为？"是度与辽西右北平无与也。考度之别传，自称平州牧，东夷九种皆服事焉。岂以汉之平州为隋唐以后之平州而误耶？盖汉之平州在辽东、元菟、乐浪等地。隋唐之平州乃卢龙、石城、马城。晋汉所谓右北平，辽西地，今之永平是也。汉灵帝中平六年，刘虞留公孙瓒屯兵右北平，瓒杀虞尽有幽州。是辽西、右北平入于瓒矣。瓒死于献帝建安三年，岂度与瓒同时而误耶？

说

周将军故里说

国朝·靳荣藩

迁安之南六十里为新店集，或曰此周将军遇吉故里也。考《明史》、《大清一统志》、《盛京通志》、《山西通志》并以将军为锦州卫人。锦州今隶奉天，升为府，距迁邑千里而近，而以故里加迁邑何欤？或又谓新店多周姓，即将军之裔孙，奉其木像甚谨。夫将军为故明守宁武，其像设当如明制。而闻其服色已与今同，又何与？予尝以事至新店，询所谓周姓者，鲜能识字，惟藏判牍数纸，漶漫蚀蠹，略可辨认。顺治十三年有名鼎者，自辽东来，官台州右营都司，驻防仙居县，没于阵。国家奖其忠烈，许袭拖沙喇哈番，注籍通州左卫之左所，数传后其世职为同宗者袭去，而都司之裔遂世为新店人。因奉都司像先是武臣五品以上例封将军，其以为周将军故里，盖因乎此，而指为遇吉则舛也。都司自辽来，或亦遇吉之宗人，顾谱牒均无可稽，而以故里加新店，则愈非也。然因其非遇吉而并使死事者之子孙里居弗传，亦过也。予故为之说，以俟迁邑之编志乘者。

卢龙质疑一

国朝·靳荣藩

《后汉书·乌桓传》曹操大破蹋顿于柳城。《魏志》引军出卢龙塞、经白檀、历平刚、涉鲜卑庭、东指柳城，《纲目质实》柳城故城在永平府城西二十里，而与集览俱以卢龙塞为卢龙县，吾意不然，今之卢龙县即汉肥如县也。隋开皇十八年，始改新昌为卢龙，在操时本无此称。操于二十里内不贾勇，径进而纡回曲折由白檀、平刚以历涉五百里之遥，曾能军者而如是耶？而又何贵乎田畴之导，况前汉白檀县属渔阳。平刚县属右北平。自永平以达柳城二十里之间，其无此两县可知也。《魏志》上徐无在卢龙后，而徐无山在今蓟州，州在永平府西。操自洛阳来，岂能越徐无而先入卢龙县哉！至《集览》以白檀为徐无东北之山，质实曰：山在密云县南二十五里，古有白檀树故名。其檀树之有无姑弗深考，然五百里之内宜举其大者、要者，未有甫举徐无而又指此山者也。且操破蹋顿攻其无备也，先至永平已使之有备矣。而又旁出空虚以幸其无备，操之智必不出此。蹋顿侦知操于未至柳城二百里之外，而不能追侦操于初发永平二十里之内，岂事理之可信者哉！窃意汉之卢龙所该者远，以地形考之，当距密云、顺义为近。故《一统志》谓白檀县在今古北口外承德州界，而平刚当更远，于鲜卑为近，故可以东指柳城耳。《辽史》以锦州之广宁县当汉柳城县，《一统志》虽辨其误。然永平之柳城军在昌黎县西南者。唐永泰元年置。蔚宗、承祚岂能预取隋唐地而书之。《集览》质实亦欲汉魏人观后世书耶。

卢龙质疑二

靳荣藩

顾宁人《京东考古录》辨柳城甚详，而于卢龙则未之及。朱竹垞《日下旧闻》引《呆斋集》梁氏园在今京师西南五六里，其外有旧城，旧城者，唐藩镇，辽金别都之城也。唐时为范阳藩镇，安史反后更名卢龙。而所治幽州蓟县不改，今移蓟以名州，移卢龙以名县，各去此数百里。其实唐之卢龙与蓟在此也，则卢龙去幽州甚近，距永平之柳城军可云五百里矣。然安史反后始更名卢龙，承祚作三国史不能预知安史之变也。《一统志》柳城故城在土默特右翼。《西汉书·地理志》：辽西郡柳城县西部都尉治。曹破蹋顿犹后汉也。《魏志》柳城盖指此耳。

疏

景忠山碧霞元君上扁疏

国朝·尤侗

伏以玉简封高，震出东方之位，琳宫祀肃，升中左辅之区，咨四岳而称尊，指九天以为大，采衣如睹，香瓣维虔，恭惟碧霞元君职主天孙，恩推众母，体上帝好生之德，作下民司命之功，风人雨人不崇朝而遍天下；顾我复我亘终古以育人间。固合四表为瞻依，仅见三屯之巍焕。凤笙锦曲春飘渺，穗绕猊床，瑶草金光。昼有无花迎雉扇，洋洋乎在其左右，风马云车，蛰蛰兮宜尔子孙。珠环瑜珥为岱宗之别馆，是造化之权舆。伏念侗江左儒生，边隅俗吏，偶驰驱而客止，恍连蜷之灵，留稽首慈，云如渡海之筏，洗心仙露，疑趋蓬岛之尘，未荐悃于兰荪，敢铭词于绰楔，仰祈鸿泽，下逮乌私，有妻曹氏方当梦燕之期，有子珍郎甫及戏鸠之岁，愿邀神佑，获遂天从，赐以如意之珠，导以延年之药，生男欢喜，勿同生女之悲酸，养子恩明，差胜养儿之愚鲁，三生有庆，大德无疆，庶锡福于臣门，长衔恩于帝座，谨疏。

庄严庆福寺佛像殿堂募缘疏

国朝・石申

蓟门而东平沙迥野，既鲜苍山秀水，亦无古刹幽宫，三百里至我永平，始睹有川岩之胜。至关门百余里，南临巨壑，北走太行，广大精微，无不备具。而亦止有斗庵丈室，一二土僧点缀林泉，应酬斋忏事耳，从未见有创辟道场，庄严佛土，能容僧法宏亮钟灯者。余以顺治十八年告归滦州，一年中，州之一邱一壑无不探至。至二年，抵关俯海，从余子占一访山人朱公于抚宁县北之蟠桃庵。叹其水石之奇，林果之茂，而庵中煨煤烧地炕与春气相烘发，尽宿谈宴，地主有副戎傅君，都司文君，诸生冯子、李子。次日互携酒肴与朱公各争丰盛，至暮酬酢不下百觞。此日，饮量再倍。平时诸公留连争相投辖，余以俗事期迫，跨蹇策行，见西北一带山光峰势，程程迎送，应接不暇。三日抵舍，岩壑之气勃勃心面。因决计于初秋再往，仍是五六人前从游者。过他山而不顾，径赴石门寨，不入城，止于冯子之别馆。余子占一不果来，其诸他主皆至。与朱公夜商晨出之所，向公云：去此十五里有棒槌崖者，乃戚南塘之旧迹，有余钓石在焉。关帝祠雄壮苍幽可憩也。其意欲先众举觞，众云不如二十五里向白家山，先其远者，后其近者，作归计，绪游有余地。次日遂并驱而前，过石河，历村聚，联亘环折，民气熙乐，篱落房壁，豆架壶棚，采鲜蓄乾，家闲人朴，见客来至咸异咸熹。泉溪争流，溅迸尘迹，幽邃欲极。忽焉豁坦，盖无几何时而至山也。肩舆渐升，曾无险仄，高处更平，皆种谷菽！垂及望寺路旁皆榛丛，不逾尺，随手掇取，盈腴可食。遥闻钟声，蚤有僧众十余辈拱立路厕，导引而前。有侍者数人，揖客而通词云：“师在山门久等。”甫至，则老僧相迓，余见其威仪之整齐，迎客之班次，盖不待见老僧而知其为守律谨严师范也。其开山创业也宜哉！登堂谒佛，即瞻后殿，崇阶石砌，配房宏厂。入讲堂，方丈皆精洁有条理，而又有别院两区，为十方僧檀所足容，石工木师，经营未毕。相揖茶次，老僧礼恭貌静，而朴情苦相存焉。寺后址尽山巅。直北百十余里通边口，疏凿堙堑尽可行车。东西瞻眺，所览无极。由后复前，殿台而南无所碍瞩，触目皆苍，荡胸皆秀。其豁然开处，如八达之绮疏，其密然围处，如四周之屏幛，其屹然立处，矗然起处，断焉续处，合焉分处，不可方物处，不可捉拟处，疑古大将之布万阵于边陲，又疑三世佛之交照于圆光，而诸人天之环树幛于云际也，其奇也如此。盖此山适当众山之中，而众山无不耸峰削壁，干霄接汉，斗险争危，愀猿抑鸟，枯仙臞道外绝蛩焉之足矣。惟此山平衍而又在中，真众山之都会。又众山尽石，而此山独土，又众山之皮肉也。天不设此山，则凡经游于水迳湾蹊者，亦止畏远嫌深，悲阴怯冷耳。天设此山而人不设此寺，则农竖所采樵，而牛羊所宫囿，又焉得有士夫屐辙而为诸山一发其高苍幽奥，俾天下知大行东处，四大三光之间，气藏蓄于中原九塞者，万里而至我永平，乃一大聚泄也哉！询老僧建创之由，乃山下古有庆福寺，而前代关门有将帅刘居士等，首布大施，移在山上，而我朝又有太乙胡居士与守关兵主互相继迹，而为之功德。老僧不过雇工估料、抬石、扛木杂诸人役中，助一手足之力。一布一鞋之外，未尝敢耗一钱也。僧幼零落，几冻饿死，赖山庄人救活，中年始入释门，不识字，况佛法，只知有勤苦为忏悔也。基既立，则业兴。功既举，则人集。一切僧众自为山寺而聚，僧以诸檀所散，体其心而养其来者无厌焉。非有重于僧，而为社为道场也。至于众僧饭而僧啜其余，众僧休而僧躬其役，则二三十年如一日，此一种老实心愿，未知于佛法何若，而实为大众所鉴怜。今日非贵官居士来，亦未向人发一语也。余与朱公暨各客皆聆而伤之，重之，乃知其入门相见朴苦之状有由也。又相与赞之，以为真苦行头陀也。何患事业之不建，况大工垂成于八九，何患山门之未辟，天龙相好无不毕具，栋宇墙扉无不庄坚，何患金碧之无资，而光辉之不丽也哉！孰知余去此甫二年，而遂有魔之侵，贼之劫，突如其来者哉！其详委难言，而老僧竟不得终其居而去矣。谁复有终信大法惜此余缁，悯此精蓝，而为世尊一扫尘埃，慰龙象之泣者。因忆在山住游三日，见山下骡负水来，问："山无泉乎？"僧云："泉碍殿基故塞之。"余闻之而愀然不悦，但云可惜，岂意佛法亦在风水耶！自是归而从朱公盘桓其崖石，幽壮果不谬，而事迹有出南塘右者，当另为记。嗣是余来京，僧去寺，忽忽者共十年。今秋余告艰病卧，忽守山僧来省云，有城内贵官某某慨然发数百金，已置金粉丹青诸用料，为山中佛开生面，并绘采殿廊，而窘于工力之尚有所需，乞书一疏而募助之。余叹曰：余笔之不文也，难劝人也。中外之皆贫也，难捐财也。而山事之垂成，而忽坏也，难再举也。虽然，不敢谓天无悔祸心，不敢谓人无力行志，不敢谓佛法之终断此有相功德，不敢谓尾宿之不同于恒星而閟其瑞应，又岂忍谓我永平郡山海之汇灵秀一现而即晦，不自圣朝太平时一开辟，而待异日后之重表章也。故曳疾走颖不觉情词之遂长也。

碑　　铭

魏博节度观察使沂国公先庙碑铭

唐·韩愈

元和八年十一月壬子，上命丞相元衡、丞相吉甫、丞相绛召太史尚书、比部郎中韩愈至政事堂，传诏曰：“田宏正始有庙京师，朕惟宏正先祖父厥心靡不向帝室，讫不得施，乃以教付厥子维宏正衔训事嗣，朝夕不怠，以能迎天之休显有丕功，维父子继忠孝予维宠嘉之，是以命汝愈铭，钦哉！”维时臣愈承命悸恐，明日诣东上阁门拜疏，辞谢不报，退伏念昔者鲁僖公遵其祖伯禽之烈，周天子实命其史臣克作为駉駜泮閟之诗，使声于其庙以假鲁陵。今天子嘉田侯服父训不违，用康靖我国家，盖宠铭之，所以休宁田氏之祖考，而臣适执笔隶太史，奉明命其可以辞！谨案：魏博节度、银青光禄大夫、检校工部尚书，兼魏州大都督府长史、御史大夫沂国公田宏正，北平卢龙人，故为魏博诸将，忠孝畏慎。田季安卒，其子幼弱，用故事代父，人心不附。迎弘正于其家，使领军事。宏正籍其军之众，与六州之人，还之朝廷，悉除河北故事比诸州，故得用为帅。已而复赠其父故沧州刺史、兵部尚书，母夫人郑氏梁国太夫人，得立庙，祭三代：曾祖都水使者，府君祭初室；祖安东司马赠襄州刺史，府君祭二室；兵部府君祭东室。其铭曰：唐继古帝，海外受制，狎于大宁，燕盗以惊，群党相维，河北失平。号登元和，大圣载营，风挥日舒，咸顺指令，橥橥魏上，婴儿戏兵，吏戎愁毒，莫保□颈。人曰田侯，其德可倚，叫噪奔趋，乘门请起，田侯摄事，奉我天明，束缚弓戈，考校度程，提疆籍户，来复邦经。帝钦良臣曰：维锡予，嗟我六州，始复故初，告庆于宗，以降命书，旌节有韬，豹尾神旗，櫜兜戟纛，以长魏师，田侯稽首，臣愚不肖，迨兹有成，祖考之教。帝曰：俞哉！维汝忠孝，予思乃父，追秩夏卿，媲德娠贤，梁国是荣，田侯作庙，相方视阯，见于蓍龟，祖考咸喜。暨尔田侯，两有文武，讫其外庸，可作承辅。咨汝田侯，勿亟勿迟，观飨式时，尔祖尔思。

沂国公魏博德政碑铭

唐·元稹

陛下以元年正月壬戌，诏臣稹曰："朕有臣宏正，自魏入镇，魏人思之，因守臣诉状其德政乞文，尔司予言其文以付。臣拜稽首，退而奏书于陛下。曰：始安禄山以元宗四十三年盗幽州兵，劫击郡县，逾关据京，天下掉挠。肃宗征之，海内甫定。而夹河五十余州或服或叛，更立迭夺，废置征伐，朝觐赋入之宜，皆自为意，五纪四宗容受隐忍，田承嗣始有魏博相卫贝澶之地。承嗣卒，以其地传兄子悦，悦传绪，绪传季安。既而季安悍诞淫骄，风勃虫蠹，发则喜杀左右，渐及骨肉，往往顾妻子曰："安用此！"由是内外惴悸，妻元氏因人不忍，移置他所，余一月乃卒，是岁先皇帝元和之七年八月也。季安子怀谏始十余岁，众袭故态，名为副大使，而家臣蒋士则逆虐用事。士众不分服日夜相告曰："田中丞兴博大孝敬，于军谨廉，读儒家书好言君臣事，倘可依倚为将帅乎？"闻者皆踊跃，一朝牙旗丁众来捧附。兴仆地不肯起，众亦不肯去，乃大言曰："尔辈即欲用吾语，能不杀副大使，且许吾取天子恩泽，洗汝痕秽，使千万众知君臣父子之道，从我乎？”皆曰：“诺”。遂杀蒋士则等十数人，以兴知留后事，移怀谏于外。明年归之朝，盖七年之十月四日也。兴乃图六州之地域，籍其人与三军之生齿，自军司马已下至于郡邑吏之废置，尽献于先帝。先帝诏兴以工部尚书长魏博相、卫、贝、澶之地。仍敕司封郎中知制诰裴度使于兴，且以钱一百五十万缗赐其军曲，赦管内，使百姓一年勿复事，问耆羸、账乏困，褒殛诛之不以法者。魏之人相喜曰：“归天子乃如是耶？”兴又悉取魏之僭服异器，人臣所不当为者，斥去之。先帝曰：“兴吾六州善心者田兴也。使兴宏吾至正不亦可乎？”因名日宏正。先是魏诸宾犹仆役也，将卒无畏避，宏正始求副节度以下于朝，至则迎迓承奉，功虽勋将莫不乘者避，谒者趋，授咨度，始用宾礼。先是诸将之外有权者莫不拘劫妻子以为固，四方之来聘问者莫不防碍出入以为密，士吏工贾限其往来，人多惧愁，稀复会聚，至是皆旷然矣。魏之人又相喜曰：“人之生不当如是耶？”滑以水害闻于朝，请移河于卫之四十里，且役卫工三万余，诏弘正议之。皆曰：坏吾地，役吾人以利他邑，古无有也。弘正曰：“魏于滑信彼此矣，朝廷何异焉。”不时兴工以教人让，魏俗丕义，先帝多之，以右仆射就加焉。十三年又加司空，以子布之会蔡有劳也。是岁李师道烧河阴惊洛邑，阴通元济，诏弘正诛之。明年破贼五万于东阿，进收郓之阳谷，距其城西十里营焉。二月壬成，刘悟斩师道，加司徒平章事，复归于魏。其年八月朝京师，先帝待之有加焉，乞留不获，诏加侍中以遣之。又明年，陛下以成德丧师诏宏正入焉。初王武俊以战朱滔功得有赵地传子孙，凡三十九年矣。至承宗为卢从史、李师道所诖误，先皇帝征而赦之者再，忧畏感惡不克来觐。既而闻陛下天覆海深悉包悉受，乃果自信将朝有时，未行，会病将殁，以志付其弟承元，听命于朝。陛下语宰相曰：“弘正在魏吾何患焉。”即日内出五诏，诏弘正为中书令，节度于镇，且诏父子皆为帅，以大其威。十一月，甲寅，成德献状曰：“弘正自去魏，魏人哭之，镇人歌之，奉宣诏条除去僭异，犹魏政也。且臣闻之，德之至者有二，政之大者有三。三政：一曰仁为惠政，二曰法为善政，三曰谦为和政。二德：一曰忠为令德。二曰孝为吉德。今宏正献魏博六州之地，平淄青四代之寇，入镇冀不测之泉可以为忠矣。祖考食宗庙，父子分土疆，兄弟罗轩冕，可以为孝矣。始初山东，键闭束缚泳而游之，歌而舞之，可以为仁矣。始初山东逼越废怠，裁而制之，举而用之，可以为法矣。始初山东傲狠侵取地以让之，功以助之，可以为谦矣。谦法仁孝资之以忠，不曰德政谓之何哉！臣请奉制以一百九十二字付守臣诉铭之石，用申约束。铭曰：帝命宏正，予言是听，理乱有数，其道甚明。乱则隐约，理由乱生。既理复乱，生于玩轻。唐受天命，海内承平。高祖太宗，不荒不宁。元宗抑厄，其否乃革。四十三年，奄有丕宅。始视燕寇，胡雏弄儿，虽我宠重，彼将胡为。所细所忽，忽焉而罹。四后垂顾，山东不夷，逮我圣父，殷忧俭克。乘其淫骄，乃伐乃殛。视尔群孽，胡为而亡。僭久而大，顽昏暴狂。尔亦自视，忽焉而昌。忧畏逼侧，永思悠长。曩尔之无，今尔之有，既克而有，在克而守。惟尔惟我，而今而后，尔虽穹崇，无忘辱诟。我虽平宁，无忘燕寇。铭之戒之，以永声臭。

太保孟忠毅公神道碑铭

国朝·朱彝尊

太保孟忠毅公薨，归葬于京西蔡公庄之东。岁在庚午，其子熊弼请予撰碑立石于神道，于是公薨三十有七年矣。公之德善功烈记诸史册，无俟碑铭后显。乃予读公奏疏，窃恐史氏未载其详，而訏谟伟略不尽传于天下，不可以不铭也。公讳乔芳，字心亭，永平人，诰授光禄大夫、总督陕西三边四川军务、少保兼太子太保、兵部尚书兼都察院右副都御史，世袭阿思哈尼哈番，加赠太保，谥忠毅。其先世某徐州人，以靖难立功，世袭东胜卫指挥同知。祖某考某皆赠如公官，祖妣张氏、刘氏、王氏，妣马氏、冯氏、杜氏，皆赠一品夫人。公幼负大志不羁，伟岸善骑射，能以一矢堕双雁。太宗文皇帝兵入关，公杖策谒军门。太宗壮其貌，与语奇之，引置左右。官刑部承政兼梅勒章京，管牛录事，使定律例，从征大凌河、锦州、松山、宁远、朝鲜、屡著战功。顺治元年，李自成自山海关战败西遁。世祖章皇帝定鼎燕京，命公帅师追之。由畿南下河北，逾太行、定汾路、拔太原、遂渡河入关，下延安，略定庆阳、平凉，所至秋毫无犯。世祖嘉其绩，命以兵部右侍郎兼都察院右副都御史、总督三边军务。当是时自成弃关中走，张献忠尚据蜀，民情未定。妖贼胡守龙自号圣公，称元清光，谋为变叛。寇贺珍连兵十万攻西安，李鹞子陷同州□□定踞固原，孙守法啸聚兴安，刘二虎出没汉中，胡向宸负固黑水，峪关以西群盗塞路，马德、贺宏器、李明义、米国、折自明诸贼叛服不常，各拥众数万为害。公广招徕，布恩信，散奸党，峙糗粮，简将帅，分道出奇掩击，枭守龙于市，追珍及于永寿蹴之汉中，击走二虎大定，诛向宸于板桥南山，斩守法于药箭寨，戮德于河儿平，降自明于青觜寨，擒宏器于安家川，俘明义，缚国轸，前后百余战，斩馘无算，降者一十七万余人。又陕西多回种，河西尤甚，五年夏四月，群回煽惑，米喇印、丁国栋聚众反，陷甘肃，破凉州、庄浪、兰岷、临洮，所至响应，关中大震，而巩昌回攻城未克。公疾驰救援，贼败走，乘胜遣张勇复临洮，马宁由上路趋内官营，破之。赵光瑞由南路至梅川，贼迎敌奔溃，而梅川去岷州五里，左山右河道险隘，贼据守坚甚，光瑞诱之出战，大破之，遂复岷州。张勇出中路，一败之官堡，再败之马韩山，三败之二崖洞。于是喇印、国栋合兵守兰州。公督满汉精锐径薄兰州，俾协剿。户部侍郎额色暨张勇为前锋，贼出，大战良久，公令勇袭破其城，贼大败，焚浮桥遁。而王印久、马宁亦破贼金县，会兵兰州。时朝议大出师会剿，公上奏曰：叛回为徒虽繁，然乌合易散，臣已大破之，临巩城堡尽复，其伎已穷，进取河西甘镇，计日可复。且秦民力已竭，大兵复临供应难复支，又西宁祁延谏、李天俞、庄浪、鲁典，皆未肯为贼，下今廷谏子兴周赴臣军，已令其纠各族协捕，乘破竹之势，鼓行而西，必能奏绩，若旷延时日以俟大军，不惟坐廉粮刍，且使贼得合余烬自备，而廷谏等亦懈，失机长寇，非计也，朝廷乃止。遂将兵渡河，游击张三耀斩喇印于古城，窎北至甘州。时夜已深，公曰：贼必出袭我，乃设伏以待。而张灯弹琵琶酣饮，歌声彻栅外，贼果出，遇伏悉擒之，遂围城，月余平之。丁国栋窜肃州，立土伦太为王。哈密缠头畏兀红帽，哈喇五番附之，据城固守，而山西大同降将姜瓖反，远近震慑、其党虞印、韩昭宣陷平阳，号二十八万。此六年秋七月也。

世祖遣兵进攻大同，命公引兵赴援，公留马宁围肃，驰赴潼关。贼兵拒河守，公佯置巨舰于上流，伐鼓扬旗作欲渡状，而夜率师从下流径渡，急击之。贼势披靡，战且走四十余里，比明抵蒲州。贼出城迎敌，公督将士力战，杀贼七十余人，贼弃城遁。遣将复临晋、荥河、猗氏、解州，共斩首二万有奇。乃合兵围运城，城破贼党歼焉，遂定平阳。而马宁以十一月破肃州，杀土伦太、国栋□□□□亦平。七年，进兵部尚书。八年，定河南何柴山之乱，又擒延庆巨盗刘宏才，于是全陕盗贼叛逆俱尽。陕西自罹寇祸，户口消耗，荆棘弥望，乃荒田之粮尽责之未亡之户，百姓苦之，公力陈其害，请蠲，久之始听，蠲其绝户，而有主荒田仍自七年起征。公复奏曰："所云有主者皆贫氓耳，佣作糊口以延旦夕，欲其开垦纳赋继不能也，且未有六年不能垦，七年即能者。若欲藉此为兵饷，责有司追呼，茕茕孑遗，力不能支，必至相率逃徙，诚恐有主之田转为无主，将来饷缺愈多矣。"时有司考成，急催科，公又请以户之增减，田之荒辟为殿最，使知爱养抚绥，其惓惓民瘼如此。先是二年，公至秦，即以奇兵入龙安，为图张献忠取蜀之计，后朝廷以重兵屯汉中，秦民转输艰苦。九年取成都即请屯田。而廷议退兵汉中，乃力请驻保宁为汉中藩篱，屯田广元、昭化间，战可制胜，守可固圉，兵食有赖，不苦转输，则规取全蜀无难，从之。于是秦运始抒，而蜀地以次就平。既又上书曰："秦省自明季寇变以来，田亩荒芜，今虽屡诏开垦而雁户未集，耕耨无人，饷仰给于大农，非久远计也。惟屯田可足食强兵，而弭盗安民亦于是乎在。"上嘉纳之。因举白士麟、郭之培领其事，而以高应选等八人分理。于是兵屯、民屯并兴，岁得谷数万斛。十年，复荡平紫阳孙守金，自此民渐复业，而关中宴然矣。公为人精敏沉毅，善料敌，诸将禀方略辄致胜。又知人善用，爽豁无嫌猜，人人乐为之效死。其章疏皆剀切条贯，千里外如面陈，故有请必从。当蜀未定，上言曰："四川一日未复，臣心一日未安。"世祖喜曰："若封疆大臣尽皆如此，朕复何虑。"盖君臣交孚若是，是以所向奏功。初公累疏入朝，优诏不允。九年复请，许之，陛见慰劳备至。赐内厩马二，命从驰道出，以宠异之。赐帽靴弓刀加太子太保，命还秦，既又命兼督四川。而公以积劳成疾，乞休，慰留不许。疾笃，复乞骸骨，乃加少保，驰驿未至而公薨，十一年正月元日子时也。

世祖闻之，震悼。柩至，遣大臣酹酒。谕祭三坛，存问其妻子，赐第一区，白金千两。公生于万历乙未二月五日，年六十，配卜氏、艾氏、王氏，赠封一品夫人。子三：熊臣知汀州府事，熊飞监察御史，熊弼袭世职阿思哈尼哈番，予告光禄大夫。孙九人，曾孙五人。呜呼！公督秦十年，外诘戎兵，内定经制，抚循百姓，广收名将为心腹。以二十余年盗贼充斥、荒残流莩之乡，复使升平乐业，屹然为中原保障，朝廷无西顾忧。人皆知公之功在秦，不知河东之乱非公不能定，取蜀之策非公不能有成，然则公不徒出秦民于汤火而已，晋与蜀咸受其赐焉，公之功顾不伟欤！铭曰：神龙之奋，云则从之，诞作霖雨，以蒸有黎，桓桓孟公，万夫之特。早事太宗，宣劳肇域，世祖受命，师入榆关，公蹑残寇，渡河而西。帝哀秦民，批离疾苦，俾公建牙，节制文武。凶渠在蜀，倡乱孔多，潜狙乳兽，争磨其牙。公遇将士，披豁心曲，昧者必攻，降者弗戮，如带斯结，解之以觿，如发斯逋，理之用篦。荡寇河东，有战必克。蒲坂既收，解梁乃服，曩者秦俗，壤地荒芜，吏患追呼，民困转输。征徭克缓，屯务毕举，有畎有沟，有禾有黍。既策王功，载懋民庸，君子来朝，谒帝于宫，何以予之，衣裳在笥，又何予之，弓刀是佩，天马既秣，帝曰汝骑，出从驰道，异数则希。我作此辞，纪公之实，片石既刊，百世有述。

墓 志 铭

前湖广长沙副使石公墓志铭

明·杨涟

石公，滦人也。与余乡试，分省题名。又尝宪吾楚中，故得其行事甚悉。公生有至性，以孝友著于乡。幼好读书，寒暑不辍。赠公尝语人曰：吾家累世积德，门闾之庆当在兹矣。至万历庚戌，登韩敬榜进士，虽同仕寓京师，实漠然也。公尝为孝廉，十载至是。春闱之夕，方阁笔少寐，梦人语曰："仁渐义摩，四十年来惠爱；东征西讨，八千里外威灵。"寤即书之，为主司大赏鉴，盖有天定焉。初授河南中牟尹，时称鲁公之后一人焉。代巡至叱其御，曰："毋惊扰石中牟城民也"，驱车旁出，考绩举第一。事载牟之志林，昭如也。行取来京，会前任姜某以事反构公，公恬然。继而饮于李年兄斋，道及杨焦山建祠一事。公词意凛凛，令人寒冽不可近，余方重之，遂与订交。以姜某之事询公，公曰："若事吾业为弥缝久矣，何以反构为，若能敢与我质于聪明正直者之前乎？"乃知姜某事为公覆载者久矣。然构已成，公又不愿自白，其为人留余步耳，竟左迁盐运司知事，而朝议卒雪，起公四川龙安府推官。中途会丁母艰，三年尽礼，有优游卒岁无复宦情之意。部覆起公，补山西汾州府推官。之任，刑清政简，凡所历山水以吟咏自娱，著有《西游草集》。是年西省分闱拔刘令誉等十余人，后皆为令臣，人服其藻鉴云。又汾多盗，至是自相戒为良，曰："推府佛爷也，敢不向化。"公居任俸资不继，常使人归乡梓典居以供米薪焉。至今数十年而石推府廉惠之声固洋溢西河妇子也。人为刑部主事，历员外，晋秩本部河南司郎中。明慎清惠，沉狱一时称平，提牢敢斥熊廷弼之奸，皆人所不能道者。时魏珰擅权，京之张掖门有李园一区，为选胜者第一，盖神庙甥中都督李承恩别墅也。珰慕欲夺之，不与，乃谋陷以他事。崔御史附之锻练成狱，置之死。公时不过一同勘之末员，唯唯无地，独忿然顾谓执笔吏曰："取律来看杀人媚人者当何罪？”三法司皆愕然，崔怒投笔起去，曰：“吾力以能杀汝。”而人人为公危，公毅然弗顾。既而涟与左光斗章疏劾珰大逆，珰蒙昧皆发诏狱，人皆畏之，公力为涟维持。时于狱中与同人谈笑自若，谓涟得其死矣，宁赴西市，断不可自尽。系狱数天，左光斗水米不进口，至是独饮公三觞。时杭郡守刘铎入觐京师，特疏救之。珰怒并付之狱，于时鞫讯者皆敛手默舌，而公独排群议，抗疏入谏，直刘铎之不当死，飞刑之不可擅施，大臣有罪惟死而已。且与大司寇力争，若顾一时赫势，千载而后难免信史之昭然。大司寇虽怒，竟无言而退，铎赖之以不死。余时虽甚颠沛，而方重公之为人也。盖公之意使得行吾志，朝廷之纲维不坠，一死等于鸿毛也。左光斗于狱怨涟曰：“朝有是人而不早使余与之订交，何也？”遂同与张年兄字曰：“继是后拯国家厄，抚朝廷纪纲成吾辈之志者，非公其谁与归？当力言与邹王二公必留在朝，断不可外推，此余今日深服公之正气，感公之直烈也。不但余也，举朝贤君子无不思倚重于公焉。”公度不可为也，屡乞致疾不获俞允。一日有谒者宵至，曰：“将擢公为少仆矣。”公力辞，信宿复至，曰：“擢公为大鸿胪矣。”公不应，无何遂除为怀庆守，命即日就道，闻者莫不疑惴，而公怡然曰：“生死有命岂由人耶？”及余知之而公已行矣。至怀，作告帝堂，曰：“昔司马君实有言，生平无一事不可告诉于人，吾将无一事不可告诉天，不亦宜乎！”乃述日之所为，暮拜而焚之。督宪赵公受珰旨陷公，服公刚直辄止，后任廉公亦闻而甚敬慕焉，至今覃之言恺悌者莫不指公为法。时天下郡府皆为魏珰立祠，公独拗不可，曰：“身可无怀官，怀不可有魏祠也。俟我去若辈自为之。”怀人德公为置宇设像，岁时致祭，公知而毁之，公去，民复立焉。又凿山为水利至溉田万顷，民赖之，谓不求天助之腴壤也。及公以觐入，父老攀辕而止之，曰：“举朝皆重公，公此行必不返矣。吾辈宁毙车轮下，不忍见使君之去也。”至沁水上，老稚妇子进酒觞而歌之曰：“五马度翩翩，瞻依咫尺天。装嫌琴鹤累，清畏姓名传。圣世崇良牧，生民颂有年。仁君自兹去，早晚尽凌烟。”其呼号之声，虽舆人舟子莫不感泣云。昌黎祠生韩绥者，善绘，率族百三十人感其清，墓道置祠，生送至二百里外，进攀辕图哭之，不忍别。入京特命为湖广按察副使，驻长沙兼辖宝庆。盖因宝之岷藩有谋杀亲王一狱，按之，王子依母命通藩僚为奸，抚按、臬司、司理等官溪壑者多，若将枉弥其事也，已期余不问矣。及公奉命至，一一摘发之。宝属及藩戚相踵乞谒公，公作止蛙堂以见志曰："惟清余腹不食汝股丰之肉。"来者既不敢言其他，而后之抚按始不敢屈其事，至于是始另具题焉。上遣驸马侯拱辰、司理监李其全同治岷狱，抵宝过长沙，咸执手谓公曰："识公清节，杯酒相欢足矣。"诘朝以诗走谢，公以侯为同年子亦止以诗箑投之，未一帕相遗也。盖侯之为人外容与而内溪刻，以故李监见而笑曰："公真至诚君子哉！"后事竣，侯之反命曰："石维岳廉则廉矣，但作事迂猛耳。未获允旨擅动大刑，宗支之不可保，必自此始也。"遂有岷事纵延石维岳岂得卸罪之旨。是案也，抚按以下数十员无不罹罪，惟长沙前道顾公先几去，获免，后任者一无所遗，而公亦蒙重拟矣。公既被建就道，士民谒阙，万计为公乞白。又岷之妃日邓氏，携所生嗣王特陛奏曰："石维岳雅操一帘秋月，雄才万壑流泉。"上始悟，批部议覆，乃得遣戍之旨，时正人君子无一立朝矣。又湘州显者以旧请托于公，拂意从中挠之，而公遂居渔阳者浃岁矣。又以贫窘不能厚遗当道，事竟寝。方公之在乡梓也，旧有祖遗悉以给诸昆弟，不足者又另置一区以处之。公尝买宅其人券已就矣，将所售既去叹曰："此仅足偿负，与我老计无预焉。"公闻而追至，持二百金赠之，曰："以此资老计何如？"其人感泣，乞复上券，公曰："此小事耳，何以券为。"公尝自太守归，多不命乘舆，有乡人避之者，公急呼揖之曰："何相弃之深也。"所有俸物虽疏远无不赡给。公之事亲尽孝，处昆弟友睦，服官之中正，治狱之平允，立身之不阿，乡党之恂恂，亦由天性之本然，非勉强而致者尔。此余自受知订交以来，知公之事实如此，不敢臆加毫末。先余与张年兄私议曰："此翁日后得志立朝必有可观，不有大遇必有奇祸，与焦山之人者庶几并驱燕邦欤！"而今竟终谪所，幸固幸矣，余辈之不幸矣。继是之后，朝廷之上不但邹、王、马、左之人不可得，而公与涟之人亦不可得矣。铭曰：生者寄也，死者归也，若能言正，立朝大节不亏，不为富贵所逐，不为势焰所摧，维星维河，可鉴可龟，贯日日虹，奋地曰雷，继忠肃焦山之后，而无忝者，非公与涟之二人则又云谁。

文

明成化九年钦降清节庙祭文

惟神逊国、全仁、谏伐、存义为圣之清，千古无二。怀仰高风，日笃不忘，庸修岁事，永范纲常，尚飨。

景泰四年钦降显功庙祝文

惟王开国辅运，为时元勋，缮治边疆，万世允赖，军民怀仰，祠祝以陈，神其鉴兹，荫佑无斁。尚飨。

祭伯夷叔齐文

明·蒋超

维阳山之鸠毓，肆濡水之涟漪。郁真操之皎洁，秉大义之崔巍。配扶舆而并立，夹日月以同飞。鷩冕轻其敝屣，朱户视如蓬扉。虽徘徊于岩穴，实寤寐于京畿。回周原之六辔，挽商日之余晖。天纲凛其楮柱，地极奠其倾欹。武周闻而心折，孔孟仰为师资，怅飘摇于冠剑，空灭没于音仪。揣神游而莫定，访埋照其焉依。想子臧之恋宗国，悲钟离之操南徽。魂遥遥而返驾，身兀兀以扶犁。抚中子之弱存，喜宗祏之留遗。料云旗与风马，必暮漆而晨淝。义感均于顽犷，瑞液浃于芳菲。鸿哀鸣而死节，麦挺秀而连岐。酿容城之让爵，激碣石之穷。缘三伦而表烛，留万古于几希。关人禽而下键，揭仁义为旗。痛彼妇之咖栏，谢薇蕨之纷披。白鹿跪而献乳，清泉溅以投饴。终逍遥于桐柏，证仙籍于紫薇。超忝学校之纲领，乏礼义以提携。羡此乡之浑朴，秉诚信而不移。贩夫耻竞于二价，儒者躬学于耘菑。望松楸而投涕，抚榱桷而凝悲。喧檐楞之鸟雀，骨庭户之蛜蝛。闻圭田之远播，拟镌俸以留祠。知达人之窃笑，真竖妇之庸词。曾圭组以弃捐，何莘豆之从违。方缠绵于禁火，欲亲荐于芗萁。徒爇檀而作供，亦敓锦以陈词。虽物微而诚结，愧鬼是而人非。斩颠毛而布褥，剖心血以餔饥。夫子谅有明鉴，庶援七箸以尝之。

吊夷齐文

明·柳识

洪河之东兮，首阳穹崇。侧闻孤竹二子，昔也馁在其中。偕隐胡为得仁而死，青苔古木苍云秋水。魂兮来何依兮去何止。掇涧溪之毛，荐精诚而已。初先生鸿逸中州，鸾伏西山。顾薇蕨之离离，歌唐虞之不还。谓易暴兮又武，谓墨缞兮胡颜。一吒兮忘饥，若有诮兮于岩之关。岂不以冠敝在于上，履新处于下。且曰一人之正位，孰知三圣之纯嘏。让周之意不其然乎？是以知先生所恤者偏矣。当昔夷羊在牧，殷纲解结，乾道息，坤维绝，鲸吞噬兮鬼蘖，王奋厥武，天意若曰：覆昏暴资浚哲，于是二老归而八百会，一戎衣而九有截。况乎旗锡黄鸟，圭命赤鸟，俾荷钜桥之施，俾申美里之辜。故能山立雨集，电扫风驱。及下车也五刃不砺于武库，九骏伏辕于文途。虽二士不食，而兆人其苏，既而溥天周土，率土周人。吁嗟！先生逃将奚臻？万姓归德兮，独郁乎方寸，六合莽荡兮，终局乎一身。虽忤时而过周，终臣心而侧殷。所以不食其食，求仁得仁。然非一端，事各其志，若旁通以阜厥躬，应物以济其利则焉。有贞节之规，各亲之事。灵乎！灵乎！虽非与道而保生，乃勖为臣之不二。

景忠山死事祠奠文

明·戚继光

钦差总理练兵事务兼镇守蓟州、永平、山海等处地方总兵官、中军都督府右都督戚继光等奉迎，敕赠光禄大夫、柱国镇守总兵官、左都督阵亡孙公，及阖镇阵亡副将、参游守提中军千把总管队等官军之灵于新祠，莫而告之曰：呜呼！公等或统三军，或膺一命，下至行伍，受任虽殊，报君则一。其间克敌致果，取义舍生，即不得已而亦无苟免之羞。死难攸同，所宜毖祀。顾有奉制立祠于死所，而祠湮没者亦有文献无征，名位咸缺，不复知为何人，即具祠犹无祠者，继光愍之，檄上总制，乞行五标、十一路，立分祠于其城。其有制，祠越在穷山僻野，直附之城中，便更于三屯营为总祠通祀之。檄下，适边台工役繁钜，诸路建祠之役竟罢。而光曾于滦阳之浒见有总祠垂废，又见景忠山绝巅有附祀者几人，弗便弗专，乃奖率保河、三屯等营将士鼎建兹宇，以滦阳景忠所祀暨镇属阵亡官军东西列房，分路置主，各登封号籍贯于屏位，以志不朽。是日适五标、十一路将领会计秋防，而八守备，二十五卫所听较军务，易之萃涣，诗之相祀，兹惟其时，而奖忠扬美，鼓舞士心。于是乎在乃具牲醴迎孙公遗像，建诸将士木主等位，肃然咸亨，敢用昭告：夫光等之寄与公等同，每念国恩甘死，绥幸而功遂身退，与公等殊。社稷之福也，光等厚幸，神亦且为社稷幸。若神庥不可微，有伏臣节耳。俎豆与否所不敢知，然必不至见笑九原，为公等罪人也。呜呼！当公等死时，偷生者何限，今其骨安在，视息谁寄，精爽谁凭，即今奔走祀事者又谁为乎？独公等忠烈不死者，在天犹在人耳。崇报有所，祀事孔明，朔望镇帅率营属祇谒，又申令凡将士过者必谒，春秋镇帅躬䢔偏裨分献，虽下必逮重，其为国殇也。且有田以资修葺，有人以专洒扫，器皿咸备，可俾弗替。我明万年永历，则血食万年，惟城社万世不毁，则庙貌万世，视彼偷生者所得孰多耶？灵爽不昧，见我将士之诚，凭鼓旗张杀伐，用舒愤气以报国恩，以奠我边疆，则光等所私祷祈也。尚飨。

卷之二十三

艺文志三

铭

秦始皇帝碣石铭

遂兴师旅，诛戮无道，为逆灭息。武殄暴逆，文复无罪，庶心咸服。惠论功劳，赏及牛马，恩肥土域，皇帝奋威，德并诸侯，初一泰平。堕坏城郭，决通川防，夷去险阻。地势既定，黎庶无由，天下咸抚。男乐其畴，女修其业，事各有序，惠被诸产，久并来田，莫不安所。君臣诵烈，请刻此石，垂著仪矩。

骚

乐神曲　八章

国朝·陈金骏

惟土之灵兮持功，赋百职兮位居中。为万物母兮被亨丰，粒蒸民兮匪极易。艰食兮鲜食，春而稼兮秋而穑。年复年兮遍万国，灵之来兮驾牛车。草笠纠兮葛带舒，陈一豕兮双羭。神醉饱兮蘧蘧。（右先啬神）。

草木滋华兮荫广亩，繁百谷王兮为神明。寿吐芒兮毵毵，垂头兮施旆。瞻绣壤兮如云，纷葳苏兮馥芬。唯神之德兮资生无穷，醉神以酒兮酌醴浓。浓娱神以舞兮伐鼓逢逢。（右司穑神）。

繄古之世兮，饮血而茹毛，与物竞兮攘且劳。唯灵兮降种，相阴阳兮布邱陇，躬玉瑶兮陟巘，舍东郊兮藨蓘，羌功德兮不知其量，报神饮食兮粗籹粮，煌唯神之惠兮永永无忘。（右农神）。

嗟尔禹甸兮茫茫，此有界兮尔有疆，犬牙入兮雁齿排，孰耦俱兮无猜，唯神之灵兮商度。表树兮绣错，望衡兮烟幕。尔无我诈兮我无尔，虞荐神豚酒兮以为神娱。（右邮表畷神）。

我仓兮我庾，恶乎耗兮硕鼠。惟神作兮彪怒，耸金眸兮气警。张玉距兮力猛，必欲灭此以朝食兮五技莫逞。保佑此方兮永无损，食神之福兮德威惟远。酬神之劳兮岁时旦晚。（右猫神）。

唯神于菟兮威四方，其文炳兮为百兽王。封豕兮长狼，揉我稼兮害我场。神驱使去兮无潜藏。神之威兮盖世，神之力兮莫制。主此方兮宁遂，崇神之祀兮岁复岁。（右虎神）。

神元冥兮莫居，筑堤防兮通沟渠。旱有备兮潦有储，神远来兮奚欤？驾芙蓉兮陵车，导翠鼋兮文鱼。惟神被泽兮惠我无私，嗟我民兮其敢斁，思灵皇皇兮萃只，舞傲兮醉只福，穰穰兮千百世只。（右坊水庸神）。

螟螟飞兮蠕蠕动，羌不除兮衍而众，害我禾兮为我痛，惟神之灵兮驱之远方。原田每每兮立我青秧，不稂不莠兮无好无蚄。时雨兮旸，俾百谷兮登场。惟神兮降康，报之兮肴蒸腯羊。（右昆虫神）。

赋

吊夷齐赋

明·王世贞

卢龙故孤竹也，城西有伯夷、叔齐祠，吴人王世贞奉使过此，酌水酹焉，而为之辞。

日余奉輶以东逝兮，策马放乎令支，山巑岏而嵬垒兮，众草欝而条纬。俞儿道余于卑耳兮，武夫磷磷其参差。曰青帝之握枢兮，頟改煦沉漻惨凄。元宫承云而黮霿兮，佥告余二子之所都，羌回虑以返照兮，淟涊蹐靡而内疑。足次且欲却兮，又雀跃而前趋。段含光刿余之素兮，脱清冷使濯。余之崴裹招沆瀣以酝醴兮，裹朝霞以为帐餭。嘘元冥之窍机兮，噫噫拊歌之懭怆。受哀弦于太娥兮，涓延和之以清商。灵萧萧而若睹兮，冀回熿烛乎微躬。又惝怳其不可即兮，掌梦疏帝以奚从，眺孤竹之亶曼兮，台要灵以故祊。生剽举而脱屣兮，宁郁郁处彼幽方。溟波委输濊貉兮，箕蒙难而延宗。灵庶偕以翱游兮，语侏离而不可通。北海泱漭灵所辟兮，受勃潏使不得宁。将岐丰沃以愉兮，灵又薄周德而莫宫。诸毗绵延具区兮，太虞夷犹于其旁。羌德配而耦娱兮，灵谓狎附乎周盟。陂陀首阳忽崋崿兮，益薇以荃之芬芳。灵闿阖而下临，将緦驾以憩息掌。梦申申以表诚兮，丰隆臾而来假。霓车殷殷以翩缤兮，皎双鸿之次翼。匪宝璐而陆离兮，舍蘮芷以弥馥。介九宾而见予兮，祝史要予以靡忒。伯从父以成命兮，叔违亲以成德。俶舍君以明志兮，既殉主以明极。昔巢父之让皇兮，托勋华而稍佚。尹五就而拯涂兮，愀然面故主以惶怩。谓题跂以死名兮，庄任诞而废节。迁晓晓于冀尾兮，嗜微声之有托。彼累修辞而求白兮，卒牢沉乎湘泽。绎邹人之无怨兮，乃从容于天则。世滔滔而毖涌兮，战伐莽其相仍。顾蒿目以挨攩兮，竞含沙而蛊光。驺虞草以伏食兮，于菟夸咀夫衡主。阳鱎之啮纤鳞兮，偃蜓神龙以自矜。灵既悼农虞之忽没兮，氓踯躅而殷慕。愧突梯之苟容兮，将捐足乎灵御。胡司命之不晰微兮，抑餔糟以昏骛。盻媌娥之要渺兮，涓浊躯而不及顾。

观海赋

明·陈士元

元黄肇分，一六凝质。溟瀚呈灵，函维翰极。北包穷发，南控炎溢。西环聚窟之洲，东浴扶桑之日。曼倩之记不能详，元虚之篇不能毕也。若有蓬瀛仙子，周游历迈。入埏九垓，无往不届。乃濯足于北平之滨，尺度乎东渤之派。望洋吐词，即小喻大。四海之广固可想像其形，依稀其概也。日惟兹裨海，幽冀之陬。浸碣石，薄莱州，掩朝鲜，萦辽邱，尔乃洪波泼漫，细沫滑涣，潏湟，液浃汗。纳川不盈，浮空无岸，洗灌乎析木之津，漩澴乎京畿之畔。一潮一汐烟昏沙滤，倏晦修明鲲腾鹏乱。若乃扬风发，罔象鰅，海若呀，冯夷舞，天吴怒，阳侯鼓。于是徒沃焦闭，尾间扬霾，幕震雷车，骇浪山叠，激波电驱，消鸿磓荡，訇照虚，泰岳掀揭而反覆，河浍涨潔而沦胥，状如湫盘侧转，会曲江而同区，又如飚轮逆运，倾天潢而下灏，迅势所涤，余湍所居，盐畯为之陆沉，林皋为之潢淤。若乃淡晴潜消，晴市初旦，鲛室出奇，蜃楼斯烂，变化无端，珍灵璀璨，画图成于顷刻，远迩恍其辉焕，地皇辟土而真视，羲和弭节以长叹。孔父登东而无语，苏公惊走以难判。若乃极深之府，至静之央，澒洞渺漠，沌灏浑茫，察之无际，测之无旁，则有百灵栖息，阴火澄光，神龙之所隐蛰，巨鳌之所撑当，寰宇是奠，民物用康，岂但鲸鬐插云，凤髓储浆，珠玉林积，宝贝山藏，徒无救于饥寒，空竞侈于遐方。已哉！若乃陶唐之世，汜滥延靡，夏禹施功，此焉伊始，二老出而周兴，重译来而波止，下人好勇于乘桴，河伯见笑于秋水。乃有不死之药，黄金之宫，望之如云，就之有风，鞭石莫及，牵犬无功，羡门驰骛乎生之术，五百漂泊乎琅环之东。悠悠海德，何损何降，纳污受涓，居卑量洪，原泉盈科后进，而江汉一泻，已瞬息而朝宗。

石臼坨赋

国朝·黄佾

维海阳之废县，为渤碣之奥区，星载箕尾之度，野分析木之隅。出镇海之郊门，距三舍而有余。敞平原之百顷，环沧海以为居。地虽废壤，境实名墟。惟象形而若日，乃肖象而名诸。秋涛汹汹，春水溶溶，夜月沉碧，朝曦浴红。贾舶渔船出没乎其外，琳宫梵宇罗列乎其中。泉既甘而觉爽，村亦古而堪风。汉武雄心兮寄遗踪于缥缈，羡门高蹈兮传佳话于空蒙。论白坨之胜，概靡笔舌而能穷。若乃丽景乍开，波光甫动，骊空辉生，鲛人采贡。縠文叠处，矗彩巘于洪涛，树影纷时，走龙蛇于洞。由是羲轡舒飚，轮运海若藏天，吴遁鱼虾千种，喷沫争奇，蛟蜃百灵，潜逃效顺。迨至嶦嵫日挂，海峤云收雁栖苇泽，渔唱葭洲，十里平沙，半途青草，数家烟火，残照荒邱。梵磬悠扬兮，咽潜龙于水底，飘风震荡兮，出魑魅于陇头。斯又晦明，风景之不同举而绘之，悉海上之谬悠。至若露濡银井，潮退江皋，临三岔之浅濑，驾一叶之轻船，舟藏绝港，网撒长涛，长鲈兮得细鳞之美，子鱼兮羡通邱之褒，锓深房之牡蛎，持郭索之巨螯，香凝石乳，腹满金膏。文鱼石拒，海蜃香螺，论舀坨之土产，实珍异之为多，贡都门之豪贵，悉此地之余波。嗟嗟！地以人而显，亦以时而韬。眷兹胜壤，僻在东皋，职方之所不载，圣哲之所罕遭，访辽金之故事，驾楼橹于层涛，虽宿兵于徼外，每辐转而争鏖，春或有脚，地已不毛，寄传闻于胜岛，徒吊兮空劳。

落星石赋

以物华天宝人杰地灵为韵并序

国朝·孙祥夙

永平府学署中有石一拳，色相较殊。传为落星所凝，虽无确考，然星陨为石见于载记者屡矣。则兹石之为落星，谅亦不等于无稽。辛卯壬辰间频与王连溪进士游，顾而乐之，因为之赋曰：

挹一拳之突兀兮，何光怪而陆离。瞻万点之寒芒兮，独盘纡而茀郁。崛起则欲比瑶篸，绮散则疑分霞蔚。岂蹑窟以高探，竟引袖而下拂。无劳月斧追琢，渐以成章。畴斫云根精气，凝而为物。粤稽夜朗，瑶枢仰珠。光之灿烂，流名天雁，占车甲之菁华，方霄汉之昭回。攸好既殊，其风雨何膴；原之隳落，赋形竟等诸肺嘉。计数以书，载在子宋之野，命名而纪，聿称彭蠡之涯。非载鳌之浮于渤，岂支机之来自仙槎。维兹青龙泽畔，射虎山前。学舍如舟，新喜文昌之入；寒毡独冷，尝分太乙之然。忽自三霄而破块，曾辉五色以补天。窈冥峥嵘，瑞气遥连。黄道嶙峋，岈客荣光，直接魁缠，尔其窅者如窊，凸者如岛，突怒如奔，斜倾如倒。非苔丹兮若斑，非藓胶兮若。宁同晋国之能言，疑是谷城之逸老巃嵸崛垒，高不及于寻常；绵亘袤延，周仅可以合抱。带银铄之末光，增黄舆之瑰宝。盖惟来从云阙，宜其品轶风尘，遥应棂星而峙俨同石鼓之陈。倘或制以为磐，应覆书于天柱；假使漱及其齿，且厉节于群伦。呈万态于庆云，曾何磈磊，胜五如于江岸，奚患磨磷。韫玉兮耀彩，鸾旅洵足辉联东壁；出金兮和声，弦诵欣占，里聚贤人。于时启将绛帐，既深赏夫崎；集得青衿，亦共钦其竦杰。秉宿海以钟英，与泮池而方洁。择胜地以安排，就广居而特设。镇兹义路爱瑟若之坚肤，位置礼门凛介如之贞节。可但比郁林以同廉，未妨与乖崖而并拙。固堪为簪绂之针砭，亦足资史乘之采撷。居尝慨想前徽，遐稽旧志，越履蜀镜，幻化长留，李踞陶眠，醉醒傲寄。虽皆标胜迹于简编，祗以供耳目之游戏；奚如兹石之含章，本自列星而掷地。蹲踞绮榭，客来欲整米袍；兀立雕栏，露坐讶临益使。乃为之歌曰：明星荧荧兮丽紫冥，维石岩岩兮擘巨灵。在天成象兮在地成形，彼君子兮介石是铭。诚共体斯意兮，以砥砺而砻硎，宁惟象勾陈之环卫，为畿辅之藩屏。行见作皇朝之柱石，即圣世之景星。

游水岩寺赋

以溪声长广山色清净为韵

国朝·赵大奎

邑城之北，县廓之西，水环断岭，岩倾幽溪。花雨溟蒙，逗禅堂于古岸，香烟杳霭通僧院于幽蹊，此诚会岩壑之佳境，号胜地于昌黎也。原夫凉风有韵，冷露无声，索居何绪，兀坐何营，宁乏寻幽之意，因余跻胜之情。非访异僧，冀幽闲而消俗虑，岂寻老衲，欲徜徉而洗尘缨。尔乃巾单纱幔，驽马丝缰，行欹斜而得云路，历险僻而见山梁。志雅开山，倚断涧为净土；功深面壁，藉碎石为围墙。启十八之圆通，钟声寂静；广大千之世界，梵响深长。于以倒扪萝藤，斜披榛莽，俯听残溜，地险涧危，仰瞩奇峰，石横岭广。越砂超涧，溪云拂衣而来；登碣穿岩，松风吹人而上。当波转峰回之际，志意清幽，值山明水秀之间，心神精爽。兼之甘梨堪挹，酸枣可攀，木瓜绿晕，苹果红斑。不羡孤梅，标清癯于大岭；讵欣丛桂，堆金粟于小山。信玉砂瑶草之境，诚桃源蓬岛之湾。更有溪鸟舒翎，山禽奋翼，潭镜涵光，石屏生色。牧笛随风来南，樵斧空云过北。或相呼语，振云树而皆闻；偶作啸歌，隔平林而未息。是以游人响集，逸客景行。或效兰亭竞流觞于曲水，或访金谷相拈韵而题名。虽非雪夜之思，兴浓王子；不减阳春之景，思逾李生，威为志逸，共觉神清。迨至手掬清涟，言探崇净。水横塔影，留日景之斜明；山掩台形，分霞光而倒映。共言返辔，尚觉依回，与话旋车，犹深涵泳。聊为濡翰，以申逸旷之思；因是挥毫，用志幽闲之性。

诗 历朝

碣石篇

魏武帝

东临碣石，以观沧海，水何澹澹，山岛竦峙，树木丛生，百草丰茂。秋风萧瑟，洪波涌起。日月之行，若出其中。星汉灿烂，若出其里。幸甚至哉！歌以咏志。

孟冬十月，北风徘徊，天气肃清，繁霜霏霏。鹍鸡晨鸣，鸿雁南飞，鸷鸟潜藏，熊罴窟栖。钱鎛停置，农收积场，逆旅整设，以通贾商。幸甚至哉！歌以咏志。

乡土不同，河朔隆寒，流澌浮漂，舟船行难。锥不入地，丰籁深奥，水竭不流，冰坚可蹈。士隐者贫，勇侠轻非。心常叹怨，戚戚多悲。幸甚至哉！歌以咏志。

神龟虽寿，犹有竞时，腾蛇乘雾，终为土灰。老骥伏枥，志在千里。烈士暮年，壮心不已。盈缩之期，不但在天。养怡之福，可得永年。幸甚至哉！歌以咏志。

观 沧 海

魏武帝

六神诸山，沦涟大壑。
北风勃来，簸荡不息。
帝命巨鳌，更负危揭。
冠簪东出，以为碣石。
烛龙双眸，以为日月。
下苞苍苍，浩荡靡极。
幸甚至哉，歌以咏志。

望 首 阳

晋·阮籍

步出上东门，北望首阳岑。
下有采薇士，上有嘉树林。

望 海

隋炀帝

碧海虽欣瞩，金台空有闻。
远水翻如岸，遥山倒似云。
断涛还共合，连浪或时分。
驯鸥旧可狎，卉木足为群。
方知小姑射，谁复语临汾。

奉和望海

隋·虞茂

清跸临溟涨，巨海望滔滔。
十洲云雾远，三山波浪高。

长澜疑浴日，连岛类奔涛。
神游藐姑射，睿藻冠风骚。
徒然虽观海，何以效涓毫。

于北平作

唐太宗

翠野驻戎轩，卢龙转征旆。
遥山丽如绮，长河萦似带。
海气百重楼，岩松千丈盖。
兹焉可游赏，何必襄城外。

春日望海

唐太宗

披襟眺沧海，凭轼玩春芳。
积流横地轴，疏流引天潢。
仙气凝三岭，和风扇八荒。
拂潮云布色，穿浪日舒光。
照岸花分彩，迷云雁断行。
怀卑运深广，持满守灵长。
有形非易测，无源讵可量。
洪涛经变野，翠岛屡出桑。
之罘思汉帝，碣石想秦皇。
霓裳非本意，端拱且图王。

奉和春日望海

唐　杨师道

春山临渤海，征旅辍晨装。
迥瞰卢龙塞，斜瞻肃慎乡。

洪波回地轴，孤屿映云光。
落日惊涛上，浮天骇浪长。
仙台隐螭驾，水府泛鼋梁。
碣石朝烟灭，之罘归雁翔。
北巡非汉后，东幸异秦皇。
搴旗羽林客，拔距少年场。
龙击驱辽水，鹏飞出带方。
将举青邱檄，安访白霓裳。

观　　海

唐·独孤及

北登渤海岛，回首秦东门。
谁尸造物功，凿此天地源。
澒洞吞百谷，周流无四垠。
朗然混茫际，望见天地根。
白日自中吐，扶桑如可扪。
迢迢蓬莱峰，想像金台存。
秦帝曾经此，登临异飞翻。
扬旌百神会，望目群仙奔。
徐福竟何成，羡门徒空言。
惟见石桥足，千里潮水痕。

送郑少府入辽共赋侠客远从戎

唐·骆宾王

边烽警榆关，侠客度桑乾。
柳叶天银镝，桃花照玉鞍。
满月临弓影，连星入剑端。
不学燕丹客，空歌易水寒。

送著作佐郎崔融等从梁王东征

唐·陈子昂

金天方肃杀，白露始专征。
王师非乐战，之子慎佳兵。
海气侵南部，边风扫北平。
莫卖卢龙塞，归邀麟阁名。

送著作佐郎崔融等从梁王东征

唐·杜审言

君王行出将，书记远从征。
祖帐连河阙，军麾动洛城。
旌旗动朔气，笳吹夜边声。
坐宽烟尘扫，秋风古北平。

古游侠呈军中诸将

唐·崔颢

少年负胆气，好勇复知机。
仗剑出门去，孤城逢合围。
杀人辽水上，走马渔阳归。
错落金锁甲，蒙茸貂鼠衣。
还家行且猎，矢去速如飞。
地迥鹰犬疾，草深狐兔肥。
腰间带两绶，转盼生光辉。
顾谓今日战，何如隋建威。

西 记 作

崔 颢

燕郊芳岁晚，残雪冻边城。

四月青草合，辽阳春水生。
胡人正牧马，汉将日征兵。
露重宝刀湿，沙虚金鼓鸣。
寒衣著已尽，春服与谁成。
寄语洛阳使，为传边塞情。

燕 歌 行

唐·高适

开元三十六年，客有从元戎出塞而还者。作燕歌行以示适，感征戍之事，因而和焉。

汉家烟尘在东北，汉将辞家破残贼。
男儿本自重横行，天子非常赐颜色。
撞金伐鼓下榆关，旌旆透迤碣石间。
校尉羽书飞瀚海，单于猎火照狼山。
山川萧条极边土，胡骑凭陵杂风雨。
战士军前半死生，美人帐下犹歌舞。
大漠穷秋塞草腓，孤城落日斗兵稀。
身当恩遇常轻敌，力尽关山未解围。
铁衣远戍辛勤久，玉箸应啼别离后。
少妇城南欲断肠，征人蓟北空回首。
边庭飘遥那可度，绝域苍茫无所有。
杀气三时作阵云，寒声一夜传刁斗。
相看白刃血纷纷，死节从来岂顾勋。
君不见沙场征战苦，至今犹忆李将军。

塞 上

高 适

东出卢龙塞，浩然客思孤。
亭堠列万里，汉兵犹避胡。

边尘满北溟，胡骑正南驱。
转斗岂长策，和亲非远图。
惟昔李将军，按节临此都。
总戎扫大漠，一战擒单于。
常怀感激心，愿效纵横谟。
倚剑欲谁语，关河空郁纡。

别冯判官

高 适

碣石辽西地，渔阳蓟北天。
关山唯一道，雨雪尽三边。
才子方为客，将军正渴贤。
遥知幕府下，书记日翩翩。

出自蓟北门

唐·李希仲

旄头有精芒，胡骑猎秋草。
羽檄南度河，边庭用兵早。
汉家爱征战，宿将今已老。
辛苦羽林儿，从我榆关道。

出自蓟北门行

唐·李白

虏阵横北荒，胡星耀精芒。
羽书速惊电，烽火昼连光。
虎竹救边急，戎车森已行。
明主不安席，按剑心飞扬。
推毂出猛将，连旗登战场。

兵威冲绝幕，杀气凌穹苍。
列兵赤山下，开营紫塞傍。
孟冬风沙紧，旌旗飒雕伤。
画角悲海月，征衣卷天霜。
挥刃斩楼阑，弯弓射贤王。
单于一平荡，种落自奔亡。
收功报天子，行歌归咸阳。
（《地志集略》平州在赤山之东。）

后出塞 五首之一

唐·杜甫

献凯日继踵，两蕃静无虞。
渔阳豪侠地，击鼓吹笙竽。
云帆转辽海，粳稻来东吴。
越罗与楚练，照耀舆台躯。
主将位益崇，气骄凌上都。
边人不敢议，议者死路衢。

赠裴将军旻时守北平

唐·颜真卿

大君制六合，猛将清九垓。
战马若龙虎，腾陵何壮哉。
将军临八荒，煊赫耀英材。
舞剑若游电，随风萦且回。
登高望天山，白云正崔嵬。
入阵破骄胡，威名雄震雷。
一射百马倒，再射万夫开。
匈奴不敢敌，相呼归去来。

功成报天子，可以画麟台。

同孙构免官后登蓟楼

唐·张　谓

昔在五陵时，年少心亦壮。
尝惊有奇骨，必是封侯相。
东走到营州，投身事边将。
一朝去乡国，十载履亭障。
部曲皆武夫，功成不相让。
犹喜胡尘动，更取林虑帐。
去年大将军，忽负乐生谤。
北别伤士卒，南边死炎瘴。
濩落悲无成，行登蓟邱上。
长安三千里，日夕西南望。
寒沙榆塞没，秋水滦河涨。
策马从此辞，云山保闲放。

边庭怨　四首之二

唐·卢　弼

春衣昨夜到榆关，故国烟花想已残。
小妇不知归未得，朝朝应上望夫山。

卢龙塞外草初肥，燕乳平芜晓不飞。
乡国近来音信断，至今犹自著寒衣。

卢龙塞行送韦掌记

唐·钱　起

雨雪纷纷黑山外，行人共指卢龙塞。

万里飞砂咽鼓鼙，三军杀气凝旌旆。
陈琳书记本翩翩，料敌张兵夺酒泉。
圣主好文兼好武，封侯莫比汉皇年。

塞　下　曲

唐·戎　昱

北风凋白草，胡马日骎骎。
夜后戍楼月，秋来边将心。
铁衣霜雪重，战马岁年深。
自有卢龙塞，烟尘飞至今。

伤温德彝

唐·温庭筠

昔年戎虏犯榆关，一破龙城匹马还。
侯印不闻封李广，他人邱陇似天山。

首　阳　山

唐·胡曾

孤竹夷齐耻战争，望尘遮道请休兵。
首阳山倒为平地，应始无人说姓名。

送友人出塞

唐·薛　能

榆关不可到，何况出榆关。
春草临岐断，边楼带日闲。
人归穹帐外，马发废营间。
此地秋堪想，霜前作意还。

民谣为平州刺史田仁会歌

唐·无名氏

父母育我兮田使君，挺精诚兮上天闻。
中田致雨兮山出云，仓廪实兮礼义申。
君常在兮不患贫。

题虚池驿屏风

唐·宜芬公主

出嫁辞乡国，由来此别难。
圣恩悉远道，行路泣相看。
沙塞容颜尽，边隅粉黛残。
妾心何处断，他日望长安。

题夷齐庙

宋·司马光

夷齐双骨已成尘，独有清明日日新。
饿死沟中人不识，可怜今古几多人。

咏史怀夷齐

宋·王十朋

避纣穷途北海滨，归来端为有仁人。
武王不听车前谏，饿死西山志亦伸。

晚登辽海亭

金·高士谈

登临海面洒清风，竟日凭阑兴未穷。
残色楼台山向背，夕阳城郭水西东。

客情到处身如寄，别恨他时梦可通。
自叹不如华表鹤，故乡长在白云中。

平州中和馆后草亭

金·李　晏

藤花满地香仍在，松影拂云寒未收。
山鸟似嫌游客到，一声啼破小亭幽。

题道者山

元·宋　䌹

兹山介平营，时与太古存。
碣石拱其侧，水岩何足论。
东北医无闾，罗列为弟昆。

滦　河　吟

元·宋　本

滦河上游狭，涓涓仅如带。
偏岭下横渡，复绕行都外。
颇闻会众潦，既远势滂沛。
虽为禹贡遗，独与东海会。
乃知能自致，天壤无广大。

首阳望雪

元·陈　赓

天风吹琼瑶，白冒首阳顶。
欲和采薇歌，千山冻云冷。

首阳望雪

元·段成巳

薇歌一曲对青山，万古千秋老翠峦。
望断空岩人不见，光摇银海玉峰寒。

采薇图

元·卢挚

服药救长生，孰与采薇子。
一食西山薇，万古犹不死。

喜逢口

元·许有壬

俗为父求子，而逢之于此，犹望夫之有石也，虽莫究其年代名氏，而其言有足感人者。故作是以记之。

儿寒解衣重抚摩，儿饮与食孰忍诃。
长成与国远负戈，一去不返当如何?
去时云戍东北鄙，直出榆关度辽水。
白头郎罢与影俱，岂惮山川千万里。
天教此地适相逢，父曰从天坠吾子。
笑疲乐极俱殒身，谁谓情钟遽至此。
官家开边方未已，同生又别宁同死。
山云漠漠风飕飕，山头双冢知几秋。
当时不忍一朝别，今日翻为千古愁。
犹胜贞女化为石，终古孤身双不得。
清江寒影日悠悠，行人一去无消息。

东水岩寺

明·王　翱

未到仙人顶，先登道者山。
兴随流水远，意共野云闲。
鹤唳空冥外，钟声叠嶂间。
追游赖朋友，杯酒话禅关。

过汀流河

明·方　经

滦水朝宗一派流，寒烟萧索古津头。
鸡鸣远浦家家月，渔老空矶处处鸥。
将伴沙边人待渡，忽呼江上客同舟。
西风回首中流楫，桐叶芦花两岸秋。

山　海　关

明·马文升

曾闻山海古榆关，今日经行眼界宽。
万顷洪涛观不尽，千寻绝壁画应难。
东封辽地三韩险，西固燕京百世安。
来岁新正还施日，拟图形胜献金銮。

秦　皇　岛

明·邵　逵

徐福楼船去不回，銮舆曾此驻丛台。
千寻浪拍纷如雪，万叠潮来吼似雷。
草树尚然笼碧嶂，烟霞依旧锁苍苔。
追思漫忆长生药，回到沙邱事可哀。

围春庄杂感

明·萧　显

三十年来走宦途，乞归白发半头颅。
依山结屋尘遍静，临水观鱼兴不孤。
野老崎岖寻橡实，林僧谈笑断松腴。
离家复作还家梦，一夜团栾骨肉俱。

一片石次孙洙滨韵

明·翟　鹏

开国资元老，中山独壮猷。
奇员妇太史，遗像肃荒陬。
宿露迷塞戍，阴风起暮愁。
不堪惆怅外，悲角咽楼头。

镇　东　楼

明·龚用卿

齐云结飞阁，跨岭限虹桥。
积水平河汉，凭栏望海潮。
蛟龙从变化，鹏鹗任扶摇。
欲借凌风翼，翱翔上九霄。

角　山　寺

明·黄景夔

古寺乱峰里，岚光四映碧。
出城指郊路，游赏恣所适。
俗吏苦纷拿，久抱山水癖。
跻高力未倦，惬愿如有获。

远蹈想幽人，安得卜一宅。
曲经便通樵，蕨长柔可摘。
白昼鸣林禽，寒甃汲泉脉。
藤萝萦崖树，鼪鼯挂石壁。
信步陟绝巘，去天不盈尺。
澒洞睹海氛，光景相薄射。
旷哉此时怀，迥与尘节隔。
长风吹襟袖，清啸万里客。

永平道中

明·王世贞

卢龙左冯翊，白马旧安西。
浴日沧溟小，擢天碣石低。
虎沉飞将羽，龙出慕容题。
驱传令支塞，问津卑耳溪。
荒祠孤竹并，让国大名齐。
引首哀兵镞，沾膺愧马蹄。
榆关秋一带，慎莫动征鼙。

卢龙署中偶成

王世贞

朱帘翠箔过杨花，睡起中庭日未斜。
却似深闺娇小妇，楼头痴坐怨天涯。

卢龙署中有寄

王世贞

山城小雨鹧鸪啼，杨柳辞寒绿正齐。
我梦春闺独不见，怕乘云雨过辽西。

碣石篇　四首之三

明 · 李攀龙

碣石中怒，沧海北倚。
元气吐歙，若偃若起。
长风相薄，跳波千里。
悬流冒颠，天汉外纪。
地轴高标，毂转白日。
与齐俱入，与汩俱出。

委蛇者河，千里一曲。
方之舟之，匪刍伊粟。
太行诘屈，西北是经。
车辙马迹，日不遑宁。
于铄圣人，依其在京。
差次吏功，郡国以成。

羽翼未就，鸿鹄徘徊。
神龙失水，蝼蚁所裁。
珠不暗投，剑不倒持。
能弗用利，勿处于疑。
高才者妒，匪但其人。
逃名避世，以保其身。

塞上曲送王元美

李攀龙

白羽如霜出塞寒，烽烟不断接长安。
城头一片西山月，多少征人马上看。

燕山寒影落高秋，北折榆关大海流。
马上白云随汉使，不知何处不堪愁。

喜峰口观三卫贡马

明·唐顺之

贡道走东胡，关门控北都。
每逢金镜节，来献玉骢驹。
奠长花当后，山川松漠纡。
天衣赐虬蟒，国马出騊駼。
乞赏孙随祖，专兵妇代夫。
珥珰珠错落，襁褓锦氍毹。
盘舞呈鞮革。侏言译象胥。
白狼回□□，黑水作通衢。

登喜峰古城

唐顺之

绝项孤峰见废关，短衣落日试跻攀。
三秋豹旅方乘障，万里龙媒正满山。
（时三卫贡马散牧关外）
候雁似随乡思去，寒花将送使臣还。
筹边迂薄真无补，空望伊吾抵掌间。

山海关晚眺

茫茫沙碛古幽州，日落乌啼满戍楼。
万雉倒垂青海日，双龙高映白榆秋。
虎符千里无传箭，鱼钥重关有扞掫。
自古外宁多内治，衣袽应轸庙堂忧。

陪唐荆川职方王岸泉观察过关

长城古堞瞰苍瀛，百二山河拥上京。
银海仙槎来汉使，玉关衰草戍秦兵。
星临尾部双龙合，月照平沙万马鸣。
闻道□飞羽急，书生直欲。

折　杨　柳

明·薛蕙

三月卢龙塞，沙中雪未乾。
朝来折杨柳，春色忆长安。

澄海楼　即知圣楼系观海亭改建

明·张登高

石势参差一径通，扪萝长望海天空。
亭高下看扶桑日，野旷平临太乙宫。
云起波涛飞几席，潮来风雨满帘栊。
行吟洞口青冥上，十二楼台暮霭中。

过永平谒孤竹祠未果

张登高

长河行曲抱城隈，万古清风一旧台。
让国几闻陵谷变，采薇今见庙庭开。
寝园松老巢元鹤，古道碑残长绿苔。
奉祀未能瞻圣迹，羞将簪弁恋尘埃。

天　马　山

明·傅光宅

倚剑登天马，冷然御远风。

乾坤双眼外，今古一杯中。
怪石悬疑堕，晴涛望若空。
烽烟清万里，白日海云红。

塞上歌送王侍郎赴蓟镇

明·宗臣

榆关北望阵云高，五月天风吹战袍。
共说总戎王相国，十年身佩吕虔刀。

观海亭

明·李学诗

诗迢递关东道，留连海上亭。
片云回岛屿，孤鹤下山城。
浪漫濠梁意，风流斗酒情。
浩歌看落日，尘世一浮萍。

角山寺

明·陈绾

每日城中见角山，入山始觉远人寰。
松云细袅龙宫静，石藓斜侵鸟道斑。
殿阁影从沧海落，梵钟声度碧空还。
关门吏隐无多事，犹羡僧斋尽日闲。

榆关

明·陈绾

汉塞秦关控海隅，长城千里为防胡。
月明满地无传箭，静听军中夜博卢。

榆关东去是营州，门外车轮似水流。
夜半边声吹觱栗，何人不起望乡愁。

显 功 庙

明·陈 绾

太傅提兵出塞还，更因榆塞起榆关。
石驱到海南成堞，垒筑连云北倚山。
辽水至今来靺鞨，蓟门终古镇填颜。
岁时伏腊犹祠庙，麟阁勋名孰与班。

古店甘泉

明·冯余庆

海水从来苦，涓流味独醇。
苍茫传古店，汲测只渔人。
碧屿寒潮迴，青渠宿草新。
吴帆应断目，遮莫太平春。

偏 凉 汀

明·高擢

凿石通周道，临流构短楹。
层云霾岭翠，落日映沙明。
野寺山腰迴，长江槛外横。
凭阑遥对月，万古有余清。

望漕母店

明·卢耿麒

岛上人家夜泊船，舳舻湾处水茫然。
海门一片清波月，唯见沙邱青草连。

题李令尹园亭

几株垂柳几丛花，篱色潇潇映水斜。
秋社可倾陶令酒，春田宜种邵平瓜。
窗开窈窕迎纤月，帘卷依稀见落霞。
海上三山谁可到，便知闲地亦仙家。

孤竹怀古

镐京商邑总蒿莱，千载何人吊墨胎。
啼鸟似伤人世改，野花还向故园开。
荒城隐隐水声去，古殿岧岧山势来。
一望凄然成旷感，尘车欲发更徘徊。

开平王庙成应制

明·刘子华

挥戈十载定河山，忽报星沉易水湾。
马首西风旗旆卷，天涯落日凯歌还。
功成楚汉兴亡际，名在韩彭伯仲间。
翊赞圣功思独苦，黄金直欲铸真颜。

抚宁道中榆关驿有感

明·董　越

晓别抚宁郭，天低海气连。
苍茫初出日，惨淡未收烟。
茅屋多依树，村氓半在田。
榆关前驿近，伐鼓正渊渊。

角山寺

明·马　扬

夙抱烟霞癖，无缘脱鞅掌。
百虑荡内机，庶事劳外像。
怱怱青阳暮，遥忆山林赏。
薄言寻蹊壑，所希绝尘网。
佳气纷郁葱，宝地开虚敞。
泉声清且幽，物色何骀荡。
莓苔染阶碧，松露滴石响。
举觞临东风，悠然任来往。
长歌故徘徊，古洞恣偃仰。
归来憩空堂，芳树日初上。

塞下曲

明·伊介夫

团亭北去是滦河，往岁□□饮马多。
今日军中有飞将，帐房远徙过沙坨。

出关

明·崔廷槐

关吏开金锁，邮人控玉珂。
三韩辽社稷，五镇汉山河。
白草荒原合，黄云古戍多。
从今沧海上，万里不扬波。

卢龙道中

明·谷继宗

白雪卢龙道，青毡使客车。

日瞻沧海近，云带碧山斜。
烽火宵传警，材官晓建牙。
□王能□□，归及报重华。

宿七家岭驿

谷继宗

野馆停车骑，青灯照绮罗。
闻钟疑近阙，振袂想鸣珂。
夜久霜华重，山高月色多。
邮人戒明发，鼓吹渡滦河。

谒夷齐庙

明·韩应庚

清圣非苦节，乃见纲常先。
君父固攸重，子臣情堪怜。
此情不有已，奚恤后誉延。
邈矣采薇事，市朝已数迁。
谁招饿夫魂，庙食首阳巅。
寒松覆碧瓦，古殿生黄烟。
遗像俨生存，咫尺手足连。
拱拜瞻容色，恭逊蔼周旋。
盘无周室粟，陇有洞山田。
粢盛戒清酤，伏腊击肥鲜。
光烁北海滨，历历三千年。
高风自长久，污世空颠沿。
所以嗟贪夫，身没名弗传。

钓　台

韩应庚

结榭青山里，栖迟得自由。
困来眠小榻，兴到驾轻舟。
事业惭鸣凤，生涯叹拙鸠。
尘缨何处濯，台下有清流。

永平道中

明·吴　鹏

疏雨未滑道，秋风随使轺。
磴危频下马，溪断不逢桥。
板屋居何陋，蒲蛮习更骄。
暝投孤馆宿，寂寞听邻箫。

练武太平守将王君禄邀登南庙，望北山古刹，乃二十年前旧游处也，感怀赋此。

明·戚继光

忆昔从戎向北陲，重来持节鬓成丝。
夜悬炎海烽烟梦，时听岩关杕杜诗。
古戍寒云过铁马，中原晴日闪牙旗。
安危敕有诸君在，酹酒还期下月支。

景忠山景忠庙

明·戚继光

冰霜谁识抱关情，三辅河流一洗兵。
楼阁晴悬新气象，桑麻色起旧屯营。
龙回地轴开戎幕，水合天门驻汉旌。
天下奇才今不见，愿留方略佐金城。

塞上和韵

戚继光

飞羽辽河上，移军滦水东。
前驱皆大将，列阵尽元戎。
夜出榆关外，朝看朔漠空。
但期常献馘，不敢望彤弓。
（大将炮名，元戎车名）

集宛在亭

明·萧如薰

雅有登临兴，言寻别墅游。
溪流通广陌，村树带前洲。
度曲行杯缓，看山入座幽。
野鸥如夙约，相傍共悠悠。

改席移舟晚，中流杂鼓声。
高林催月上，短棹入波平。
飘霭茶烟细，微茫野火明。
今朝出城郭，暂觉此身轻。

游侠儿呈同乡参将郭都阃

明·陈　第

江北多侠儿，江南儿更侠。
朝向长安道，暮出阴山猎。
弦动雕鹰愁，旌飞□□怯。
十载守雄关，威名何震慑。
不数古人勋。猛树中兴业。
硕画已垂成，谤书忽盈箧。

去日逢春华，归来落秋叶。
涕泣谢知交，笑谭散仆妾。
马首囊雕弓，腰间仗长铗。
仰天叹旄头，壮志犹未厌。
矫矫双龙起，定奏燕然捷。

赠郭建初

明·于达真

塞客衣单露始零，风高木落水天清。
乌啼横海将军幕，人识江湖处士星。
蓟史一编存往迹，燕然万里勒新铭。
莫愁旅病无供给，波满寒塘月满庭。

三屯呈戚宫保

明·陶允宜

蓟门往事震京华，十六年来静不哗。
路出万山通鸟道，城悬千嶂压龙沙。
空中云影连楼阁，夜半钟声动鼓笳。
老将莫怜心力破，金汤终古在皇家。

归次卢龙

明·陆彦章

帝城东抱海山重，迢递单车出万峰。
秋色长风吹白雁，归心落日下卢龙。

半 月 坨

明·曹司牧

水中见月月初弦，天水相涵月与连。
夜半不知明月上，半呈坨影半还天。

祥　云　岛

明·潘敦复

海岸山岚接曙霞，云间日影暗金沙。
潮声夜入鲛人室，柳色春藏渔父家。
碧落楼台腾蜃气，清溟涛浪滚霜华。
谁开万里梯航路，隐隐东南一道斜。

出榆关逢征兵使人作

明·冯惟讷

闻道云中将，先秋戒铁衣。
虎符千里至，龙骑五营归。
夜月明雕戟，山风曳画旗。
谁怜瀚海外，□□驻金微。

长　春　宫

明·高吉昌

故宫鸱瓦纪遗楼，野淀斜阳水尚流。
八部国残谁有恨，十香人艳自生愁。
珮环似听松声在，奁镜虚疑槛月留。
莫叹回心空署院，玉环飞燕总荒邱。
（海陵曾三幸春水）

烽　火　寺

明·徐汝勋

寻芳直上翠微间，梵宇潇潇出半山。
诗罢酒阑游客去，白云依旧伴僧闲。

山海关赠张职方

明·秦　夔

燕云百二拥皇都，万里边城入画图。
到海有山皆设险，入关无吏不持符。
诗书已足怀殊俗，筹策还看翼庙谟。
闻说秋高戎马健，也须辛苦事□□。

都山雪霁

明·朱　吉

同云冻合天一色，鸟不高飞苔石裂。
朔风卷海声如雷，一夜都山满头雪。
千岩万壑光玲珑，琼台瑶室开仙宫。
是中可望不可到，安得一访浮邱翁。

海　楼　篇

明·华善述

上客且归休，我歌送行舟。
君家近东海，海中有瀛洲。
瀛洲不可见，但见金银楼。
此楼谁为之，无乃蜃气浮。
相望邈无梁，引领成悲愁。

出卢龙塞

明·梅国桢

晓风匹马渡滦河，极目□天感慨多。
近塞□营还历乱，弥山雉堞自嵯峨。
林间残雪经春冻，峡口孤云带雨过。
不少谋臣忧社稷，只应暂许到支和。

殚忠楼

明　孙承宗

缥缈凭高百尺头，筹边何暇坐销忧。
目穷江树家千里，笛倚风檐月一钩。
藻井幕天开雁阵，鬟云结市失龙湫。
白山黑水榱楹外，玉帐萧萧万垒秋。

夕阳泛舟

明·高　第

扁舟乘夕照，万顷欲凌之。
水映天如动，波回岸自移。
探奇常载酒，蹑险更题诗。
逸兴归犹剧，江空觉月随。

塞　上

明·杜　滑

旌旗当落日，绝塞阵云横。
晓角惊寒雁，孤烟照暮城。
河冰驱马渡，陇草亟人行。
战骨悲沙漠，年年古北平。

宿喜峰口城楼

明·王　演

万里秋风暮，华□到此分。
几年望紫塞，今日宿黄云。
片月临关见，孤军击柝闻。
燕歌争劝酒，强欲不成醺。

都山望雪

明·陈所立

祁连绝外总燕支，到此回看北斗低。
六月山头犹戴雪，罡风吹落蓟门西。

界　岭

明·刘景耀

界岭连云际，阳河入海流。
山川胡地近，风雨汉官秋。
处处严烽火，朝朝逐马牛。
谁怜汉飞将，白首不封侯。

桃　林

明·刘景耀

野水年年去不还，荒林面面出高山。
小舟晚泊鸳鸯渚，画角秋尘虎豹关。
出塞将军谁侠骨，中原赤子正愁颜。
悲笳遥对啼猿急，暮日争如归鸟闲。

秋日建昌有警

明·徐学古

秋气何萧索，千山落木空。
黄霾吹野戍，赤羽急□□。
碣石雕戈拥，榆关铁骑雄。
将军频授钺，一战报重瞳。

春日渡榆关闻远钟并间海潮

明·范志完

榆关西去渡危桥，溪水涓涓月半霄。
弹指三生俱梦幻，钟声遥带五更潮。

石门道上

范志完

四月边城始觉春，依依杨柳映青苹。
石桥隔岸遥相望，犬吠花林门倚人。

出大古路烧荒

范志完

九月莎枯鸿雁鸣，将军跃马出长城。
旌旗光闪风云变，钲鼓声摧鸟雀惊。
烟雾横峦驱虎豹，火光烛海吼鼍鲸。
赭山不数秦皇事，焚泽应推伯益名。

夷　齐　庙

朝鲜·柳梦寅

首阳苍翠郁嵯峨，滦水悠悠也自波。
土俗尚闻孤竹庙，邦人能唱采薇歌。
一时贤士知俱出，万古高名问孰多。
此地清风吹不尽，荒台只是旧山河。

卷之二十四

艺文志四

诗　国朝

题夷齐庙

和亲王

敬受吾皇令，抒诚谒二英。
孔称仁已得，孟曰圣之清。
维世纲常定，持身节操明。
愧他冰与雪，未许比晶莹。

卢龙兵使者张君、总戎刘君、郡守彭君、司理任君、邑宰李君，陪游孤竹城，置酒清风台有作

范文程

让国清风百世师，阴阴松桧隐空祠。
黄农事业应无异，山水萧森自不移。
石动鼋鼍分大壑，城荒乌鹊下高枝。
接罗同醉花间酒，绝胜襄阳访习池。
孤竹城空隐夕阳，山中笳鼓漫悠扬。

穿林间听松杉韵，隔岭遥闻薇蕨香。
漆水波澜交宛转，滦河岛屿自苍茫。
登临宾佐多清兴，长啸高台明月光。

观　沧　海

魏裔介

沧海非东，昆仑非西。
倬彼天汉，元气混齐。
蓬莱三山，是耶非耶。
银台金阙，俟不乘槎。
润色万物，震荡九土。
沐日浴月，天枢地户。
幸甚至哉！歌以咏志。

巡行过北平登孤竹堂望伯夷叔齐庙有感

魏象枢

孤竹何崔嵬，两圣高千古。
仰止梦魂间，有怀常欲吐。
安得陟山巅，瓣香头一俯。
告我希圣心，难济苍生苦。
凛凛对简书，汗下浑如雨。
此行负朝廷，愆尤何日补。
遥望乞神灵，相助驱豺虎。
滦水自无波，澄清在畿辅。

赠昆令王萃云尊人杏翁　原注永平人

半载江南客未深，玉山秋静夜沉吟。
九边田牧思班壹，三辅交游识季心。

快马柳城常命酒，软舆花县暂闻琴。
白头闲说西京事，曾记循良久赐金。

永平田君宗周，吴故学博也，袁重其识之，尤展成司李其地，相见询袁年，百有二矣，索诗纪异，并简展成。

北平车马访烟萝，记向夷齐庙下过。
百岁共看秦伏胜，一经长在汉田何。
知交已料沧江少，耆旧翻疑绝塞多。
听罢袁丝数东望，酒酣求作绛人歌

早发平城

石　申

晓气余寒在，一鞭济乱流。
暗云辞夜曙，远火带星浮。
混混分天地，劳劳役马牛。
壮怀何所极，古道足春秋。

山海道中

孙廷铨

高柳荒亭下，残碑古戍前。
秋光晴到水，山色净于天。
气变虫音急，波沉月影偏。
鸡鸣催候吏，争渡石溪船。

重游龙泉寺

刘鸿儒

溽暑郁我怀，携朋寻高爽。

出城见南山，幽况夙所赏。
龙泉久神异，风雨灵泽广。
别来二十年，老健喜重往。
密树结层阴，峭壁当沆漭。
崄岈窈窕入，薜萝分披上。
蹑翠陟其巅，大千指诸掌。
法王宝地尊，霞光罗万象。
景趣犹如昔，理会顿殊曩。
临兹诸缘空，耳目余清响。
留连恣遐瞩，浩浩神气朗。
桃源勿劳思，舍此将焉访。

清　风　台

周体观

独上清风台，豁达见林野。
滦江卷石回，激岩向台泻。
中流孤竹祠，寒烟翻古瓦。
君王绝世代，荒庭谁下马。
娜婀长干树，扁舟杂渔舍。
西山何蜿蜒，幽光开甜閜。
墨胎良故墟，首阳无乃假。
引酒敬吊之，怆然泪双洒。
寂寞两先生，断手后来者。

钓台图歌赠马兰台山人

宋　琬

九嵕山人聊玩世，伏波将军之苗裔。
家在渼陂紫阁间，孤情独与烟霞契。

弹筝叩缶本秦声，裂芰为衣皆楚制。
儒冠误人几半生，秋风屡雪刘蕡涕。
长焚笔砚事丹青，泼墨吮毫称绝艺。
横皴酷似黄大痴，细染还宗吴仲圭。
近代以来数文沈，嘉隆而后作者谁。
山人工意不工似，匠心自出无专师。
卢龙山木颇不恶，韩家钓台尤最奇。
一峰高入白云里，登楼坐见沧海湄。
游人欲绘每束手，譬如写照难须眉。
一日坐我悠然堂，解衣盘礴无人窥。
须臾图成挂诸壁，高岩邃谷光参差。
濒澹旋涡渔艇立，窈冥洞口烟萝垂。
主人韩生有狂癖，此台自尔高曾贻。
见图再拜悲且喜，重之不啻商尊彝。
便买贞珉勒山侧，酹酒欲告山灵知。
山人此别欲何往，赠汝一枝筇竹杖。
避世宜从麋鹿群，结庐高卧仙人掌。
宁恤床头妻子饥，要令胸中邱壑长。
我今持节越王城，兰渚剡溪恣偃仰。
预拂霜绡以待君，一挥欲使群山响。
记取雪深一丈时，山人须鼓山阴桨。

赠韩子新

宋　琬

韩生何俶傥，雅志暮田畴。
结交尽豪侠，座多荆聂流。
卢龙遘阳九，鹊巢半为鸠。
猛虎砺其牙，噬人如豭貗。

先几贵明决，尽室相与谋。
攀牵或徒步，不辞道路修。
始闻林虑好，继爱灵岩幽。
邑宰闻生来，下榻如南州。
邻里闻生来，馈粮贻耕牛。
空同没百载，不能庀一抔。
金鱼落人手，白骨谁为收。
生也具衣冠，马鬣封遗邱。
前季奉广柳，葬父南山头。
谒余著麻鞋，夷然无所求。
郡乘久零落，感忾怀深忧。
山川风俗书，佐我恣穷搜。
君家有钓台，楼榭与云浮。
眷言二三子，携罍命轻舟。
垂竿发长啸，顾盼心悠悠。
今兹渡黄河，余亦将南輈。
哲兄栖会稽，卓尔梁鸿俦。
著书探宛委，未肯干诸侯。
平安未妨寄，以我当置邮。
行行且造庐，庶几一见不。

游韩御史钓台

宋　琬

先生蚤岁返邱园，选胜垂纶此结轩。
到海遥看千派入，倚云高见一峰尊。
月明华表松杉影，雨洗丹梯杖履痕。
谁谓风流难再嗣，客星今已属诸孙。

雨后西五峰

宋　琬

襆被星河近，人同野鸟栖。
片云孤嶂起，一雨万松迷。
城郭微微见，峰峦漠漠低。
不辞苔径滑，更欲杖青藜。

东　五　峰

宋　琬

已谓西峰好，东峰更不群。
悬崖疑削刃，古木善藏云。
海色朝来变，泉声雨后分。
何年此高卧，自剪薜萝裙。

谒夷齐庙

东荫商

秣马西周客，维舟北海滨。
关河犹此地，今古有斯人。
松老荒祠月，山闲故国春。
自怜藜藿士，终愧采薇民。

云　峰　寺

东荫商

遥岫乱云黑，古林残月明。
台荒多鸟迹，楼圮断钟声。
山鬼披萝出，村僧夹涧耕。
前峰问何许，磵石少人行。

关　楼

陈廷敬

壁垒高楼壮，旌旗古镇尊。
塞风春不断，边日昼长昏。
悲角关楼动，孤城海气翻。
往来凭吊意，辞赋欲销魂。

出关门百里宿沙河站

陈廷敬

关南沧海浮天白，漠北连峰拔地青。
一片山河围鄣塞，几家烟火接边庭。
辽歌调苦风还断，卢酒愁多夜易醒。
却喜皇威临绝域，镇东门户不须扃。

度岭见长城

丁　澎

岭坂风回树郁盘，长城如带雾中看。
随阳雁断天疑尽，背日峰高夏苦寒。
沧海不沉秦女石，浮云欲动楚臣冠。
伊川一曲先挥泪，况是亲经行路难。

关　山　月

纪映钟

边月何凄凄，边霜送马蹄。
无情沙碛水，日夜下辽西。

登望海楼

曹贞吉

杯勺沧溟望里收，百年觞咏几登楼。
尊前忽觉来三岛，此外犹闻更九州。
断岸雨晴天倒影，海门风急气成秋。
摇摇坤轴浑难定，曾否金鳌背尚浮。

午日游黄台山

李成性

瑞草新悬艾，娇花已绽榴。
渔家三里近，僧舍十分幽。
仰陟黄台顶，俯看滦水流。
渡头人似蚁，山角石如牛。
酒任醉翁意，诗寻骚客酬。
谁期重午日，还似暮春游。

秋日续游黄台山

李成性

白帝行新令，黄台忆旧游。
山河仍古昔，岁月已迁流。
鸟向洲中集，云依天际浮。
投竿垂小钓，载酒泛轻舟。
目醉石疑虎，形忘客似鸥。
放开江海量，收尽水天秋。

憩石洞留赠别山上人

尤　侗

石洞阴森小有天，朗公卓锡此安禅。

钵龙夜静归山雨，野鸭秋高起海烟。
玉磬每闻村照里，蒲团忽挂御炉前。
悬知树下无三宿，面壁因何历九年。

陪周伯衡黄门游一柱峰钓鱼台和韵二首

尤　侗

偶然走马看花回，却喜登临接赋才。
山势遥吞射虎石，水声长绕钓鱼台。
风吹古墓无人到，月白高楼有雁来。
弹指春光半零落，谁教轻放掌中杯。

平生荡桨在江涯，载酒河干忘日斜。
疑有山僧点寺石，只无村女浣溪纱。
渡头客散空流水，马上人归满杏花。
紫塞东风暂行乐，严城灯火又悲笳。

早发七家岭

尤　侗

边地悲风苦，春来吹不禁。
征衣霜露结，驿道岁华深。
晓色千村动，寒声万马吟。
坐怀官阁上，初日照横琴。

昌黎道中苦热

尤　侗

卧阁琴书整自扃，揭来行部问驺铃。
鸣蝉乍响新榆绿，雊雉低飞小麦青。
夏日并途长不已，晚山如睡杳难醒。

何时碣石观沧海，破浪乘风入洞庭。

北 平 城

尤 侗

飞将本数奇，射石空没羽。
不擒碧眼儿，乃杀白额虎。
纵遇高皇帝，终与哙等伍。

有贻滦鲫者书二绝

尤 侗

叩门有客馈枯鱼，活活滦河垂网余。
回首旧游成一梦，相思谁寄远方书。

偏凉汀下钓台边，日饱鲜鳞不用钱。
此日长安转弹铗，何如早趁打鱼船。

谒夷齐庙

尤 侗

孤城郁岧峣，临河激寒响。
清风缭绕之，白云翔其上。
中有古贤人，端然肃遗像。
社稷已邱墟，精神自天壤。
金石永令名，俎豆芬将享。
劲飚回颓波，顽薄与慨慷。
我来北海滨，欣对西山爽。
驻马俯平畴，陟阶扫荆莽。
百星乔木坚，三春芳草长。
高台闻鸟啼，远水明渔网。

抚景迥幽瑟，披襟顿超朗。
薄宦亦苦饥，怀古用自广。
行行歌采薇，寤寐伫遐想。

谒景忠山

尤　侗

磴道盘盘七十二，板车宛转似猿扪。
群峰皆作儿孙立，绝顶应知天姥尊。
夜月灵旗招五岳，春风社鼓走千村。
迎神拟赋离骚曲，欲荐湘君乏蕙荪。

登澄海楼观海

尤　侗

茫乎望洋向若叹，大哉归虚渺无岸。
近视争看白马奔，远观不辨青霓断。
似雷非雷声殷殷，鱼鳖颠倒腾千军。
骇浪乍浮出地日，惊潮翻射垂天云。
方丈蓬瀛疑尺咫，汉武秦皇心欲死。
鲛室蜃楼有若无，瑶台琼阙非耶是。
飘飘我亦凌云游，海风吹摇城上楼。
援琴为奏水仙操，鼓櫂不见渔翁舟。
东望独存姜女墓，精卫填成血泪注。
纵使银涛万丈高，不到坟头草青处。
西行更海神祠，罗袜凌波来几时。
雾髻烟鬟光窈窕，夜深鼍鼓舞冯夷。
土人指点先朝事，十年以前风景异。
关上皆屯细柳营，墙边乱蹴桃花骑。
水犀之师蔽艎艅，木牛之粮衔舳舻。

铁甲将军吹觱栗，胭脂小妇醉酡酥。
只今眼中一事无，寒沙萧萧雁飞疾。
仰头屹峙长城孤，惟有沧海依依在。
沧海尚变桑田枯，而我感叹何为乎！

偏凉汀登眺是故高大司别墅

尤　侗

此地风尘埋断碣，当年歌舞醉芳茵。
荒邱剩有松楸在，废屋行于鸟雀亲。
秋水觉多濠濮意，田家时侣武陵人。
岘山魂魄应相忆，俯仰兴衰一怆神。

虎　头　石

尤　侗

将军射虎阳山下，视之石也虎所化。
至今石虎尚狰狞，当日将军何叱咤。
数奇不遇高皇封，时去反遭醉尉骂。
世上谁无万户侯，过此张弓不敢射。

谒夷齐庙

宋元伯

孤城烟雨中，长河绕百折。
驱马越陌阡，巍巍庙貌设。
阴森郁乔松，斑驳敧石碣。
二子饿首阳，孤竹尊高节。
嗟彼黄与农，滦水常澄澈。
波光澹不流，山色远还灭。
阴晴崇朝移，烟谒众鸟悦。

夕阳满中流，发棹闻幽咽。
箫鼓夜未央，归舟月如雪。

谒夷齐庙

李士模

许由三皇资，遇帝则洗耳。
夷齐帝者师，遇王轻一死。
器识故有恒，各视其相取。
使其在勋华，定当不尔尔。
虞夏何风规，孤亭俯寒水。

滦　水　歌

李士模

滦水一何清，喧豗日不止。
回风喷雪过大荒，渡壑穿岩数千里。
入关几处抱岩城，形势如弓复如矢。
岸边荒沙高接云，波底惊石纷若齿。
黯黮能令白日寒，天阴时有蛟龙起。
忆昔榆关正用兵，旌旗白羽乱纵横。
万舸平冲波上月，清茄吹彻鼋鼍惊。
物换星移仍此水，不改涛声改战垒。
两两沙鸥弄夕阳，秋风落叶伤游子。

雪峰寺回舟即事

李士模

薄暮垂山霭，中流落照红。
舟行蓼影上，人语水声中。
卢酒堪迟月，絺衣不耐风。

隔林灯火近，归路响秋虫。

客有道卢龙风景者因赋二律

綦汝楫

人说卢龙胜，层城枕塞垣。
山深屯虎豹，关隘续轮辕。
落日尘沙静，寒烟草树昏。
孤峰高碣石，朔吹满郊原。

渤海初归客，幽燕绕梦思。
秋风李广石，暮雨伯夷祠。
官舍征鸿过，女墙画角悲。
川原连大漠，冰雪带春澌。

登首山

佘一元

郁怀历久未登山，晴日同游开笑颜。
列嶂参差烟雾里，一川环绕水云闲。
巍巍神宇层台上，翼翼孤亭落照间。
绿树覆阴花放蕊，暮看黎首荷锄还。
林下生涯借胜游，云山渺渺水悠悠。
南瞻大海波涛涌，北顾群峰苍翠浮。
刍牧牛羊遵陇陌，耦耘禾黍遍田畴。
临风把酒陶然醉，策蹇归来似泛舟。

偏凉汀

谭允谦

岩阴日气少，此地是偏凉。

石穴鱼多美，溪田稻更香。
村深秋刈获，水阔夜鸣榔。
绝与江南似，令人忆故乡。

秦皇岛望海歌

宋　荦

渤海之岸耸断山，横截巨浪排空烟。
人言此是秦皇岛，迁冈辇道留依然。
白头山僧葺古屋，晨炊远汲荒村泉。
危矶荦确带沙石，荡胸万里开长川。
天吴出没老蛟舞，百灵仿佛惊涛前。
我来榆塞正秋晚，苍鹰叫侣摩青天。
靴纹波细风忽止，白鸥容与殊清妍。
俄顷变幻不可测，归墟岂必非桑田。
秦皇已去汉帝至，孤台野岸空千年。
蓬莱方丈在何处，一眉新月来娟娟。
解鞍脱帽便此住，斫松煮蕨容高眠。
移情爱鼓水仙曲，无须直到三神山。
秦碑磨灭藓花绣，谁能与结翰墨缘。
欲鞭蛰龙作海市，良惭玉局登州篇。

登　首　山

陈　丹

重阳过半又登高，大将开筵拥节旄。
山领群峰排翠嶂，海当亭午涌银涛。
采花共泛杯中菊，剖蟹争持醉后螯。
传道荒陬多虎豹，暮归共欲控弓刀。

云寺晓钟

王永命

兰若栖云久，禅钟御晚新。
偈参僧入定，声到客知晨。
霜杵催今古，金绳觉幻真。
平明如棒喝，醒后是何人。

东岭晴岚

王永命

山色本无定，晴峰倍可耽。
天容开丽日，彩翠自成岚。
雾鬓营邱笔，风发摩诘参。
何当摹霁景，烟尽岛如蓝。

西津晚渡

王永命

宿鸟栖林后，晚程烟水开。
问津逢日落，暮景映波回。
疏艇归人急，寒潮返照催。
孤村依岸泊，鸥鹭与徘徊。

赵令君又吕邀同夏子宛来游栖霞寺四首

沈　荃

一硐龙潭胜，双峰免耳悬。
穿云寻野寺，拨草听新泉。
石迹遗金马，松风韵管弦。
兴来频顾曲，日暮未知还。

陟登循松径，携樽坐石矶。
野花晴落帽，山翠冷沾衣。
地僻留僧话，亭虚待鹤归。
我来方鞅掌，到此已忘机。

幽刹何年构，栖霞此擅名。
晓窗延海色，夜壑饱松声。
园果秋堪摘，山田岁可耕。
石桥流水静，湜湜照人清。

登顿何辞远，山川信有缘。
幽期真不负，东道况多贤。
碧草馀春色，黄鹂动暮天。
酒酣题石去，回首渺苍烟。

澄海楼

沈　荃

杰阁临无地，危栏俯大荒。
连山横睥睨，截海作金汤。
岛屿临青岱，乾坤入混茫。
皇威加绝域，万里尽梯航。
浩荡天风发，空蒙海气阴。
良朋一樽酒，胜地此登临。
日月通潮汐，沧桑阅古今。
醉来还徙倚，欲听老龙吟。

偏凉汀

方　文

滦河东去海天空，白草黄云一望同。

惟有偏凉汀数里，两边山色似吴中。

澄 海 楼

汤右曾

大海东回水波恶，如山浪打长城脚。
千年万年鬼梦哭，冶铁销沉石崩落。
王公设险古制存，屹立重关严锁钥。
干戈相寻远不数，六十年前事如昨。
大盗移国明社墟，澒洞烟尘昏六幕。
是时关门临贼垒，白日旌竿莽萧索。
奸凶满盈人鬼怒，世运艰屯□圣作。
飞龙首出在九天，熊虎戎衣只一著。
石河西南破贼处，父老犹言战时乐。
不闻人声闻刃声，霹雳摧枯风扫箨。
只今车书通万里，天下一家无厚薄。
名都货贝街喧阗，属国赆琛驿交错。
承平暇日展游眺，宾客闲情寄觞酌。
兹楼我到亦偶尔，万古心胸忽开拓。
更喜天容海色清，侧身东望蓬莱阁。

山 海 关

汤右曾

东西谁界绝，封此一泥丸。
地接长城险，天浮渤海宽。
连山趋碣石，积水见辰韩。
吹角关门出，边风马首寒。

赠永平张使君

毛奇龄

车前八队引鸣驺，家有司空旧列侯。
李勉未经怀北阙，张华早已守平州。
阳山对酒官花曙，卢水褰帷锦浪秋。
退食稍闲能啸咏，令支城外即丹邱。

永平秋夜钓台泛月

范承谟

极望知流尽，轻舟岸岸移。
恰回丛树后，已在小桥西。
星动渔灯乱，天寒雁阵低。
隐沦何处觅，此地有夷齐。

拟吊夷齐祠

程　云

首阳千载蕨薇新，谁继古贤两逸民。
北避初为全父子，西归终不负君臣。
戎衣取国仍称圣，百马移封亦得仁。
若谓伐商绥士女，代周何更有狂秦。

试院三松歌

李东榱

松关茅屋江水东，欲去不云淹春冬。
輶轩使者香案吏，后车载我旋提封。
滦凉襟带雄三辅，南台孤竹高茏炭。
城闉官廨三古松，翠虬扬鬐鹿养茸。

今支邱墟燕国故，不知何代长此青。
茏葱此行诘曲龙，坂恶草木摧落山皆童。
桃褫李薁不可见，惊沙极目迷荒墉。
西斋坐久群动息，惟闻院宇谡谡来天风。
人生不如丁令鹤，又不能为葛陂龙。
征轮蓬转敝裘裂，侧身旅食天涯踪。
大枝臃肿小拳曲，颇遭垢厉同非同。
牺尊青黄夸世用，不乐吐萼飞韶红。
平鳞铲甲吁可惜，霜欺雪虐时有穷。
此松敷荣欣得地，交柯摩戛相铮鏦。
饱经岁月天使独，斧斤不到神灵钟。
古根盘礴化为石，苔缠藓剥辞磨砻。
我从燕南历边塞，新月已见三弯弓。
青山万叠蔽归路，独抚古物舒心胸。
婆娑清影吟不寐，素壁先已铿鲸钟。

扈从过三屯营

高士奇

百雉岩岩古镇雄，野祠多祀戚元戎。
荒屯黄犊耕春雨，老树乌鸦噪晚风。
壁垒遥分榆塞北，旌旗曾驻蓟门东。
登坛将略今谁是？寂寂花开乱草中。

登景忠山绝顶应制

高士奇

晓仗肃前趋，远峰忽迎面。
聘目迷烟萝，游鞅豁葱茜。
逼仄马难旋，郁纡磴屡变。

五步十步中，仿佛楼阁现。
直上丹梯悬，横题金粉绚。
天气引翠华，斯须若奔电。
峻陟惭微躬，传呼复扶倩。
凭虚乃振衣，心悸目犹眩。
俄惊巅崖间，飞翥尽美善。
山光惬睿情，万灵答隆眷。

长　城

高士奇

嬴秦昔设险，绝微营圣城。
蜿蜒亘万里，形势何峥嵘。
堑山筑雉堞，绝壁同云横。
人工既已尽，天险巍然成。
控制接陕右，拱抱环燕京。
畴昔边事严，老幼苦长征。
秋声警哨动，夜火边烽明。
盛朝久息战，四境歌承平。
石楼栖鸟雀，亭障荆棘生。
但看饮马窟，日落寒潭清。

南 台 寺

李斐章

野寺高台上，登临感慨生。
河流经绝塞，山势抱孤城。
破灶残僧去，长廊落日明。
空阶余老树，时有怪鸦鸣。

山 海 关

吕履恒

天际重关虎豹扃，前瞻云树尚冥冥。
山余落日千峰紫，海泻遥空一气青。
汉塞烽烟亭甓坏，秦城膏血土花腥。
漫吟碣石东临句，绝代雄才敢乞灵。

山 海 关

陈天植

雄关划内外，地险扼长安。
大海波光阔，遥峰杀气寒。
疆场百战后，烟火几家残。
塞草连天碧，行人不忍看。

望　海

陈天植

上方高极目，海气薄晴空。
万里生寒浪，千山咽朔风。
马驱沙碛里，鸟度夕阳中。
几历沧桑变，堪嗟是寒翁。

角 山 寺

陈天植

振策最高处，危峰接大荒。
云归辽海白，沙涌蓟门黄。
野草匝边地，秋风冷战场。
不堪重吊古，把酒酹斜阳。

澄 海 楼

陈天植

天风日夜吼，万里洪涛漾。
元气接青冥，夕阳归岛上。
蓬莱弱水隔，倚槛遥相望。
何处觅神仙，孤怀独惆怅。

山 海 关

成 德

雄关阻塞戴灵鳌，控制卢龙胜百牢。
山界万重横翠黛，海当三面涌银涛。
哀笳带月传声切，早雁迎秋度影高。
旧是六师开险处，待陪巡幸扈星旄。

澄 海 楼

李 铠

观海平生志，凭虚到十洲。
乾坤涵万象，今古汇东流。
绝岛鲛宫隐，遥天蜃市收。
披襟舒望眼，高处落沙鸥。
云气孤山起，风飚戍里开。
洪涛奔骇马，高浪蹴惊雷。
楼阁须臾变，幽灵日夜来。
望洋浑不测，俯仰兴悠哉。

镇 东 楼

陈名远

百尺镇东楼，遥临瀚海秋。

怒涛吞乐浪，大漠接营州。
月冷闺人梦，风高戍士愁。
独怜章句友，空复羡封侯。

秦　王　岛

诸元寿

大唐天子志勤兵，幕府犹传秦邸名。
自是征辽趋乐浪，非关渡海访蓬瀛。
千年错事谈驱石，百代遗踪话拜荆。
碛里秋风悲战骨，荒碑空忆魏元成。

牛顶兜绵

余　淮

牛崖云雾起，山半似兜绵。
混沌千峰合，氤氲三辅联。
流霞明绝顶，灵雨足沙田。
高下无多远，阴晴各一天。

虎穴清风

王运恒

于菟何年徙，空余此石窍。
松涛岭上来，时惹山花笑。

新秋登龙潭

张庄临

积雨秋初霁，新凉已透裳。
泉嘶夜疑雨，沙皎月如霜。

极听穷边静，愁看野塞长。
登崖时一啸，终老此僧房。

东五峰中秋看月

张元复

玉虬初驾冰轮上，一片清光发岭东。
素魄传来松际影，幽香时送桂边风。
乘凉身在瑶台畔，踏影人行水荇中。
坐久□□霜露冷，褰裳拟入广寒宫。

壬戌三月下浣邀同沈宫詹夏征君游栖霞寺四首

赵　端

花明春寺僻，水净石桥幽。
兔耳宜邀月，禽声直似秋。
四时开士定，一曲夕阳留。
酒兴兼诗思，殊堪纪卧游。

片石老寒烟，霜蹄神骏传。
碧抽春草恨，红对落花怜。
松响涛生树，云低鹤下天。
邱亭今有地，吾意欲逃禅。

乱山巉崿处，绝顶觉天高。
岁月惊芳草，生涯问浊醪。
醉书应自圣，诗史定谁豪。
石壁浸莓藓，临风落兔毫。

薄日林皋迴，残霞出岫明。
远钟虚谷应，古木暮烟平。
蹊湿晴疑雨，苔青断复生。
臣心同勺水，聊足慰怀清。

春日同汪子明峻侄景从儿景徕景衡游栖霞寺

赵　端

禅房高耸乱峰头，此地烟霞足卧游。
心远独疑仙路近，林深翻觉洞天幽。
敢将啸咏同山简，自爱清狂过子猷。
最是登临多胜事，竹床茶灶共淹留。

秋日同友人汪明峻、及门王畹仙、婿苏岷源、儿道敷、景徕、景衡游寻真观，遇雨四首

赵　端

晓出城西路，仙坛访旧游。
绿沙平野阔，红树乱山秋。
数骑穿盘磴，双旌渡浅流。
停鞭遥指处，骤雨湿征裘。

一片冥蒙色，千峰望不分。
瀑声翻助雨，岚气总成云。
过岭人呼队，穿林马失群。
悬知仙院近，山果落纷纷。

古观清幽处，偏宜静者寻。

如将邱壑趋，遥浣市朝心。
扪石凌虚壁，披云见远岑。
啸台凭眺久，茗碗足长吟。

吟眺忘归晚，隔林疏磬声。
烟霞留永日，竹树寄余情。
野渡流方急，沙痕湿更轻。
严城灯火近，戍鼓报初更。

夜宿白云山

赵 端

三载骊城，久爱白云之胜。而日夕苦于簿书，遂使寂寂山灵笑人千古。癸亥春，劝农过此，因留宿焉。皓月入怀，万籁俱寂，兀坐谈禅，夜分始寐，正如坡仙醉卧绿杨桥，不复知人为世间也，爰纪以诗。

夙慕名区胜，而今幸一过。
不来萧寺宿，其奈白云何。
月色逢山好，猿声出塞多。
倚栏频极目，同此坐烟萝。

兔耳山行

赵 端

兔耳两峰，为抚邑灵镇。山麓有栖霞寺，寺前有桥，传为唐尉迟鄂公所建，岁久倾圮。余于庚申秋，承乏邑事，捐费新之。甲子夏五月，忽为暴雨冲颓，冬初复有修葺之举。载酒登山，曷胜陵谷之感，因作《兔耳山行》，示同游诸君子。

兔耳山高高入云，双峰插汉浮云分。
骊城百雉与山接，卷帘长对青山色。

我今骊城已四载，今渐苍颜山不改。
谁云好山不待人，山灵生面令重新。
彩霞一径萦香阁，红泉百道天边落。
忆昔公余蜡屐来，汲泉终日坐松斋。
山水尽堪供吏隐，簿书安得扰诗怀。
今年五月蛟龙怒，风霆夜撼山中树。
花台圮仄石桥颓，不辨春风游赏处。
同游为山伤怀抱，令未有言口先笑。
从来桑海如瞬息，何况兔耳一卷石。
君不见山公酒醉习家池，举鞭真似并州儿。
又不见杜公立石岘山上，深谷为陵徒祝怅。
令今酾酒酹西风，惭愧山公与杜公。
百年一日安足虑，笑策花骢下山去。

秋日游栖霞寺

苏　滨

十里晴光散晓霞，寻幽重过老僧家。
云开山径初传呗，木脱寒林尚见花。
结社未携彭泽酒，汲泉堪煮赵州茶。
归来策马斜阳路，遥听边城起暮笳。

游栖霞寺

程士奇

宝地何年建，相传自鄂公。
门前春柳绿，山外海云红。
拂石寻金马，疏泉度彩虹。
双峰天际起，兔耳插遥空。

柳亭栖远眺

夏　驷

闲闲十亩缭垣荒，高阁飞甍背女墙。
一道寒泉初出井，数株垂柳未经霜。
青山绕郭留人住，明月开筵引兴长。
翻笑弦歌元亮宰，篱边偏少菊花香。
北风萧瑟雁声阑，十月边城草木残。
息足乍忘关塞远，登楼陡觉地天宽。
云开兔耳双峰峻，日落牛头大海寒。
几欲振衣临碣石，不知蜃气共谁看。

北平送友人南归

陈至言

哀角严城起，悲秋泪满衣。
如何游子恨，偏自送人归。
霜落孤鞍急，天高独雁飞。
赏心零落尽，朋旧日应稀。

九日赵邑侯招栖霞寺

辛进修

何幸逢仙令，郊原载酒过。
黄花迷野迳，红叶点山阿。
涧泻泉声远，桥横云影多。
忘形已落帽，醉倒更婆娑。

将至抚宁马上作

赵　朗

清溪争度马，疏雨乱峰西。

一路无花落，千山正鸟啼。
柳围村舍静，云隐塞垣低。
怪底多驯雉，青青陇麦齐。

随家大人游栖霞寺

赵景徕

梵宫花柳散晴烟，十里香尘驻锦鞯。
觞咏疑追春夜晏，风流不羡永和年。
兔峰无恙摩霄汉，马迹何时枕瀑泉。
歌管半残人欲醉，上方清磬自泠然。

秋日游栖霞寺

王　模

策马骊城古塞西，万重飞翠拥招提。
野花过雨香还浅，山树迎秋果正齐。
踏遍乱云盘曲磴，坐临欹石弄清溪。
徘徊更欲穷幽兴，兔耳峰高落照低。

登五峰山望海

彭延几

北平山水称五峰，五峰屹立摩苍穹。
秋来绝顶试登眺，林壑如画烟蒙蒙。
地尽忽惊天水合，怒涛千尺腾蛟龙。
山僧指点为东海，沐日浴月波涛红。
昔我鼓棹江湖内，茫茫已叹排长空。
谷王真与凡水别，百川巨细皆朝东。
吁嗟乎！秦皇汉武意无穷，渡海欲寻蓬莱宫。
只今三岛杳何处，秋日遥射玻璃中。

春日游紫霞洞

马惕然

东南一带清心目，有此千峰插翠微。
人在下方冲日上，鹤从高处破烟飞。
水深岩落寒侵骨，门静花开色照衣。
欲识蓬莱今便是，更于何地学忘机。

碣　　石

王曰翼

一柱孤悬霄汉傍，千秋禹迹旧茫茫。
峰回雁塞关云紫，日射鲸门海气苍。
汗漫残碑埋径草，崔嵬宫阙照扶桑。
朝宗不有中流砥，谁障洪涛万里狂。

登五峰山

王曰翼

青旻丹嶂合，攀陟最高头。
海气朝成雨，松阴暑欲秋。
石幢迎露洗，云窦泛泉流。
吏况同僧拙，登临足胜游。

登三屯镇城楼寓目

徐元梦

雉堞连山起，登临亦壮哉！
一声南雁去，万里北风来。
苔没前朝碣，云寒上将台。
兴亡无限意，尚想济时才。

九日侍饮紫荆山

徐廷璟

九日共登台，倚云楼阁开。
西风频落帽，遥忆孟嘉才。

春游夷齐庙四章

徐廷璟

迟迟春日，卜兹芳朝。
言策我马，于彼雪郊。
清风有台，上彻云霄。
我游其下，采薇之苗。

岂无清流，我缨斯浊。
岂无高山，供我遐瞩。
古人有言，惟日不足。
迨此良辰，云何不乐。

言有春衣，岂必浴沂。
亦有童冠，可以咏归。
虽有丝竹，清风发挥。
西山夷叔，邈焉莫追。

瞻鸟爰止，伯夷之庐。
我行其野，舍此焉如。
青山在眼，名酒在壶。
有风自东，飘飘吹余。

出　　关

徐　兰

凭山俯海古边州，旆影风翻见戍楼。
马后桃花马前雪，出关争得不回头。

关门秋夜

韩雄胤

静夜蟏蛸响，新凉蟋蟀吟。
三山归远梦，一叶助悲心。
月色凄团扇，霜华冷素襟。
幽人寥落意，不待九秋深。

登　角　山

李养和

青霄万仞削芙蓉，杖策先登第一峰。
满迳花香俱是药，半山松老尽成龙。
采芝力倦年非壮，对酒裁诗兴转浓。
搔首几番寻绝壁，旧题多被紫苔封。

永　佑　寺

李养和

参差楼阁压潮头，突兀危檐界斗牛。
天上祗闻传贝阙，世间何处访瀛洲。
层云暗展庭前画，孤棹斜飞镜裹舟。
到此几忘归路远，心随凫鹭晚悠悠。

登抚宁城楼

单廷播

成楼浓眺欲黄昏，几处孤烟出暮村。
天末西风吹不断，愁看秋色入关门。

金马遗纵

傅汝翼

曾向蚕丛伴碧鸡，临流独见渥洼蹄。
汉家宫阙铜驼泣，不复金门向晓嘶。

观　　海

张　照

境界真无两，聊为物外观。
乾坤浮一气，今古浸双丸。
野鸟飞难过，真仙望亦寒。
人间白少傅，高咏海漫漫。

山　海　关

宗室　塞尔赫

飓风吹海云涛翻，排峰削玉森戈铩。
一关雄据山海间，险隘不亚秦崤函。
东控鸭绿襟三韩，清流百道纡回环。
一夫当厄众莫前，安用更封泥一丸。
讵知天心胜地利，偏能假手移神器。
义旗西指草昧开，四海归仁消鼎沸。
百年相继睹重华，中外而今已一家。
出入惟凭一片纸，何劳关吏更相哗。

出山海关

塞尔赫

九月滦江幸未冰，龙城石路旧崚嶒。
狐裘貂帽去年客，自喜雄关老更登。

望海楼观海作

塞尔赫

东望浩无极，凭虚思渺然。
谁将蠡共测，我识蜃空悬。
大地浮如芥，飞身竟欲仙。
蓬莱知未远，缥缈隔苍烟。

钓台村南坡

蔡　珽

朝阳上东岭，草树含辉光。
爱此南坡行，澹然松露香。
林禽啭幽哢，涧阴余夜凉。
徙倚坐白石，沉吟恋众芳。
青山寂无事，素心机亦忘。
清赏妙两惬，镇日同徜徉。

钓台村居

蔡　珽

茅屋与尘隔，云峰自一关。
五株陶令柳，数亩谢家山。
晴岭卧黄犊，幽溪下白鹇。
如何垂钓客，日暮不知还。

偏 凉 汀

蔡 珽

徙倚对云汀，俳徊恋翠甍。
乱山当户牖，一鹭入空明。
芳草春城路，斜阳倦客情。
吟余无个事，心与暮江清。

平城留别元臣五弟

蔡 珽

山城晓鼓寒无声，青龙河边桥已成。
西风猎猎王鞭影，骊歌唱罢吾将行。
欲行不行住不住，几日勾留朝复暮。
不信离愁解系人，枉教怨杀长亭路。
凄凄衰柳不堪折，人生何事有离别。
杜鹃头上叫一声，短叶长条总成血。
虚舟忘情自谓久，谁知今日成情薮，
望府台西一杯酒，不为斜阳自回首。

巴淳庵学士招饮望海楼

蔡 珽

我家本居此海滨，生平未尝获见海。
世尘宦网两难排，腾腾已近五十载。
今年奉使幸过此，一观始雪夙昔悔。
探奇赖有贤主人，同游更复饶佳宾。
初从槛下窥浩森，已觉胸次吞乾坤。
旋见微风磨紫縠，渐看碧浪推朱轮。
固知大小生眼界，未免浑濩惊心神。

小僧作态欢清酤，旋转能为八风舞。
含杯不语对高春，冷醉微吟思独苦。
人间惟有恨难消，打浪摧潮自今古。
君不见，十里堆埼海畔城，可怜犹是秦时土。

登黄台山

张一谔

林峦树色起晴光，野翠溪风入草堂。
百尺滦流漱白石，万家砧杵动寒霜。
清分萧寺松前月，逸醉香山社里觞。
心净片尘何处着，惟余琴鹤伴奚囊。

循郊驻辔历苍苔，极目晴空翠嶂开。
野鸟含枝云外出，山僧指月水边来。
欲吹青霭全披谷，已送丹霞半入台。
何日桑麻盈四境，莫教中泽雁鸿哀。

箕石有感

张一谔

突兀文箕石，狰狞蹲山麓。
浩淼汇积流，根底若空谷。
渊深不可测，中有蛟龙屋。
澄泓倒云影，洄漩撼地轴。
乞祝应如响，岁岁效霖霂。
灵境不记年，盛时多丰熟。
忆昔儿童游，临岸足蹜蹜。
砉然水石离，昏蒙沙土覆。
无乃天厌怪，暗中鬼神逐。

重来三叹息，光芒不在目。
昔也巨浪浸，今则赤日暴。
块然一顽冥，射斗名空录。
物理逝如斯，沧桑几见复。

塔基怀古

张一谔

团团孤高处，一塔势插天。
绝顶青霭合，红光夜半悬。
仿佛牟尼现，依稀日气连。
赤射山精避，光逼宿鸟迁。
化象有真宰，灵聚起瑞烟。
阴寒彻三伏，壮观可千年。
景物开运会，先献注洪篇。
何年天柱折，神工遂弃捐。
玉碎实焰沉，久而愈寂然。
应知色是幻，东邻仍空禅。
滦龙无拱照，羲和不著鞭。
兹景不我值，探奇少夙缘。
往事随流水，极目草芊芊。

渡滦水作

钱陈群

山根左折势回旋，一道中开到日边。
估客暮收东海市，戍楼春冷北平烟。
白云自拥卢龙塞，断碣犹题贞观年。
三月滦河重问渡，当流立马听溅溅。

北平使院三松歌用壁间李东怀孝廉韵

钱陈群

七年三度马首东，历春而夏秋未冬。
（予三至北平皆非冬时）
来时百卉竞献秀，鱼钥一一开题封。
缘坡登磴就平处，堂宇肃肃当龙炊。
入门案牍不挂眼，敛容振襟寻揖三。
高松两株并耸轩，（之后）似踞虎豹登蒙茸。
低者随肩高俯首，各有本性含茜葱。
一株平铺荫十丈，高张车盖青童童。
月斜倒影城郭外，下瞯雉堞如坷墉。
笙簧间作自酬答，况有万窍来清风。
退之老而愚乃欲，东野化为龙何如。
三松非龙亦非云，龙蟠云护相追踪。
由来后凋质，御攘冰雪千古同。
奈何相赏在春夏，坐令奇节群嫣红。
松也有知若欲语，忍见众草丁其穷。
座客感之为起舞，剑佩摩戛鸣铮鏦。
句容词客青莲裔，拳曲臃肿遭龙锺。
想其醉后泼墨题素壁，肝肠镂刻工磨砻。
调孤似弄云和瑟，力大拟挽乌号弓。
我从校士得清暇，长廊缓步开心胸。
读罢涛声落众壑，高歌一撞蒲牢钟。

围　春　山

洪　钟

翠拥螺攒四面高，淡烟疏雨景偏饶。
始邻径路稀车马，便觉林泉隔市朝。

薜荔香邀麋鹿狎，笙簧声度燕莺娇。
寻常诗酒皆堪乐，莫怪渊明懒折腰。

山寺雨晴

陆开泰

寺拓岩扉古堞边，苍松蔚蔚薜萝牵。
云沉野树潭光冷，雾敛遥峰月色妍。
千古溪山长不改，一朝晴雨却频迁。
凭轩尽日看无厌，才识壶中别一天。

桃峪停云

陆开泰

古寺深藏隐棘扉，雨余花发景霏微。
频惊桃艳因风落，长抱晴云作帐围。
疑是香浓僧入梦，更愁月淡鹤忘归。
依依别后东回首，犹带轻烟绕客衣。

角 山 寺

李廷对

凭临巅顶万山低，高阁深深觉路迷。
寺隐岩阿惟月到，峰藏老干许云栖。
沧桑日涌铜钲丽，古堞墙高翠嶂齐。
爱煞清秋将夜半，松声细细杂猿啼。

了 角 山

李廷对

孤亭高倚夕阳东，槛外晴光八面通。
芳草近涵春水碧，落霞低衬野花红。

云添山外重重色，树透帘前细细风。
得意几忘归路杳，不知村店雨蒙蒙。

杜晓峰出塞

赛音布

龙庭余旧到，送子泪沾衣。
风定树犹怒，日高霜正飞。
啸阴山鬼过，叫月野驼归。
常使心魂感，还家梦亦稀。

关　山　月

徐以升

大旗霞卷夕阳残，旋见边城涌玉盘。
鼓角无声霜气肃，山河流景镜光寒。
白头汉将占星立，红泪胡姬倚马看。
净扫烟尘天阙迥，清辉多处识长安。

关　山　月

李　果

重关峻岭郁嵯峨，月色偏临绝塞多。
万里寒生元兔郡，三秋光射白狼河。
黄榆风急传吹角，玉帐沙明照枕戈。
最是空闺音信断，中宵愁听陇头歌。

送万鸣嘉明府归南昌

卢见曾

春阴蔽芾野棠新，祖帐壶箪夹道陈。
威少恩多古循吏，名通位蹇旧词臣。

羽书汗赤卢龙塞，渔浦烟青彭蠡滨。
同是杖乡游倦客，可堪岐路独逡巡。

平山堂菊花 八首之二

卢见曾

三朝前已度重阳，何故东篱未绽香。
晓唤酿夫催漉酒，夜来檐瓦著轻霜。

乞栽远郡走书频，五载常添色样新。
宦兴已阑花转盛，知花原自媚幽人。

游南台寺

张　元

琳宫遥指问山灵，胜日登临蜡屐停。
返照平分秋涧紫，晴云高压晚峰青。
香灯杳霭留禅榻，花树扶疏散客亭。
试倚双林舒远眺，几行鸥鹭下沙汀。

登清风台

张　元

层台临断岸，陡倚府云林，
大义存天地，清风自古今。
为闻先圣论，因见昔贤心。
披拂归来晚，余芬尚满襟。

澄　海　楼

裘日修

连山赴溟渤，高楼出其隈。

同人有成诺，系马升层阶。
东方羲车上，爚煜朝霞开。
御题书在壁，

（乾隆八年、十九年，圣驾两谒祖陵回跸至此，御制诗篇皆书于楼壁。）荣光相徘徊。

是时秋气霁，一镜如新揩。
泬寥鸿雁过，寂寞蛟螭回。
涛声不作波，万里流漼漼。
天末见豪发，估舶森高桅。
大海亦宇内，不限人往来。

旧禁一以弛，（前岁上谕特开海禁，俾民食流通，人皆感激称便。）

贸迁无嫌猜。
太平本有象，对此舒心怀。
轩楹俯浩荡，夙抱兹获谐。
回首嬴秦氏，凝绝圣所冶。
（题壁御制有，却笑祖龙痴之句。）
神仙在人世，如何寻蓬莱。

山　海　关

裘日修

我朝定鼎初，事与曩代异。
明祚既以移，流贼竟猖肆。
举国徒狺狺，何人正神器。
天兵从东来，倒海排山势。
一扫氛祲空，搀枪欻焉逝。
为彼明除凶，为天下吐气。

出民水火中，且以申大义。
天与而人归，大位安所避。
旷览史册间，冠古实无二。
宇内得真主，自此有宁岁。
俯仰百卌年，累洽重熙际。
芸生何林林，食德凡几世。
轺车经岩关，询知战时地。
仰维巍巍功，奋笔谨书事。

前于锦州途次，闻京师连得透雪。
入关后见一路积素铺霙尚厚寸许，
土人咸谓来岁又占大稔，诗以志喜。

裘日修

瑞雪呈三白，邦畿远近均。
家书前有寄，岁景到尤真。
物色地长至，风光逗早春。
田间熙皞意，持以报枫宸。

祥　云　岛

陈金骏

空传海上耸三山，此地祥云咫尺间。
霞起赤城常烂漫，风清碧落尚斑斓。
无心舒卷龙鳞绕，有像昭同蜃气环。
暇日开襟恣挥送，澄波濯锦驻丹颜。

滦江春涨

陈金骏

冻解春融夕涨阗，滦江弥望水天连。

汪汪讵止波千顷，森森全收月万川。
浪暖桃花鳞鬣奋，津通析木土膏妍。
莫因向若生惬怯，我便浮槎到日边。

莲　塘

陈金骏

酣战还容恣采莲，（辍耕录载一诗云：最爱锦袍酣战罢，不惊越女采莲花）。
观兵岂惮一流连，（塘在演武厅后）。
密攒翠盖绿云掩，竞斗新妆红锦缠。
呼酒欲从筒内饮，买舟频向镜中旋。
忽然风起知何似，娘子军成阵脚联。

绿 带 洋

陈金骏

净绿曾闻不可唾，洋拖带水景尤奇。
横穿海面垂杨影，直绕波心睡鸭姿。
疑是清湘通渤淇，难容浊浪肆磷缁。
渔舟欲渡愁难渡，怕醒龙眠骤鼓鼙。

庆 福 寺

钟和梅

山藏古寺翠千层，路曲飞蛇直引绳。
到顶袛余红日近，穿松浑与白云升，
花争笑面香难辨，草藉重茵唾不能。
却怪游尘最无赖，东风吹上佛前灯。

辽西杂咏 八首之五

吴肇元

行止谁能定，无端到海涯。
地偏饶雾雨，野旷足风沙。
吊古遗踪少，看山落日斜。
平生何限意，倚仗数归鸦。

孤竹清风远，荒踪费独寻。
空山低落日，古木响寒音。
去国何关让，求仁只此心。
无缘荐苹藻，惆怅暮云深。

饮羽何年事，英风此日留。
无双频出塞，有恨不封侯。
故迹迷衰草，寒烟黯戍楼，
数奇悲异代，渺渺北平秋。

昔闻田子泰，尝欲访孤踪。
及至卢龙塞，斯人不可逢。
秋烟千里静，落木万山重。
四顾无相识，驱车孰与从。

险绝临榆塞，烽烟自古传。
承平经此地，战代是何年。
沧海连东极，群峰拥北边。
长城偏秋草，经书感前贤。

昌卢道中

吴肇元

清秋策马问昌卢，百里山程俨画图。
村落人家依石壁，柴桑门境枕荒涂。
望中塞远烽烟静，愁外身闲意气孤。
老去尚余雄剑在，独眈名胜更驰驱。

一柱峰歌

高书勋

江边春水晴映空，连天四面开芙蓉。
小舟一叶驾双浆，独下万壑临长风。
当头忽见玉笋矗，不倚不折撑高穹。
顽青钝翠不记年，摩天夭矫苍精龙。
波涛怒吼千尺雪，澎湃直使两耳聋。
仰观不知帽欲堕，穿出只恐苍崖崩。
其下似束皮且剥，渐上愈觉开无穷。
峻嶒未许五丁凿，顶上定有栖鸾翁。
昌黎五峰我未见，小小足此开心胸。
当时北平老骢马，曾构茆屋阴崖东。
斯人志趣在山水，两世令我怀芳踪。
沧桑黯惨劫灰沉，至今孤立青葱茏。
安能登此叫九阍，嗒然一笑吞长虹。
吁嗟尘土久涴人，乃知天地多空蒙。

抵　北　平

高书勋

雄州作镇势崔嵬，带岭经河四面开。
万马昔盘关塞路，一竿今卧水云堆。

草迷虎影愁猿背，春茁薇芽想墨胎。
立骑漆沮清浅处，夕阳无际上南台。

白云堆

高书勋

浪花飞太急，雪乱石矶头。
天外何时堕，人间几片浮，
风涛迷雁阵，霜月误渔舟。
满地从舒卷，年年冻不流。

乾河草

高书勋

乾河草，昔日河，
今日道路上，行人踏枯槁。
水槁河乾草自生，年年春到青不了，
可怜年少出关人，归来谁似柔荑好。

游五峰山

龚应霖

君不见巫峡之山十二峰，鬼斧削出青芙蓉。又不见太湖之峡七十二，波光支影两摇曳。北平山水古称奇，五峰兀然当昌黎。我来客此将三载，今夕何幸相攀跻。寒谷春回冰雪少，和气习习吹春草。寂历空山人迹稀，枝头格磔鸣黄鸟。山灵知我巾车到，岚光云气清如扫。叠嶂层峦果大观，不让太湖巫峡好。一峰壁立俯沧溟（望海峰），一峰掩映如锦屏（锦绣峰）。一峰巍巍侵牛斗（平斗峰），一峰天竺灵鹫形（飞来峰）。又有一峰名挂月（挂月峰），梯云不羡周生绳。恍如五老相揖让，又如五凤争飞鸣。始知奇迹遍海内，我欲尽历恨未能。芒鞋竹杖正未已，疏钟何处隔溪水。古木千寻夹道生，苍藤怪石互腾倚，肃瞻庙貌祀文公，荒碑剥落多倾圮。当年未得列门墙，至今再拜犹兴起。凭栏一览意茫茫，收拾海天数千里。朝看扶桑日色红，暮观明月沧波紫。岩前古洞凿何年，范公遗象俨神仙。老松如虬不盈尺，霜皮黛色岩之巅。清泉一勺流不竭，尘襟对此顿洒然。长啸几欲裂翠壁，把酒还拟问青天。不觉诗兴随酒发，提笔一一写崖间。嗟哉此游信非偶，谁谓山水无宿缘。山水长存人易去，对影欲别还流连。且喜山僧颇不俗，知我行游兴未足。留向山窗卧白云，梦魂踏破春山绿。

水岩寺下院

闫公铣

山行六七里，一径入丛林。
凤彩腾青汉，龙湫隐碧岑。
（凤彩龙湫，山寺之左右翼也。）
阁寒蟠老树，僧定涤尘心。
前路烟横处，层台更可寻。

秋日游莲台寺

闫公铣

寺古台空在，池荒莲已枯。
林声疑过雨，日色冷平芜。
野水绿于染，遥山青欲无。
高天望不极，秋逼海云孤。

五　峰　山

阎　瑄

独立高峰上，遥瞻众壑微。
烟霞连海出，风雨半山围。
鸟道人穿径，僧房客启扉。

五峰犹似旧，何事倦东归。

秋日雨后再登水岩寺

阎　瑄

踏破崎岖路，重来访旧游。
晴岚迎日翠，深树护云稠。
涧落雷霆险，泉舍风雨秋。
相携坐危石，樽酒自交酬。

沙河驿早发

顾学潮

不断村柝长，已过宵烛短。
并程行休迟，怯冷起偏缓，
倦仆眼未开，出门喜沙软。
比屋啼晨鸡，排檐多卧犬。
野旷更何人，来无去亦罕。
早行如啖蔗，佳境每不远。
星落自东稀，霜浓知午暖。
下马问酒家，闻钟到僧馆。
融融初日来，万恐付一管。

卜　梨

顾学潮

迁安一邑山皆峻，土非不毛产亦仅。
东村卜家梨树多，内有异种名四震。
皮细梗软小而圆，味甘肉脆芳似润。
霜后竹筐百个盛，冻前稻草十层衬。
收藏能使旧见新，入夏浮冰香更韵。

取小宁惟孔北海，嗤蒸应有桓南郡。
人言他本接亦佳，我愿此根除弗吝。
昌黎胡桃滦州鲫，天生尤物非民幸。

安家庄

顾学潮

地与横山接，山回望转赊。
溪多桥一木，市近路三叉。
笼树寒烟起，迎门晚日斜。
如何稽版籍，无复姓安家。

半壁店

州西十二里，山路几回盘。
村小衣冠朴，年丰酒食宽。
人人丁不识，岁岁赋先完。
岂必无怀氏，休同薄俗看。

常宁镇即事

顾学潮

一车周四境，东去路何如。
白塔常宁镇，西风八月初。
理无邪可胜，时有法难疏。
但使民安业，论功我不居。

双望村

顾学潮

邻邑多民事，频将晓色探。
秋声连海壮，雨意带山酣。

一统无中外，分村有北南。
区区尔我见，政体更谁谙。

正月二十三开平夜雪次舍弟平夫韵

顾学潮

风声吹夜急，雪色趁朝探。
可是春非腊，须知北异南。
入沙融较易，占岁老尤谙。
宜梦寒无碍，男耕女不蚕。

又七月十五日古冶对月

顾学潮

七月今年闰，云开一镜天，
村声牛背笛，乡思鸭头船。
白发添秋感，清光减夜眠。
数余年半百。三度此宵圆。

海阳立秋

顾学潮

三年宦迹海东头，鱼米争夸第一州。
吏为官贫僧未去，民因岁稔喜犹留。
闲庭落叶梧知闰，小雨催诗句欲秋。
菱芡渐多莲结子，那禁风物动乡愁。

自茨榆坨至稻地

顾学潮

沙平野旷午风便，万口欢声一路传。
可为惜贫常小蹇，须知藏拙在丰年。

山童脱帽收遗橡，村妇兜衣拾堕棉。
正是江南夸好景，橙黄橘绿早霜天。

闻西厅沈秋涛病起

顾学潮

两暑元来隔一厅，闻君病起致丁宁。
无钱莫谓诗非祟，有命何曾药不灵。
应讶别添新鬓白，已看春放旧山青。
腰围减后豪如昨，更倒床头未尽瓶。

惊蛰日宜安道上雪

顾学潮

二月犹飞六出花，天低风急整还斜。
已看欲积因春冷，可待旋消似雨夸。
缓缓车轻山有路，霏霏野旷麦无芽。
为平市籴官仓足，忍使穷檐贷富家。

宿王家店

顾学潮

小车来往不知官，心足能命斗屋宽。
掬雪已看茶试鼎，倾醪新喜韭登盘。
诗丸更兼录行草，衣裹重开乍暖寒。
短烛未残街柝起，又教高枕一宵安。

榛子镇示刘尉钧恕

顾学潮

到眼青山认欲真，偏因忙暂得闲身。
墨池光动疏窗午，茶鼎香浮小屋春。

梦里回头应有岸，年来举步亦看人。
一官最是惊心处，未办能声已累民。

偏凉汀晚眺　得湾字

顾学潮

年来偷得在官闲，选胜城南往复还。
花柳接城六七里，高台临水雨三间。
平头土屋春开牖，街尾渔舟晚入湾。
蔬圃麦畦都望雨，待看绣野湿烟鬟。

重游偏凉汀再用湾字

顾学潮

肩舆侵晓出西关，又许州官一日闲。
犁动田间宵得雨，渔多汀上水添湾。
小瓶贮酒倾休尽，矮壁留诗写更删。
放眼风光春不浅，未应花信为吾悭。

清明日得移官浙江之信

顾学潮

一官海国五清明，岂料恩深尚注名。
有树敢言人解爱，无田谁禁我归耕。
已衔新命除南郡，好奉安舆出北平。
约略江程刚夏首，花飞长日暑风轻。

自海口至扒齿港杂题　十首之三

顾学潮

海边民业半鱼虾，升斗年年贷富家。
独有去秋收最稔，至今不向别村赊。

满目平芜二月春，东风昨夜水粼粼。
未看网户操渔艇，先有篙师拜海神。

男把犁锄女织棉，粗供衣食过年年。
一庐斗大辛勤有，肯与州官自在眠。

丁亥仲春，调守保阳，留别敬胜书院诸生兼柬同年谢使君山长龚孝廉二首

吴兆基

锁钥叨持右北平，户闻弦诵乐时清。
重延哲匠因遗构，敢为文坛作主盟。
（时余新葺书院，）
压轴缥缃聊守素，缘阶兰蕙最关情。
莲池景物曾相识，又被春风促我行。
（莲池保阳书院名）。
衔恩新命去匆匆，七路金汤杳霭中。
官阁采云前辈擅，平山刻烛几人同。
（平山堂榜为前守卢雅雨先生笔）
传经自昔推龚尉，召客于今付谢公。
何处登楼劳记忆，松涛晴带海门风。

冬日拜夷齐庙敬依御制诗章原韵

李奉翰

清节高风忠孝肠，今来孤竹拜冠裳。
凉波潋滟依台榭，老树扶疏映庙堂。
适义非惟能谏武，英灵自在只臣汤。
钦哉观感思廉立，睿藻标题重首阳。

芳踪曾识在青齐，胜地初临愿日跻。
（青州昌乐县有伯夷待清处碑碣），
千古卧松眠雨露，一泓滦水绕东西。
不留鹤迹空花表，徒怅鸿飞认雪泥。
理正心安信道笃，薇香转视粟如稀。

夏晓偕傅禧堂泛舟

李奉翰

访胜扁舟去，晨光漾翠澜。
岩花红自媚，天气晓犹寒，
树树鸟相语，山山水上看。
无心逢妙会，偶泛得清欢。

山静林深处，惟闻荡桨声，
云根波色动，峰顶曙光明。
啜茗探幽趣，吟诗见性情，
景佳问舟子，指点不能清。

喜　峰　口

李奉翰

重叠山环抱，喜峰特地开。
长城边塞靖，新涨铁门来。
岩草滋清露，乔松冷碧苔。
王师劲旅过，秋爽净尘埃。

登元武山瞻礼

李奉翰

石磴迂回碧树巅，异人指点入苍烟。

巍峨楼阁凌霄上，层叠峰峦列槛前，
晃朗秋光普大地，清虚法界近诸天。
屏营瞻礼如临在，心迹怡然静万缘。

澈 河 桥

李奉翰

非无舟楫济双河，飞跨徒梁快若何。
（撒河汇归滦河故云）
万骑临流嘶晓色，长桥锁雾枕苍波。
中泓沙屿涛声涌，隔岸乔松露气多。
此日雄师来紫塞，定西（新颁定西将军印信）逖听凯旋歌。

射 虎 石

王金英

射石饮羽我昔闻，乃今得见怪石蹲。
风吹石发其文彪，霜凝石骨其势尊。
百兽彳亍不敢进，磨牙俨欲相噬吞。
汉飞将军勇无敌，当年此地曾决拾。
一箭发正贯当膺，至今镞穴犹深入。
我视既定心自如，独骑虎背捋虎须。
手中不用持寸铁，何贵锟鋙与镤镡。
忽忆先民履尾戒，不妨绘作降貙图。

清节庙古松歌

王金英

沙石荦确滦江澄，江上山围孤竹城。
有松万本环城生，苍鳞白骨颜色贞。
就中数株尤殊形，知是何年芽糵萌。

一株侧卧虬龙蛰，之而牙爪何狰狞。
枕以巨石珠在颔，有时风雨恐飞腾。
一株团侧葆幢立，绸缪纠结枝交萦。
平铺坐席可茶话，何由得此天然棚。
殿垣终古倚霜雪，深夜仿佛神依凭。
周游更历崇台上，俯瞰邱壑胸次清。
台畔一株又奇绝，百尺中折倒垂青。
有如羽士颓然醉，解衣磅薄翻身轻。
移时静坐好风起，谡谡乍听琴谁横。
忽然变作海涛吼，万顷鞋鞘还噌呟。
古槐老柏相俦匹，仙材得地呈精英。
过者摩挲增叹息，香林太守含深情。
济南仙吏今妙手，爰命作绘镌璠璎。
邀我哦诗纪盛事，好随二老隆声称。
君不见，阙里桧，尼山手植今犹荣，
俯仰上下历千古，庙堂灿列如日星。
此松虽非商周物，要亦时代几变更。
使君采风重灵迹，持报明主宜竟竟。
昔日况曾邀睿赏，宫壶宝墨挥缣增。
（御制夷齐庙四景有屈蟠松绝句一首）。
小臣珥笔则岂敢，吟声唧唧窃比应候秋虫鸣。

偕丁李二广文、方少府、苏处士访阳乐水于阳山下得九莲庵杳僻幽静真仙境也欣题二十四韵。

王金英

昔我同年友，（谓孟炎初）结庐城东郊。
为言阳山胜，未至心忉忉。
兹来寻水源，兼以快游遨。

跨蹇出郭门，迤行果老槽。
（东郭外五里驴槽村俗谓张果老喂驴处）。
勒辔过红坡，清流何滔滔。
引人渐入胜，步步登云霄。
小庵构山麓，滐嵂群峰包。
入门逸兴豁，穿室趋山椒。
天开一片石，平洁临素涛。
松风鸣其上，入耳如闻韶，
仿佛遗世立，顿令百虑消，
同人三五辈，趺卧随逍遥。
山果熟堪摘，秤局静可敲。
就中吴门客，墨妙倪迂曹。
拟写真面目，拂苔铺生绡。
人山两相肖，山人宛相招。
（仙者山人也）。
老衲亦解事，隔林送壶醪。
坐久共忘倦，结邻欲诛茅。
平山五载住，游历遍隰皋。
他山那及此，洵是山之翘。
胡为名不著，有似淹贤豪。
信耳不信目，毋乃山灵嘲，
久宿既未得，倏别生郁陶。
奋笔聊题句，纪实良非褒。

观海宿吴学山前辈寓斋

王金英

滔滔银浪接平沙，极目苍茫望靡涯。
曾向地图穷绝微，始知天堑隔中华。

矫看空阔翔鹏翼，枯就滨崖索蚌花。
我亦按墟等河伯，固应见笑大方家。
天水相涵碣石孤，居人指点影模糊。
桑田不信能迁变，蜃市从谁辨有无。
自叹浮生同断梗，敢于盛世说乘桴。
来兹幸值添筹会，好共群仙奉玉壶。
（是口值学山生辰）。

登南台

王金英

天风吹我此遨游，一度登台一度讴。
领略烟光朝复暮，徘徊杖履去仍留。
群峰叠起趋龙塞，二水交驰到虎头。
故国山川春梦里，摄衣如上阅江楼。
（金陵卢塞山以似北地卢龙而名，明太祖欲建阅江楼于上）。

道旁蓝色草花俗名马兰
李香林使君有诗属和即次元韵。

王金英

袭名香祖著芳丛，恰傍金鞍玉勒骢。
才见晓烟迷浅翠，又看夕照衬残红。
宜簪笄首花钿上，却在裙腰草色中。
微物从兹标艺圃，都缘秀句满天东。

景忠山

靳荣藩

景忠山色何缥缈，石磴如云树如草。

尽收远山作近山，山限起伏千岩小。
忆昔仁皇临御年，每因搜狩来山前。
华巅父老尚能说，湛恩渥泽盈原田。
我到行宫瞻圣迹，夜瞻星月昼瞻日。
始识名山原寻常，烟云都自御书出。
复从别院拜三忠，仰止高山异代同。
当年应自入宸赏，许留报祀依琳宫。
归路却疑从天下，筝舆面山身似架。
仰看虚无层霄间，曾于其上共僧话。

景忠山谒三忠祠

靳荣藩

西川南宋景三忠，一片丹心异代同。
吴魏何人矜将略，金元本自服英雄。
旌旗气肃云车到，箕尾芒寒帝座通。
御止高山修禴祀，边关万里一龛中。

自永平归迁安口占

靳荣藩

日漾滦河雪未消，软舆新渡郭西桥。
半林红叶因霜醉，一带青山引塔遥。
东海君臣夸远略（桓公北伐山戎至令支），
南塘垒壁纪前朝（三屯营是戚继光旧署），
于今世世歌耕凿，是处青云上九霄。

迁安口号

靳荣藩

三屯坞壁巩京师，长说文皇驻跸时，

开国承家谟烈远，至今紫气极天垂。

（天聪四年太宗文皇帝驻跸三屯营见《八旗通志》）

三屯营外景忠山，俯眺烟云万里闲。

旧是仁皇搜猎地，都将田牧付民间。

（景忠山左右旧围场也。）

景忠山畔觐官墙，尧屋舜阶万祀长。

载笔词臣都拜赐，江村学士富缥缃。

（圣祖仁皇帝行宫在景忠山，见高澹人《松亭纪行》）

冷口迢迢近热河，八沟三塔广坡坨。

陪都内外年年熟，容得中原万灶多。

（庚寅辛卯间山东西河南人出冷口喜峰等关垦地就食者颇多。）

贡道透迤接土番，共球王会富轮辕。

天朝威德真无外，锁钥何劳数北门。

（敖汉奈曼喀尔喀左翼喀尔沁、翁牛特土默特札鲁特阿禄科尔沁诸部落皆由喜峰口入贡。）

沙田簇簇午阴齐，佳果团圞压树低。

抵得农人秋一半，滦河岸上卜家梨。

溽暑齐看栗子花，风前拾穗遍山家。

结绳即是传薪火，卖向肩头几道斜。

（栗花编绳可以续火。）

栽得柔桑不种蚕，朝朝茧纸走畿南。

衙斋本自吟诗少，不是鸡林价未谙。

（桑白作纸颇佳。）

舞衫歌扇话从前，五十年来礼教全。

学取唐风吟蟋蟀，建昌已有武城弦。

（建昌营素号繁华，今皆书声弦歌矣。）

抚字催科两未能，山田冲后额相仍。

地官伫广天恩渥，积欠销时口自增。

（董家口外等处水冲地十六顷有奇，详奉部查。）

佃民休说纳租艰，努力耕耘力自宽。
田主归车农乐业，问渠何似启祯间。
（明末民苦兵饷，迁邑尤甚，太平以来耕凿者歌帝力矣。）
自到令支四载余，役车碌碌少安居。
养民造士曾何有，留得滦江尺半鱼。

题澈河桥圣泉寺

德楞额

寺古人烟寂，山深路更幽。
松蟠千古月，泉泻一泓秋。
不觉尘心净，还疑世外游。
偷闲聊驻足，多为白云留。

游姜女庙

德楞额

策马雄关外，遥临古寺头。
清操留片石，烈气凛千秋。
泪滴苍峰翠，情牵碧海愁。
荒祠谁结伴，巾帼邈难俦。
（祠以榆关烈女附祭）。

途中望长城

赵大经

峰腰一线露边痕，匹马秋风为断魂。
长笑蒙恬伤地脉，何如李广将军屯。
深山虎乳巢墙缺，破障人归越塞门。
太息前朝增垒处，夕阳残堞易黄昏。

喜峰口即事

赵大经

几日关城诵采薇，简书堪畏未言归。
调鹰野外风初劲，牧马山头草尚肥。
上将乍承新节钺，健儿争著旧戎衣。
誓擒赞普应寻约，莫道松州但解围。

己丑冬，予受事山海，十日后偕署中友人辈同登澄海楼，谒海神祠、天后宫，次孙梅亭韵。

陶　淑

渝水九州穷，轩然巨波扬。
昔闻今始到，望洋迷荡漾。
雄关镇其东，众峰北拱向。
仿佛见蓬莱，排空立仙仗。
飞廉若助势，日夕相摩荡。
乾坤浩森中，危楼耸天唱。
壮哉如是观，余情易奔放。
直以山为屏，且以云为帐。
长城围缭绕，万世颇赖资。
当时除暴虐，空负博浪椎。
至今存渔岛，犹说秦皇遗。
传信或传讹，后人争唱随。
怀古徒慨叹，仰视日潜辉。
回马驻珠宫，素侣罗文綦。
哈声四壁静，但见各捻髭。
我亦脱形骸，一骋天外思。

题傍水崖

陶　淑

绝壁凌空起，何年刻削成。
万峰皆欲俯，一水若能撑。
老鹳盘松宿，寒云绕寺生。
山川奇险处，随意脱尘撄。

初夏摄事骊城，偕振远上人及舍弟辈，自水云寺至天台山双泉寺，得七古一章。

陶　淑

联朝讼牒纷纷埽，有如荒园除蔓草。
胸次欲使俗根除，会访名山事幽讨。
平明骑马出城西，四面峦光接马蹄。
山灵一似招我去，岗峦变幻无端倪。
路转芦峰烟迳曲，一山奇突飞浓绿。
人言此地天台山，放眼贪看意未足。
山后黄崖峙碧峰，上有古潭蛟龙空。
水云漠漠不辨寺，但闻万壑鸣松风。
盘磴几层到山腹，始见天台真面目。
双泉涌地法界凉，祇让老僧纳清福。
吾闻天台迷阮刘，仙人洞府藏深幽。
兹山无乃是幻化，飞来此地成丹邱。
山峰倒影山岚收，墨花狼藉觥交酬。
惟有远公横淡趣，挥座山门石点头。

自宗峰寺至广庆寺纳凉

陶　淑

天风呼不至，触热过高林。

一径入浓翠，四山沉夕阴。
泉声流梦远，鸟语度禅深。
直到清凉后，超超有会心。

癸巳七月望后，一日偕署中友人，三弟东川，暨儿辈浴阳泉得长句十四韵。

陶　淑

神工偷凿云根虚，地居离位坎流趋。
人间烟火绝不到，长以大造为洪炉。
酿成髓液沸温暖，换将冰雪回春煦。
曾闻骊山擅名胜，兹泉胡出边之隅。
我来时值大暑退，峰岚翠点秋光疏。
一一寻源到真境，中涵清净摩尼珠，
一泓空碧剖作两，千斛流乳倾不枯。
濯缨濯足人自取，俗云疗疾斯言愚。
我欲伐毛兼洗髓，忽觉清风生体肤。
平生烦热涤不尽，快意且复得斯须。
夜来散发深林外，天边放出玉蟾蜍。
湛然照我清肝肺，空中禅旨疑有无。
此时气冷诸天寂，但闻幽泉鸣笙竽。
回头始觉尘海脱，倚床高卧梦蘧蘧。

宿汤泉寺和三弟东川韵

陶　淑

疏磬声摇夜影幽，上方冉冉妙香流。
人依月冷心都净，山借泉温气不秋。
造物何曾清福吝，名场几见好官休。
今宵此夜良难得，桑下能无三宿留。

谒昌黎韩文公祠

郭鋐俊

南阳曾展谒，碣石拜崇祠。
两地芳徽在，千秋秩祀垂。
文章悬日月，节义见须眉。
独障狂澜倒，偏扶坠绪衰。
辟邪烦累牍，折叛祗单词。
大勇过贲育，真堪百世师。

湘　子　影

郭鋐俊

曾寻少室达摩影（嵩山少林寺有达摩面壁石），又访昌黎湘子踪。峭壁依稀留幻相，飞崖约略想遗容。水分清浊都堪映（山下有清浊二池），人隔仙凡未许逢。笑我烟霞缘不浅，半生鹿鹿一枝筇。

昌黎古迹四首

郭鋐俊

汉武遗踪在，荒台没草莱。
乱山凭指点，当日兴悠哉。（汉武台）

王屋旧居在，往来汾晋间。
（果老居王屋山下往来汾晋之间。）
如何仙顶后，亦自辟元关。（果老院）
烂柯人已去，棋局此空留。
石上青苔满，闲云尽日浮。（仙人台）

惯酿逡巡酒，能开顷刻花。
何年丹鼎熟，古洞满烟霞。（湘子洞）

喜峰口次郡尊韵

丁廷辅

仿佛江南路，忽教倦眼开。
山烟烘日出，野水傍人来。
寺古依岩树，城荒老石苔。
佳兵无扰动，何用扫尘埃。

游九莲庵

丁廷辅

为访河源信马蹄，深幽疑是武陵溪。
凡心到此皆冰释，小寺无名许鹤栖。
白石临流堪作枕，青松夹涧不成蹊。
人间粉本从兹有，笑看龙眠一卷携。
（时苏君作图归。）

九 莲 庵

李锡朋

古刹阳山曲，凭临景物幽。
坐看青嶂合，行听细泉流。
籁发千松韵，凉生六月秋。
闲曹无个事，风雨亦须游。

和郡尊立春登清风台

王家干

山绕滦江翠绕台，东君有意送青来。
融融暖气溶冰雪，把酒高歌怀抱开。
松风谡谡拂层台，喜见阳春有脚来。

题罢新诗归马疾，无边青嶂倚天开。

初春同高堂重游偏凉汀

蔡瓶福

胜迹重寻处，相将慰寂寥。
岩阴构亭榭，石壁耸云霄。
漆水穿崖曲，松林入望遥。
栏边发山杏，才露一枝娇。

昌黎道中憩野寺偶成

蔡瓶福

息骑叩松关，层台乱石间。
劫灰迷旧迹，云鸟自空山。
海近暮天暝，叶凋霜菊闲。
行行遍荆棘，步陟愧蹒跚。

闻王菊庄山长与丁远亭学博诸君有南台之游，余以足疾未及，与赋柬二公。

蔡瓶福

岞崿层峦对水汀，无边秋色贮空亭。
晴云半与虬枝合，画角遥从远塞听。
酒酹瞿昙同放旷，病随摩诘自岭嵤。
诗来动我登临意，点点芙蓉入梦青。

王菊庄山长示游南台诗赋呈二首

陈　瑛

曾向南台取次行，秋来风物最关情。

当时若得联高会，知在祇园第几名。
（闻席间以数罗汉为酒令）
南山爽气挹层台，赚得名贤展印苔。
寄语蓬莱山上客，人间亦复绝纤埃。

春日两山道中看花

辛大成

崎岖无路访招提，（欲访石佛寺不果）野草春深信马蹄。
淡抹斜阳花万树，五峰东畔两山西。

野棠如雪小桃红，半放苹婆醉晚风。
仿佛赵昌新著色，黄鹂无语坐花丛。

胜水寺远眺

辛大成

茫茫（上声）秋空回，凭高酒乍醒。
峰罗千点翠，海划一痕青。
塞雁低平楚，晴烟接杳冥。
此心天地外，何事苦劳形。

游双泉寺

辛大成

数年绝游迹，今复快登临。
（余向读书于此）
一水清尘抱，层峦豁远心。
路穿高鸟外，杖入乱云深。
恨少惊人句，峰头资啸吟。

登南台山寺

辛大成

著来双不借，拾磴古招提。
地接滦江近，山回孤竹低。
雄风生大壑，落日满长堤。
吊古情何极，苍茫塞草迷。

汉飞将军射虎处

蔡　泓

茂草丰碑立水滨，题名犹记汉将军。
雕弧劲挽天边月，骏马狂嘶塞上云。
万古英雄余片石，千秋功业付斜曛。
行人莫话封侯事，呜咽滩声不忍闻。

九日同幕中诸友登永平城晚眺

饶映奎

边关控扼半凌空，塞上秋光送晚风。
山势回环都向北，河身迢递正临东。
千家薏苡清香里，一路茱萸落照中。
喜雨亭西真似绮，菊花黄遍蓼花江。

刚逢九日倚城楼，览胜从教破客愁。
宝马雕弓开玉帐，珠帘绣幕控银钩。
钟声远接黄花寺，扇影低摇白荻洲。
（时城南演戏）
点点青峰都入画，落霞孤鹜一江秋。

平山四面画屏开，更倚层楼望几回。
射虎名存寻怪石，钓鱼人去上空台。
桃花峪口红千树，茄子峰头翠一堆。
孤竹年年遗积在，风清月素荐苹来。

无风无雨夕阳斜，万柳千松著眼赊。
百代诗名推赵质，一时将略溯张华。
苍茫云绕辽西树，浓淡烟迷塞北花。
代马初肥嘶正急，滦河驿口踏平沙。

青鞋布袜后还先，乌帽凌风笑拍肩。
古渡西堤沽酒店，大桥南畔卖鱼船。
三三径远劳乡梦，七七花疏忆去年。
寄语秋闺秋信至，秋砧听断欲添绵。

陪王菊庄山长游偏凉汀

冯国泰

壬辰夏五天气晴，冯子初游偏凉汀。时当赤日惮炎暑，快携蜡屐出南城。不信呼舟先有客，顾余一笑拍手迎。及席而坐者谁子，二王之后骆李丁。（是日同游者先生暨莲溪、甸邦、圣川、远亭、凤陀共七人）

诗酒差彷竹林数，溪山恍入桃源行。观者谓是神仙侣，余亦歌出金石声。沿流而下六七里，虎头之石何狰狞。（虎头石相传即汉李将军射石没羽处）似此功略封则未，将军且然矧书生。前林正与蔡坟近，乃公飞挽旅常铭。谥以襄敏制曰可，丰碑赑质留芳名。乃知遇合自天定，幸与不幸谁其争。江屿凝茫鹭鸥白，雪峰（寺名）掩映松柏青。粥鱼响处日卓午，停桡聊复叩禅扃。同济于焉暂憩息，杂陈野簌芳且馨。曰予户小不善饮，便从衲子同谈经。逢场亦各恣所适，而我宾主尤忘形。此来已饶林壑兴，此去更深烟霞情。放鸭船归茅屋小，钓鱼人去荒台平。谁知山重水复处，别有图画天然呈。到此又一人间世，置我冰壶洁且莹。古人秉烛夜以继，而况衔杯日未倾。须眉萧飒衣裳冷，仰瞻宸翰炳日星。无多亭子悬崖置，时有仙禽杂树鸣。可以案上联石鼎。可以岩畔调玉笙。可呼猿兮可招鹤，可振衣兮可濯缨。乘兴而来兴尽返，杯盘狼籍客已醒。引人胜地爽如许，招隐当不负山灵。曲水潆洄环若带，奇峰乱插削若屏，放棹中流月初出，一枕不知东方明。

题清风台壁

李向春

渔钓滦江□，田来不计秋。
有时独怀古，凭槛看东流。

北平对雪歌柬王菊庄山长

丁　珠

刿刿严风透温褚，寒肌起粟颠毛竖。滦河一夜水无声，岩溜冰垂七尺乳。青女垂云海上来，天葩纷舞凌空吐。横斜老树枝干口，彳亍行人腰脚偻。豪家深坐紫氍毹，低唱浅斟喧小部。我来北平客东斋，平山媚我围官府。不待招邀四皓来，庞眉皓首满庭户。床头瓮倒黄醅香，掬洒临风吊往古。射虎将军嗟数奇，求仙帝子归何许。榆关古塞说卢龙，荷戟当年征戍苦。毶毶拂面结层冰，皴瘃侵肤成惰窳。衔枚伐驷宵斫营，雪化胭脂深入土。今称福地人恬愉，废垒筑成方丈堵。击壤群儿歌岁丰，明年预卜多禾黍。围炉人尽乐团圞，笑我无为久羁旅。幕中二妙皆同乡，盘桓时作同乡语（谓李华亭梁穆洲）。长干更近长风沙（予家安庆菊庄原籍江宁）。不远江南邻住所。羡君作客拥生徒，绕膝依然罗儿女，（菊庄挈家住永平）。破予岑寂寄长歌，声声都入沈郎谱。著屐不辞拖水泥，径欲邀君酣绿醑。白战同吟禁体诗，骚坛从此张旗鼓。

傍 水 崖

黄 标

松风一径驻篮舆，突兀孤崖矗太虚。四面水如襟带束，几盘峰似螺舒。烟生古磴将军石（明张臣破单于於此勒石纪勋），鹤老空山处士庐（朱邓林先生隐于此）。今夜月明禅榻畔，定知清梦觉徐徐。

南城郊行

李 源

春来无处不芳菲，散步徐行绕翠微。
杨柳桥边人影乱，桃花渡口鸟声稀。
一痕云抹渔庄舍，千叠山环僧寺扉。
闲眺浑忘归去晚，夕阳依约上征衣。

双凤山寺

宋 赫

闲来暂许叩岩扉，楼阁云深接翠微。
三面青山一面水，隔林隐隐见僧归。

喜峰口和郡守李香林先生韵

熊文富

峰逼重关险，蚕丛特地开。
城根盘似蠖，山骨削无苔。
卫国边墙固，驱氛铁骑来。
雄风忽迅发，应得净征埃。

湘 子 影

赵大奎

半壁孤悬危似削，横空晴翠映斜晖。

讵怜世事情无限，控鹤山头竟不飞。

平时喜读游仙句，此地相传印幻容。
几度呼来浑不应，对云长日坐孤峰。

西山爽气晚来多，浊湍清流静漾波。
片石倚云存幻相，相传千载定难磨。

苔积成衣暮舞风，萝裳藤带致无穷。
丹成应别时人去，掩映岚光倚碧空。

望长城

朱　楷

峰头雨霁快登临，纵目长城入远岑。
雉堞蟠回秋色满，戍楼出没碧云深。
天开岩险分中外，地接沧瀛历古今。
诗客但言边塞苦，盛时耕凿足歌吟。

泛舟至清节庙

宋　发

遥望千山翠，及山翠反收。
涛声犹在耳，转盼已层楼。

观海

卫理元

观海难为水，苍茫万壑宗。
浑成天一色，直泻雪千重。
吐纳流何急，包荒量有容。

浮槎堪近日，我欲访仙踪。

半 月 坨

宋文蔚

临江岛屿象偏奇，恰似蟾光未满时。
一叶孤舟沙岸净，渔人棹入广寒栖。

登五峰山

齐逢年

壁立芙蓉削不成，盘盘历尽淡云横。
十分翠绕孤成小，一片光连瀚海明。
古洞幽深寻胜迹（范公洞），荒祠磊落仰周行（文公祠）。
尘心扫却归来晚，水月松风两两清。

送郡守谢慎庭夫子归宁都

胡廷缙

竹马迎来几度秋，忽惊予告买归舟。
深情半属平山月，直送征帆到赣州。

三载天家保障臣，万民谁不颂阳春。
由来孤竹无他物，多带清风与故人。

宿 榆 关

张 琴

辞家将百里，薄暮抵榆关。
倦客才停辔，苍烟已没山。
夜寒闻漏永，梦短对灯闲。
欲问连营处，鸡鸣又路间。

清风台词

姚永锡

孤竹之西首阳山，台榭崔嵬耸汉间。
一自两贤隐此处，首阳山右亦不顽。
升阶拾尽层层级，入室恍在云霄立。
此地本非号崇天，仿佛帝座通呼吸。
四围豁目兴不孤，漫持斗酒相歌呼。
阶下薇香接俎豆，千驷虽富骨已枯。
当年式食不果腹，而今余韵留松竹。
凌空奏响杂檐铃，倚槛遥听涤烦溽。
我忆昔年有谢公，品格意气称豪雄。
百尺危楼今已矣，却怪怀人错临风。
世人谁能绘风声，无色无形绘不成。
留得此台千古在，倒映滦江水亦清。

送郡守谢慎庭夫子归宁都

姚永锡

文翁化蜀著贤名，三载循良治已成。
解组有怀追五柳，歌骊无计挽双旌。
西山翠色浓归兴，南浦波光淡宦情。
勿效东山高卧稳，云霓犹冀慰苍生。

观海和王菊庄夫子韵

李　美

道孕乾坤亦聚沙，海山强与判津涯。
伟人秋泛临淇渤，下士春游忆郁华。
（美昔曾游海上）
阴火未燃天在水，阳乌才上地生花。

三年更读观澜什，信是元虚擅作家。

灏气茫茫万汇孤，海天回忆景模糊。
云垂阴昼有时有，浪吼晴雷无日无。
宿世应锄悬圃草，此来当作济川桴。
凭谁远引蓬莱路，愿就成连置一壶。

词

卢龙怀古　金人捧玉盘

尤　侗

出神京，临绝塞，是卢龙。想榆关血战英雄，南山射虎将军，霹雳吼，雕弓大旗，落日鸣笳，起万马秋风。问当年人安在，流水咽，古城空，看雨抛金，锁苔红。健儿白发，闲驱黄雀野田中，参军岸帻戍楼上，独数飞鸿。

澄海楼　归朝欢

尤侗

家在芙蓉江畔住，两桨沙棠桃叶渡。天风吹我北溟来，芒羊一望无穷处。漫将秋水注，此时好读元虚赋。倚危楼不闻呼啸，满耳惊雷雨。却怪冯夷缘底怒，白马乘潮鸣急鼓。鲛人又喜起楼台，璇宫出市珊瑚树。风鬟雾髻女，戏弹宝瑟来迎汝。趁渔舟，一声欸乃，送我蓬壶去。

观　　猎　望海潮

尤　侗

辽西重地，东临碣石。朔风塞马，萧萧台上，呼鹰碛中，走狗千人，弓箭横腰，牙纛抗招摇，看雕翎落处，雨血风毛。日暮山空，寒乌饥兔，正悲号。将军坐地分曹，有健儿行炙。美女弹槽。再打一围，扬鞭归去，戍楼画角声高。何似霍嫖姚，笑当年猿臂射石，空劳顾语，参军醉中磨盾，好挥毫。

塞　上　贺新郎

尤　侗

天末卢龙道，看數分，山崖耸峙，河流低绕。极望长安烟一抹，但见黄榆白草。又添得，孤鸿缥缈。寒月如霜沙似雪，想当年有客伤心早。重画出，边愁稿。短衣自倚危楼啸，吊西风一杯残酒，泪痕多少。漫说明妃出塞苦，不见玉关人老。更灭尽，英雄怀抱。剩有琵琶浑不似，倩庐儿弹出凉州调。公莫舞，乌啼了（昭君令工造琵琶笑曰“浑不似”今讹为“胡拨四”）。

题王菊庄山长观海图用辛稼轩韵　摸鱼子

吴肇元

乍披图，太阴雷雨，鲸波日夜东去。伊人宛在青苍顶，极目鳌峰，堪数君好住。有历历蓬瀛，金碧登仙路，六龙似语，正若御腾霞，精华濯影，不使晓云絮。长风便，徐福当年真误，天吴如解相妒，千秋待勒元虚赋。鲛室潜灵，应欣挥袖舞，回首见齐州九点飞香土。倾阳漫苦，待破浪他年红轮扶近，重展旧游处。

观海侍菊庄夫子作　沁园春

沈永迈

渺矣天池，今古如斯，万里茫茫。觉雾雨迷漫，朝腾幻影；烟霞荡漾，曙发祥光。乍涌金波，几疑仙境，孰向鲛宫现宝妆。倚楼望，欲凌波竟渡，一苇难航。登峦伫立彷徨，有玉阙金宫水一方。看岛屿沉浮，非寻汉柱；蛟龙汩没，但驾鼍梁。目注青云，追随策杖，想到蓬莱乐未央。凝眸处，已流珠赫赫，出自扶桑。

清明日吊伯夷叔齐用尤西堂先生重九韵　贺新郎

孙廷玉

节届清明矣。驾轻舟，寻芳访胜，流连滦水。健美夷齐兄与弟，自古及今无几。瞻故迹何禁流涕。翠柏苍松风谡谡，惜首阳山上惟余此，况复际纷纷雨。当年事亦难言，耳重伦常忠君尊父，弃违乡里。采药荆蛮推至德，差似仁人君子。终不顾，饥穷而死。月印江心留万古，幸清风岩漾滦波里。化顽懦，皆兴起。

词　余

海滨观日

王金英

（醉扶归）渺无涯，万顷洪涛荡晓，曈曨千条赤玉光。团圞好似盘盂状，是何人捧出鲛宫涨，待与羲和揽辔，溛腾骧。且立冈峦，小卓青藜杖。

（皂罗袍）漫捻吟髭遐想，想蓬莱仙境，只在扶桑。有时风送御炉香，几多云拥天门仗。食非吾食，琼膏玖浆。服非吾服，霞冠雾裳，回超于世上豪华样。

（江儿水）嗤彼烧丹妄，堪为避世狂。看巍巍玉宇金楼敞，有翩翩玉女金童降。更漫漫（平声）玉露金风旷。仙籍伊谁管掌？名窜其间，恐不全无倚傍（去声）。

（玉交枝）悠然长往，恐神仙在无何有乡。撑开双眼云边望。渡风波孰驾鼍梁，空闻蜃楼时露藏。纵教（平声）精卫难填攘，笑前人秦皇汉皇，更谁为刘郎阮郎（川拨棹）休张望，欲乘桴碣石，傍来崖前，独自傍徨，怪不得翔乌吠庬，对沧波眺一场，向青天问一章。

（侥侥令）平生忠信意，非是畏洋洋。只为（去声）欲问明河隔霄壤，好唤张骞细忖量。

（尾声）海滨观日兹游壮，云苍旻，七千之上，且待星槎再裹粮。

卷之末

杂记

桓公北伐孤竹□至卑耳之溪十里，闟然止，瞠然视，援弓为射，引而未□发也，谓左右曰：“见是前人乎？”左右对曰：“不见也。”公曰：“事其不济乎！寡人大惑。寡人见人长尺而人为具焉，冠右祛衣，走马前疾，事其不济乎？寡人大惑。岂有人若此者乎？”管仲对曰：臣闻登山之神有俞儿者，长尺而人物之，为霸王之君兴而登山，神见且走焉，前疾道也。祛衣示前有水也，右涉口示从右方涉也，至卑耳之溪有赞之者曰：从左方涉其深及冠，从右方涉其深至膝，若右涉其大济桓公立拜管仲于马前曰：“仲父之圣至若，此寡人之抵罪也，久矣。”管仲对曰：“夷吾闻之，圣人先知无形。今已有形而后知之，臣非圣人也，善承教也。(《管子小问杂篇》)。

始皇于海中作石桥，海神为之竖柱。始皇求为相见，神云：“我形丑莫图我形，当与帝相见。”乃入海四十里。见海神左右莫动手，工人潜以脚画其状。神怒曰：“帝负约，速去。”始皇转马还，前脚犹立，后脚随崩，仅得登岸。画者溺死于海，众山之石皆倾注，今犹岌岌东趣，疑即是也。(《三齐略记》)。

汉灵帝时，辽西太子廉翻梦人谓己曰：“余孤竹君之子，伯夷之弟，辽海漂吾棺椁，闻君仁善，愿见藏覆。”明日视之水上有浮棺矣。

蚩笑者皆无疾而死，于是改葬之。《晋书·地志》曰：辽西人见

辽水有浮棺，欲破之。语曰：我孤竹君也，汝破我何为，因为立祠焉。(《水经注》)

唐裴旻尝与幽州都督孙佺北伐，为奚所围。旻舞刀立马上，矢四集，皆迎刃而断。奚大惊，引去。后以龙章军使守北平，北平多虎，旻善射。一日得虎三十一，休山下，有父老曰：此彪也。稍北有真虎，使将军遇之且败。旻不信，怒骂趋之。有虎出丛薄中，小而猛，据地大吼。旻马辟易去，弓矢皆坠。自是不复射。(《唐书》)

旧志公孙冢在卢龙县赤峰岭及道南烽火山有公孙神康墓。汉末元菟公孙度据平州，传子康，岂其所葬与？是不知汉魏平州在辽东襄平，而此为辽西郡，度不得而有也。至康子渊为司马懿所征，经孤竹，度碣石，以次于辽水，彼乌得而葬此哉！滦旧志从之，且引康为神康。史传康无二名。或以为公孙瓒杀刘虞而据幽州，盖本令支人，赤峰岭、烽火山汉皆令支地也。或瓒之先后族属，而瓒则焚易京，子续亦杀于屠，各未闻故吏为收葬。神康虽不知其故，为令支人明矣。何必以援元菟耶？许庄云：父老相传，城西有谢丞相坟、孟宰相冢，因无显迹，不敢强附，则公孙之显迹元菟何如令支哉！均之为僭伪，何舍近而之远乎。

唐宜芬公主《题虚池驿屏风》、《女史》与《唐书》不同，《女史》言公主本豆卢氏女，有才色。天宝四载奚霫无主，安禄山请立其质子，而以公主配之。上遣中使护送至虚池驿，公主悲愤作诗。至番，其国立君矣。质子见杀，公主亦遇害，而《唐书·北狄列传》云：以宗室所出女慕容为燕公主妻契丹郁于，郁于死，弟土于嗣，携公主来奔。豆卢虽出于慕容，而燕都则非宜芬也。奚王延宠降，复拜饶东都督，怀信王，以宗室出女扬为宜芬公主妻之，延宠杀公主复叛，是宜芬非豆卢氏，延宠杀公主以叛，非质子见杀而害及公主也（以下碣石丛谈）。

辽景宗乾亨二年三月，如南京赏牡丹，遂西幸。圣宗统和五年三月癸亥朔，幸长春宫，赏花钓鱼，以牡丹遍赐近臣，则牡丹在长春宫，宫在南京矣。其驻平地松林，松亭山关外也。

金世宗大定十八年正月壬戌，如春水。二月丙寅朔次管庄，丙子次华港，己丑还宫。丁未以春水诘石城令，不称职，此长春淀也。按金之春水沿辽捺体，盖必地坦夷，四方二三十里木多榆柳，时出较猎讲武，兼受南宋及诸国礼贡。国主牙帐，以枪为硬寨，用毛绳连系，每枪下黑毡伞一，以芘卫士风雪，枪外小毡帐一层，每帐五人；各执兵仗为禁围。南有省方殿，北约二里曰寿宁殿，皆木柱，竹橐毡为盖，彩绘韬柱，锦为壁衣，加绯绣额黄布绣龙为地，障窗皆毡，傅以黄油绢，基高尺余。两厢廊房亦毡盖，无门户。省方殿北有鹿皮帐，帐次北有八方公用殿，寿宁殿北有长春帐，卫以硬寨，宫用契丹兵四千人，每日轮番千人祗直禁围外，卓枪为砦，夜则拔枪移卓御寝帐周围，拒马外设铺，传铃宿卫春而捺钵。正月上旬起牙帐，约六旬，国主方至，天鹅未至，设毡帐河上，密掩其门，凿冰窍，举火鱼尽凑之，即垂纶，罕失也。冰泮刳木为舟，长可八尺，如梭，曰梭船。施一桨以捕渡，广则方舟，或二三焉。冰泮乃从鹰鹘捕鹅雁，必择鹅鹜聚处，晨出暮归，从事弋猎，其侍御卫土皆服黑绿衣，备连锤鹰食器刺鹅锥各一，具于泺周相去各五七步排立，主冠巾衣时服系玉束带，于上风望有鹅处举旗，探骑驰报，远泊鸣鼓，鹅惊稍腾水面，左右围骑举帜摩之，五坊擎进海东青鹘，拜授于主放之，鹘擒鹅坠，势力不加，排立近者举锥刺鹅，急取脑饲鹘。救鹘人例赏银绢。主得头鹅遍荐庙，群臣各献酒果，举乐更酬酢致贺语，皆插鹅毛于首以为乐，赐从人酒，遍散其毛弋猎网钓，春尽乃还。世宗既殂，后主如春水，改都南行宫为建春，又改遂城行宫为光春，而长春不书矣。至宣宗南迁而都入于元焉。

元许有壬《圭塘集》载喜逢口事，今关名喜峰，似失厥义矣。其与丁文苑同科，为哀辞曰：文苑移官山北，山北置大宁右白霫地，去京师东北尚八百里，陆不可以挈家，水萦纡五千里，扶病拥幼，殆不能为谋。即是辞也，岂舟可通乎？按史将由滦通漕于上都，造船视为不可而止矣。今滦河之浒尚有系缆铁桩，或以为系浮梁，或以为系行舟。正德初年，渔人获一铁缆茅，重三百余斤，则昔滦或深于今矣。岂亦以系浮梁者哉！元通漕舰或不可至上都，岂其不容刀以达于大宁乎？若召闽中清流之舟水手，今必可达小喜峰，而至大宁亦未可知也。

元白湛渊续演雅十诗，发挥其一，滦人薪巨松童山八百里，世无奚超男惆怅度易水者，取松煤于滦阳，即今上都。去上都二百里，即古松林千里，其大十围，居人薪之，将八百里也。盖在松亭关外，与境外地同，关内有滦阳营及驿而皆上都之委，此诗则为上都作云。将八百里今为胡守中所伐，又自隆庆来蓟北修边台桥馆万役，今千里古松尽矣。凡元臣咏滦江、滦阳诗，皆上都，非此也，当辨。

明成化乙卯，滦州城南有李氏子，弋雄雁其羽，雌随飞悲鸣三日而去。雄畜久而驯，纵野以媒他雁。及春，其雌复来，飞鸣如昔累日，其家异之，出雄于隙地，伺之。雌雁鸣而下，周旋俯仰，鼓翅招呼，若与之偕飞，雄竟不能去。绊颈弗释，并死之。乡人云集而叹，瘗之于高坨，名曰双雁坨。处士朱昶有诗。按金元好问赴府试，行道中，见一捕雁者云："捕得二雁，内一雁死，一雁脱纲去，空中上下盘旋，哀鸣良久投地亦死。"好问以金赎得二雁，瘗于汾水边，垒土为邱。因为雁邱词。昶偶同此意，惜词不足步之耳。余闻迁安县城北门券，有雌雄紫燕巢之，忽雄为乌鹊击死，其雌不寻配，亦不食，飞鸣数日死。嗟夫！雁不再配其性然也，燕性喜淫而独然，尤所罕闻者。

明初法严，禁不私亲，防不忽微于地方二条，今视若缓实切焉。洪武三十年七月。以郭驸马使辽回，私带榛子三扛，沿途擅用驿夫递送。事觉，令自备钞贯，给还役人工食，仍敕兵部于山海、松亭等关，古北、旅顺口悬挂榜文，凡公差人员不许稍带松榛等物进口渡海，违者一二斤三五两俱分户号令，所过官司纵容一体治罪。时欧阳伦以私茶于陕西，赐死。其严如此。

明初，洪武二年。命郡县立学，三年开科。八年立社学，选国子分教北方。十一年选武臣读书国子监。十四年颁五经四书于北方学校，为久陷于夷而广同文治也。至十五年五月丙戌，命汇编华夷译语。上以前元素无文字、号令，但借高昌书制为蒙古字以通天下言，至是乃命翰林侍讲火原洁与编修马沙亦墨等以华言译其语，凡天文、地理、人事、物类、服食、器用，靡不具载。复取元秘史纽切其字，以谐其声，既成，诏刊行之。自是使臣往复朔漠，皆能通达其语矣。

明武宗正德十三年，四月朔。以大行梓宫将祔葬，诣天寿山，祭告六陵，遂往黄花镇、密云等处游猎，五月末旬还京。余居喜峰，传有父老手记，四月二十七日乙未驾幸关，过滦河，见溪，流沙回绕，意有宝物，命中宫侍从取之。得异珠不计，及驾过，士人往取，并无之。临关命家将六十员名护出口外。到浓津岭止，回宿验马厅。九月五日癸卯，总兵马永具筵，太监张永、佛宝等侍，乐工孙白毛供唱。问头上白不知下头白否，即令屠户阉之。驾遂起，往建昌。滦州旧志十二日辰时，驾至建昌，至偏凉汀打鱼，乘船顺风三里许，至北释院口，手打捕竟日而还。十三日到大溯河佛住山下观鱼，人遂号为龙泊，然虽漫游而行在便如辽金，故无土木供帐之侈，民不至为烦乱焉。

蓟镇忠烈庙边路多废，总理乃合祀于三屯，以都督死者孙膑未尝为立庙，但抟象于景忠山三忠祠后寝，新庙成，舁入居中。独坐以副总兵，而下旁列配之。夫膑敕予祠以死故也。然死不论轻重，迹其生平，审其时势而概祀之，曷劝哉！况行无可取罪不足赎乎？明制待阵亡最隆，必核其所死宜祠乃赠谥，未尝于丧师辱国者而概予之祠也。自正统土木之难，尚有区别。是后边臣讳败多以捷闻，不论俘死、逃死、降死、死则以阵亡闻，其滥如江河势不可挽矣。

女伎马氏，蓬瀛昌黎人也。东光贡士刘公直历礼部主事、户部郎中，元季兵火宦游遇昌黎，娶之。蓬瀛幼聪慧，随父读书，精通历数、天文，洪武壬申差内臣陈二仔捧宝二百锭四表里，召授尚宫司宫正，授冠佩县，岁给俸米六十石。戊寅，差内臣穆和赐一女使，送还宁家，永乐即位召二次，屡赐宝楮表里，官其子政为本县儒学训导终身。

凡志古不考史，其年与传多不合，如裴骞仙人台记，太康三年为北平郡五车王所据，则晋之太康，非辽之太康也。时辽西为段氏所据。二年慕容涉归寇昌黎，平州刺史鲜于安破之矣。又为安北将军严询败。归慕容连败，段氏为平州属国所服。何以言据也？盖咸康三四五年辽为石赵攻，而走保密云山事也。抚宁卢岭峰有七王山，亦称辽王者，皆段辽事。魏史卢龙岭，盖与密云山连亘不远耳。令支界崆笼山，有淮安王避难洞，石上有大安五年字可辨。历称大安者，秦苻丕元年。慕容垂建元不称之矣。是年燕余岩以建节将军叛，为慕容农所平，且丕即亡，无五年也，惟北魏大安四年则高宗至辽西黄山宫筑坛记行，或五年有刻也。辽道宗太康太安凡十年无事，且未尝东游也，淮安王不知谁，其避难无考，或伪乱僭称耳。

景忠祠记：嘉靖癸未，兵备熊相撰称祀四君子，诸葛岳文武宁也。镇守马永所创，未搏像而调去。代者口西人，至任拜元君祠。与元君邻，因至祠，像未成有木主，问武侯何人？以亮告知之，武穆何人？以飞告知之，至文文山及名告，不知矣。问南人北人乎？曰南人，我固不知矣。问何时，曰前朝人。至武宁王，告者不敢名，曰此今定国公祖也。曰徐某有子孙奉祀，不宜亦分三人食，去之。或以记四人告，而不知何为记者。永归金吾，先告定国，遣纪纲校尉辈进香元君，因谒祠观像急矣。乃画像于泉壁为将特祀抵之，今壁剥落有遗迹，盖虽椎可鄙不为佞，可恕焉。但徐冒虚名，马若虚举，而熊为虚言，皆本真而成假矣。

忠义庙碑，嘉靖丙申修撰，屠应埈撰各路有之，文同今太平碑尚存。巡按金烁与同郡且座主命各路以币请文，而且谢盖千金，以此名耳。文不言某何以死，通言是庙隶某寨，为某帅立，以祀官军某等，空其名令填之。如太平路碑，填是寨为参将周璿所守之庙，祀官军周明而下不知明某年，何以死，璿乃时帅非死者，有路竟不填，不知何以立。盖公则名报忠义，私则实报恩义也。

燕出长人，东北古为多矣，如慕容皝七尺八寸，垂七尺四寸，德八尺二寸，时逢陵长王鸾长九尺，腰带十围，贯甲跨马不由磴，德见而奇之。赐食，立尽一斛，至元魏南明太守慕容叱身长一丈，腰围九尺矣。则辽卢龙节度使卢文进于无定河，见人脑骨一条，大如柱，长可七尺有之矣。

明大汉将军三屯营马玉，侍卫三朝，语在母节妇徐氏传。时有与同选口西人尤长尺余，凡选侍卫必两相配。是独举班无对腹余十围，重五六百斤，为天下第一。以无对不用，访玉家为具餐，十人至二十不得其一饱，城中或有十户二十户合为具不能供五日，语总府留之，以饷之难而去。至冬无能施之衣，而冻馁死于燕南矣。是后大将军有江南客不满三尺，侈宠异常，时屯城台有僧躯如之，客以类已，善视焉，未尝失温饱。乃追怜巨人之孳死，而不知侏儒易为生也。嗟夫！无论世间，但燕前如安禄山，其重三百五十斤。宠任至为伪帝。孟业至于千斤，而为幽州督矣。是人徒食粟必才无可用，倘出与对者，则不论才否，玉为锦衣百户而彼且指挥之耳，故历举燕长人种姑以慕容家告之。若契丹阿保机，其靴可纳城台僧没顶，至为伪天帝，传国二百余载，长人富贵者世岂少乎哉，是人至饿死非长之罪也。

旧志昌黎仙台山后有石洞、古井、张果老院在焉。石碾、石槽遗迹尚存，抚宁县东十五里以氏河为其骑驴曾陷焉，其饲驴石槽蹄迹宛然在府城五里石盘礴上，低陷如之。其墓在抚宁县东南七十里。韩湘与果老栖仙台山常对奕，今有仙人奕石脚迹，石盘文甚古。又观音洞石壁上有韩仙真影，世传修仙辞乡遗状云，墓在昌黎城西南八里，果老弗问矣。迩者县令刻蓝关记瑶华帝君韩若云自撰云，文公集其弟滂墓志铭，支系甚明，其诗左迁至蓝关，示侄孙湘，是记以公为叔，而父其伯祖会，会无子，而有子。湘有父，而无父矣。竟篇言吕洞宾七度之成道，及诸与游，拾得辈未尝与张果老游，北至五台山，未尝言入燕也。则昌黎县之仙迹，视斯记自辨矣。

染庄社记：契丹时辽兴军风粪者行货，路收一卵干篋，归置锦囊系脐，不月余出蛇如簪，饲之以肉，渐长盈丈，围将尺许，乃纵之野，任其自食。尝命以名曰于雅，抚首示以不忍别，雅如人恋恋然，但不能言，而后去数岁益大，始食野禽，继而噬人。有司制之无策，乃闻于契丹，榜募能捕者，粪知其必雅，乃应募而抵放处，呼其名而至，叙故旧而数其罪，蛇俯首伏诛，血流及近村土石悉染红，而庄以名。庄老以粪能施恩除害而祀之，雅能知恩服罪而配焉。是岁里人修祠落之，记其岁月，金至宁元年仲秋辛卯，兴平路猛安蒲察孟里记。或以雅知罪伏辜，粪怜而葬之，而以昌黎古迹，城西北三十里蛇皮王墓，是雅之葬处也，殊谬。

石门子关天仙庙有神灯二盏，正德年间盗去其一，今更深入百步外望有灯，近前并不见之。

嘉靖壬子，路军马文章往玉王峪，日未没，忽见白发翁尾之，疑为怪。石击之，不见。而见群鸡数百，遍山，逐之皆入地，而山皆银矣。章以为铅锡携数片而去。至峪投郭银家辨之，银以铅锡给之，因追所自出，章具以实对。银遂密运数夜，闭户炼为锭。家婢密持小锭与邻家婢曰："吾家多多。"邻知亦盗取之，久而土人报路将，抚按以上闻。癸丑遣锦衣卫千户取，年有半而抚按往临，公私取用益多，民不胜困，恐为地方患，因报绝产而罢。遂塞之上立庙镇压，至今毋敢盗。

汉儿庄南山矿洞奉禁矣，而土人传庄北有谶云："东一箭，西一箭，万两黄金没人见。有人见，普救九州十八县。"陈游击解云："一箭者地百步外也，东西常谷间，南山一箭地，人常言有宝气。"乃以取煤为名，役兵二百余人凿洞，年余黑石不成煤。或告宜一祭取其馋犒兵，再三告不忍予第，务必得之。而庄西南隔河里许，盗矿者露为三屯营守备魏文举密获十二驮，又搜南觉寺盗首孙南华掘地得百余斤，以数十斤报官。盗首前建昌胡总兵幕客，尝为领六宝峪矿徒习矣，乃荐之总理府，不得意而领旧徒为此。文举贪鄙既赢而宝复益之，南华书生乃为徒劳谪戍于密云，游击亦徒劳人力因无以解人口罢官，钜万人益疑之，中路协守羁留之，索矿百斤，乃出囊金五百奉之，皆为此谶误也。

迁安县西十五里，宫寨庄北先银杏二株，可七八抱。成化间庄民韦氏锯其一以为奁具，流汁似血，鸣数夜乃止，其家遂灭。一存，十数抱，荫蔽二亩余，七家岭驿西南郭家庄西，有树连抱乃银杏也。

乐亭县治往有怪，居者惮之。成化间家宰尹公闻其事，会缺，尹乃于辛丑进士中择才望有福德者知县事，得沁水李瀚，仍择钦天监官善术者偕往。及至，监官视之曰："是在谯楼。"时谯楼建置久矣，撤之果得一巨蛇，围可尺许，监官咒之，设大坛于前，蛇即俯首入内。曰未可歼也，乃密封令人舁于海。又壁间掘一女尸，不知何时，颜色如生，出而瘗之，怪遂息。李任满擢御史，官至尚书，寿几九秩，果符福德之相。尹公信知人哉！监官之术亦奇矣，惜逸其名。

张住，石碑场人，其先有积恶者，及住父益不为善。住好左道，举家从之，聚众邪说。有游僧明果等尝至其家，诳以妖术，住信之。一日住令家属咸饮药跪于地，手刃之，以为升天也。计父母妻子及姊妹辈共十七人，止一侄获免。时嘉靖甲子。事闻当道立杖毙之。

隆庆己巳，海渔人捕一巨鱼，约十余斤，日此骨鳞鱼也。是时无岁不有警，说者谓鱼负鳞甲，兵象也，不常有者而捕之，鲸鲵其顿息乎？自此虏不犯边者十余年。万历癸巳渔人又捕一骨鳞，长六尺余，约重六七十斤，巨口尖尾，皮类鲨鱼，状类鲛鳕，有骨鳞五行，鳞如酒杯，脊如剑。渔人曰："此垂白之老所未睹者，较之隆庆年所获直小介耳。"

崇祯壬申三月，有大鱼长九丈，浮于县南海滨，气蒸如雾，三日而死。近海居人乘舟桴取其骨肉煮油，家数百斤，旬日方尽。其脊骨如栋，其胁骨如椽，至今犹有存者。然不知其为何鱼也。后又有一大鱼复至其处，土人争取之，鱼扬鬐鼓鬣两目如双日，喷沫如雨，吐气若云，翻波卷浪，舟几为覆，而已不知何往矣。今近海之人犹有亲睹而能详之者。(《张庄临记》)

顺治丁酉，滦州倴城民获雁，色赤如朱，双目俱绛，项系金牌，有元狩年号，惊以为神，释之。

戊戌冬，十二月六日午，仙台山右肩崩坠，大石如巨屋，千仞而下，凡所冲击无论大小，万石齐落，声如轰雷。砂土冲霄，损树万株。至次年已亥三月六日，自山半名吊砂口复陨巨石如前，损中庵屋垣入，前层屋，复自屋破窗而出，盖其冲之小石也，犹大于斗。凡合抱之木当之者无不糜碎，坠石固山之常，连坠巨石则亦异矣。(《张

庄临记》)

黄孝子，名贇，江西临江人。父均道于元延祐间求仕京师，留贇江南，时贇幼，及长闻父再娶居永平，乃往省之。则父已没，其妇挟赀更嫁，居乐亭。贇往求见，拒不纳。贇曰："吾来省父，不幸父殁。幸示墓所，得奉骨归足矣。忍利遗财耶！"母竟不见。其母弟怜之与偕求墓所，又不得。贇日夜悲哭，祷于神。一夕梦一老人以杖指葬处，见片砖即可得。明日即其地求之，母弟曰是矣，某物可验。启棺负父骨归。(《乐亭志》)

嘉靖中，迁安李贤，其兄名本，遇方外人遗书藏筒中。后贤中武进士。发兄筒得书，乃炉火家言，悦之。会东北烽急，以钦依守备衔充中军赞画。一日至荆子峪，窘矿盗于窟中，其魁曰："适得物愿献以乞命"，视之乃矿银精者。遂挥盗去，营丹房。适有羽士相访，迎入一见如旧识。羽士曰："君已获圣母灵药，无难矣。然周天火候非口诀不能悉，贫道愿相助。"因缕缕授之，果灵异可点化。顺天巡抚汪公闻李名，请师之。李乃传汪，汪受术即休致去。数月李亦归里，无意仕进，冬忽身热如炽，令汲井水浇之，三日死，年仅三十余。(以下《迁安志》)

天启间李成性为诸生，将赴省试，其父患癞症，睾丸肿溃，昏愦欲毙。成性祷于箕仙，仙为疏方弗效，李再恳祷仙，曰：当往问华公，须臾返索松萝茶，卤面有浮沫。戒云：止饮半酒杯。病者下咽，大呼冷，冷即心清思食。再与敷药半月，而复云饮药名冰盘，乃冰雹之母。一颗飞空，化雹雨一阵，故戒多饮。敷药一名雨角龙，吸海水气凝角上刮炼而成，重半分许，色紫味香；一名玉苓为蟠桃上霜，扫而炼之，形如榴子，色似云苓，裹以蟠桃花瓣，瓣如开元钱大，第蔫而不鲜。箕仙张姓名应龙，明天水孝廉，华公即汉神医佗，侍帝为药圣司也。

景泰初，城子岭清泉寺古刹倾颓，郑僧禄跣足募化，草建僧舍一间，朝暮出山，有二虎随之而不害。后数年去之他县，至今关前东西有伏虎山。

天启壬戌，迁安郭巩持节封寿藩，事毕登华岳，见马道人号真一，年百二十余岁，能知未来事。邀归寓，不食荤而饮酒至数石，将别，道人云："后数年当东行相见。"越崇祯己巳，果携一童子至，豪饮如前。又或数日不食，气体愈健，发长数尺，不梳不簪留数月。一日谓郭曰："吾行矣！可从我游乎？"郭未答，曰："此时不行后悔莫及。"遂去山海关，后不知所终。

跋

甚矣，志之未易作也。泛视之曰：此一方之记载耳。及身视其事，则征文考献非上下数千年，纵横二万里，于书无所不备，不能成此一书。永平于古为孤竹遗墟，而金、元以前缺焉无闻。明初始有志乘，其后陆续修补。迨嘉靖间有闽人郭建初者，博学多闻，大有纂述。然笔颇艰涩，今亦未见其全编。所传志则康熙间张太守因宋观察荔裳之书。而续之者也。考据讹陋，体裁乖舛，不无遗憾焉。李香林使君守是郡，慨然太息，思为完书，且念由张公至今已逾周甲，岁月既久，故老无存，于此不修将更靡所考订。适余主北平讲席，乃以编摩之役相嘱。开局于癸巳初夏，迄于岁杪。与诸君子旁搜博采，从容讨论共成是编。其间可得而稽者似已无歉，然永郡地处边僻，构书无多，而各县志又皆不获美备，其为郭公夏五者知不免也。刊刻未竟，李公以迁擢去，余亦他往，遂以校订付之家莲溪学博及蔡梦堂，大端已具凡例中。兹赘数语，姑识巅末，以见其难有出于才学识之外者。甚矣！志之未易作也。乾隆三十九年，岁在甲午季春月望日，江宁王金英菊庄氏谨跋。

余自甲申八月任滦州，己丑四月重移浙江，癸巳十一月又奉命守永平，相距不过五年。凡山川之胜以及土俗民风尚能得其梗概。此受代时，香林李使君谆谆以志书见嘱也，迨询诸董事者，志分八门，七门已付梓，惟职官一门未竣。则序所云不及详加校订，亦逊辞耳。爰取已定之本，即日刊刻竣工，恐览者以册首列名之故，谓为亦有一得也。因附识于此。元和顾学潮。